Management-Reihe Corporate Social Responsibility

Herausgegeben von
René Schmidpeter
Dr. Jürgen Meyer Stiftungsprofessur für
Internationale Wirtschaftsethik und CSR
Cologne Business School (CBS)
Köln, Deutschland

Das Thema der gesellschaftlichen Verantwortung gewinnt in der Wirtschaft und Wissenschaft gleichermaßen an Bedeutung. Die Management-Reihe Corporate Social Responsibiltiy geht davon aus, dass die Wettbewerbsfähigkeit eines jeden Unternehmens davon abhängen wird, wie es den gegenwärtigen ökonomischen, sozialen und ökologischen Herausforderungen in allen Geschäftsfeldern begegnet. Unternehmer und Manager sind im eigenen Interesse dazu aufgerufen, ihre Produkte und Märkte weiter zu entwickeln, die Wertschöpfung ihres Unternehmens den neuen Herausforderungen anzupassen sowie ihr Unternehmen strategisch in den neuen Themenfeldern CSR und Nachhaltigkeit zu positionieren. Dazu ist es notwendig, generelles Managementwissen zum Thema CSR mit einzelnen betriebswirtschaftlichen Spezialdisziplinen (z.B. Finanz, HR, PR, Marketing etc.) zu verknüpfen. Die CSR-Reihe möchte genau hier ansetzen und Unternehmenslenker, Manager der verschiedenen Bereiche sowie zukünftige Fach- und Führungskräfte dabei unterstützen, ihr Wissen und ihre Kompetenz im immer wichtiger werdenden Themenfeld CSR zu erweitern. Denn nur, wenn Unternehmen in ihrem gesamten Handeln und allen Bereichen gesellschaftlichen Mehrwert generieren, können sie auch in Zukunft erfolgreich Geschäfte machen. Die Verknüpfung dieser aktuellen Managementdiskussion mit dem breiten Managementwissen der Betriebswirtschaftslehre ist Ziel dieser Reihe. Die Reihe hat somit den Anspruch, die bestehenden Managementansätze durch neue Ideen und Konzepte zu ergänzen, um so durch das Paradigma eines nachhaltigen Managements einen neuen Standard in der Managementliteratur zu setzen.

Weitere Bände in dieser Reihe
http://www.springer.com/series/11764

Gesa Gordon · Astrid Nelke
(Hrsg.)

CSR und Nachhaltige Innovation

Zukunftsfähigkeit durch soziale, ökonomische und ökologische Innovationen

Herausgeber
Gesa Gordon
Berlin, Deutschland

Astrid Nelke
FOM Hochschule für Oekonomie & Management
Berlin, Deutschland

ISSN 2197-4322 ISSN 2197-4330 (electronic)
Management-Reihe Corporate Social Responsibility
ISBN 978-3-662-49951-1 ISBN 978-3-662-49952-8 (eBook)
DOI 10.1007/978-3-662-49952-8

Die Deutsche Nationalbibliothek verzeichnet diese Publikation in der Deutschen Nationalbibliografie; detaillierte bibliografische Daten sind im Internet über http://dnb.d-nb.de abrufbar.

Springer Gabler
© Springer-Verlag GmbH Deutschland 2017
Das Werk einschließlich aller seiner Teile ist urheberrechtlich geschützt. Jede Verwertung, die nicht ausdrücklich vom Urheberrechtsgesetz zugelassen ist, bedarf der vorherigen Zustimmung des Verlags. Das gilt insbesondere für Vervielfältigungen, Bearbeitungen, Übersetzungen, Mikroverfilmungen und die Einspeicherung und Verarbeitung in elektronischen Systemen.
Die Wiedergabe von Gebrauchsnamen, Handelsnamen, Warenbezeichnungen usw. in diesem Werk berechtigt auch ohne besondere Kennzeichnung nicht zu der Annahme, dass solche Namen im Sinne der Warenzeichen- und Markenschutz-Gesetzgebung als frei zu betrachten wären und daher von jedermann benutzt werden dürften.
Der Verlag, die Autoren und die Herausgeber gehen davon aus, dass die Angaben und Informationen in diesem Werk zum Zeitpunkt der Veröffentlichung vollständig und korrekt sind. Weder der Verlag noch die Autoren oder die Herausgeber übernehmen, ausdrücklich oder implizit, Gewähr für den Inhalt des Werkes, etwaige Fehler oder Äußerungen.

Einbandabbildung: Michael Bursik
Lektorat: Michael Bursik

Gedruckt auf säurefreiem und chlorfrei gebleichtem Papier

Springer Gabler ist Teil von Springer Nature
Die eingetragene Gesellschaft ist Springer-Verlag GmbH Germany
Die Anschrift der Gesellschaft ist: Heidelberger Platz 3, 14197 Berlin, Germany

Vorwort des Reihenherausgebers: Verantwortung und Innovation – zwei Seiten einer Medaille?!

Ressourcenknappheit, Klimawandel, soziale Spannungen, demografischer Wandel: Um den gegenwärtigen gesellschaftlichen und ökologischen Herausforderungen erfolgreich zu begegnen, bedarf es vermehrter ökologischer und sozialer Innovationen. Unternehmen nehmen dabei eine zentrale Rolle ein, da sie durch unternehmerische Kreativität und nachhaltige Wertschöpfung die Gesellschaft gegenwärtig und auch zukünftig maßgeblich beeinflussen werden.

Ein Blick in die Geschichte (z. B. zur Zeit der Industrialisierung) zeigt, es waren meist visionäre Unternehmer und Wirtschaftslenker, die die Zeichen der Zeit erkannt und neue Lösungen für die gesellschaftlichen Probleme generiert haben. Auch heute werden wir die aktuellen Herausforderungen nur meistern, wenn wir Unternehmen als Teil der Lösung und nicht als Teil des Problems begreifen – wie dies viele Kritiker unseres Wirtschaftssystems fälschlicherweise tun.

Der Ansatz „nachhaltiger Wertschöpfung" verbunden mit „nachhaltiger Innovation" scheint daher als neues, „altes" Managementparadigma in der BWL gerade wieder entdeckt zu werden. Denn es geht in den aktuellen Corporate-Social-Responsibility-(CSR-)Diskussionen aus einer betriebswirtschaftlichen Perspektive immer weniger darum, eine Entscheidung zwischen Profit oder Moral zu fällen, sondern ein „sowohl als auch" zu ermöglichen.

Anders als bei Kapitalismuskritikern soll auch nicht das Gemeinwohl diktatorisch über die wirtschaftliche Rationalität gestellt werden. Vielmehr soll der ökonomische Sachverstand dafür eingesetzt werden, die Interessen der Unternehmen (betriebswirtschaftlichen Mehrwert zu generieren) mit den berechtigten Interessen der Gesellschaft (sozialen bzw. gesellschaftlichen Mehrwert zu generieren) in Einklang zu bringen.

Die Brücke dazu heißt „nachhaltige Innovation". So gesehen sind die gegenwärtigen sozialen und ökologischen Herausforderungen eine große Chance für alle Unternehmen. Denn es zeigt sich mittlerweile, dass durch nachhaltige Innovationen ganz neue Produkte und Märkte geschaffen werden, welche sowohl die Zukunftsfähigkeit unserer Gesellschaft steigern als auch die Wettbewerbsfähigkeit und Rentabilität der Unternehmen erhöhen.

Wenn es gelingt, gesellschaftliche und ökologische Themen als Teil des unternehmerischen Innovationsprozesses zu begreifen, entstehen die Lösungen, die wir brauchen, um die gegenwärtigen Probleme zu lösen. Verantwortung und Innovation sind so gesehen zwei Seiten einer Medaille. Denn fehlende Innovationskraft führt letztendlich auch dazu, dass die von der Gesellschaft zu Recht geforderte Verantwortung von den Unternehmen nicht getragen werden kann.

Unternehmer sind per Definition Innovateure, immer auf der Suche nach besseren Lösungen und Wettbewerbsvorteilen. Unternehmen werden dabei nur dann auf gesellschaftliche Akzeptanz stoßen, wenn sie sowohl erfolgreich wirtschaften als auch aktiv helfen, die gegenwärtigen ökologischen und sozialen Herausforderungen konstruktiv zu lösen. Dies ist nicht nur ethisch geboten, sondern ökonomisch notwendig und am Ende auch lukrativ für die Unternehmen.

In der Managementreihe „Corporate Social Responsibility" überwindet die nun vorliegende Publikation mit dem Titel *CSR und nachhaltige Innovation* abermals die öffentliche Schwarz-Weiß-Diskussion zum Thema Nachhaltigkeit zum einen durch neue betriebswirtschaftliche Ansätze, zum anderen durch zahlreiche positive Praxisbeispiele aus ganz unterschiedlichen Branchen. Das Buch stellt damit weitere Konzepte für die Implementation von CSR in Unternehmen zur Verfügung. Alle Leser sind herzlich eingeladen, die in der Reihe dargelegten Gedanken aufzugreifen und für die eigenen beruflichen Herausforderungen zu nutzen sowie mit den Herausgebern, Autoren und Unterstützern dieser Reihe intensiv zu diskutieren. Ich möchte mich last, but not least sehr herzlich bei den Herausgeberinnen Dr. Gesa Gordon und Prof. Dr. Astrid Nelke für ihr großes Engagement, bei Michael Bursik und Janina Tschech vom Springer Gabler Verlag für die gute Zusammenarbeit sowie bei allen Unterstützern der Reihe aufrichtig bedanken und wünsche Ihnen, werte Leserin und werter Leser, nun eine interessante Lektüre.

Prof. Dr. René Schmidpeter

Vorwort des Head of Unit „Eco-innovation and circular economy" European Commission, DG Environment

Die unternehmerische Gesellschaftsverantwortung (CSR) und Ökoinnovation sind sehr wichtige Instrumente, die einen wertvollen Beitrag zu Europas Anstrengungen in Richtung eines nachhaltigen und integrativen Wachstums leisten können.

93 % der 250 weltweit größten Unternehmen veröffentlichen jährliche CSR-Berichte, fast 60 % davon werden von unabhängigen Stellen geprüft. Eine große Anzahl von Unternehmen aus den unterschiedlichsten Branchen, von Finanzen bis Bergbau, ergreift Maßnahmen und geht freiwillige Verpflichtungen ein, um zur Bewältigung gesellschaftlicher Herausforderungen beizutragen. Weiterhin sind wir jedoch mit Umweltkatastrophen, ausgelöst durch falsche Unternehmensentscheidungen, mit tödlichen Unfällen in Fabriken und unangemessenen Unternehmenssteuerpraktiken konfrontiert. Es muss also noch mehr getan werden.

Ökoinnovation bedeutet per Definition, jenseits der etablierten Produkte, Produktions- und Vertriebsmethoden innovative Ansätze zu entwickeln und anzuwenden, um wesentliche und nachweisbare Fortschritte in Richtung nachhaltiger Entwicklung zu erzielen. Dies kann entweder durch Reduzierung der Umweltauswirkungen oder durch eine effizientere und verantwortungsvolle Nutzung der Ressourcen erreicht werden.

Der zugrunde liegende Grundsatz ist eng mit dem Gedanken des „über bestehende gesetzliche und rechtliche Verpflichtungen Hinausgehens" verwandt, welcher ein wichtiger Bestandteil der CSR-Aktivitäten ist. Im Zusammenhang mit CSR verstehen wir darunter Akteure, die über ihre Pflichten hinaus und freiwillig handeln, um allfällige negative Umwelt- und soziale Auswirkungen in einem größeren Ausmaß zu reduzieren, als es die von Regierungen beschlossenen Anforderungen verlangen. Die Einhaltung geltender verbindlicher Regelungen ist nur der Ausgangspunkt. Aktivitäten unter dem Titel der CSR gehen weiter. CSR heißt nicht, dass sich Unternehmen selbst zur Einhaltung der Arbeitsgesetze, Chemikalienverordnungen usw. gratulieren können. CSR bedeutet die Umsetzung von Programmen, Verhaltenskodexen, freiwilligen Vereinbarungen und Verpflichtungen, die dazu führen, dass Organisationen mehr tun als das, woran sie gesetzlich gebunden sind.

Unternehmen, Forscher und Behörden suchen immer nach den bestimmenden Faktoren, die Ökoinnovation fördern. Zu den Hauptfaktoren zählen die Steigerung der Wettbewerbsfähigkeit durch Kosteneinsparung, die effizientere Umsetzung von verbindlichen Umwelt- und Sozialvorschriften, die Erfüllung der Verbrauchernachfrage nach nachhaltigen Waren und Dienstleistungen und last, but not least die unternehmerische Gesellschaftsverantwortung. Es gibt auch eine Reihe von Studien, die die Motive für die Umsetzung von CSR-Maßnahmen untersuchen, und diese kommen zu ähnlichen Ergebnissen. CSR wird durch die Absicht gefördert, die Bedingungen für langfristige Gewinne zu schaffen, sie dient dazu, durch verantwortungsvolles Handeln die Bewältigung externer Effekte zu erleichtern, durch die Integration von sozialen Forderungen einen Beitrag zu einer stabilen Gesellschaft zu leisten, aber auch zu tun, was ethisch korrekt ist.

Eine logische Folgerung aus diesen Betrachtungen ist, dass es eine starke Korrelation zwischen CSR und Ökoinnovation gibt. Auch eine Reihe empirischer Belege deutet darauf hin. Unter den richtigen Bedingungen kann CSR eine wichtige Rolle bei der Initiierung und Förderung von Ökoinnovationen spielen. CSR kann der Ausgangspunkt für die Suche nach effizienteren Geschäftsmethoden oder neuen Arten von Produkten oder Dienstleistungen sein. Diese Suche würde oft nicht unternommen werden, wenn keine CSR-Ziele auf Unternehmensebene existierten. Es ist doch sehr einfach: Wenn wir die Listen der innovativsten und der nachhaltigsten Unternehmen vergleichen, so kommen viele Unternehmen auf beiden Listen vor, auch wenn die Gleichung nicht immer stimmt!

Ausmaß und Qualität der CSR-Aktivitäten sind natürlich Faktoren, die hier eine Rolle spielen. Es gibt Unternehmen, die nur minimale und oberflächliche CSR-Aktivität betreiben mit dem Ziel, ein Engagement für grüne und soziale Themen zu signalisieren und auf diesem Weg das Ansehen des Unternehmens zu verbessern, ohne grundsätzliche Verbesserungen und Veränderungen anzustreben. Diese Art von CSR bleibt dann natürlich von der Kern- und Wachstumsstrategie des Unternehmens getrennt und das Unternehmen bemüht sich auch nicht um wirklich innovative Produkte und Geschäftsmodelle. Daher werden sich CSR-Aktivitäten wohl nur dann positiv auf Ökoinnovation auswirken, wenn sie einen strategischen Ansatz haben. Sie müssen unter die Oberfläche gehen, die Struktur durchdringen und darauf abzielen, diese tief greifend zu verändern. CSR muss also anstreben zu verändern, wie Organisationen und Firmen funktionieren, wie sie investieren und wie sie sich erneuern. Strategische CSR erfordert eine klare Zusammenführung von CSR mit der Geschäfts- und Wachstumsstrategie eines Unternehmens. Dies schafft dann einen positiven Kreislauf, der Innovationsaktivitäten ermöglicht.

Sowohl CSR als auch Ökoinnovationen sind spezifische Herausforderungen für kleine und mittlere Unternehmen (KMU), die oft nur auf bescheidene Ressourcen zurückgreifen können, um das Profil des Unternehmens und die Produkte und Dienstleistungen, die sie anbieten, zu verändern und zu erneuern. Gleichzeitig haben KMU aber oft auf natürliche Weise einen verantwortungsvollen Umgang mit der „Umwelt", in der sie im weiteren Sinne tätig sind. Sind sie doch nahe am Verbraucher und nahe an ihrer lokalen Umgebung. Für viele KMU ist der Prozess, in dem sie die Ziele ihrer unternehmerischen Gesellschaftsverantwortung festlegen, eher informell und intuitiv. Es ist auch eher selten, dass KMU ihre CSR über externe Finanzberichte, Hochglanzpublikationen oder Etiketten und Zertifizierungen bewerben, aber das sollte den Wert ihrer Bemühungen nicht mindern.

Sobald ein Berichtselement vorhanden ist, ist es wichtig, sicherzustellen, dass Nachhaltigkeitsauswirkungen und Maßnahmen gemessen werden können, dass sie glaubwürdig sind und konsistent kommuniziert werden. Es gibt eine Vielzahl von Normen, Zertifizierungssystemen, Bewertungswerkzeugen, Ranglisten, Prüfungssystemen, Systemen zur Nach- und Rückverfolgbarkeit mit nationaler, regionaler und globaler Reichweite. Die weite Verbreitung und Bandbreite von Methoden zur Bewertung und Berichterstattung bringen natürlich auch Sorgen über deren Zuverlässigkeit, Vergleichbarkeit und eventuelle Verwaltungskosten mit sich. Die Bedenken könnten durch die Verwendung von allgemein anerkannten und transparenten Methoden und durch den Rückgriff auf Systeme zur unabhängigen Überprüfung, Kontrolle und Rückverfolgung gemindert werden.

Auf dem Weg zu einer aktiveren und effektiveren CSR-Politik, die den Anstoß zu Ökoinnovationen geben kann, können Regierungen durch Förderungen, Anreize und die Entwicklung von Instrumenten und Richtlinien beitragen. Auch Ökoinnovation kann von den Regierungen durch Vorschriften, Anreize, Finanzierungen, informationsaufbereitende Programme usw. erleichtert werden.

Es muss natürlich auch gesagt sein, dass die Verbindung zwischen CSR und Ökoinnovationen nicht automatisch gewährleistet ist. Daher ist es ein sehr interessanter Ansatz, in diesem Buch zu beleuchten, wie diese beiden Phänomene miteinander verbunden sein können und unter welchen Umständen sie sich gegenseitig verstärken. Die Fragen, die gestellt werden müssen, sind: Wie stark sind die positiven Auswirkungen auf die Umwelt und auf die Gesellschaft, die aus der Innovationstätigkeit von Unternehmen entstehen können? Welche Arten von CSR-Aktivitäten lösen Ökoinnovationen aus? Wie funktioniert der Nexus zwischen CSR und Ökoinnovationen für verschiedene Unternehmen? Wie hängen CSR, Ökoinnovation und erhöhte Profitabilität zusammen?

Diese Fragen zu beantworten und mit praktischen Beispielen zu verdeutlichen, haben sich die Autorinnen und Autoren dieses Buchs zum Ziel gesetzt. Damit geben sie Orientierungshilfen für interessierte Unternehmen und Organisationen, die CSR und nachhaltige Innovationen in ihrer Praxis verbinden möchten.

Hugo-Maria Schally

Die Herausgeberinnen

Dr. Gesa Gordon ist Soziologin. Nach einer Promotion über die Neugierde, Stationen in der Managementberatung und als wissenschaftliche Referentin für den Projektträger Jülich im Innovationsmanagement und Wissenstransfer leitete sie zuletzt mehrere Transferprojekte für die Leibniz-Gemeinschaft. Heute beschäftigt sie sich mit der Rolle von Verantwortung und Nachhaltigkeit im Innovationskontext. Sie berät Organisationen und Unternehmen im Kontext nachhaltiger Innovation und Stakeholder-Management. Kooperation, langfristiges Wirtschaften und ein wertschätzender Umgang mit Mensch und Natur sind dabei handlungsleitend.

Prof. Dr. Astrid Nelke studierte Publizistik und Kommunikationswissenschaft an der FU Berlin, wo sie 2008 auch promovierte. Nach Stationen in der Konzernpolitik der Deutschen Lufthansa AG, der Bundesgeschäftsstelle der CDU Deutschland und als Leiterin der Presse- und Öffentlichkeitsarbeit bei der Fachgemeinschaft Bau ist sie als Hochschullehrerin für Unternehmenskommunikation und Innovationsmanagement an der FOM Hochschule für Oekonomie & Management in Berlin tätig. Daneben berät sie mit ihrem Team von [know:bodies] Unternehmen und Organisationen zu den Themen interne und externe Kommunikation sowie Talentmanagement. Außerdem ist Astrid Nelke Geschäftsführerin der MittelstandsWirtschaft.de DMB-Unternehmer-Service GmbH in Düsseldorf.

Inhaltsverzeichnis

Einleitung 1
    Gesa Gordon und Astrid Nelke

Teil I   Wissenschaft und Politik

Nachhaltige Innovationen 13
    Knut Blind und Rainer Quitzow

Interne und externe Unternehmenskommunikation für nachhaltige Innovation und gesellschaftliche Verantwortung von Unternehmen am Beispiel des Employer Brandings 25
    Astrid Nelke

Nachhaltiges Wirtschaften in der Kommunikation von Start-ups: CSR als Chance für junge Unternehmen 39
    Angela Bittner-Fesseler und Britta Leben

Der Deutsche Nachhaltigkeitskodex. Eine erste Bilanz 55
    Yvonne Zwick

Teil II   Großindustrie und Mittelstand

Beiersdorf: Onlineplattform ermöglicht sinnvolle Nutzung überschüssiger Produkte 71
    Sonia Reichensperger

Innovative Nachhaltigkeitskommunikation dargestellt am Beispiel der Bosch-Gruppe 83
    Bernhard Schwager

Nachhaltige Unternehmensführung – Der Beitrag eines agilen Qualitätsmanagements am Beispiel der DB Projekt Bau GmbH 97
Ralf Plitzkat

CSR im forschungsaktiven Mittelstand – Verantwortung hat Tradition 123
Yvonne Karmann-Proppert

AfB als Europas erstes gemeinnütziges IT-Unternehmen 133
Nathalie Ball

EcoVadis – Bewertung von Nachhaltigkeitsleistungen in globalen Lieferketten . 153
Tanja Reilly

Nachhaltige Unternehmensführung in der Firma Häßler-Lift Hebebühnen – Wachstum durch Kooperation 171
Thomas Häßler

Gelebte Nachhaltigkeit am Beispiel hhpberlin Ingenieure für Brandschutz GmbH: Wirksamkeit durch Handeln 189
Gesa Gordon und Stefan Truthän

Vom Anbau bis zur Stulle – Märkisches Landbrot 205
Nils D. Wittke

Verantwortung ernst nehmen, Stakeholder einbinden, Innovation stärken 227
Norbert Taubken, Marion Mitchell und Daphne Recker

TeeGschwendner 239
Miriam Benarey-Meisel und Thomas Henn

Teil III   Gesellschaft und Beratung

Die „Aktie Lotti": Nachhaltiges Wirtschaften macht Unternehmen erfolgreich – Sieben Praxisbeispiele aus der Schweiz 255
Petra-Alexandra Buhl

Nachhaltige Führungskräfteentwicklung durch Corporate Volunteering 269
Gabriele Bartsch

Innovative Geschäftsmodelle im Anthropozän 281
Gerd Hofielen

Innovative Arbeitswelten nachhaltig gestalten 301
Smaranda Beate Keller

Vom technischen Umweltschutz zur Zukunftsfähigkeit von Organisationen ... 319
   Burkhard Kühnemann

**Zukunft ist unsere Gestaltungsaufgabe! Die Lebendigkeits-Werkstatt –
   ein Instrument, um von der Zukunft her zu gestalten** 327
   Hildegard Kurt

Das Projekt „von morgen" – Alles Gute auf einer Karte 339
   Benedikt Roth und Lisa Stehr

**Die Bedeutung von Mitarbeitereinbindung für verantwortungsvolle Innovation
   im Rahmen von Veränderungsprozessen** 349
   Hanna Sostak

Der Weg zum ersten CR-Report 361
   Norbert Taubken

Agiles Arbeiten als Basis für Innovation 373
   Christiane Schulz und Stefanie Zeidler

Shared Value – Vom Risikomanagement zur Marktgestaltung 385
   Heiko Kretschmer und Anja Rechenberg

Teil IV Schlussteil

Zusammenfassende Schlussbetrachtung 407
   Gesa Gordon und Astrid Nelke

AutorInnenverzeichnis

Nathalie Ball Ettlingen, Deutschland

Gabriele Bartsch Stuttgart, Deutschland

Miriam Benarey-Meisel Meckenheim, Deutschland

Angela Bittner-Fesseler Berlin, Deutschland

Knut Blind Berlin, Deutschland

Petra-Alexandra Buhl Radolfzell, Deutschland

Gesa Gordon Berlin, Deutschland

Thomas Häßler Halle, Deutschland

Thomas Henn Meckenheim, Deutschland

Gerd Hofielen Berlin, Deutschland

Yvonne Karmann-Proppert Köln, Deutschland

Smaranda Beate Keller München, Deutschland

Heiko Kretschmer Berlin, Deutschland

Burkhard Kühnemann Hannover, Deutschland

Hildegard Kurt Berlin, Deutschland

Britta Leben Berlin, Deutschland

Marion Mitchell Maintal, Deutschland

Astrid Nelke Berlin, Deutschland

Ralf Plitzkat Berlin, Deutschland

Rainer Quitzow Potsdam, Deutschland

Anja Rechenberg München, Deutschland

Daphne Recker Maintal, Deutschland

Sonia Reichensperger Hamburg, Deutschland

Tanja Reilly Düsseldorf, Deutschland

Benedikt Roth Darmstadt, Deutschland

Christiane Schulz Berlin, Deutschland

Bernhard Schwager Stuttgart, Deutschland

Hanna Sostak Berlin, Deutschland

Lisa Stehr Heidelberg, Deutschland

Norbert Taubken Berlin, Deutschland

Stefan Truthän Berlin, Deutschland

Nils D. Wittke Berlin, Deutschland

Stefanie Zeidler Berlin, Deutschland

Yvonne Zwick Berlin, Deutschland

Einleitung

Gesa Gordon und Astrid Nelke

Verantwortung, Nachhaltigkeit und Innovation sind Begriffe, die so gut wie jeder Akteur, ob Großkonzern, mittelständisches Unternehmen, Start-up, öffentliche Verwaltung oder Non-Profit-Organisation auf die eine oder andere Weise für sich in Anspruch nimmt. Die für 2017 geplante EU-Richtlinie über die Offenlegung nichtfinanzieller Kennzahlen bei kapitalmarktorientierten Kapitalgesellschaften, Kreditinstituten und Versicherungsunternehmen mit einer Bilanzsumme von 20 Mio. Euro oder Umsatzerlösen von 40 Mio. Euro und zugleich mehr als 500 Beschäftigten ist kurz vor ihrer Veröffentlichung. Der Referentenentwurf des Bundesministeriums für Justiz und Verbraucherschutz vom Frühjahr 2016 erweiterte den Kreis um haftungsbeschränkte Personengesellschaften und Genossenschaften. Wie konkret die EU-Mitgliedsstaaten die Richtlinie dem nationalen Recht entsprechend anpassen, ist bei Drucklegung noch offen. Ziel ist es, einen Vergleichsrahmen für wettbewerbliche Nachhaltigkeitsleistungen durch standardisierte Mindestanforderungen zu schaffen.

Ohne der Debatte über ein Für und Wider von Nachhaltigkeitsberichterstattung eine weitere Wendung geben zu wollen oder auf die Frage nach der Sinnhaftigkeit von steigenden bürokratischen Anforderungen einzugehen, möchte dieses Buch den Blick wenden hin zu Unternehmen, die aus sehr unterschiedlichen Motiven heraus nachhaltig im Sinne von ökonomisch, ökologisch und sozial die Folgen ihres Tuns auch mit Blick auf die folgenden Generationen heute bereits mit in ihr Kalkül nehmen. Ist doch die Endlichkeit der Ressourcen als gegeben zu konstatieren. Und solange Menschen handlungsleitend sind anstelle eines Primates der Technik, kann gerade nicht umstandslos akzeptiert von

G. Gordon (✉)
Berlin, Deutschland
E-Mail: post@gesagordon.de

A. Nelke
FOM Hochschule für Oekonomie & Management
Berlin, Deutschland
E-Mail: nelke@knowbodies.de

© Springer-Verlag GmbH Deutschland 2017
G. Gordon und A. Nelke (Hrsg.), *CSR und Nachhaltige Innovation*,
Management-Reihe Corporate Social Responsibility, DOI 10.1007/978-3-662-49952-8_1

Pfadabhängigkeit gesprochen werden, wie es allzu gerne immer wieder getan wird. Joachim Müller-Jung spricht in der FAZ vom 15.12.2015 mit Blick auf die Ergebnisse der Klimaschutzkonferenz in Paris von „süßer Säure", die der moralische Druck der verbleibenden Widerständler gegen die freiwilligen nationalen Klimaschutzziele lösen solle. Die im September 2015 von der Bertelsmann Stiftung veröffentlichte Studie zu den UN-Nachhaltigkeitszielen spricht eine eindeutige Sprache[1] – erschreckend einprägsame Negativbilder, denen wir positive Beispiele entgegensetzen möchten: Unternehmen, die auf ihre jeweils eigene Weise Nachhaltigkeit bereits leben, dabei situativ immer wieder neu gestalten und auch Sachzwängen ihr Potenzial abverlangen, sich Neuem gegenüber öffnen, anstatt in einer vermeintlichen Alternativlosigkeit zu verharren. Auch mit auf den ersten Blick noch so kleinen ersten Schritten haben wir die Möglichkeit, Perspektiven zu öffnen, kleinteilige Lösungsansätze auszuprobieren, zu kooperieren, Wissen zu teilen und unerwartete Lösungen zu generieren.

Genau das möchte dieses Buch leisten: den Blick auf gelungene Praxis öffnen und sehr unterschiedliche Wege aufzeigen, wie Unternehmen Verantwortung, Nachhaltigkeit und Innovation aus einer unternehmerischen Motivation heraus, langfristigen Mehrwert und Perspektiven für ihr Unternehmen und seine Mitarbeitenden zu generieren, bereits heute umsetzen – eine Herausforderung, der Unternehmen auch dadurch gerecht werden, indem sie den ständigen Wandel als Teil ihrer Kultur verstehen lernen. Das zu realisieren, in beständiger Veränderung immer wieder Neues und Unerwartetes zu integrieren, um langfristig handeln zu können, bedarf der Verantwortung, Verantwortung für das eigene Tun, bewusst und mutig immer wieder erste Schritte zu wagen, auch auf Feldern, die bisher vielleicht noch gar nicht betrachtet wurden oder unter ganz neue Vorzeichen gesetzt werden, z. B. mit Blick auf (Dienst-)Leistungen, die im Auftrag des Unternehmens erbracht werden.

Anliegen dieses Buches ist es, zusätzlich zur klassischen Herangehensweise der nachhaltigen Berichterstattung die Gesichtspunkte Verantwortung, Nachhaltigkeit und Innovation auch aus anderen Perspektiven auszuleuchten. Unbestritten ist, dass das Thema

---

[1] „Die meisten Industriestaaten der OECD sind noch nicht fit für das neue Nachhaltigkeitsversprechen der Weltgemeinschaft: Viele sind noch weit davon entfernt, die globalen Politikziele zu erreichen, wie sie die Staats- und Regierungschefs auf dem UN-Sondergipfel in diesem Monat beschließen werden. Und bei vielen Indikatoren besteht die Gefahr, diese Ziele komplett zu verfehlen. Die größten Defizite weisen die Industriestaaten dabei in ihrem wenig nachhaltigen Produktions- und Konsumverhalten auf. Außerdem verschärfen ihre Wirtschaftssysteme vielfach den Trend zur sozialen Ungleichheit." Auch wenn Deutschland mit Platz 6 im vorderen Bereich landet, gibt es noch markante Defizite. Beispielsweise produziert jeder Deutsche jährlich durchschnittlich 131 kg mehr Müll (gesamt: 614 kg) als der Durchschnitt aller Industriestaaten (483 kg). Noch weniger nachhaltig produziert die deutsche Landwirtschaft. Mit einem Überschuss von 94 kg pro Hektar Agrarfläche bei Eintrag von Stickstoff und Phosphor drohen Böden, Luft und Wasser schwer beschädigt zu werden. Hintere Plätze belegt Deutschland auch beim Anteil bedrohter Tierarten, der hohen Ausbeutung seiner Wasserressourcen und bei der Feinstaubbelastung, bei der es auf dem 27. Platz steht. Mit der Geschlechtergerechtigkeit (Lohnunterschiede zwischen Frauen und Männern) erlangt es Platz 21 von 34 (Bertelsmann Stiftung 2015).

Nachhaltigkeitsberichterstattung über kurz oder lang eine immer größere Bedeutung erlangen wird. Und wer sein Tun transparent macht, wird im Wettbewerb wie auch bei Investoren keine Nachteile haben. In der Umsetzung reicht das Spektrum von der reinen Pflichterfüllung über ein frühzeitiges Reagieren und das aktive Annehmen kommender Anforderungen bis zum Handeln aus einer unternehmerischen Werthaltung heraus. Wie ein roter Faden zieht sich durch die unterschiedlichen Beiträge die Beobachtung, dass Nachhaltigkeit, sobald sie der Unternehmensstruktur als Teil immanent wird, ob bewusst oder nicht, ihr innovatives Potenzial entfalten kann. Am Markt erfolgreich zu operieren und gleichzeitig kurz- wie langfristig ökonomische, ökologische und soziale Aspekte in das unternehmerische Handeln zu integrieren, muss schon heute kein Widerspruch sein. Die große Spannweite der Beiträge möchte dazu einladen, ganz unterschiedliche Herangehensweisen im Umgang mit der Thematik zu betrachten. Wie geht ein kleiner Mittelständler, der nicht berichtspflichtig ist, aber den zunehmenden Endkundendruck mit Blick auf transparente Lieferketten spürt, mit den neuen Anforderungen um? Was geschieht, wenn sich ein Unternehmen dazu entschließt, die eigene CR-Roadmap mit seinen Stakeholdern zu diskutieren? Welche Rolle spielen Transparenz und Offenheit sowohl im eigenen Unternehmen als auch im Umgang mit den Anspruchsgruppen bei der Entwicklung neuer Lösungen?

Neben der politischen Rahmung am Beispiel des Deutschen Nachhaltigkeitskodex wird an Praxisbeispielen aus der Industrie und dem Mittelstand gezeigt, wie das Öffnen der Perspektive technologischer Innovation hin zu Verantwortung und Nachhaltigkeit in sich erhebliches Innovationspotenzial birgt – z. B. über Transparenz und Kooperation.

Diese Aspekte lassen sich mithilfe interner wie externer Kommunikation unterstützen und verstärken. Wie von selbst kann aus der Pflicht, zu berichten, eine Kür entstehen. Kommunikation der nachhaltigen Innovation im Unternehmen kann weiterhin als Instrument des Employer Brandings dienen. So werden Beschäftigte durch eine auf Nachhaltigkeit und Innovation ausgerichtete Arbeitgebermarke an das Unternehmen gebunden. Dieser Fokus kann auch neue Talente für das Unternehmen begeistern. Aufgrund der demografischen Entwicklung und des daraus resultierenden Fachkräftemangels werden das Gewinnen von Fachkräften sowie das Schaffen von Arbeitsplätzen für Unternehmen zukünftig immer mehr wettbewerbsbestimmende Faktoren sein. Welche Bedeutung hat dabei das ureigene unternehmerische Verständnis – die innere Überzeugung, Haltung und Sinnstiftung durch das Unternehmen – verbunden mit Fragen zu Innovation, Eigenverantwortung, Transparenz, Fairness und Zusammenarbeit? Wie ist es möglich, dass nicht aufgrund rechtlicher Rahmenbedingungen, sondern aus der eigenen Motivation heraus Verantwortung und nachhaltige Innovation zum Wettbewerbsvorteil werden? Und schließlich: Was können Wirtschaftsunternehmen von sozialen Einrichtungen lernen, wenn sie ihre gesellschaftliche Verantwortung nicht beispielsweise auf einen Corporate-Volunteering-Tag im Jahr begrenzen und meinen, damit ihrer Schuldigkeit Genüge getan zu haben? Diesen und weiteren Fragen gehen die Beiträge in diesem Buch nach und möchten die Perspektive im Umgang mit den Themen Verantwortung, Nachhaltigkeit und Innovation weiten und Mut machen, sich den Herausforderungen zu stellen. Denn zukunftsfähig wird perspektivisch nur bleiben, wer kokreativ mit seinen Stakeholdern verantwortlich und transparent zusammenarbeitet und glaubhaft machen kann, die eigenen Werte auch zu leben. Auf diesem Weg werden nachhaltige Innovationen entstehen, die in Alleingängen nicht denkbar gewesen wären. Ein Beispiel dafür, wie all diese Ansätze bereits heute versammelt auf einer Onlineplattform sichtbar gemacht werden können und wo gemeinsames Handeln bereits zur Grundhaltung zählt, wird anhand der „Karte von morgen" vorgestellt, einer Idee, die aus dem Studienprogramm „Transformation gestalten" aller Begabtenförderungswerke für den Bereich der gesellschaftlichen Transformation, hervorgegangen ist.

Abschließend sei auf die Pläne der EU-Kommission verwiesen, eine neuartige Kreislaufwirtschaft zu schaffen, die zugleich die Ressourcen schonen und neues Wachstum schaffen soll. Wie Christoph Pauly und Gerald Traufetter im Spiegel vom 23.1.2016 berichten, umfasst der Katalog rund 50 Maßnahmen von Recyclingzielen für die Abfallwirtschaft über die Reduzierung der Lebensmittelverschwendung bis zu einer neuen Düngemittelverordnung. Die Autoren verweisen auf eine McKinsey-Studie und schreiben: „Würde die Ökonomie nach den EU-Plänen umgebaut, könnten die Kosten für Mobilität, Wohnen und Lebensmittel in Deutschland um 25 % sinken. Die Kreislaufwirtschaft, heißt es in der Studie, könne ‚Europas nächstes großes Wirtschaftsprojekt werden'" (vgl. McKinsey 2016).

Das aus Gründen der besseren Lesbarkeit in einigen Texten verwendete generische Maskulin schließt gleichermaßen weibliche und männliche Personen ein. Wenn also beispielsweise von Mitarbeitern die Rede ist, sind damit auch die Mitarbeiterinnen gemeint, es sei denn, das Geschlecht wird explizit hervorgehoben.

Im ersten Teil des Buches wird aus der wissenschaftlichen Perspektive ein Blick auf nachhaltige Innovation und die Rolle von Kommunikation geworfen. Politisch bezieht der Rat für Nachhaltige Entwicklung mit Blick auf den Deutschen Nachhaltigkeitskodex Position.

Knut Blind und *Rainer Quitzow* skizzieren in ihrem Beitrag zu Beginn die Entwicklung der Nachhaltigkeitsthematik. Dann beschreiben sie den Weg der verschiedenen Innovationstypen hin zu systemischer Innovation und gelangen über die drei Dimensionen der Nachhaltigkeit hin zum aktuellen Stand der Forschung zu nachhaltiger Innovation. Der Beitrag kommt zum Schluss, dass künftig alle drei Dimensionen der Nachhaltigkeit bei erfolgreichen Innovationen zu berücksichtigen sein werden und somit Erfolg einzig über die ökonomische Dimension nicht mehr zu erlangen sein wird.

Astrid Nelke zeigt in ihrem Beitrag den Zusammenhang von nachhaltigen Innovationen, gesellschaftlicher Verantwortung von Unternehmen sowie interner und externer Unternehmenskommunikation auf. Am Beispiel eines Biohotels in Brandenburg wird das Zusammenspiel von Maßnahmen der Kommunikation und einem Management durch Kommunikation im Bereich des Employer Brandings analysiert.

Angela Bittner-Fesseler und *Britta Leben* stellen die Ergebnisse ihrer Studie zur Bedeutung von Nachhaltigkeit in der digitalen Start-up-Szene Berlins vor. Zwar erachten Gründer nachhaltiges Handeln für ihre Strategiebildung und Positionierung in der Wirtschaft als durchaus wichtig. Dennoch nutzen sie das Thema wenig für ihre Kommunikation und

Imagebildung. Wie dieses Potenzial genutzt werden kann, wird in drei Empfehlungen dargestellt.

Yvonne Zwick zieht in ihrem Beitrag eine erste Bilanz zum Deutschen Nachhaltigkeitskodex (DNK), der seit Ende 2011 vom Rat für Nachhaltige Entwicklung als freiwilliger Standard zur Offenlegung unternehmerischer Nachhaltigkeitsleistungen etabliert wird. In zwanzig Kriterien und einer Auswahl von Leistungsindikatoren beschreiben Unternehmen kurz und knapp, wie sie mit den Herausforderungen einer nachhaltigen Entwicklung umgehen, welche Chancen und Risiken für das unternehmerische Handeln sich daraus ergeben.

Im zweiten Teil des Buches werden aktuelle Praxisbeispiele aus der Großindustrie und dem Mittelstand vorgestellt.

Sonia Reichensperger stellt am Beispiel der Beiersdorf AG dar, wie ein Unternehmen durch Sachspenden eine ökologisch und sozial wirksame Lösung für den Umgang mit überschüssigen Produkten realisieren kann. Partner hierfür ist Innatura, das seit 2013 Sachspenden von Unternehmen und gemeinnützige Organisationen auf einer digitalen Plattform zusammenführt und auch die logistische Abwicklung übernimmt. Auf diese Weise erhalten insbesondere kleine gemeinnützige Organisationen Zugang zu Sachspenden für den täglichen Bedarf.

Bernhard Schwager skizziert, wie das Ziel der Bosch-Gruppe, die Lebensqualität der Menschen durch innovative und nutzbringende Produkte und Dienstleistungen zu verbessern, eng verzahnt ist mit dem Bekenntnis zu einer verantwortungsvollen Unternehmensführung. Wie das Engagement und die Aktivitäten des Unternehmens im Bereich der Nachhaltigkeit über eine innovative Nachhaltigkeitskommunikation kommuniziert werden, beschreibt er beginnend mit dem ersten Umweltbericht 1998 bis heute.

Ralf Plitzkat berichtet, wie das Dienstleistungsunternehmen DB ProjektBau versucht, einen dauerhaften Impuls für Marktorientierung und Verantwortung zu setzen. Aus der Perspektive der Leitung des Qualitätsmanagements beschreibt er die Möglichkeit, wie das Qualitätsmanagement zum Motor für nachhaltige Unternehmensführung werden kann, indem es die Mitarbeitenden aktiv in Veränderungsprozesse einbindet.

Yvonne Karmann-Proppert erlaubt als Präsidentin der Arbeitsgemeinschaft industrieller Forschungsvereinigungen einen Einblick in die Bedeutung von Verantwortung, Nachhaltigkeit und Innovation im forschungsaktiven Mittelstand: indem Wettbewerber gemeinsam und branchenübergreifend in der Industriellen Gemeinschaftsforschung (IGF) aktiv werden, um verantwortlich und zukunftsfähig handeln zu können.

Nathalie Ball zeigt am Beispiel der AfB Arbeit für Behinderte gGmbH auf, wie aus dem Bedarf großer Unternehmen, ihre gebrauchte IT-Hardware vor Ort in Deutschland einer zertifizierten Datenlöschung zu unterziehen, ein innovatives Geschäftsmodell entwickelt wurde: Eher zufällig kam beim Mittagessen im Gespräch mit dem Leiter einer Behindertenwerkstatt die gesellschaftliche Komponente mit in den Blick. Nach zehn Jahren ist das Unternehmen mit über 200 Mitarbeitenden international tätig.

Tanja Reilly beschreibt am Beispiel der CSR-Rating-Agentur EcoVadis, wie die Bewertung von Nachhaltigkeitsperformance aus Sicht des Einkaufs für Lieferanten entlang der globalen Lieferkette mithilfe einer kollaborativen Plattform bewertet, überwacht und verbessert werden kann. Das Unternehmen hat sich zum Ziel gesetzt, die Umwelt- und Sozialpraktiken von Unternehmen durch ein CSR-Performancemonitoring innerhalb der Lieferkette zu fördern und Unternehmen bei der Verbesserung von Nachhaltigkeit zu unterstützen. Ergänzend berichten zwei Unternehmen – ein Büro- und Arbeitsstuhlhersteller sowie ein Pflanzenextraktproduzent für die kosmetische Industrie – von ihren Erfahrungen mit der Plattform und der Rolle nachhaltiger Innovation in ihrem Segment.

Thomas Häßler gewährt uns am Beispiel seines Unternehmens Häßler-Lift Hebebühnen Einblick in sein Verständnis von nachhaltiger Unternehmensführung. Am Beispiel seines eigenen Unternehmens lässt er integrale Unternehmensführung lebendig werden und beschreibt insbesondere die Rolle von Kommunikation und Kooperation in diesem Prozess.

Gesa Gordon und *Stefan Truthän* öffnen den Blick darauf, wie aus einer unternehmerischen Werthaltung heraus, ohne Nachhaltigkeit bewusst in den Blick zu nehmen, wesentliche Aspekte von Verantwortung und Nachhaltigkeit gelebt werden können und zu organisationalen wie auch technischen, nachhaltigen Innovationen führen.

Nils D. Wittke berichtet, wie die Bäckerei Märkisches Landbrot aus intrinsischer Motivation heraus das gesamte Unternehmen nachhaltig ausgerichtet hat. Beispielhaft wird aufgezeigt, wie die nachhaltige Ausrichtung der Bäckerei wiederholt zum Motor für Innovationen und das Unternehmen immer wieder zum Pionier wurde. Heute werden dabei regelmäßig drei Nachhaltigkeitsstandards zur Bewertung des nachhaltigen Wirtschaftens eingesetzt.

Marion Mitchell, *Daphne Recker* und *Norbert Taubken* zeigen an einem international tätigen B2B-Unternehmen, der NORMA Group, wie sich aus der Einbindung von Stakeholdern in die Entwicklung einer neuen Corporate Responsibility Roadmap ein für das Unternehmen neuartiger Innovationsimpuls entwickeln konnte: Die externen Stakeholder forderten von der Unternehmensgruppe Maßnahmen und Strukturen zur Stärkung der Innovationskultur.

Miriam Benarey-Meisel und *Thomas Henn* schildern, wie die TeeGschwendner GmbH, der marktführende Teefacheinzelhändler aus dem Rheinland, sich der wachsenden Nachfrage an Unternehmenstransparenz gestellt und sich auf den Weg zu seiner ersten Nachhaltigkeitsberichterstattung begeben hat. Dabei erhält die Idee des ehrbaren Kaufmanns eine tragende Rolle.

Schließlich sind im dritten Teil Beiträge aus Beratung und Gesellschaft versammelt.

Petra-Alexandra Buhl schaut in die Schweiz und wirft einen Blick auf die Rolle nachhaltigen Wirtschaftens dort. An sieben Beispielen beschreibt sie, wie sich Profit und Idealismus nicht ausschließen und vertritt die These, dass Nachhaltigkeit nur möglich sei, wenn es auch ökonomisch stimme. Der Bogen wird vom Onlinefleischhändler mit der „Aktie Lotti" über den Migros-Genossenschaftsbund bis zu einem Spin-off der ETH Zürich geschlagen. Deutlich macht sie, warum häufig Familienunternehmen Vorreiter beim nachhaltigen Wirtschaften sind.

Gabriele Bartsch stellt ein Führungskräfteentwicklungsprogramm durch Corporate Volunteering vor. Sie schildert, wie aus Lernen in fremden Lebenswelten Innovationspotenzial entsteht. Indem ein mehrtägiger Corporate-Volunteering-Einsatz direkt mit der Führungskräfteentwicklung verknüpft wird, kann handlungs- und erfahrungsorientiertes Lernen nachhaltig sein, weil es die Teilnehmenden emotional berührt und damit starke Entwicklungsimpulse bietet.

Gerd Hofielen geht in seinem Beitrag der Frage nach, wie innovative Geschäftsprozesse im Zeitalter des Anthropozäns aussehen können. Er stellt die Ergebnisse einer Studie mit 17 KMU in Deutschland vor, die das Ziel verfolgen, ihr Wirtschaftsmodell in eine umweltgerechte und weiteren Fortschritt ermöglichende Organisationsform zu transformieren, die in fünf Maximen für nachhaltige Innovation beschrieben werden.

Beate Smaranda Keller richtet ihren Blick auf Anforderungen, die die moderne Arbeitswelt an Unternehmen stellt: Neue innovative Arbeitslandschaften für vernetztes Arbeiten, eine veränderte Kultur, neue Sichtweisen sowie Offenheit und Flexibilität werden von Unternehmen eingefordert, um den Ansprüchen sowohl der internen wie externen Stakeholder zu genügen. Voraussetzung dafür sind ganzheitliche, innovative Strategien, Strukturen und Prozesse in der Zusammenarbeit, die auch die räumliche Umgebung einbeziehen. Also ein optimales Zusammenspiel von Mensch, Technik und Raum. Wie all dies Realität werden kann, stellt sie am Beispiel der Citrix Systems, einem US-Softwareunternehmen, vor.

Burkhard Kühnemann schlägt einen historischen Bogen von den Anfängen der Umweltbewertungssysteme seit den frühen 1990er-Jahren und dem Thema Nachhaltigkeit sowie der dazugehörigen Berichterstattung bis ins Heute und plädiert dafür, wo möglich und sinnvoll, Absichten zu ersetzen durch klare, messbare und nachprüfbare Indikatoren, an denen sich letztlich das Messen lässt, worauf es ankommt: nämlich die nachhaltige, positive Wirkung auf die einzelnen Aspekte.

Hildegard Kurt stellt in ihrem Beitrag die Lebendigkeits-Werkstatt vor, ein Praxisformat, das Nachhaltigkeit, Verantwortung und Innovation miteinander verbindet. Sie unterstützt dabei, unternehmerische und organisationale Lebendigkeit zu entfalten, um kokreativ von der Zukunft her neue Handlungskompetenzen zu generieren und so aus Pfadabhängigkeiten herauszufinden.

Benedikt Roth und *Lisa Stehr* stellen ihr Projekt „von morgen" vor, das aus einem zweijährigen Studienprogramm „Transformation gestalten" der Heinrich Böll Stiftung entstand. Die Autoren beschreiben den Weg von der Themenfindung bis zum Ergebnis: eine interaktive Website und App, die Menschen, die Gutes tun wollen, und Projekte, die bereits Gutes schaffen, zusammenbringen.

Hanna Sostak geht der Frage nach, welche Rolle die Mitarbeitereinbindung für verantwortliche Innovation bei Veränderungsprozessen im Spannungsfeld zwischen der traditionell sicherheits- und zugehörigkeitsorientierten Organisation und der potenzialorientierten, lernenden Organisation einnimmt.

Norbert Taubken schildert aus der Perspektive eines Corporate-Responsibility-Beraters einen möglichen Prozess, wie ein Nachhaltigkeitsreport erstellt werden kann: vom Klären der Mitwirkenden über das Entwickeln einer Position bis zu Konzeption und Umsetzung eines Reports. Daneben werden Möglichkeiten und Grenzen externer Unterstützung auf dem Weg zum CR-Report aufgezeigt.

Christiane Schulz und *Stefanie Zeidler* berichten, wie sich eine Kommunikationsagentur den Themen nachhaltiges Handeln und Responsible Business Strategie selbst stellt, um Kunden innovative Kommunikationsdienstleistungen anbieten zu können, indem damit begonnen wurde, die eigene Strategie flexibler zu gestalten und sie in einer agilen Strategy Map festzuhalten.

Heiko Kretschmer und *Anja Rechenberg* zeigen schließlich auf, dass nachhaltiges Innovationsmanagement eine große Chance für Unternehmen darstellt, besonders im Hinblick auf den wachsenden Druck europäischer Regulierungen. Wer nachweisen will, dass Nachhaltigkeit und CR auch einen Return on Invest (RoI) haben, der müsse aufzeigen, welches enorme Innovationspotenzial für Produkte, Lösungen und Ideen genutzt werden könne, wenn man Aspekte der Nachhaltigkeitspolitik in die Innovationsplanung einbinde. Wie dies gelingen kann, wird an zwei Beispielen beschrieben.

Dieses Buch richtet sich an alle, die sich für den Zusammenhang zwischen verantwortlicher und nachhaltiger Unternehmensführung und Innovation sowie der damit verbundenen Rolle von Kommunikation interessieren. Weitere Zielgruppen sind Forschende, Lehrende und Studierende zum Thema „CSR und Innovation" sowie in den Kommunikations-, Sozial- und Wirtschaftswissenschaften.

Abschließend zu diesen einleitenden Worten möchten sich die Herausgeberinnen bei allen an diesem Buchprojekt Beteiligten herzlich bedanken. Den Autorinnen und Autoren für ihre Beiträge, die diesen weiten Einblick gerade auch in die Unternehmenspraxis erst erlaubt haben, der Europäischen Kommission für das Vorwort, Constanze Bruski und Alexander Wolff für die formale Arbeit am Manuskript, Karl Schlich für das Korrekturlesen sowie dem Verlag Springer Gabler, seiner Lektorin Janina Tschech und unserem Lektor Michael Bursik für die sehr angenehme Zusammenarbeit. Schließlich möchten wir noch unseren Familien danken für ihre Geduld in der Entstehungsperiode dieses Werkes.

Literatur

Bertelsmann Stiftung (2015) Industriestaaten drohen neue UN-Nachhaltigkeitsziele zu verfehlen. https://www.bertelsmann-stiftung.de/de/themen/aktuelle-meldungen/2015/september/industriestaaten-drohen-neue-un-nachhaltigkeitsziele-zu-verfehlen/. Zugegriffen: 4. Dezember 2015

McKinsey (2016) https://www.mckinsey.de/sites/mck_files/files/20160125_circular_economy_germany.pdf. Zugegriffen: 27. Januar 2016

Dr. Gesa Gordon ist Soziologin. Nach einer Promotion über die Neugierde, Stationen in der Managementberatung und als wissenschaftliche Referentin für den Projektträger Jülich im Innovationsmanagement und Wissenstransfer leitete sie zuletzt mehrere Transferprojekte für die Leibniz-Gemeinschaft. Heute beschäftigt sie sich mit der Rolle von Verantwortung und Nachhaltigkeit im Innovationskontext. Sie berät Organisationen und Unternehmen im Kontext nachhaltiger Innovation und Stakeholder-Management. Kooperation, langfristiges Wirtschaften und ein wertschätzender Umgang mit Mensch und Natur sind dabei handlungsleitend.

Prof. Dr Astrid Nelke studierte Publizistik und Kommunikationswissenschaft an der FU Berlin, wo sie 2008 auch promovierte. Nach Stationen in der Konzernpolitik der Deutschen Lufthansa AG, der Bundesgeschäftsstelle der CDU Deutschland und als Leiterin der Presse- und Öffentlichkeitsarbeit bei der Fachgemeinschaft Bau ist sie als Hochschullehrerin für Unternehmenskommunikation und Innovationsmanagement an der FOM Hochschule für Oekonomie & Management in Berlin tätig. Daneben berät sie mit ihrem Team von [know:bodies] Unternehmen und Organisationen zu den Themen interne und externe Kommunikation sowie Talentmanagement. Außerdem ist Astrid Nelke Geschäftsführerin der MittelstandsWirtschaft.de DMB-Unternehmer-Service GmbH in Düsseldorf.

Teil I
Wissenschaft und Politik

Nachhaltige Innovationen

Aktueller Stand der Forschung und Ausblick aus innovationsökonomischer Perspektive

Knut Blind und Rainer Quitzow

1 Einleitung

Innovationsfähigkeit hat sich in den letzten Jahren als wichtiger Erfolgsfaktor sowohl für Unternehmen als auch für ganze Volkswirtschaften bestätigt. Insbesondere nachhaltige Innovationsstrategien, d. h. kontinuierliche Investitionen in Forschung und Entwicklung, tragen zum nachhaltigen ökonomischen Erfolg von Unternehmen, aber auch Volkswirtschaften bei. Dies hat sich an der durch das Aufrechterhalten hoher Forschungs- und Entwicklungsausgaben bedingten schnellen Erholung Deutschlands nach der Finanzkrise gezeigt. Jedoch hat sich die alleinige Konzentration auf den nachhaltigen ökonomischen Erfolg in den letzten Jahren als nicht mehr hinreichend erwiesen. Inzwischen wird von Innovationen zunehmend auch Nachhaltigkeit im ökologischen Sinne verlangt. Man spricht in diesem Kontext auch von Umweltinnovationen als Maßnahmen verschiedener Akteure, wie Unternehmen und private Haushalte, um neue Ideen, Verhaltensweisen, Produkte und Prozesse zu entwickeln, anzuwenden oder einzuführen und damit Umweltbelastungen zu reduzieren oder zu anderen ökologischen Nachhaltigkeitszielen beizutragen (Rennings 2000, S. 322). Diese zweite Dimension der Nachhaltigkeit ist inzwischen schon seit über zwei Jahrzehnten, z. B. manifestiert durch die Publikation der ISO 14000 im Jahr 1996 und deren weitverbreiteter Umsetzung in der Industrie etabliert. Gleichzeitig erfolgte aber auch schon früher in der Politik durch die ersten Wahlerfolge der Grünen in den 1980er-

K. Blind (✉)
Technische Universität Berlin Fachgebiet Innovationsökonomie, Fraunhofer Institut für Offene Kommunikationssysteme FOKUS
Berlin, Deutschland
E-Mail: Knut.Blind@TU-Berlin.de

R. Quitzow
Institute for Advanced Sustainability Studies
Potsdam, Deutschland
E-Mail: rainer.quitzow@iass-potsdam.de

Jahren eine beginnende Sensibilisierung in der Gesellschaft im Allgemeinen. Folglich haben nicht nur Unternehmen die ökologische Dimension der Nachhaltigkeit zunehmend in ihr Innovationsmanagement integriert, sondern wiederum auch die Volkswirtschaften, die ihre Innovationspolitik entsprechend ausgerichtet haben, insbesondere im letzten Jahrzehnt entweder Marktanteile gewonnen oder gar ganz neue Märkte, wie z. B. in der Wind- oder Solarenergiebranche, erschlossen haben (Quitzow 2013).

Die soziale Dimension der Nachhaltigkeit wurde zwar schon im Brundtland-Bericht im Jahr 1987 (United Nations 1987) als dritte Säule etabliert, die konkrete Definition und Umsetzung ist allerdings erst in den letzten zwei Jahrzehnten beispielsweise im Rahmen der Arbeit des United Nations Global Compact, einer UN-Initiative zur Förderung der Umsetzung nachhaltiger und sozial verantwortlicher Unternehmensstrategien, und der nachfolgenden Kommunikationen der Europäischen Kommission im Jahre 2002 und 2011 vorangekommen (Europäische Kommission 2002, 2011). Schließlich haben sich parallel dazu erst in den letzten zehn Jahren die Politik, vor allem die Europäische Kommission, und nachfolgend die Innovationsforschung auch dem Thema sozialer Innovationen gewidmet. Folglich steht die Innovationsforschung sowohl bei der konzeptionellen Durchdringung als auch bei der Analyse nachhaltiger sozialer Innovationen erst am Anfang, während vor allem vonseiten der Europäischen Kommission die Thematik auf der politischen Ebene stark vorangetrieben wird.

Der folgende Beitrag stellt ausgehend von den existierenden Definitionen im zweiten Abschnitt und der Vorstellung der drei Dimensionen von Nachhaltigkeit im dritten Abschnitt eine Typologie nachhaltiger Innovationen im vierten Abschnitt vor, bevor im fünften Abschnitt ein Ausblick auf mögliche zukünftige Entwicklungen gegeben wird.

2 Dimensionen von Innovation

Der Begriff Innovation wird in Abhängigkeit von der ihn verwendenden Disziplinen unterschiedlich definiert. Im Gegensatz zur breiten Vielfalt an Definitionen in anderen wissenschaftlichen Disziplinen hat sich aus ökonomischer Perspektive die Definition der OECD aus dem Jahre 2005 des veröffentlichten Oslo-Manuals etabliert:

> An innovation is the implementation of a new or significantly improved product (good or service), or process, a new marketing method, or a new organisational method in business practices, workplace organisation or external relations (OECD 2005).

Weiter werden von der OECD seit dem Jahr 2005 die folgenden Innovationstypen differenziert:

> **Product innovation** is the introduction of a good or service that is new or significantly improved with respect to its characteristics or intended uses. This includes significant improvements in technical specifications, components and materials, incorporated software, user friendliness or other functional characteristics.

Process innovation is the implementation of a new or significantly improved production or delivery method. This includes significant changes in techniques, equipment and/or software.

Marketing innovation is the implementation of a new marketing method involving significant changes in product design or packaging, product placement, product promotion or pricing.

Organizational innovation is the implementation of a new organizational method in the firm's business practices, workplace organization or external relations (OECD 2005).

Ferner differenziert die OECD den Innovationsgrad aus der Perspektive der Unternehmen, ob der entsprechende Innovationstyp lediglich neu für das Unternehmen, neu für den entsprechenden Markt ist oder ob es sich gar um eine Weltneuheit handelt. Komplementär wird von einer radikalen Innovation gesprochen, wenn sie Marktstrukturen verändert, neue Märkte schafft oder existierende Märkte verschwinden lässt. Im Gegensatz zum Konzept der Neuheit kann der radikale oder disruptive Charakter einer Innovation u. U. erst lange nach ihrer Markteinführung bestimmt werden.

Schließlich sind alle entsprechenden Aktivitäten zur Erbringung von Innovationen, wie folgt definiert:

Innovation activities are all scientific, technological, organisational, financial and commercial steps which actually, or are intended to, lead to the implementation of innovations. Some innovation activities are themselves innovative, others are not novel activities but are necessary for the implementation of innovations. Innovation activities also include R&D that is not directly related to the development of a specific innovation (OECD 2005).

Komplementär zum Oslo-Manual differenziert das aktuelle Frascati-Manual der OECD aus dem Jahre 2015 die verschiedenen Phasen von Forschung und Entwicklung in Grundlagenforschung, angewandte Forschung und experimentelle Entwicklung (OECD 2015). Der ganze Innovationszyklus wird dann durch die Phasen der Kommerzialisierung und der Diffusion ergänzt.

In jüngster Vergangenheit hat sich die Erkenntnis durchgesetzt, dass nicht nur der private Sektor, d. h. die Unternehmen, sondern auch der öffentliche Sektor innovativ sein kann (vgl. Arundel et al. 2015 für Europa und Blind et al. 2012 mit Fokus auf Deutschland). Da der öffentliche Sektor in OECD-Ländern meist keine Produkte, sondern Dienstleistungen anbietet, setzen sich hier die Innovationstypen nach der Definition der Europäischen Kommission (European Commission 2013) aus Dienstleistungs- statt Produktinnovationen, Prozessinnovation, organisatorischer Innovation und schließlich Kommunikations- statt Marketinginnovationen zusammen, da die öffentlichen Institutionen in der Regel nicht auf Gewinnmaximierung ausgerichtet sind, aber auch in vielen Fällen Gebietsmonopole innehaben.

In der jüngsten Vergangenheit ist der Fokus auf soziale Innovation gerichtet, wobei sich hier noch keine Definition etabliert hat. Jedoch zeichnen sich soziale Innovationen grundsätzlich dadurch aus, dass sie sozial bezüglich ihrer Ziele und ihrer Instrumente sind. Das heißt nach der Definition von BEPA (2010), dass neue Ideen, Produkte, Dienstleistungen und Modelle gleichzeitig soziale Bedürfnisse besser als existierende Alternativen befriedigen und neue soziale Beziehungen oder Kooperationen schaffen. Sie sind nicht nur gut für die aktuelle gesellschaftliche Situation sondern erhöhen auch ihre zukünftige Handlungsfähigkeit. Ferner ist der Prozess der sozialen Interaktionen zwischen den Individuen, um die sozialen Ziele zu erreichen, partizipativ, d. h. involviert viele Akteure und Interessenvertreter, die an der Lösung sozialer Probleme interessiert sind. Schließlich befähigen soziale Innovationen die Begünstigten selbst und tragen damit zur Bildung von sozialem Kapital bei.

Nach BEPA (2010) werden drei Typen sozialer Innovationen unterschieden. Erstens reagieren soziale Basisinnovationen auf dringende soziale Bedürfnisse von gesellschaftlich benachteiligten Gruppen, welche nicht von den Marktmechanismen adressiert werden. Beispiele sind die Zweite-Chance-Schulen in Frankreich, die Menschen ohne Schulabschluss Bildungsoptionen eröffnen. Ein zweiter Typ sozialer Innovationen adressiert soziale Herausforderungen für die gesamte Gesellschaft, die an der Grenze zwischen sozialen und ökonomischen Themenbereichen anzusiedeln sind. Beispiele sind das Rote Kreuz oder die Offene Universität. Eine dritte Kategorie sozialer Innovationen ist ein systemischer Typ, welcher sich auf fundamentale Änderungen in Einstellungen und Werten, Strategien und Politiken, aber auch organisatorischen Strukturen und Prozessen, Liefersystemen und Dienstleistungen bezieht. Beispiele sind Initiativen, um das Bewusstsein in der Bevölkerung bezüglich des Klimawandels oder des Ressourcenverbrauches zu stärken. Diese Initiativen, die oft von staatlichen und nichtstaatlichen Institutionen getragen werden, sind ein wichtiges Element für die Umstrukturierung der Gesellschaft in Richtung hin zu einer stärkeren Partizipation, welche die Kompetenzen der Bevölkerung ausbauen und zum Lernen anregen soll.

Letztlich hat die OECD im Jahr 2014 eine erste Definition von Systeminnovationen veröffentlicht. Es handelt sich um eine radikale Innovation in soziotechnischen Systemen (Geels 2004), die sowohl Veränderungen in ihren Komponenten als auch in ihrer gesamten Architektur erfordert, um soziale Funktionen zu erfüllen. Diese systemweite Veränderung ist notwendig, um Volkswirtschaften ökonomisch, ökologisch und sozial nachhaltig zu gestalten. Systeminnovationen werden daher als eine notwendige Antwort gesehen, um auf den Druck globaler Umweltveränderungen, wie den Klimawandel, reagieren zu können. Es wird in dem Zusammenhang auch von „transitions to sustainable development" gesprochen (Grin et al. 2010).

Diese Systeminnovationen zeichnen sich zum einen durch signifikant verschiedene Wissensbasen und technische Fähigkeiten aus, die entweder existierende Kompetenzen wertlos machen oder ergänzen können. Zum anderen verändern sich Konsumentenverhalten und Märkte. Schließlich müssen sich Infrastrukturen, Politiken und Kulturen ändern, um Systeminnovationen zu ermöglichen. Systeminnovationen erfordern in der Regel auch neue Forschungs- und Entwicklungsprogramme oder Innovationsinitiativen, aber auch rechtliche und regulatorische Veränderungen und verbesserte Steuerungsmechanismen. Schließlich gilt es, die für die Umsetzung relevanten Interessengruppen auf der Produktionsseite, wie die Unternehmen, aber auch Dienstleister und Bildungseinrichtungen, und auf der Nutzerseite, d. h. die Konsumenten, aber auch Umweltverbände, durch neue und bessere Mechanismen zu gewinnen.

Ein einschlägiges Beispiel für einen solchen Veränderungsprozess ist die Energiewende in Deutschland, die nicht nur mit der Entwicklung und Einführung Erneuerbarer-Energien-Technologien verbunden ist, sondern auch durch weitreichende politische, soziale und ökonomische Veränderungen geprägt ist. Die fundamentale Überarbeitung der Strommarktregulierung, die Entwicklung sozialer Innovationen, wie die mittlerweile weitverbreiteten Energiegenossenschaften, oder die Umwälzung der Industriestruktur sind alles Teilaspekte einer Systeminnovation im Energiesektor (SRU 2013; WBGU 2011).

Fasst man die Entwicklung der verschiedenen Innovationskonzepte zusammen, zeigt sich, dass ausgehend von den auf die Unternehmensperspektive fokussierten Innovationstypen, die ihren Beginn in den 80er- und 90er-Jahren des letzten Jahrhunderts hatten, eine Ausdifferenzierung in zwei Richtungen stattgefunden hat. Zum einen haben sich Umweltinnovationen als spezielle Kategorie auch in den von der Europäischen Kommission in Auftrag gegebenen empirischen Innovationserhebungen etabliert. Zum anderen sind soziale Innovationen in staatlichen Institutionen und außerhalb gewerblicher Beziehungen in den Fokus der Innovationsforschung gerückt. Schließlich sind all diese verschiedenen Typen von Innovationen von Relevanz, um die für die Bewältigung der großen gesellschaftlichen Herausforderungen notwendigen Systeminnovationen erfolgreich entwickeln und umsetzen zu können.

3 Dimensionen von Nachhaltigkeit

Nach dem im Jahre 1972 von Meadows et al. (1972) veröffentlichten Bericht zu den Grenzen des Wachstums wurde erstmals im sogenannten Brundtland-Bericht im Jahre 1987 die folgende umfassende Definition von Nachhaltigkeit veröffentlicht:

> Sustainable development is development that meets the needs of the present without compromising the ability of the future generations to meet their own needs … ensure[s] socially responsible economic development while protecting the resources base and the environment for the benefit of future generations (United Nations 1987).

Nach dem Brundtland-Bericht kann Nachhaltigkeit nur dadurch erreicht werden, indem simultan alle drei Dimensionen und alle relevanten Ebenen miteinander verknüpft werden. Zum einen sind die ökonomische, ökologische und soziale Dimension gleichgestellt. Zum anderen muss Nachhaltigkeit auch auf allen Ebenen, d. h. in Unternehmen, Regionen und Volkswirtschaften, erreicht werden, während die Perspektive eine globale ist. Grundsätzlich herrscht in der Literatur aber noch kein Einvernehmen, unter welchen Bedingungen Nachhaltigkeit erreicht ist.

Unter ökonomischer Nachhaltigkeit wird die Sicherung des Wohls der Gesellschaft, im Sinne von Konsum, über die Zeit bei gleichzeitiger Sicherung des gesamten Kapitalstocks verstanden. Analog wird ökologische Nachhaltigkeit als die Fähigkeit biologischer Systeme, ihre Funktionen und Prozesse über die Zeit aufrechtzuerhalten, definiert. Konkret bedeutet dies, dass erneuerbare Ressourcen in dem Maße genutzt, Verschmutzung generiert und nichterneuerbare Ressourcen abgebaut werden, sodass dies unbegrenzt fortgesetzt werden kann. Schließlich versteht man unter der am wenigsten entwickelten Dimension, der sozialen Nachhaltigkeit, die Erfüllung der Grundbedürfnisse und Sehnsüchte, ursprünglich im Sinne der Reduktion von Armut, inzwischen auch im Sinne des subjektiven Wohlbefindens, der Sicherung und Stärkung des sozialen Kapitals. Ursprünglich wurde unterstellt, dass es um sich widersprechende Ziele (Zielantinomien), Tradeoffs zwischen und innerhalb der drei Dimensionen handelt. Integrierte Ansätze (vgl. die Schnittmengen in Abb. 1) haben zunehmend komplementäre bzw. interdependente Beziehungen zwischen den drei Dimensionen identifiziert (UNEP 2011).

Nach dem dem Brundtland-Bericht zugrunde liegenden Konzept sind sowohl die Wirtschaft als auch die Gesellschaft durch die Grenzen der Umwelt beschränkt. Jedoch ist Nachhaltigkeit nicht auf die Umwelt alleine reduziert, denn sie kann nicht losgelöst von menschlichen Aktivitäten, Zielen und Bedürfnissen betrachtet werden. Es geht letztlich um ausgewogene Entwicklungen. Deshalb wurde mit dem Brundtland-Report eine neue Ära wirtschaftlichen Wachstums proklamiert, das nicht nur aus ökonomischer, sondern auch sozialer und ökologischer Perspektive nachhaltig ist. Triebfeder dieses in allen drei Dimensionen nachhaltigen Wachstums können neue Technologien sein, die öko-

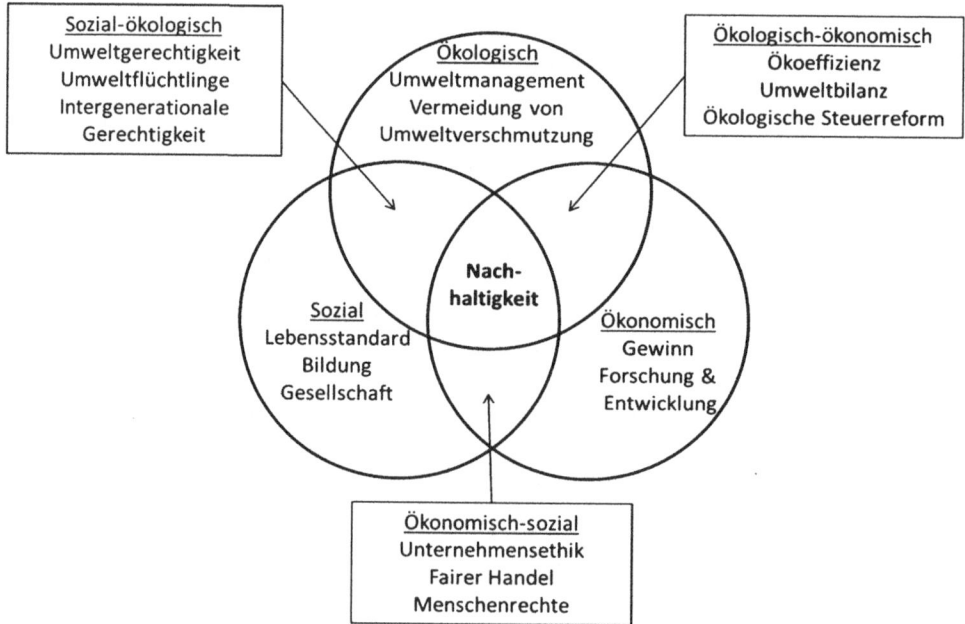

Abb. 1 Die drei Sphären der Nachhaltigkeit. (Nach Rodriguez et al. 2002)

nomisches Wachstum von Umweltzerstörung und Ressourcenabbau entkoppeln. Jedoch können Technologien, die Umweltressourcen effizienter nutzen, auch zu einer weiteren Ressourcennutzung führen (sog. Reboundeffekte), sodass es letztlich doch nicht zur gewünschten Ressourcenschonung kommt.

Neben dem ursprünglichen Fokus auf die ökologische Dimension der Nachhaltigkeit hat inzwischen die soziale Dimension der Nachhaltigkeit an Aufmerksamkeit gewonnen. Hier geht es z. B. um die Entwicklung von Humankapital durch den Zugang zu Bildung oder eine umfassende Gesundheitsversorgung, sodass dadurch die Beschäftigungsmöglichkeiten verbessert werden und die Einkommensverteilung sich ausgeglichener gestaltet. Neben diesen materiellen Aspekten sind vor allem in den letzten Jahren Geschlechter-, ethische und Fairnessaspekte, aber auch das subjektive Wohlbefinden unabhängig von materiellen Einkommensaspekten in den Mittelpunkt der öffentlichen Debatte, der politischen Entscheidungen, aber auch unternehmensspezifischen Strategien gerückt.

4 Nachhaltige Innovationen: Stand der Forschung

Nach den Einführungen in die verschiedenen Typen von Innovation und den drei Kategorien der Nachhaltigkeit drängt sich eine integrative Betrachtung der beiden Dimensionen auf. Bisher hat sich aber noch keine eindeutige Definition nachhaltiger (siehe die aktuelle Literaturübersicht in Ketata et al. 2015) oder nachhaltigkeitsorientierter (Klewitz und Hansen 2014) Innovationen durchgesetzt. Es gibt auch Beiträge, die den Bedarf an Innovationen für eine nachhaltige Entwicklung adressieren, ohne jedoch von nachhaltigen Innovationen zu sprechen. Weitere Autoren verwenden den Begriff, ohne ihn genau zu definieren.

Adams et al. (2016) argumentieren, dass traditionelle und nachhaltigkeitsorientierte Innovationen viele Gemeinsamkeiten aufweisen, weil beide technologischen Wandel und Innovationen in Prozessen, Geschäftsmodellen (vgl. explizit dazu Boons und Lüdeke-Freund 2013) und Systemen adressieren. Ferner haben beide Arten von Innovationen oft das Ziel, die Wertschöpfung zu erhöhen oder Kosten zu senken. Jedoch kommen sie letztlich zum Schluss, dass sich nachhaltige Innovationen von konventionellen Innovationen durch ihre Zielsetzungen und Richtungen unterscheiden.

Deutlich weiter fortgeschritten ist die Diskussion im Unterbereich der Umweltinnovation. In Anlehnung an die klassische Innovationsforschung differenzieren Tseng et al. (2013) ökologische Innovationen in Management-, Produkt-, Prozess- und technologische Innovationen. Ar (2012) klassifiziert ökologische Innovationen in die Entwicklung grüner Technologien, Produkte oder Konzepte. Andere fokussieren vor allem auf die Abgrenzung von Umweltinnovationen zu herkömmlichen Innovationen. Der „ÖkoInnovationsplan" der EU definiert Ökoinnovationen als „jede Form der Innovation, die wesentliche und nachweisbare Fortschritte zur Erreichung des Ziels der nachhaltigen Entwicklung herbeiführt oder anstrebt, indem sie Umweltbelastungen verringert, die Widerstandsfähigkeit gegen Umweltbelastungen stärkt oder eine effizientere und verantwortungsvollere Nutzung natürlicher Ressourcen bewirkt" (European Commission 2011). Bei Kemp (2011) werden Neuerungen als Ökoinnovationen definiert, sofern sie auf der Basis einer Lebenszyklusbetrachtung weniger Umweltbelastungen aufweisen als vergleichbare bestehende Produkte. Ferner unterscheidet Kemp (2011) zwischen klassischen Umwelttechnologien, die Umweltbelastungen nachträglich verringern (End-of-pipe-Technologien), Organisationsinnovationen, wie die Einführung von Umweltmanagementsystemen, Produkt- und Dienstleistungsinnovationen, die Umweltverbesserungen mit sich bringen, und grünen Systeminnovationen.

Während diese Arbeiten sich auf die ökologische Dimension der Nachhaltigkeit konzentrieren, haben Schiederig et al. (2012) und Hansen et al. (2009) explizit auch die soziale Dimension in ihr Konzept nachhaltiger Innovationen integriert. Ketata et al. (2015) identifizieren auf Basis ihres Literaturüberblicks sechs verschiedene Kriterien zur Identifikation nachhaltiger Innovationen. Zum einen umfasst das Innovationsobjekt Produkt-, Prozess-, Dienstleistungs- und methodische Innovationen, während Klewitz und Hansen (2014) inzwischen auch explizit die Bedeutung organisatorischer Innovationen hervorheben. Zum zweiten zeichnet sich die Marktorientierung nachhaltiger Innovationen durch die Befriedigung von Bedürfnissen und ihre Wettbewerbsfähigkeit am Markt aus. Drittens reduzieren nachhaltige Innovationen die negativen Auswirkungen für die Umwelt unter Umständen bis auf null. Viertens müssen sie den ganzen Lebenszyklus umfassen, was vor allem für die Materialflüsse und ihre ökologischen, aber auch sozialen Wirkungen gilt (Hansen et al. 2009; Adams et al. 2016). Die Intentionen nachhaltiger Innovation sind fünftens zum einen ökonomische oder zum anderen ökologische Aspekte. Und schließlich beziehen sich nachhaltige Innovationen auch auf die Unternehmensebene, d. h., sie müssen neu für das Unternehmen sein.

Weiterhin unterstellen Ketata et al. (2015), dass nachhaltige Innovationen und Innovationsprozesse zusätzliche Komplexitäten und Unsicherheiten aufweisen. Denn durch die ökologische und soziale Dimension nachhaltiger Innovationen zusätzlich zum nachhaltigen ökonomischen Wettbewerbsvorteil wird eine breitere und systemische Perspektive notwendig. Die Einbindung weiterer Interessenvertreter, wie der Gewerkschaften, Zulieferer, Kunden, staatlicher Institutionen und Regulierungsbehörden, wird neben den Unternehmenseigentümern notwendig. Insbesondere die Literatur zur Umweltinnovation stellt in diesem Zusammenhang fest, dass die Entwicklung und Verbreitung entsprechender Neuerungen in der Regel mit der Einführung entsprechender Umweltregulierung einhergehen (Jänicke und Lindemann 2010).

Adams et al. (2016) argumentieren, dass nachhaltige Innovationen eine stärker integrierte oder gar systemische Sichtweise notwendig machen, als diese bei konventionellen Innovationen der Fall ist. Folglich müssen die Nachhaltigkeitsdimensionen letztlich in allen Unternehmensentscheidungen und -prozessen verankert und eingebettet und auch entsprechende Werkzeuge letztlich entwickelt und implementiert werden. Dazu gilt es, auch neue Quellen an externer Expertise zu erschließen, neue Kooperationsformen zur besseren Einbettung in lokale und globale Gemeinschaften zu finden und parallel dazu eigene neue Kompetenzen aufzubauen, aber auch traditionelle Forschungs- und Entwicklungsansätze zu revidieren und noch stärker in Humankapital zu investieren (vgl. die empirische Untersuchung von Ketata et al. 2015). Parallel dazu identifizieren Klewitz und Hansen (2014) bezogen auf Nachhaltigkeit mit dem Fokus auf kleine und mittlere Unternehmen auch resistente, reaktive, antizipative, innovationsbasierte und schließlich nachhaltigkeitsverwurzelte Strategien.

Grundsätzlich handelt es sich aber bei diesen nachhaltigen Innovationen um Innovationen, die zur Erreichung einer der Nachhaltigkeitsdimensionen beitragen. Sie sind elementar für die Strategien zur Erreichung nachhaltiger Konsumgewohnheiten und Produktionssysteme. Deshalb treiben Nachhaltigkeitsherausforderungen auch Innovationen (Nidumolu et al. 2009). Und diese Innovationen im Sinne von Nachhaltigkeit verändern Produkte und Prozesse, aber auch Marketingstrategien und Organisationen, um ökonomische, ökologische und soziale Nachhaltigkeit zu erreichen. Nachhaltige Innovationsprozesse integrieren zudem finanzielle, ökologische und soziale Aspekte von der Ideengenerierung über die verschiedenen Phasen der Forschung und Entwicklung bis hin zur Kommerzialisierung inklusive innovativer Geschäftsmodelle. Ferner können ganz neue Märkte, Produkte und Dienstleistungen getrieben durch ökologische und soziale Aspekte der Nachhaltigkeit – vielfach in Form politischer Zielsetzungen oder Vorgaben – geschaffen werden. Bei nachhaltigen Innovationen handelt es sich aber auch um Technologien, Produkte und Dienstleistungen, welche explizit auf Nachhaltigkeit abzielen und die auch ohne zusätzliche staatliche Regulierung rentabel sind. Beispiele sind finanziell erfolgreiche Ökoinnovationen, die die Effizienz der Ressourcennutzung oder des Energieverbrauchs erhöhen (Porter und van der Linde 1995).

Ferner sind die oben eingeführten sozialen Innovationen auch als nachhaltige Innovationen zu verstehen, weil sie in der Regel die soziale Dimension der Nachhaltigkeit explizit adressieren. Dazu gehören z. B. Veränderungen in der Lieferkette, im Sinne der Beschaffung von Produkten nach ethischen Gesichtspunkten oder Fairnessaspekten. Weiterhin ist auch das Design von Produkten für einkommensschwache Schichten, im Sinne des Konzeptes „bottom of the pyramid" unter den Begriff nachhaltiger Innovation zu fassen. Verbrauchergetriebene Initiativen, im Sinne von Veränderungen ihrer Konsumgewohnheiten, können auch zu nachhaltigen Innovationen führen, wenn dadurch die Belastungen für die Umwelt signifikant reduziert werden.

Schließlich können auch Veränderungen im öffentlichen Sektor zu nachhaltigen Innovationen gezählt werden, wenn dadurch eine der drei Nachhaltigkeitsdimensionen positiv beeinflusst wird. Jedoch liegen mit Ausnahme der auf Nachhaltigkeit ausgerichteten innovationspolitischen Maßnahmen, z. B. die von der Europäischen Kommission (European Commission 2013) getriebene verantwortliche Forschung und Innovation, dazu noch keine umfangreichen Arbeiten vor. Dies wird exemplarisch durch die von Arnold (2015) aufgedeckte mangelnde Berücksichtigung von Nachhaltigkeit im Bereich der öffentlichen Wasserversorgung bestätigt.

Zusammenfassend lässt sich festhalten, dass konventionelle und nachhaltige Innovationen viele Gemeinsamkeiten aufweisen, aber sich Letztere von den Ersteren bezüglich Ziel und Richtung unterscheiden und größere Herausforderungen an Unternehmen, aber offensichtlich auch an öffentliche Einrichtungen, auch im Sinne von spezifischen innovationspolitischen Maßnahmen, stellen. Langfristig ist zu erwarten, dass nachhaltige Innovationen einen immer größeren Anteil an allen Innovationen ausmachen werden, weil sowohl die Nachfrageseite als auch der Staat entsprechende Ansprüche an die Unternehmen, aber auch an sich selbst stellen.

5 Ausblick

Der aktuelle Stand der Forschung zu nachhaltigen Innovationen aus ökonomischer Perspektive hat Gemeinsamkeiten, aber auch gravierende Unterschiede in Bezug auf die konventionellen Innovationsbegriffe deutlich gemacht. Jedoch führen gesellschaftliche Veränderungen hin zu nachhaltigem Konsum, aber auch sozialem Verhalten, politischen Initiativen mit einer stärkeren Ausrichtung auf Nachhaltigkeit und intrinsisch motivierten Unternehmensstrategien hin auf nachhaltige Produkte und Prozesse zu einer Integration von Nachhaltigkeit in die konventionellen Innovationsbegriffe. Dies bedeutet, dass Innovationen ohne umfassende Berücksichtigung der Nachhaltigkeitsdimensionen an Bedeutung verlieren werden. Gleichzeitig adressieren neue Entwicklungen in den Bereichen sozialer und systemischer Innovationen explizit die verschiedenen Dimensionen der Nachhaltigkeit, wie es sich bei den ökologischen Innovationen schon seit längerer Zeit etabliert hat. Dies bedeutet, dass es auch dadurch letztlich zu einer Konvergenz zwischen Innovation und Nachhaltigkeit kommen wird. Schließlich wird sich die weitere Ausdifferenzierung der drei Nachhaltigkeitsdimensionen sowohl in der Innovationsforschung als auch in der Innovationspolitik niederschlagen.

Literatur

Adams R, Jeanrenaud S, Bessant J, Denyer D, Overy P (2016) Sustainability-oriented Innovation. A Systematic Review. International Journal of Management Receivers 18:180–205

Ar IM (2012) The impact of green product innovation on firm performance and competitive capability: the moderating role of managerial environmental concern. Procedia- Social and Behavioral Sciences 62:854–864

Arnold M (2015) The lack of strategic sustainability orientation in German water companies. Ecological Economics 117:39–52

Arundel A, Casali L, Hollanders H (2015) How European public sector agencies innovate: the use of bottom-up, policy-dependent and knowledge-scanning innovation methods. Research Policy 44(7):1271–1282

BEPA (Bureau of European Policy Advisers) (2010) Empowering people, driving change: social innovation in the European Union. http://ec.europa.eu/bepa/pdf/publications_pdf/social_innovation.pdf

Blind K et al (2012) Public Innovation: Innovationen und Innovationsmanagement in der öffentlichen Verwaltung in Deutschland und Europa. Fraunhofer FOKUS, Berlin

Boons F, Lüdeke-Freund F (2013) Business models for sustainable innovation: state-of-the-art and steps towards a research agenda. Journal of Cleaner Production 45:9–19

Europäische Kommission (2002) Mitteilung der Kommission betreffend die soziale Verantwortung der Unternehmen: ein Unternehmensbeitrag zur nachhaltigen Entwicklung

Europäische Kommission (2011) Eine neue EU-Strategie (2011–14) für die soziale Verantwortung der Unternehmen

European Commission (2011) Innovation für eine nachhaltige Zukunft – Aktionsplan für Öko-Innovationen (ÖkoInnovationsplan). KOM 2011:899

European Commission (2013) Options for strengthening responsible research and innovation: report of the expert group on the state of art in Europe on responsible research and innovation. Publications Office of the European Union, Luxembourg

European Union (2013) European public sector innovation scoreboard: a pilot exercise. http://ec.europa.eu/enterprise/policies/innovation/files/epsis-2013_en.pdf

Geels FW (2004) From sectoral systems of innovation to socio-technical systems: insights about dynamics and change from sociology and institutional theory. Research Policy 33(6–7):897–920

Grin J, Rotmans J, Schot J (2010) Transitions to sustainable development: new directions in the study of long term transformative change. Routledge, London

Hansen EG, Grosse-Dunker F, Reichwald R (2009) Sustainability innovation cube – a framework to evaluate sustainability-oriented innovations. International Journal of Innovation Management 13(4):683–713

Jänicke M, Lindemann S (2010) Governing environmental innovations. Environmental Politics 19(1):127–141

Kemp R (2011) Ten themes for eco-innovation policies in Europe. SAPIENS 4(2)

Ketata I, Sofka W, Grimpe C (2015) The role of internal capabilities and firms' environment for sustainable innovation: evidence for Germany. R&D Management 45(1):60–75

Klewitz J, Hansen EG (2014) Sustainability-oriented innovation of SMEs: a systematic review. Journal of Cleaner Production 65:57–75

Meadows D, Randers J, Behrens WW (1972) Die Grenzen des Wachstums. Bericht des Club of Rome zur Lage der Menschheit. Deutsche Verlags-Anstalt, Stuttgart

Nidumolu R, Prahalad CK, Rangaswami MR (2009) Why sustainability is now the key driver of innovation. Harvard Business Review 87(9):57–64

OECD (2005) The measurement of scientific and technological activities: guidelines for collecting and interpreting innovation data: Oslo manual, third edition' prepared by the working party of national experts on scientific and technology indicators. OECD, Paris

OECD (2014) OECD science, technology and industry outlook 2014. OECD Publishing, Paris

OECD (2015) Frascati manual 2015: guidelines for collecting and reporting data on research and experimental development, the measurement of scientific, technological and innovation activities. OECD Publishing, Paris

Porter M, van der Linde C (1995) Green and competitive: ending the stalemate. Harvard Business Review 73(5):120–134

Quitzow R (2013) Towards an integrated approach to promoting environmental innovation and national competitiveness. Innovation and Development 3(2):277–296

Rennings K (2000) Redefining innovation – eco innovation research and the contribution from ecological economics. Ecological Economics 32:319–332

Rodriguez SI, Roman MS, Sturhahn SC, Terry EH (2002) Sustainability assessment and reporting for the University of Michigan's Ann Arbor Campus, Center for Sustainable Systems, Report No. CSS02-04. Dissertation, University of Michigan

Sachverständigenrat für Umweltfragen (2013) Sondergutachten – Den Strommarkt der Zukunft gestalten. SRU, Berlin

Schiederig T, Tietze F, Herstatt C (2012) Green innovation in technology and innovation management – an exploratory literature review. R&D Management 42:180–192

Tseng ML, Wang R, Chiu ASF, Geng Y, Lin YH (2013) Improving performance of green innovation practices under uncertainty. Journal of Cleaner Production 40:71–82

United Nations (1987) Report of the World Commission on Environment and Development, our common future, Brundtland Report. United Nations

United Nations Environment Programme (UNEP) (2011) Towards a green economy: pathways to sustainable development and poverty eradication

Wissenschaftlicher Beirat der Bundesregierung Globale Umweltveränderungen (WBGU) (2011) Hauptgutachten – Welt Im Wandel: Gesellschaftsvertrag für eine Große Transformation

Prof. Dr. Knut Blind hat Volkswirtschaftslehre, Politikwissenschaft und Psychologie an der Universität Freiburg studiert. Während seines Studiums hat er ein Jahr an der Brock University in Kanada verbracht und mit dem Bachelor of Administration abgeschlossen. Anschließend hat er sowohl sein Diplom als auch seine Promotion in Volkswirtschaftslehre an der Universität Freiburg abgeschlossen. Zwischen 1996 und 2010 arbeitete er für das Fraunhofer-Institut für System- und Innovationsforschung in Karlsruhe. In der Zwischenzeit hat Knut Blind an der Universität Kassel habilitiert und wurde im April 2006 zum Professor für Innovationsökonomie an der Fakultät für Wirtschaft und Management an der Technischen Universität Berlin ernannt. Zwischen 2008 und 2016 hatte er auch den Stiftungslehrstuhl für Standardisierung an der Rotterdam School of Management der Erasmus Universität Rotterdam inne. Im April 2010 ist er zum Fraunhofer-Institut für Offene Kommunikationssysteme FOKUS in Berlin gewechselt, wo er inzwischen für Innovation und Technologietransfer zuständig ist.

Dr. Rainer Quitzow forscht am Institute for Advanced Sustainability Studies zu einer nachhaltigen Innovations- und Industriepolitik mit besonderem Fokus auf die Rolle von Schwellenländern im Rahmen des globalen Ausbaus erneuerbarer Energien. Seine Forschungsergebnisse bringt er bei Lehrtätigkeiten an der Technischen Universität Berlin sowie internationalen Beratungstätigkeiten ein. Zuvor war er an der Weltbank in Washington, D. C. für Sozialfolgenabschätzung und politische Analysen zuständig.

Interne und externe Unternehmenskommunikation für nachhaltige Innovation und gesellschaftliche Verantwortung von Unternehmen am Beispiel des Employer Brandings

Astrid Nelke

1 Einleitung

Verbraucher können in vielen Bereichen aus einer großen Menge von ähnlichen Produkten und Dienstleistungen wählen – gleichzeitig werden die Themen Nachhaltigkeit und gesellschaftliche Verantwortung von Unternehmen für viele Menschen zunehmend wichtiger. Immer mehr Unternehmen aus verschiedenen Branchen entdecken in diesem Zusammenhang die Möglichkeit, sich durch nachhaltige Innovationen von der Konkurrenz abzusetzen und so für ihre Zielgruppen attraktiver zu werden. Damit diese Zielgruppen, beispielsweise Kunden, aber auch vorhandene und zukünftige Beschäftigte, von diesem nachhaltigen Handeln erfahren, ist der strategische Einsatz von Instrumenten der Unternehmenskommunikation notwendig.

Dieser Beitrag untersucht nach der Bestimmung der relevanten Begriffe in Abschn. 2 den Zusammenhang von nachhaltigen Innovationen und gesellschaftlicher Verantwortung von Unternehmen sowie den Einfluss der Unternehmenskommunikation auf diesen Zusammenhang zunächst theoretisch in Abschn. 3. Anschließend wird in Abschn. 4 an einem praktischen Beispiel, einem kleinen Biohotel in Brandenburg, analysiert, welchen Einfluss innovative und nachhaltige Dienstleistungen und der nachhaltige Umgang mit den Beschäftigten im Zusammenspiel mit der Unternehmenskommunikation auf die Arbeitgebermarke eines Unternehmens und damit auf seine Attraktivität für vorhandene sowie zukünftige Beschäftigte haben. Hierbei wird aufgezeigt, dass aus den Begriffen nachhaltige Innovation, gesellschaftliche Verantwortung von Unternehmen sowie der Unternehmenskommunikation ein Dreiklang entstehen kann, der sich positiv auf die Wertschöpfung des Unternehmens und damit auch auf seine Wettbewerbsfähigkeit auswirkt.

A. Nelke (✉)
FOM Hochschule für Oekonomie & Management
Berlin, Deutschland
E-Mail: nelke@knowbodies.de

2 Welche Begriffe sind für diesen Beitrag relevant?

2.1 Interne und externe Unternehmenskommunikation

Rolke (2005, S. 139) versteht unter Unternehmenskommunikation das Management der Kommunikationsbeziehungen eines Unternehmens zu seinen Anspruchsgruppen. Für den Autor bedeutet dies, (monetär bewertbare) Kooperationsvorteile zu erzielen bzw. kostenwirksame Störungen zu vermeiden. Bei dieser Definition geht es also um Wertschöpfung, die durch Kommunikation erzielt wird bzw. um Störungen der Wertschöpfung, die durch Kommunikation verhindert werden.

Für Mast (2013, S. 13) wird Kommunikationsmanagement als das Management sowohl durch Kommunikation als auch der Kommunikation verstanden. Hierzu zählen die Möglichkeiten und Grenzen, Kommunikationsstrategien zu planen bzw. umzusetzen. Damit dies gelingen kann, sollen Handlungsstrukturen und -abläufe etabliert werden, die die jeweiligen Kommunikationsprozesse prägen und mitgestalten. Damit macht die Autorin deutlich, dass Strategien für die erfolgreiche Kommunikation eines Unternehmens notwendig sind und dass die strategische Kommunikation geplant werden muss.

Nach Piwinger und Zerfaß (2007, S. 23) umfasst die Unternehmenskommunikation alle Kommunikationsprozesse, mit denen ein Beitrag zur Aufgabendefinition und -erfüllung in gewinnorientierten Wirtschaftseinheiten geleistet wird. Sie trägt dabei zur internen und externen Handlungskoordination sowie Interessenklärung zwischen Unternehmen und ihren Bezugsgruppen (Stakeholdern) bei. Diese Definition beinhaltet Handlungsprozesse, die durch Kommunikation unterstützt oder auch erst ermöglicht werden. Weiterhin unterscheiden die Autoren interne und externe Bereiche, die die Unternehmenskommunikation bedienen soll.

Avenarius (1995, S. 181) hat in einer umfangreichen Übersicht die wichtigsten Bezugsgruppen für Unternehmen aufgezeigt. Er teilt die Stakeholder in Absatzmärkte (Kundschaft, Händlerschaft), Beschaffungsmärkte (Lieferanten), Wettbewerbsfeld (Branchen, Verbände, Standesorganisationen), Arbeitsmärkte (Belegschaft, Mitgliedschaft, Gewerkschaft), politischen Raum, Wähler (Politiker, Behörden, Parlamente, Regierungen), gesellschaftspolitischen Raum (Nachbarn, Vereine, Kirchen), Medienkonsumenten und Kulturszene (TV und Presse, Schriftsteller, Hochschulen) sowie Kapitalmärkte (Aktionäre, Banken, Börsen) ein. Hierbei sind die relevanten Stakeholder für jedes Unternehmen individuell zu bestimmen – in Zeiten des demografischen Wandels und des damit einhergehenden Fachkräftemangels kommt dem Bereich der Arbeitsmärkte ein immer größer werdendes Gewicht zu. Hierbei ist in der benannten Einteilung nicht nachzuvollziehen, warum die Hochschulen bei Medien und Kultur subsumiert und nicht zu den Arbeitsmärkten gezählt werden. Um gute Beschäftigte zu halten und für neue Talente attraktiv zu sein, setzen immer mehr Unternehmen auf Employer Branding, die Schaffung einer starken Arbeitgebermarke (vgl. Abschn. 2.4). Aber auch die Bereiche Absatzmärkte, Beschaffungsmärkte, Medienkonsumenten und Wettbewerbsfeld sind für die meisten Unternehmen sehr wichtig. Kommunikation in Richtung der bestehenden Beschäftigten wird als interne Kommunikation bezeichnet, externe Kommunikation geht in Richtung aller anderen Bezugsgruppen.

Zusammenfassend lässt sich festhalten, dass Unternehmenskommunikation strategisch ausgerichtet sein muss, um die für das Unternehmen relevanten Stakeholder mit den für sie wichtigen Informationen zu versorgen. Sie lässt sich in interne und externe Unternehmenskommunikation unterteilen und soll zur Wertschöpfung des Unternehmens beitragen. Weiterhin umfasst sie das Management durch Kommunikation und das Management der Kommunikation.

2.2 Nachhaltige Innovation

Hauschildt und Salomo (2011, S. 5) verstehen unter Innovationen qualitativ neuartige Produkte oder Verfahren, die sich gegenüber einem Vergleichszustand „merklich" unterscheiden.

Für Müller-Pröthmann und Dörr (2011, S. 7) lassen sich Innovationen mit der Formel:

$$Innovation = Idee + Invention + Diffusion$$

beschreiben. Bei dieser Darstellung wird deutlich, dass es sich bei einer Innovation um viel mehr als eine Idee handelt – die Idee muss umgesetzt sein und es muss eine Marktdurchdringung stattgefunden haben.

Vahs und Brehm (2013, S. 21) definieren Innovationen noch deutlicher ökonomisch, wenn sie unter einer Innovation grundsätzlich die erstmalige wirtschaftliche Umsetzung einer neuen Idee (Exploitation) verstehen. Hierbei geht es um die ökonomische Optimierung der Wissensverwertung und damit um den wirtschaftlichen Erfolg. Die Autoren unterscheiden die (Markt-)Einführung (Innovation im engeren Sinn) und die (Markt-)Bewährung (Diffusion = Innovation im weiteren Sinn) der Invention in Form eines neuen Produktes oder Verfahrens.

Für Pufé (2012, S. 13) ist Nachhaltigkeit ein ressourcenökonomisches Prinzip, das gewährleistet, dass ein System in seiner Funktionalität dauerhaft aufrechterhalten wird. In einer Zeit wachsender Bevölkerungen und damit steigender Nachfrage nach Produkten und Dienstleistungen, aber endlichen Ressourcen droht mittelfristig eine Ressourcenerschöpfung. Um diese Entwicklung hinauszuzögern, sind Produkt- sowie Dienstleistungsinnovationen notwendig, die nach oben genannter Definition nachhaltig sind. Nach Balderjahn (2013, S. 30–31) werden ökonomische, ökologische und soziale Nachhaltigkeiten unterschieden. Der Autor versteht unter ökonomischer Nachhaltigkeit sichere Arbeitsplätze, faire Löhne sowie das Bezahlen von Steuern. Auch der Verzicht auf Korruption und die finanzielle Unterstützung der Region, in der sich der Firmensitz befindet zählen dazu. Für Pufé (2012, S. 95) herrscht heute immer noch das Primat der Ökologie vor, d. h., Nachhaltigkeit wird meistens mit Umweltschutz und Umweltverträglichkeit von Unternehmen verbunden. Allerdings spielen Arbeitsbedingungen und Arbeitsschutz, also die soziale

Nachhaltigkeit sowie die ökonomische Nachhaltigkeit für Unternehmen in der Praxis eine immer größere Rolle. Denn Unternehmen, die nachhaltig handeln und diese Handlungen auch kommunizieren, können neue Märkte und weitere Zielgruppen erschließen und die Kundenbindung stärken (Balderjahn 2013, S. 31). Dies erklärt sich auch dadurch, dass bei Verbrauchern bereits seit einigen Jahren ein Umdenken in Richtung nachhaltige Produkte und Dienstleistungen zu beobachten ist. Sichtbar wird dies an der Vergrößerung der Konsumentengruppe des Lifestyle of Health and Sustainability (LOHAS), die auf gesunde und nachhaltige Produkte Wert legt, und an der Erhöhung der Nachfrage bei Bio- sowie Fairtrade-Produkten (Pufé 2012, S. 64).

Zusammenfassend ist zu konstatieren, dass nachhaltige Innovationen die erstmalige wirtschaftliche Umsetzung einer nachhaltigen Idee mit Ziel der Wertschöpfung sind. Zu unterscheiden sind dabei ökologische Innovationen (hinsichtlich der Umweltverträglichkeit), ökonomische Innovationen (hinsichtlich der Wirtschaftlichkeit) sowie soziale Innovationen (hinsichtlich der Beschäftigten).

2.3 Gesellschaftliche Verantwortung von Unternehmen

In Zeiten der Globalisierung und des damit verbundenen gesellschaftlichen Wandels stehen zunehmend mehr Unternehmen vor neuen Herausforderungen und werden sich immer öfter ihrer Rolle in der Gesellschaft und der Verantwortung, die sie tragen, bewusst. Sie müssen sich nicht mehr nur gegenüber ihren Shareholdern (Gesellschaftern, Aktionärinnen) erklären, sondern sollen ihr Tun auch gegenüber Kunden, Konkurrenten, Gewerkschaften, Politik, Beschäftigten, Medien sowie Lieferanten und Umweltschützern darlegen. Nach Groeling (2005) wird von Unternehmen heute deutlich mehr erwartet, als „nur" Gewinne zu erwirtschaften. Aus diesem Verantwortungsgedanken heraus entwickelte sich der Begriff Corporate Social Responsibility (CSR), also die gesellschaftliche Verantwortung von Unternehmen. Nach Mast (2013, S. 431 f.) ist die Bereitschaft der Unternehmen, sich mit den für sie relevanten gesellschaftlichen Gruppen und deren Ansprüchen auseinanderzusetzen, mittlerweile zum zentralen Faktor für unternehmerischen Erfolg und Glaubwürdigkeit geworden. Danach ist die Übernahme von Verantwortung und die Kommunikation hierzu eine strategische Notwendigkeit für Unternehmen.

Die Europäische Union definiert CSR in ihrem Grünbuch (Europäische Kommission 2001, S. 7) als ein Konzept, das in der Unternehmenspraxis als Grundlage dient, auf freiwilliger Basis soziale Belange und Umweltbelange in die Unternehmenstätigkeit und in die Wechselbeziehungen mit den relevanten Stakeholdern zu integrieren. Unternehmen werden sich zunehmend dieser Verantwortung bewusst und führen interne wie externe CSR-Maßnahmen durch. Bei internen CSR-Maßnahmen stehen die Beschäftigten im Mittelpunkt – hierzu zählen Arbeitsschutz, sozialverträgliche Strukturen und Personalmanagement (Europäische Kommission 2001, S. 30). Bei externen CSR-Maßnahmen stehen die Unternehmensumwelt und die externen Stakeholder im Mittelpunkt.

Zusammenfassend wird CSR als die Bereitschaft von Unternehmen bezeichnet, sich mit den Bedürfnissen ihrer Stakeholder auseinanderzusetzen und auf diese einzugehen. Verantwortung zeigen Unternehmen sowohl nach innen hinsichtlich ihrer Beschäftigten als auch nach außen hinsichtlich der Unternehmensumwelt. Nachhaltige Innovationen sowie deren Sichtbarmachen nach innen und außen durch Kommunikation gehören damit zur Corporate Social Responsibility eines Unternehmens dazu.

2.4 Employer Branding

Die demografische Entwicklung der Gesamtbevölkerung in Deutschland, also eine verstärkte Alterung der Bevölkerung, und der damit verbundene Rückgang der erwerbsfähigen Bevölkerung (Statistisches Bundesamt 2015) bedeutet für Unternehmen eine Alterung der Belegschaft und den Rückgang der Berufseinsteiger sowie der qualifizierten Fach- und Führungskräfte (Immerschitt und Stumpf 2014, S. 3). Einige Branchen und Berufsgruppen, wie die Hotellerie/Gastronomie, die Pflegeberufe und die MINT-Berufe, merken diese Entwicklung schon seit vielen Jahren, andere Branchen bekommen die Folgen erst neu zu spüren. In der aktuellen Konjunkturumfrage des DIHK zum Jahresbeginn 2015 nennen 38 % der befragten Unternehmen das knappe Angebot an qualifiziertem Personal als Geschäftsrisiko für die kommenden zwölf Monate. Der Unterschied zum Jahr 2010 ist deutlich: Damals nannten nur 16 % der Befragten diesen Bereich als Geschäftsrisiko. Besonders betroffen sind die kleinen und mittelständischen Unternehmen (KMU). In einer Studie der QRC Group AG (2014, S. 3 ff.) gaben 57 % der befragten Unternehmen aus dem Mittelstand an, dass sie den Fachkräftemangel vor allem in speziellen Bereichen und Themenfeldern stark spüren. Besonders bemerkenswert ist dabei, dass die Bewerbungen sowohl in Qualität als auch in der Anzahl abgenommen haben.

Wie bereits in Abschn. 2.1 erwähnt, wollen immer mehr Unternehmen dieser Entwicklung entgegenwirken und gute Beschäftigte halten sowie neue Talente gewinnen. Sie positionieren sich positiv auf dem Arbeitsmarkt, d. h., sie schaffen eine Arbeitgebermarke (Immerschitt und Stumpf 2014, S. 35). Der Bundesverband der Personalmanager (2013, S. 15) definiert einen Employer Brand als ein fest verankertes, unverwechselbares Vorstellungsbild von einem Unternehmen als attraktiver Arbeitgeber. Dieses Bild des Unternehmens soll sowohl in den Köpfen der aktuellen Beschäftigten als auch bei potenziellen Mitarbeitern entstehen. Unter Employer Branding verstehen Stotz und Wedel-Klein (2013, S. 8) den Teil des strategischen Human Capital Managements, der das Besondere des Unternehmens als Arbeitgeber erarbeitet, operativ umsetzt und sowohl nach innen wie nach außen kommuniziert. Die Autoren unterscheiden auf der einen Seite internes Employer Branding, das auf der Instrumentenebene HR-Produkte und -Prozesse, Mitarbeiterführung sowie die Gestaltung der Arbeitswelt umfasst. Auf der anderen Seite nennen sie externes Employer Branding, das aus Networking sowie einem professionellen Bewerbermanagement besteht.

Für diesen Beitrag soll Employer Branding als eine Scharnierfunktion zwischen dem Personalmanagement und der Unternehmenskommunikation definiert werden, denn nur, wenn beide Bereiche gut zusammenarbeiten, kann die starke Arbeitgebermarke entstehen und sichtbar gemacht werden. Aus der Unternehmenskommunikation übernimmt Employer Branding die strategische Ausrichtung sowie die einzelnen Kommunikationsinstrumente, die individuell an die Bedürfnisse des jeweiligen Unternehmens angepasst werden. Aus dem Personalmanagement kommen die Inhalte für die Kommunikation, hierunter sind die Instrumente für die Personalentwicklung wie Weiterbildung und Einbeziehung der Beschäftigten sowie der Gestaltung der Arbeitsplätze und Arbeitszeiten möglichst nach den Wünschen der Beschäftigten zu verstehen.

Zusammenfassend kann gesagt werden, dass eine attraktive Arbeitgebermarke nur durch das Zusammenspiel der internen und externen Kommunikation in Verbindung mit den Instrumenten des Personalmanagements entstehen kann.

3 Was hat Unternehmenskommunikation mit nachhaltiger Innovation und gesellschaftlicher Verantwortung von Unternehmen zu tun?

3.1 Nachhaltige Innovation und gesellschaftliche Verantwortung von Unternehmen – Wo gibt es Überschneidungen in der Theorie?

Neben der praktischen Notwendigkeit von nachhaltigen Innovationen für Unternehmen aufgrund von Gesetzgebungen und Vorschriften bringen diese auch große Chancen für die Positionierung der Unternehmen und ihre Wertschöpfung mit sich. Wie in Abschn. 2.2 angesprochen, legen immer mehr Verbraucher Wert auf das nachhaltige Handeln von Unternehmen und auf nachhaltig produzierte Waren. Aus diesem Grund können sich Unternehmen durch nachhaltige Innovationen bei Produkten und Dienstleistungen einen Wettbewerbsvorteil gegenüber ihren Konkurrenten erarbeiten, der sich mittelfristig positiv auf das Unternehmensimage auswirkt. Nach Pufé (2012, S. 23) sehen wirtschaftliche Akteure den größten Nutzen von Nachhaltigkeit in den Bereichen Innovation, Wettbewerbsvorteile und Differenzierung. Damit ist eine Gewinnmaximierung durch Nachhaltigkeit möglich und wird als Erfolg versprechende unternehmerische Strategie und als Erfolgsrezept für Innovationen angesehen (Pufé 2012, S. 164).

Ähnlich den in Abschn. 2.2 für die Nachhaltigkeit beschriebenen Bereichen Ökologie, Ökonomie und Soziales geht es auch bei der CSR um ökonomische, ökologische und soziale Aspekte. Der ökonomisch motivierte Ansatz zu CSR möchte nachweisen, dass eine intrinsische Motivierung zur Implementierung von CSR einen Nutzenzuwachs für das Unternehmen bringt. Begründet wird dieser Nutzenzuwachs mit der Schaffung von immateriellen Vermögenswerten wie Reputation, Vertrauen, Beschäftigtenmotivation und Zufriedenheit der Kundschaft (Wühle 2007, S. 14 ff). Der international bekannteste Ansatz zu CSR, der Corporate-Social-Performance-Ansatz von Carroll (1979, S. 498), verbindet das ökonomische mit dem ethischen Handeln des Unternehmens. Seine „Pyramide der CSR" beinhaltet die Stufen ökonomische, rechtliche, ethische und philanthropische Verantwortung eines Unternehmens, wobei die philanthropische Ebene freiwillig, aber erwünscht ist (Carroll 1991, S. 42, 1979, S. 500).

3.2 Kommunikation für nachhaltiges Handeln von Unternehmen

Somit wird deutlich, dass nachhaltige Innovationen gut in das Konzept der CSR passen. Um aber sichtbar zu werden, müssen sie ebenso wie das allgemeine nachhaltige Handeln von den Unternehmen kommuniziert werden. Wie in Abschn. 2.1 dargestellt, geht es bei der Unternehmenskommunikation darum, mit einer geplanten Kommunikationsstrategie den Zielgruppen die richtigen Informationen und Botschaften zukommen zu lassen und somit Wertschöpfung für das Unternehmen zu generieren. Eine mittel- und langfristig ausgerichtete Kommunikationsstrategie leitet sich dabei immer von der Unternehmensstrategie ab. Die Generierung von nachhaltigen Innovationen sollte Teil der Unternehmensstrategie sein – und damit auch im gesamten Prozess der Unternehmenskommunikation mitgedacht werden. Nur so können sich nachhaltige Innovationen mittelfristig erfolgreich auf das Unternehmensimage bei den relevanten Stakeholdern auswirken.

Auf der Ebene von Produkten und Dienstleistungen werden nachhaltige Innovationen nach dem Schema von Avenarius (1995) in Abschn. 2.1 zunächst in Richtung der Absatz- und Beschaffungsmärkte, des Wettbewerbsfeldes und ggf. auch der Kapitalmärkte kommuniziert. Allerdings lassen sich an dieser Stelle keine endgültigen Handlungsempfehlungen geben, da jeweils die Rahmenbedingungen des jeweiligen Unternehmens eine bedeutende Rolle spielen. Sie müssen ebenso wie eine passende Zielgruppenanalyse mit in die Kommunikationsstrategie aufgenommen werden.

Um den speziellen Fall der Kommunikation von nachhaltigen Innovationen im Zusammenhang mit Employer Branding detailliert darzustellen, wird im folgenden Abschnitt ein Praxisbeispiel aus der Hotellerie vorgestellt und analysiert. Wie in Abschn. 2.2 aufgezeigt, spielt die soziale Nachhaltigkeit für Unternehmen eine immer größere Rolle – dies beinhaltet auch den Umgang mit den eigenen Beschäftigten, der sich auf deren Halten sowie auf die Gewinnung neuer Talente auswirkt. Gerade für Employer Branding als Instrument zwischen Unternehmenskommunikation und Personalmanagement ist es wichtig, strategisch ausgerichtet zu sein und die richtigen Botschaften an die relevanten Stakeholder zu kommunizieren. Nur so können durch Employer Branding die Zufriedenheit und Motivation der Beschäftigten erhöht und neue Talente für das Unternehmen gewonnen werden – um somit auch hier mittel- und langfristig Wertschöpfung für das Unternehmen zu generieren.

4 Und wie funktioniert das für eine Arbeitgebermarke? – Beispiel eines kleinen Hotels in Brandenburg

4.1 Fakten zur Fachkräftesituation in der deutschen Hotellerie

In Unternehmen der Hotellerie ist der in Abschn. 2.4 thematisierte Fachkräftemangel schon lange zu spüren und hat immer deutlichere Auswirkungen. In einer Studie der Hochschule München und des Personaldienstleisters GVO Personal GmbH im Jahr 2013 beklagten 75 % der 284 befragten Entscheidenden aus Hotellerie und Gastronomie einen eklatanten Mangel an Fachkräften – eine deutlich höhere Zahl als im Durchschnitt der Gesamtwirtschaft. Auch im Bereich der Auszubildenden bestätigen sich diese Zahlen: Nach Zahlen des Deutschen Hotel- und Gaststätten (DEHOGA) Bundesverbandes ist diese Entwicklung auch an der Zahl der abgeschlossenen Ausbildungsverträge zu sehen: Für das Jahr 2014 verzeichnete die Branche bei den neu abgeschlossenen Ausbildungsverhältnissen ein Minus von 5,8 % und bei allen bestehenden Ausbildungsverträgen ein Minus von 6,8 % im Vergleich zum Vorjahr. Anhand dieser Zahlen wird deutlich, wie sich die Fachkräftesituation in den kommenden Jahren in der deutschen Hotellerie und Gastronomie weiter zuspitzen kann. Mit verantwortlich für diese schlechten Zahlen ist sicherlich das besondere Image der Berufe. Lange Arbeitszeiten und schlechte Bezahlung verbinden viele Menschen mit den Berufen der Hotellerie und Gastronomie – dabei fehlen motivierte und gut ausgebildete Beschäftigte gerade dieser Branche. Denn nach Gardini (2014, S. 36) stellt sich der Wirkungszusammenhang von Beschäftigtenmotivation/-zufriedenheit, Leistungsqualität, Kundenzufriedenheit und Unternehmenserfolg in der interaktiven Dienstleistungsbranche viel ursächlicher dar als bei weniger kundenkontaktintensiven Unternehmen. Viele der Beschäftigten in der Hotellerie arbeiten direkt am Gast und beeinflussen somit deutlich die Gästezufriedenheit. Zufriedene Beschäftigte bedeuten also zufriedene Gäste. An dieser Stelle wird deutlich, welche fatalen Folgen die zurückgehenden Ausbildungszahlen für die Branche haben können – weniger Auszubildende bedeuten weniger Fachkräfte in der Zukunft. Aus diesem Grund werden zunehmend mehr Betriebe mit nichtgelernten Beschäftigten arbeiten. Wenn dann auch noch die absolute Zahl der Beschäftigten aufgrund des Fachkräftemangels immer mehr zurückgeht, lässt sich vermuten, dass die Zufriedenheit der noch verbliebenen Beschäftigten abnimmt – und sich dies anschließend auf die Gäste übertragen kann.

Die Branche scheint diesen Zusammenhang erkannt zu haben: In den letzten Jahren wurden verschiedene Zertifikate als erfolgreicher Ausbildungsbetrieb ins Leben gerufen und den Beschäftigten Möglichkeiten für die gewünschte Work-Life-Balance gegeben. Auch die Schaffung von eigenen Weiterbildungsakademien bei großen Hotelketten zeigt in die richtige Richtung. Die hier vorgestellten Instrumente tragen sicherlich zur sozialen Nachhaltigkeit der Betriebe bei. Aber welche Möglichkeiten hat in diesem Zusammenhang ein kleines Einzelunternehmen, um sich von den großen Hotels an attraktiven Standorten abzuheben? Und welche Rolle spielen nachhaltige Innovationen dabei?

4.2 Das Landgut Stober in Nauen OT Groß Behnitz

Bereits 2000 kaufte Michael Stober die Ruine des Landgutes und betrieb ab 2004 ein kleines Café mit einer Ausstellung über den Förderverein für Tradition und Zukunft des Landguts Borsig. Das Biohotel Landgut Stober wurde 2012 auf den Grundmauern der früheren Großscheune des ehemaligen Landguts der Familie Borsig erbaut. Als erstes biozertifiziertes Hotel Brandenburgs verfügt es über 12,5 ha Forst- und 5,5 ha Landwirtschaftsfläche und verwendet viele Produkte, die „fair trade"-zertifiziert sind sowie viele Bioprodukte. Das Hotel verfügt über eine Fotovoltaikanlage zur Stromgewinnung, eine Regenwasseranlage für alle Toiletten und zwei Hackschnitzelanlagen zur Wärmegewinnung. Alle 128 Zimmer sind elektrosmogreduziert. Neben den Übernachtungen bietet das Landgut Stober verschiedene Möglichkeiten für Tagungen. Die 25 Tagungs- und Besprechungsräume sind seit 2013 CO_2-frei und pharma-kodex-zertifiziert. Das Landgut Stober ist Gewinner des Meeting Experts Green Award in der Kategorie als nachhaltigste Tagungs-, Event- und Hotellocation und wurde vom Verband Deutsches Reisemanagement (VDR) zum besten deutschen Tagungshotel 2015/2016 gewählt (Landgut Stober 2015, Interview mit Michael Stober). Sowohl der Tagungs- als auch der Hotelbetrieb laufen weitgehend papierlos ab – Rechnungen werden auf dem Tablet vorbereitet und dann per Mail zugeschickt.

Somit lässt sich konstatieren, dass die vom Landgut Stober angebotenen Dienstleistungen, also die Bereitstellung von Hotelzimmern sowie die Ausrichtung von Tagungen, bereits hohen Ansprüchen an ökologische und ökonomische Nachhaltigkeit entsprechen. Gleichzeitig wird aber permanent an nachhaltigen Innovationen bezüglich der Dienstleistungen sowie der Arbeitsbedingungen weitergearbeitet. Momentan wird überlegt, ob die Fünftagewoche mit acht Arbeitsstunden in eine Viertagewoche mit zehn Arbeitsstunden optional umgewandelt werden kann – interessierte Beschäftigte hätten so drei Tage pro Woche frei.

Der in Abschn. 4.1 angesprochene Fachkräftemangel in der Hotellerie und Gastronomie macht sich auch bei diesem Hotel in Brandenburg deutlich bemerkbar. Der Betrieb hat z. Zt. 45 Beschäftigte und drei Azubis, zwei Beschäftigte sind schwerbehindert – zehn Personen leben direkt im Ort, 25 in der Region und 10–15 kommen aus Berlin. Auch für das Landgut Stober ist es nicht einfach, qualifizierte Fachkräfte und dienstleistungsorientierte junge Menschen für eine Ausbildung zu gewinnen. Deshalb wurden die Instrumente des Personalmanagements so strukturiert, dass sie der Situation des Fachkräftemangels angepasst sind. Frauen und Männer bekommen durchweg dieselben Gehälter für vergleichbare Arbeiten und die Dienstpläne werden mit den Beschäftigten abgestimmt. Dies erlaubt auch Alleinerziehenden und Beschäftigten mit pflegebedürftigen Angehörigen, einer Vollzeittätigkeit nachzugehen. Das Hotel bietet den Beschäftigten die Möglichkeit, die Fitnessanlagen mitzunutzen, und es gibt ein Bonussystem. Daneben finden regelmäßig Schulungen zu fachlichen Themen und zum Arbeitsschutz statt. Im Bereich Weiterbildung werden allen Beschäftigten individuelle Angebote gemacht – jeder hat ein eigenes Bildungskonto. Zur Motivation der Beschäftigten wird ein Mitarbeiter des Monats gekürt – bei dieser Wahl kommt es besonders auf Leistungen im Bereich der Nachhaltigkeit an. Die oder der Erwählte bekommt z. B. eine freie Übernachtung zu zweit mit Dinner und Frühstück – und verfasst anschließend einen Bericht zu den gesammelten Erfahrungen.

In diesem Beispiel kommt der Unternehmenskommunikation im Employer Branding eine wichtige Rolle zu, denn die Auszubildenden kommen nicht mehr aus dem Ort. Um geeignete Bewerber zu finden, geht der Geschäftsführer in Berliner und Brandenburger Schulen und hält Vorträge. Außerdem wurden in der Vergangenheit schon Aktionen gemeinsam mit dem Arbeitsamt durchgeführt. Interessanterweise legen Jugendliche unterschiedlichen Wert auf das Thema Nachhaltigkeit bei ihrer Berufswahl. An Oberstufenzentren stellt der Geschäftsführer fest, dass dieses Thema den Zuhörern nicht so wichtig ist – ganz anders im Gespräch mit jungen Leuten an den besuchten Gymnasien: Hier ist nachhaltiges Handeln des zukünftigen Arbeitgebers ein wichtiges Auswahlkriterium (Landgut Stober 2015, Interview mit Michael Stober).

Diese Maßnahmen der externen Kommunikation werden vom Landgut durch interne Kommunikation ergänzt. Pro Woche findet ein Teamleitermeeting statt, zweimal pro Jahr gibt es in den einzelnen Abteilungen Gespräche mit allen Beschäftigten. Hierbei wird immer abgefragt, was den Beschäftigten gefällt und welche Punkte aus ihrer Sicht noch verbessert werden können. Dieses persönliche Instrument ersetzt im Landgut Stober eine Beschäftigtenbefragung. Bei persönlichen Problemen können die Beschäftigten jederzeit mit der Geschäftsführung sprechen, Auszubildende werden besonders an die Hand genommen, dazu gehören auch Krisengespräche. Das Thema Lage wird immer mitgedacht – Auszubildende können beispielsweise den Shuttle nach Nauen nutzen. Alle Beschäftigten bekommen umfassende Informationen sowie Hilfestellungen zu den Themen: Mobilität – es gibt drei Mitarbeiterfahrzeuge – und Bildung – alle Beschäftigten bekommen ein eigenes Bildungskonto, Altersvorsorge sowie Unterkunft – 2015 wurden neun Zimmer für Beschäftigte gebaut. Auch aufgrund dieses umfangreichen Engagements wurde Michael Stober als Hotelpersönlichkeit des Jahres 2015/2016 ausgezeichnet. Für sein Flüchtlingsunterstützungsprogramm, das u. a. die Schaffung von vier Arbeitsplätzen für geflüchtete Menschen sowie zwei Ausbildungsplätze für Jugendliche mit Fluchthintergrund umfasst, erhielt das Landgut im November 2015 von Certified und dem VDR den Sonderpreis für die beste CSR-Maßnahme Deutschlands.

Das Landgut Stober ist ein Beispiel für ein kleines Unternehmen in Brandenburg, das mit konsequent nachhaltigen Produkten und einem klaren Blick für nachhaltige Innovationen auf allen drei Ebenen der Ökologie, der Ökonomie und des Sozialen einen beachtlichen wirtschaftlichen Erfolg erzielt. Für das Landgut Stober ist die in Abschn. 2.3 dargelegte Corporate Social Responsibility nicht nur ein Aspekt des unternehmerischen Handelns, sondern macht die gesamte Geschäftstätigkeit dieses Unternehmens aus – nachhaltige Innovationen sind dabei der Motor. Durch strategisch eingesetzte Instrumente der Unternehmenskommunikation konnte das Landgut Stober 25 DAX-Konzerne als Tagungsort für Veranstaltungen zum Thema Nachhaltigkeit überzeugen und damit seine ökonomische Stellung festigen. Hier zeigt sich, wie in Abschn. 2.2 beschrieben, dass der Trend der Endkunden zu nachhaltigen Produkten und nachhaltigem unternehmerischen

Handeln in der Hotellerie angekommen ist und auch hier die wirtschaftliche Umsetzung von nachhaltigen Innovationen Wertschöpfung für das Unternehmen bringt.

Obwohl viele deutsche Hotelbetriebe gerade in einem Flächenland große Schwierigkeiten haben, Auszubildende sowie Fach- und Führungskräfte zu rekrutieren und anschließend zu halten, sind die Beschäftigten des Landguts Stober überwiegend zufrieden und sehr motiviert. Hierfür spricht auch die hohe durchschnittliche Betriebszugehörigkeit von rund 2,5 Jahren, manche Beschäftigte sind bereits seit elf Jahren für das Unternehmen in der Gastronomie tätig. Hier scheinen Innovationen zur Unternehmenskultur dazuzugehören und die Instrumente der Führung durch Kommunikation zu wirken. Auch die Ausbildungsplätze können durch eine strategische Verbindung von Instrumenten des Personalmanagements und der Unternehmenskommunikation langfristig besetzt werden.

5 Fazit

Dieser Beitrag zeigt, welche Rolle die Unternehmenskommunikation im Zusammenhang mit nachhaltigen Innovationen und gesellschaftlicher Verantwortung eines Unternehmens spielt. Zusammenfassend lässt sich von einem Dreiklang dieser Elemente sprechen. Nachhaltige Innovationen werden für Unternehmen heute zunehmend wichtiger, da sich die Zahl der Endverbraucher, für die nachhaltiges unternehmerisches Handeln ein Auswahlkriterium ist, weiter erhöht. Ebenso wird die Übernahme von gesellschaftlicher Verantwortung für Unternehmen ein immer bedeutenderer Wettbewerbsvorteil. Beide Bereiche benötigen eine strategisch ausgerichtete Unternehmenskommunikation, die von der Unternehmensstrategie abgeleitet wird und ihre Botschaften passgenau an die relevanten Stakeholder kommuniziert – denn nur so werden die Zielgruppen über die Schaffung von nachhaltigen Innovationen und die genutzten CSR-Instrumente informiert. Und nur so kann es zu der erstrebten Verbesserung des Unternehmensimages und damit zum Vorteil des Unternehmens gegenüber seinen Wettbewerbern kommen. Gelingt dies, führt der Dreiklang nachhaltige Innovationen, CSR und Unternehmenskommunikation zu positiver Wertschöpfung für das Unternehmen und damit zum langfristigen wirtschaftlichen Erfolg.

Am Beispiel des Landguts Stober in Brandenburg wurde aufgezeigt, dass auch in einer schwierigen Branche mit einer nicht optimalen regionalen Lage dieser Dreiklang gut funktioniert. Hier wird deutlich, dass sich die konsequente Verzahnung der drei Elemente sowie ihr Mitdenken in allen Geschäftsbereichen positiv auf die Unternehmensentwicklung auswirken und somit die Zukunftsfähigkeit eines Unternehmens sichern können.

Sicherlich handelt es sich bei diesem Beispiel um einen besonderen Fall, da die gesamte Unternehmenstätigkeit von Nachhaltigkeit und CSR durchwirkt ist. Damit ist dieses Beispiel unique und kann nicht auf andere Unternehmen übertragen werden. Dennoch kann es als Trend in der Branche verstanden werden. Die Analyse hat dafür spannende Ergebnisse gebracht: Kommunikation als Führungsinstrument scheint gerade bei einem nachhaltig ausgerichteten Unternehmen gut zu wirken – hier passt die nachhaltige Geschäftstätigkeit zur nachhaltigen Personalführung. Aber auch die Erkenntnis, dass das Thema Nachhaltigkeit im Employer Branding nicht alle Zielgruppen erreicht, ist für die weitere Ausrichtung der Arbeitgebermarke des Hotels bedeutsam. Mit diesem Thema kann an einem Gymnasium gepunktet werden – an einem Oberstufenzentrum sind andere Argumente zu bringen. In der Praxis ist es dabei nicht wichtig, nach dem Gießkannenprinzip sehr viele Menschen vom eigenen Unternehmen zu überzeugen – dies gelingt keinem Betrieb. Viel wichtiger ist es, sich bei der Rekrutierung auf die zum Unternehmen passenden Menschen zu fokussieren – in diesem Beispiel auf Menschen, denen eine nachhaltige Geschäftstätigkeit in der Hotellerie wichtig ist. Hierbei helfen eine entsprechende Segmentierung der Zielgruppen und die Wahl der relevanten Themen für das Employer Branding der zukünftigen Unternehmenskommunikation weiter.

Literatur

Avenarius H (1995) Public Relations: die Grundform der gesellschaftlichen Kommunikation. Wissenschaftliche Buchgesellschaft, Darmstadt

Balderjahn I (2013) Nachhaltiges Management und Konsumentenverhalten. UVK-Verlagsgesellschaft, Konstanz

Bundesverband der Personalmanager (2013) Employer Branding kompakt. Das Praxisheft für alle, die Employer Branding richtig machen, besser nutzen und neu entdecken wollen. http://www.bpm.de/sites/default/files/service_1%5B1%5D.pdf. Zugegriffen: 2. Januar 2016

Carroll AB (1979) A three-dimensional conceptual model of corporate social performance. Academy of Management Review (4)

Carroll AB (1991) The pyramid of corporate social responsibility: toward the moral management of organizational stakeholders. Business Horizons (34)

DEHOGA Bundesverband (2015) DEHOGA Zahlenspiegel 1. Quartal 2015. http://www.dehoga-bundesverband.de/fileadmin/Startseite/04_Zahlen___Fakten/07_Zahlenspiegel___Branchenberichte/Zahlenspiegel/Zahlenspiegel_1__Quartal_2015.pdf. Zugegriffen: 2. Januar 2016

Deutscher Industrie- und Handelskammertag e. V. (2015) Sonderfaktoren tragen Konjunktur – Impulse von Ölpreis und Wechselkurs. Brandenburgische Universitätsdruckerei und Verlagsgesellschaft Potsdam GmbH

Europäische Kommission (2001) Grünbuch. Europäische Rahmenbedingungen für die soziale Verantwortung der Unternehmen. KOM (2001) endgültig. Brüssel

Gardini M (2014) Der Mitarbeiter als Erfolgsfaktor? Personalmanagement im Tourismus zwischen Anspruch und Wirklichkeit. In: Gardini M, Brysch A (Hrsg) Personalmanagement im Tourismus. Erfolgsfaktoren erkennen – Wettbewerbsvorteile sichern. Erich Schmidt Verlag GmbH & Co. KG, Berlin

Groeling A (2005) Corporate Social Responsibility – Implementierung einer amerikanischen Philosophie in die deutsche Unternehmenskultur. Bachelor Thesis. Grin Verlag, Norderstedt

GVO Personal GmbH, Hochschule München (2013) HR-Trends in Hotellerie und Gastronomie. Osnabrück

Hauschildt J, Salomo S (2011) Innovationsmanagement, 5. Aufl. Verlag Franz Vahlen, München

Immerschitt W, Stumpf M (2014) Employer Branding für KMU. Der Mittelstand als attraktiver Arbeitgeber. Springer Gabler, Wiesbaden

Landgut Stober (2015) Interview mit dem Geschäftsführer Michael Stober im September 2015

Landgut Stober (2016) Unternehmenswebseite. http://www.landgut-aborsig.de. Zugegriffen: 2. Januar 2016

Mast C (2013) Unternehmenskommunikation, 5. Aufl. UVK Verlagsgesellschaft, Konstanz und München

Müller-Pröthmann T, Dörr N (2011) Innovationsmanagement, 2. Aufl. Carl Hanser Verlag, München

Piwinger M, Zerfaß A (2007) Handbuch Unternehmenskommunikation. Springer Gabler, Wiesbaden

Pufé I (2012) Nachhaltigkeit. UVK Lucius, Konstanz

QRC Group AG (2014) HR-Trends im Mittelstand. http://www.qrc-group.com/2014/05/aktuelle-qrc-studie-hr-trends-im-mittelstand-2014/. Zugegriffen: 2. Januar 2016

Rolke L (2005) Kennziffernsystem für die wertorientierte Unternehmenskommunikation: Das CommunicationControlCockpit (CCC). In: Pfannenberg J, Zerfaß A (Hrsg) Wertschöpfung durch Kommunikation. Frankfurter Allgemeine Buch, Frankfurt

Statistisches Bundesamt (2015) Bevölkerung Deutschlands bis 2060. 13. koordinierte Bevölkerungsvorausberechnung. https://www.destatis.de/DE/Publikationen/Thematisch/Bevoelkerung/VorausberechnungBevoelkerung/BevoelkerungDeutschland2060Presse5124204159004.pdf?__blob=publicationFile. Zugegriffen: 2. Januar 2016

Stotz W, Wedel-Klein A (2013) Employer Branding: Mit Strategie zum bevorzugten Arbeitgeber. Oldenbourg Wissenschaftsverlag, München

Vahs D, Brehm A (2013) Innovationsmanagement. Von der Idee zur erfolgreichen Vermarktung, 4. Aufl. Schäffer-Poeschel Verlag, Stuttgart

Wühle M (2007) Mit CSR zum Unternehmenserfolg. Gesellschaftliche Verantwortung als Wertschöpfungsrichtlinie. VDM Verlag Dr. Müller, Saarbrücken

Prof. Dr Astrid Nelke studierte Publizistik und Kommunikationswissenschaft an der FU Berlin, wo sie 2008 auch promovierte. Nach Stationen in der Konzernpolitik der Deutschen Lufthansa AG, der Bundesgeschäftsstelle der CDU Deutschland und als Leiterin der Presse- und Öffentlichkeitsarbeit bei der Fachgemeinschaft Bau ist sie als Hochschullehrerin für Unternehmenskommunikation und Innovationsmanagement an der FOM Hochschule für Oekonomie & Management in Berlin tätig. Daneben berät sie mit ihrem Team von [know:bodies] Unternehmen und Organisationen zu den Themen interne und externe Kommunikation sowie Talentmanagement. Außerdem ist Astrid Nelke Geschäftsführerin der MittelstandsWirtschaft.de DMB-Unternehmer-Service GmbH in Düsseldorf.

Nachhaltiges Wirtschaften in der Kommunikation von Start-ups: CSR als Chance für junge Unternehmen

Angela Bittner-Fesseler und Britta Leben

Start-ups, die heute entstehen, sind möglicherweise schon bald global agierende Unternehmen, die das Wirtschaftssystem der kommenden Jahrzehnte mitbestimmen. Die Erwartungen an die noch kleinen, jungen Unternehmen sind hoch: In ihnen sieht man Motoren und künftige Taktgeber der Wirtschaft: „Startups werden der Mittelstand von morgen und ich bin sicher, dass sich unter den 6000 Startups in Deutschland heute schon Weltmarktführer von morgen befinden" (Florian Nöll, Verbandsvorsitzender des Bundesverbandes Deutscher Startups, Berliner Zeitung 25.9.2015). Als Start-ups gelten junge Unternehmen, die mit ihrer Technologie bzw. ihrem Geschäftsmodell innovativ und jünger als zehn Jahre sind und die ein signifikantes Mitarbeiter- bzw. Umsatzwachstum anstreben. Ihre Gründer sind im Durchschnitt 29 Jahre alt, werden auf verschiedenen Wegen finanziert und siedeln sich gerne in Boomtowns wie Berlin an. Gerade die Berliner Szene wird seit einigen Jahren als Erfolgsmodell gehandelt: als neuer „creative tech hub" sowie das größte Entrepreneurship-Ökosystem in Deutschland (vgl. Deutscher Startup Monitor 2015).

Wie ihre Ideen die Welt beeinflussen bzw. verändern werden, ist heute noch nicht vorhersehbar. Doch vom ersten Tag an gestalten die jungen Unternehmen die Art und Weise des Wirtschaftens, den Umgang mit Ressourcen und das Verhältnis zur Umwelt und Gesellschaft mit. Es stellt sich daher die Frage, ob sie sich dessen bewusst sind oder ob die jungen Wilden zunächst nur der wirtschaftliche Erfolg interessiert. Sind Corporate Social Responsibility, kurz CSR, und Nachhaltigkeit aus ihrer Sicht etwas für etablierte Unternehmen, die sich das leisten können und von denen das inzwischen auch gefordert wird? In einer Welt, in der Unternehmen zur dominierenden Institution unserer Gesellschaft geworden sind – gemeint sind in diesem Zusammenhang meist international operierende

A. Bittner-Fesseler (✉)
Berlin, Deutschland
E-Mail: bittner@design-akademie-berlin.de

B. Leben
Berlin, Deutschland

Unternehmen als tonangebende Treiber der Weltwirtschaft (Bakan 2005) – wird die Forderung an Unternehmen, nachhaltig zu wirtschaften, immer lauter. Ein Ausgangspunkt dafür ist beispielsweise die Erfordernis, Modelle zu schaffen, wie die erwarteten neun Milliarden Menschen auf der Erde gut und im Einklang mit begrenzten Ressourcen der Erde leben können. Denn das Modell „Wachstum durch Zerstörung" ist angesichts begrenzter Umweltkapazitäten kein Erfolgsmodell mehr, so der Report Vision 2050 des World Business Council for Sustainable Development. Er drückt die Erwartung aus, dass sich bereits in etwas mehr als 30 Jahren das Wirtschaftssystem, die Werte von Unternehmen und ihr Handeln tief gehend gewandelt haben werden. Es wird erwartet, dass daher der Begriff „Erfolg" für Unternehmen neu definiert werden muss (Vision 2050, S. 6 ff.; Rogall 2012, S. 97 ff., 122 f.).

Im öffentlichen Diskurs wird schon jetzt von Unternehmen gefordert, in Sachen Gesetzestreue, Ressourceneffizienz und Mitarbeiterförderung mehr als nur das Nötigste zu tun. Dies beinhaltet Erwartungen daran, dass Unternehmen ihre unternehmerische Verantwortung wahrnehmen, soziale und ökologische Standards einhalten und auch die eigenen Prozessketten transparent gestalten. Somit ist von einem massiv vergrößerten moralischen Erwartungsdruck im gesellschaftlich-öffentlichen Umfeld der Unternehmen die Rede: Wo Produkte und Dienstleistungen sich immer ähnlicher werden, wird die Absenderfunktion von Unternehmen wichtiger. Viele der großen Unternehmen haben sich in den vergangenen Jahren durch ihre noch freiwillige CSR-Berichterstattung der neuen Norm bereits angepasst, nahezu alle Aktienunternehmen tun dies inzwischen (Ihlen 2011, S. 160 f.; Weder und Karmasin 2015, S. 937). Sie setzen damit auch auf der Erkenntnis auf, dass sich gesellschaftliches Engagement positiv auf die Einstellung von Kunden, Investoren sowie (potenziellen) Mitarbeitern auswirkt (Mayerhofer et al. 2008, S. 42 f.).

Eine der Folgen dieser Entwicklung ist der CSR-Boom im gesellschaftlichen Diskurs (Eisenegger und Schranz 2011, S. 92), ein Thema, dem in Zukunft wohl kein Unternehmen – auch kein noch so kleines Start-up – entkommen kann. Unter CSR ist im vorliegenden Beitrag die gesellschaftliche Verantwortung von Unternehmen als Teil des nachhaltigen Wirtschaftens zu verstehen in der Art, das Kerngeschäft zu betreiben: umweltverträglich, ethisch und sozial verantwortlich und zugleich ökonomisch erfolgreich (Europäische Kommission 2001, S. 8). Da CSR und Nachhaltigkeit in der Praxis oft als Synonyme verwendet werden und sich kaum trennen lassen, wurden die Begriffe auch hier so eingesetzt. In der aktuellen Konzeption von CSR entsprechen Unternehmen zudem den Erwartungen ihrer Stakeholder, integrieren deren Erwartungen in die Geschäftstätigkeit, agieren freiwillig über gesetzliche Vorschriften hinaus, übernehmen Verantwortung und schaffen Mehrwert für das eigene Unternehmen und die Gesellschaft (Weder und Karmasin 2015, S. 936). Auch Start-ups können sich wie große Unternehmen durch verantwortliches Handeln sichtbar machen und im Wettbewerb unterscheiden. Dafür ist es notwendig, dass ihre CSR-Aktivitäten bekannt sind und somit von den Stakeholdern bewertet werden können. Doch gerade im Bereich der CSR-Kommunikation besteht schnell die Gefahr, in den Verdacht zu geraten, dass man als Unternehmen CSR zu PR-Zwecken missbraucht und/oder Negatives verschweigt (vgl. Clausen 2002, S. 80).

Obwohl auch an Start-ups die Kernfrage für Unternehmen gestellt wird, was ihr Handeln für die Gesellschaft leistet, stehen die kleinen Unternehmen bisher noch wenig im Fokus der Nachhaltigkeitsbewertung durch die Öffentlichkeit. Einer der Gründe: In der frühen Phase Start-up-Existenz haben Stakeholder wenig Erfahrungen mit dem noch jungen Unternehmen und greifen in ihrer Bewertung zunächst auf soziales Vertrauen zurück, das auf der Konstanz von Haltungen, Einstellungen und Verhalten von Organisationen basiert (Weder und Karmasin 2015, S. 938). Da Start-ups als Organisationen ein positives Image genießen, funktioniert diese Phase – ohne dass man sie zeitlich konkret fassen könnte – so als eine Art „Welpenschutz" für die Jungunternehmen. Erst im Laufe der Zeit bauen Start-ups dann im Ergebnis öffentlicher Kommunikation und als Produkt kommunikativer Interaktionen mit ihrer Umgebung eine ganz eigene Bindung auf. Wendet sich ihnen dann die öffentliche Aufmerksamkeit zu und fragt nach einem gesellschaftlich verantwortlichen Handeln, sollten Inhalte und Aussage über einen längeren Zeitraum konsistent und somit glaubwürdig sein. Da Start-ups für ihr Wachstum und eine erfolgreiche Durchsetzung ihrer Innovation Vertrauen und Glaubwürdigkeit in der öffentlichen Wahrnehmung benötigen, müssen sie also von Anfang an auf die Konsistenz ihrer Selbstdarstellung achten. Agiert also ein Start-up freiwillig und nachprüfbar CSR-konform, schon bevor sein Handeln beobachtet wird, kann es jederzeit argumentieren, verantwortungsvoll für die Gesellschaft und Umwelt gehandelt zu haben, *bevor* es den Markt bestimmt hat, und dies auch nachweisen. Bei entsprechendem Umgang bietet das Thema CSR-konformes Handeln Start-ups die Chance, die sich aufzubauende Reputation so zu unterstützen. Und ein zweiter Aspekt ist hier wichtig: Es ist eine *communis opinio* im Start-up-Umfeld (deutsche-startup.de 2014), dass angesichts der Vielzahl vergleichbarer Produkte und Dienste nachhaltiges Wirtschaften und seine Kommunikation Differenzierungspotenzial nach außen und innen besitzt.

Bereits heute werden gesellschaftliche Erwartungen an die Übernahme gesellschaftlicher Verantwortung durch die großen Unternehmen schon auf KMU als Zulieferer übertragen (Bader 2011, S. 370). Es ist zu erwarten, dass sich diese Entwicklung künftig auf Start-ups ausdehnen wird. Daher stellt sich die Frage, wie neu gegründete Unternehmen mit dieser Erwartung umgehen. Um das Bewusstsein um dieses Potenzial auszuloten, wurden in Rahmen einer Pilotuntersuchung Start-ups zum Thema des nachhaltigen Wirtschaftens und ihrer Kommunikation befragt und dafür ihre digitalen Grundkommunikationsmittel (Website und Facebook) analysiert.

1 Von CSR und Idealen und ihrem Transfer in die digitale Außendarstellung

Um dies zu untersuchen wurden Gründer aus der „härtesten" in der Konkurrenzsituation, aber auch erfolgreichsten Szene, geht man von der Zahl der geförderten Gründungen aus, der digitalen Wirtschaft zum Thema des verantwortlichen nachhaltigen Handelns befragt, nach der nachhaltigen Innovation, nach ihren Werten hinsichtlich CSR und Nachhaltigkeit und wie sie diese in ihrer Selbstdarstellung nutzen. Ergänzt wurde die Befragung durch eine Inhaltsanalyse der Websites der befragten Start-ups mit Blick auf CSR- und Nachhaltigkeitsaspekte. Die Stichprobe stammt aus der Grundgesamtheit deutscher Start-ups der letzten zehn Jahre, steht in ihren Eigenschaften und Merkmalsausprägungen stellvertretend für sie und ist eine Zufallsauswahl von 18 Start-ups. Die Start-ups kamen überwiegend aus Berlin als Gründungshauptstadt sowie aus Hamburg und Frankfurt und wurden mit einer Ausnahme zwischen 2009 und 2015 gegründet. In der Stichprobe wurde die Ausprägung digitale Wirtschaft (mit einer Bandbreite von „e-health", „e-commerce", „green economy" bis „e-mobility") ausgewählt. Die Untersuchung hat keinen repräsentativen Charakter, kann aber Tendenzen für künftige Untersuchungen aufzeigen sowie Anregungen für die Praxis geben.

Aufgrund einer Vorabbefragung konnten zwei digitale Kanäle der externen Kommunikation (Websites und Facebook-Seiten) identifiziert werden, die Start-ups am häufigsten nutzen. Sie werden von ihnen als wichtigste Formen der externen Kommunikation angesehen. Websites können als erstes, kostengünstigstes, in der Kultur der Jetztzeit der Gründer verankertes und oft lange Zeit auch einziges Kommunikationsmittel der externen Kommunikation gelten. Sie sind ein jederzeit verfügbares und überprüfbares Aushängeschild: Die Inhalte von Websites und Facebook-Seiten tragen die Intentionen und Wichtungen ihrer Herausgeber nach außen. Eine digitale Selbstdarstellung erreicht potenziell ein weltweites Publikum, um CSR-Maßnahmen öffentlich zu machen – ohne den Filter der Medien und journalistische Selektionskriterien (Jarolimek und Raupp 2011, S. 499 f.). Sie richten sich an alle am Unternehmen Interessierten – vom (potenziellen) Kunden über die Shareholder bis zum NGO-Aktivisten und Journalisten.

Die Websites und Facebook-Seiten der Gründer bilden somit einen Ist-Zustand ab. Analyseeinheit sind die Websites und Facebook-Seiten, die anhand ihrer URL, basierend auf dem Namen des jeweiligen Start-ups, sowie deutlicher Layoutwechsel als Grundanalyseeinheit erkennbar sind. Als Codiereinheit wurden die einzelnen Teile des Informationsangebots in Form von Unterseiten auf Navigationsebene und die Texteinheiten auf ihnen angesehen. In einer Frequenzanalyse wurde gemessen, wie häufig Themen aus dem Bereich CSR und Nachhaltigkeit auftreten.

Zwar ist es nicht möglich, über die unternehmerische Selbstdarstellung, die einen meist positiven Ausschnitt des Verhaltens von Start-ups zeigt, direkt auf dahinterliegende Motive oder auf tatsächliches Verhalten zu schließen – das würde die Erkenntnismöglichkeiten der Inhaltsanalyse überschätzen –, jedoch wurde davon ausgegangen, dass sowohl über die Häufigkeit, mit der über CSR auf Websites und Facebook-Seiten der Start-ups berichtet wird, als auch über ihre Platzierung und Aufmachung Aussagen über ihre Bedeutung für das Unternehmen möglich sind. So kann der Umfang bestimmter Themen in Berichten oder auf Websites Auskunft darüber geben, wie stark unterschiedliche Verantwortungsdimensionen im Start-up ausgeprägt sind, ebenso die Platzierung, Aufmachung und der Umfang von Themen bis hin zur Bilderzahl (Jarolimek und Raupp 2011, S. 503 f.).

Im Ergebnis der Untersuchung stellte sich heraus, dass entgegen dem gesellschaftlichen Trend nachhaltiges Wirtschaften in der digitalen Außendarstellung (Website, Facebook) der meisten Start-ups keine bis kaum eine Rolle zu spielen scheint: Nur bei fünf der 18 Start-ups werden Begriffe wie Umwelt, Verantwortung und Nachhaltigkeit erwähnt, aber auch bei ökologisch nachhaltig orientierten Start-ups wurde der Begriff der CSR nicht explizit kommuniziert. Immerhin nennen fünf der befragten Start-ups die drei Aspekte der CSR auf ihren Websites und Facebook-Seiten, doch nur ein Start-up positioniert sich eindeutig und stark sichtbar mit allen drei Dimensionen, der sozialen, ökologischen und ökonomischen. Das dazugehörige Interview zeigt, warum: Dieses Vorgehen war für das Start-up gründungs- und identitätsrelevant. Nur weitere zwei Start-ups verweisen zwar auf ihre Werte im ökologisch nachhaltigen Handeln, doch ohne tiefer gehende Inhalte. Wenn nachhaltiges Wirtschaften thematisiert wird, dann ausschließlich informativ zurückhaltend: Meist ist es die Ressourcenschonung, der Erhalt oder der Schutz der Natur. Bei einem Start-up, bei dem soziales Engagement im Gründungsgedanken verankert ist, wird sozial nachhaltiges Wirtschaften benannt und in Beispielen ausgeführt. Was nicht thematisiert wird, ist die Nachhaltigkeit ihrer Innovationen. Nur ein einziges Unternehmen hat einen eigenen Navigationspunkt zum Thema, ökologisch korrekt und fair zu handeln, und benennt den Navigationspunkt auch so, ohne etwas zum ökonomisch nachhaltigen Handeln zu schreiben.

Insgesamt werden Kommunikationsanlässe mit Nachhaltigkeitsbezug nicht genutzt: Ein Start-up, das sich mit dem Thema Reisen zu attraktiven Stränden beschäftigt, ignoriert das Thema Sauberkeit und Schutz der Umwelt; ein Start-up, das sich als Geschäftsmodell mit Pflanzen im „e-commerce" beschäftigt, sagt nichts zu Pflanzenschutz und CO_2-Verbrauch durch Verpackung und Transport; Start-ups im „e-commerce" mit Mode besprechen keine Herstellungsbedingungen, Transportwege und Informationen zu ihren Werten in der „supply chain"; eine Gründung im Bankensektor erwartet Vertrauen von Kunden und nennt daher Transparenz als wichtig, meint jedoch Informationen zu Kontobewegungen und bezieht sich nicht auf Werte in den Kerngeschäftsprozessen. Nur ein einziges Start-up erwähnt die Langlebigkeit seiner Produkte; ein anderes verweist versteckt in den FAQs auf den CO_2-neutralen Versand. Einzig bei der Mitarbeitersuche scheint einmal der Aspekt des direkten umweltfreundlichen Handelns auf, wenn mit reduziertem CO_2-Ausstoß und Lärmreduktion für Mitarbeiter geworben wird: „Wenn du Lust hast, bei unserer Revolution für umweltfreundliche Mobilität dabei zu sein." In Bezug auf die soziale Nachhaltigkeit sieht es ebenso reduziert aus: Ein einziges Start-up plante noch im Befragungszeitraum die Veröffentlichung eines „Manifests der sozialen Verantwortung", in dem es seine Grundsätze u. a. in Bezug auf Transparenz, Weiterentwicklung der Mitarbeiter und Ehrlichkeit beschreibt. Die Facebook-Seiten sind bis auf einen Fall quasi frei von Nachhaltigkeitsthemen.

Geht man also nach der digitalen Außenkommunikation der untersuchten Start-ups, erscheinen die Unternehmen mit ihren Werten und ihrer Reputation-im-Aufbau als sehr eindimensional auf ihr Produkt und den ökonomischen Erfolg ausgerichtet. Verantwortung für ihren Einfluss auf Umwelt, Menschen und Wirtschaft sind für technologiegeprägte Start-ups kein Thema. Lediglich Start-ups, die aus ihrem Business heraus mit ökologischer Nachhaltigkeit zu tun haben, thematisieren Einzelaspekte verantwortlichen Handelns für die Gesellschaft. Für die meisten Start-ups entsteht jedoch der Eindruck: Sie handeln nach dem Gewinnprinzip unter einem primär ökonomischen Blickwinkel, im Mittelpunkt die Innovation und kein Verweis auf verantwortliches nachhaltiges Handeln, nur ein Mehr an Erfolg in Form von Kunden, Verkauf und Bekanntheit. Selbst existierendes nachhaltiges Handeln wird nicht thematisiert und ist so für die Kunden, Investoren und (potenziellen) Mitarbeiter etc. nicht sichtbar und somit auch nicht überprüfbar. Selten geben Siegel aus den Themenbereichen des Fairtrade- oder umweltschonenden Handelns Hinweis auf mögliche Überzeugungen bzw. Grundsätze der Gründer. Es scheint, als ob sowohl die Vorteile des nachhaltigen Wirtschaftens als auch seiner Kommunikation den Gründern von Start-ups bis heute nicht bewusst sind – trotz aller Förderungen und Seminare.

2 Über die Intentionen der Treiber, Gestalter und Umsetzer

Ergänzend zur Analyse der Websites und Facebook-Seiten wurden mit Gründern von acht der 18 Start-ups Interviews zu ihren Intentionen und Zielen, zu CSR und nachhaltigem Wirtschaften, zu ihrer Innovation und der Kommunikation dieser Themen in ihrer Selbstdarstellung geführt. Angesprochen wurde, wie die jungen Unternehmer über ihre Rolle denken. Sie schaffen Arbeitsplätze, setzen neue Produkte, Ideen und Dienstleistungen in die Welt. Planen sie dabei neben dem wirtschaftlichen Anspruch ebenso sozial und ökologisch nachhaltig zu arbeiten und wollen sie das nach außen zeigen? Gefragt wurde nach den strategischen Zielen des Start-ups, nach Einstellungen zur Bedeutung von CSR und nachhaltigem Wirtschaften für das Start-up, der Rolle ihrer Innovation bei der Zielerreichung sowie dem Einsatz von CSR-Themen in der Kommunikation. Ziel der Befragung war herauszufinden, inwiefern potenzielle künftige Großunternehmen und Gestalter der wirtschaftlichen Zukunft ihre Rolle sehen und das Thema CSR und Nachhaltigkeit in ihr Handeln einbeziehen und wie sie dies in ihre Außenkommunikation einbeziehen. Die problemzentrierten Leitfadeninterviews dienten sowohl der Ermittlung des Ist-Zustandes als auch der Ermittlung von Idealvorstellungen.

Aufgrund des hohen Interesses an Start-ups und einer hohen Befragungsintensität für andere Studien war der Rekrutierungsprozess für die Interviews nicht einfach: Im Ergebnis waren acht Gründer zu Gesprächen bereit, von denen vier über zufällige Kontakte und vier über ein Rundschreiben rekrutiert wurden und den Auswahlkriterien der Untersuchung entsprachen. Die Auswahl beinhaltete verschiedene Rechtsformen, um eine gewisse Vielfalt abzudecken. Es wurden Start-ups befragt, die alle erfolgreich sind (darunter ein verkauftes Start-up). Die Gründer waren zum Befragungszeitraum zwischen 26 und 42 Jahre alt. Befragt wurde die gleiche Anzahl Männer wie Frauen. Der Charakter der Ergebnisse ist aufgrund der geringen Fallzahl nicht repräsentativ und da es sich nicht um eine Auswahl typischer Fälle handelt, schließt sich eine Zuschreibung von „typisch" und die Verallgemeinerung der ausgewählten Fälle aus. Die Grenzen der Interpretation der Antworten liegen neben der geringen Fallzahl in einer möglichen Positivauswahl, d. h., dass nur Gründer sich zum Interview bereit erklärten, die am Thema CSR und Nachhaltigkeit interessiert sind. Dagegenzuhalten wäre die allgemeine Bedeutung der Thematik – auch als mögliche Geisteshaltung einer jungen Generation.

Im Rahmen der Befragung stellten sich die befragten Gründer als an ihrer Umwelt interessierte Mitmenschen mit großem Interesse an der künftigen Entwicklung der Gesellschaft heraus. Trotz dieses Interesses ist der Transfer in die externe Kommunikation und Selbstdarstellung ihrer Unternehmen sehr reduziert. Einige der Gründer sprechen zwar regelmäßig Nachhaltigkeitsthemen gegenüber Investoren und Journalisten an und nutzen deren Interesse am Thema, um sich jetzt und in Zukunft zu positionieren. Dass sich diese Themen dennoch so wenig auf den Websites und Facebook-Seiten finden, wurde in den Gesprächen wie folgt begründet:

- Es ist für ihre Kunden nicht die Hauptmotivation, die Produkte des Start-ups zu kaufen.
- Sie wollen erst den Marktgang schaffen, um sich dann um die anderen Themen zu kümmern. („Das sollten wir jetzt stärker verkommunizieren, wir wollten zunächst aber erstmal den Marktgang schaffen ...").
- Sie wollen ihre Kunden nicht durch „Öko-Trulla"-Auftreten abschrecken, steht für fast alle Gründer fest.
- Einigen wurde erst im Interview bewusst, dass sie den schnellsten und jedem und überall zugänglichen Kommunikationskanal – die digitalen Medien – nicht für die Darstellung der eigenen Werte nutzen.

Insgesamt bejahen die Gründer die Absicht, die Welt verändern zu wollen („Jeder will doch die Welt verändern."), wenn auch manche von ihnen nur in einem kleinen Realitätsausschnitt, in dem sie dort etwas Sinnstiftendes tun. Sieben der acht befragten Gründer sind dabei der Meinung, dass ihre Innovation bzw. ihr Start-up die Wirtschaftswelt langfristig verändern wird. Meist jedoch sind es zunächst Marktanteile bzw. das Kaufverhalten, die durch die Neugründung verändert werden sollen. Benannt werden auch Veränderungen in der Wahrnehmung von Umwelt oder Nachhaltigkeit, dass sie mehr Einfluss bekommen sollen, mehr Menschen nach dieser Idee handeln sollen. Da die meisten der befragten Gründer Wert auf nachhaltiges Handeln legen, wundert es nicht, dass einige hoffen, dass Nachhaltigkeit in zehn bis 15 Jahren kein Nischendasein mehr frönt, sondern einen größeren Anteil in Unternehmenskonzepten einnimmt, doch dass es dafür mehr als nur ein einzelnes Start-up braucht.

Die befragten Gründer gehen davon aus, dass sie keine nachhaltige Innovation haben. Sie sind jedoch der Meinung, dass sie durch die Verbindung bekannter Elemente oder die Art und Weise des Handelns disruptive Entwicklungen im jeweiligen Businessfeld anstoßen und infolgedessen in der Wirtschaft und Gesellschaft auf Dauer etwas Neues entstehen kann – im Modebereich, der Mobilität, auf Plattformen, in der „green economy", in „e-health" oder „e-commerce". Für diese Entwicklung streben sie danach, ihre Innovation in die Welt hinauszutragen und bekannt zu machen – um Aufmerksamkeit für ihr jeweiliges Thema zu schaffen. Mehrheitlich sehen die befragten Gründer dabei eine Balance zwischen wirtschaftlichem Überleben und ökologisch nachhaltigem Handeln als notwendig an: Pflichtübung ist die ökonomische Tragfähigkeit des Start-ups, die Kür das ökologisch nachhaltige Handeln. Es wurde angemerkt, dass man sich nachhaltiges Handeln auch im Brecht'schen Sinne leisten können muss: Erst kommt das Fressen, dann kommt die Moral. Oberstes Ziel dabei: dass das Start-up sich wirtschaftlich trägt und überlebt.

In den Interviews offenbarte sich ein grundsätzlicher Widerspruch: Obwohl die meisten Gründer der Meinung sind, dass Nachhaltigkeit für Neugründungen generell und insbesondere auch für ihr eigenes Start-up wichtig bzw. sehr wichtig ist, und dies bei sechs der acht befragten Start-ups bereits bei der Gründung eine Rolle spielte, externalisieren sie diese Einstellung wenig. Das gleiche gilt für die Geschäftsstrategie: Die meisten der Gründer sehen nachhaltiges Handeln als wesentlichen Bestandteil ihrer Geschäftsstrategie an, doch auch dieser Aspekt wird nicht nach außen kommuniziert. Zwei der Start-up-Gründer wiesen darauf hin, dass bei ihnen das Produkt im Vordergrund steht, weil den Kunden CSR nicht wichtig ist. Dass CSR-Handeln derzeit im Wesen von Unternehmen verankert ist, bezweifelte ein Befragungsteilnehmer: „Ich habe zur CSR ein gespaltenes Verhältnis – es herrscht oft die Einstellung: Wir machen das mal noch so dran, das war schon bei Büchern in der Universität so: Da gab es drei Kapitel und jetzt hängen wir eben Nachhaltigkeit hinten dran. Das hilft nicht besonders, sondern es muss ein grundsätzlicher Mindset sein, der stimmen muss."

Immerhin hatten sechs von acht der befragten Start-ups eine PR-Strategie bzw. ein Kommunikationskonzept, doch nicht alle: „Wir haben immer ein bisschen geguckt, was möglich ist und dann entschieden, ... Wir haben gar nicht so ein Kommunikationspapier aufgesetzt." Auf die Frage, was sie mit ihrer Kommunikation erreichen wollen, steht für die meisten Bekanntheit und Vertrautheit für die Marke auf dem Plan, Kundenaufmerksamkeit, aber auch die Generierung von Backlinks, Besucher für die Website, das Ranking bei Suchmaschinen oder „so viele Menschen wie möglich" zu erreichen.

Auf die Frage, ob CSR-Handeln generell zum Erfolg des Start-ups beitragen würde, stimmte die Mehrzahl der befragten Gründer zu. Angesichts der vorhandenen Konzepte ist es desto überraschender, dass die Kommunikation zur Nachhaltigkeit bei ihnen nicht integriert ist. Ebenso selten, wie sie in ihrer digitalen Kommunikation über nachhaltiges Handeln berichten, sehen die befragten Gründer einen Grund, ein Reporting im Bereich Nachhaltigkeit zu betreiben, obwohl alle Befragten die Themen CSR und Nachhaltigkeit für wichtig bis sehr wichtig halten. Es verwundert daher, dass selbst ökologisch orientierte Start-ups den Deutschen Nachhaltigkeitskodex, einen seit 2011 vom Rat für nachhaltige Entwicklung als Verhaltenskodex entwickelten Transparenzstandard, nicht kennen. Gerade angesichts ihrer Abhängigkeit von Investoren und Förderern könnte die Nachhaltigkeitsleistung, in die Sprache der Finanz übersetzt, künftigen Förderungen den Weg ebnen.

Warum nachhaltiges Handeln für Start-ups wichtig ist, begründeten sie damit, dass sie den Begriff Start-up für die Zukunft definieren; Unternehmen sind solche, die sich in den kommenden Jahren gut entwickeln wollen und Einfluss auf die nachrückende Generation nehmen, beispielsweise welche Tugenden Gründer entwickeln (sollten): „Oft sind Start-ups nur cool, in Gesprächen auf den Treffen steht nur im Mittelpunkt, wie viel *funding* man hat, wie viele Mitarbeiter. Das ist gesellschaftlich aber das falsche Signal." Es wäre daher höchste Zeit, meinten einige Gründer, zu handeln. So formulierte einer: „Ich mache etwas Revolutionäres, etwas Innovatives und dafür nehme ich den Konsumenten mit. Dafür muss sich der Konsument auch verändern und hoffentlich in die bessere Richtung." In den überwiegenden Fällen war allerdings die Dimension des ökologisch nachhaltigen Handelns gemeint. Auf die Frage, ob sich aufgrund des an der CSR orientierten Handelns mehr Menschen für das Produkt entscheiden würden, gingen die Meinungen auseinander: Einige verneinten, andere sahen es als möglich, andere wiederum sahen es aufgrund ihrer Zielgruppe, für die es extrem wichtig sei und Magnetwirkung hätte, als gesichert an. Überraschend war dann zu sehen, dass dennoch nur zwei der acht Start-ups in ihrer digitalen Außenkommunikation das Thema Umwelt und vier das Thema Nachhaltigkeit explizit nennen.

Insgesamt kann man den Start-ups kein Greenwashing vorwerfen: Die Start-ups nutzen das Thema CSR und Nachhaltigkeit selten in ihrer Außenkommunikation, *obwohl* sie sich in diesem Bereich engagieren und dieses Engagement teils auch gegenüber Kunden im direkten Dialog auf Messen z. B. gerne einsetzen. An das Tagesgeschäft ist das Thema wenig angeschlossen, weshalb es auch wenig Anlässe gibt, CSR-Aktivitäten zu kommunizieren. Sie benennen andere Themen, die bisher für mehr Bekanntheit sorgten: das Gründerteam, das Produkt oder die Dienstleistung selbst. Ein Grund dafür ist, dass einige nicht als Nachhaltigkeitslabel wahrgenommen werden wollen oder als übertrieben grün. Andere wollen nicht angeben mit ihrem Engagement. („Wir haben es nicht bewusst verschwiegen, wir haben aber gesagt, wir kommunizieren jetzt ganz stark den Lifestyle-Aspekt …") Und wiederum andere unter den Start-ups änderten ihre Meinung zur Notwendigkeit der Kommunikation im Laufe der Interviews: „… Ich notiere mir das jetzt mal …"; „… das war für uns selbstverständlich … wir müssten das jetzt anfangen zu kommunizieren …" Es ist offenbar ein Spagat der Verunsicherung: Wie viel darf ich davon sagen, dass ich nachhaltig handle, und für meine Reputation nutzen und wie viel schadet mir.

Insgesamt kann dieses beobachtete Verhalten ebenso wie bei großen Unternehmen zu einer wahrgenommenen Intransparenz führen, entgegengesetzt der Idee eines „lückenlosen Offenlegens von Informationen über Themen und Indikatoren" als Grundkonzept die CSR-Kommunikation (Jarolimek 2014, S. 1280). Doch scheinen die Start-ups nicht die einzigen mit diesem Problem zu sein: Bereits 2007 hatte eine umfassende Studie an KMU gezeigt, dass sie CSR nicht als Kommunikationsanlass wahrnehmen und nutzen (Bader 2011, S. 358). Jedoch im Gegensatz zur Ausrichtung der CSR-Kommunikation von KMU (sie nutzen sie am intensivsten in Richtung Mitarbeiter, dann mit Abstand Kunden und Verbraucher, dann Medien, am Ende Investoren und Ratingagenturen; ähnliche Reihenfolge bei Großunternehmen, s. Bader 2011, S. 361 f.) nutzen einige Start-ups das Thema intensiv vor allem gegenüber Journalisten („Wenn ich mit einem Journalisten rede, weiß ich, dass ich das da' stehen haben will …"), da die Medien die Kombination „jung – Start-up – Welt verbessern" lieben und gerne darüber berichten. Neben den Journalisten benennen die Gründer die Kunden als wichtige Stakeholder für das Thema CSR, dann

Investoren („Er will wissen, ob es uns demnächst noch gibt."), zudem werden oft Partner bzw. Lieferanten benannt. Nur wird einmal das Team thematisiert, obwohl bei potenziellen und aktuellen Mitarbeitern das Handeln nach CSR-Kriterien für die Rekrutierung eine große Rolle spielt. Ein Teil der Befragten meinte, dass auch (potenzielle) Mitarbeiter diesen Aspekt bei der Arbeitsplatzwahl wichtig finden würden, wie sie aus Bewerbungen und Gesprächen wissen. Alles in allem wird das Thema Nachhaltigkeit von der Hälfte der befragten Start-ups zielgerichtet gegenüber relevanten Stakeholdern im Gespräch eingesetzt. Offenbar gilt: wenig digitale Information zum Thema, doch viel persönlicher Dialog.

Insgesamt sind Start-up-Gründer zwar reflektiert in Bezug auf die Themen CSR und nachhaltiges Handeln, vermitteln dies jedoch zu wenig nach außen; die Gründer enthalten den Stakeholdern somit Informationen vor. So entsteht eine Diskrepanz zwischen Intention und Kommunikation: CO_2-neutral zu handeln, dies jedoch in der Selbstdarstellung nicht zu erwähnen bedeutet, dass Stakeholder nicht entscheiden können, wie sie das bewerten. Was die Start-ups in ihrer Zurückhaltung übersehen: Das Einbeziehen der Stakeholder gibt jenen die Chance, sich zu informieren und selbst Auswirkungen einschätzen zu können und Entscheidungen zu treffen. Dies bedeutet zwar Kontrolle abzugeben, zugleich aber den Gewinn an Teilhabe und Identifikation bei ihnen. So wird das ganze Potenzial von verantwortlichem Handeln ausgeschöpft und CSR auf diesem Wege glaubwürdig. Das bedeutet: Erwartungen, Information über sowie das verantwortungsvolle Handeln selbst sollten möglichst übereinstimmen. Anderenfalls könnte gefragt werden, warum dies nicht geschieht. Paradox erscheint, dass man die Start-ups wie die großen Unternehmen davor warnen muss, Opfer des Rhetorik-Reality-Gaps zu werden – doch aus entgegengesetztem Grund: Nachhaltig zu handeln und dies nicht zu sagen widerspricht einem konsistenten, widerspruchsfreien Außenbild, das am meisten Chancen auf einen nachhaltigen Reputationsauf- und -ausbau hat.

3 Chancen für die Kommunikation von jungen Unternehmen

Für Start-ups zählen die Vermarktung, die Finanzen, die Mitarbeiter, das Produkt und seine Entwicklung und die Unternehmensentwicklung zu den für sie wichtigsten fünf Herausforderungen (Deutscher Startup Monitor 2015). Über deren erfolgreiches Management wird in den Start-ups nicht selten die Beobachtung ihres Handelns durch die Gesellschaft vergessen. Diese vergisst sie jedoch nicht – vor allem sobald sie groß und erfolgreich werden – wie kritische Berichte zum Branchenprimus Zalando immer wieder zeigen. Um Chancen zu nutzen und mögliche Risiken zu bewerten, die aus den Umweltbeziehungen entstehen können, müssen Start-ups zwei grundlegende Aspekte der Beziehung zu ihrer Umwelt beachten:

Erstens sollten Start-ups vor Gründung die Rolle der Unternehmenskommunikation kennen und ihren Ressourceneinsatz entsprechend planen. Ihnen sollte klar sein, dass nicht die Entscheidung steht: Erst müssen wir ökonomisch erfolgreich sein, dann können wir uns der internen und externen Kommunikation und der sozialen und ökologischen

Verantwortung zuwenden, sondern sie sollten den Aufbau des jungen Unternehmens nicht vom verantwortlichen Handeln und der dazugehörigen Kommunikation trennen. Da sich Start-ups Schritt für Schritt eine spezifische soziale Identität in einem sozialen Gefüge aufbauen, hängt es vom Tag Eins an u. a. von der Kommunikation ab, ob man gute Mitarbeiter bekommt oder eben nicht. Kommunikation und soziale Beziehung kann man nicht unabhängig voneinander denken, beide verweisen aufeinander: Kommunikation sagt nicht nur, wer wir sind, sondern auch, was wir für andere und für uns selbst sind (Reichertz 2011, S. 229). In dem Moment, in dem sich ein Start-up aus existierenden wirtschaftlichen Strukturen heraus selbst erschafft, ist es somit eine seiner ersten Aufgaben, eine eigene Identität zu entwickeln (Huang-Horowitz 2012). Gemeint ist ein Selbstverständnis und eine Kultur, also ein System der Ziele, des „Wie" des Handelns, der Werte und Grundsätze.

Dies geschieht im Prozess des Handelns in Interaktion mit der Umwelt, weshalb der Kommunikation eine zentrale Rolle zukommt. Denn wie und wodurch sich eine Neugründung von den anderen, von ihrem Wettbewerb unterscheidet, bestimmt das Start-up selbst. Oft ist es gerade jungen Unternehmen nicht bewusst, wie wichtig dieser Prozess für die Zukunft ihres Unternehmens ist: Dass sie auf der Phänomenebene durch dieses „Was wir für uns selbst sind" weit mehr als ein Bild für die eigenen Mitarbeiter, für künftige Kunden- und andere Beziehungen schaffen, sondern die Basis für alle künftigen Beziehungen. Das Bild bei den Stakeholdern, wer der Gründer ist, wie das Start-up handelt – verantwortungsvoll oder eben nicht –, nach welche Werten sich die Gründer richten, welchen Nutzen Produkte oder Dienstleistungen für den Nutzer haben, entsteht mit durch ihre interne und externe Kommunikation. Die Websites und Facebook-Seiten als schnellstes, direktestes und jederzeit erreichbares Mittel der Start-ups, aber auch alle anderen Kommunikationsmittel zeigen diese Identität und können über ihre Inhalte relevante Anknüpfungspunkte für ihre Stakeholder bieten.

Zweitens sollte die Chance, durch die Einheit von Handeln und Kommunikation in der Dimension des gesellschaftlich verantwortlichen Handelns ein positives Image zu entwickeln, von Anfang an im Mittelpunkt des Managements von Start-ups stehen. Durch seine Kommunikation kann sich ein Start-up in die Gesellschaft einbetten. Erweitert man als Aspekt der aktuellen Konzeption von CSR die Triple-Bottom-Line der Verantwortung um eine vierte Dimension, die der Kommunikation nach innen und nach außen (Weder und Karmasin 2015, S. 939), schaffen Unternehmen Mehrwert für das eigene Unternehmen und die Gesellschaft. Wenn sie Verantwortung übernehmen und diese auch kommunizieren, entsprechen sie den Erwartungen ihrer Stakeholder, integrieren deren Erwartungen in die Geschäftstätigkeit und agieren freiwillig über die gesetzlichen Vorschriften hinaus. Daher ist zu empfehlen, ein übergreifendes Unternehmensleitbild zu den Grundwerten und der eigenen Identität zu veröffentlichen (bisher bei keinem der befragten Start-ups auf der Website oder bei Facebook, nur ein Code of Conduct). Zum anderen sollte von Beginn an das CSR-Handeln transparent gemacht werden, beispielsweise über ein CSR-Reporting (bei keinem der befragten Start-ups, obwohl sie berichtenswerte Ansätze haben).

Überdies ist zu beachten, dass in der Forschung die Chancen, positive Reputationseffekte durch gezieltes CSR-Handeln zu steuern und zu kontrollieren, meist als zu optimistisch bewertet und daher unbedingt auch die Reputationsrisiken im Umfeld des Unternehmens geprüft werden sollten. Gerade die Medien sind für den Reputationsaufbau von Unternehmen wichtig, wobei auch bei den Start-ups in den Interviews zu beobachten war, dass die mediale Exponierung zugenommen hat. Hierbei passen sie sich der massenmedialen Funktionslogik an, indem sie Journalisten auf schöne Geschichten mit Nachhaltigkeitstouch hinweisen, die die Medien gerne mitnehmen. Diese Orientierung an den Bedürfnissen des Mediensystems als einem dominanten Teilsystem der Gesellschaft, das die anderen Teilsysteme wie Wirtschaft, Politik, Wissenschaft zur Anpassung zwingt (Eisenegger und Schranz 2011, S. 72 ff., 77) gilt auch für junge Unternehmen, die schnell den professionellen Umgang mit den Medien adaptieren.

Die Rolle der Medien als eigenständiger und definitionsmächtiger Akteur im Reputationsbildungsprozess kann aber auch Start-ups wie allen Unternehmen, die CSR-Aktivitäten offensiv öffentlich kommunizieren, gefährlich werden. Auch für kleine Unternehmen besteht die Gefahr der Skandalisierung in der Medienberichterstattung, da Unternehmen heutzutage deutlich stärker im Zusammenhang mit sozialmoralischen Fragen exponiert werden (Eisenegger und Schranz 2011). Wo große Unternehmen dabei den Reputationsverlust fürchten müssen, befinden sich die Start-ups noch in der Phase der sich entwickelnden Reputation und können in der ersten Zeit dann etwas freier agieren. Wichtig für Start-ups ist es dennoch, sobald sie in den Kontakt mit den Medien eingetreten sind, sich der Chancen und Risiken einer permanenten Beobachtung bewusst zu sein und ihr unternehmerisches und kommunikatives Handeln darauf auszurichten. Sobald sie sich einen guten Ruf erarbeitet haben, unterliegen sie ebenso wie etablierte Unternehmen den kritischen Fragen hinsichtlich des Zusammenspiels ihres Handelns mit ihrer Selbstdarstellung. Daher wäre bereits bei Eintritt in den Meinungsmarkt eine konsistente, integrierte Handlungsstrategie unter Einbeziehen der Aspekte des CSR-Handelns empfehlenswert. Dies kann bei Start-ups einerseits leichter zu gestalten sein, da – wie die Befragung ergeben hat – die Person des Unternehmers sehr zentral ist und über die Person Inhalte und Botschaften integriert. Sie sind das Unternehmen. Diese Logik ergibt sich in den ersten Jahren aus der Gründung sowie Strategiedefinition und schlägt sich in dieser Zeit auch in der Außenkommunikation nieder. („Ich bin das Gesicht des Start-ups.") Der Vorteil ist, dass es weniger Streuverluste durch Abstimmungsrunden gibt und sie authentisch für die Gründungsidee stehen (s. auch Schwalbach und Schwerk 2014, S. 206). Zum Teil wird aber auch bewusst versucht, das Geschäft nicht zu sehr mit den Unternehmerpersönlichkeiten zu verknüpfen, wie zwei der Interviewpartner betonten.

4 Fazit: Sagen, was ist. Tun, was man sagt und so sein

Jedes Start-up sollte aufgrund seiner Zukunftszugewandtheit und unabhängig von seiner Ausrichtung nachhaltiges Wirtschaften nicht als Kommunikations-, sondern als strategische Aufgabe der Art und Weise der Unternehmensführung bereits zu Beginn der Unternehmensexistenz ansehen. So kann der beobachtete Idealismus der befragten Start-ups zu einer Positionierung vor den Mitbewerbern, zu einem Reputationsgewinn und zu ökonomischen Vorteilen führen. Gründer sollten eigene Werte und das „Wie" ihres Handelns unaufgefordert zeigen. Dies könnte auch der Gesellschaft nutzen, da es zu Anpassungen innerhalb des Konkurrentenkreises führen kann (Grothe 2012, S. 747). Aufgrund der begrenzten finanziellen, zeitlichen und personellen Ressourcen, die in der Gründungphase und den ersten Jahren zur Verfügung stehen, ist ein pragmatischer Ansatz in der Kommunikation zu empfehlen.

Empfehlungen für die Kommunikation:

Empfehlung 1: Bei Überlegungen zum Profil und der Entwicklung der Unternehmensidentität sollte der Gedanke des nachhaltigen Handelns ein Grundankerpunkt sein, um sich in einer kommenden Wirtschaftswelt verargumentieren zu können. Der Umgang mit diesem Thema müsste bewusst in die Kommunikation eingebettet werden, sodass das Reputationsrisiko minimiert und die Reputationschancen optimiert werden können.

Empfehlung 2: Bereits in der Gründungsphase sollten die Gründer im Sinne des Stakeholder-Managements die Beziehungen zu den relevanten Stakeholdern und ihre Bedürfnisse in Bezug auf nachhaltiges Handeln kennen und langfristig mitdenken und die Frage für sich beantworten, ob sie die gesellschaftlichen, Kunden-, Medien- und Investorenerwartungen hinsichtlich nachhaltigen Wirtschaftens erfüllen können.

Empfehlung 3: Die Frage sollte nicht sein, ob, sondern wie Start-ups nachhaltiges Handeln kommunizieren.

Aufgrund des besonderen Charakters des Themas und der Gefahr des Rhetorik-Reality-Gaps sollte die Kommunikation von CSR und Nachhaltigkeit dabei folgende Charaktereigenschaften besitzen:

- Nutzerzentriert: Das bedeutet, dass die Interessen der Stakeholder in die Darstellung des Handelns einfließen sollten. Sie sind diejenigen, die die Informationen nach Relevanz und nach Glaubwürdigkeit bewerten (vgl. Clausen 2002, S. 84 ff.).
- Informativ *und* zurückhaltend: Das bedeutet, die Information sollte sich an die breite Öffentlichkeit richten, sie sollte sich Dritter wie beispielsweise Multiplikatoren bedienen und somit eher indirekt kommunizieren.
- Langfristig *und* transparent: Das bedeutet, fortlaufend und am besten von Beginn an mit überprüf- und vergleichbaren Inhalten kommunizieren.
- Faktenbasiert: Das bedeutet, dass die Kommunikation spezifisch sein und Hintergrundwissen mitliefern sollte. Dazu zählt zu informieren, nach welchen Standards oder Zertifizierungen man sich richtet, aber auch Informationen zu Partnervereinbarungen mit NGOs oder Mitgliedschaften (s. zu Strategien von Unternehmen zur Glaubwürdigkeit von CSR Ihlen 2011, S. 159 ff.; Clausen 2002, S. 80 ff.).

- Der lokalen Kultur und dem historischen Kontext entsprechend: Das bedeutet, die Argumente der Start-ups müssen übergeordnete Gültigkeit besitzen in einer universellen Öffentlichkeit.
- Wort = Tat = Form: Das bedeutet, CSR-Aktivitäten sollten nachvollziehbar mit dem Charakter und den Eigeninteressen des Unternehmens übereinstimmen, da potenziell die Moralfalle der Unglaubwürdigkeit droht zwischen rationalen Eigeninteressen und dem demonstrativen Gutes-Tun-Ansatz. Beim Transfer des Tuns in Inhalte für Kommunikationsmittel sollte der Aspekt der Angemessenheit in Form und Umfang unbedingt beachtet und integriert umgesetzt werden. Welche Kommunikationsformen für die CSR-Kommunikation generell am wirkungsvollsten sind und für Start-ups im Einzelnen, ist noch nicht final erschlossen. Als Grundregel kann immer gelten: nicht zu werblich.

Eine kritische Anmerkung einer Interviewpartnerin stimmt am Ende noch nachdenklich: „Nachhaltiges Denken und Handeln wären ein Trend", meinte sie, „vor allem unter Berliner Gründungen, wenn man überall gefragt würde, was man für die Gesellschaft tue und man daraufhin dann auch gefördert würde". Diese Frage wird offensichtlich selten gestellt.

Literatur

Bader N (2011) Fallstudie: CSR-Kommunikation von kleinen und mittleren Unternehmen. In: Raupp J, Jarolimek S, Schultz F (Hrsg) Handbuch CSR. Kommunikationswissenschaftliche Grundlagen, disziplinäre Zugänge und methodische Herausforderungen. Springer, Wiesbaden, S 356–372

Bakan J (2005) Das Ende der Konzerne. Die selbstzerstörerische Kraft der Unternehmen. Europa Verlag, Leipzig

Berliner Zeitung (22. Sept. 2015) Start-ups sind wahre Jobmaschinen (Reuters/sw). http://www.berliner-zeitung.de/wirtschaft/arbeitsplaetze-in-berlin-und-ganz-deutschland-start-ups-sind-wahre-jobmaschinen,10808230,31874284.html. Zugegriffen: 25. September 2015

Clausen J (2002) Nachhaltigkeitsberichterstattung. Praxis glaubwürdiger Kommunikation für zukunftsfähige Unternehmen. Institut für ökologische Wirtschaftsforschung (IÖW) und Institut für Markt-Umwelt-Gesellschaft (imug). Erich Schmidt Verlag, Berlin

deutsche-startup.de. http://www.deutsche-startups.de/2014/11/20/nachhaltigkeit-als-wettbewerbsvorteil-fuer-start-ups/. Zugegriffen: 15. Oktober 2015

Deutscher Startup Monitor (2015) http://deutscherstartupmonitor.de/fileadmin/dsm/dsm-15/studie_dsm_2015.pdf. Zugegriffen: 23. September 2015

Eisenegger M, Schranz M (2011) CSR – Moralisierung des Reputationsmanagements. In: Raupp J, Jarolimek S, Schultz F (Hrsg) Handbuch CSR. Kommunikationswissenschaftliche Grundlagen, disziplinäre Zugänge und methodische Herausforderungen. Springer, Wiesbaden, S 71–96

Europäische Kommission (Hrsg) (2001) Europäische Rahmenbedingungen für die soziale Verantwortung von Unternehmen. Grünbuch, Luxemburg

Grothe A (2012) Nachhaltigkeit – Leitbild für Unternehmen. In: Rogall H (Hrsg) Nachhaltige Ökonomie. Ökonomische Theorie und Praxis einer Nachhaltigen Entwicklung, 2. überarbeitete und stark erweiterte Aufl. Metropolis-Verlag, Marburg

Huang-Horowitz NC (2012) Conceptualizing a theoretical model for the practice of public relations in the small business environment. Public Relations Society of America. http://www.prsa.org/intelligence/prjournal/documents/2012huang-horowitz.pdf. Zugegriffen: 13. Dezember 2015

Ihlen Ø (2011) Corporate Social Responsibility und die rhetorische Situation. In: Raupp J, Jarolimek S, Schultz F (Hrsg) Handbuch CSR. Kommunikationswissenschaftliche Grundlagen, disziplinäre Zugänge und methodische Herausforderunge. Springer, Wiesbaden, S 150–172

Ingenhoff D, Kölling AM (2011) Internetbasierte CSR-Kommunikation. In: Raupp J, Jarolimek S, Schultz F (Hrsg) Handbuch CSR. Kommunikationswissenschaftliche Grundlagen, disziplinäre Zugänge und methodische Herausforderungen. Springer, Wiesbaden, S 481–498

Jarolimek S (2014) CSR-Kommunikation: Zielsetzungen und Erscheinungsformen. In: Piwinger M, Zerfaß A (Hrsg) Handbuch der Unternehmenskommunikation, 2. Aufl. Springer, Wiesbaden, S 1269–1284

Jarolimek S, Raupp J (2011) Zur Inhaltsanalyse von CSR-Kommunikation. Materialobjekte, methodische Herausforderungen und Perspektiven. In: Raupp J, Jarolimek S, Schultz F (Hrsg) Handbuch CSR. Kommunikationswissenschaftliche Grundlagen, disziplinäre Zugänge und methodische Herausforderungen. Springer, Wiesbaden, S 499–516

Mayerhofer W, Grusch L, Mertzbach M (2008) Corporate Social Responsibility. Einfluss auf die Einstellung zu Unternehmen und Marken. Empirische Sozialforschung, Bd. 19. Facultas, Wien

Reichertz J (2011) Kommunikationsmacht. Was ist Kommunikation und was vermag sie? Und weshalb vermag sie das? Wissen, Kommunikation und Gesellschaft. Schriften zur Wissenssoziologie. VS Verlag, Wiesbaden

Rogall H (2012) Nachhaltige Ökonomie. Ökonomische Theorie und Praxis einer Nachhaltigen Entwicklung, 2. überarbeitete und stark erweiterte Aufl. Metropolis-Verlag, Marburg

Schwalbach J, Schwerk A (2014) Corporate Governance und Corporate Social Responsibility. In: Piwinger M, Zerfaß A (Hrsg) Handbuch der Unternehmenskommunikation, 2. Aufl. Springer, Wiesbaden, S 203–218

Seibold B (2002) Die flüchtigen Web-Informationen einfangen. Lösungsansätze für die Online-Inhaltsanalyse bei dynamischen Inhalten im Internet. Publizistik 1/2002:45–56

Vision 2050: Die neue Agenda für Unternehmen. World Business Council for Sustainable Development. http://www.wbcsd.org/vision2050.aspx. Zugegriffen: 29. Februar 2012

Weder F, Karmasin M (2015) CSR – Potenziale für die PR-Forschung. In: Fröhlich R, Szyszka P, Bentele G (Hrsg) Handbuch der Public Relations. Wissenschaftliche Grundlagen und berufliches Handeln, 3. überarbeitete und erweiterte Aufl. Springer, Wiesbaden, S 933–948

Prof. Dr. Angela Bittner-Fesseler unterrichtet Unternehmenskommunikation und PR. Sie ist Professorin an der design akademie berlin, SRH Hochschule für Kommunikation und Design. Zuvor hat sie in der Kommunikation für Unternehmen und Wissenschaftsorganisationen gearbeitet.

Britta Leben hat International Business Management und den Masterstudiengang Marketingkommunikation studiert und sich bereits in ihrer Bachelorarbeit mit Corporate Social Responsibility beschäftigt.

Der Deutsche Nachhaltigkeitskodex. Eine erste Bilanz

Yvonne Zwick

Nur, was sich messen lässt, lässt sich auch managen.

1 Ein Transparenzstandard, sein Absender und seine Ziele

Nachhaltigkeit ist ein wohlklingendes Wort und für immer mehr Unternehmen Differenzierungsmerkmal. Doch gibt es bis dato keine allgemeingültige Festlegung, welche Themen zum Kanon wesentlicher Nachhaltigkeitsthemen gehört. Das führt zu einer vielfältigen Berichtspraxis, vielfältigen Bewertungs- und Beurteilungsgrundlagen in Ratings und Rankings sowie zu signifikantem Mehraufwand für Berichterstatter und Informationsbeschaffer gleichermaßen. Um Nachhaltigkeit zu einem Differenzierungsmerkmal zu machen, das auf einer belastbaren, vergleichbaren Informationsbasis aufbaut, ist Standardisierung sinnvoll. Das Interesse an Standardisierung wächst nicht zuletzt aufseiten der Unternehmen, um Nachhaltigkeit zu einer wirkungsvollen Wert- und damit Werteorientierung zu machen und so die Basis für einen Wettbewerb um zukunftsorientierte Produktlösungen und Dienstleistungen sowie konkrete Honorierung über den Markt zu fördern. Die Notwendigkeit der Vereinheitlichung ist allgemein akzeptiert und wird auch im DNK-Dialogprozess bestätigt.

Megatrends werden den Markt der Zukunft bestimmen. Sie alle fordern mehr oder weniger ein zukunftsorientiertes Management heraus, das in der Vernetzung Probleme lösen hilft: Klimawandel und die steigende Zahl von extremen Wetterereignissen, steigende Energie- und Rohstoffpreise, der demografische Wandel mit unterschiedlicher Ausprägung im nationalen und internationalen Kontext formen das Problem- und Chancenverständnis bei Marktakteuren auf der ganzen Welt. Um unternehmerische Lösungen bereits

Y. Zwick (✉)
Berlin, Deutschland
E-Mail: yvonne.zwick@nachhaltigkeitsrat.de

© Springer-Verlag GmbH Deutschland 2017
G. Gordon und A. Nelke (Hrsg.), *CSR und Nachhaltige Innovation*,
Management-Reihe Corporate Social Responsibility, DOI 10.1007/978-3-662-49952-8_5

früh durch Marktanreize zu belohnen und einen breiten Schub für nachhaltiges Wirtschaften auszulösen, ist nach Auffassung des RNE ein Maßstab für alle Unternehmen und unternehmerischen Aktivitäten von grundlegender Bedeutung. Er hat deshalb den DNK entwickelt und empfiehlt ihn zur freiwilligen Anwendung.

Der Nachhaltigkeitskodex wurde Anfang 2012 als Projekt des Nachhaltigkeitsrates etabliert, das von seiner Geschäftsstelle organisiert und als Option zur Berichterstattung über unternehmerische Nachhaltigkeitsleistungen angeboten wird. Der RNE verfolgt mit dem DNK das Ziel, innerhalb normativer Festlegungen, die er in politischen Empfehlungen und Grundsatzpapieren vornimmt, den Prozesscharakter von Nachhaltigkeit sichtbar zu machen. Der Nachhaltigkeitskodex selbst und seine Berichtsanforderungen bleiben neutral. Mit diesem Ansatz soll den unterschiedlichen Ausgangspunkten für die Befassung mit Nachhaltigkeitsthemen qua Unternehmenszweck und -größe, Standort, Wirkungsradien und Einflussmöglichkeiten Rechnung getragen werden. Die Erklärungen zum standardisierten Referenzrahmen in einer Datenbank zentral verfügbar zu machen dient dem Ziel, den wettbewerblichen Vergleich sowie die Honorierung über den Markt selbst zu stärken. Der direkte Vergleich soll zugleich anspornen, Informationsqualität, Ziele und Anstrengungen stetig weiter zu entwickeln.

Investoren und Konsumenten gleichermaßen erwarten, dass Unternehmen ökologische und soziale Faktoren bei ihren Tätigkeiten berücksichtigen (Werner 2009, S. 37). In der Nichtbefassung mit diesen Faktoren liegt erhebliches Reputationsrisiko, doch zugleich stehen Unternehmen auch in der Befassung unter dem Verdacht, Greenwashing zu betreiben. Unter diesen Vorzeichen hat der Rat für Nachhaltige Entwicklung bewusst einen Nachhaltigkeitskodex entwickelt, da auch im internationalen Kontext die unternehmerische Nachhaltigkeit zunehmend an Bedeutung gewinnt und dies eine Basis sein könnte, auf der im Zusammenhang der Diskussionen um eine Green Economy ein Beitrag zu einem international tragfähigen Konsens über die Kernthemen der Nachhaltigkeit geleistet werden könnte. Die Erfahrungen in der praktischen Anwendung des Transparenzstandards teilt der Nachhaltigkeitsrat bereitwillig mit seinen Partnern und der interessierten Öffentlichkeit, um die Diskussion über marktgängige Berichtsformate und unternehmerische Beiträge zu einer nachhaltigen Entwicklung zu befördern.

2 Der Deutsche Nachhaltigkeitskodex – Ein Referenzrahmen für Nachhaltigkeit

Der Rat für Nachhaltige Entwicklung hat gemeinsam mit Vertretern des Finanzmarktes und Unternehmen den Sachverhalt fehlender Vergleichbarkeit und Standardisierung aufgegriffen und sucht mit dem Deutschen Nachhaltigkeitskodex diese Lücke zu füllen. Dieser global anwendungsfähige Transparenzstandard zielt auf Implementierung durch die Akteure und auf Wirkung am Markt selbst. Er wurde im November 2011 vom Rat für Nachhaltige Entwicklung beschlossen (RNE 2012).

2.1 Zielgruppen und Ziele des DNK

Ziel des RNE ist, Nachhaltigkeitsleistungen von Unternehmen mit einer höheren Verbindlichkeit transparent und vergleichbar zu machen sowie die Basis für die Umsetzung von Nachhaltigkeit zu verbreitern. Durch die Anwendung des DNK ergibt sich eine Reihe potenzieller Wirkungen. Ökonomische Stakeholder wie Investoren und Finanzanalysten beziehen die Informationen in einer standardisierten Form in ihre Analyse ein. Marktineffizienzen, etwa die Über- bzw. Unterbewertung von Unternehmenswerten, können dadurch verringert und die Kapitalallokation optimiert werden. Durch eine erhöhte Transparenz werden somit Chancen und Risiken für Unternehmen besser erkennbar und vergleichbar. Ebenfalls kann so erreicht werden, dass der Wettbewerb und damit die Differenzierung am Markt durch Innovationen für eine nachhaltige Entwicklung gefördert werden. Für Unternehmen mit etabliertem Nachhaltigkeitsmanagement können durch die Offenlegung praktizierten Nachhaltigkeitsmanagements Wettbewerbsvorteile generiert werden. Stetig steigende Transaktionskosten durch divergierende Anforderungen von Ratingagenturen, Investoren, Analysten und sonstigen Initiativen können durch standardisierte Inhalte und Indikatoren eingedämmt werden.

Gleichzeitig werden Gestaltungsspielräume für die Unternehmen und die Möglichkeit zur Differenzierung am Markt durch freiwillige Branchenergänzungen gewahrt, mit denen spezifische Detailinformationen in Entsprechenserklärungen zum DNK integriert werden können. Die Anforderungen lassen mit dem „comply or explain"-Ansatz graduelle Erfüllung und Erklärung bei Nichtoffenlegung aus verschiedenen Gründen zu. Auch für kleine und mittelständische Unternehmen (KMU) kann der DNK als Einstieg in die strategische Nachhaltigkeitskommunikation genutzt werden, etwa indem in der Wertschöpfungskette die Nachhaltigkeit als Zulieferer gegenüber großen Unternehmen und globalen Marken dokumentiert wird, die ebenfalls steigendes Interesse an Nachhaltigkeitsinformationen bekunden.

Wesentliches Element ist, dass der Nachhaltigkeitskodex an bestehende, einschlägige internationale allgemeine Standards (UN Global Compact, ISO 26.000) und Berichterstattungsstandards (GRI G4 www.globalreporting.org, EFFAS KPIs for ESG www.effas-esg.com) anknüpft. Der bestehende Markt nachhaltiger Investments mit den spezifischen Anforderungen und der methodischen Bewertungstiefe wird ergänzt um ein standardisiertes Instrument für die bislang kaum an Nachhaltigkeit orientierten Kapitalmarktteilnehmer (Mainstreaming), die 97,3 % (Forum Nachhaltige Geldanlagen 2016, S. 34) des investierten Kapitals im deutschen Markt repräsentieren.

Anreize zur Kodexerfüllung liegen in erster Linie in der Honorierung über den Markt, z. B. in leichterem Zugang zu Aufträgen und Kapital, Aufnahme in Aktienindizes, Vereinfachung der Auswahl von Lieferanten. Der DNK soll daher bei der individuellen Bewertung von langfristig orientiertem Handeln und den damit verbundenen unternehmerischen Chancen und Risiken unterstützen. Nach Auffassung des Rates ist es sinnvoll, wenn die öffentliche Hand Anreize setzt, den Markt für nachhaltige Geldanlagen in Deutschland weiterzuentwickeln, etwa indem die Gemeinwohlorientierung in der öffentlichen Altersvorsorge sowie in Rückstellungen des Bundes für Pensionen gestärkt und dabei der DNK genutzt wird. Die Standardisierung kann dazu führen, dass Nachhaltigkeit auch in anderen Anlageklassen, z. B. Unternehmensanleihen, aber auch im Kreditgeschäft als Bewertungskriterium an Bedeutung gewinnt. Durch die steigende Bedeutung des passiven Fondsmanagements wird es für Unternehmen wichtiger, in verschiedenen Indizes vertreten zu sein. Hier kann der DNK als ergänzendes Auswahlkriterium für Indexanbieter dienen.

In einer auf Nachhaltigkeit orientierten Beschaffung von Unternehmen und der öffentlichen Hand kann die Erfüllung des DNK zum Auswahlkriterium für Vertragspartner werden. Eine höhere Sensibilisierung der Konsumenten für Produkte und Dienstleistungen nachhaltiger Unternehmen ist möglich. Die hohe Performance deutscher Unternehmen, die am Standort Deutschland in der sozialen Marktwirtschaft bereits heute höheren Anforderungen genügen müssen, kann zur Messlatte nachhaltigen Wirtschaftens weltweit werden. Die vermeintlichen Nachteile höherer Transparenz und höherer gesetzlicher Anforderungen können durch eine ambitionierte Standardisierung in Wettbewerbsvorteile am globalen Markt umgewandelt werden.

Die Verbindlichkeit erhält der DNK über den Markt. Das heißt, die Qualität und die Glaubwürdigkeit der Informationen werden durch Akteure am Markt sichergestellt. Auf diese Weise erhalten Unternehmen direktes Feedback über die konkrete Nutzung der bereitgestellten Informationen.

2.2 Geltungsbereich

Der DNK wird Unternehmen jeder Größe und Rechtsform, allen Organisationen, Stiftungen, NGOs, Gewerkschaften, Universitäten, Wissenschaftsorganisationen und Medien zur Anwendung im Sinne der freiwilligen Selbstauskunft empfohlen. Öffentliche Unternehmen, insbesondere mit Beteiligung des Bundes, sind aufgefordert, als Vorreiterunternehmen den DNK anzuwenden.

2.3 Anwendung

Als Einstiegslevel im Sinne der Selbstauskunft verlangt der DNK keine externe Überprüfung, um eine verlässliche Basis bei der Auswahl von Geschäftspartnern und Lieferanten darzustellen. Um die Wirksamkeit und Verlässlichkeit für Kapitalmärkte zu erhöhen, wird die Glaubwürdigkeit der Entsprechenserklärung durch ein Testat unabhängiger Dritter im Sinne der „limited assurance" erreicht. Derzeit ist keine der Entsprechenserklärungen von Dritten überprüft.

Die Unternehmen erklären für das jeweilige Kodexkriterium entweder die Übereinstimmung („comply") oder die Begründung für eine Abweichung („explain"). Verweise auf Informationen in anderen Berichtsformaten sind möglich und werden im Sinne einer Erklärung gewertet, weil die Informationen nicht direkt in der Datenbank erfasst werden.

Die Entsprechenserklärung kann auf Deutsch und/oder Englisch mithilfe eines kostenlosen Onlinetools zur Veröffentlichung vorbereitet werden (www.deutscher-nachhaltigkeitskodex.de). Nach der formalen Prüfung durch die Geschäftsstelle des RNE wird sie im Internet, im Geschäftsbericht und, soweit vorhanden, in einem eigenständigen oder integrierten Nachhaltigkeitsbericht veröffentlicht. Der RNE stellt den Unternehmen für die öffentliche Kommunikation ein Signet zur Verfügung.

Mithilfe einer Auswahl von Leistungsindikatoren qualifizieren Unternehmen die Befassung mit den Anforderungen des DNK. Ob Indikatoren der Global Reporting Initiative (GRI) und der Europäischen Vereinigung für Finanzanalyse und Asset Management (EFFAS) herangezogen werden, legt das Unternehmen abhängig vom verwendeten Berichtsstandard und der angesprochenen Zielgruppe fest.

Darüber hinausgehende Anpassungen erfolgen auf freiwilliger Basis durch branchenspezifische Ergänzungen (Sector Supplements) der GRI oder der sektorspezifischen KPIs der EFFAS. Branchenspezifische Leitfäden zur Anwendung des DNK wurden für die Wohnungs-, Abfallwirtschaft und Stadtreinigung, Ernährungsindustrie, Sparkassen und Hochschulen entwickelt.

Um eine Vergleichbarkeit zur finanziellen Berichterstattung herzustellen, bezieht sich der DNK in der Regel auf den gleichen Konsolidierungskreis der in den Konzernabschluss einzubeziehenden Unternehmen. Sollte hiervon abgewichen werden, weisen die Unternehmen hierauf hin und begründen die Abweichung. In vielen Unternehmen mit einer geringen Wertschöpfungstiefe kann wichtig sein, gerade über die Nachhaltigkeit in der ausgelagerten Wertschöpfungskette zu berichten.

2.4 Inhalt und Anforderungen des DNK

Der DNK umfasst die Kapitel Strategie, Prozessmanagement, Umwelt und Gesellschaft. Diese Struktur ergibt sich aus den für den Kapitalmarkt relevanten ESG-Kriterien sowie den etwa bei der Nachhaltigkeitsberichterstattung nach GRI oder bei ISO 26000 relevanten Fragen der Strategieentwicklung.

Im Kapitel „Strategie" wird erfasst, wie sich das Unternehmen strategisch hinsichtlich der eigenen Nachhaltigkeit positioniert. Zudem wird erfasst, wie Nachhaltigkeit in der Wertschöpfungskette integriert ist und welche Nachhaltigkeitsziele in der Wertschöpfungskette und für die verschiedenen Märkte formuliert wurden.

Neben der strategischen Verankerung von Nachhaltigkeitsaspekten spielt die Implementierung in den verschiedenen Prozessebenen des Unternehmens eine wesentliche Rolle. Deswegen wird im Kapitel „Prozessmanagement" erfasst, welche Regeln und Prozesse das Unternehmen implementiert hat. Hierzu zählt neben den Besonderheiten aus Funktionsbereichen (z. B. Einkauf, Produktion, Forschung) die Berücksichtigung im Risikomanagement und in der internen Unternehmenssteuerung. Dieses ist erforderlich, da Nachhaltigkeit in die Managementsysteme integriert werden sollte, wenn es materiell für den Unternehmenserfolg ist. Aufbauend auf den Kurzberichten zu Strategie und Prozessmanagement werden im DNK die inhaltlichen Fragen zu ESG, den Themen Umwelt, Gesellschaft und Governance adressiert.

Neben Kurzberichten zu den Kriterien werden ergänzend quantitative Informationen durch Leistungsindikatoren abgefragt, die den etablierten Nachhaltigkeitsberichtsstandards der GRI und EFFAS entnommen sind.

2.5 Die zwanzig DNK-Kriterien

Kriterien 1–4 zu STRATEGIE

Strategische Analyse und Maßnahmen
Kriterium 1: Das Unternehmen legt offen, wie es für seine wesentlichen Aktivitäten die Chancen und Risiken im Hinblick auf eine nachhaltige Entwicklung analysiert. Das Unternehmen erläutert, welche konkreten Maßnahmen es ergreift, um im Einklang mit den wesentlichen und anerkannten branchenspezifischen, nationalen und internationalen Standards zu operieren.

Wesentlichkeit
Kriterium 2: Das Unternehmen legt offen, welche Aspekte der Nachhaltigkeit einen wesentlichen Einfluss auf die Geschäftstätigkeit haben und wie es diese in der Strategie berücksichtigt und systematisch adressiert.

Ziele
Kriterium 3: Das Unternehmen legt offen, welche qualitativen und/oder quantitativen sowie zeitlich definierten Nachhaltigkeitsziele gesetzt und operationalisiert werden und wie deren Erreichungsgrad kontrolliert wird.

Tiefe der Wertschöpfungskette
Kriterium 4: Das Unternehmen gibt an, welche Bedeutung Aspekte der Nachhaltigkeit für die Wertschöpfung haben und bis zu welcher Tiefe seiner Wertschöpfungskette Nachhaltigkeitskriterien überprüft werden.

Kriterien 5–10 zu PROZESSMANAGEMENT

Verantwortung
Kriterium 5: Die Verantwortlichkeiten in der Unternehmensführung für Nachhaltigkeit werden offengelegt.

Regeln und Prozesse
Kriterium 6: Das Unternehmen legt offen, wie die Nachhaltigkeitsstrategie durch Regeln und Prozesse im operativen Geschäft implementiert wird.

Kontrolle
Kriterium 7: Das Unternehmen legt offen, wie und welche Leistungsindikatoren zur Nachhaltigkeit in der regelmäßigen internen Planung und Kontrolle genutzt werden. Es legt dar, wie geeignete Prozesse Zuverlässigkeit, Vergleichbarkeit und Konsistenz der Daten zur internen Steuerung und externen Kommunikation sichern.

Anreizsysteme
Kriterium 8: Das Unternehmen legt offen, wie sich die Zielvereinbarungen und Vergütungen für Führungskräfte und Mitarbeiter auch am Erreichen von Nachhaltigkeitszielen und an der langfristigen Wertschöpfung orientieren. Es wird offengelegt, inwiefern die Erreichung dieser Ziele Teil der Evaluation der obersten Führungsebene (Vorstand/Geschäftsführung) durch das Kontrollorgan (Aufsichtsrat/Beirat) ist.

Beteiligung von Anspruchsgruppen
Kriterium 9: Das Unternehmen legt offen, wie gesellschaftliche und wirtschaftlich relevante Anspruchsgruppen identifiziert und in den Nachhaltigkeitsprozess integriert werden. Es legt offen, ob und wie ein kontinuierlicher Dialog mit ihnen gepflegt und seine Ergebnisse in den Nachhaltigkeitsprozess integriert werden.

Innovations- und Produktmanagement
Kriterium 10: Das Unternehmen legt offen, wie es durch geeignete Prozesse dazu beiträgt, dass Innovationen bei Produkten und Dienstleistungen die Nachhaltigkeit bei der eigenen Ressourcennutzung und bei Nutzern verbessern. Ebenso wird für die wesentlichen Produkte und Dienstleistungen dargelegt, ob und wie deren aktuelle und zukünftige Wirkung in der Wertschöpfungskette und im Produktlebenszyklus bewertet wird.

Kriterien 11–13 zu UMWELT

Inanspruchnahme von natürlichen Ressourcen
Kriterium 11: Das Unternehmen legt offen, in welchem Umfang natürliche Ressourcen für die Geschäftstätigkeit in Anspruch genommen werden. Infrage kommen hier Materialien sowie der Input und Output von Wasser, Boden, Abfall, Energie, Fläche, Biodiversität sowie Emissionen für den Lebenszyklus von Produkten und Dienstleistungen.

Ressourcenmanagement
Kriterium 12: Das Unternehmen legt offen, welche qualitativen und quantitativen Ziele es sich für seine Ressourceneffizienz, den Einsatz erneuerbarer Energien, die Steigerung der

Rohstoffproduktivität und die Verringerung der Inanspruchnahme von Ökosystemdienstleistungen gesetzt hat und wie diese erfüllt wurden bzw. in Zukunft erfüllt werden sollen.

Klimarelevante Emissionen
Kriterium 13: Das Unternehmen legt die Treibhausgas-(THG-)Emissionen entsprechend dem Greenhouse Gas (GHG) Protocol oder darauf basierenden Standards offen und gibt seine selbst gesetzten Ziele zur Reduktion der Emissionen an.

Kriterien 14–20 zu GESELLSCHAFT

Arbeitnehmerrechte
Kriterium 14: Das Unternehmen berichtet, wie es national und international anerkannte Standards zu Arbeitnehmerrechten einhält sowie die Beteiligung der Mitarbeiterinnen und Mitarbeiter am Nachhaltigkeitsmanagement des Unternehmens fördert.

Chancengerechtigkeit
Kriterium 15: Das Unternehmen legt offen, wie es national und international Prozesse implementiert und welche Ziele es hat, um Chancengerechtigkeit und Vielfalt (Diversity), Arbeitssicherheit und Gesundheitsschutz, Integration von Migranten und Menschen mit Behinderung, angemessene Bezahlung sowie Vereinbarung von Familie und Beruf zu fördern.

Qualifizierung
Kriterium 16: Das Unternehmen legt offen, welche Ziele es gesetzt und welche Maßnahmen es ergriffen hat, um die Beschäftigungsfähigkeit, d. h. die Fähigkeit zur Teilhabe an der Arbeits- und Berufswelt aller Mitarbeiterinnen und Mitarbeiter, zu fördern und im Hinblick auf die demografische Entwicklung anzupassen.

Menschenrechte
Kriterium 17: Das Unternehmen legt offen, welche Maßnahmen für die Lieferkette ergriffen werden, um zu erreichen, dass Menschenrechte weltweit geachtet und Zwangs- und Kinderarbeit sowie jegliche Form der Ausbeutung verhindert werden.

Gemeinwesen
Kriterium 18: Das Unternehmen legt offen, wie es zum Gemeinwesen in den Regionen beiträgt, in denen es wesentliche Geschäftstätigkeiten ausübt.

Politische Einflussnahme
Kriterium 19: Alle wesentlichen Eingaben bei Gesetzgebungsverfahren, alle Einträge in Lobbylisten, alle wesentlichen Zahlungen von Mitgliedsbeiträgen, alle Zuwendungen an Regierungen sowie alle Spenden an Parteien und Politiker sollen nach Ländern differenziert offengelegt werden.

Gesetzes- und richtlinienkonformes Verhalten
Kriterium 20: Das Unternehmen legt offen, welche Maßnahmen, Standards, Systeme und Prozesse zur Vermeidung von rechtswidrigem Verhalten und insbesondere von Korruption existieren und wie sie geprüft werden. Es stellt dar, wie Korruption und andere Gesetzesverstöße im Unternehmen verhindert, aufgedeckt und sanktioniert werden.

3 Die ergänzenden Leistungsindikatoren

Strategie: Kriterien 1–4: Strategische Analyse und Maßnahmen, Wesentlichkeit, Ziele, Tiefe der Wertschöpfungskette
Keine.

Prozessmanagement: Kriterien 5–7: Verantwortung, Regeln und Prozesse, Kontrolle
G4-56: Beschreiben Sie die Werte, Grundsätze sowie Verhaltensstandards und -normen (Verhaltens- und Ethikkodizes) der Organisation.

EFFAS S06-01: Anteil aller Lieferanten und Partner innerhalb der Lieferkette, die auf die Einhaltung von ESG-Kriterien bewertet wurden.

EFFAS S06-02: Anteil aller Lieferanten und Partner innerhalb der Lieferkette, die auf die Einhaltung von ESG-Kriterien auditiert wurden.

Prozessmanagement: Kriterium 8: Anreizsysteme
G4-51a: Vergütungspolitik – Berichten Sie über die Vergütungspolitik für das höchste Kontrollorgan und die leitenden Führungskräfte.

G4-54: Nennen Sie das Verhältnis der Jahresvergütung des höchstbezahlten Mitarbeiters in jedem Land mit signifikanten geschäftlichen Aktivitäten zum mittleren Niveau (Median) der Jahresgesamtvergütung aller Beschäftigten (ohne den höchstbezahlten Mitarbeiter) im selben Land.

Prozessmanagement: Kriterium 9: Beteiligung von Anspruchsgruppen
G4-27: Nennen Sie die wichtigsten Themen und Anliegen, die durch die Einbindung der Stakeholder aufgekommen sind, und wie die Organisation auf jene wichtigen Themen und Anliegen reagiert hat, einschließlich durch ihre Berichterstattung. Nennen Sie die Stakeholder-Gruppen, die die wichtigen Themen und Anliegen jeweils angesprochen haben.

Prozessmanagement: Kriterium 10: Innovations- und Produktmanagement
G4-EN6: Verringerung des Energieverbrauchs.

G4-FS11: Prozentsatz der Finanzanlagen, die eine positive oder negative Auswahlprüfung nach Umwelt- oder sozialen Faktoren durchlaufen.

EFFAS E13-01: Verbesserung der Energieeffizienz der eigenen Produkte im Vergleich zum Vorjahr.

EFFAS V04-12: Gesamtinvestitionen (CapEx) in Forschung für ESG-relevante Bereiche des Geschäftsmodells, z. B. ökologisches Design, ökoeffiziente Produktionsprozesse, Verringerung des Einflusses auf Biodiversität, Verbesserung der Gesundheits- und Sicherheitsbedingungen für Mitarbeiter und Partner der Lieferkette, Entwicklung von ESG-Chancen der Produkte, u. a. in Geldeinheiten bewertet, z. B. als Prozent des Umsatzes.

Umwelt: Kriterien 11–12: Inanspruchnahme von natürlichen Ressourcen, Ressourcenmanagement

G4-EN1: Eingesetzte Materialien nach Gewicht oder Volumen.

G4-EN3: Energieverbrauch innerhalb der Organisation.

G4-EN8: Gesamtwasserentnahme nach Quellen.

G4-EN23: Gesamtgewicht des Abfalls nach Art und Entsorgungsmethode.

EFFAS E04-01: Gesamtgewicht des Abfalls.

EFFAS E05-01: Anteil des gesamten Abfalls, der recycelt wird.

EFFAS E01-01: Gesamter Energieverbrauch.

Umwelt: Kriterium 13: Klimarelevante Emissionen und Ziele

G4-EN15: Direkte THG-Emissionen (Scope 1).

G4-EN16: Indirekte energiebezogene THG-Emissionen (Scope 2).

G4-EN17: Weitere indirekte THG-Emissionen (Scope 3).

G4-EN19: Reduzierung der THG-Emissionen.

EFFAS E02-01: Gesamte THG-Emissionen (Scope 1, 2, 3).

Gesellschaft: Kriterien 14–16: Arbeitnehmerrechte, soziale Prozesse, Beschäftigungsfähigkeit

G4-LA6: Art der Verletzung und Rate der Verletzungen, Berufskrankheiten, Ausfalltage und Abwesenheit sowie die Gesamtzahl der arbeitsbedingten Todesfälle nach Region und Geschlecht.

G4-LA8: Gesundheits- und Sicherheitsthemen, die in förmlichen Vereinbarungen mit Gewerkschaften behandelt werden.

G4-LA9: Durchschnittliche jährliche Stundenzahl für Aus- und Weiterbildung pro Mitarbeiter nach Geschlecht und Mitarbeiterkategorie.

G4-LA12: Zusammensetzung der Kontrollorgane und Aufteilung der Mitarbeiter nach Mitarbeiterkategorie in Bezug auf Geschlecht, Altersgruppe, Zugehörigkeit zu einer Minderheit und andere Diversitätsindikatoren.

G4-HR3: Gesamtzahl der Diskriminierungsvorfälle und ergriffene Abhilfemaßnahmen.

EFFAS S03-01: Altersstruktur und -verteilung (Anzahl VZÄ nach Altersgruppen).

EFFAS S10-01: Anteil weiblicher VZÄ an der Gesamtmitarbeiterzahl.

EFFAS S10-02: Anteil weiblicher VZÄ in Führungspositionen im Verhältnis zur gesamten VZÄ in Führungspositionen.

EFFAS S02-02: Durchschnittliche Ausgaben für Weiterbildung pro VZÄ pro Jahr.

Gesellschaft: Kriterium 17: Menschenrechte

G4-HR1: Gesamtzahl und Prozentsatz der signifikanten Investitionsvereinbarungen und -verträge, die Menschenrechtsklauseln enthalten oder unter Menschenrechtsaspekten geprüft wurden.

G4-HR9: Gesamtzahl und Prozentsatz der Geschäftsstandorte, die im Hinblick auf Menschenrechte oder menschenrechtliche Auswirkungen geprüft wurden.

G4-HR10: Prozentsatz neuer Lieferanten, die anhand von Menschenrechtskriterien überprüft wurden.

G4-HR11: Erhebliche tatsächliche und potenzielle negative menschenrechtliche Auswirkungen in der Lieferkette und ergriffene Maßnahmen.

EFFAS S07-02 II: Prozentsätze aller Einrichtungen, die nach SA 8000 zertifiziert sind.

Gesellschaft: Kriterium 18: Gemeinwesen

G4-EC1: Direkt erwirtschafteter und verteilter wirtschaftlicher Wert.

Gesellschaft: Kriterium 19: Politische Einflussnahme

G4-SO6: Gesamtwert der politischen Spenden, dargestellt nach Land und Empfänger/Begünstigtem.

EFFAS G01-01: Zahlungen an politische Parteien in Prozent vom Gesamtumsatz.

Gesellschaft: Kriterium 20: Gesetzes- und richtlinienkonformes Verhalten

G4-SO3: Gesamtzahl und Prozentsatz der Geschäftsstandorte, die im Hinblick auf Korruptionsrisiken hin geprüft wurden, und ermittelte erhebliche Risiken.

G4-SO5: Bestätigte Korruptionsfälle und ergriffene Maßnahmen.

G4-SO8: Monetärer Wert signifikanter Bußgelder und Gesamtzahl nicht monetärer Strafen wegen Nichteinhaltung von Gesetzen und Vorschriften.

EFFAS V01-01: Ausgaben und Strafen nach Klagen und Prozessen wegen wettbewerbswidrigen Verhaltens, Kartell- und Monopolverstößen.

EFFAS V02-01: Prozent vom Umsatz in Regionen mit einem Transparency International Corruption Index unter 60.

4 Eine erste Bilanz in der Anwendung des DNK

Der Nachhaltigkeitskodex genießt politische Anerkennung. Die EU-Kommission, die Bundesregierung und andere Akteure haben ihn wiederholt als einen positiven Beitrag zum nachhaltigen Wirtschaften bezeichnet. Das Instrument wird begrüßt und unterstützt, was zu einer bemerkenswerten Resonanz in einer gewissen Fachöffentlichkeit geführt hat.

Bis Mitte August 2016 haben 149 Unternehmen Erklärungen zum Deutschen Nachhaltigkeitskodex abgegeben. Wesentlicher Faktor für Akzeptanz bei Unternehmen ist der Aufwand für die Erstellung der Entsprechenserklärung. Da den Standard zu nutzen selbst kostenlos und der Aufwand, den Standard zu lesen und anzuwenden, vergleichsweise gering ist, konnte der Nachhaltigkeitskodex als attraktive Möglichkeit zur Berichterstattung etabliert werden. Im Jahr 2015, dem ersten Jahr, in dem eine eigene Pressearbeit zum Projekt aufgebaut wurde, konnte die Anzahl der anwendenden Unternehmen von 66 auf 111 Unternehmen nahezu verdoppelt werden. Besonders bemerkenswert ist, dass rund die Hälfte der hinzugekommenen DNK-Anwender KMU sind. In der Regel haben diese zuvor keine vergleichbaren Berichte veröffentlicht.

Um insbesondere KMU den Einstieg in die Nachhaltigkeitsberichterstattung zu erleichtern, hat der RNE ein Schulungskonzept entwickelt, das Unternehmen bei der Anwendung des DNK unterstützt. Dazu gehört ein Netzwerk aus 62 Schulungspartnern mit insgesamt 78 Trainern. Es bietet derzeit bereits in zwölf Bundesländern Veranstaltungen zum DNK an und berät Unternehmen individuell.

Branchenspezifische Leitfäden erleichtern den jeweiligen Unternehmen, ihre Nachhaltigkeitsleistungen sichtbar zu machen, und bieten umfassende und hilfreiche Informationen rund um die Anwendung des DNK. Der Nachhaltigkeitsrat setzt hier wie beim Schulungskonzept auf Netzwerke und Partner. So haben sowohl die Bundesvereinigung der Deutschen Ernährungsindustrie (BVE) als auch der Spitzenverband der GdW gemeinsam mit dem RNE Branchenleitfäden entwickelt, um ihren Mitgliedern den Einstieg in die Berichterstattung zu erleichtern. Weitere Kooperationen wurden mit dem Bankenverband und Hochschulen geschlossen.

Neben der ab 2017 geltenden Berichtspflicht zur Offenlegung nichtfinanzieller Informationen ist die Marktrelevanz von Nachhaltigkeitsthemen der entscheidende Treiber für gute Nachhaltigkeitsinformationen. Unternehmen und Kapitalmarktakteure beklagen die fehlende bzw. unklare Marktrelevanz von Nachhaltigkeitsinformationen generell und dem DNK im Besonderen. Für Kapitalmarktakteure ist schwierig, wenn die Daten beim Datenprovider nicht verfügbar sind und daher keine unmittelbar verfügbare Arbeitserleichterung darstellen.

Unternehmen könnten ihre Treiberrolle an den Kapitalmärkten stärker wahrnehmen, indem sie ihre Investitionen ebenfalls unter Nachhaltigkeitsgesichtspunkten anlegen – eine DNK-Anforderung, die von Kapitalmarktakteuren auch inhaltlich als Glaubwürdigkeitskriterium bezeichnet wird. Damit könnten die Kapitalmarktakteure unter Druck kommen, von denen bislang lediglich 5 % im Falle der Umfrage Assetmanager, Asset Owner, Sell-

and Buy-Analysten, Analysten von Ratingagenturen und sonstige den DNK auf Unternehmensebene oder Ebene des Assetmanagements implementiert haben.

Es ist naheliegend, mit einer verbesserten Kommunikation eine verständliche und konkrete Zieldefinition des RNE nach Außen hin deutlicher zu machen. Dies kann differierende Ziele innerhalb der Stakeholder beseitigen und die Akzeptanz des DNK auf der Seite der Unternehmen und der potenziellen Nutzer erhöhen. Mit dem Aufbau eines Schulungspartnernetzwerkes in Deutschland sowie der direkten Ansprache der Industrie- und Handelskammern konnte 2015 eine Basis für eine stärker regional orientierte Informationsstruktur gelegt werden.

Es ist zu erwarten, dass die erfolgreiche Umsetzung in Deutschland insbesondere bei Noch-nicht-Berichterstattern auch wichtige Impulse für die Standardisierung von Nachhaltigkeit auf europäischer Ebene sowie für Konzepte zum Kompetenzaufbau in weiteren EU-Mitgliedsstaaten geben wird.

Es ist vorgesehen, den DNK regelmäßig an die weitere Entwicklung auf Ebene der Berichtsstandards und weiterer allgemeingültiger Normen anzupassen. Dazu gehören sicher das Klimaschutzabkommen von Paris, die Nachhaltigkeitsziele der Vereinten Nationen sowie die nationale Gesetzgebung zur Offenlegung nichtfinanzieller Informationen. Damit wird die Kompatibilität des DNK mit gesetzlichen und völkerrechtlichen Anforderungen gewährleistet. Welche Strukturen dafür geschaffen oder genutzt werden sollen, wird noch zu diskutieren sein.

Literatur

Forum Nachhaltige Geldanlagen (2016) Marktbericht Nachhaltige Geldanlagen. Berlin, Mai 2016. www.forum-ng.org. Zugegriffen: 19.08.2016

Rat für Nachhaltige Entwicklung (2012) Der Deutsche Nachhaltigkeitskodex (DNK). Empfehlungen des Rates für Nachhaltige Entwicklung und Dokumentation des Multistakeholderforums am 26.09.2011. Berlin

Rat für Nachhaltige Entwicklung (2016) Der Deutsche Nachhaltigkeitskodex (DNK), Berlin, Juni 2016. www.deutscher-nachhaltigkeitskodex.de. Zugegriffen: 19.08.2016

Werner T (2009) Ökologische Investments: Chancen und Risiken grüner Geldanlagen. Wiesbaden

Dipl. theol. Yvonne Zwick, Jg. 1976, ist wissenschaftliche Referentin in der Geschäftsstelle des Rates für Nachhaltige Entwicklung. Sie studierte an der Albert-Ludwigs-Universität Freiburg katholische Theologie mit dem Schwerpunkt christliche Gesellschaftslehre und Moraltheologie. In der Geschäftsstelle des Rates für Nachhaltige Entwicklung ist sie verantwortlich für die Themen nachhaltiger Konsum und Lebensstile, unternehmerische Verantwortung (Corporate Social Responsibility), sozialethische Investments (SRI) und die Ratsinitiative Deutscher Nachhaltigkeitskodex. Weitere Infos unter: www.nachhaltiger-warenkorb.de und www.deutscher-nachhaltigkeitskodex.de.

Teil II
Großindustrie und Mittelstand

Beiersdorf: Onlineplattform ermöglicht sinnvolle Nutzung überschüssiger Produkte

Innovativer Ansatz zur effizienten Vermittlung von Produktspenden stärkt soziales Engagement

Sonia Reichensperger

Sinnvoll spenden statt vernichten.

Die Beiersdorf AG mit Stammsitz in Hamburg ist ein international führendes Unternehmen im Bereich der Hautpflege. Mit den Kernmarken NIVEA, Eucerin, La Prairie und anderen erfolgreichen Marken ist der Konzern weltweit hautnah an den Verbrauchern. Forschung und Entwicklung nehmen seit den Anfangsjahren von Beiersdorf eine Schlüsselrolle für den Erfolg des Unternehmens ein. Zeitgleich zur Unternehmensgründung im Jahr 1882 durch den Apotheker Paul C. Beiersdorf wurde das erste Patent angemeldet – ein neuartiges Verfahren zur Herstellung von medizinischen Pflastern. Innovationen wurden zu einem wichtigen Erfolgsfaktor von Beiersdorf und machten das Unternehmen zu einem Vorreiter in der Hautpflege. Ausgehend von Forschungsergebnissen wurden Produkte von zuverlässiger Qualität und hohem Nutzen für breite Konsumentenschichten geschaffen. So entstanden die heute weltbekannten Marken wie NIVEA und Hansaplast, mit denen sich das Unternehmen seit den 1920er-Jahren zum Global Player entwickelte. In über 150 Tochtergesellschaften weltweit beschäftigt der Konzern in den zwei Geschäftsbereichen Consumer und Tesa heute rund 17.000 Mitarbeiter. Seit Dezember 2008 ist Beiersdorf im Deutschen Aktienindex (DAX) gelistet.

Soziale Verantwortung als Teil der Unternehmenskultur
Das gesellschaftliche Engagement von Beiersdorf ist historisch gewachsen. Insbesondere im sozialen Bereich blickt das Unternehmen auf eine lange und erfolgreiche Geschichte nachhaltiger Innovationen zurück. Bereits wenige Jahre nach der Gründung von Beiersdorf begann Oscar Troplowitz, der das Unternehmen von 1890 bis 1918 leitete, betriebliche Sozialleistungen für seine Angestellten einzuführen. Damit setzte er einen Meilenstein

---

S. Reichensperger (✉)
Hamburg, Deutschland
E-Mail: sonia.reichensperger@Beiersdorf.com

Abb. 1 Oscar Troplowitz (1863–1918)

in der Geschichte der Firma. Vorreiter als sozialer Unternehmer war Troplowitz unter anderem durch die Einrichtung einer eigenen Stillstube im Jahr 1897, die insbesondere ledigen Müttern den beruflichen Wiedereinstieg bei Beiersdorf ermöglichte. Daraus entwickelte sich eine der ersten unternehmenseigenen Kindertagesstätten Deutschlands. Heute bietet der Betriebskindergarten „Troplo Kids" 100 Betreuungsplätze. Mit neuen Ansätzen wie Job Sharing auch in Führungspositionen oder Eltern-Kind-Büros bei Betreuungsengpässen wurde Mitarbeitern die Vereinbarkeit von Familie und Beruf weiter erleichtert.

WE CARE.
UNSERE NACHHALTIGKEITSSTRATEGIE

Products	Planet	People

Rohstoffe Verpackung Verbrauchereinbindung	Energie Abfall Wasser	Mitarbeitergesundheit und -sicherheit Engagement unserer Mitarbeiter Gesellschaftliches Engagement

Beiersdorf

Abb. 2 Beiersdorf Nachhaltigkeitsstrategie

Für Beiersdorf ist Care nicht nur ein Teil des Kerngeschäfts, sondern ein zentraler Wert, in dem sich die Verantwortung des Unternehmens gegenüber Mensch und Umwelt ausdrückt. In einem strategischen Nachhaltigkeitsengagement liegt zugleich die Chance, die Beziehungen zu Mitarbeitern, Lieferanten, Kunden und Konsumenten zu stärken und das Geschäft auszuweiten. Mit der 2010 verabschiedeten „We care."-Nachhaltigkeitsstrategie wurde ein strategischer Rahmen entwickelt und Kennzahlen definiert, an denen zukünftige Leistungen gemessen werden können. Dazu wurden Fragestellungen identifiziert, die für Stakeholder wichtig sind und die zum langfristigen Unternehmenserfolg beitragen. Mit seiner Nachhaltigkeitsstrategie fokussiert sich Beiersdorf auf die drei Bereiche Products, Planet und People. Sie umfasst damit Themen entlang der gesamten Wertschöpfungskette – von der Rohstoffbeschaffung über die Gesundheit und Sicherheit der Mitarbeiter bis zu den sich wandelnden Konsumentenerwartungen.

1 Menschen als Kernbereich des Nachhaltigkeitsengagements

Ein hohes Verantwortungsbewusstsein für die Gesundheit und Sicherheit der Mitarbeiter spiegelt sich unter anderem in den vielseitigen Maßnahmen zur Gesundheitsvorsorge wider. Hohe Standards für betriebliche Sicherheit sind in der unternehmensweiten „Zero Accident"-Zielsetzung festgeschrieben. Alle Mitarbeiter können sich im Rahmen des internationalen „We care."-Engagementprogramms auch aktiv in das Nachhaltigkeitsengagement einbringen. Jeder wird motiviert, seinen Arbeitsalltag nachhaltiger zu gestalten und sich an Umweltinitiativen und sozialen Projekten des Unternehmens zu beteiligen.

Um aktiv einen positiven Beitrag zur gesellschaftlichen Entwicklung zu leisten, unterstützt Beiersdorf Familien auf der ganzen Welt mit langfristigen und lokal verankerten Projekten – denn Familien bilden die Basis der Gesellschaft. Jede Marke von Beiersdorf entwickelt dabei sein Engagement in einem Bereich, der ihren spezifischen Markenwerten und ihrer Expertise entspricht. Die Marke NIVEA beispielsweise hat 2013 das weltweite Programm „NIVEA cares for family" gestartet, das von den Tochterunternehmen in den unterschiedlichen Ländern mit eigenen Projekten umgesetzt wird, die den spezifischen Bedürfnissen vor Ort entsprechen. Wichtig ist bei allen Projekten der wirkungsvolle und effiziente Einsatz für Familien. Deshalb arbeiten Beiersdorf und seine Tochtergesellschaften bei der Planung und Umsetzung des Engagements eng mit lokalen gemeinnützigen Organisationen zusammen, die ihre Fachkenntnisse und Erfahrungen vor Ort einbringen. Alle Projekte folgen dem Prinzip der Hilfe zur Selbsthilfe und erfüllen die Kriterien lokale Relevanz, Langfristigkeit sowie Messbarkeit der Ergebnisse.

2 Sparsamer Umgang mit Ressourcen zum Schutz des Planeten

Als global agierendes Unternehmen ist sich Beiersdorf der Knappheit natürlicher Ressourcen bewusst. Umso mehr wird in Prozessen darauf geachtet, Ressourcen wie Wasser und Energie sparsam einzusetzen. Parallel setzt das Unternehmen auf neue Lösungen, etwa in der Wasseraufbereitung und im Bereich der erneuerbaren Energien. Ein wichtiges Ziel für Beiersdorf ist die Abfallvermeidung, sowohl im Sinne der Kosteneffizienz als auch im Rahmen der Nachhaltigkeitsstrategie. Immer mehr Verbraucher verlangen nach Produkten, die wenig Abfall erzeugen. Bei allen Prozessen wird die Strategie Abfall „vermeiden, reduzieren, wieder verwenden und recyceln" verfolgt und für Europa eine Null-Abfall-Lösung angestrebt. Beiersdorf arbeitet kontinuierlich daran, Materialeinsatz und Abfälle aus dem Produktionsprozess, so gut es geht, zu reduzieren und gleichzeitig für Stabilität und Qualität der Produkte zu sorgen. In enger Zusammenarbeit mit Partnern entlang der gesamten Wertschöpfungskette arbeitet das Unternehmen daran, die Entstehung von Abfällen zu vermeiden. Wenn dies nicht erreicht werden kann, wird der Abfall wieder verwendet oder verwertet.

3 Herausforderung Produktspenden: Neuer Weg, die Vernichtung von Produkten zu vermeiden

Wie bei allen Herstellern von Konsumgütern befanden sich bei Beiersdorf regelmäßig Produkte in den Lagern, die entgegen der Abfallvermeidungsstrategie vernichtet werden mussten, beispielsweise Restmengen nach Promotionaktionen oder Ware, die aufgrund von Sortimentsumstellungen oder Unterfüllung nicht mehr verkauft werden konnte. Beiersdorf hat schon immer einzelne gemeinnützige Organisationen mit Spenden aus diesen Beständen unterstützt, suchte aber eine Möglichkeit, auch größere Mengen mit vertretbarem Aufwand an den sozialen Sektor zu geben. Das Unternehmen erhält täglich Anfragen verschiedener Organisationen und Initiativen nach Sachspenden. Die Vielzahl der unterschiedlichen und kleinen Anfragen verursacht jedoch einen zu hohen logistischen und administrativen Aufwand. Zusätzlich muss die Gemeinnützigkeit der Organisationen geprüft und die sachgerechte Verwendung kontrolliert werden.

Eine ökologisch und sozial wirksame Lösung für den Umgang mit überschüssigen Produkten hat Beiersdorf mit den Gründern des gemeinnützigen Unternehmens Innatura gefunden und auf den Weg gebracht. Innatura bringt seit 2013 Sachspenden von Unternehmen und gemeinnützige Organisationen auf einer digitalen Plattform zusammen und übernimmt die logistische Abwicklung.

4 Die Lösung: Ein digitaler und unternehmensübergreifender Ansatz zur Vermittlung von Produktspenden in den sozialen Sektor

Dr. Juliane Kronen, Initiatorin von Innatura, stand 2009 vor einer ähnlichen Herausforderung wie Beiersdorf mit seinen unverkäuflichen Produkten. Ein ehemaliger Kollege bot ihr 200.000 Flaschen falsch etikettiertes Shampoo als Spende für den gemeinnützigen Sektor an. Allerdings musste die Ware innerhalb von 48 h im Werk abgeholt werden und es musste garantiert werden, dass die Spende nicht auf den Schwarzmarkt gelangt. Viele kontaktierte gemeinnützige Organisationen waren grundsätzlich an Shampoo interessiert, aber nur in sehr kleinen Mengen. In diesem konkreten Fall führten die Bemühungen am Ende zu keinem Ergebnis – die Ware musste vernichtet werden. Doch der Ehrgeiz der Unternehmensberaterin, eine Lösung für das Problem zu finden, war geweckt.

Sie fragte sich: Wenn Unternehmen grundsätzlich bereit sind, Produkte zu spenden, und wenn gemeinnützige Organisationen zugleich diese Produkte benötigen – warum gibt es dann nicht eine Drehscheibe, um Angebot und Nachfrage zusammenzubringen? Und wie musste eine solche Drehscheibe aussehen? Die Idee zu Innatura war geboren. Die Boston Consulting Group führte eine Studie durch, nach der jedes Jahr Konsumgüter allein in Deutschland im Wert von über 7 Mrd. Euro entsorgt werden, von denen etwa ein Drittel voll gebrauchsfähig ist und im sozialen Sektor benötigt wird. Zusätzliche Anregungen ergaben sich aus dem Kontakt zu In Kind Direct, einer 1996 vom britischen Thronfolger gegründeten Initiative, die im Vereinigten Königreich genau diese Drehscheibe bildet und bislang Produkte im Wert von über 120 Mio. Pfund vermittelt hat.

5 Beiersdorf brachte schon im Gründungsprozess Beratung und Unterstützung ein

2011 erfolgte die formelle Gründung von Innatura als gemeinnützige GmbH mit Sitz in Köln (www.innatura.org/http:/www.innatura.org/). Im Laufe der folgenden Monate wurde das Geschäftsmodell des neuen Sozialunternehmens finalisiert und die Anschubfinanzierung durch den Sozialinvestor BonVenture auf die Beine gestellt. Noch während der Gründungsphase kam 2012 Beiersdorf mit ins Boot und konnte aus Unternehmensperspektive wichtige Impulse einbringen. Beiersdorf hat die Gründer von Innatura in vielen Bereichen beratend unterstützt, von der Kommunikation über die Logistikprozesse bis zum Aufbau des Lagers auch für Gefahrgut. Parallel begann der Konzern seine internen Prozesse für Produktspenden an Innatura zu konkretisieren und erarbeitete so eine wichtige Referenz für andere Spenderunternehmen. Durch die Unterzeichnung einer gemeinsamen Absichtserklärung im Juli 2013 wurde Beiersdorf einer der ersten Spender des neuen Sozialunternehmens. Im Oktober 2013 traf die erste Sendung Shampoos und Deos im neuen Zentrallager von Innatura in Troisdorf bei Köln ein.

Innatura schlägt die von Beiersdorf gesuchte Brücke zwischen Spenderunternehmen und gemeinnützigen Empfängern. Die gemeinnützige GmbH wirbt die Produkte bei Her-

Vorteile, die innatura für Spender und Empfänger bietet

Spenderunternehmen	Empfänger (Charities)
➢ Markenschutz durch zweckgemäße Verwendung	➢ Bedarfsgerechter Zugang zu Produkten und Mengen, die benötigt werden
➢ Detailliertes Reporting der Spenden	➢ Zeitersparnis, da innatura Beschaffung und Lieferung übernimmt
➢ Berücksichtigung operativer Wünsche	➢ Erhebliche Kosteneinsparung gegenüber dem Einkauf
➢ Ein Ansprechpartner/Empfänger für Produktspendenverteilung und Gestaltung entsprechender Prozesse	➢ Freisetzung zusätzlicher Geldmittel für Kernaktivitäten/Projekte
➢ Prüfung der Charities durch innatura	➢ Onlineeinkauf – günstiger und Zeitersparnis

Abb. 3 Tabellarische Übersicht der Vorteile für beide Seiten

stellern und Händlern ein, übernimmt die Logistik, indem sie die Spenden in einem Zentrallager bei Köln sammelt, katalogisiert und kommissioniert – und sorgt vor allem für ein rigides Qualitätsmanagement. Damit bietet Innatura sowohl für Unternehmen als auch für den sozialen Sektor etwas gänzlich Neues: die schnelle und unkomplizierte Vermittlung fabrikneuer Sachspenden namhafter Marken über eine Onlineplattform an gemeinnützige Organisationen. Im Unterschied zu bereits bestehenden Sachspendenplattformen, bei denen Privatpersonen gebrauchte Einzelstücke spenden, ist Innatura als Business-to-Business-Modell angelegt, d. h., es werden ausschließlich fabrikneue Waren von Herstellern und Händlern an soziale Organisationen vermittelt.

Heute verzeichnet Innatura mehr als 25 Spenderunternehmen, neben Beiersdorf gehören auch Unternehmen wie Amazon Deutschland und dm Drogeriemarkt dazu. Seit dem Start von Innatura im Jahr 2013 konnten Sachspenden im Wert von mehr als 3 Mio. Euro an soziale Projekte von nahezu 400 gemeinnützigen Organisationen vermittelt und so verwendet statt vernichtet werden. Anfang September 2015 ist die Innatura gGmbH als Preisträgerin im bundesweiten Innovationswettbewerb „Ausgezeichnete Orte im Land der Ideen" geehrt worden. Mit dem Wettbewerb würdigen die Initiative „Deutschland – Land der Ideen" und die Deutsche Bank in diesem Jahr die 100 besten Projekte aus Deutschland, die einen besonderen Beitrag zum digitalen Wandel leisten.

6 Die Vorteile für Spender und Spendenempfänger liegen auf der Hand

Für die meisten gemeinnützigen Organisationen eröffnet Innatura erstmals den bedarfsgerechten Zugang zu Sachspenden. Die Spendenempfänger müssen in Deutschland gemeinnützig anerkannt sein und sich verpflichten, die Produkte ausschließlich für den eigenen Betrieb zu verwenden oder sie kostenlos an Bedürftige abzugeben. Der Weiterverkauf oder die Verlosung zu Fundraisingzwecken ist nicht erlaubt. Nach einem einmaligen Registrierungsprozess können die Spendenempfänger die Verfügbarkeit benötigter Ware über das Onlineportal abfragen und nach Bedarf mit wenigen Mausklicks bestellen. Innatura passt sich dabei an die bestehenden internen Einkaufs- und Bestellwege an, liefert genau an die gewünschte Einsatzstelle und rechnet wunschgemäß einrichtungs- oder organisationsbezogen ab.

Die Kostenersparnisse aufseiten der Spendenempfänger sind beträchtlich. Sie zahlen an Innatura nur eine Vermittlungsgebühr, die zwischen 5 % und 20 % des Marktwertes liegt und die mittelfristig die Betriebskosten von Innatura decken wird. Da die Empfängerorganisationen lediglich einen Bruchteil des Marktwertes der Ware bezahlen, verlängern sie die Reichweite ihres Budgets. Eine familienanaloge Einrichtung konnte so beispielsweise zusätzlich Musiktherapie für traumatisierte Kinder finanzieren und eine Notschlafstelle ist aufgrund der Einsparungen in der Lage, dauerhaft zwei zusätzliche Betten zu unterhalten.

Innatura ermöglicht es den Spenderunternehmen, ohne großen Aufwand einen glaubwürdigen Beitrag zu ihrer unternehmerischen Verantwortung zu leisten, indem sie sozialen Nutzen stiften. Zugleich wird durch die Spende Abfall vermieden und so ein Beitrag zum Umweltschutz geleistet – qualitativ einwandfreie Ware wird nicht vernichtet. Für Beiersdorf und andere Spenderunternehmen ist es besonders relevant, dass Innatura sicherstellt, die überschüssigen Produkte ausschließlich an gemeinnützige Organisationen zu vergeben, das heißt genau dorthin, wo die Waren täglich benötigt werden. Das rigide Qualitätsmanagement der Spendenplattform schützt die Marken und vermeidet Missbrauch, wie z. B. Schwarzmarktverkäufe. Die Kontrolle der Spendenempfänger durch Innatura geht über die Überprüfung der formalen Gemeinnützigkeit hinaus. Unter anderem gleicht das Sozialunternehmen im Einzelfall ab, ob die Bestellung in Menge und Produkten zum täglichen Bedarf der jeweiligen Organisation passt. Die schnelle und flexible Warenannahme im Zentrallager bei Innatura erfüllt die operativen Anforderungen und sorgt für reibungslose Abläufe. Innatura dokumentiert die Verwendung aller gespendeten Produkte und bereitet Fallbeispiele mit Bildmaterial und Zitaten für die Kommunikation der Spenderorganisationen auf.

Die Spenderunternehmen sparen unter dem Strich keine Kosten ein. Rein finanziell betrachtet ist eine Vernichtung von unverkäuflichen Produkten weiterhin günstiger, da Firmen in Deutschland für gespendete, unversteuerte Ware die Umsatzsteuer zahlen müssen. Steuerlich absetzbar ist nicht der Verkaufs- oder Buchwert der Ware, sondern nur die gezahlte Umsatzsteuer. Für Beiersdorf wiegen die Möglichkeiten, einen Beitrag zu sozialem Engagement zu leisten und zugleich unnötigen Abfall zu vermeiden, weitaus höher als die Kosten. Das Unternehmen hat sich entschieden, unverkäufliche Produkte in größtmöglichem Umfang über Innatura zu spenden.

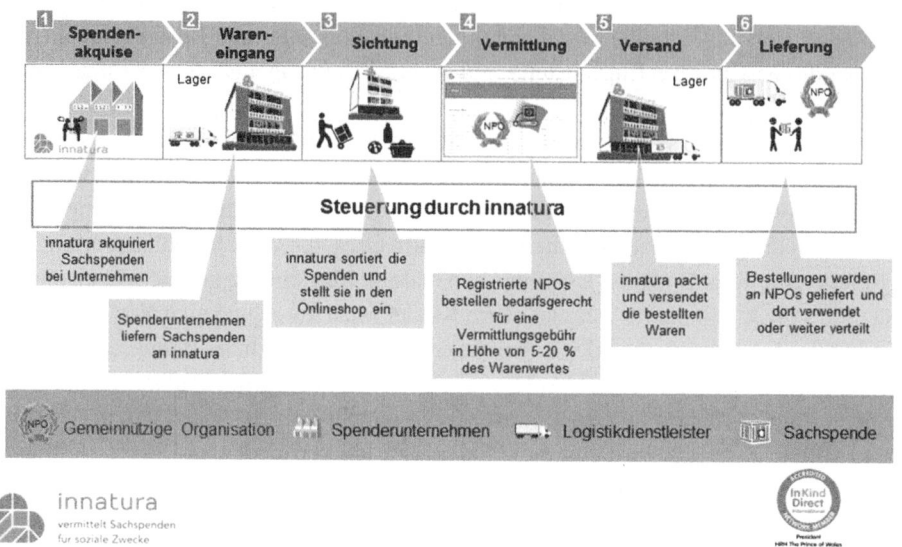

Abb. 4 Schaubild zu den Prozessen

7 Reibungslose Abläufe zwischen Beiersdorf und Innatura durch klar definierte Prozesse

Der Produktspendenprozess bei Beiersdorf wurde für die Kooperation mit Innatura neu definiert. Immer wird zunächst geprüft, ob es eine Alternative zur Vernichtung gibt. Ist dies nicht der Fall, aber das Produkt in Qualität und Mindesthaltbarkeitsdatum einwandfrei, wird es Innatura angeboten. Beiersdorf informiert Innatura vor der Lieferung über die Menge und das mögliche Lieferdatum, sodass die Sendung dort eingeplant werden kann, und bringt die Ware direkt ins Innatura-Lager nach Köln. Um auch interne Reibungsverluste zu vermeiden, wurde in Zusammenarbeit mit dem Controlling ein eindeutiger und effizienter Prozess entwickelt. Die CSR-Abteilung der Beiersdorf AG erfasst alle Spenden und ermittelt sowohl den Warenwert jeder Lieferung als auch die darauf anzurechnende Umsatzsteuer. Innatura erstellt über die Höhe der Umsatzsteuer eine Spendenquittung und die Beiersdorf AG führt die Steuer entsprechend ab.

8 Interne Kommunikation als Erfolgsfaktor für das Nachhaltigkeitsengagement

Ein wichtiger Aspekt der „We care."-Nachhaltigkeitsstrategie von Beiersdorf ist die Information an Mitarbeiter über die Zielsetzung und die Umsetzung des unternehmensweiten Engagements, ihre Beteiligung an den Aktivitäten des Unternehmens im Rahmen des Engagementprogramms und ihre Motivation zu selbstständigem Handeln. Erst durch den besonderen Einsatz der Mitarbeiter können ambitionierte Ziele der Nachhaltigkeitsstrategie erfüllt und zugleich ein zentraler Aspekt der Core Value „Care" mit Leben gefüllt werden. Denn „We care." ist immer die Gesamtsumme vieler einzelner „I care".

Die Bedeutung der internen Kommunikation für den Erfolg einer Maßnahme zeigt sich auch am Beispiel der Kooperation mit Innatura. Je besser die Mitarbeiter das Konzept verstehen und sehen, dass ihnen kaum Mehraufwand und in ihren Abteilungen keine zusätzlichen Kosten entstehen, desto eher sind sie bereit, von der bisherigen Routine abzuweichen und den unverkäuflichen Produkten einen sozialen Sinn zu geben. Eine Mitarbeiterin aus der CSR-Abteilung und eine Mitarbeiterin aus dem Quality Management von Beiersdorf übernehmen in enger Zusammenarbeit die interne Kommunikation und die Koordination der Abläufe. Diese Aufteilung der Verantwortung auf die beiden Abteilungen hat den großen Vorteil, dass ein größerer Mitarbeiterkreis erreicht wird. Durch unterschiedliche Kernkompetenzen ergänzen sie sich in ihrer Arbeit. Die Kosten für die abzuführende Umsatzsteuer übernimmt die CSR-Abteilung und nicht die einzelnen Abteilungen aus denen die Produkte stammen, um mögliche budgetäre Hürden schon im Vorfeld aus dem Weg zu räumen. So unterstützen einfache Abläufe und eine gezielte, regelmäßige Kommunikation im Intranet die Arbeit und ermöglichen damit eine schnelle und effiziente interne Abwicklung. Nicht weniger wichtig ist es für Beiersdorf, seine Mitarbeiter auch emotional anzusprechen. In der internen Kommunikation werden dazu unter anderem die Fallbeispiele von Innatura zur Verwendung der Produkte von Beiersdorf genutzt. Auch ein Imagefilm (https://youtu.be/ViSjBUtS5KU), der mit Unterstützung von Beiersdorf für die Außendarstellung von Innatura produziert wurde, wird von Beiersdorf eingesetzt. Den eigenen Mitarbeitern vermittelt das Unternehmen so ein sehr konkretes Bild vom Nutzen der Produktspenden für die sozialen Projekte.

9 Berichterstattung gemäß internationaler Standards

Gegenüber Konsumenten und anderen Bezugsgruppen stellt Beiersdorf die Kooperation mit Innatura ebenso wie andere Maßnahmen im Rahmen der Nachhaltigkeitskommunikation dar. Auf der Webseite des Unternehmens (www.beiersdorf.de/) wird der Bereich Nachhaltigkeit kontinuierlich aktualisiert. Von hier wird auch zum Imagefilm von Innatura verlinkt. Einmal jährlich erscheint der Nachhaltigkeitsbericht von Beiersdorf und dokumentiert die Leistungen und Erfolge des letzten Kalenderjahres. Ergänzt wird der Bericht seit 2010 durch den GRI-Index, der die aufgeführten Indikatoren und Angaben tabellarisch zusammenfasst.

Damit entspricht die Nachhaltigkeitsberichterstattung von Beiersdorf dem internationalen Standard der Global Reporting Initiative (GRI). Der GRI-Standard ist umfassender als der deutsche Nachhaltigkeitskodex (DNK), der von der Bundesregierung vor allem für kleinere und mittlere Unternehmen entwickelt wurde, und wird von anderen deutschen DAX-Konzernen ebenfalls verwendet. Der Nachhaltigkeitsbericht und die GRI-Tabelle erscheinen einmal jährlich und dokumentieren die Leistungen und Erfolge von Beiersdorf. Der Nachhaltigkeitsbereich auf der Unternehmenswebseite (www.beiersdorf.de/nachhaltigkeit/ueberblick) wird kontinuierlich im Jahresverlauf aktualisiert. Die enthaltenen Informationen und Daten beziehen sich ausschließlich auf den Beiersdorf Geschäftsbereich Consumer. Der Geschäftsbereich Tesa erstellt eigene Berichte.

10 Nachhaltigkeitskommunikation ist mehr als „tu Gutes und sprich darüber"

Am Beispiel Innatura zeigt sich, wie durch ein innovatives Lösungsmodell der direkte Dialog mit einer Bezugsgruppe ins Positive gewendet werden kann. Das CSR-Team konnte früher – wie oben beschrieben – einen großen Teil der täglichen Spendenanfragen nicht erfüllen und musste Absagen versenden. Seit dem Start von Innatura können die Mitarbeiter der CSR-Abteilung von Beiersdorf gemeinnützige Organisationen aller Größenordnungen an das Onlinespendenportal verweisen. Für diesen Hinweis, der über das Sortiment von Beiersdorf hinaus relevant sein kann, erhalten die Mitarbeiter häufig noch ein Dankeschön.

11 Fazit

Beiersdorf hat sich mit seiner Nachhaltigkeitsstrategie „We care." sehr anspruchsvolle Ziele gesetzt. Um diese erreichen zu können, entwickelt das Unternehmen innovative Ansätze und Lösungswege entlang der gesamten Wertschöpfungskette. Das Beispiel Innatura zeigt, dass im Bereich Nachhaltigkeit auch unternehmensübergreifende Modelle den Schlüssel zum Erfolg darstellen können. Der Kommunikation – sowohl intern mit den eigenen Mitarbeitern als auch mit externen Impulsgebern, Partnern und gemeinnützigen Organisationen – kommt eine maßgebliche Rolle für die erfolgreiche Umsetzung zu. Seit dem Start des Onlinespendenportals wirkt sich die Kooperation mit Innatura direkt auf die „We care."-Strategie von Beiersdorf aus, indem sie eine verantwortungsvolle Nutzung von Ressourcen, die Vermeidung von Abfällen und soziales Engagement verbindet.

Literatur

Beiersdorf Website. http://www.beiersdorf.de/nachhaltigkeit/ueberblick. Zugegriffen: 8. Oktober 2015

Innatura gGmbH, Geschäftsführerin Dr. Juliane Kronen: Zusammenarbeit 2015

Interne Veröffentlichung Beiersdorf Unternehmensvortrag 2015

Sonia Reichensperger ist seit 2003 bei der Beiersdorf AG und seit 2013 als Projektmanagerin im Team der CSR-Headquarters-Abteilung. Sie steuert die sozialen Projekte am Standort Hamburg, entwickelt feste Partnerschaften mit NPO, plant und führt Mitarbeiteraktionen durch und sorgt für die interne Kommunikation mit den Mitarbeitern. Darüber hinaus ist sie für die verschiedenen internen Kulturangebote verantwortlich. Privat engagiert sie sich ehrenamtlich für das Onlinespendenportal betterplace.org.

Innovative Nachhaltigkeitskommunikation dargestellt am Beispiel der Bosch-Gruppe

Bernhard Schwager

1 Gründer und Stiftung

Das Unternehmen wurde 1886 als „Werkstätte für Feinmechanik und Elektrotechnik" von Robert Bosch (1861–1942) in Stuttgart gegründet. Heute umfasst die Bosch-Gruppe die Robert Bosch GmbH und ihre rund 440 Tochter- und Regionalgesellschaften in rund 60 Ländern. Inklusive Handels- und Dienstleistungspartnern ist Bosch in rund 150 Ländern vertreten. Dieser weltweite Entwicklungs-, Fertigungs- und Vertriebsverbund ist die Voraussetzung für weiteres Wachstum. Die gesellschaftsrechtliche Struktur der Robert Bosch GmbH sichert die unternehmerische Selbstständigkeit der Bosch-Gruppe. Sie ermöglicht dem Unternehmen, langfristig zu planen und in bedeutende Vorleistungen für die Zukunft zu investieren (vgl. Abb. 1). Nachhaltigkeit und eine langfristige strategische Ausrichtung ist für die Bosch-Gruppe Teil der Unternehmenskultur. Dies kristallisierte sich schon bei der Unternehmensgründung heraus. So war die Unabhängigkeit und das langfristige Weiterbestehen seines Unternehmens ein zentrales Anliegen von Robert Bosch. Die Balance zwischen unternehmerischen und gesellschaftlichen Belangen zu wahren, sah er allerdings nicht als ein leichtes Unterfangen an. In seiner Rede am 10. Juni 1936 sagte er: „Es war nicht immer leicht, die richtige Mitte zu halten, den Mittelweg zu halten zwischen dem Unternehmer, der sich behaupten muss, und dem sozial denkenden Geschäftsmann, das heißt Arbeitgeber, der seinem Gehilfen seinen Verdienst lassen wollte.".

Von Beginn an herrschte in seinen Werkstätten ein strenger Ton. Schlampiges Arbeiten oder verschwenderischer Umgang mit Betriebsmitteln wurde sofort angesprochen. Für die Mitarbeiterzeitung *Bosch-Zünder* formulierte er 1921 einen seiner Grundsätze: „Lieber Geld verlieren als Vertrauen". So stand die Unantastbarkeit seiner Versprechen, der

B. Schwager (✉)
Stuttgart, Deutschland
E-Mail: Bernhard.Schwager@de.bosch.com

Abb. 1 Forschungscampus in Renningen

Glaube an den Wert seiner Ware und sein Wort stets höher als ein vorübergehender Gewinn. Noch heute handelt die Bosch-Gruppe nach den Grundsätzen von Robert Bosch. Er wünschte sich Unabhängigkeit für sein Unternehmen. Daraus lässt sich ableiten, aus welchen Gründen die Robert Bosch GmbH nicht an der Börse gehandelt wird. Die Unternehmensleitung möchte sich nicht von Finanzjongleuren beeinflussen lassen und fern von einer durch Analysten provozierten und angetriebenen Quartalsberichtshektik das Unternehmen in Ruhe und mit Bedacht lenken.

Eine Besonderheit gegenüber der Mehrzahl anderer Unternehmen vergleichbarer Größe ist, dass 92 % des Stammkapitals der Robert Bosch GmbH der gemeinnützigen Robert Bosch Stiftung GmbH gehören. Die Stimmrechte hält mehrheitlich die Robert Bosch Industrietreuhand KG. Sie übt die unternehmerische Gesellschafterfunktion aus. Die übrigen Anteile liegen bei der Familie Bosch, die ebenfalls langfristig am Erfolg des Unternehmens interessiert ist und diesem dauerhaft verbunden bleiben will (vgl. Abb. 2).

Wesentlich ist, dass es den Eignern nicht um das schnelle Geld geht. Auf die Qualität und den Nutzen kommt es an. Das Ziel der Bosch-Gruppe ist es, die Lebensqualität der Menschen durch innovative, nutzbringende und begeisternde Produkte und Dienstleistungen zu verbessern. Heute werden diese Vorhaben mit dem Slogan „Technik fürs Leben" auf den Punkt gebracht. Eng verzahnt mit dieser Zielsetzung ist das Bekenntnis zu einer verantwortungsvollen Unternehmensführung, welches sich wie ein roter Faden durch

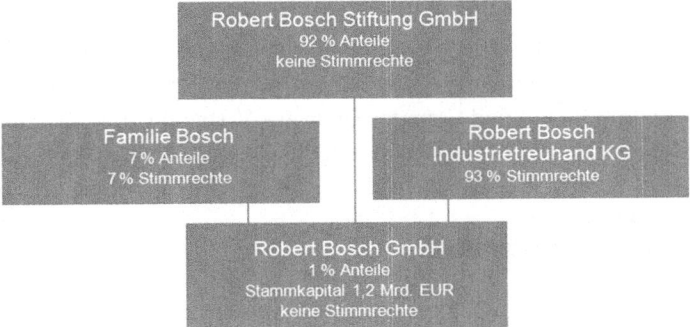

Abb. 2 Heutige Eigentümerstruktur der Bosch-Gruppe

die Unternehmensgeschichte zieht. Diesen „Geist" übersetzte Christof Bosch, Enkel des Gründers und Sprecher der Familie Bosch sowie Mitglied der Gesellschafterversammlung und des Aufsichtsrats, in seiner Rede zum 125-jährigen Jubiläum: „Ich glaube, ein Begriff beschreibt ihn am besten: Nachhaltigkeit." Er zeigte sich überzeugt, dass Robert Bosch diesen Begriff verwendet hätte, wenn es ihn damals schon außerhalb der Forstwirtschaft gegeben hätte (vgl. Abb. 3).

Die Robert-Bosch-Stiftung (http://www.bosch-stiftung.de/content/language1/html/389.asp) verwendet die ihr zufließende Dividende ausschließlich für gemeinnützige Vor-

Abb. 3 Robert Bosch (1861–1942)

haben – mittlerweile sind dies 700–800 pro Jahr. Um ihre Ziele zu verfolgen, fördert sie Projekte Dritter und ergreift selbst die Initiative zur Entwicklung und Durchführung von Programmen. Seit ihrer Gründung vor 50 Jahren hat die Stiftung bereits rund 1,4 Mrd. Euro für zirka 20.000 Eigen- und Fremdprojekte zur Verfügung gestellt. Zur Stiftung gehören z. B. das Robert-Bosch-Krankenhaus oder das Institut für Geschichte der Medizin.

2 Vom Patent zur Innovation

Dieser Kontext von Gründergeist und Stiftung erleichtert maßgeblich die fokussierte und langfristige Ausrichtung des Unternehmens auf ökonomische, soziale und ökologische Belange. Häufig lassen sich die daraus resultierenden, kurzfristigen Zielkonflikte nur durch Innovationen überwinden. Die Entwicklung innovativer, marktgerechter Produkte ist eine Voraussetzung für den Unternehmenserfolg. Allein im Jahr 2015 meldete Bosch über 5400 Patente an, das sind 25 Patente pro Arbeitstag. Insgesamt verfügt Bosch über 100.000 aktive Schutzrechte. Ziel ist es, für den Kunden begeisternde Lösungen zu erarbeiten, die nicht nur alle Anforderungen an Qualität, Zuverlässigkeit und Kosten erfüllen, sondern den Benchmark im jeweiligen Marktsegment abbilden. So schien das Blockieren der Räder beim Bremsen für ein Serienautomobil lange Zeit nicht lösbar zu sein. Erst als Mitte der 1960er-Jahre die Elektronik eine ausreichend schnelle und zuverlässige Bremsregelung versprach, begann Bosch mit der Entwicklung eines für ein Serienauto geeigneten Antiblockiersystems (ABS). Die Entwicklungszeit bis zum Serienstart im Jahr 1978 dauerte 15 Jahre (vgl. Abb. 4). Aber weitere fünf Jahre vergingen, bis das ABS

Abb. 4 Seit 30 Jahren sicher bremsen mit ABS von Bosch

für Bosch wirtschaftlich wurde. Heute ist die Ausstattung von Neuwagen mit ABS in der Europäischen Union gesetzlich vorgeschrieben. Dieses Beispiel zeigt, dass langfristiges Denken teilweise weit über die Zeiträume üblicher Mittel- und Langfristplanung im Unternehmen hinausgehen muss. Auch wird damit deutlich, dass Erfindungen und die damit verbundenen Patentanmeldungen erst dann zu Innovationen führen, wenn diese Erkenntnisse in neue Produkte oder Dienstleistungen überführt werden können. Eine weitere Bedingung ist ebenfalls, dass sich genügend Kunden finden, die durch unterschiedliche Motivationen angetrieben die Zahlungsbereitschaft aufbringen und diese „innovativen" Produkte kaufen. Erst in der Folge führen Lernkurven und Skaleneffekte zu Kostensenkungen auf Herstellerseite, die dann eine breite Marktdurchdringung aufgrund niedrigerer Preise für die Kunden ermöglicht.

3 Haltung und Tradition

Bosch lebt Corporate Social Responsibility (CSR) oder Nachhaltigkeit aus innerer Überzeugung und versucht internen und externen Stakeholder-Anforderungen gerecht zu werden und in bestimmten Bereichen auch Vorreiter zu sein. Das Bekenntnis zur unternehmerischen Verantwortung muss sich gleichermaßen im Produktportfolio wie auch in der Verfolgung nachhaltiger Ziele bei den Wertschöpfungsprozessen des Unternehmens widerspiegeln. Strategien, Ziele und Chancen sind im neuen Leitbild „We are Bosch" abgebildet, welches Anfang 2015 das bisherige Leitbild „House of Orientation" abgelöst hat. Damit wurde ein aktueller Orientierungsrahmen geschaffen, von dem sich die weitere strategische Ausrichtung der Bosch-Gruppe und der Unternehmensbereiche ableitet. Alle enthaltenen Schwerpunkte sind von Einflussfaktoren wie Megatrends, Veränderungen des Wettbewerbsumfelds, Innovationen, Kundenerwartungen, Ressourcenknappheit sowie politischen Entwicklungen abgeleitet.

Durch den Wandel vom Verkäufer- zum Käufermarkt wird es für Unternehmen immer wichtiger, Produkte anzubieten, die auf die momentanen Bedürfnisse der Kunden zugeschnitten sind. Dazu nutzt Bosch das gesamte Innovationspotenzial weltweiter Entwicklungen an rund 118 Standorten. Aus dem strategischen Schwerpunkt „Wandel" leitet Bosch erhebliche Chancen ab. Vor allem die Themen Energieeffizienz, Elektrifizierung, Automatisierung, aufstrebende Märkte und Vernetzung stehen hier im Vordergrund. Das Unternehmen kann auf Stärken wie die Bosch-Kultur, eine lange Tradition, eine hohe Innovationskraft und Qualität sowie eine breite globale Aufstellung aufbauen. Die Grundlage von Strategie und Handeln bilden weiterhin die Bosch-Werte: eine klare Zukunfts- und Ertragsorientierung, Verantwortung und Nachhaltigkeit, Initiative und Konsequenz, Offenheit und Vertrauen, Fairness, Zuverlässigkeit und Glaubwürdigkeit, Legalität sowie Vielfalt.

4 Technik fürs Leben

Innovationen werden bei Bosch nicht dem Zufall überlassen, sondern systematisch und zielgerichtet angegangen. Dies hat sich im Laufe des Bestehens der Bosch-Gruppe nicht geändert. Einzig und allein der Fokus wandelt sich. So steht das Thema Energieeffizienz heute mehr denn je im Zentrum der Aktivitäten. Es geht aber nicht nur darum, Energie in Produkten zu sparen, sondern auch die eigene Wertschöpfung zu optimieren. Treiber für diese Entwicklung sind die weltweit zunehmende Energienachfrage, erweiterte Vorschriften beim Klimaschutz und die Endlichkeit fossiler Energieträger. Damit gehen auch die immer anspruchsvoller werdenden Vorgaben für Emissionen und der Verbrauch von Kraftfahrzeugen einher. Bosch erzielt heute bereits rund 40 % des Umsatzes mit Produkten, die zu Energieeffizienz, Umweltschutz und Ressourcenschonung beitragen. Auf diese Produkte entfallen derzeit die Hälfte aller Forschungs- und Entwicklungsaufwendungen.

Strategisch ist die Elektrifizierung für die Automobilbranche von großer Bedeutung und betrifft bei Bosch speziell den Unternehmensbereich Mobility Solutions. Nach derzeitiger Erkenntnis ist zu erwarten, dass das Elektrofahrzeug in den nächsten fünf Jahren aus der Nische fährt. Bis 2020 erwartet Bosch bei einem weltweiten Gesamtmarkt von über 110 Mio. Fahrzeugen eine jährliche Produktion von 2,5 Mio. Elektrofahrzeugen, rund 3 Mio. Plug-in-Hybriden und 6,5 Mio. Hybridfahrzeugen (vgl. Abb. 5).

Ein weiteres strategisches Ziel unter dem Slogan „Technik fürs Leben" sind Innovationen zum vernetzten Leben. Dazu gehört auch die Anwendungssoftware „Home Connect", die bewirkt, dass sich Mensch und Maschine näherkommen. Seit Dezember 2014 sind vernetzte Backöfen und Spülmaschinen auf dem Markt. Im Herbst 2015 folgten nun auch Kühlschränke, Waschmaschinen, Trockner und Kaffeevollautomaten. Ein Teil der Hausarbeit kann so von überall aus erledigt werden, was dem Nutzer mehr Flexibilität und in der Folge auch mehr Freizeit verschafft. So meldet die Waschmaschine über eine Smartphone-App, wann die Wäsche fertig gewaschen ist, oder die Spülmaschine gibt an, dass der Klar-

Abb. 5 Elektromobilität hat Zukunft

spüler knapp wird. Was sich als praktisch erweist, sollte man sich gerade im Supermarkt befinden.

5 Tue Gutes und rede darüber

Nachhaltige Innovation zu leben, stellt für viele Unternehmen nichts Neues dar. Die zentrale Frage für die Bosch-Gruppe ist, das Engagement und die Aktivitäten des Unternehmens im Bereich Nachhaltigkeit optimal zu kommunizieren. Da Nachhaltigkeit heute zu den wichtigen Treibern für das Image und die Reputation eines Unternehmens zählt, ist dies ebenfalls für den Unternehmenserfolg mit entscheidend. So erschien bereits 1998 der erste Umweltbericht, welcher den Anfang der Kommunikation von Nachhaltigkeitsthemen bei Bosch markiert. Seitdem wurde die Kommunikation in diesem Bereich stetig weiterentwickelt und verbessert, sodass auch die Bosch-Gruppe heute beispielhaft für innovative Nachhaltigkeitskommunikation steht. Weitere Umweltberichte erschienen in den Jahren 2001/2002 und 2003/2004. In der Folge verbreitete sich die Berichterstattung, sodass 2005/2006 und 2007/2008 zwei umfangreiche Printberichte zur unternehmerischen Verantwortung folgten, welche sich erstmalig an den Richtlinien der Global Reporting Initiative (GRI) orientierten. Damit stiegen der Informationsgehalt sowie die Detailtiefe der Berichte über die Jahre an. Während sich der erste Umweltbericht lediglich auf Daten aus Deutschland konzentrierte, enthielt der zweite Bericht bereits europaweite und der dritte Bericht weltweite Daten. Mit der Veröffentlichung der Berichte zur unternehmerischen Verantwortung wurde die Nachhaltigkeitsberichterstattung um Themen zu Mitarbeitern und Gesellschaft erweitert. Zudem wurden die Berichte zur unternehmerischen Verantwortung durch ausführliche, jährlich erscheinende Broschüren mit Nachhaltigkeitsdaten und Zielen ergänzt.

5.1 Nachhaltigkeitskommunikation im Internet

Parallel etablierte sich 2004 die Onlineberichterstattung mit der Entwicklung des Umweltportals, welches der Vorläufer des im Dezember 2008 eingerichteten Nachhaltigkeitsportals war. Im Zentrum der Nachhaltigkeitskommunikation der Bosch-Gruppe stand bis 2008 der immer ausführlicher werdende Nachhaltigkeitsbericht, unterstützt durch das Umweltportal im Internet. Nach 2008 änderte sich dies grundlegend mit dem Ziel, die Nachhaltigkeitskommunikation einer breiteren Zielgruppe zugänglich zu machen. Den Kern der Nachhaltigkeitskommunikation bei Bosch stellt die CSR-Homepage (http://www.bosch.com/en/com/sustainability/sustainability_homepage.html) dar, welche in die Bosch-Global-Homepage integriert ist und in dieser Form seit 2008 besteht. Hier werden Informationen zu verschiedenen Teilbereichen der Nachhaltigkeit in unterschiedlicher Form kommuniziert. Zum einen finden sich hier Informationen zu verschiedenen Aspek-

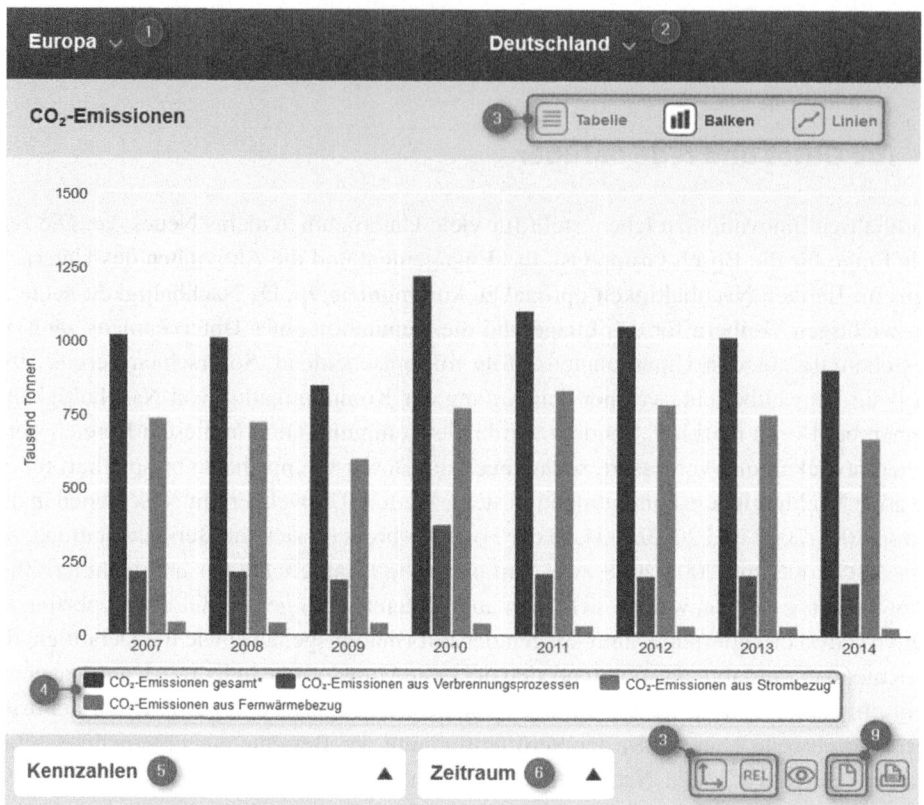

Abb. 6 Interaktives Datentool der Bosch-Gruppe

ten der Nachhaltigkeit bei Bosch. Diese Informationen erlauben es dem Besucher, sich in kurzer Zeit einen Überblick zu verschaffen, und gehen daher nicht allzu sehr ins Detail.

Zum anderen bietet ein interaktives Datentool die Möglichkeit, ökologische, soziale und finanzielle Daten der Bosch-Gruppe einzusehen. Besonders hervorzuheben ist hier die hohe Detailtiefe und Granularität, mit welcher die CSR-Kennzahlen der Bosch-Gruppe in diesem Tool offengelegt werden Abb. 6. zeigt die verschiedenen Informationsangebote. Kennzahlen (5), wie beispielsweise Wasserverbrauch, Abfallmengen, CO_2-Emissionen, Mitarbeiterzahlen, Unfallraten oder der Energiebedarf, stehen sowohl auf Welt- und Erdteilebene (1) als auch auf Landesebene (2) zur Verfügung. Außerdem können die jeweiligen Grafiken in verschiedenen Darstellungsformen angezeigt werden (3). Bestimmte Kennzahlen sind noch einmal sehr detailliert in ihre einzelnen Komponenten untergliedert (4) und lassen sich über einen Zeitraum, der bis zum Basisjahr 2007 zurückreicht, nachvollziehen (6). Darüber hinaus ist es möglich, alle Daten in das Tabellenkalkulationsprogramm Excel zu exportieren (9), um so die Daten bequem offline zu untersuchen.

Ein weiterer wichtiger Bestandteil der CSR-Homepage der Bosch-Gruppe sind Dialoge mit Stakeholdern, zu welchen Bosch in regelmäßigen Abständen namhafte Persönlichkeiten aus Wissenschaft, Wirtschaft, Politik und Non-Profit-Organisationen einlädt, Stellung zu aktuellen Umwelt- und Nachhaltigkeitsthemen zu beziehen. Es werden dabei auch gesellschaftliche Fragestellungen beleuchtet, die über das Wirkungsfeld von Bosch hinausgehen. Bei diesem Austausch geht es weder um spezielle Einzelmaßnahmen des Unternehmens noch um die Erfüllung von Anforderungen im Bereich CSR, sondern um die grundsätzliche Offenheit gegenüber berechtigten Anliegen verschiedener Anspruchsgruppen. Nachhaltigkeit wird dabei als ein gesellschaftliches Thema aufgefasst, zu dem Unternehmen ihren Beitrag leisten.

Die CSR-Homepage wird ergänzt durch den Nachhaltigkeitsblog (sustainabilityblog.bosch.com/de/). Hier werden seit 2010 regelmäßig in meist wöchentlichen Abständen kurze Beiträge zu aktuellen, oft auch regionalen CSR-Themen veröffentlicht. Diese Regelmäßigkeit und Aktualität tragen zu einer erhöhten Transparenz sowie einer verstärkten Leserbindung bei. Zusätzlich besteht seit 2011 die Möglichkeit, sich für den vierteljährlich in deutscher und englischer Sprache erscheinenden CSR-Newsletter zu registrieren. Momentan wird dieses Angebot von ca. 800 Abonnenten genutzt, Tendenz steigend. Diese Form der Nachhaltigkeitskommunikation richtet sich an eine ganz spezielle Personengruppe. Durch die Anmeldung für den Newsletter unterziehen sich die Abonnenten bereits einer Selbstselektion, sodass der CSR-Newsletter bewusst an Personen mit ausgeprägtem Interesse an den Themen der Nachhaltigkeit sowie an der Robert Bosch GmbH gerichtet wird. Auf diese Weise entstehen unter anderem hochwertige und themenspezifische Kontakte zu potenziellen Arbeitnehmern und Geschäftspartnern.

5.2 Der Übergang in den Geschäftsbericht im Kontext des DNK

Nachhaltigkeit ist bei Bosch Chefsache, dies spiegelt sich auch im Geschäftsbericht wider, welcher seit 2001 im Lagebericht auch das Thema Umweltschutz thematisiert. Heute finden sich im Geschäftsbericht der Umwelt- und Gesundheitsschutz sowie ein Compliance-Abschnitt (Bosch 2015a). Außerdem werden die bisherigen CO_2-Reduktionen – relativ zur Wertschöpfung – in Form einer Grafik kommuniziert. Bei den Informationen zur Nachhaltigkeit wird im Geschäftsbericht zwar nicht sehr ins Detail gegangen, jedoch erreicht man so auch Personengruppen, die sich nicht vorrangig für das Thema Nachhaltigkeit interessieren. Ab dem Berichtsjahr 2017 müssen zukünftig entsprechend der EU-Richtlinie 2014/95/EU bestimmte Unternehmen mit mehr als 500 Mitarbeitern nichtfinanzielle und die Diversität betreffende Informationen offenlegen.

Der Deutsche Nachhaltigkeitskodex (DNK) ist ein bereits bewährter Standard, auf den Unternehmen zurückgreifen können, um ihre Nachhaltigkeitskommunikation zu erweitern. Der DNK erfüllt schon heute die angesprochene EU-Berichtspflicht und geht in einigen Bereichen sogar über das Geforderte hinaus. Der rund 20-seitige Report beschreibt die umfassende Nachhaltigkeitsstrategie des Unternehmens, die sich auf die Bereiche Prozessmanagement, Umwelt und Gesellschaft inklusive relevanter Kennzahlen bezieht. So bietet diese Form der Berichterstattung schon heute eine gute Orientierung für die 2017 kommende Berichtspflicht.

Dies hat sich auch Bosch zu Herzen genommen und im September 2015 erstmals eine Entsprechenserklärung des DNK veröffentlicht (Bosch 2014). Darin werden zwölf Themenfelder gezielt behandelt und ausführlich beschrieben. Zum Beispiel unter dem Oberpunkt Innovationsmanagement legt das Unternehmen offen, wie es durch geeignete Prozesse dazu beiträgt, dass Innovationen bei Produkten und Dienstleistungen die Nachhaltigkeit bei der eigenen Ressourcennutzung und bei den Nutzern verbessern. Außerdem wird auch die jetzige und zukünftige Wirkung der Produkte und Dienstleistungen in der Wirtschaft und im Produktportfolio bewertet. Auch zeigt Bosch auf, welchen ökologischen und sozialen Herausforderungen sich das Unternehmen in Zukunft stellen muss und wie es seine Nachhaltigkeitsleistungen systematisch kontrolliert und verbessert. Herausforderungen wie dem demografischen Wandel, der Reduzierung der Treibhausgase entlang der gesamten Wertschöpfungskette oder dem Erhalt intakter Ökosysteme begegnet die Bosch-Gruppe gezielt und getreu dem Motto, „technische Antworten auf ökologische Fragen" zu liefern. So wurde zum Thema Ressourcenverknappung bzw. Erhalt von Ökosystemen bereits im Jahr 2000 der Ansatz „Design for Environment" initiiert. Hierbei sollen Erzeugnisse bereits in der Entwicklungsphase anhand von vier zentralen Kriterien optimiert werden:

- **Energie- und Rohstoffeffizienz:** Reduzierung des Verbrauchs an Energie und Rohstoffen (z. B. Wasser, Kraftstoff, Rohstoffe),
- **Emissions- und Immissionseffizienz:** Verringerung der Belastungen durch physikalische Einwirkungen (z. B. Lärm) und Emissionen in Luft, Wasser und Boden,
- **Materialeffizienz:** Reduzierung der Menge der verwendeten Materialien und Verwendung neuer Materialen mit geringerer Umweltbelastung und verbesserten Entsorgungseigenschaften, Vermeidung von gesundheits- und/oder umweltschädlichen Stoffen,
- **Entsorgungseffizienz:** Verbesserung der Entsorgungseigenschaften (z. B. Verbesserung der Trennbarkeit von Komponenten/Verbindungen, Wiederverwendung statt Deponie).

5.3 Communication on Progress – COP

Eine vielfältige Nachhaltigkeitskommunikation schafft Transparenz und wirkt sich positiv auf das Image von Organisationen aus. Für Stakeholder ist durch standardisierte Formate wie den DNK ein Vergleich der Unternehmen möglich. Ein weiteres Berichtsformat, das Bosch seit 2004 nutzt, ist der UN Global Compact (UNGC). Die Initiative wurde 1999 vom damaligen Generalsekretär Kofi Annan ins Leben gerufen. Unternehmen, Organisationen und Körperschaften können sich freiwillig auf ein nach Grundprinzipien ausgelegtes Handeln verpflichten. Mittlerweile ist die Initiative mit mehr als 8000 Mitgliedern der größte Verbund für die Ziele der Nachhaltigkeit. Der UNGC besteht aus zehn Prinzipien, welche sich aus den Bereichen Menschenrechte, Arbeitsbedingungen, Umweltschutz und Bekämpfung der Korruption zusammensetzen. Innerhalb des UNGC wird ein internationales Netzwerk mit einer regionalen Unterstruktur geschaffen, in dem Unternehmen über Nachhaltigkeitsthemen diskutieren und sich austauschen können. Aus kommunikationspolitischer Sicht ist besonders die Verpflichtung zur jährlichen Fortschrittsmitteilung, bezeichnet als „Communication on Progress – COP", relevant. Darin muss über die Bemühungen zur Umsetzung der zehn Prinzipien des Global Compact der Vereinten Nationen berichtet werden. Grund dieser Auflage ist, dass das Thema Nachhaltigkeit keineswegs ein irgendwann abgeschlossener Prozess ist, sondern fortlaufend optimiert und weitergeführt werden muss.

Bei Bosch findet die Fortschrittsmitteilung im Rahmen des jährlich veröffentlichten Nachhaltigkeitsberichts ihren Niederschlag. Den Nachhaltigkeitsbericht gibt es in dieser Form seit 2011 und er ist mit 24 Seiten bewusst sehr kurz gehalten (Bosch 2015b). Es handelt sich in dem Sinne um einen „Kompaktbericht", der sich an vier Fokusthemen orientiert (vgl. Abb. 7):

- Umwelt,
- Erzeugnisse,
- Mitarbeiter,
- Gesellschaft.

5.4 Blueprint für regionale Berichte

Durch die kompakte Aufmachung und „einfache" Darstellung bietet der Nachhaltigkeitsbericht eine Plattform für sämtliche Lesergruppen, die zwar nicht tief in die Materie

Abb. 7 Nachhaltigkeits- und Geschäftsberichte der Bosch-Gruppe

einsteigen, sich jedoch einen Überblick verschaffen wollen. Eine weitere Besonderheit des Bosch-Nachhaltigkeitsberichts besteht darin, dass er auch als Vorlage für regionale Nachhaltigkeitsberichte der Landesgesellschaften verwendet werden kann. Hier wird der Nachhaltigkeitsbericht länderspezifisch angepasst und überwiegend in der jeweiligen Landessprache ausgegeben. Bosch kann so Themen einbringen, die in den jeweiligen Regionen Interesse erwecken und mit denen sich die Leser identifizieren können. Durch das Aufzeigen der Meilensteine, die eine Region erzielt hat, wächst nicht nur die Motivation der Mitarbeiter, sondern auch die Reputation für Bosch in den einzelnen Regionen.

5.5 Social Media

Kommunikation vollzieht derzeit einen tief greifenden Wandel, da sie sich die Gestaltungsmöglichkeit des Internets zunutze macht. Mit dem Internet eröffnete sich ein völlig neuer Kommunikationsraum. Informationen können unabhängig von Zeit und Raum bereitgestellt werden, ebenso sind Formen dialogischer Kommunikation auf den unterschiedlichsten Ebenen möglich. Hierarchische Strukturen oder sozialer Status sind hier eher von nachrangiger Bedeutung. Um das Unternehmen zeitgemäß darzustellen, hat auch Bosch seine Präsenz in den sozialen Medien erweitert und bietet seit 2012 übergreifende Informations- und Dialogangebote auf den wichtigsten internationalen Plattformen Facebook (https://www.facebook.com/BoschGlobal), Youtube (https://www.youtube.com/user/BoschGlobal) und Twitter (https://twitter.com/boschglobal) an (vgl. Abb. 8). Das übergeordnete Ziel dieser Maßnahme ist es, einen ganzheitlichen Auftritt auf allen relevanten Kanälen zu schaffen und eine Steigerung der Reputation von Bosch zu erlangen.

Abb. 8 Vernetzung der CSR-Website

Durch ein interdisziplinäres Redaktionsteam werden Nutzer zu Dialogen über aktuelle Unternehmensthemen wie etwa Mobilität, Energie oder Nachhaltigkeit eingeladen. So werden neue Zielgruppen wie Blogger und andere wichtige Onlinemultiplikatoren erreicht. Aufgrund der hohen Anonymität ist die Einstiegshürde sehr gering und die aktive Beteiligung sehr hoch. Ein weiterer bedeutender Vorteil von Social-Media-Plattformen ist die Tatsache, dass mit geringem Aufwand und übersichtlichen Kosten die Reichweite der Kommunikation in kurzer Zeit gesteigert werden kann. Das direkte Feedback via Likes, Kommentare oder Diskussionsrunden eröffnet dem Unternehmen Einblicke und Knowhow, welches sonst nur über lange und aufwendige Studien möglich wäre. Bosch ist in der Kommunikation sehr breit aufgestellt und bedient sich einer Vielzahl unterschiedlicher Medien, um Stakeholder in allen Bereichen und Gesellschaftsschichten zu erreichen.

6 Tone from the top

Um das Nachhaltigkeitsmanagement ausgeprägt zu leben, wird ein solides organisatorisches Fundament benötigt. Dazu wurden bei Bosch drei Ebenen eingerichtet:

- **Geschäftsstelle Nachhaltigkeit:** sie ist Ansprechpartner für interne und externe Anfragen, hält Kontakt zu Verbänden, vor allem aber zeigt sie im Unternehmen selbst Probleme und Handlungsbedarf auf,
- **Fachbeirat Nachhaltigkeit**: hier sind die Leiter von Zentralabteilungen wie Einkauf, Fertigung, Infrastruktur, Personal und Umwelt vertreten, aber auch Bereichsvorstände diverser Geschäftsbereiche,
- **Steuerkreis Nachhaltigkeit**: hier werden die wesentlichen Ziele festgelegt und überwacht – und hier ist der CEO selbst Mitglied, gemeinsam mit zwei weiteren Mitgliedern der Geschäftsführung sowie Vertretern aus dem Fachbeirat.

Damit soll ein klares Signal an alle Stakeholder gesendet werden: „Nachhaltigkeit bei Bosch ist Chefsache – das muss sie in allen Unternehmenseinheiten sein". Die Tatsache, dass nachhaltiges Wirtschaften unmittelbar zum Anliegen der Geschäftsführung gemacht wird, verdeutlicht nochmals, welche Bedeutung diesem Anliegen zukommt.

7 Fazit

Die Nachhaltigkeitskommunikation in Unternehmen innovativ zu gestalten, ist ein Gebot der Stunde und gewinnt in der heutigen, schnelllebigen Gesellschaft wahrscheinlich noch an Bedeutung. Wie bereits erwähnt, hat die Kommunikation einen gewaltigen Wandel durchlebt, woraus sich nicht nur Vorteile ableiten lassen. „Information overload" ist vielfach die Folge. Die Problemlage für den Rezipienten besteht in der Masse an Informationen, die alle auf ihn eindrängen und miteinander konkurrieren. Die hohe Kunst für Unternehmen oder Organisationen ist nun, wie deren Informationen gezielt an die entscheidenden Zielgruppen adressiert werden können und von diesen aufgrund ihrer Attraktivität auch aufgenommen werden. Dies geschieht bei Bosch über eine Vielzahl zur Verfügung gestellter Medien. Die darin veröffentlichten Informationen werden so aufbereitet, dass sie von der angesprochenen Zielgruppe aufgenommen und verstanden werden. Im idealen Fall tragen sie dazu bei, eine hohe Reputation für das Unternehmen zu generieren.

Wirtschaft und Gesellschaft hängen eng zusammen. Gute Geschäfte lassen sich regelmäßig nur in intakten Gesellschaften machen. Aus diesem Grund sind Unternehmen gut beraten, sich zum Wohle der Gesellschaft aktiv einzubringen. Diese Denkweise unterstützte Robert Bosch bereits 1886 bei der Gründung seiner Firma. Das Unternehmen Bosch orientiert sich bis heute an den Verkehrsanschauungen des Gründers. Im Leitbild „We are Bosch" spiegelt sich diese werteorientierte Haltung wider.

Literatur

Bosch (2014) Entsprechenserklärung (DNK). http://www.deutscher-nachhaltigkeitskodex.de/de/anwendung/dnk-mentoren/bosch-gmbh.html. Zugegriffen: 13. August 2016

Bosch (2015a) Geschäftsbericht 2015. http://www.bosch.com/de/com/sustainability/key_figures/status_report/reports.php. Zugegriffen: 13. August 2016

Bosch (2015b) Nachhaltigkeitsbericht 2015. http://www.bosch.com/de/com/sustainability/key_figures/status_report/reports.php. Zugegriffen: 13. August 2016

Bernhard Schwager studierte von 1980 bis 1985 technische Chemie an der Fachhochschule Nürnberg. Zwischen 1985 und 2005 war er zuerst als Umweltschutzbeauftragter eines Werkes und später als Referent für die Unternehmensreferate Umweltschutz und technische Sicherheit der Siemens AG tätig, anschließend wechselte er zur Robert Bosch GmbH. Im Mai 2006 wurde Bernhard Schwager zum Präsidenten des Verbandes der Betriebsbeauftragten für Umweltschutz e. V. (VBU) und im Mai 2008 zum Obmann des Ausschusses Umweltmanagementsystem/Umweltaudit im deutschen Institut für Normung (DIN NAGUS) gewählt. Seit Januar 2009 hält er einen Master der Umweltwissenschaften und ist innerhalb der zentralen Kommunikationsabteilung als Leiter der Geschäftsstelle Nachhaltigkeit von Bosch tätig. In dieser Funktion ist er unter anderem Ansprechpartner für die verschiedenen Stakeholder-Gruppen und treibt Nachhaltigkeitsthemen voran. Dazu vertritt der Umweltwissenschaftler das Unternehmen in verschiedenen nationalen und internationalen Organisationen und Verbänden, wie B.A.U.M., VBU, FCI, GRI, GC, ISO, DIN, ecosense, BDI oder ZVEI.

Nachhaltige Unternehmensführung – Der Beitrag eines agilen Qualitätsmanagements am Beispiel der DB Projekt Bau GmbH

Ralf Plitzkat

1 Zum Einstieg: Die spezifische Rolle des Qualitätsmanagements in Dienstleistungsmärkten

Die Relevanz der Perspektive dieses Beitrages ergibt sich, wenn man den übergeordneten Rahmen des Buches *Nachhaltigkeit – Verantwortung – Innovation* durch die Brille des Qualitätsmanagements (QM) sieht und sich die Möglichkeiten der Entwicklung dieses Managementbereiches für ein Unternehmen vor Augen führt.

Ich möchte in diesem Beitrag berichten, inwieweit man aus der Perspektive eines spezifischen Managementbereiches zu Nachhaltigkeit beitragen kann, worauf man sich dabei einstellen kann und mit welchen Mitteln man dabei verantwortliches Unternehmertum fördern und zum Erfolg des Unternehmens beitragen kann.

Aus dieser Perspektive heraus soll beschrieben werden, mit welchen Mitteln man die Rolle eines spezifischen Managementbereiches ändern kann, um auf diese Weise Nachhaltigkeit und verantwortliches Unternehmertum zu fördern und zum Erfolg des Unternehmens beizutragen.

Insbesondere fließen in diese Ausführungen natürlich die Erfahrungen des Autors aus seiner verantwortlichen Tätigkeit als Leiter des QM der DB ProjektBau ein, deswegen sollen an dieser Stelle kurz ein paar Sätze zu diesem Unternehmen die Orientierung des Lesers erleichtern.

Innerhalb der Deutschen Bahn AG ist die DB ProjektBau GmbH verantwortlich für die Planung und Realisierung aller großen Infrastrukturvorhaben. Sie arbeitet im Auftrag der Eisenbahninfrastrukturunternehmen (EIU), von denen die DB Netz AG das größte ist und das größte Auftragsvolumen mitbringt.

R. Plitzkat (✉)
Berlin, Deutschland
E-Mail: Ralf.Plitzkat@deutschebahn.com

Pro Jahr realisiert sie auf diese Weise zwischen 3,5 Mrd. und 4 Mrd. Euro an Projektvolumen; die Masse dieses Geldes fließt in die Realisierung der Projekte, wobei Bauunternehmen im Auftrag der DB ProjektBau die tatsächliche Bautätigkeit leisten.

Dieses Geschäft setzt die DB ProjektBau mit etwa 4500 Mitarbeitern in sieben Regionalbereichen um und ist dabei ausschließlich innerhalb der Bundesrepublik Deutschland aktiv.

Der für das Kerngeschäft der DB ProjektBau relevante Markt lässt sich daher knapp beschreiben:

- ausschließlich Infrastrukturprojekte,
- ausschließlich Planung, Bauüberwachung und Projektmanagement (keine eigentliche Bautätigkeit),
- ausschließlich DB-AG-Aufträge.

Innerhalb dieses Marktes nimmt die DB ProjektBau eine besondere Stellung ein. Sie bündelt in einem integrierten Konzern das erforderliche Systemwissen und ist in der Lage, Großprojekte aus einem Guss durchzuführen, wobei die eigentlichen Bauleistungen entsprechend dem Vergaberecht national und europaweit ausgeschrieben werden.

Zum Zeitpunkt des Schreibens dieses Beitrages (September 2015) wird die DB ProjektBau GmbH im Rahmen der Weiterentwicklung der Infrastruktur der DB AG mit einer anderen Gesellschaft zusammengeführt, um auf diese Weise das Ingenieurgeschäft marktorientierter und internationaler auszurichten.

Für das Qualitätsmanagement hat der Dienstleistungsmarkt eine besondere Ausprägung, was dazu zwingt, typische Werkzeuge des produzierenden Bereiches anpassen zu müssen. Im Dienstleistungsbereich werden Leistungen nicht lagerfähig produziert, typischerweise wird die Dienstleistung in der Leistungserbringung bereits verbraucht. Auch bei Ingenieurgesellschaften wie der DB ProjektBau ist dies prinzipiell der Fall. Auch wenn am Ende eines Projektes „ein Stück Infrastruktur" steht: Die Leistung des Mitarbeiters der Ingenieurgesellschaft ist sein Wissen. Dieses bringt er in Pläne, Bauüberwachungsleistungen oder im Projektmanagement ein. Diese Leistung ist ein kreativer Prozess, in dessen Ergebnis ein zeitpunktbezogener Plan oder eine Dokumentation (Bautagesbericht oder Abnahmebescheinigung) liegt. Es werden jedoch, anders als in der produzierenden Industrie, keine Mengen von immer gleichen (Zwischen-)Produkten produziert.

Für das Qualitätsmanagement (QM) hat dies eine grundsätzliche Konsequenz: Alle QM-Werkzeuge, die für Massenproduktion gedacht sind, müssen adaptiert werden. Erreicht man z. B. in produzierenden Industrien nachhaltige Verbesserungen, indem man schrittweise technische Vorgänge optimiert, so ist die Herausforderung im Dienstleistungsbereich anders gelagert: Hier hat man es mit Menschen als Leistungsträgern zu tun und die kann man nicht mit Regelkarten kontrollieren. Nachhaltigkeit in der Leistungserbringung muss also grundsätzlich anders angegangen werden.

Hier kommt ein Prinzip zum Tragen, welches bei der DB ProjektBau erfolgreich angewendet wurde: Das ständige Streben nach Verbesserung muss mit einer entsprechenden

Veränderungsbegleitung im Gleichgewicht stehen, sonst können Verbesserungsaktivitäten und Innovationen nicht greifen, da Menschen in ihre alten Gewohnheiten zurückfallen.

Die Herausforderung für das QM in Dienstleistungsbranchen besteht demnach darin, dieses Gleichgewicht zu finden und herzustellen.

2 Qualitätsmanagement als Nachhaltigkeitshebel

Es gibt vermutlich nur wenige Teildisziplinen des Managements, in denen der Selbstanspruch der Akteure so wenig allgemeine Wertschätzung erfährt wie im Qualitätsmanagement. Dabei ist es eigentlich gar nicht so schwer, beides in Übereinstimmung zu bringen: Qualität ist im Grunde nichts anderes, als definierte Kundenanforderungen zu erfüllen. Und dies wirtschaftlich und immer wiederkehrend, nicht nur einmalig und zufällig. Dies ist bereits ein expliziter Nachhaltigkeitsanspruch, den das Qualitätsmanagement an sich selber und an die eigene Firma stellt: Das, was produziert wird, soll wiederholbar und systematisch erfolgen. Nur unter diesen beherrschten Bedingungen ist es möglich, Mängel zu analysieren, wirkliche Ursachen für Fehler zu identifizieren und damit stabile Verbesserungen durchzuführen. Hiermit wird eine Begriffsdimension von „Nachhaltigkeit" adressiert: nachhaltig im Sinne von „dauerhaft wirksam".

Die andere Dimension ergibt sich aus dem Anspruch des Qualitätsmanagements, die unternehmerischen Ergebnisse nicht nur „irgendwie" zu erreichen, sondern auf ressourcenminimierende Weise unter Berücksichtigung der Anforderungen aller Stakeholder. Dies adressiert die Begriffsdimension: ressourcenschonend, möglichst mit nachwachsenden Ressourcen. Ein Teil des Qualitätsmanagements beschäftigt sich mit der Reduktion von Verschwendungen und genau hier ist auch eine wesentliche Schnittstelle zur Nachhaltigkeit.

Es ergeben sich in der Praxis allerdings eine Reihe von Schwierigkeiten, die insbesondere in Dienstleistungsunternehmen die Umsetzung eines umfassenden Qualitätsmanagements behindern.

2.1 Arbeitsteilung und Verantwortung

Neben einer umfassenden Methoden- und Analysekompetenz ist es der wesentliche Nutzen des Qualitätsmanagers, die unternehmerischen Abläufe über die Prozess- und Abteilungsgrenzen hinweg zu kennen, beurteilen zu können und auf diese Weise eine Optimierung des Unternehmens im Blick zu haben. Der Qualitätsmanager ist in diesem Sinne Generalist und er muss es sein.

Demgegenüber werden die Leiter und Mitarbeiter der Fachabteilungen vorrangig nicht wegen ihres Generalistentums eingestellt, sondern weil sie Spezialisten ihres Fachgewerkes sind. Selbstverständlich erwartet man von ihnen auch den Blick für das Gesamte, aber schaut man auf die Organisation als System, so sind sie vorrangig dem eigenen Fachbereich verpflichtet. In der Regel werden sie vom fachlichen Leiter ausgesucht, eingestellt und geführt. Der fachliche Leiter ist meistens der disziplinarische Vorgesetzte und so wird auch die weitere Entwicklung der Mitarbeiter vorrangig vor dem Hintergrund des Fachbereiches geplant.

So folgerichtig, wie dies aus Sicht des Fachbereiches ist, dieses Vorgehen sichert die Professionalität der Spezialisten ab und ist sicherlich Bedingung einer zukunftsorientierten Entwicklung, so schwierig es auch ist, hierbei den Blick für die gesamte Leistungskette in der Firma zu erhalten. Zu häufig erleben wir an dieser Stelle, dass isolierte Optimierungen der einzelnen Fachbereiche durchgeführt werden. Besonders häufig ist dies dann der Fall, wenn eine Firma zu eindimensional nach finanzwirtschaftlichen Steuerungsgrößen geführt wird. Kommt eine solche Einengung der Unternehmenssteuerungsperspektive zu der ohnehin vorhandenen Segmentierung des Produktionsprozesses hinzu, so paart sich eine hohe Arbeitsteilung mit einer eingeengten Verantwortung. Selbst, wenn man klassische Qualitätswerkzeuge einsetzt, erzeugen diese in so einem Umfeld dysfunktionales Verhalten. In einer Firma erlebte ich z. B., wie die Führungskräfte geradezu mit Stolz von der Existenz von Schnittstellenvereinbarungen sprachen. Sie waren stolz darauf, mit diesem Werkzeug die gesamte Wertschöpfungskette durchdefiniert zu haben, und bewerteten diesen Umstand als Ausweis der Prozesskultur der Organisation. Allerdings wurden die Schnittstellenvereinbarungen als Werkzeug zur Abgrenzung der Abteilungen genutzt. Dadurch dass in ihnen vorrangig Bring- und Holschuld definiert waren und die Führungskräfte auf das Ergebnis ihres Bereiches verpflichtet waren, fühlte sich niemand mehr für den Gesamtprozess verantwortlich. Bereits weniger als zwei Jahre nach Einführung der Schnittstellenvereinbarungen wusste kaum noch jemand in der Firma genau, was in der Nachbarabteilung passierte. Die Schnittstellenvereinbarungen waren zum Exkulpationswerkzeug missraten, mit deren Hilfe man im Falle von Pannen nachweisen konnte, dass die eigene Abteilung jedenfalls keine Schuld hatte.

Pflägig beschreibt diese Ausprägung als ein typisches Kennzeichen von „Alpha"-Organisationen (Pflägig 2015, S. 126). Dies sind Organisationen, in denen top-down geführt wird, in denen die Manager die Entscheidungsmacht haben und die Mitarbeiter als Ausführende weitgehend von Denken und Verantwortung abgenabelt sind.

Für ein wie oben beschriebenes, nachhaltig ausgerichtetes Qualitätsmanagement sind dies keine guten Voraussetzungen, denn ein solches erfordert gerade abteilungsübergreifend denkende Mitarbeiter, um Innovationen und Verbesserungen zu erzeugen und abzusichern, die einen wirklichen Unterschied für das Unternehmen ausmachen.

2.2 Das Verständnis von Qualität und wirkliche Kundenorientierung

Was ist Qualität? Diese vordergründig einfache Frage trifft in der Praxis regelmäßig auf unterschiedliche Interpretationen und führt damit zu Missverständnissen zwischen der Abteilung QM und den Fachbereichen.

Hauptsächlich treffen zwei Verständniswelten aufeinander:

In der Regel trägt die Fachabteilung die Auffassung, dass Qualität das ist, was sie produziert. In diesem Sinne ist Qualität der Ausweis der Kompetenz der Abteilung – und daher das Beste, was man tun kann. Mit diesem Selbstbild ausgestattet ist die Fachabteilung der „erste Qualitäter" (s. Abschn. 2.3).

Das Qualitätsverständnis der Abteilung QM ist hingegen, dass Qualität sich in der Erfüllung der Anforderungen der Kunden abbildet – nicht mehr, aber auch nicht weniger.

Häufig liegt in der Praxis keine Diskrepanz vor, nämlich dann, wenn die Anforderungen des Kunden so hoch sind, dass man ohnehin Mühe hat, sie zu erfüllen. Allerdings hat die unterschiedliche begriffliche Belegung von „Qualität" versteckte Auswirkungen, die sich zeitlich verlagert bis in die tiefsten Verästelungen der betrieblichen Abläufe und Verantwortlichkeiten eingraben – und dort letzten Endes auf Umwegen eine nachhaltige Produktion erschweren.

Wenn nämlich die tragende Auffassung die ist, dass das Beste, was die Abteilung produzieren kann, die Messlatte für Qualität ist, dann spielt der Kunde gar keine Rolle im Unternehmen. Im Grunde stellt sich das Unternehmen dann so auf, dass es mit aller Macht versucht, das Beste zu produzieren, und dann versucht, das, was dabei herauskommt, auf dem Markt zu platzieren. Dass dies früher oder später zu Produkten führt, die den Kundenwunsch nicht treffen und dann entweder gar nicht oder nur mit Preisnachlässen verkauft werden können, liegt auf der Hand. Nachhaltiger Erfolg für das Unternehmen sieht anders aus. Aber in der Praxis sehen wir genau dieses Verhalten bei sehr vielen Unternehmen. Im „QM-Sprech" ist dies die Folge des sogenannten „over-engineering". Wenn auf diese Weise die Kundenorientierung in Mitleidenschaft gezogen wird, leidet irgendwann bereits die Annahme des eigentlichen Auftrages. Statt ihn kritisch auf Durchführbarkeit zu prüfen, wird er einfach nur angenommen und dann „irgendwie" umgesetzt. Man schafft das schon, weil man ja der Experte ist. Dass man dadurch am Ende vielleicht unausgesprochene, aber wesentliche Anforderungen aus Betrieb, Design, Image oder anderen Gesichtspunkten nicht berücksichtigt und – weil der Kunde kein systematisches Feedback erhält – auch nicht korrigiert, liegt eigentlich auf der Hand.

Eine weitere versteckte Schwierigkeit betrifft nicht die Außen-, sondern die Innenorientierung der Prozesskette. Gerade weil man der Fachexperte für ein bestimmtes Thema ist, legt man als Fachabteilung Prozess- und Produktionsstandards fest. Nur zu leicht kommt es hier zur internen Abgrenzung von Abteilungen, sodass Produkte oder Zwischenprodukte nicht mehr konfliktfrei die gesamte Produktionskette durchlaufen können. (Zur Erinnerung: Wir beziehen uns hier auf Dienstleistungsunternehmen. Meiner Erfahrung nach ist dieser Punkt in technischen Unternehmen zwangsläufig weniger kritisch.) Pläne scheinen eigentlich fertig zu sein, erfüllen aber nicht die Anforderungen des Prozesskunden und werden zurückgewiesen, was Nacharbeit und Zeitverzögerungen nach sich zieht. Ein durchgehendes Kundenverständnis in End-to-end-Betrachtung ist eines der häufigsten Probleme nachhaltiger Produktion und hat eine Ursache häufig in einer rein fachlich orientierten Ergebnissteuerung der betroffenen Führungskräfte.

Ein weiterer Punkt: Das Topmanagement ist immer weniger in der Lage, die Produktion fachlich zu verstehen, und muss sich der Leiter der Fachabteilungen als Berater bedienen. Wenn diese aber selbst Schwierigkeiten haben, ein durchgängiges Kunden-Lieferanten-Verständnis aufzubauen, dann wird es auch dem Topmanagement nicht gelingen, die wirklichen Verbesserungshebel zu identifizieren. Dieses Problemmuster haben wir in der Praxis immer wieder gefunden. In der Selbstwahrnehmung der Organisation startet man eine Verbesserungsinitiative nach der anderen, aber die Ergebnisse werden einfach nicht besser. Am Ende leiden dann entweder das Verbesserungsmanagement – es hat offensichtlich die falschen Methoden – oder die Mitarbeiter – sie sind mutmaßlich zu träge zum Umsetzen guter Ideen – oder beide.

Eine Abteilung für QM hat es in dieser Konstellation grundsätzlich schwer, denn hier sitzen in aller Regel Generalisten, deren Aufgabe es gerade ist, die optimale Kunden-Lieferanten-Kette durch das Unternehmen herzustellen und dabei exakt die Qualität zu erzeugen, die der Kunde bereit ist, zu bezahlen. Diese Generalisten stehen nun allerdings vor demselben Verständnis- und Überzeugungsproblem wie das Topmanagement. QM und Management sind genau deswegen aber auch natürliche Partner im gegenseitigen Austausch mit den Fachabteilungen.

Ein guter Weg, diesen latenten Antagonismus zu überwinden, ist, die Fachabteilungen in unmittelbaren Kontakt mit dem Kunden zu bringen. Hieran führt kein Weg vorbei, denn gerade Dienstleistungen leben vom Kontakt mit den Kunden. Ein Schlüssel für Nachhaltigkeit ist, in der gesamten Produktionskette immer zu verstehen, welchen Sinn die eigene Leistung oder das eigene Produkt für den Kunden überhaupt macht. Erst durch dieses „sense-making" können kundenorientierte Wertzuwächse realisiert werden.

2.3 Die Fachabteilungen als „erste" Qualitätsmanager

Dieser Punkt ist meines Erachtens unbewiesen, aber dennoch relevant. Häufig beklagen – berechtigterweise – die meisten Qualitätsmanager ein unzureichendes Verständnis und eine geringe Wertschätzung der Fachabteilungen dem QM gegenüber. Zwar ist das QM aus der Sicht der Fachabteilungen häufig nur eine bürokratische Abteilung, derentwegen man einen erheblichen Mehraufwand an Dokumentation hat und die permanent Workshops veranstaltet. Jedoch springt häufig auch das QM in seinem eigenen Anspruch zu kurz und es gelingt nicht, die Führungskräfte und Mitarbeiter der Fachabteilungen in das Management von Qualität einzubeziehen. Natürlich stehen auch hier wieder Ursache und Wirkung in einem Regelkreisverhältnis. Aber was man gerade aus Beratungssicht häufig feststellt, ist, dass das Qualitätsmanagement sich darüber beschwert, aus vielen Aktivitäten der Fachabteilungen herausgehalten zu werden oder dass Informationen nicht richtig fließen. Es wird aber andererseits auch kein für die Fachabteilungen attraktives Angebot gemacht, das QM zu beteiligen. Hier gibt es sicher nicht „den einen Knopf", den man drücken muss, und dann funktioniert alles von allein. Es handelt sich hier nicht um ein kognitives Problem, sondern um ein Gewohnheitsproblem, das sich in dysfunktionalem

Verhalten äußert. Jeder kann objektiv einsehen, dass es besser wäre, Informationen zu teilen – und dennoch geschieht es nicht. Der Schlüssel hierzu ist, die Führungskräfte dazu zu bewegen, Qualität zu ihrem Thema zu machen – und sich auch für das Management von Qualität zu begeistern. Die wesentliche Hürde hierbei ist das QM selber. Hand aufs Herz: Was passiert in Ihrer QM-Abteilung, wenn ein Leiter einer anderen Abteilung seine Qualität selber managen möchte? Die unwillkürliche Reaktion des QM wird vermutlich sein: Das kann der nicht! Oder: Will der mich überflüssig machen? Die Kontrollwut der hierarchischen Organisation schlägt dem QM selbst ein Schnippchen. Aber hier kommen wir zum Schlüssel, wie Qualitätsmanagement einen wirklichen Beitrag zu mehr Nachhaltigkeit und Verantwortung leisten kann: indem es seine Rolle ändert. Wenn es nicht mehr den Anspruch hat, wie jede andere Fachabteilung die Qualitätswerkzeuge selber einzusetzen, sondern sich auf die komplizierteren Analysen und übergreifenden Themen beschränkt, hat es die Möglichkeit, sich für die „Tagesprobleme" der Fachabteilungen als Berater zu positionieren. Auf diese Weise belässt man die Verantwortung ungeteilt da, wo sie hingehört, und ermöglicht den Weg zur Selbsthilfe – der erste Schritt zur lernenden Organisation.

Wir sind diesen Weg bei der DB ProjektBau gegangen und es war ein schwieriger Weg, der noch immer nicht beendet ist. Aber es ist einer, der schnell wirkliche Erfolge bringt, denn in jeder Organisation gibt es Führungskräfte der Fachabteilungen, die sich auf so ein Rollenspiel einlassen und die Neugier haben, die QM-Methoden kennenzulernen und damit selber besser zu werden. Über diese Inseln der Wissenden erzeugt man schnell ein Netzwerk von Interessierten, die gemeinsam die Organisation bewegen. Man benötigt hierzu auch keine explizite Anordnung oder ein Mentoring der Geschäftsleitung: Solche Netzwerke funktionieren ganz ohne Hierarchie und schaffen Probleme beiseite. Letzten Endes sollte es der Anspruch sein, dass jede Führungskraft für die Qualität seines Bereiches selbst verantwortlich ist. Wenn dies auch vom QM selbst innerlich akzeptiert wird, kann sich das Rollenspiel für die gesamte Organisation ändern und man erzeugt einen Verbesserungs- und Veränderungszug aus den Fachabteilungen heraus – das ist allemal besser, als mit Druck von oben zu versuchen, in immer neuen Initiativen Qualität in die Firma hineinzudrücken. Man täusche sich nicht: Wir sprechen davon, Menschen nicht als Arbeitsmittel zu managen, sondern sie durch Sinngebung zu führen. Da hier Regelkreise erst „entlernt" und dann neue Gewohnheiten gelernt werden müssen, dauert der ganze Prozess sehr lange. Hierauf müssen das Topmanagement und die Aufsichtsgremien eingestellt sein.

3 Reflexion: Kennzahlen im Ungleichgewicht, ein unzureichender systemischer Blick und der „cue of causality"

Die Erkenntnis im Topmanagement, dass deren Aktionen in der Organisation nichtintendierte und zumeist unerwartete und nichtvorhersehbare Ergebnisse erzeugen, ist häufig das Schlüsselerlebnis, Verantwortung anders als gewohnt wahrzunehmen und Nachhaltigkeit zu erreichen. Sicher ist auch schon davor die Erkenntnis von Abweichungen vorhanden. Allerdings werden diese Abweichungen regelmäßig auf nicht anweisungskonformes Verhalten der Mitarbeiter und regionalen Führungskräfte zurückgeführt. Erst wenn die Geschäftsführung oder der Vorstand sich selbst infrage stellen können, kommt eine Änderung zustande. Diese Fähigkeit muss sich allerdings auch erst entwickeln, und dazu müssen neue Erkenntnisse und andere als die bisher üblichen Denkmodelle transportiert werden – die dann auch zu Resultaten führen sollten.

Bei der DB ProjektBau kam dieser Wandel durch einen Wechsel in der Geschäftsführung zustande. Hier fügte es sich, dass parallel dazu das Qualitätsmanagement eine selbst initiierte Methodenerweiterung vollzog, indem die Fähigkeit zur Veränderungsbegleitung durch das QM selbst entwickelt und dadurch eine tiefere, systemische Analytik ermöglicht wurde. Zudem wurde eine Qualitätskostenanalyse durchgeführt und mit der Methode der Fehlereinfluss- und Möglichkeitsanalyse (FMEA) verbunden. Hierdurch wurde das QM in die Lage versetzt, Fehlerursachen besser zu bewerten und vor allem auf wirkliche Ursachen hin zu untersuchen. So wurde das Qualitätsmanagement der Ansprechpartner der Wahl für die Geschäftsführung, um Fehlleistungen zu lokalisieren, zu bewerten und nachhaltig zu eliminieren. Letzten Endes wurden insbesondere zwei Werkzeuge in der Fläche systematisch eingesetzt:

- Die bereits existierende Quality-Gate-Systematik wurde standardisiert und als strategische Kennzahl (Key Performance Indicator, KPI) überwacht. Dadurch wurde es möglich, einen kontinuierlichen Blick auf Qualitätsmängel aller Projekte in allen Regionalbereichen über alle Leistungsphasen hinweg zu gewinnen und somit einen systematischen Blick auf Qualitätsmängel und deren Ursachen zu erhalten.
- Es wurden regional jährlich „Fehlleistungskostenworkshops" durchgeführt. In diesen Workshops wurden Projektmitarbeiter eingeladen, ohne Beteiligung der Führungskräfte in einem „geschützten Raum" unter Moderation des Qualitätsmanagements und Mitwirkung des Betriebsrates über Qualitätsmängel zu berichten, nach Ursachen zu forschen und Rahmenbedingungen zu diskutieren, die eine nachhaltige Abhilfe schaffen könnten. Die anonymisierten Ergebnisse dieser Workshops wurden durch das QM ausgewertet und mit anderen Erkenntnissen (z. B. denen aus den Quality Gates) verglichen. Das Gesamtbild wurde dann der Geschäftsführung und dem Gesamtbetriebsrat sowie – in einer regionalen Auswertung – den regionalen Leitungen vorgestellt und es wurden jeweils drei Schwerpunktmaßnahmen pro Regionalbereich für das nächste Jahr abgeleitet. Diese wurden wiederum durch das QM bis zum Nachweis der wirklichen Umsetzung betreut.

Bis solche Maßnahmen „Selbstläufer" werden, dauert es erfahrungsgemäß mehrere Jahre. In dieser Zeit sind in der Regel erhebliche – insbesondere regionale – Widerstände zu überwinden, die eine permanente Präsenz der Geschäftsführung erfordern, um die Dringlichkeit und Bedeutung dieser Aktivitäten zu unterstreichen. Bei der DB ProjektBau konnte man erst nach zwei Jahren davon sprechen, dass die gewünschten Botschaften bei den Mitarbeitern und Führungskräften angekommen waren und zu entsprechenden Aktivitäten führten.

In vielen Organisationen, die diesen Weg gehen, stößt man dabei anfangs auf das Phänomen, dass insbesondere die regionalen Führungskräfte nach dem Muster handeln: „Maßnahme ist erledigt, wenn sie durch die Führungskraft angeordnet ist". Dieses Verhalten ist meines Erachtens eine unmittelbare Folge des klassischen hierarchischen Managementdenkens. Durch diesen Managementstil wird bloßer Aktionismus gefördert, der auf Quantität setzt, nicht aber auf Nachhaltigkeit und Qualität. Dadurch dass viele Führungskräfte die Spätfolgen ihrer Maßnahmen nicht mehr erleben (dies betrifft insbesondere gerade die – im besten Sinne – gestaltungsfreudigen Manager), wird systematisch Verantwortung in der Praxis auf die unmittelbar erkennbare Zukunft reduziert. In vielen Unternehmen gibt es Förderprogramme für Potenzialträger und die Stehzeit dieser Führungskräfte, die später in der Regel besonders bedeutende Posten einnehmen, beträgt nur wenige Jahre. Wenn man weiß, dass Verhaltensänderungen von Menschen (und Organisationen) in der Regel drei bis fünf Jahre dauern, ist die nachhaltige Wirkung vieler Führungskräfte naturgemäß eingeschränkt.

Was aber dennoch geleistet werden kann, muss bereits in den Traineeprogrammen oder Führungsakademien geschehen: Das Verständnis der Führungskräfte davon, was eine Organisation ist, muss sich ändern. Bisher ist die klassisch tayloristische Sicht dominierend: Eine Organisation ist dann effizient, wenn man möglichst trennscharf und arbeitsteilig standardisierte Abläufe aufstellen kann, die nur noch angeordnet und kontrolliert werden müssen. In komplizierten Abläufen, die besonders in technisch geprägten Märkten die Regel sind, ist dies bei einer schlecht qualifizierten Belegschaft auch ein erfolgreiches Prinzip gewesen, welches im Industriezeitalter zu verlässlichem Wachstum geführt hat. In Dienstleistungsbranchen ist dies allerdings schon nicht mehr ganz so einleuchtend erfolgreich; dies trifft besonders auf die Branchen zu, in denen die Dienstleistung kompliziert und vielleicht sogar komplex ist.

Das oben angesprochene, fundamental andere Verständnis auf die Organisation besteht darin, ein Unternehmen als komplexes, dynamisches System zu betrachten (siehe insbesondere Warren 2002). Die wesentliche Herausforderung besteht hierbei offensichtlich im begrifflichen Unterschied zwischen „komplex" und „kompliziert" (s. Abschn. 3.2).

Aus Sicht des Autors sind hauptsächlich drei Denkmuster zu überwinden, die miteinander verwoben sind, aber dennoch einzeln adressiert werden können:

1. ein ausgewogenes Kennzahlenset zur Steuerung des Unternehmens entwickeln,
2. das Unternehmen systemisch zu betrachten,
3. den Impuls zu überwinden, Ursache und Wirkung in zeitlicher und räumlicher Nähe zu suchen.

3.1 Ein ausgewogenes Kennzahlenset entwickeln

Kennzahlen zu definieren und diese zu ermitteln, ist im Grunde nicht schwierig. Was schwierig ist, ist ein ausgewogenes Kennzahlenset zu entwickeln, welche die aktuellen Probleme adressiert und gleichzeitig auch strategische Perspektive vermittelt. Zudem soll es nicht auch noch dazu verführen, die Zukunft als planbar erscheinen zu lassen (das ist sie nicht), und es soll durch die operativen Führungskräfte verstanden und umgesetzt werden können.

In der Theorie ist es leicht, Methoden für die Erstellung eines ausgewogenen Kennzahlensets zu finden und auf die eigene Situation anzuwenden. In der Praxis läuft es dann schon wesentlich schwieriger. Die grundsätzliche Problematik besteht dabei in der – nach Meinung des Autors erlernten und sozial erwünschten – Tendenz der Führungskräfte, kurzfristig wirkende monokausale Ursache-Wirkungs-Ketten zu suchen und darauf strategische Kennzahlen aufzubauen. Obwohl es z. B. unmittelbar einsichtig ist, dass Lern- und Entwicklungsprozesse wichtig für die Entwicklung des Unternehmens sind, sieht man in der Praxis immer wieder, dass Führungskräfte daran scheitern, diese Verbindung zum Unternehmenserfolg in konkrete Kennzahlen zu gießen. Hier sehen wir bereits eine Kernschwierigkeit beim Umgang mit komplexen, dynamischen Systemen: Wir sind als Mensch unglaublich schlecht darin, in zeitverzögert wirkenden Regelkreisen zu denken. Diese Fähigkeit ist für Nachhaltigkeit aber eine Grundbedingung. Selbst unseren Topmanagern gelingt es regelmäßig nicht, die indirekten Verbindungen zwischen finanziellem Erfolg und Lernperspektive eines Unternehmens spezifischer als in Allgemeinplätzen zu beschreiben (siehe hierzu auch Warren 2008). Wenn zu dieser grundsätzlichen Schwierigkeit noch ein langer „Erziehungsprozess" kommt, in dem Unternehmen auf die Ausschließlichkeit finanzieller Kennzahlen gedrillt werden, dann hat auch eine vollständig neue Geschäftsführung Probleme, das Unternehmen umzusteuern und Nachhaltigkeit anzustreben.

Dennoch kann dies gelingen.

Bei der DB ProjektBau wurde anfangs auf die Evidenz der Balanced Scorecard (BSC) gesetzt – was allerdings zunächst nicht den gewünschten Erfolg hatte. Erst ein gesondertes Programm brachte den Durchbruch. Erst mithilfe dieses Programmes und einer aufwendigen Change-Architektur gelang es, ein BSC-gemäßes Kennzahlenset so nachhaltig im Unternehmen zu verankern, dass man mit diesem ausgewogenen Steuerungssystem tatsächlich zu arbeiten begann. Hier mussten die Geschäftsführung und die Geschäftsentwicklung einige Abstriche zulassen, aber dadurch, dass im Programm alle Führungskräfte aktiv eingebunden waren, machten sie sich die Methode und die Kennzahlen als solche zu eigen und begannen, bis in die Projekte hinein an und mit den KPI zu arbeiten. Die positive Entwicklung der KPI bestätigte das Vorgehen im Allgemeinen und die Auswahl der Kennzahlen im Besonderen. In den KPI sind alle Nachhaltigkeitsdimensionen enthalten, z. B. Mitarbeiterzufriedenheit, EBIT oder CO_2-Reduktion. Zudem konnte man unerwartete „Mitnahmeeffekte" bemerken. Zum Beispiel „führten" die Führungskräfte mehr, statt nur zu „managen". Es kamen Themen auf die Agenda, die nur indirekt mit den Kennzahlen für wirtschaftlichen Erfolg zu tun hatten, die aber indirekt über Wirkketten die

KPI beeinflussten und dadurch das Unternehmen insgesamt voranbrachten. Von 2012 bis 2014 z. B. entwickelte sich die DB ProjektBau in der Mitarbeiterzufriedenheit zum besten Geschäftsfeld der ganzen DB AG.

Es wurde zudem das Denken in Regelkreisen geschult, was uns zum nächsten Abschnitt führt und für die Verbesserungsarbeit weg von Symptombehebung und hin zur Behandlung tieferer Ursachen führte – ein wesentlicher Hebel, um Nachhaltigkeit zu erreichen.

3.2   Das Unternehmen als komplexes, dynamisches System erkennen

Wenn man sich auf die Kritik am herkömmlichen Management, wie Pflägig oder Kotter (Pflägig 2015; Kotter 2014) es üben, einlässt, dann erkennt man deutlich die Mängel eines auf Hierarchie, Taylorismus und Kontrolle ausgerichteten Systems. Man versucht dort beständig, offensichtliche Mängel in monokausalen Ursache-Wirkungs-Beziehungen zu analysieren. Das dahinter liegende Weltbild ist deterministisch und geht davon aus, dass sich Organisationen per Anweisung steuern lassen und selbstredend haben die Menschen, die sich oben in der Hierarchie befinden, am ehesten „den Durchblick"; sie müssen sich der unteren Ebenen vorrangig deswegen bedienen, weil sie nicht alles selbst machen können. Dieses Bild ist zwar überzeichnet, aber diese Pointierung soll uns an dieser Stelle helfen, das Problem offenzulegen: Das wesentliche, heute immer noch vorherrschende Paradigma der Unternehmensführung geht von fundamentalen Missverständnissen aus, die in Summe dazu führen, dass man trotz aller zutreffenden Erkenntnis über Leistungsmängel letzten Endes zu häufig – ich würde behaupten: regelmäßig – Symptome korrigiert, aber nicht nachhaltig Ursachen bekämpft. Dies trifft in Dienstleistungsmärkten noch mehr zu als in technisch geprägten Industrien.

Einige dieser Missverständnisse möchte ich kurz erläutern; dem interessierten Leser seien zur vertiefenden Beschäftigung die Literaturhinweise im Anhang empfohlen.

3.2.1   Missverständnis 1: Komplex ist nicht dasselbe, wie kompliziert

Die meisten Führungskräfte verwenden die beiden Begriffe „komplex" und „kompliziert" implizit synonym. Dabei sind sie fundamental unterschiedlich – und unter anderem weil sie synonym verwendet werden, misslingen so viele Verbesserungs- und Veränderungsinitiativen und springt das klassische Management zu kurz.

Richtig ist zunächst, dass die meisten Problemstellungen heutzutage ausgesprochen kompliziert sind. Viele Variablen wirken auf die Themenstellung ein, technische Abläufe werden einerseits immer durchschaubarer, gleichzeitig entmystifiziert die Technik unsere Welt; immer mehr Fachexperten für immer mehr Spezialbereiche werden erforderlich, weil sich die Generalisten, als die sich die Manager begreifen, immer weniger im Detail mit den Problemen ihrer Produkte auskennen. Dennoch sind komplizierte Themen grundsätzlich vorhersagbar zu beschreiben. Hat man ein kompliziertes System fachlich durchdrungen, so kann man – im übertragenen Sinne – einen Knopf drücken und es kommt

„A" heraus – und zwar immer. Komplizierte Systeme sind zwar schwierig zu verstehen, aber sie sind deterministisch. Komplexe Systeme sind es nicht.

Komplexen Systemen liegt „Emergenz" zugrunde (Stermann 2000). Während für Kompliziertheit gilt: „Das Ganze ist die Summe seiner Teile", gilt für Komplexität: „Die Summe der Teile ergibt etwas Anderes als das Ganze." Und zwar jedes Mal und unvorhersehbar. Drückt man in einem komplexen System einen Knopf, so erhält man das eine Mal „A", das nächste Mal „C" und beim dritten Mal vielleicht „Z" – oder wieder „A". Diese prinzipielle Unvorhersehbarkeit liegt daran, dass komplexe Systeme durch Regelkreise und zeitliche Verzögerungen funktionieren. Der Stellhebel der Veränderung in komplizierten Systemen ist das Teil selbst, in komplexen Systemen sind es die Interaktionen zwischen den Teilen (siehe hierzu Axelrod und Cohen 2000 sowie Gharajedaghi 2011). Und nichts ist dann noch komplexer als ein System, in dem vorrangig Menschen die Akteure sind. Deren personenbezogene Unvorhersehbarkeit potenziert das Problem nur noch.

Erkennt man dieses Grundprinzip und gesteht einem Unternehmen zu, dass es ein komplexes, dynamisches System ist, dann wird deutlich, dass das herkömmliche Managementsystem nicht mehr zu dieser Art von Organisationen passt. Ein grundlegendes Beispiel aus der praktischen Welt: Um möglichst viele und gute Führungskräfte aus den eigenen Reihen zu rekrutieren, werden in vielen Unternehmen in einem jährlichen Leistungsbewertungsprozess ausgewählte Mitarbeiter und Führungskräfte auf ihr Führungspotenzial hin überprüft. Bewertungsgruppe sind normalerweise die vorhandenen Führungskräfte. Eines der wesentlichen Kriterien ist typischerweise die Fähigkeit zur „Komplexitätsreduktion". Wie wir nun aus den vorigen Ausführungen wissen, lässt sich Komplexität aber nicht reduzieren. Sie ist so, wie sie ist. Man kann höchsten lernen, mit ihr umzugehen und sich eine Organisation zu schaffen, die mit Komplexität erfolgreich umgehen kann. Dies ist im hierarchischen Strukturrahmen des klassischen Managements aber nicht möglich, weil hier Emergenz im Denkmodell nicht vorkommt. Der Anspruch, dass Führungskräfte „Komplexität reduzieren" müssen, führt demnach nicht dazu, dass dieses auch passiert. Der einzige Effekt ist, dass sie komplexe Dinge einfach erklären können – und dabei drastisch vereinfachen. Durch diese drastische Vereinfachung wiederum wird der Boden für Fehlinterpretationen auf der Mitarbeiterseite und Fehlentscheidungen der Führungskräfte gelegt und dies wiederum ist ein Baustein für unerwartete Ergebnisse unternehmerischer Entscheidungen – im Englischen gibt es hierfür den guten Begriff des „counter-intuitive behaviour."

Was durch diese Führungsauswahl am Ende also herauskommt, ist ein Regelkreis, in dem sich ein (aus Sicht des Autors überholtes) Managementverständnis beständig selbst seiner Relevanz versichert und sich repliziert. Abweichende Auffassungen werden herausgefiltert, frei nach Christian Morgenstern: „Es kann nicht sein, was nicht sein darf."

Dennoch kann man dieses Missverständnis Schritt für Schritt überwinden. Die Lösung hierfür lautet: agile Strukturen schaffen. Im Rahmen einer übergeordneten Konzernstruktur ist dies nur eingeschränkt möglich. Jedoch lässt auch ein Konzern Freiräume zu und die wurden z. B. in der DB ProjektBau durch den bewussten Aufbau von Netzwerkstrukturen geschaffen. Für unterschiedliche Themenbereiche, vorrangig zu nennen sind hier KPI und

Wissensnetzwerke, gab es selbst gesteuerte, von der Geschäftsführung gesponserte Strukturen, die auf der Basis freiwilligen Engagements und professioneller Betreuung Themen ausgesucht, vorangetrieben und nachhaltig umgesetzt haben.

Solche Netzwerke gab es für über ein Dutzend Themenfelder, die inhaltlich von ingenieurtechnischen Bereichen wie Tunnelbau und Lärmschutz über methodische Netzwerke wie Risikomanagement bis hin zu übergreifenden und grundsätzlichen Gruppen wie Verbesserungs- und Veränderungsmanagement reichten. Häufig ergaben sich hieraus emergente Ergebnisse: Zum Beispiel hat das Netzwerk des Qualitäts- und Verbesserungswesens sich sehr früh mit Veränderungsbegleitung beschäftigt (s. hierzu auch Abschn. 3.2.3) und neben dem Aufbau eigener Kompetenzen in beiden Bereichen auch den systematischen Austausch zur Personalentwicklung hergestellt. Auf diese Weise konnten das Prozessmanagement als Teil der Führungskräfteentwicklung der DB AG etabliert werden, sodass zukünftige Führungskräfte einen ganzheitlichen Blick auf das Verbesserungsmanagement erhalten werden. Ein solches System entspricht in wesentlichen Formaten Kotters „dualem Führungssystem" (Kotter 2014), in dem ein hierarchisches Managementsystem an eine Netzwerkstruktur gekoppelt ist.

3.2.2 Missverständnis 2: Die Entwicklung des Unternehmens ist vorhersagbar und deswegen planbar

Das eine ist, sich einen Plan für die Zukunft zu machen und seine Ressourcen daran auszurichten. Es ist aber etwas anderes, dieses Bild der Zukunft auch für steuerbar, mittels Planung erreich- und beeinflussbar zu halten (siehe auch Warren 2012). Implizit geschieht genau dies, indem den Führungskräften Zielvorgaben gemacht werden, die das Erreichen dieser Planungen beinhalten.

Allerdings muss man hier ein labiles Gleichgewicht einhalten: Ist der Plan zu unflexibel, wird man die Planwerte zwar erreichen, aber meistens passt dann das Ergebnis nicht mehr zur Realität. Ist der Plan zu flexibel, so wird er nicht ernst genug genommen und man verliert das gemeinsame Bild der Zukunft – und im schlimmsten Fall die gemeinsame Mission.

Wir haben festgestellt, dass den meisten Planungen die Annahme zugrunde liegt, dass sich die marktrelevanten Variablen entsprechend der Vergangenheit weiterentwickeln. In der Regel werden ein paar Spielräume in Richtung „best case" und „worst case" eingeräumt und herauskommt dann der angebliche „real case", der dann, bitteschön, für mindestens fünf Jahre zu gelten hat und abzuarbeiten ist. Fühlt sich irgendjemand an die Planwirtschaft des Sowjetsystems erinnert? Merkwürdig, dass in der freien Wirtschaft das funktionieren soll, was in der realen Welt grandios gescheitert ist.

Bei der DB ProjektBau ist mit der ersten Definition der KPI im Jahre 2011 dieses Missverständnis der Planbarkeit auch angelegt gewesen. Es wurde dadurch, dass es 35 KPI waren, allerdings auch jeder Führungskraft unmittelbar evident, dass ein solches System unmöglich 1:1 über die Mittelfristplanung durchzuhalten ist. Die Planung der Hochlaufkurven der KPI war für die Geschäftsführung zunächst nicht mehr als eine qualifizierte Prognose – aber sowohl die Kunden als auch die Führungsmannschaft mussten sich dieses Verständnis erst angewöhnen. Es dauerte bis Ende 2012, bis sich – zumindest für das interne Verständnis – die Auffassung durchgesetzt hatte, dass die Jahresziele sich an den KPI orientieren sollten, aber es in der Verantwortung der Führungskräfte liegt, hier die richtigen Schwerpunkte zu setzen, die richtigen Maßnahmen nachhaltig umzusetzen und ggf. auch unterjährig Ziele nachzujustieren. Damit dieses Verständnis nicht in der täglichen Praxis wieder unterging, wurde ein Rahmen eingezogen, der zum Zeitpunkt seiner Einführung zwar nicht „agil" genannt wurde, aber den Prinzipien der „agilen Organisation" entsprach: Es wurden für jeden KPI Freiwillige gesucht (und meistens bei Führungskräften auch gefunden), die sich um die regionale Umsetzung kümmerten. Diese Gruppe setzte sich quartalsweise unter Beteiligung der Geschäftsführung zusammen und justierte Maßnahmen, setzte KPI in und außer Kraft und setzte auf diese Weise eine agile Unternehmensentwicklung um. Aus Sicht des Qualitätsmanagements waren diese Besprechungen nichts anderes als die geforderten „Managementbewertungen".

In der Außensicht kam zuweilen die kritische Bemerkung, dass der Aufwand für diese Besprechungen extrem hoch sei. Jedoch erreichte die DB ProjektBau auf diese Weise nicht nur eine ausgewogene Unternehmensentwicklung, sondern auch eine stetige Verankerung der neuen GmbH-Ziele (gleichgewichtig, nicht nur EBIT-orientiert) bei den Führungskräften und in der Belegschaft. Dennoch dauerte es auf diese Weise weitere 1,5 Jahre, bis die Wirkung so nachhaltig war, dass selbstverständlich über KPI, die Ziele der Gesellschaft, nachhaltige Verbesserung etc. gesprochen wurde – selbst wenn man nicht in jedem einzelnen Fall Einigkeit über den Sinn einzelner Aktivitäten erzielen konnte.

Auf jeden Fall jedoch ist es auf diese Weise gelungen, das Missverständnis, die Zukunft sei planbar, infrage zu stellen.

3.2.3 Missverständnis 3: Die Mitarbeiter müssen kontrolliert und durch Leistungsvereinbarungen motiviert werden

In fast allen größeren Unternehmen werden Mitarbeiter direkt oder indirekt über die Führungskräfte mittels Zielvereinbarungen geführt. Das theoretische Modell dahinter ist das „Management by Objectives" (MbO), in dem es eigentlich darum geht, dass den Mitarbeitern Ziele zwar vorgegeben, aber der Weg der Zielerreichung freigestellt wird.

In der Erfahrung des Autors mutiert diese Grundidee regelmäßig in der praktischen Umsetzung zu einem Kontrollsystem, mit dem Mitarbeitern spezifisch formulierte Ziele für einen Jahreszeitraum gestellt werden. Über die Messung der Zielerreichung wird dann eine monetäre Ausschüttung vorgenommen, die häufig mehr als 10 % des Jahresfestgehaltes ausmacht.

Hinter dieser praktischen Anwendung dieses Ansatzes verbirgt sich nun wieder ein doppelter Trugschluss:

1. der beste Leistungsanreiz ist Geld und
2. ich muss hart kontrollieren, wann der Mitarbeiter welchen Grad der Geldausschüttung erreicht hat.

Theoretisch steckt hinter dieser Kausalität eine bestimmte, nachvollziehbare Logik: Die Wirtschaft dreht sich um Geld. Geld ist das messbarste Gut für den Unternehmenserfolg und sein Motor. Wenn ich nur begrenzt viel davon zur Verfügung habe, muss ich es nach bestimmten Kriterien investieren, und wenn ich es an die Mitarbeiter verteilen will, benötige ich einen nachvollziehbaren Verteilungsschlüssel. Die unterstellte Logik bei diesem System lautet: Je dicker die „Geldmöhre" ist, die ich dem Mitarbeiter vor die Nase hängen kann, desto motivierter ist er, seine Ziele zu erreichen, und desto besser ist das Ergebnis für die Firma insgesamt.

Der Haken an der Sache ist nur: Alle Forschungsergebnisse weisen darauf hin, dass Geld nicht der vorrangige Motivator für Menschen ist. Die unterstellte Korrelation zwischen „Geldanreiz" und „Leistungsanreiz" ist schlichtweg nicht vorhanden. Wenn wir in der Praxis allerdings erleben, dass genau nach dieser unterstellten Korrelation gehandelt wird, dann entspricht dies einem fehlerhaften Führungsverständnis. Führung geht dann davon aus, dass man seine Mitarbeiter zu irgendetwas „motivieren" kann – im Zweifel durch Geldanreize zu etwas, was den Mitarbeitern eigentlich fremd ist. Wenn wir von oberen Vorgesetzten hören, „motivieren Sie Ihre Mitarbeiter", dann ist damit meistens freundlich nichts anderes ausgedrückt als: „Sorgen Sie dafür, dass die Mitarbeiter Ihre/meine Ziele erreichen bzw. unterstützen und das gut finden, was ich selbst gut finde."

Ein solches Verständnis und Leben von Führung verführt dann in der Konsequenz dazu, anderslautende Indizien auszublenden: Wenn Mitarbeiter eine Veränderung, eine Anweisung etc. noch nicht verstanden haben, dann wurden sie halt nicht gut genug „motiviert". Folgen sind meistens:

1. das Thema (z. B. eine Umstrukturierung) wird offiziell zum Erfolg erklärt,
2. der Druck auf die Mitarbeiter wird erhöht,
3. es werden nur systemkonforme Stimmen herausgefiltert.

Im Ergebnis erhält das Topmanagement dann auch von den eigenen Führungskräften keine konträren Meinungen gespiegelt – denn die wären ja Ausweis des Motivationsmisserfolgs dieser Führungskräfte.

Hier holt uns das in unserem Wirtschaftssystem tief eingefressene System des Taylorismus ein und es wird dabei übersehen, dass in der Entstehungszeit dieser Organisationsarchitektur die Menschen überwiegend noch deutlich schlechter ausgebildet waren als heute und sich die Arbeitswelt insgesamt weiterentwickelt hat. Es wird immer noch so getan, als ob wir in der Zeit der Industrialisierung wären, dabei wird die Masse des Bruttosozialproduktes längst durch Dienstleistungen erwirtschaftet. Die Führungsseminare haben darauf bislang nicht ausreichend reagiert; vielmehr bestätigt sich durch die zunehmende Relevanz der MBA-Abschlüsse das hergebrachte Managementverständnis beständig weiter.

Dabei werden Erkenntnisse anderer Wissenschaften geflissentlich ausgeblendet. Zum Beispiel wissen wir schon seit Jahrzehnten, dass Menschen individuellen Motiven folgen. Motivation ist von daher betrachtet der Grad, in dem diese Motive verfolgt werden.

Man kann darum als Führungskraft seine Mitarbeiter nicht „motivieren", man kann nur dafür sorgen, dass man Mitarbeiter rekrutiert, deren Motive gut zu den Erfordernissen der Organisation passen, und dann die Rahmenbedingungen dafür schaffen, dass sich die Mitarbeiter selbst motivieren können. Dies wiederum ist genau das Verständnis von Führung, das meistens nicht verfolgt wird. Es verlangt den Managern eine andere Art von Führung ab: Managen, indem man Zahlen und Fakten analysiert und danach Unternehmen und Produktionsmittel steuert, erscheint rational, planbar und erklärbar. Allerdings werden in diesem Denksystem die Mitarbeiter als Produktionsmittel genutzt – gerade so, als ob man durch das Stellen an dieser oder jener Motivationsschraube den Mitarbeiter wieder in den richtigen Arbeitsmodus justieren könnte.

Bemerkenswerterweise wissen die meisten Führungskräfte mit den Begriffen „intrinsischer und extrinsischer Motivation" umzugehen – zumindest sind sie ihnen bekannt. Dass im Endeffekt dennoch systematisch gegen die entsprechenden wissenschaftlichen Erkenntnisse verstoßen wird, kann damit kein kognitives Problem sein, es ist ein verhaltensbedingtes, welches systematisch gestützt wird.

Der Ansatz, aus diesem Konflikt herauszukommen, wurde bei der DB ProjektBau durch den Ausbau von Führungs- und Personalentwicklungsinstrumenten verfolgt. Im Kern ging es darum, die Selbstreflexion der Führungskräfte hinsichtlich ihrer Rolle zu entwickeln.

Hierzu wurden im Personalbereich unterschiedliche Instrumente entwickelt, wobei besonders die Weiterentwicklung der Managementbewertung und die Change-Begleitung zu nennen sind. Besonders bei der Wahrnehmung unternehmerischer Verantwortung wurde durch das bereits erwähnte Programm zur regionalen Untersetzung der Unternehmensstrategie jede einzelne Führungskraft in die Rolle des Change Agents geführt und dabei durch Veränderungsexperten begleitet. Dieser Ansatz setzte sich durch die entsprechende Nutzung der Ergebnisse der Mitarbeiterbefragungen fort, die seit 2012 im zweijährigen Rhythmus durch die DB AG durchgeführt wurden.

Das Qualitätsmanagement hat in enger Zusammenarbeit mit der Personalentwicklung diesen Weg für sich genutzt, indem zunächst den Führungskräften ihre Verantwortung für Qualität verdeutlicht wurde. Auf dieser Basis wurden dann regionale Schwerpunktthemen entwickelt, bei denen das Thema der „Veränderungsbegleitung" eine herausragende Rolle spielte. Hierdurch wurde den Führungskräften nun wieder erlebbar, dass Nachhaltigkeit nicht per Anordnung und Regelwerk geschieht, was dann wiederum die Qualität der Verbesserungsarbeit positiv beeinflusste.

Hierbei wurden in unterschiedlichen Regionen unterschiedliche Geschwindigkeiten erreicht. Dort, wo der Leidensdruck der Führungskräfte hoch war, wurde dieser Weg intensiver beschritten als dort, wo die Schlüsselergebnisse bereits gut waren. Im Zuge der Mitte 2015 erfolgten Umstrukturierung war hinsichtlich der Nachhaltigkeit dieses Veränderungsweges eine Auffälligkeit zu konstatieren (wobei man noch sehen muss, wie sich dies zukünftig entwickelt). Die Weiterführung des Vorgehens der DB ProjektBau scheint dort am besten zu gelingen, wo dieses Vorgehen bereits am intensivsten geprobt und gelebt wurde. Dies war aus unserer Sicht deswegen der Fall, weil der Leidensdruck dort ursprünglich am größten war und die Erkenntnis hervorgebracht hat, dass man einfach einmal etwas anderes versuchen muss. Die Nachhaltigkeitsarbeit erscheint in diesen Regionen fast bruchlos zu gelingen. Indirekt würde sich dadurch ein Element der „Veränderungsformel" bestätigen: Ohne Leidensdruck und Dringlichkeitsbewusstsein erfolgt keine wirkliche Veränderung – und Nachhaltigkeit damit auch nicht.

3.2.4 Missverständnis 4: Die Zentrale ist der Rahmengeber und Kontrolleur für die operativen Einheiten

Dieser Punkt ist eng verbunden mit dem vorgenannten. Beiden gemeinsam ist das Führungsverständnis: Die jeweilige Führungskraft setzt einen verbindlichen Rahmen und kontrolliert, ob dieser Rahmen auch von den operativen Einheiten eingehalten und umgesetzt wird. Und je mehr Indikatoren darauf hinweisen, dass man aus dem Rahmen ausbricht, desto engmaschiger wird das Regelungs- und Kontrollnetz.

Unterstellt man ein tayloristisches Führungsverständnis, dann ist es nur folgerichtig, wenn das unter Abschn. 3.2.3 beschriebene individuelle Kontrollsystem sich auch auf der Organisationsebene wiederfindet. Dieses zu überwinden erfordert im Prinzip dieselben Instrumente. Der zugrunde liegende Regelkreis ist ähnlich gelagert und die Problematik dieselbe: Es ist die Frage, wo sinnvollerweise die Verantwortung operativer Entscheidungen liegen muss. Je marktorientierter das Unternehmen ist und je besser ausgebildet die Mitarbeiter sind, desto mehr Verantwortung gehört in die operativen Einheiten. Die Zentrale wird dann zum Berater, Dienstleister, zum „Ermöglicher".

Hierfür ist von den zentralen Funktionen aber „Loslassen" und „Vertrauen" gefordert. Es geht ein Kontroll- und Informationsverlust mit der wirklichen Delegation von Verantwortung einher. Hier kann beispielsweise ein hierarchisch aufgestellter Konzern geradezu behindernd wirken: Dann nämlich, wenn Konzernführungskräfte nicht akzeptieren, dass zentrale Funktionen ihrer Geschäftsfelder nicht auf Knopfdruck detailliert aussagefähig sind, wird Druck erzeugt, der dazu führt, dass die Zentrale einen Drahtseilakt zwischen „Dienstleister" und „Regulator" vollführen muss. Teilweise ist dies für die handelnden Führungskräfte eine Zwickmühle, die kaum überwunden werden kann.

Bei der DB ProjektBau wurde der Ansatz verfolgt, mittels der KPI für alle Stakeholder eine vollständige Transparenz über die Entwicklung des Unternehmens herzustellen. Die hierbei teilweise extra entwickelten Werkzeuge wurden zwar eifrig genutzt und kritisch hinterfragt, jedoch ist es gerade für Stakeholder, die nicht so intensiv an den Veränderungsprozessen und -methoden mitgearbeitet haben, schwierig zu verstehen, dass es mehr auf die Interaktion der Stellhebel ankommt als auf die einzelnen Stellhebel selbst. Häufig verlieren sich Diskussionen immer noch im Ringen um einzelne KPI, statt sich auf deren Wechselwirkungen zu konzentrieren. Dies hat insbesondere auch mit dem Problem zu tun, Ursache und Wirkung in einem zeitlichen Zusammenhang zu sehen, womit wir beim nächsten Nachhaltigkeitshebel angelangt wären.

3.3 Den „cue of causality" überwinden

Alles, was wir tun, hat Auswirkungen auf unsere Umwelt. Manches davon bekommen wir aber nicht direkt mit. Vielleicht bevorzugt ein Gesprächspartner, auf eine verbale Antwort zu verzichten und macht sich lieber Gedanken. Vielleicht lösen wir Nachdenken aus, aber die korrespondierende Handlungsänderung erfolgt unter unserem „Radarschirm". Vielleicht haben wir dann aber einen Impuls ausgelöst. Vielleicht haben wir tatsächlich Erkenntnisgewinn erzeugt, aber die Anwendungsroutine muss sich in der Praxis erst noch einstellen. Alle diese Effekte führen dazu, dass die Wirkung einer Ursache mit Verzögerung eintritt. Als Menschen sind wir leider unglaublich schlecht darin, uns über die Wirkung zeitlich verzögerter oder indirekt wirkender Faktoren ein realistisches Bild zu machen. Meistens folgern wir intuitiv, dass etwas, das in zeitlicher und räumlicher Nähe zu einem Ereignis lag, seine Ursache sein muss.

„Die Waschmaschine ist kaputt? Da muss ihre Frau das letzte Mal wohl zu viel Wäsche hineingestopft haben."

„Ihr Mitarbeiter hat ein Projektangebot das erste Mal fehlerfrei geschrieben? Da wird das Training von letzter Woche wohl gewirkt haben."

Was aber, wenn das Projektangebot trotz Trainings immer noch nicht gut genug ist?

Was aber, wenn trotz der Entwicklung eines neuen Prozesses die Leistung immer noch nicht stimmt?

Diese Verknüpfung von Raum und Zeit auf der Suche nach Trennung von Ursache und Wirkung hat zudem die unangenehme Angewohnheit, unsere Vorurteile zu bestätigen, was dann in mehreren Schritten zu einer sich immer mehr stabilisierenden Weltsicht führt, die irgendwann unser eigenes Handeln unflexibel macht, weil Indizien, die das Gegenteil behaupten, ausgeblendet werden.

Wenn Sie beispielsweise immer schon der Meinung waren, dass Mitarbeiter nur kontrolliert werden müssen, da der Mensch grundsätzlich arbeitsscheu und sie der beste Experte im Unternehmen sind, und sie nun eine Fehlleistung korrigieren müssen, dann werden Sie eher anordnen, härter zu arbeiten, den Fehler zu korrigieren und das Ergebnis auch kontrollieren. Weil Sie dies stringent tun, werden Sie kurzfristig dieses eine Mal auch erfolgreich sein und daraus für ähnlich gelagerte Fälle lernen: Wird es hektisch, muss ich Druck erhöhen, dann arbeiten die Mitarbeiter härter und das Problem wird beseitigt.

Wenn dies ein paar Mal passiert, werden die Mitarbeiter tatsächlich schrittweise ihr Wissen, ihre Selbstständigkeit und ihr Engagement verlieren und auf ihre Anweisung angewiesen sein. Dadurch wird nicht nur Ihr grundsätzliches Weltbild bestätigt: Dadurch, dass nun die Mitarbeiter freiwillig bei Ihnen um Anweisung fragen, meinen Sie sogar, dass Sie nun „über den Berg sind", weil die Leute endlich verstanden haben, wie der Laden laufen muss. Fragen Sie sich selbst: Wie überzeichnet ist diese Beschreibung wirklich?

In der Praxis haben wir es meistens natürlich mit weniger drastischen Abläufen zu tun. Typisch für die versteckte Wirkung des „cue of causality" ist folgende Situation: Ein Prozess wird neu erstellt und den Mitarbeitern bekannt gemacht. Weil er neu ist, muss sich die Tätigkeitsreihe erst noch einspielen, was naturgemäß dauert. Allerdings hat man nicht ohne Not diesen Prozess erstellt. Man erwartet auch seitens der Geschäftsführung Ergebnisse. In der nächsten Geschäftsführungssitzung sind diese Ergebnisse noch nicht deutlich erreicht, was diejenigen auf den Plan ruft, die ohnehin dagegen waren. Der Prozess ist nicht gut, er muss überarbeitet werden und das besser gestern als heute. Also läuft jetzt der überarbeitete Prozess in eine Workshopreihe ein und wird auf die gewohnte Weise in die Organisation gedrückt.

Preisfrage: Welches Resultat können Sie erwarten?

Auch hier wirkt der „cue of causality": neuer Prozess eingeführt, einen Tag später auf das Resultat geschaut, keine Verbesserung bemerkt – also wieder überarbeiten.

Es wird nicht lange dauern und man hat mit diesem Vorgehen die Belegschaft verprellt, Verbesserungsinitiativen erdrosselt und die Möglichkeiten des Qualitätsmanagements hintergangen. Im Laufe der Zeit reduziert sich dann das QM wirklich auf die Administration von Verfahren und Dokumenten – wer will schon gerne beständig mit Ansage für die Mülltonne arbeiten?

Letztere Situation war die Situation der DB ProjektBau im Jahre 2008. Ein zwar professionell ausgebildetes, aber kulturell zur Passivität verdammtes und innerlich frustriertes Qualitätsmanagement traf auf eine Kultur, die den Anweisungs- und Exkulpationscharakter formaler Prozessbeschreibungen betonte. Im Ergebnis war die Nachhaltigkeit der Verbesserungsmaßnahmen durchgängig unbefriedigend, was immer wieder neue Aktivitäten und Programme auslöste, die nach demselben kulturellen Muster dieselben „Nichtergebnisse" erzeugten.

Was an dieser Situation etwas änderte, waren „Musterbrecher" in der fachlichen Ebene und der Geschäftsführung. „Musterbrecher" meint an dieser Stelle Menschen, die bereit waren, bewusst provozierend die tradierten Denkmodelle zu hinterfragen. Dies ist das, was man in der Fachliteratur „second level-learning" nennt und eine Basis systemischer Führung ist: Man lernt nicht nur, indem man fragt, was man aus den Erfahrungen im Sinne einer Best Practice lernt – man hinterfragt insbesondere, welche Entscheidungen, nicht hinterfragten Annahmen, Selbstverständlichkeiten und Denkmuster es waren, die zu einem positiven oder negativen Ergebnis geführt haben. Ein solches Vorgehen intellektuell zu durchdringen ist für einen Fachexperten im Verbesserungsmanagement nicht besonders schwer. Es ist aber eine erhebliche Herausforderung, dieses Denken in einer Organisation zur Wirkung zu bringen. Auch hier benötigt es Leidensdruck, erste Erfolge und ein klar formuliertes Ziel, um eine breite Basis zu schaffen, in der das „second level-learning" gedeihen kann.

Die Erfahrung der DB ProjektBau ist, dass man mit dem erforderlichen Durchhaltewillen der Geschäftsführung innerhalb von zwei Jahren eine exponentielle Wirkungskurve erhalten kann, die auch für Stakeholder sichtbar macht, dass die Entwicklung nachhaltig verläuft. Aus unserer Sicht ist der entscheidende Faktor eine breite und routinierte Verfügbarkeit von Veränderungsexperten, die die Führungskräfte immer dann praktisch unterstützen, wenn wichtige Verbesserungen umgesetzt werden müssen. Der wesentliche Stolperstein liegt allerdings klar auf der Hand – es ist der „cue of causality" selbst: Man muss zunächst in diese Ressourcen investieren, bevor man die entsprechende Wirkung erhält. Und wenn dann der Nutzen kommt, ist es schwer herauszufiltern, welchen Beitrag denn nun genau welcher Hebel gebracht hat. Man kann ja schlecht zwei Welten nebeneinander laufen lassen. Am Ende ist es also eine Frage, ob die Geschäftsführung glaubt, dass es den „cue of causality" tatsächlich gibt und die Tätigkeiten, die man dagegen wirkend umsetzen will, die richtigen sind.

4 Nachhaltigkeit im Kontext von Strukturwandel

Nachhaltigkeit hat im Wesentlichen drei Hauptaspekte: Es dreht sich um ökologische, ökonomische und soziale Aspekte unseres Handelns.

Wie oben geschildert, hängt Nachhaltigkeit in der betrieblichen Umsetzung von Kontinuität ab und hat in dieser Hinsicht eine ähnliche Herausforderung zu bestehen wie das Qualitätsmanagement: Wie schafft man beständige Wirkung, wenn wir es mit einem kontinuierlichen Wandel zu tun haben?

Das Qualitätsmanagement der DB ProjektBau hat im Jahr 2012 analysiert, welchen Wandel Führungskräfte erwarten und wie sie darauf vorbereitet werden – und dieses verglichen mit dem, was tatsächlich an Wandel geschieht.

Im Ergebnis ist es so, dass Führungskräfte eher erwarten, einen Wandel strukturiert abzuarbeiten, dann eine Phase der Stabilität erleben, in der man Prozessschwankungen eliminiert, um dann die nächste Wandlungsphase einzuleiten, um Wachstum zu generieren. Ein – wenn auch grober – Blick auf die Standardweiterbildungsangebote für Führungskräfte (bis hin zu MBA-Studiengängen) zeigte, dass dies auch die Denkweise ist, die – vorsichtig gesprochen – durch die komplexitätsreduzierende Lehre unterstützt wird.

Was wir aber tatsächlich erleben, ist etwas anderes: In der Praxis finden die erwarteten Stabilitätsphasen gar nicht (mehr) statt; ein Strukturwandel ist noch nicht ganz abgeschlossen, schon folgt der nächste auf dem Fuß.

Für das Qualitätsmanagement wurde daraus der Schluss gezogen, dass die QM-Mitarbeiter eine fundierte Ausbildung im Change-Management benötigen und ihre Verbesserungsaktivitäten immer in den Kontext des Veränderungsmanagements einpassen müssen.

Für die DB ProjektBau wurde durch das Team der Geschäfts- und Strategieentwicklung hieraus der Schluss gezogen, dass die wesentliche Konstante zur Erreichung von Nachhaltigkeit der einzelne Mitarbeiter ist. Bei allen Strukturänderungen innerhalb eines Konzerns wie der DB AG ändert sich das operative Geschäft für den Mitarbeiter kaum. Die DB AG hat schon vor einiger Zeit im Zuge des Problems des demografischen Wandels sein Personalmanagement so aufgestellt, dass man als Mitarbeiter sein ganzes Berufsleben bei der DB AG verbringen kann. Insofern macht es Sinn, das Thema „Nachhaltigkeit" wie oben beschrieben in der Strategie zu verankern (Abschn. 3.1) und diese Strategie den Mitarbeitern zu vermitteln. Jenseits von Strukturänderungen bleiben die strategischen Leitplanken ziemlich lange erhalten, sodass man an dieser Stelle die Chance hat, den gewünschten Nachhaltigkeitskern zu erhalten, auch wenn die „Fassade" wechselt.

Innerhalb der DB AG setzt sich aus Sicht des Autors dieses Vorgehen an zentraler Stelle fort. Die DB AG ist seit vielen Jahren aus eigenem Antrieb dem Deutschen Nachhaltigkeitskodex (DNK) verpflichtet. Schaut man sich die vorliegenden Berichte an, so stellt man fest, dass die Dimensionen sehr stringent an der Strategie ausgerichtet sind (was im Umkehrschluss darauf schließen lässt, dass das Thema „Nachhaltigkeit" seit genauso langer Zeit sehr stabil Teil der Strategiearbeit der DB AG ist). Die DB AG hat nun im August 2015 ein „Competence Center Nachhaltigkeit" eingerichtet und einen Chief Sustainability Officer (CSO) eingesetzt. Die Rolle des CSO übernimmt der Vorstandsvorsitzende der DB AG, Herr Dr. Grube, selbst, und das Competence Center ist ebenfalls unmittelbar bei ihm angesiedelt. Dies unterstreicht nicht nur die hohe Bedeutung des Themas für einen Konzern wie die DB AG, sondern auch den Erfolg: Gerade erst wurde die Deutsche Bahn AG mit mehreren Nachhaltigkeitspreisen ausgezeichnet (siehe hierzu auch DB AG 2014). Unter dem vorher Gesagten kann man hieraus auch den Vorteil ableiten, dass das Thema „Nachhaltigkeit" durch diese Ansiedlung direkt beim CEO aus dem permanenten Wandel herausgehalten wird, was wiederum zur Folge haben wird, dass das Thema den Mitarbeitern und Fachstellen in einem dauerhaften „Kanal" nähergebracht werden kann.

Die DB ProjektBau steht gerade in der Zeit, in der dieser Artikel verfasst wird (Juli–Oktober 2015) in einem umfassenden Strukturwandel. Zunächst wurde zum 1.7.2015 ein großer Bereich ausgegliedert und im Wesentlichen in die DB Netz AG integriert, dann erfolgt bis Mitte 2016 die Verschmelzung der DB ProjektBau und der DB International. Insofern kann man erste Schlaglichter auf die Wirkung des Vorgehens der DB ProjektBau bereits erkennen und Lehren daraus ziehen. Im Kern stellen sich hier die Fragen, ob der Weg, den Mitarbeitern die Strategie mit ihren Stoßrichtungen und dem Nachhaltigkeitsanspruch zu vermitteln, richtig war und ob die Aktivitäten, die hierbei ausgelöst wurden, wirksam waren.

Was die Frage des Weges angeht, so scheint er bislang bestätigt zu werden. Zwar war es ein erheblicher Aufwand, die Strategie und die entsprechenden KPI den Mitarbeitern zu erläutern, und es gab auch eine Vielzahl von Widersprüchen und „Aber"-Reaktionen. Jetzt jedoch suchen die Mitarbeiter langfristige Orientierung und denken in den seinerzeit vermittelten KPI und strategischen Kategorien. KPI werden gesucht und vorgeschlagen. Nachhaltigkeitskriterien aller drei Dimensionen werden diskutiert und bei den Führungskräften eingefordert. Die derzeit laufenden Change-Aktivitäten haben eine deutlich höhere Qualität als noch vor einigen Jahren – unter anderem, weil operative Mitarbeiter in Form von Sounding Boards an der Entwicklung beteiligt sind.

Was die Frage der Wirksamkeit einzelner Werkzeuge, Strategie und Nachhaltigkeit zu verankern, angeht, so scheint es ebenfalls überwiegend gut gelaufen zu sein.

Zum Beispiel wurden die Mitarbeiterbefragungen der Jahre 2012 und 2014, die in der gesamten DB AG liefen, durch verbindliche Folgeworkshops in den einzelnen Abteilungen nachbereitet. Die DB ProjektBau hat in die Workshops jeweils eigene Sequenzen integriert, die zur Nachhaltigkeit unserer Unternehmensausrichtung und -strategie beitragen sollten. Dieses Werkzeug war offensichtlich sehr erfolgreich, denn im täglichen Leben merkt man, dass insbesondere die in der Strukturänderung erhalten gebliebenen Teams eine hohe innere Beständigkeit hinsichtlich ihres Beitrages zum ökonomischen und ökologischen Nutzen haben und sich hier die Diskussion inzwischen selbst trägt.

Andere Werkzeuge haben an der Schnittstelle zum Kunden bzw. zu wichtigen Stakeholdern angesetzt und im Wesentlichen darauf gebaut, dass deren Vertreter die Botschaft der DB ProjektBau weitertragen. Dieses Konzept erwies sich im Nachhinein als so nicht tragfähig. Zwar wurden die Vertreter der Stakeholder erreicht (z. B. durch Kundenforen), jedoch wurde jenseits der punktuellen Einbindung kein nachhaltiger Effekt erzeugt. Als Dienstleister ist man in den meisten Fällen auf eine integrierte Zusammenarbeit mit seinen Kunden angewiesen, jedoch erweist sich diese Schnittstelle als sehr hart und schwer zu managen. Zum Beispiel kann man den Einsatz von Rußpartikelfiltern in Baustellenfahrzeugen nur schwer selber isoliert vom Bauherrn voranbringen, denn höhere Werte bedeuten höhere Kosten und teilweise Beschränkungen in der zeitlichen Verfügbarkeit dieser Fahrzeuge. Genauso ist ökonomische Nachhaltigkeit nur dann wirklich nachhaltig, wenn Übergabe- und Übernahmeprozesse in die jeweilige Unternehmensstrategie eingepasst und aufeinander justiert sind. Schließlich erbringt im Grunde der Dienstleister ja Leistungen, die theoretisch der Kunde genauso durchführen könnte. Er tut es nur nicht, weil sie nicht zu seinem Kerngeschäft gehören und externe Experten dies besser können als der Auftraggeber selbst. Dadurch muss die Arbeit des Dienstleisters in die Arbeit des Auftraggebers eingepasst werden.

Eigene Regionalkonferenzen sollten Anfang 2014 den Mitarbeitern verdeutlichen, dass die Strategie umfassend, gleichgewichtig und auf Nachhaltigkeit ausgerichtet ist. Das Zusammenspiel der einzelnen Hebel stand im Vordergrund und sollte den Mitarbeitern die Botschaft vermitteln, dass wir es nicht mit einer „Eintagsfliege" zu tun haben, sondern seit Langem zielstrebig vorgehen. Auch diese Botschaft scheint angekommen zu sein. Allerdings merkt man dies weniger daran, dass einzelne Details nacherzählt werden können, sondern daran, dass bei den Mitarbeitern Vertrauen in den Weg der eigenen Firma vermittelt werden konnte. Dass ein konsistenter Weg in die Zukunft beschrieben wurde, in dem auch erkennbar wurde, dass Unwägbarkeiten aufgefangen werden konnten, und der den Mitarbeitern einen langfristigen Sinn vermittelte, dies ist zusammenfassend gesprochen das, was nachhaltig aus der Strategiearbeit erhalten blieb und von den Mitarbeitern in die neuen Gesellschaften hineingetragen wird.

5 Folgerungen für Strategie und Qualitätsmanagement

Was die praktischen Erfahrungen und vorzeigbaren Erfolge beim Herstellen organisationaler Bedingungen für nachhaltige Resultate gemeinsam haben, ist ihr Bemühen, Agilität zu erzeugen. Bei der DB ProjektBau sind die Strategieentwicklung, die Qualitätsabteilung und – etwas später – die Personalentwicklung hierbei die wesentlichen Motoren gewesen. Dies macht auch Sinn: Das Qualitätsmanagement ist die Stimme des Kunden in der Organisation und drängt darauf, erforderliche Verbesserungen nachhaltig in der

Organisation zu verankern. Die Personalentwicklung stellt hierfür die Instrumente der Führungskräfteentwicklung zur Seite und die Strategieentwicklung fügt dies in den Rahmen der Konzernstrategie ein.

Welche Erfolgsfaktoren waren nun für diesen bislang erfolgreichen Weg ausschlaggebend?

Hier unsere Top 10, wobei man über die Reihenfolge sicherlich streiten kann:

1. Die Führungskräfte müssen als Entscheider Verbesserungen treiben. Wenn dieser Druck – meistens kommt er aus dem Markt – nicht da ist, verbleibt alles im bequemen Status quo. Hat man diesen Druck erzeugt, ist der Weg fast automatisch vorgezeichnet, die Verbesserungen über ein professionelles Veränderungsmanagement in die Nachhaltigkeit zu überführen. Das Pull-Prinzip ist an dieser Stelle also dann wirksam, wenn der Markt Verbesserungsdruck erzeugt und dieser Dauerhaftigkeit nach sich zieht.
2. Die Führungskräfte benötigen zwingend einen methodischen Sparringspartner zur Umsetzung der Verbesserungen. Führungskräfte werden nicht dafür bezahlt, das gesamte breite Spektrum der Verbesserungs- und Veränderungsmethoden zu beherrschen und routiniert und passfähig anzuwenden. Bei der DB ProjektBau sind diese Sparringspartner die Qualitätsmanager gewesen. Sie sind die natürlichen Ansprechpartner für alle Verbesserungsthemen. Dies bedeutet aber auch, dass man Qualität als Investition in die Zukunft begreifen muss.
3. Eine in die Zukunft gerichtete Begründung von Nachhaltigkeit ist erforderlich. Diese wurde bei DB ProjektBau durch das spezifische KPI-System installiert, das möglichst auf Regionen und Organisationseinheiten heruntergebrochen wurde. Hierdurch wird es für die Mitarbeiter – und vor allem die regionalen Führungskräfte – möglich und erforderlich, ihren Beitrag zur Weiterentwicklung zu erkennen und zu akzeptieren. Dabei muss die Strategieabteilung dafür sorgen, dass die Zukunft nicht als „planbar" und „vorhersagbar", sondern als „offen und unsicher" dargestellt wird.
4. Wandel muss zur Gewohnheit werden. Eine durchgängige Kommunikation, dass die Zukunft offen ist und nicht „5-Jahres-Plänen" gehorcht, gewöhnt insbesondere die Führungskräfte daran, dass Veränderung „immer" stattfindet. Hierzu gehört auch, dass eine Bedingung eines jeden Verbesserungsthemas ein „Change-Konzept" sein muss. Aus dieser Forderung leitet sich dann u. a. auch der Bedarf an entsprechenden Profis ab, die bei der DB ProjektBau z. B. durch die Personalentwicklung betreut werden.
5. Die Unternehmenshierarchie muss durch eine Netzwerkstruktur ergänzt werden. Kotter nennt dies das „zweite Betriebssystem" (Kotter 2014). Bei der DB ProjektBau war dies ein informell strukturiertes, durch die Geschäftsführung aber gefördertes Netzwerk von Wissensmanagern. Für das Verbesserungs- und Veränderungsmanagement war dieses Netzwerk bereits sehr stark und strahlte in den Konzern DB AG aus, in anderen Bereichen war es teilweise erst im Aufbau. Wo es aber etabliert war, entwickelte es unternehmerischen Schwung und brachte Entscheidungen schneller und qualifizierter voran als zuvor nur im „ersten Betriebssystem" der Hierarchie.

6. Eine strukturierte Selbstreflexion sowohl individuell als auch hinsichtlich der Organisation: Es muss zur zweiten Natur werden, dass Fachexperten und Führungskräfte immer wieder ihre Denkmodelle und Entscheidungsmuster hinterfragen. Da dies für die Masse der betroffenen Menschen eine schwierige und unbequeme Gewohnheit ist, muss ein verbindlicher Rahmen hierfür eingezogen werden. Bei der DB ProjektBau bestand dieser Rahmen auf der individuellen Ebene durch Projektleiter- und Kernteamcoachings, auf der Organisationsebene waren Quality Gates und fremdmoderierte Lessons-Learnt-Workshops (i. d. R. durch QM moderiert) nach jeder Projektphase verbindlich vorgeschrieben.
7. Der PDCA-Regelkreis muss immer geschlossen werden. Angeordnet ist nicht gleich umgesetzt. Auch, wenn die Geschäftsführung der Motor der Veränderung sein muss: Sie selbst neigt auch dazu, den PDCA-Kreis kurzzuschließen, indem für Probleme die Lösungen gleich mitbeauftragt werden. Eine unabhängige, methodisch saubere Analyse muss für die wesentlichen Themen genauso abgesichert existieren wie eine systematisch verankerte Aussage zu Ergebnissen, Erkenntnissen und Lessons Learnt. Bei der DB ProjektBau wurde zu diesem Zweck für die Geschäftsführung ein grafisch speziell aufbereitetes Reporting eingeführt, welches die wesentlichen Qualitätsthemen auch visuell in der PDCA-Logik präsentiert.
8. Eine neutrale Instanz muss der Geschäftsführung ein „anderes" Bild der Leistungsfähigkeit der Organisation geben. Eine Reihe von Effekten verzerrt das Bild, das die Geschäftsführung von „ihrer" Organisation hat. Dieses Phänomen und die Verzerrungsmuster sind inzwischen gut bekannt – man kann also darauf reagieren. Eine wesentliche Verzerrung in der Praxis besteht darin, dass die „normale" Gesprächsebene der Geschäftsführung die der regionalen Führungskräfte ist. Hierdurch kommen ein Informationsverlust und eine Wahrnehmungsverzerrung zustande. Das Qualitätsmanagement kann durch seine normalerweise vorhandene regionale Verankerung (meistens sind regionale Qualitätsbeauftragte und Auditoren installiert) und methodische Herangehensweise (Audits an der Basis, Prozesse in End-to-end-Betrachtung, Kundenanalysen ...) ein eigenes Bild liefern. Typischerweise wird dies in der sogenannten „Managementbewertung" vollzogen. Allerdings ist diese häufig im jährlichen Zyklus gefordert, was für diesen Zweck ein zu langes Intervall darstellt. Bei der DB ProjektBau wurden daher quartalsweise Jours fixes mindestens mit dem Vorsitzenden der Geschäftsführung durchgeführt und durchgehalten, in denen kein klassisches Reporting stattfand, sondern eine Diskussion auf Augenhöhe zu den Herausforderungen, die sich aus der Sicht der Geschäftsführung und des Qualitätsmanagements ergaben.
9. Die „Predigerrolle" der Führungskräfte, besonders der Geschäftsführung: Das, was wesentlich ist, ist besonders in Veränderungsprozessen ungewohnt, neu und deswegen nicht immer leicht zu erkennen und noch schwerer zu erläutern. Weshalb es heutzutage wichtig ist, Nachhaltigkeit und Verantwortung zu verlangen, und wie man das in der Organisation umsetzen will, muss extrem lange wiederholt werden. Es muss immer auf die Situation des Mitarbeiters angepasst werden. Und es sollte idealerweise dem Mitarbeiter unmittelbar erzählt werden. Bei der DB ProjektBau wurden hierzu

Regionaldialoge durchgeführt. Zusätzlich besuchten die Geschäftsführer in monatlichem Zyklus die Regionen und sprachen in „Treffs mit dem Chef" mit den operativen Mitarbeitern. Dieses kommt dem Gemba Walk schon ziemlich nahe und hat denselben Effekt: Schaffen es die Geschäftsführer, sich auf die unmittelbare Ebene der Mitarbeiter zu begeben und mit ihnen in ihrer Sprache die Zukunft des Unternehmens zu erläutern, so hat dies einen anhaltenden Effekt und unterstützt die Mitarbeiter und Führungskräfte, die Story des Unternehmens in eigenen Worten wiederzugeben. Schafft man dies nicht, so verbleiben am Ende nur Schlagworte.

10. Loslassen zugunsten von Netzwerkstrukturen: Hat man alle vorigen Punkte erfolgreich umgesetzt, so gewinnen die Mitarbeiter Schwung in die richtige Richtung. Sie müssen diesen Schwung nun aber auch umsetzen. Wenn sie nun auf hierarchische Hindernisse stoßen (Motto: Erst mal den Chef um Erlaubnis fragen, weil ja Ressourcen und Geld dahinter stecken), dann hätte man sich alles vorher auch sparen können: Wer Verantwortung übernehmen will, muss dies tun können. Im ersten Betriebssystem der „Hierarchie" wird dies nicht gelingen – alle Plätze sind schon besetzt! Im zweiten Betriebssystem sorgt der „Themenaktivist" selbst dafür, dass er ein Netzwerk generiert oder nutzt, das ihm bei der Umsetzung seiner Energie hilft. Und wenn Sie dann kein Vertrauen darin haben, dass Ihre Mitarbeiter etwas Gutes für das Unternehmen entstehen lassen: Warum haben Sie dann überhaupt erst damit angefangen ...?

Literatur

Axelrod R, Cohen MD (2000) Harnessing complexity. Basic Books, New York

Gharajedaghi J (2011) Systems thinking – managing chaos and complexity. Morgan Kaufmann, Burlington

Kotter JP (2014) Accelerate. Harvard Business Review Press, Boston

DB AG (2014) Nachhaltigkeitsberichte der Deutschen Bahn AG. http://www.deutschebahn.com/de/nachhaltigkeit

Pflägig N (2015) Organisation für Komplexität. Redline Verlag, München

Sterman JD (2000) Business dynamics – systems thinking and modelling for a complex world. Irwin McGraw-Hill, Boston

Warren K (2002) Competitive strategy dynamics. Wiley & Sons, Hoboken

Warren K (2008) Strategic management dynamics. Wiley & Sons, Hoboken

Warren K (2012) The trouble with strategy. Strategy Dynamics Ltd, Two Farthings

Ralf Plitzkat, Jahrgang 1965, Studium der Pädagogik an der Universität der Bundeswehr Hamburg. Seit 2002 ist er bei der Deutschen Bahn AG, dort zunächst als interner Berater, seit 2009 als Leiter des Qualitätsmanagements der DB ProjektBau GmbH in Berlin. Er beschäftigt sich seit vielen Jahre insbesondere mit der Frage, wie Führung, Management und Strategie Nachhaltigkeit beeinflussen können.

CSR im forschungsaktiven Mittelstand – Verantwortung hat Tradition

Yvonne Karmann-Proppert

1 Gesellschaftliche Verantwortung

In Deutschland gehören 99 % aller Unternehmen dem Mittelstand an. Verantwortliche Unternehmensführung hat in diesen Firmen viele Facetten. Dazu gehören neben der Schaffung von Arbeitsplatzmodellen, die eine Beschäftigung in allen Lebensphasen und die Vereinbarung von Beruf und Familie oder ein duales Studium erlauben, die besondere soziale Fürsorge für die Mitarbeiter und die große Verbundenheit mit der Region.

Ein besonderes Anliegen und Ausdruck für ihr gesellschaftlich verantwortliches Handeln ist für viele Unternehmer aber auch ihr nachhaltiges Wirtschaften in ihren Firmen, der sparsame und behutsame Umgang mit Ressourcen und die Durchführung vielfältiger Forschungs- und Entwicklungsaktivitäten.

In den letzten Jahren kamen verschiedene Studien, beispielsweise die der KfW (Studie der KfW 2011) im Jahr 2011, zu dem Ergebnis, dass CSR bei mittelständischen Unternehmen weitverbreitet ist. Laut KfW-Studie engagieren sich 95 % der CSR-aktiven Unternehmen im sozialen und gesellschaftlichen Bereich. Umwelt- und Klimaschutz sowie Energieeffizienzmaßnahmen werden von 25 % genannt. Das Engagement in der Forschung als CSR-Aktivität geben 9 % der Unternehmen an.

Die Unternehmen, von denen in diesem Beitrag die Rede ist, zählen zum forschungsaktiven Mittelstand und sind über von ihnen getragene Forschungsvereinigungen unter dem Dach der Arbeitsgemeinschaft industrieller Forschungsvereinigungen „Otto von Guericke" e. V. (AiF, www.aif.de) allesamt in Forschungsprojekten der Industriellen Gemeinschaftsforschung (IGF) aktiv. Die IGF-Projektdatenbank (IGF-Projektdatenbank 2015) bietet einen Einblick in das Forschungsgeschehen dieser Unternehmen. Sie umfasst ab-

Y. Karmann-Proppert (✉)
Köln, Deutschland
E-Mail: evelyn.bargs-stahl@aif.de

© Springer-Verlag GmbH Deutschland 2017
G. Gordon und A. Nelke (Hrsg.), *CSR und Nachhaltige Innovation*,
Management-Reihe Corporate Social Responsibility, DOI 10.1007/978-3-662-49952-8_9

geschlossene und laufende IGF-Vorhaben seit dem Jahr 1995 und offenbart die mannigfaltigen Forschungsaktivitäten des deutschen Mittelstands.

2 Forschung als Ausdruck einer verantwortungsvollen Unternehmensführung

In vielen mittelständischen Familienunternehmen gehört es zur Tradition, Verantwortung für die Gesellschaft zu übernehmen und nachhaltig zu agieren. Davon erfasst sind oft auch die jeweiligen Forschungsaktivitäten eines Unternehmens, denn sie dienen nicht zuletzt der langfristigen Zukunftssicherung des Unternehmens, sondern auch der Gesellschaft. Mittelständische Unternehmen können für ihre Forschungs- und Entwicklungsaktivitäten (FuE) häufig nur begrenzte Ressourcen einsetzen. Sie verfügen nur selten über umfangreiche eigene Forschungsabteilungen und sie finanzieren ihre FuE häufig auch aus dem Cashflow. Damit Mittelständler dennoch innovationsstark und wettbewerbsfähig bleiben, schließen sie sich zu Netzwerken zusammen, getreu dem Motto: Gemeinsam sind wir stark. So können sie die Risiken auf mehrere Beteiligte verteilen und auch Projekte angehen, die von langfristiger Bedeutung sind oder von großer Bedeutung für die Branche. Durch die Zusammenarbeit untereinander und mit Hochschulen schaffen es KMU eher, mit großen Industriebetrieben „mitzuhalten" und auf dem Stand des Wissens zu bleiben. Viele industrielle Netzwerke sind übergeordnet in der AiF zusammengeschlossen.

Die AiF ist ein von der Industrie getragenes Netzwerk aus aktuell 100 branchenorientierten Forschungsvereinigungen, welche mit über 1200 Forschungsstellen zusammenarbeiten. Der AiF sind etwa 50.000 Unternehmen angeschlossen. In den Forschungsvereinigungen der AiF treffen sich Vertreter aus Wirtschaft und Wissenschaft, um gemeinsam Forschung und Entwicklung zu betreiben. Die besten und innovativsten der dabei generierten Forschungsprojekte werden durch das Bundesministerium für Wirtschaft und Energie (BMWi, www.bmwi.de) gefördert. Zuvor müssen die Projekte ein mehrstufiges Bewertungsverfahren durchlaufen und durch ein bei der AiF angesiedeltes ehrenamtlich tätiges Gutachterwesen befürwortet werden.

Dieses Instrument der Förderung ist international einzigartig: Im Rahmen der AiF können KMU für sie wichtige Fragestellungen artikulieren und gemeinsam mit Gleichgesinnten bearbeiten bzw. an vorwettbewerblichen Forschungsprojekten teilnehmen. Sie finden dadurch kontinuierlichen Zugang zu Forschung und Entwicklung und bestimmen überdies die Forschungsthemen selbst (Stichwort: „bottom up"). Bei einer solchen themenoffenen Förderpolitik müssen Mittelständler zwar Verbündete und Partner für ihre Themen suchen, aber die Themen können aus allen Bereichen stammen. Das ist insofern optimal, als Unternehmen am besten wissen, welche Fragestellungen für sie relevant sind und welche Vorrausetzungen sie erfüllen müssen, um auf den internationalen Märkten bestehen zu können.

3 Gemeinschaftsforschung als Basis für Innovation

Die oft branchenspezifischen Forschungsvereinigungen haben über die AiF Zugang zur öffentlichen Förderung von Projekten der IGF, die das BMWi über die AiF seit ihrer Gründung vor über 60 Jahren unterstützt. Damit ist die AiF das Dach eines weltweit einzigartigen Innovationsnetzwerks, in dem Unternehmen in sogenannten Projektbegleitenden Ausschüssen der Forschungsvorhaben mitwirken. So entstehen zahlreiche Kontakte zu Spezialisten und Unternehmern entlang der gesamten Wertschöpfungskette. Die Mitarbeit in den Projektbegleitenden Ausschüssen ist, wie auch das Engagement der Unternehmen in den Forschungsvereinigungen, ehrenamtlich und damit Ausdruck einer verantwortungsvollen Unternehmensführung der Mittelständler. Aus dieser Zusammenarbeit der Experten aus den Unternehmen einerseits und der Wissenschaftler der Forschungsinstitute andererseits entstehen belastbare persönliche Netzwerke. In den wissenschaftlichen Beiräten können neue Projektideen intensiv und interdisziplinär diskutiert werden. Damit wird die Basis für einen intensiven Austausch untereinander geschaffen, aber auch für Innovationen. Nach Abschluss der Arbeiten werden die Forschungsergebnisse publiziert und stehen jedem Interessierten zur Verfügung. In der IGF gibt es für die Nutzung der Ergebnisse keine Exklusivität und es erfolgen auch keine projektbezogenen Patentanmeldungen.

Dieses Arbeiten in Netzwerken, fast immer auch von Wettbewerbern, setzt viel Disziplin und Vertrauen voraus und funktioniert nur, wenn die Netzwerke auf Langfristigkeit angelegt sind. Fast alle Netzwerke in der AiF bestehen länger als 25 Jahre, die ältesten sogar seit 60 Jahren, und sind dadurch plastische Beispiele für intensives ehrenamtliches Engagement und nachhaltiges Handeln, welches nicht nur den Unternehmen zugutekommt, sondern auch den jeweiligen Branchen und der Öffentlichkeit.

4 Interdisziplinarität

Innovationssprünge entstehen vornehmlich an Schnittstellen von Disziplinen oder Technologien. Wo unterschiedliche Wissensbereiche und Arbeitsgebiete aufeinandertreffen und miteinander verknüpft werden, entsteht die Möglichkeit, gemeinsam Neues zu schaffen. Solche Begegnungen verschiedener Branchen und Fachrichtungen werden für Mittelständler im Forschungsnetzwerk der AiF möglich. Ein ausgezeichnetes Beispiel für eine fruchtbare Zusammenarbeit verschiedener Disziplinen, deren Ergebnis eine bedeutsame Innovation darstellt, ist das Gewinnerprojekt des Rohstoffeffizienzpreises 2014 (Abb. 1).

Im Rahmen eines IGF-Projekts, das gemeinsam von den AiF-Mitgliedern Institut für Energie- und Umwelttechnik e. V. (IUTA) und Forschungskuratorium Textil e. V. (FKT) koordiniert wurde, ist ein Textil entwickelt worden, das in der Lage ist, Wertstoffe aus industriellen Abwässern zu filtern. Dafür haben Wissenschaftler vom Deutschen Textilforschungszentrum Nord-West (DTNW) in Krefeld und vom IUTA in Duisburg im letzten Jahr den Rohstoffeffizienzpreis des BMWi und der Deutschen Rohstoffagentur erhalten.

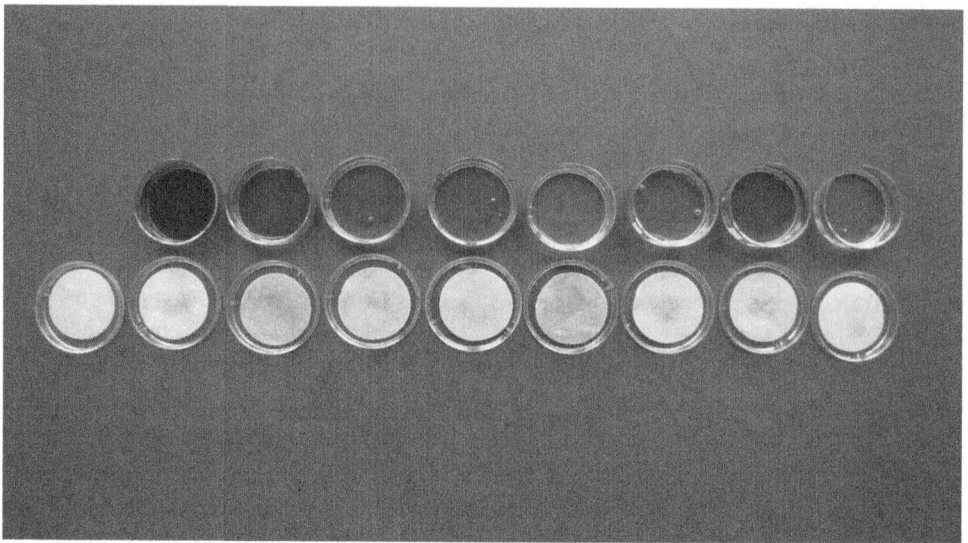

Abb. 1 Wertmetalladsorption am Textil

Nur durch die interdisziplinäre Zusammenarbeit der beiden Forschungsvereinigungen und ihrer Mitglieder – im Projektbegleitenden Ausschuss waren fünf KMU aus unterschiedlichen Branchen aktiv – konnte die ausgezeichnete Innovation entstehen.

5 Investition in die Zukunft: Nachwuchsförderung

Ein weiteres wichtiges Merkmal verantwortungsvoller Unternehmensführung im Mittelstand ist die Nachwuchsförderung. In nahezu allen Forschungsvorhaben der IGF haben Studierende und Nachwuchswissenschaftler wie Doktoranden die Möglichkeit, industrienah und praxisbezogen zu forschen. Für Unternehmen und Nachwuchswissenschaftler ergibt sich dabei die Gelegenheit, miteinander in Kontakt zu kommen. Häufig werden dabei Zusammenarbeiten begonnen, die nach Abschluss der Projekte zu einer Weiterbeschäftigung der Projektmitarbeiter in den Unternehmen führen. Oft fertigen junge Nachwuchswissenschaftler auch im Rahmen der Forschungsprojekte ihre Abschlussarbeiten an und verfügen danach über genau das spezifische Know-how, welches in den entsprechenden Unternehmen gefragt ist. Im Maschinenbau beispielsweise entstehen pro Gemeinschaftsforschungsprojekt durchschnittlich eine Promotion sowie vier Studien- und Abschlussarbeiten. Pro Jahr wechseln Hunderte von hervorragend ausgebildeten Absolventen, die in IGF-Projekte involviert waren, im Anschluss in die Industrie.

6 Zukunftsweisend und nachhaltig: Forschungsvorhaben im Mittelstand

Wenn man offensiv Probleme angeht, die im Sinne der Nachhaltigkeit von Bedeutung sind, bewegt man sich automatisch in Richtung Innovation. Im Rahmen der IGF werden zurzeit 84 Forschungsvorhaben gefördert, die sich mit dem Thema Nachhaltigkeit in seinen unterschiedlichsten Facetten beschäftigen. Dazu gehören beispielsweise Projekte, in denen Produkte und Prozesse entwickelt werden, die zu einer Schonung der natürlichen Ressourcen beitragen. Das Spektrum der Themen ist groß: Es führt von der Entwicklung ökologischer Gebäudekonzepte für spezielle Klimazonen und Möglichkeiten von Mauerwerksrecycling über den Einsatz von Werkstoffverbunden im konstruktiven Leichtbau bei der Automobilherstellung hin zur Entwicklung von energieeffizienten Methoden der Produktionsplanung und -steuerung.

7 Innovative Ansätze

Die Themen der Forschungsvorhaben von KMU sind heterogen. Allen gemein ist jedoch, dass die Unternehmen mit der Teilnahme an den Forschungsprojekten innovative Ansätze verfolgen und langfristig zur Weiterentwicklung unserer Gesellschaft beitragen. Damit übernehmen sie nachhaltig Verantwortung: Die Mehrzahl der Projekte in der IGF adressiert Themen, die für die Zukunft unserer Gesellschaft eine entscheidende Rolle spielen: 15 % der IGF-Themen befassen sich mit dem Spektrum erneuerbare Energien, Energietechnik und Energieeffizienz, ein knappes Drittel der Themen beschäftigt sich mit der Digitalisierung der Gesellschaft und 20 % mit dem Thema „Industrie 4.0". Auch alle Themen der Hightechstrategie des Bundes finden sich in den Projekten der IGF wieder: Rund 37 % der IGF-Vorhaben betreffen Schlüsseltechnologien, wie beispielsweise Biotechnologie, Elektromobilität, Werkstofftechnologien und Nanotechnologie, um nur einige wenige zu nennen.

Im Bereich der Werkstofftechnologien ist das übergreifende Forschungsvorhaben „EcoForge – Ressourceneffiziente Prozessketten für Hochleistungsbauteile" (www.ecoforge.de) angesiedelt. Es ist interdisziplinär angelegt und vereint Forschungsprojekte unterschiedlicher Branchen. Bei der umformtechnischen Herstellung hochbeanspruchter Komponenten beispielsweise für die Fahrzeugtechnik werden bestimmte Gebrauchseigenschaften weitgehend durch energieintensive Wärmebehandlungen eingestellt. Dazu müssen die Bauteile zunächst extrem erhitzt, für die weitere Verarbeitung jedoch wieder stark abgekühlt werden. Hier liegen große Verbesserungspotenziale hinsichtlich des Energie- und Ressourcenverbrauchs. Positive Ergebnisse konnten unter anderem in einem Teilprojekt des AiF-Mitglieds Arbeitsgemeinschaft Wärmebehandlung und Werkstofftechnik e. V. (AWT) erzielt werden: Eine sogenannte Lauwarmumformung stellte sich als Alternative zur Kaltumformung bei Raumtemperatur heraus: Durch die Optimierung der Prozesskette kann sowohl Energie als auch Durchlaufzeit eingespart werden. Am gesamten Forschungsvorhaben „EcoForge" waren 32 vornehmlich KMU beteiligt.

Diese vielen IGF-Beiträge zu Zukunftsthemen sind auch Beiträge zu einer verantwortungsvollen Unternehmensführung: Anhand der Themen, die über die AiF vom BMWi mit finanziellen Mitteln gefördert werden, wird sichtbar, dass Nachhaltigkeit und ein verantwortungsvoller Umgang mit Ressourcen ein wichtiges Kriterium im Innovationsmanagement der Unternehmen sind. So wie im Fall des diesjährigen Gewinnprojekts des Otto von Guericke-Preises, in dessen projektbegleitendem Ausschuss fünf KMU aus unterschiedlichen Branchen aktiv waren:

8 IGF-Projekt: Textilbasierte Sensoren sparen Ressourcen und sorgen für Sicherheit

Wie viele andere Bauteile im Automobil-, Maschinen- und Anlagenbau bestehen Rotorblätter von Windenergieanlagen aus Faserverbundwerkstoffen. Derartige Composite-Bauteile werden aus sicherheitstechnischen Gründen oft gezielt überdimensioniert ange-

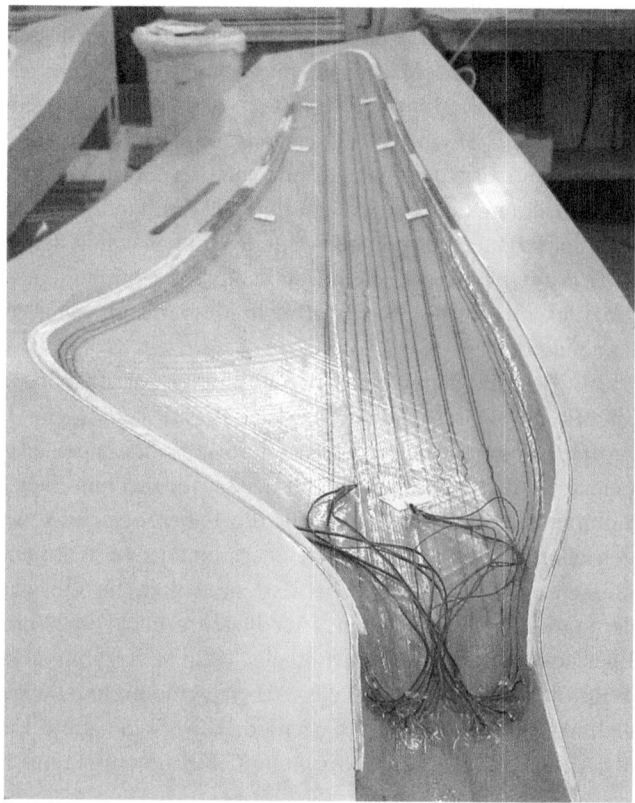

Abb. 2 Rotorblatt einer Kleinwindenergieanlage in Verbundstoffbauweise mit längengestaffelt integrierten CF-Sensoren. (Drapierung von Verstärkungsgelegen der späteren Rotorblatthalbschalen im Formwerkzeug)

fertigt. Dadurch sind die Bauteile weniger anfällig gegenüber strukturellen Beanspruchungen, wie sie beispielsweise durch unvorhersehbare stärkere Sturmböen auftreten können. Außerdem müssen die überdimensionierten Rotorblätter seltener gewartet werden, da kleinere alterungsbedingte Schäden wie Risse auf einer großen Querschnittsfläche weniger ins Gewicht fallen. Auch dies ist ein wichtiger Faktor, denn Prüfverfahren können nur bei völligem Stillstand der Anlage durchgeführt werden. Die Zugeständnisse an die Sicherheit haben also buchstäblich ihren Preis, denn sie treiben den Ressourcenverbrauch und die Fertigungskosten in die Höhe. In einem IGF-Projekt, das vom AiF-Mitglied FKT koordiniert wurde, haben Forscher der TU Dresden textilbasierte Sensoren entwickelt, die in Rotorblätter von Windanlagen eingearbeitet werden (Abb. 2).

Die Sensoren ermöglichen die kontinuierliche Überwachung der Anlage bei laufendem Betrieb und machen mittelfristig eine Überdimensionierung der Bauteile aus Sicherheitsgründen unnötig. So werden Ressourcen und Energie gespart und die CO_2-Emissionen bei der Produktion der Rotorblätter gesenkt. Für ihre Verdienste wurden die Wissenschaftler von der AiF mit dem „Otto von Guericke"-Preis 2015 ausgezeichnet. Der Preis wird einmal im Jahr für herausragende Leistungen auf dem Gebiet der IGF vergeben und ist mit 10.000 € dotiert.

9 IGF-Projekt: Leitfaden für nachhaltige Unternehmensführung

Daneben finden sich unter den IGF-Vorhaben auch solche, in denen ökologieorientierte Unternehmensstrategien für ganze Branchen entwickelt werden, so wie in einem IGF-Forschungsvorhaben des AiF-Mitglieds Gesellschaft für Verkehrsbetriebswirtschaft und Logistik e. V. (GVB). Im Rahmen des Projekts „ÖkoLogic" ging es darum, ökologieorientierte Unternehmensstrategien für mittelständische Logistikdienstleister zu entwickeln. Anhand folgender Leitfragen haben die Wissenschaftler gemeinsam mit den beteiligten Unternehmen einen Leitfaden (Leitfaden IGF-Projekt „ÖkoLogic" 2014) entwickelt, der beschreibt, wie mittelständische Logistikdienstleister ihre Unternehmensaktivitäten umweltschonend ausführen und eine ökologieorientierte Unternehmensstrategie etablieren können (Abb. 3).

Leitfragen 1 Was ist eine ökologieorientierte Unternehmensstrategie? Wie können mittelständische Logistikdienstleister eine ökologieorientierte Unternehmensstrategie ausarbeiten und umsetzen?

Leitfragen 2 Was ist ein ökologieorientiertes Berichtswesen? Wie können mittelständische Logistikdienstleister ein ökologieorientiertes Berichtswesen ausarbeiten und umsetzen?

Abb. 3 Gütertransport

Leitfragen 3 Was sind ökologieorientierte Anreize? Wie können mittelständische Logistikdienstleister ökologieorientierte Anreize zur Mitarbeitermotivation ausarbeiten und umsetzen?

Der Schlussbericht des Projekts (Schlussbericht IGF-Projekt „ÖkoLogic" 2014) beinhaltet konkrete Beispiele und umfangreiche praktische Umsetzungshilfen. Schöner Nebeneffekt des Projekts: Eines der im projektbegleitenden Ausschuss aktiven Unternehmen hat sich mittlerweile zum Vorzeigeunternehmen im Bereich Nachhaltigkeit entwickelt. Den Startschuss dazu gab das hier beschriebene Projekt „ÖkoLogic".

10 Best Practice – Unternehmen

So heterogen der Mittelstand, seine Forschungsthemen und CSR-Aktivitäten sein mögen: Mittelständler eint ihre Treue und ihr Bezug zum Standort. Das gesellschaftliche und soziale Engagement von mittelständischen Betrieben findet häufig in ihrer eigenen Region statt; sie betreiben dadurch Strukturförderung vor Ort. Beispielsweise durch die Förderung lokaler Schulen oder Vereine, so wie die Aumüller Druck GmbH & Co. KG in Regensburg, die schon in vielen projektbegleitenden Ausschüssen der IGF aktiv war. Der mittelständische Familienbetrieb mit rund 150 Mitarbeitern ist einer der leistungsfähigsten Bogendrucker Deutschlands und wird in vierter Generation von Christian und

Stefan Aumüller geführt. Den Brüdern sind soziales Engagement und nachhaltiges Handeln wichtig. So vergeben sie neben einem Integrations- auch mehrere Schulpreise im Stadtgebiet Regensburg, ebendort, wo auch das Unternehmen seinen Hauptsitz hat. Darüber hinaus haben die Unternehmer vielfältige Maßnahmen für Umweltschutz und Arbeitssicherheit durchgeführt und dafür eine Vielzahl von Auszeichnungen und Zertifikaten erhalten, darunter auch den ersten Preis eines Druck&Medien-Awards 2015 in der Kategorie „Sozial engagiertes Druckunternehmen". Die Aumüller Druck GmbH & Co. KG verfügt zudem über eine eigene Broschüre zum Thema Nachhaltigkeit, die Auskunft gibt über die vorhandenen und geplanten Aktivitäten in diesem Bereich: „Ökologische Arbeit ist ein kontinuierlicher, nie endender Prozess. Schon jetzt schützen wir unsere Mitarbeiter durch geringe Lärm- und Staubbelastung und die Umwelt durch verminderte Emission und weniger Abfall. Aber wir sind mit dem Erreichten niemals völlig zufrieden: Wir wollen noch effizienter werden."

Auch das mittelständische Familienunternehmen Develey Senf & Feinkost GmbH aus Unterhaching engagiert sich über das AiF-Mitglied Forschungskreis der Ernährungsindustrie e. V. (FEI) in IGF-Projekten. Die nachhaltige Unternehmensphilosophie beruht auf dem Grundgedanken, das Unternehmen vererbungsfähig führen zu wollen, also mit Weitblick und sehr vorausschauend. Dazu werden Projekte und Investitionen in die Zukunft gefördert und unterstützt, beispielsweise regionale soziale Projekte in der Kinder- und Jugendarbeit, in Schulen und Sportvereinen. Hier geht es gezielt um den Nachwuchs, um eventuell aus diesen Kontakten später Arbeitsverhältnisse oder Studienpraktika entstehen zu lassen.

11 CO_2-neutrale Produktion

Ein großes Ziel des Unternehmens ist die CO_2-neutrale Produktion an allen Standorten. Dieses Ziel wurde schon 2008 – lange vor EU-Verordnungen – durch die Geschäftsleitung formuliert und für den Standort Unterhaching bereits 2013 erreicht, beispielsweise durch Investitionen in neue energiesparende und vor allem umweltschonendere Technologien. So werden Kälteanlagen mit CO_2 als Kältemittel und nicht mehr mit den üblichen umweltgefährdenden Treibhausgasen betrieben und eine Biogasanlage, ein Holzhackschnitzelheizkraftwerk, Solaranlagen und Geothermie zur Energieversorgung und zur Beheizung genutzt. Auch die Förderung regionaler Produkte und der damit verbundene bessere CO_2-Fußabdruck liegt fest in den Unternehmensgrundsätzen verwurzelt: Durch die Förderung von regionalem Senfsaatanbau werden beispielsweise lange Transportwege durch die ganze Welt verhindert.

Die Develey Senf & Feinkost GmbH sieht nach eigenem Bekunden „in der Nachhaltigkeit eine Investition für die Zukunft". Es existiert keine separate Nachhaltigkeitsabteilung, vielmehr werden alle Mitarbeiter zu Nachhaltigkeitsbeauftragten ausgebildet. Der verantwortungsvolle Umgang mit der Umwelt und das gesellschaftliche Engagement spielen dabei eine zentrale Rolle: Die Nachhaltigkeitsstrategie des Unternehmens beruht auf den drei Säulen „Mensch, Natur und regionale Wurzeln" und wird konsequent umgesetzt, wie viele Beispiele und Auszeichnungen auf der Website des Unternehmens belegen.

12 Selbstverständliche Werte

Die Liste der Beispiele für gelebte CSR im Mittelstand könnte nahezu endlos fortgeführt werden. Die hier aufgeführten Aktivitäten mittelständischer Firmen und gemeinschaftlicher Forschungsprojekte verweisen dabei nur auf einige der Bereiche, in denen Unternehmen heute Verantwortung im Sinne einer nachhaltigen Unternehmensführung übernehmen. Nachhaltige Unternehmensführung hat im Mittelstand zudem eine lange Tradition: Denn viele mittelständische Unternehmen sind Familienbetriebe, die von einer Generation an die nächste weitergegeben werden und daher „vererbungsfähig", also werterhaltend, geführt werden. Das bedeutet häufig auch, dass die Gesellschafter keine oder nur geringe Gewinne aus den Unternehmen entnehmen. Das Unternehmen garantiert die Altersversorgung, die Zukunftssicherung des Unternehmens ist daher die gemeinsame Intention und Ambition der Gesellschafter. Aus diesem Grunde ist ein hohes Maß an Bewusstsein und Verantwortung für die Verfolgung sozialer, ökonomischer und ökologischer Zielsetzungen vorhanden. Im Bewusstsein der Öffentlichkeit mag CSR neu sein, gelebt wird CSR im Mittelstand schon länger, als es den Begriff gibt.

Literatur

AiF e. V. www.aif.de. Zugegriffen: 23. August 2016
BMWi. http://www.bmwi.de. Zugegriffen: 23. August 2016
EcoForge. http://www.ecoforge.de. Zugegriffen: 23. August 2016
IGF-Projektdatenbank (2015) http://www.aif.de/innovationsfoerderung/industrielle-gemeinschaftsforschung/igf-projektdatenbank.html. Zugegriffen: 23. August 2016
Leitfaden IGF-Projekt „ÖkoLogic" (2014) http://www.gvb-ev.de/fileadmin/pdfs/%C3%96koLogi_Leitfaden_final.pdf. Zugegriffen: 23. August 2016
Schlussbericht IGF-Projekt „ÖkoLogic" (2014) http://www.gvb-ev.de/fileadmin/pdfs/%C3%96koLogi_Abschlussbericht_final.pdf. Zugegriffen: 23. August 2016
Studie der KfW (2011) http://www.kmu-nachhaltigkeitscheck.de/fileadmin/kmu-nachhaltigkeitscheck/bilder/testbilder/KfW_Studie_CSR_im_Mittelstand.pdf. Zugegriffen: 23. August 2016

Yvonne Karmann-Proppert, Geschäftsführende Gesellschafterin der Pharma-Labor Yvonne Proppert GmbH, Bonn, Gesellschafterin der Pharma-Zentrale GmbH, Herdecke, und Vorstandsvorsitzende der Forschungsvereinigung der Arzneimittel-Hersteller e. V. (FAH), Bonn, steht seit 2012 der Arbeitsgemeinschaft industrieller Forschungsvereinigungen „Otto von Guericke" e. V. (AiF) als ehrenamtliche Präsidentin vor.

AfB als Europas erstes gemeinnütziges IT-Unternehmen

Nathalie Ball

1 Europas erstes gemeinnütziges IT-Unternehmen als nachhaltiges Geschäftsmodell

Das Besondere an AfB sind aus meiner Sicht die Menschen, die hinter der Idee stehen, AfB als Europas erstes gemeinnütziges IT-Unternehmen aufzubauen und es entsprechend erfolgreich zu gestalten. Es sind gute Ideen, die pragmatisch und motiviert mit dem nötigen Sachverstand umgesetzt werden. Ich habe AfB und die Verantwortlichen dahinter schon während des Studiums kennengelernt und mir schon damals gut vorstellen können, einmal Teil dieses Unternehmens zu sein. Was mir von Anfang an gefallen hat, war, dass jeder Kollege, ganz gleich in welcher Position, unheimlich engagiert war. Die Geschäftsleitung lebt dies bis heute vor. Neben der Tatsache, dass die von AfB angebotenen professionellen IT-Dienstleistungen am Markt sehr gut nachgefragt werden, ist auch das inklusive Beschäftigungsangebot für mich ein wesentlicher Punkt, weshalb AfB sich seit der Gründung vor mehr als zehn Jahren bis heute so erfolgreich entwickelt hat.

Als Paul Cvilak gemeinsam mit einem kleinen Team im Jahr 2004 die Idee der AfB gestartet hat, war der Gedanke nicht ausschließlich, einen sozialen Zweck zu verfolgen. Vielmehr kam der Impuls aus dem Markt selbst, sodass er den Anreiz fand, ein gesellschaftliches Problem auf wirtschaftlicher Basis zu lösen. Paul Cvilak, der sich seit einigen Jahren die Geschäftsführung mit zwei jüngeren Kollegen teilt, hat sich nach seinem BWL-Studium schon recht früh auf die IT-Leasingbranche, insbesondere auf den IT-Lifecycle-Prozess spezialisiert. Daher wusste er um den Bedarf großer Unternehmen, ihre gebrauchte IT-Hardware hier vor Ort in Deutschland einer zertifizierten Datenlöschung zu unterziehen. Solche Arbeiten wurden aufgrund hoher Kosten häufig in Billiglohnländern

N. Ball (✉)
Ettlingen, Deutschland
E-Mail: marketing@afb-group.eu

erbracht, die Datensicherheit und allgemein anerkannte Arbeitsnormen waren in diesem Szenario aber kaum gewährleistet. Ein großer Konzern, mit dem er damals schon Geschäftsbeziehungen hatte, kam daher aktiv auf ihn zu und hat diese Dienstleistung bei ihm nachgefragt. Die Idee, den Business-Case mit einem gesellschaftlichen Fokus zu entwickeln, war dann eher zufällig. Aufgrund der räumlichen Nähe zu einer sogenannten „Behindertenwerkstatt" in Emmendingen hat Paul Cvilak sich beim Mittagessen zufällig mit den Verantwortlichen der Werkstatt getroffen und über die Möglichkeit ausgetauscht, entsprechende IT-Dienstleistungen für bestehende Geschäftspartner in Deutschland anzubieten. So war recht schnell der Gedanke geboren, dass man in die einzelnen Prozesse auch Menschen mit Behinderung integrieren könnte. Schließlich war die Grundlage des AfB-Konzeptes gelegt, hier am Wirtschaftsstandort Deutschland einen professionellen IT-Remarketing-Prozess aufzubauen und vor allem im Bereich der Datenlöschung einen revisionssicheren Prozess anzubieten. Unsicher war zu diesem Zeitpunkt allerdings, wie die Einbeziehung von Menschen mit Behinderung auch praktisch funktionieren könnte, denn Paul Cvilak hatte keinerlei persönliche Erfahrungen. Für ihn war es bei dem Thema immer wichtig, dass es sich um kein kurzfristiges Projekt handelt, sondern dass sich das Modell wirtschaftlich auch langfristig trägt. Ein Geschäftsmodell ist aus AfB-Sicht nur dann nachhaltig, wenn die gesellschaftlichen Maxime in sozialer oder ökologischer Hinsicht auch auf ökonomischer Basis realisiert werden. Also hat es sich Paul Cvilak gemeinsam mit seinem Team zur Aufgabe gemacht, ein unabhängiges Unternehmen aufzubauen, das gesellschaftliche Verantwortung in ein Gesamtkonzept professioneller Leistungen einbezieht. Das Kerngeschäft sollte darauf ausgerichtet werden, moderne und qualitativ hochwertige Dienstleistungen im IT-Bereich anzubieten.

Zum Start der AfB ist man recht pragmatisch vorgegangen. Es wurden keine langen Konzepte entwickelt, sondern gleich mit der praktischen Umsetzung gestartet, denn es sollte ja auch schnell mit der Arbeit losgehen. Zu diesem Zeitpunkt hat Paul Cvilak auch nicht im Entferntesten angenommen, dass AfB einmal eine Dimension erreicht, wie wir es heute erleben. Der Gründer bestätigt immer wieder, dass er auch nie erwartet hätte, dass wir beispielsweise mit unserem Konzept einmal den Innovationspreis der Deutschen Wirtschaft oder den Deutschen Nachhaltigkeitspreis gewinnen. Auch von dem Begriff „Sozialunternehmer" hatte er zur Zeit der Gründungsphase noch nichts gehört. Der heute 57-Jährige und sein damals dreiköpfiges Team haben einfach das gemacht, wovon sie überzeugt waren. Anfang 2004 wurde konkret damit begonnen, sich mit der Thematik eines Integrationsprojektes auseinanderzusetzen. Dabei galt es, einige Hürden zu überwinden, wie beispielsweise die öffentliche Anerkennung als gemeinnütziges Integrationsunternehmen. Anfangs blieben viele öffentliche Förderungen verwehrt, die für die Entwicklung des Unternehmens aber zwingend notwendig waren, sodass Paul Cvilak den Großteil der finanziellen Mittel privat ermöglicht hat. Zur Zeit der Unternehmensgründung gab es keinen Vorreiter in der IT-Branche, deshalb musste man neue Wege gehen. Die sozialen, gesellschaftlichen Maxime mussten auf wirtschaftlicher Basis realisiert werden, nur so konnte ein langfristiges Bestehen am Markt garantiert und nachhaltiges Wachstum ermöglicht werden.

Zu Beginn der Prozessplanung waren vor allem die Werkstätten für behinderte Menschen und die Partnerfirmen beteiligt. Schon recht schnell waren große Unternehmen mit einem hohen Maß an gesellschaftlicher Verantwortung Partner von AfB. Ihnen gefiel die Idee, eine hochwertige IT-Dienstleistung zu beziehen und gleichzeitig gesellschaftliche Verantwortung zu übernehmen. Somit hatten sie sich dazu bereit erklärt, zur Realisation des Vorhabens ihre gebrauchte IT-Hardware zur Verfügung zu stellen, und sie ermöglichen es gemeinsam mit anderen AfB-Partnerfirmen bis heute, das Beschäftigungsangebot im Rahmen des AfB-Konzepts aufrechtzuerhalten. Paul Cvilak selbst hatte keinerlei praktische Erfahrung in der Beschäftigung von Menschen mit Behinderung, deshalb hat er sich dazu entschlossen, ein Pilotprojekt gemeinsam mit der Caritas-Werkstatt in Emmendingen umzusetzen, das sich sehr positiv entwickelte. Also wurde entschieden, das Projekt Anfang 2005 mit den „Haksfelder Werkstätten" in Ettlingen auszuweiten. Hier wurde dann auch der AfB-Firmensitz errichtet. Die „Werkstätten" kümmerten sich um die persönliche Betreuung der Menschen mit Behinderung und waren mit dem dafür fachlich wie auch persönlich fundamental notwendigen Know-how ausgestattet. Mit Freude wurde festgestellt, dass die Mitarbeiter, die bis zu diesem Zeitpunkt in einer Werkstatt für Behinderte gearbeitet hatten, die Arbeiten mit viel Begeisterung erledigten. Sie waren stolz darauf, nun im IT-Bereich beschäftigt zu sein, und waren entsprechen engagiert. Nachdem die innerbetrieblichen Arbeitsabläufe und Strukturen bereitgestellt waren, hat das AfB-Team das Konzept in eigener Regie weiterentwickelt. Die größte Herausforderung lag vor allem darin, die Prozesse so zu gestalten, dass sie von den Mitarbeitern trotz ihrer Einschränkung problemlos umgesetzt werden konnten, dabei aber optimale Leistung entstand. Man musste das Vertrauen der Firmen für die angebotene IT-Dienstleistung samt Datenlöschung gewinnen, denn die Firmen sollten dem jungen Sozialunternehmen ja ihre gebrauchten IT-Geräte und die darauf vorhandenen Daten anvertrauen. Zu dieser Zeit sind auch einige Kollegen in dem Team dazugekommen, die AfB bis heute gemeinsam erfolgreich weiterentwickelt haben. Hierzu gehört auch unser damaliger Betriebssozialarbeiter Milan Ringwald, der seit 2014 den AfB-Standort Ettlingen leitet. Für die zuständigen Stellen sind wir nun ein glaubwürdiger Partner, der öffentliche Förderungen in ein Gesamtkonzept für mehr Wachstum und Beschäftigung einbettet, das langfristig ausgerichtet ist und mehr Chancen für alle bietet. Heute arbeiten wir sehr erfolgreich mit öffentlichen Einrichtungen und den Integrationsämtern zusammen. Diese Anerkennung mussten wir uns aber auch verdienen.

2 Partnerschaften mit Perspektiven

Unser Konzept ist bei den potenziellen Partnerfirmen von Beginn an sehr gut angekommen. Wir haben allerdings beobachtet, dass es sowohl für die Firmen wie auch für die Politik noch interessanter ist, mit AfB zusammenzuarbeiten und somit unser Konzept zu unterstützen, wenn der dabei erzielte gesellschaftliche Erfolg speziell in ihrer Region entstehen würde. Im Gespräch mit Vorständen und Bürgermeistern aus unterschiedlichen Großstädten wurde dem AfB-Team immer wieder deutlich, wie wichtig es für sie ist, dass die soziale und ökologische Wirkung, die durch eine Partnerschaft entsteht, direkt vor ihrer Haustür geschaffen wird. Dies hat den AfB-Gründer zu der Entscheidung gebracht, AfB dezentral weiterzuentwickeln. Uns ist kein anderes Integrationsunternehmen bekannt, das eine ähnliche Entwicklung eingeschlagen hat. Und auch wenn die Entscheidung, Standorte in unterschiedlichen Bundesländern und EU-Staaten zu gründen, zu einem weitaus größeren bürokratischen Aufwand geführt hat, als man es seitens AfB erwartet hat, war sie ganz wesentlich für die zukünftige Entwicklung. Wenn die Menge der an AfB überlassenen Geräte einer oder mehrerer Firmen ausreichend ist, können wir im regionalen Umfeld der Partnerfirmen eine weitere Niederlassung aufbauen. Im Grunde ist es ganz gleich, wo, das Konzept ist überall umsetzbar, wo sich Firmen für eine Partnerschaft entscheiden, unabhängig von einem gewissen Land. Die Firmen übernehmen so eine Patenschaft für die dadurch entstandenen Arbeitsplätze für Menschen mit Behinderung. Je mehr Unternehmen sich also für eine Zusammenarbeit mit AfB entscheiden, desto größer ist auch der durch das Konzept erzielte gesellschaftliche Erfolg, den wir erreichen können. Als wir festgestellt haben, dass AfB einen viel größeren Erfolg in sozialer und ökologischer Hinsicht erreichen kann, als es anfangs gedacht war, haben wir uns als konkretes Ziel definiert, 500 hochwertige Arbeitsplätze für Menschen mit Behinderung zu schaffen. Wenn sich heute einige große Konzerne bspw. aus der Banken- oder Automobilbranche dazu entscheiden, mit AfB zusammenzuarbeiten, können wir alleine in Frankfurt, Hamburg, München oder Stuttgart zusätzlich zwischen jeweils rund 50–100 Arbeitsplätze aufbauen. Es liegt auf der Hand, dass auch die Kommunen daran interessiert sein sollten, solche Konzepte zu unterstützen, denn durch unser Engagement spart auch die öffentliche Hand sehr viel Geld.

Um unser Ziel zu erreichen, haben wir neben AfB eine weitere gemeinnützige Unternehmung gegründet, die intern wie AfB funktioniert und zu 50 % Menschen mit Behinderung beschäftigt. Die „Mobiles Lernen gGmbH" unterstützt Schulen, Eltern und ihre Kinder dabei, sogenannte „Notebookklassen" einzurichten, und eröffnet neue Chancen im Bildungssektor. Die Leistung erstreckt sich von der Beratung und Finanzierung über die Lieferung bis hin zu Versicherung und umfangreichem Geräteservice. Um das Volumen gebrauchter Geräte abzusichern und schließlich auch zu erweitern, haben wir zusätzlich eine weitere Schwesterfirma, die „Social Lease" gegründet. Sie bedient Unternehmen mit IT-Hardware, die sich für Leasing statt Kauf entschieden haben und bis dato nicht hätten mit uns zusammenarbeiten können. Moderne IT-Produkte zu fairen Konditionen, eine professionelle Leasingabwicklung und eine hohe Datensicherheit sind dabei garantiert. Die Dienstleistungen rund um das Leasing und die anschließende revisionssichere Abholung und Wiedervermarktung der Gebrauchtgeräte werden von Menschen mit Behinderungen ausgeführt. Dies ist ein entscheidender Baustein in unserem gesamten Firmennetzwerk. Gemeinsam mit der Social Lease GmbH und der Mobiles Lernen gGmbH bildet die AfB die drei Säulen der I500 gAG. Sie unterstützt das strategische Ziel, 500 Arbeitsplätze für Menschen mit und ohne Behinderung im IT-Bereich anzubieten.

Durch unsere Leistung gepaart mit erstklassigem Service haben wir uns in den letzten Jahren mit unserem gesamten Angebot zu einem konkurrenzfähigen IT-Dienstleister

Abb. 1 AfB-CSR-Urkunde Muster 1

Abb. 2 AfB-CSR-Urkunde Muster 2

entwickelt. Professionalität und Datenschutz stehen an oberster Stelle. Bei vergleichbarer Leistung ist dann häufig der soziale und ökologische Aspekt ausschlaggebend, weshalb sich ein Partner für die Zusammenarbeit mit AfB entscheidet. Den Partnerfirmen stellen wir den innerhalb einer Kooperation erzielten sozialen wie ökologischen Mehrwert transparent für deren Nachhaltigkeitsberichterstattung zur Verfügung. Diese berichten über den gemeinsamen Erfolg in ihrer Kommunikation an die unterschiedlichen Stakeholder. Unser soziales Geschäftsmodell bedeutet für uns also nicht nur Aufwand, es bringt für uns häufig auch einen entscheidenden Wettbewerbsvorteil mit sich, durch den wir uns von der Konkurrenz abheben. Um den Firmen ganz konkret berichten zu können, welchen ökologischen Beitrag sie durch die Aufbereitung ihrer nicht mehr benötigten IT-Geräte ermöglichen, hat Paul Cvilak unser CSR-Team damit beauftragt, eine Ökobilanz berechnen zu lassen, die uns die Möglichkeit gibt, konkrete Aussagen über den ökologischen Erfolg zu liefern, den wir gemeinsam mit unseren Kooperationspartnern erzielen. Das Projekt wurde innerhalb des Förderprogramms „CSR im Mittelstand" des BMAS und ESF realisiert. Als Dienstleister hat uns die TU-Berlin dann eine Berechnung geliefert, die wir innerhalb einer Öko-Sozial-Bilanz an die Firmen detailliert mit den Angaben zur Reduzierung an umweltschädlichen Treibhausgasen sowie zur eingesparten Menge an Energie und natürlichen Ressourcen an die Firmen liefern (s. Abb. 1 und 2). Somit können wir auch unseren Partnerfirmen optimal zuarbeiten, die in den meisten Fällen der EU-Berichtspflicht zu ihren Nachhaltigkeitsaktivitäten unterliegen.

Die Aufbereitung von IT-Hardware in Verbindung mit unserem sozialen Konzept sensibilisiert die Gesellschaft für den Kauf und die Nutzung gebrauchter Geräte. Die Neuproduktion von IT-Hardware hingegen verursacht in erheblichem Maße Treibhausgase und verbraucht knappe natürliche Ressourcen, deren Abbau die Umwelt in erheblichem Maße belastet. Zu einem großen Teil sind unsere Kunden für den Kauf der aufbereiteten Hardware motiviert, weil sie hierdurch ein soziales Geschäftsmodell unterstützen und zudem die Umwelt geschont wird. Für andere Kunden steht vor allem der günstige Preis im Vordergrund ihrer Kaufentscheidung, denn vor allem für sozial schwächere Schichten bliebe der Zugang zu moderner IT-Ausstattung aufgrund hoher Kosten ansonsten verwehrt. Für unsere älteren Kunden ist individuelle Beratung von großer Bedeutung. Eine deutliche Ausweitung unseres Serviceangebots hat uns sehr dabei geholfen, auch Kunden mit nur geringen IT-Fachkenntnissen für unser Angebot zu gewinnen. Auch in diesem Punkt sieht man ganz deutlich, wie eng in unserem Konzept innovative Ideen und eine deutliche Orientierung am Kunden mit nachhaltigem Handeln verbunden sind. Wir sind davon überzeugt, dass man sich auch als Sozialunternehmen nicht auf seinem sozialen oder ökologischen Argument ausruhen darf, sondern Innovationen vorantreiben muss, um nachhaltig zu wachsen.

CSR ist bei uns Chefsache, aber nicht ausschließlich. Paul Cvilak teilt sich die Geschäftsleitung mit zwei jungen Kollegen, die sich in erster Linie um das tägliche Business kümmern. Er selbst beschäftigt sich hauptsächlich mit der finanziellen und strategischen Planung sowie dem Controlling unseres Geschäfts. Da wir gesellschaftliche Verantwortung ja im Kern unseres Konzepts tragen, hat im Grunde jeder von uns auch tagtäglich mit

Abb. 3 Aufbereitung gebrauchter IT-Geräte

Abb. 4 Arbeit an IT

dem Thema Nachhaltigkeit zu tun. Für die Umsetzung der Aufgaben wurde 2011 aber eine eigene CSR-Abteilung aufgebaut, die als Stabsstelle an der Geschäftsleitung angesiedelt ist und die Themen koordiniert. Gemeinsam kümmern wir uns um interne wie externe Nachhaltigkeitsthemen und versuchen, unser Konzept bestmöglich weiterzuentwickeln und Trends am Markt zu erkennen. Unser CSR-Bereich hat die Aufgabe, in erster Linie Nachhaltigkeitsthemen zu bearbeiten, die gut zu unserem eigentlichen Konzept passen. Hier sind wir mittlerweile breit aufgestellt. Neben der Ökobilanz haben wir mit Partnern bspw. Forschungsprojekte zum Recycling seltener Erden in IT-Geräten realisiert, gemeinsam mit Partnern beschäftigen wir uns mit dem Thema Sammlung und Datenlöschung von Althandys, wir stellen uns bei Konferenzen als Impulsgeber für das Thema Inklusion zur Verfügung und versuchen auch intern unsere Maßnahmen zu verbessern, indem wir in diesem Jahr unseren ersten Code of Conduct und einen internen Newsletter zur besseren Information der Kollegen an unterschiedlichen Standorten entwickelt haben. Darüber hinaus versuchen wir die gesamte Belegschaft zu einer aktiven Beteiligung zu motivieren. Bei uns ist jeder Kollege dazu angehalten, ganz gleich in welcher Position und an welchem Standort, sein Bestes für AfB zu geben, um AfB gemeinsam mit den Kollegen nach vorne zu bringen. Unsere Hierarchien in der Firma sind deshalb gezielt flach gewählt. Alle Kollegen sind per Du und jeder weiß, dass er sich individuell mit Ideen, die er für AfB sieht, aber auch mit eventuellen Problemen direkt an einen Kollegen aus der Geschäfts- oder Abteilungsleitung wenden kann. Um den Kollegen symbolisch zu verdeutlichen, dass sie der wichtigste Teil unserer Firma sind, erhält jeder Mitarbeiter beim Einstieg in die Firma eine Aktie unserer Muttergesellschaft I500 gAG.

Jeder soll bei uns eine Chance haben, sich im Rahmen seiner individuellen Stärken einzubringen. Viele Kollegen, die eine Behinderung besitzen, haben im Rahmen von Praktika bei uns gestartet und eine tolle Entwicklung hingelegt. Sie arbeiten heute bei uns im Testbereich, in der Verwaltung, im Lager oder im Versand. Dass bei uns zu 50 % Menschen mit Behinderung arbeiten, wird in der praktischen Arbeit häufig gar nicht mehr thematisiert. Im Vorfeld werden die notwendigen Voraussetzungen geschaffen, damit jeder Kollege an den unterschiedlichen Prozessen teilhaben kann (s. Abb. 5). Unser eigens für AfB entwickeltes Warenwirtschaftssystem leistet hier eine wertvolle Unterstützung und gibt Orientierung im Arbeitsprozess. In allen Bereichen arbeiten so Menschen mit und ohne Behinderung solidarisch zusammen. Für die psychosoziale Betreuung stehen geschulte Kollegen zur Verfügung und auch die Abteilungsleiter sind entsprechend ausgebildet. Nach außen haben wir da noch mehr Aufklärungsarbeit zu leisten. Wir begegnen häufig noch Vorurteilen gegenüber der Arbeit von Menschen mit Behinderung, dass deren Leistung qualitativ schlechter sei als die von nichtbehinderten Kollegen. Deshalb laden wir Vertreter von Firmen und öffentlichen Einrichtungen häufig zu uns in die Firma ein, damit sich diese persönlich überzeugen können. Hier erwarten uns häufig überraschte Reaktionen, denn viele unserer Ansprechpartner trauen einer gemeinnützigen Organisation derart professionelle Prozesse nicht zu. Die Zertifizierung unseres Prozesses nach DIN EN ISO 9001:2008 bestätigt unsere Professionalität und unterstreicht, dass wir ein qualifizierter Partner sind. Auch im Kontakt zu den Kunden bei uns in den Shops werden Barrieren

Abb. 5 Einlagerung der IT-Geräte am Standort Ettlingen

abgebaut. Uns fällt häufig auf, dass die Besucher gar nicht einordnen können, welche Mitarbeiter nun eine Behinderung besitzen und welche nicht. Das ist für mich Inklusion und ich sehe den Erfolg unserer Arbeit. Wir versuchen alle Kollegen gleichzubehandeln und eine Behinderung muss von außen nicht gleich sichtbar sein.

Wir sind mittlerweile ein ernst genommener Wettbewerber im Bereich des IT-Remarketing und besitzen aufgrund unseres gesellschaftlichen Engagements ein deutliches Alleinstellungsmerkmal. Deshalb wird unser Konzept selbst schon häufig als innovatives Geschäftsmodell beschrieben. Mir ist kein vergleichbares Unternehmen am Markt bekannt. Das Konzept wurde zwar schon häufig versucht von Wettbewerbern zu kopieren, was aber meist auf kurzfristige Gewinne, nicht auf nachhaltiges Wachstum abzielte. Sie waren nicht glaubwürdig und konnten daher auch nicht lange am Markt bestehen. AfB hingegen konnte wichtige Partnerschaften mit den Vorständen und Vertretern großer Konzerne, mit mittelständischen Firmen, Verbänden und öffentlichen Einrichtungen schließen, die uns im Rahmen ihrer Möglichkeiten aktiv unterstützen. Mit den regional ansässigen Integrationsfachdiensten und sogenannten Werkstätten für behinderte Menschen arbeiten wir sehr gut zusammen. Vor allem bei der Realisierung sozialer Projekte hilft uns ein enger Austausch mit Sozialverbänden und öffentlichen Vertretern weiter. Beispielsweise konnten wir gemeinsam mit der IHK Aachen und dem Landschaftsverband Rheinland einen allgemein anerkannten Ausbildungsberuf im IT-Bereich für junge Menschen mit einem Handicap entwickeln. Die theoretische wie auch praktische Ausbildung findet bei AfB statt. Nach erfolgreicher Ausbildung erhalten die Teilnehmer einen unbefristeten Arbeitsplatz. Auf diesem Weg können wir jungen Menschen mit Behinderung eine Perspektive am ersten Arbeitsmarkt bieten und erhalten qualifizierte Mitarbeiter für unseren Betrieb. Aktuell suchen wir nach Firmen, die eine Patenschaft für die Auszubildenden übernehmen und sich bereit erklären, einen Arbeitsplatz für ausgebildete junge Menschen im IT-Bereich zur Verfügung zu stellen. Auch dieses Projekt kam als Impuls aus unserem Unternehmen heraus und wurde von einzelnen Kollegen angestoßen. So versuchen wir, alle Ideen ohne Umwege in die Tat umzusetzen und unser Konzept voranzubringen, um das Ziel der Schaffung von 500 Arbeitsplätzen für Menschen mit Behinderung gemeinsam mit Partnern aus Öffentlichkeit und Wirtschaft zu realisieren.

3 Persönlicher Einblick in die AfB

Wie anfangs beschrieben, sind es aus meiner Sicht die einzelnen Menschen, die AfB ausmachen. Im Gespräch mit den Kollegen wird immer wieder deutlich, dass sich AfB von einem „typischen" IT-Unternehmen, das rein auf den Gewinn abzielt, deutlich unterscheidet. Jeder hat seine eigene Geschichte, die ihn mit AfB verbindet. Paul Cvilak und seine Kollegen aus der Geschäftsleitung vertrauen auf ihre Mitarbeiter und statten sie auch mit dem notwendigen Handlungsraum aus, eigene Ideen zu entwickeln und sich mit ganzem Engagement einzubringen. Hier wird auch auf die private Situation der unterschiedlichen Mitarbeiter eingegangen, sodass niemand zögern muss, sich individuell an seine Vorgesetzten oder auch an die Betriebssozialarbeiter zu wenden. Ich selbst hatte die positive Erfahrung, dass ich mich nach meiner Elternzeit wieder flexibel in den Betrieb einbringen konnte und auch immer die Chance hatte, an den einzelnen Prozessen teilzuhaben und mich über neue Entwicklungen im Unternehmen zu informieren, ohne dabei einen belastenden Erfolgsdruck zu spüren. Ich habe Anfang 2015 den Weinbau- und Gastronomiebetrieb meiner Eltern übernommen, kann mich aber noch immer im Rahmen meiner Möglichkeiten bei AfB einbringen. Die Zeit bei AfB hat mich persönlich stark beeinflusst und meinen Horizont erweitert. So sind es die ganz persönlichen Geschichten der Mitarbeiter, die AfB mitgestalten und durch ihre Persönlichkeit auch prägen. Hiervon darf ich Ihnen im Interview einige meiner Kollegen vorstellen.

3.1 Interview mit Julian Stolz

Julian Stolz (s. Abb. 6), 20 Jahre alt, absolviert seit September 2014 eine Ausbildung zum IT-Systemkaufmann bei der AfB. Nachdem er seine mittlere Reife ablegte, machte er zunächst ein berufsvorbereitendes Jahr und anschließend ein kaufmännisches Praktikum beim Fahrdienst ASB in Rheinstetten. Julian ist schwerbehindert und leidet unter infantiler Zerebralparese. Er ist auf seinen Rollstuhl angewiesen und kann zudem aufgrund einer feinmotorischen Störung in den Händen kaum mit dem Stift schreiben. In der

Abb. 6 AfB-Mitarbeiter
Julian Stolz

Schule benutzt er daher einen Laptop und es ist ein für ihn zuständiger Bundesfreiwilligendienstleistender dauerhaft vor Ort, um ihn zu unterstützen.

Hilfe bei der Suche nach einer Ausbildung bekam Julian vom Arbeitsamt und dem Internationalen Bund, die ihm halfen, passende Stellen für ihn zu finden und Bewerbungen zu schreiben.

Auf die AfB aufmerksam wurde er vor allem durch die gezielte Ansprache von Menschen mit Behinderung durch AfB. In einem kurzen Interview berichtet Julian über seine persönliche Wahrnehmung seiner Chancen am Arbeitsmarkt und der AfB als Arbeitgeber:

Welche Chancen gibt dir die Ausbildung bei AfB im Vergleich zur Ausbildung in anderen Unternehmen?
Die AfB gibt mir im Vergleich zu anderen Unternehmen die Chance, überhaupt eine Ausbildung machen zu können. Ich habe über mehrere Jahre hinweg an die Hundert Bewerbungen für verschiedene kaufmännische Berufe geschrieben und war auf verschiedenen Jobmessen unterwegs. Ich habe aber nur Absagen bekommen. Ich wurde mit vielen Begründungen abgespeist, aber es wurde doch immer wieder klar, dass der eigentliche Grund meine körperliche Behinderung war. Mir wurde impliziert: „Du schaffst es eh nicht in der freien Arbeitswelt." Als ich mich bei der AfB beworben habe, waren eigentlich schon alle Ausbildungsplätze vergeben, aber unsere Personalabteilung hat mich trotzdem für ein 2-tägiges Praktikum eingeladen. Ich habe mich sofort super mit den Kollegen ver-

standen und hatte Spaß beim Probearbeiten. Hinterher wurde mir dann tatsächlich ein Ausbildungsplatz angeboten.

Wie stellst du dir deine berufliche Zukunft vor?
Erst mal werde ich meine Ausbildung fertig machen und, wenn es gut läuft, möchte ich gerne übernommen werden. Noch bin ich im ersten Lehrjahr, aber mein Ziel ist es, mal eine höhere Position zu erreichen. Ich möchte schon bei der AfB bleiben, es sei denn Apple kommt an und will mich haben.

Was gefällt dir besonders an der Ausbildung bei der AfB?
Mir gefällt sehr gut, dass auf die Mitarbeiter eingegangen wird und jederzeit bei Problemen geholfen wird. Niemand ist böse, wenn man mal was falsch macht oder mehr Hilfe braucht. Ich habe das Gefühl, dass auf mich als Person Rücksicht genommen wird.

Wie erlebst du das Miteinander unter den Kollegen?
Bei der AfB wird in einem sehr familiären Umfeld gearbeitet, der Umgang ist sehr locker. Wir duzen uns zum Beispiel alle, was nicht bei jeder Firma gang und gäbe ist.

Brauchst du viel Hilfe bei der Arbeit?
Derzeit arbeite ich hauptsächlich im Shop. Schwierigkeiten habe ich bei Abholungen im Shop, wo häufig Geräte getragen werden müssen. Teilweise befinden sich Regale und Anschlüsse für PCs in einer Höhe, die ich nicht erreiche. Hier helfen mir die Kollegen. Ansonsten erledige ich die Arbeit jedoch selbstständig, zum Beispiel wenn ich Kunden berate oder Rechnungen erstelle. In anderen Abteilungen, wie z. B. im E-Commerce, kann ich meine Arbeit jedoch ohne Einschränkungen erledigen. Hier kann ich meinen Schreibtisch auf die Höhe meines Rollstuhls anpassen und kann jegliche Schreibarbeit über den PC erledigen. Ansonsten ist es mir möglich, alle Räume im Gebäude zu erreichen, und ich fühle mich wertgeschätzt und gleichwertig mit den Kollegen ohne Behinderung.

3.2 Interview mit Monika Braun

Unsere Prokuristin Monika Braun ist aus unserer Niederlassung in Düren. Sie kommt ursprünglich aus der Speditionsbranche. Nach einer plötzlichen Krankheit war sie selbst schwerbehindert und suchte beruflich eine neue Herausforderung. Zunächst arbeitete sie in einem gemeinnützigen Tochterunternehmen einer Hamburger Leasinggesellschaft in Düren, das allerdings insolvent ging. Über den Landschaftsverband Rheinland bekam sie Kontakt zu Paul Cvilak, Geschäftsführer der AfB. Monika Braun hat direkt ein Angebot bekommen, bei AfB zu arbeiten. Für sie war es wichtig, dass auch ihre bisherigen drei Kollegen übernommen werden. Paul Cvilak hat mit AfB den ganzen Standort Düren übernommen, sodass alle Kollegen einen Platz bei AfB fanden.

Abb. 7 AfB-Prokuristin
Monika Braun

Seit 2007 ist Monika Braun (s. Abb. 7) bei AfB für die Kontaktpflege zu Verbänden, Integrationsfachdiensten und Arbeitsagenturen sowie für die Akquirierung und Betreuung von Großkunden und auch von Mitarbeitern mit Behinderung zuständig. Arbeitsbegleitend ist sie in der sozialpsychologischen Betreuung tätig, wofür sie regelmäßige Coachings von einem Psychologen erhält. Frau Braun ist seit einigen Jahren Prokuristin bei AfB und wesentlich an der erfolgreichen Entwicklung des Unternehmens beteiligt.

Welche Themen definieren deinen beruflichen Arbeitsalltag?
In erster Linie sind das vor allem Personal- und Vertriebsthemen. Ich betreue unsere Bestandskunden und versuche neue Firmen für eine Zusammenarbeit mit AfB zu begeistern und besuche darüber hinaus Veranstaltungen. Einen wesentlichen Teil meiner Zeit widme ich mich internen Angelegenheiten und kümmere mich um die Belange unserer Mitarbeiter und Mitarbeiterinnen. An unseren Standorten in NRW arbeiten viele Menschen, die beeinträchtigt sind und zum Teil vorher in Werkstätten für behinderte Menschen arbeiteten. Ich führe viele Gespräche mit meinen behinderten Kollegen, aber auch Kollegen in leitenden Positionen, die selbst keine Behinderung haben, kommen mit diversen Fragen auf mich zu oder benötigen meinen Rat, da die Arbeit in einem Integrationsunternehmen auch schwierig sein kann.

Warum hast du dich für die AfB als Arbeitgeber entschieden?
Mich hat ganz einfach das tolle Konzept, sowohl der soziale als auch der ökologische Aspekt dabei und auch mein Chef überzeugt.

Was ist dein Lieblingsprojekt bei der AfB?
Das ist ganz eindeutig das WAB-Projekt. Die Idee für dieses Projekt ist durch einen Zufall entstanden. Mein Kollege, Peter Sittig, heutiger Ausbildungsleiter dieses Projektes, und ich stellten bei der Ausstattung eines IT-Raumes in einer Behindertenwerkstatt, wo pressewirksam zwei junge Männer an den PC-Arbeitsplätzen saßen, ein großes Interesse dieser behinderten Menschen an PCs fest. Wir wollten einen Versuch mit ein bis zwei jungen Menschen aus der Behindertenwerkstatt starten, die durch eine Inhouseschulung eine

IT-Qualifizierung erreichen. Ich habe die Idee dann dem Landschaftsverband Rheinland und Paul Cvilak vorgestellt und innerhalb von drei Monaten hatten wir zwölf junge Menschen als Bewerber. Die IHK Aachen hat von dem Projekt gehört und gemeinsam mit uns ein neues Berufsbild geschaffen, den „Fachpraktiker für IT-Systeme". Heute bildet Peter bereits den zweiten Durchgang aus, sowohl im praktischen als auch im theoretischen Bereich. 2014 haben sieben junge Menschen die Prüfung erfolgreich abgelegt und wurden bei der AfB in ein unbefristetes Arbeitsverhältnis übernommen. Durch diese qualifizierte Ausbildung haben wir langfristig Perspektiven am ersten Arbeitsmarkt geschaffen und gezeigt, dass auch junge Menschen aus der Behindertenwerkstatt über ganz viel Potenzial verfügen. Derzeit sind wir auf der Suche nach Firmen, die eine Patenschaft für unsere Auszubildenden übernehmen, also Firmen, die bereit sind, von AfB ausgebildete Fachpraktiker zu übernehmen.

Was bedeutet nachhaltiges Unternehmertum für dich?
Nachhaltiges Unternehmertum bedeutet für mich vor allem langfristige Arbeitsplätze sowie Stabilität und Sicherheit für Menschen mit Behinderung. Daneben impliziert nachhaltiges Unternehmertum außerdem ehrliche Chancen auch für ältere, behinderte oder kranke Menschen, die zeitweise keine Hoffnung mehr haben und dadurch einen neuen Job und neue Perspektive finden.

3.3 Interview mit Michael Gorin

Michael (s. Abb. 8) ist 26 Jahre alt und Abteilungsleiter der Datenlöschung. Trotz seiner jungen Jahre hat Michael bereits eine beeindruckende Laufbahn hinter sich. Nach seinem Hauptschulabschluss absolvierte er die mittlere Reife und besuchte schließlich ein Wirtschaftsgymnasium, welches er aus persönlichen Gründen nicht abschloss. Nachdem Michael kurze Zeit arbeitssuchend war, bekam er eine Stelle als 1-Euro-Jobber bei der AfB. Seine Arbeit bei der AfB und seinen außergewöhnlichen Werdegang beschreibt er wie folgt:

Wie konntest du Dich bei der AfB bereits beruflich entwickeln?
Nachdem ich als 1-Euro-Jobber anfing, kam eins zum anderen und ich arbeitete anschließend erst als Aushilfe im Lager, dann in der Technik. Dann bekam ich eine Festanstellung in der Datenlöschung, wo ich nach kurzer Zeit Teamleiter wurde. Mein Bereich wurde mit der Zeit um die Bereiche Gerätetest und Erfassung erweitert. Schließlich wurde ich Abteilungsleiter der Aufarbeitung. Ich habe mich innerhalb von fünf Jahren durch harte Arbeit zu einer Führungsperson entwickelt. Die Geschäftsleitung stand dabei in dem, was ich gemacht habe, immer voll und ganz hinter mir.

Abb. 8 AfB-Mitarbeiter Michael Gorin

War für dich von Anfang an klar dass du eine Führungsaufgabe übernehmen willst?
Garantiert nicht. Ich konnte mir das überhaupt nicht vorstellen. Ich hatte damals auch kaum berufliche Ziele. Das hat sich einfach so ergeben. Als ich dann als Teamleiter noch die Erfassung übernommen habe, kam dann der Punkt, an dem mir der Gedanke gefiel.

Was ist in deiner täglichen Arbeit bei der Führung von Menschen mit und ohne Behinderung besonders zu beachten?
In meiner Abteilung arbeiten sehr viele unterschiedliche Charaktere, die unterschiedlich auf das reagieren, was man sagt. Ich versuche so gut wie möglich damit umzugehen. Man muss die Mitarbeiter zunächst erst einmal kennenlernen und auch beobachten, wie der allgemeine Umgang untereinander ist und wie sie miteinander reden. Man bekommt dann ein Gefühl dafür, wie man selbst mit den Leuten reden muss. Ich habe mich inzwischen daran gewöhnt und es klappt auch ganz gut.

Was zeichnet die AfB im Gegensatz zu einem andern Arbeitgeber für dich aus?
Ich mag meinen Job bei der AfB, vor allem wegen der sozialen Komponente. Dass hier viele Menschen mit Behinderung arbeiten, empfinde ich persönlich als Mehrwert. Schon als Kind kam ich in Kontakt mit behinderten Menschen, da ich neben einem Berufsförderungswerk aufgewachsen bin, wo Menschen, die ihren Beruf aufgrund einer Behinderung nicht mehr ausführen können, umgeschult werden. Auch mein Vater hat eine Gehbehinderung. Dadurch habe ich einen persönlichen Bezug zur Thematik. Außerdem glaube ich,

dass in einem größeren Unternehmen eine Entwicklung wie meine nicht möglich gewesen wäre. Hier sind die Strukturen noch sehr flexibel und man kann noch viel am Wachstum mitarbeiten und wird stark miteinbezogen.

3.4 Interview mit Norbert Schindel

Norbert Schindel (s. Abb. 9) ist einer der ersten Mitarbeiter der AfB und hat das Unternehmen von Anfang an erfolgreich mitgestaltet. Der gelernte Speditionskaufmann ist heute 60 Jahre alt. Vor seiner Tätigkeit bei AfB arbeitete er 30 Jahre in einer Spedition. Heute ist er einer unserer Vertriebsmitarbeiter. Norbert Schindel ist aufgrund seiner Erkrankung an Polio schon immer gehbehindert, konnte aber lange Zeit noch mit Krücken laufen. Nach zwei Unfällen vor fünf Jahren sitzt er nun im Rollstuhl, was die Qualität seiner Arbeit aber nicht mindert. Im Interview gibt er Antworten auf folgende Fragen:

Gibt es eigentlich Barrieren, die dich in deiner täglichen Arbeit einschränken?
Viele. An sich bin ich durch den Rollstuhl jetzt sogar schneller und mobiler als vorher, als ich noch an Krücken lief. Bei meiner Arbeit im Vertrieb bin ich jedoch sehr viel unterwegs und habe täglich mit räumlichen Barrieren bei Kunden, wie z. B. Stufen oder Steigungen, zu kämpfen. Ich bemerke allerdings, dass es mit der „Barrierefreiheit" besser wird. Vor zehn Jahren war dieses Thema noch in den Kinderschuhen. Im Haus der AfB ist das anders, hier sind alle Arbeitsplätze barrierefrei gestaltet, sodass Menschen mit Behinderungen nicht eingeschränkt sind.

Abb. 9 AfB-Mitarbeiter Norbert Schindel

Warum hast Du dich für die AfB als Arbeitgeber entschieden?
Nicht, wie man vielleicht meinen könnte, aufgrund des sozialen und ökologischen Themas, das es bei der Gründung der AfB vor zehn Jahren zwar schon gab, aber damals noch nicht die heutige Bedeutung hatte. Nachdem die Spedition, bei der ich arbeitete, insolvent ging, war ich zunächst sieben Monate arbeitslos, bis mich schließlich der Integrationsfachdienst an die AfB vermittelte. Die AfB gab mir die Chance, mich mit bereits 50 Jahren beruflich noch einmal komplett neu zu erfinden. Ich wurde zielgerichtet danach ausgewählt, ob ich gut auf Leute zugehen kann, unabhängig von meinem Alter und meiner Behinderung. Das halte ich nicht für selbstverständlich.

Siehst Du im Kontakt zu Partnerfirmen einen Wettbewerbsvorteil, der durch die sozialen und ökologischen Aspekte des AfB-Konzepts hervorgerufen werden kann?
Jein. Einerseits kann die Zusammenarbeit mit der AfB für die Unternehmen ein nachhaltiges Projekt darstellen, andererseits werden die Aufträge nach dem Preis-Leistungs-Prinzip vergeben. Letztendlich geht es oft nur um den Preis und hier können wir manchmal einfach nicht mithalten. „Ist ja alles schön und gut, aber der Preis ist zu hoch", höre ich leider immer noch viel zu oft. Der soziale und nachhaltige Gedanke wird von den Unternehmen leider oft noch viel zu wenig gewürdigt. Bei öffentlichen Auftraggebern ist es umgekehrt. Diese bewerten die Nachhaltigkeitsaspekte oft sehr positiv, haben aber leider keinen Einfluss auf die Vergabe, da sie Dienstleistungen öffentlich ausschreiben müssen und bei den Ausschreibungen leider überhaupt keine Berücksichtigung des Nachhaltigkeitsaspektes stattfindet. Auch hier gewinnt somit der mit dem günstigsten Preis.

Wir beurteilst du die Entwicklung der AfB seit deinem Eintritt?
Klar haben auch wir unsere Probleme, wie jede andere Firma auch, aber alles in allem beurteile ich die Entwicklung ausschließlich positiv. Seit meinem Eintritt vor zehn Jahren hat sich hier einiges verändert. Zu Anfang waren wir nur drei Mitarbeiter, die für alle Themen zuständig waren. Heute arbeiten über 200 Mitarbeiter in ganz Deutschland für die AfB und wir haben es geschafft, Niederlassungen in Österreich, der Schweiz und Frankreich zu etablieren. Dieses Wachstum ist meiner Ansicht nach darin begründet, dass nicht nur die Geschäftsidee der AfB innovativ ist, sondern auch die Arbeit unserer Mitarbeiter professionell umgesetzt wird. Die Mitarbeiter der AfB definieren sich über ihre Arbeitsleistung, unabhängig ob behindert oder nicht. Den sozialen Mehrwert erhalten unsere Kunden kostenfrei dazu. Nur weil wir konkurrenzfähig sind und uns nicht auf unserem sozialen Engagement ausruhen, konnten wir unseren Erfolg erarbeiten und uns so immens entwickeln. Wir generieren gesellschaftlichen Erfolg aus wirtschaftlichem Wachstum.

Nathalie Ball (*6.10.1983) schloss 2007 ihr BWL-Studium an der Dualen Hochschule in Karlsruhe erfolgreich ab. Eine praktische Ausbildung hat sie bei der otto-group am Standort des Versandhandelskonzerns bei Heinrich Heine in Karlsruhe absolviert. Nach dem Studium betreute sie dort bis 2011 als Onlineshopmanagerin den E-Commerce für die Tochtergesellschaft Jelmoli, woraufhin sie zur AfB wechselte. Am AfB-Standort in Ettlingen hat sie den CSR-Bereich aufgebaut und weiterentwickelt. Seit der Geburt ihrer Tochter ist sie in Teilzeit für AfB im Kommunikationsbereich tätig. 2015 übernahm sie den an der Südlichen Weinstraße gelegenen elterlichen Weinbau- und Gastronomiebetrieb „Muskatellerhof" in Gleiszellen und baut diesen weiter aus.

EcoVadis – Bewertung von Nachhaltigkeitsleistungen in globalen Lieferketten

Einkaufsorganisationen als Treiber für eine nachhaltige Entwicklung

Tanja Reilly

1 Das Unternehmen EcoVadis

Wirtschaftlich Handelnde und Unternehmen stehen immer unter dem Einfluss von gesellschaftlichen und politischen Veränderungen (Lexikon der Nachhaltigkeit 2015). Für die nachhaltige Entwicklung erkannten die Gründer von EcoVadis frühzeitig, dass sich, besonders durch Globalisierung und damit auch wachsende Standarddifferenzen, für die Einkaufsorganisationen großer Unternehmen neue Herausforderungen ergeben würden, Herausforderungen, die u. a. auf der sozialen oder ökologischen Leistung von Zulieferern in globalen Lieferketten beruhten und die zukünftig mehr und mehr an Bedeutung für den wirtschaftlichen Erfolg und die Reputation gewinnen würden. Somit entstand die Idee einer kollaborativen Plattform zur Bewertung der Nachhaltigkeitsperformance für Lieferanten entlang der globalen Lieferkette. Eine Idee, aus der im Jahr 2007 die Firma EcoVadis mit Hauptsitz in Paris gegründet wurde (Corporate Responsibility Report 2013).

Längst ist die Globalisierung auf ihrem höchsten Stand und die internationale Vernetzung von der Produktion bis zum Verkauf kennt keine Grenzen mehr. Global agierende Unternehmen haben meist eine breite Basis von bis zu mehreren Tausend Lieferanten und somit stellt eine Überwachung der Lieferkette in Bezug auf Nachhaltigkeit die Unternehmen nicht nur vor große Herausforderungen, sondern würde auch unglaublich viele Ressourcen binden. EcoVadis hat sich mit dieser ersten kollaborativen Plattform für Einkäufer und Lieferanten das Ziel gesetzt, die Umwelt- und Sozialpraktiken von Unternehmen durch ein CSR-Performancemonitoring innerhalb der Lieferkette zu fördern und Unternehmen bei der Verbesserung von Nachhaltigkeit zu unterstützen.

Mittlerweile ist EcoVadis mit 300 Mitarbeitern bestehend aus 32 Nationalitäten weltweit mit weiteren Büros in New York, London, Düsseldorf, Hongkong, Port Luis, Benelux

T. Reilly (✉)
Düsseldorf, Deutschland
E-Mail: treilly@ecovadis.com

vertreten und ist für 130 multinationale Konzerne ein vertrauenswürdiger Partner, der bei der Implementierung von Prozessen zur Beschaffung von nachhaltigen Rohstoffen, Waren und Dienstleistungen unterstützt. Im Fokus steht hierbei die Verbesserung von ökologischen und sozialen Standards und Verfahrensweisen durch wirksame Einflussnahme auf Lieferanten entlang globaler Wertschöpfungsketten. Mit der Kombination von Menschen, Prozessen und einer Plattform hat EcoVadis ein branchenführendes Team, innovative Technologie und eine einzigartige CSR-Bewertungsmethode entwickelt, die 150 Einkaufskategorien, 110 Länder und 21 CSR-Indikatoren abdeckt. Die EcoVadis Ratings sind mit dem GRI, UN Global Compact, der ISO26000 und der ILO kompatibel und basieren auf internationalen Standards zur Sicherstellung der Qualität und Zuverlässigkeit (Official information from EcoVadis)

2 Nachhaltigkeit als Innnovationsförderer

Natürlich gibt es bereits viele Unternehmen, die CSR aus unternehmerischer Verantwortung und Überzeugung betreiben. Vor allem ist dies oft bei Familienunternehmen der Fall, die in ihren gegenwärtigen Entscheidungen nicht nur zukunftsorientiert, sondern auch nachhaltig ausgerichtet sind. Hierbei geht es oftmals konkret um den Schutz der Marke vor potenziellen Imageschäden, die für Familienunternehmen eine ernsthafte Existenzgefahr darstellen. Zugleich stehen hier die Traditionsbewahrung und die Weiterentwicklung der Marke im Sinne der Attraktivität für nachfolgende Generationen im Fokus der unternehmerischen Strategie. Anders als bei Großkonzernen steht in diesen Familienunternehmen weniger die Rentabilität im Vordergrund. Vielmehr gilt hier die Innovation als Faktor, der generationsübergreifend das konstante Bestehen des Unternehmens und der Marke sichert, das Vertrauen der Stakeholder stärkt und die Wahrnehmung der Marke verbessert. Bei Großkonzernen hingegen ist es oftmals die Entwicklung neuer Geschäftsmodelle, die Innovationen beiläufig befördern, da gleichzeitig die Rentabilität und die Positionierung im internationalen Wettbewerb ausgebaut werden können. Die Strategien und Entscheidungen der Großkonzerne in Bezug auf Nachhaltigkeit ergeben sich oft aus dem Dialog mit Stakeholdern und den Erwartungen, die externe Stakeholder an das Unternehmen und dessen Rentabilität stellen (Müller 2008). Wie Nachhaltigkeit und Innovation zum Erfolg führen können, zeigen die anschließenden Kundenbeiträge von Interstuhl und Lipomed. Beide Unternehmen wurden von EcoVadis mit Gold bewertet und beschreiben den Erfolg aus ihrer Sicht.

3 EcoVadis Beitrag für mehr Nachhaltigkeit

EcoVadis Bewertungen der Lieferanten gehen über eine oftmals gängige Selbstbewertung hinaus, denn wir sind der Überzeugung, dass eine reine Selbstbewertung keine Verhaltensänderungen anstößt und auch ist die Risikofrüherkennung nicht möglich. Daher beschäftigt EcoVadis 150 CRS-Analysten, die gelieferte Daten und Dokumente der Lieferanten nach der EcoVadis-Ratingmethodologie bewertet. Das Ziel der EcoVadis-Corporate-Social-Responsibility-(CSR-)Ratingmethodologie ist es, die Qualität der CSR-Managementsysteme von Firmen zu bewerten. Das Bewertungssystem wird vor dem Hintergrund des Industriesektors, des geografischen Standortes (Präsenz in Risikoländern) sowie der Größe und des Umfangs des Unternehmens angepasst. Für EcoVadis besteht ein effektives CSR-Managementsystem aus den folgenden Elementen: Policies, Maßnahmen und Berichterstattung. Die Bewertung basiert auf 21 CSR-Kriterien aus den Bereichen Umwelt, soziale Aspekte, Ethik und Umwelt- und Sozialpraktiken der Zulieferer. Diese Bewertung erlaubt Unternehmen den Vergleich gegenüber sektorgleichen Unternehmen, ermöglicht aber auch die Einschätzung der gesamten CSR-Leistung des Unternehmens in absoluten Zahlen. Das Ergebnis der Bewertung mündet in einer für beide Seiten (Einkauf und Lieferant) einsehbare Scorecard, die Aufschluss über Stärken und Schwächen gibt. Das Ergebnis gibt dem Lieferanten auch die Möglichkeit, seine eigene CSR-Leistung zu verbessern, denn seine Schwächen sind mit konkreten Verbesserungsvorschlägen hinterlegt. Die Scorecard ermöglicht beiden Parteien in einen zielführenden Dialog zu treten und Risiken zu beheben oder auch Innovationen zu fördern.

4 CSR und Innovationen – Erfahrungsberichte

4.1 Makrotrend Nachhaltigkeit in der kosmetischen Industrie

Nicole Bernard, Alexandra Winz, Peter Röthlisberger

Interviewpartner (Abb. 1): Dr. Peter Röthlisberger, Managing Director Lipoid Kosmetik AG , Nicole Bernard, Head of Regulatory, Lipoid Kosmetik AG, Alexandra Winz, Regulatory Manager, Lipoid Kosmetik AG.

Sie produzieren seit mehr als 40 Jahren hochwertige Pflanzenextrakte für die kosmetische Industrie. Können Sie kurz die Firma und das Portfolio vorstellen?

Röthlisberger: Wir sind seit 1972 auf dem Markt, mit dem Fokus natürliche Produkte wie botanische Extrakte und Phospholipide für den Kosmetikmarkt herzustellen. Bereits früh sind wir erfolgreich in die internationalen Märkte eingestiegen und haben uns mit unseren Produkten einen sehr guten Namen verschafft. Seit 2007 gehören wir zur Lipoid-Gruppe, einem Pionier für hochqualitative Phospholipide für die Pharma-, Lebensmittel- und Kosmetikindustrie.

Bernard: Wir gliedern unser Portfolio in vier Bereiche: pflanzliche Aktivstoffe, botanische Extrakte, kosmetische Zusatzstoffe und natürliche Phospholipide. Über dem gesamten Portfolio steht unser Leitspruch „We make beauty natural", das heißt, dass die meisten

Abb. 1 Interviewpartner, von links nach rechts: Winz, Bernard, Röthlisberger

unserer Produkte natürlichen Ursprungs sind. Allein im Bereich der botanischen Extrakte bieten wir ein aktives Portfolio von knapp 1000 Produkten an.

Röthlisberger: Darüber hinaus sind wir auf allen Kontinenten aktiv und bieten unser gesamtes Portfolio in über 60 Ländern auf der ganzen Welt an.

Nachhaltigkeit ist heutzutage in allen Medien präsent. Wie beurteilen Sie dessen Bedeutung für die Kosmetikindustrie?

Röthlisberger: Bei der Kommunikation unserer Nachhaltigkeitsanstrengungen zu unseren Kunden, fällt der Samen teilweise eher auf fruchtbaren Boden, da insbesondere die großen Firmen seit Jahren an ihren Nachhaltigkeitsprozessen arbeiten und ganze Teams eingestellt haben, die die Nachhaltigkeitspolitik nicht nur definiert haben, sondern ebenso die Prozesse am Umsetzen sind. Da hat uns die EcoVadis-Plattform sehr geholfen.

Winz: Nachhaltigkeit wird in den verschiedenen Industrien sehr unterschiedlich interpretiert. Wir halten uns an die Definition der Vereinten Nationen: Nachhaltige Entwicklung ist eine Entwicklung, die gewährt, dass künftige Generationen nicht schlechter gestellt sind, ihre Bedürfnisse zu befriedigen als gegenwärtig lebende.

Röthlisberger: In der Kosmetik sind seit Jahren „natürlich" oder „organisch" Hauptschlagworte. Mit der Wirtschaftskrise hat sich allerdings das Wachstum in der reinen

Naturkosmetik etwas verlangsamt. Mehr und mehr Firmen haben jedoch verschiedene Initiativen aus dem Bereich der Nachhaltigkeit initiiert, wie z. B. CO_2-Kompensation, Einsatz erneuerbarer Ressourcen und direkte Zusammenarbeit mit lokalen Gemeinschaften. Die steigenden ethischen Konsumentenerwartungen, Druck auf die gesamte Lieferkette, Medienpräsenz und Nichtregierungsorganisationen, Gesetze und Regularien sowie die Forderung nach Nachhaltigkeitsberichten sind starke Treiber dieses Trends zu mehr Nachhaltigkeit.

Bernard: Aus Konsumentensicht ist ihre gesundheitsbewusstere Haltung ein wesentlicher Treiber. Sie wollen sich etwas Gutes tun und wenn möglich auf gefährdende Inhaltsstoffe verzichten. Das mischt den Markt auf. Die Industrie sucht nach neuen Lösungen. Dies basiert im Wesentlichen auf Kundenbedürfnissen, aber nicht im geringeren Maße auch auf der eigenen, firmeninternen Überzeugung, für zukünftige Generationen das Richtige zu tun. Die nachhaltige Pflege ist weit mehr als ein Trend, sie ist Teil einer großen Bewegung hin zu bewusstem Konsum und Respekt vor der Umwelt. Es geht dabei nicht nur um äußere Schönheit, sondern um ein ganzheitliches Lebensgefühl.

Röthlisberger: Die Marketingverantwortlichen haben hier schon lange den entsprechenden Kunden ein eigenes Label verpasst: LOHAS (Lifestyle Of Health And Sustainability), die vor allem eins wollen: bewusst leben.

Umweltschutz und Nachhaltigkeit waren schon immer ein zentraler Bestandteil Ihres Unternehmens. Können Sie uns dies näher erläutern? Was ist Ihre eigene Motivation hierbei?

Bernard: Die Themen Umweltschutz, soziale Verantwortung und Nachhaltigkeit waren von Anfang an für die gesamte Firmengruppe von größter Bedeutung. Wichtig ist uns, dass es nicht nur bei Worten bleibt, sondern dass diese Themen auch in allen Bereichen unseres Unternehmens gelebt werden.

Winz: In den letzten Jahren hat das Thema Nachhaltigkeit die Kosmetikbranche verändert. Wir erleben ein steigendes Interesse und Bedürfnis unserer Kunden nach Nachhaltigkeit und Natürlichkeit. Einige Kunden haben bereits Nachhaltigkeitskriterien in ihrem Beschaffungsprozess integriert und längerfristige Unternehmensstrategien bezüglich dieser Thematik konzipiert. Wir sehen dieser Entwicklung sehr positiv entgegen und freuen uns, dass unser seit Langem bestehendes Engagement nun Anerkennung findet. Aber daneben gibt es immer noch den sogenannten Massenmarkt, der im Wesentlichen über den Preis definiert ist.

Röthlisberger: Wir sehen hier, dass dieser Trend, der sich seit Jahren abzeichnet, nun durch den Einstieg der großen Kosmetikfirmen in diese Thematik nochmals deutlich Fahrt aufgenommen hat. Da sind wir hervorragend positioniert, weil viele Anstrengungen bei uns schon seit Jahren genau in diese Richtung gehen. Einen Teil dieser Anstrengungen haben wir auch in unserem Nachhaltigkeitsbericht dokumentiert und wurden natürlich mit der Auszeichnung Gold von EcoVadis belegt.

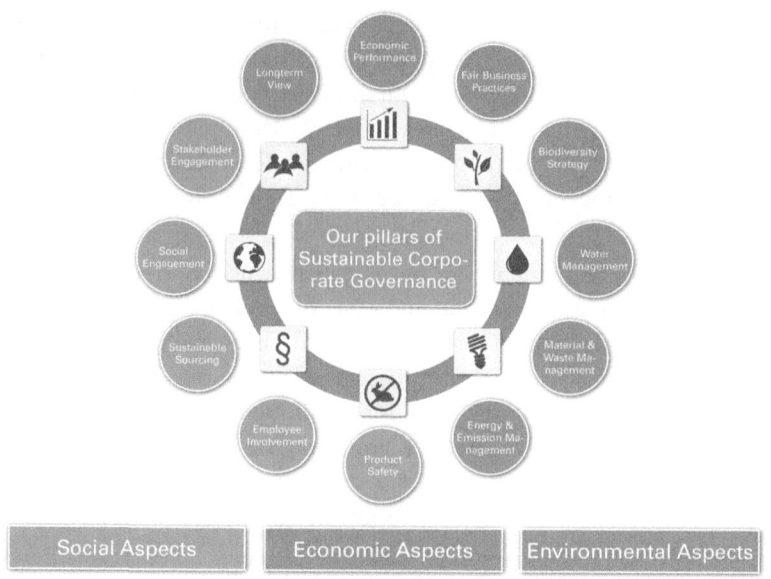

Abb. 2 Grafik Sustainability bei Lipoid Kosmetik AG

Winz: Nachhaltigkeit als ein Auswahlkriterium für vertrauensvolles Zusammenarbeiten wird nach unserem Erachten hoffentlich ein immer stärkerer Einflussfaktor für die Kosmetikindustrie werden. Die unabhängige Bewertung durch EcoVadis ist hierbei ein guter Weg.

Ihre Nachhaltigkeitspolitik basiert auf den Grundsätzen der Corporate Social Responsibility (CSR). Welche Nachhaltigkeitsthemen umfasst diese?

Winz: Unsere Nachhaltigkeitspolitik basiert auf wirtschaftlichen, ökologischen und sozialen Themenbereichen, welche alle ein integrierter Bestandteil unseres zertifizierten Qualitätsmanagementsystems sind. Ein Großteil der 21 definierten Kriterien von EcoVadis ist hierbei abgedeckt. Die Faktoren, die hier eine Rolle spielen, sind eng miteinander verknüpft und beeinflussen sich gegenseitig oder überschneiden sich sogar.
Röthlisberger: Bei den wirtschaftlichen Aspekten liegt der Schwerpunkt, neben ökonomischen Aspekten, auf einem fairen und offenen Umgang mit Stakeholdern und einer langfristigen Zusammenarbeit. Dies ist in unserem Ethik- und Verhaltenskodex verankert und wird von unseren Mitarbeitern eingehalten.
Winz: Die Basis unseres ökologischen Engagements ist der Schutz der Umwelt, der Erhalt der biologischen Vielfalt und der schonende Umgang mit Ressourcen. Hierbei konzentrieren wir uns vor allem auf die Steigerung unserer Energieeffizienz, den Erhalt der Artenvielfalt und den sorgsamen Umgang mit verwendeten Ressourcen, wie z. B. Was-

ser. Außerdem achten wir darauf, so wenig Abfall wie möglich zu produzieren und diesen möglichst in den Materialkreislauf via Recycling und Wiederverwertung zurückzuführen.

Bernard: Die Einhaltung der Prinzipien des UN Global Compacts und der internationalen Arbeitsorganisation (ILO) bilden das Fundament für unsere soziale Leistung. Dies erwarten wir auch von unseren Stakeholdern.

Und welche Bereiche wollen Sie zukünftig weiter voranbringen?

Röthlisberger: Vorrangig ist und bleibt die Qualität unserer Produkte. Dabei spielt die Herkunft und Dokumentation unserer Rohwaren eine wesentliche Rolle, die wir sowohl analytisch als auch regulatorisch für jedes unserer Produkte genauestens überprüfen. Hierzu gehören auch die QS-Systeme unserer Lieferanten, die wir nicht nur durch entsprechende Zertifizierungen, sondern auch durch eigene Lieferantenaudits vor Ort regelmäßig prüfen.

Bernard: Ganz wichtig ist uns, die Natürlichkeit unserer Rohwaren auch in unseren Endprodukten zu gewährleisten. Beim Thema Konservierung haben wir beispielsweise sehr früh selbstkonservierende Systeme entwickelt, die synthetische Stoffe wie Parabene ersetzen können.

Röthlisberger: Im operativen Bereich haben wir zwei Hauptaugenmerke: Im internationalen Verkauf geht es um Fokussierung auf unsere Stärken und um die Fähigkeit, zur richtigen Zeit unseren Kunden das richtige Produkt oder die richtige Lösung anbieten zu können. Im Bereich der Innovation geht es nicht nur um neue Produkte oder Konzepte, die auf die zukünftigen Trends in der Industrie eine Antwort geben können, sondern es geht auch darum, dass wir diese Wirkung weiterhin fundiert belegen und dem Kunden so ein attraktives Gesamtpaket bieten können.

Was sehen Sie als die größten Herausforderungen Ihrer Branche in Bezug auf Nachhaltigkeit?

Winz: Mit dem größer werdenden Trend zu mehr Nachhaltigkeit steigt auch das Risiko des sogenannten Greenwashing. Dabei werden Informationen bezüglich Nachhaltigkeit so aufbereitet, dass der Eindruck von Nachhaltigkeit entsteht, ohne dass aber effektiv ein Beitrag geleistet wird. Die Branche muss mit verschiedenen Mitteln dringend sicherstellen, dass solches Verhalten gestoppt wird, denn das Vertrauen der Kunden steht auf dem Spiel.

Bernard: Der Einkauf ist vor neue Herausforderung gestellt. Im Vergleich zu früher müssen die Rohstoffe viel detaillierter dokumentiert werden. Das Einholen und Bewerten von Informationen in diesem Zusammenhang ist komplex und aufwendig. Relativ neu sind die Anforderungen an Rohstoffe, das Nagoya-Protokoll und dessen Gesetze auf nationaler Ebene zu erfüllen. Das ist gerade die neuste Herausforderung aus dem Bereich Regulatory. Das Nagoya-Protokoll regelt den Zugang und Nutzen von genetischen Ressourcen.

Winz: Die Definition von Naturkosmetik ist auch eine ständige Herausforderung. Es gibt private Organisationen, welche entsprechende Standards pflegen. Die neue ISO-16128-Normreihe wird die Ansätze hoffentlich etwas harmonisieren. Der Entwurf ist aber wegen diverser Aspekte stark unter Kritik.

Was verstehen Sie unter „nachhaltiger Produktinnovation"?

Röthlisberger: Hier geht es darum, Produkte zu schaffen, die am Markt neu sind und sich erfolgreich durchsetzen. Diese ökonomische Voraussetzung ist die Grundbedingung, um auch andere Aspekte der nachhaltigen Produktinnovation abdecken zu können: Produkte die nachweislich keinen negativen Einfluss auf das Ökosystem eines Landes haben, beim Hersteller ebenso eine nachhaltige Produktentwicklung ermöglichen und beim Verwenden keine negativen Spuren hinterlassen.

Was sind die entscheidenden Faktoren für Innovationen in Ihrem Unternehmen?

Röthlisberger: Am Anfang des Innovationsprozesses stehen klar Überlegungen bezüglich Marktpotenzial, Wirkungsnachweis, Nachhaltigkeit, Produktsicherheit, Beschaffbarkeit der Rohstoffe, um nur einige zu nennen. Ziel ist es natürlich auch, ökonomischen Erfolg mit neuen Produkten zu haben. Das Streben nach Nachhaltigkeit muss in finanzielle Überlegungen eingebettet sein.
Bernard: Ansonsten eliminiert sie sich selbst. Und das ist nicht, was wir wollen.

Hat das Thema Nachhaltigkeit einen Einfluss auf Ihren Innovationsprozess?

Winz: Ja, definitiv. Bei den Innovationen müssen wir eine klare Abgrenzung zwischen Produkt- und Prozessinnovation machen. Bei Prozessinnovationen ist Nachhaltigkeit ein wichtiger Bestandteil, da dies mit der Wirtschaftlichkeit des Unternehmens direkt verknüpft ist. So ist beispielsweise bei der Neubeschaffung von Gerätschaften und Anlagen neben dem Preis, die Energieeffizienz ein wichtiges Kriterium für den Kaufentscheid. Dies ist für uns als Schweizer Unternehmen entscheidend, um marktfähig zu bleiben.
Bernard: Aber auch unsere Produktinnovationen bleiben von dieser Thematik nicht unbeeinflusst. So bieten wir zunehmend Pflanzenextrakte in Bioqualität an und haben eine Fairtrade-Produktlinie lanciert, um den wachsenden Kundenbedürfnissen gerecht zu werden. Jedoch kann Nachhaltigkeit aufgrund gesetzlicher Vorgaben oder interner Verpflichtungen auch ein limitierender Faktor für Innovationen sein. Mit unserer Verpflichtung „Verzicht auf Palmöl" beschränken wir beispielsweise die Rohstoffauswahl für Neuentwicklungen und auch die Beschaffung wird erschwert.

Welche Innovationen haben Sie in den letzten Jahren umgesetzt? Haben Sie konkrete Beispiele?

Röthlisberger: Das sind wie gesagt unsere Fairtrade-Linie, eine zertifizierte Produktlinie nach dem Cosmos-Standard und diverse Produkte für den Naturkosmetikbereich oder naturnahen Kosmetikbereich.

Bernard: Auf der Ebene Prozessinnovation sind wir gerade daran, weitere Aspekte der Nachhaltigkeit in den Bereich Einkauf zu integrieren. Es geht darum, unsere Lieferanten und allenfalls deren Unterlieferanten besser in die Thematik einzubinden und ihnen unsere Bedürfnisse im Bereich Nachhaltigkeit und Kosmetik besser bekannt zu machen. So wird die Lieferkette als Ganzes von diesem Gedankengut durchwachsen. Ich sage, „wachsen", weil dieser Prozess Zeit braucht.

Winz: Zur Steigerung unserer Energieeffizienz arbeiten wir seit 2010 mit dem Beratungsunternehmen Energie Agentur der Wirtschaft (EnAW) zusammen. Viele Maßnahmen des 10-Jahres-Plans haben wir bereits umgesetzt. Optimierung der Wärmeisolierung und Lagertemperatur oder die Totalrevision unserer Vakuumdestillationsanlage sind nur einige Beispiele hierfür. Aber auch die Prüfung des Gefährdungsstatus von Rohstoffen gemäß CITES Datenbank (Convention on International Trade in Endangered Species of Wild and Flora) und der Roten Liste (IUCN Red List of Threatened Species) sind heute feste Bestandteile unseres Freigabeprozesses.

Wie beurteilen Sie im Hinblick auf die Zukunft Innovation in Verknüpfung mit Nachhaltigkeit?

Bernard: Das ist ein Muss. Das Thema Nachhaltigkeit im Kosmetikbereich ist nicht mehr wegzudenken. Es gibt letztlich keine Argumente für ein Unternehmen, sich nicht in diese Richtung weiterzuentwickeln. Die Integration der Nachhaltigkeit in die gesamte Wertschöpfungskette müsste das Ziel sein. Schön wäre es, wenn die Anforderungen nach Nachhaltigkeit völlig unaufgeregt in die Produktanforderungen einfließen würden, quasi als Selbstverständlichkeit, wie andere Produktanforderungen schon längst zur Routine geworden sind. Hierfür braucht es weiterhin eine enge Zusammenarbeit zwischen Industrie und Gesetzgeber, um die relevanten Regularien sinnvoll weiterzuentwickeln.

Wie treten Sie auf dem Markt in Bezug auf Nachhaltigkeit auf?

Röthlisberger: Hier müssen wir zwei Sachen unterscheiden: Die Kommunikation der Nachhaltigkeit unserer Kunden zu den Endverbrauchern und die Kommunikation von uns zu unseren Kunden, also den Herstellern von kosmetischen Produkten. Gegenüber unseren Kunden kommunizieren wir selbstverständlich aktiv unsere Resultate mit EcoVadis und können so ab und zu auch Kunden auf das Thema Nachhaltigkeit sensibilisieren.

Winz: Für den Endkunden ist es oftmals nicht klar, welche Nachhaltigkeitspolitik eine spezifische Marke respektive deren Hersteller verfolgt. Hier wäre sicherlich ein globaler Standard hilfreich, und hier gibt es auch noch viel zu tun. Die neue ISO-Normreihe für Natur- und Biokosmetik ist erst der Anfang.

Wie kommunizieren Sie Ihre Performance im Bereich Nachhaltigkeit?

Winz: Auch als kleine Firma sind wir interessiert, dass unsere Leistung im Bereich Nachhaltigkeit internationalen Standards genügt und damit auch vergleichbar wird. Deshalb erstellen wir unseren Nachhaltigkeitsbericht gemäß dem GRI-Standard. GRI steht für Global Reporting Initiative.

Röthlisberger: Das Erstellen des Berichts ist für uns als KMU sehr aufwendig. Wir haben uns aber entschieden, diesen Weg zu gehen. Es ist eine Investition in die richtige Richtung.

Sie wurden 2015 von EcoVadis mit dem Goldstatus ausgezeichnet. Wie war die Resonanz Ihrer Stakeholder auf diese Auszeichnung?

Röthlisberger: Die Reaktionen waren durchweg positiv. Das hat uns sehr gefreut. Die Bekanntheit von EcoVadis könnte aber aus unserer Sicht noch weiter zunehmen, was unsere Arbeit mit anderen Firmen, die nicht auf die EcoVadis-Plattform setzen, erleichtern würde.

Bernard: Es hat uns speziell gefreut, dass unterdessen weitere Kunden einen Zutritt zu unseren Bewertungsresultaten beantragt haben, was wir auch gerne gewährten. Denn die EcoVadis-Plattform ist eine hervorragende Möglichkeit, unsere Anstrengungen zentral zu dokumentieren und zu kommunizieren und damit Synergien zu nutzen.

Winz: Es geht auch darum, stetig Verbesserungen im Bereich Nachhaltigkeit einzubauen. Da hilft uns die Plattform, den Prozess intern aufrechtzuerhalten und gleichzeitig die Dokumentation sicherzustellen, eine klare „Win-win-Situation" für alle Beteiligten.

4.2 CSR-Aktivitäten bei Interstuhl

Interstuhl Büromöbel GmbH & Co. KG

Wie alles begann – Vom Schmiedehandwerk zum Experten für professionelles Sitzen
Mit viel Leidenschaft und noch mehr Sachverstand bauten im Jahre 1961 zwei Menschen in der Dorfschmiede im schwäbischen Meßstetten-Tieringen ihren ersten Stuhl und veränderten damit die Arbeitswelt. Eigentlich hatte das Schmiedehandwerk in der Familie Link seit 1731 Tradition, doch in Zeiten des „Wirtschaftswunders" suchten Vater Wilhelm Link und Sohn Werner ihre Chance in der boomenden Textilindustrie der Region. Viele Näherinnen wurden gebraucht und für sie Stühle, Stühle, Stühle …

Abb. 3 Interstuhl Verleihung EMAS 2015

1961 war also das Geburtsjahr der „bi-regulette", des ersten leistungsstarken Arbeitsstuhlmodells zur Entlastung des Menschen für gesündere Arbeitsbedingungen. Bis heute ist das Familienunternehmen Interstuhl seinem Traditionsstandort auf der Schwäbischen Alb treu geblieben – und dem Ziel, erfolgreiche Stuhlkonzepte für die Zukunft zu entwickeln. Nicht umsonst gilt Interstuhl heute als *der* Spezialist für professionelles Sitzen.

Werner Link ist als Vorsitzender der Geschäftsleitung und geschäftsführender Gesellschafter für Entwicklung und Personal zuständig, seine Schwester Lenore ist als Gesellschafterin ebenfalls Teil der Geschäftsleitung. Werner Links älterer Sohn Joachim lenkt als geschäftsführender Gesellschafter Fertigung, Logistik und Einkauf sowie die Ressorts Finanzen/Controlling, Qualität und Umwelt. Der jüngere Sohn Helmut Link verantwortet als geschäftsführender Gesellschafter die Bereiche Marketing, Vertrieb, IT und Organisation. Tatsächlich versteht sich Interstuhl als große Familie, der inzwischen über 650 „Familienmitglieder" angehören. Tagtäglich werden rund 3500 Stühle am Standort „made in Germany" produziert und in die ganze Welt ausgeliefert. Unter dem Dach von Interstuhl gibt es zwei Marken: Interstuhl als Spezialist für Bürostühle und Bimos, der Experte für Arbeitsstühle in Industrie und Labor. Der Exportanteil beider Marken liegt derzeit bei 42 %. Mit ihren qualitativ wie gestalterisch erstklassigen Bürositz- und Konferenzmöbeln, Kommunikationseinrichtungen, Chefzimmereinrichtungen, Regenerationsmöbeln sowie Produktions-, Labor- und Reinraumstühlen erzielt das Unternehmen Interstuhl derzeit einen jährlichen Werksumsatz von 130 Mio. Euro.

Interstuhls Grundsätze in Bezug auf Nachhaltigkeit
Interstuhl-Produkte stehen für ökologische, ökonomische und ergonomische Effizienz, eine mit allen Sinnen wahrnehmbare Ästhetik und ein Höchstmaß an technischer Innovation und Qualität. Im zwischenmenschlichen und unternehmerischen Miteinander agiert Interstuhl als Familienunternehmen partnerschaftlich und verlässlich. Mit seiner klaren

Umweltpolitik folgt es einem tief in seiner Tradition verwurzelten Ziel: eine der wichtigsten Ressourcen dieses Planeten nachhaltig zu schützen – den Menschen. Darum ist für Interstuhl ein Produkt nur dann wirklich gut, wenn es auch auf gute Art entsteht.

Bereits zu Beginn der 1990er-Jahre erarbeitete Interstuhl verbindliche Leitlinien, die seitdem unablässig fortgeschrieben werden. Das Unternehmen verpflichtet sich zur konsequenten Einhaltung und freiwilligen Übererfüllung gesetzlicher Vorgaben in all seinen Tätigkeitsbereichen – Umweltbeauftragte des Unternehmens tragen dafür Sorge. Wie sämtliche andere Unternehmensentscheidungen basiert die Umweltpolitik bei Interstuhl auf sieben klaren Werten:

1. Unabhängigkeit: Eigenständigkeit eines inhabergeführten Familienunternehmens,
2. regionale Wurzeln: Bekenntnis zum Standort und aktive Standortsicherung,
3. Mitarbeiter: Basis des Geschäftserfolgs.
4. soziale Verantwortung: ökonomische und soziale Ziele werden in Einklang gebracht,
5. Effizienz: sensibler und nachhaltiger Umgang mit ökologischen, ökonomischen und menschlichen Ressourcen,
6. Ästhetik: Interstuhl bietet mehr als hervorragendes Design – neuartige, ganzheitlich durchdachte und auch technisch reizvolle Produkte,
7. Engineering: technische Ausgereiftheit verbunden mit Innovation, überraschenden und intelligenten Lösungen und kompromisslosem Qualitätsanspruch.

CSR als innere Überzeugung
Corporate Social Responsibility, CSR, ist zu einem Schlagwort geworden. Kaum ein Unternehmen, das dem Thema keine Aufmerksamkeit widmet. Ob CSR aber nur ein weiterer Marketingtrend oder ein ernst zu nehmender Ansatz ist, lässt nur eine gründliche Unternehmensanalyse zu. Um seine CSR-Aktivitäten nachvollziehbar und transparent zu machen, stellte sich Interstuhl darum als erster deutscher Büromöbelhersteller 2015 den umfangreichen Auswertungskriterien der internationalen Bewertungsplattform EcoVadis. Mit dem im Januar 2015 ausgestellten CSR-Rating in Gold platziert sich das Unternehmen nachweislich unter den Top-Sieben-Prozent der Möbelhersteller, die im Hinblick auf CSR überdurchschnittlich aktiv und verantwortungsbewusst sind.

Interstuhl distanziert sich eindeutig sowohl von Green- als auch von Bluewashing und übernimmt tatsächliche Verantwortung. Nicht nur Mitarbeiter und Kunden sollen profitieren – die ganze Gesellschaft partizipiert. Für Interstuhl bedeutet CSR ganzheitliche Unternehmensverantwortung, die auf freiwilliger Basis erfolgt und weit über die gesetzlichen Grenzen hinausgeht. Die Maßnahmen im Rahmen der unternehmensintegrierten CSR sind vielfältig. So investiert die Firma jährlich rund 0,5 % des Umsatzes in freiwillige, kulturelle und soziale Projekte: Es gibt einen Mitarbeiterfond sowie ein umfangreiches Gesundheitsmanagement und Projekte zur Drogenaufklärung. Ganztageskindergärten und Schulen werden gefördert, Weiterbildungsmöglichkeiten und individuelle Förderprogramme organisiert. Flexible Arbeitszeitmodelle, Gleichstellung und Inklusion sind selbstverständlich, das gesellschaftliche bzw. bürgerschaftliche Engagement ist umgreifend und reicht von Baumpflanz- und Naturaktionen über das Anlegen eines Wanderwegs bis zur Renovierung eines Hauses in einem nahe gelegenen Feriendorf.

CSR-Maßnahmen sind hier keine isolierten Einzelaktionen, sondern eine im gesamten Unternehmen verankerte Haltung und strategische Ausrichtung. Interstuhl sieht die Aufrechterhaltung sozialer Gerechtigkeit und den sensiblen Umgang mit natürlichen Ressourcen als eine der wichtigsten Herausforderungen für sein unternehmerisches Handeln. Soziale, ökologische und ökonomische Verantwortung gehen Hand in Hand. Und das nicht erst seit heute: Ein Blick in die Historie zeigt, dass ökologische und soziale Ziele und Aspekte schon immer im Mittelpunkt des unternehmerischen Tuns stehen. Helmut und Joachim Link, die Geschäftsführer von Interstuhl, sagen dazu: „Verantwortung für unsere Mitarbeiter und die Umwelt sowie Nachhaltigkeit im Produktionsprozess gehören schon immer zu unserer Firmenphilosophie und sind Grundlage unseres Handelns. Bei allen Produktentwicklungen sind langfristige Werthaltigkeit, die Einhaltung von Grenzwerten, die Reduzierung von Energie und der Einsatz von recycelbaren Materialien das oberste Ziel. Unser Weg dorthin beruht auf: Effizienz, Ästhetik, Engineering."

Verantwortung und Nachhaltigkeit: Motivatoren der Unternehmensführung
Ziele des ökonomischen Handelns von Interstuhl sind die Unternehmenssicherung für die nächsten Generationen und die Standortsicherung für die Mitarbeiter in der Region. Neben einer angestrebten Progression in Deutschland soll auch der Exportanteil überproportional erhöht werden. Im Sinne einer nachhaltigen Entwicklung sieht Interstuhl die ökonomische Dimension nicht als losgelösten Faktor. Im Gegenteil: Das Familienunternehmen in der dritten Generation folgt der Forderung des Rats für Nachhaltigkeit: „Zukunftsfähiges wirtschaften bedeutet: Wir müssen unseren Kindern und Enkelkindern ein intaktes ökologisches, soziales und ökonomisches Gefüge hinterlassen. Das eine ist ohne das andere nicht zu haben".

Neben der Motivation zur eigenen Unternehmenssicherung reagiert Interstuhl mit seiner Haltung aber auch auf sich verändernde Konsumentenansprüche: Neukunden sind ohne Umweltengagement heute kaum zu gewinnen und auch Bestandskunden berücksichtigen verantwortungsbewusstes Handeln und Werte immer stärker in ihrer Kaufentscheidung. Außerdem wird das Verhältnis zu Stakeholdern über nachhaltiges Handeln gestärkt und intensiviert. Aus dem Kundenvertrauen ergeben sich wiederum Wachstumsmöglichkeiten als Folgeeffekt, eine Steigerung der Ertragsfähigkeit und Bonität.

Interstuhl schüttet den Unternehmensgewinn nicht aus, sondern leitet ihn als Gesellschafterdarlehen in die Firma zurück. Er steht damit voll für Investitionen zur Verfügung. Das ist eine Finanzpolitik, die sich bewährt: Der Büromöbelhersteller hat in den letzten zehn Jahren keine Verluste hinnehmen müssen, auch nicht in den schwierigen Krisenjahren 2003 und 2009. Im Branchenvergleich liegt Interstuhl damit über die letzten zehn Jahre hinweg in der Profitabilität im oberen Bereich. Zudem wurden in den vergangenen fünf Jahren mehr als 25 Mio. Euro in die Standortsicherung investiert. Vor allem in neue Gebäude wie die Interstuhl-Arena und das neue Entwicklungszentrum sowie in umweltfreundliche regenerative Gebäudetechnik am Standort, wie in die großflächige

Fotovoltaikanlage, das biogasbetriebene Blockheizkraftwerk und firmeneigene Elektro-PKWs bzw. E-Bikes. Außerdem wurde in neueste Fertigungstechnologien und die Verbesserung der internen und externen Logistik investiert.

Interstuhl sieht vor allem Chancen in CSR-Maßnahmen:

- Kunden berücksichtigen verantwortungsbewusstes Handeln und Werte eines Unternehmens immer stärker in ihrer Kaufentscheidung/Neukundengewinnung,
- Intensivierung der Kunden-/Stakeholder-Bindung,
- Wachstumsmöglichkeiten als Folgeeffekt des Kundenvertrauens,
- Steigerung der Ertragsfähigkeit, Bonität,
- Vertrauensaufbau, Reputationsaufbau, Imagegewinn,
- Risikoreduktion und Vermeidung von Unfällen und Folgen (auch im Stakeholder-Dialog),
- Identifikation, Motivation und Commitment der Mitarbeiter erhöhen,
- positive Reaktionen der Kapitalanleger (bessere Ratingbewertung),
- positive Reaktionen der Gesellschaft.

Insgesamt sind aber auch einige Risiken erkennbar:

- Kulturabhängigkeit führt zu unterschiedlichen Bewertungen der CSR-Maßnahmen,
- schwere Vergleichbarkeit aufgrund schwerer Messbarkeit,
- irreführendes Marketing Greenwashing/ Bluewashing erschwert Glaubwürdigkeit.

Ohne Innovation keine Zukunft
Von der Gründung bis heute hat Interstuhl immer wieder bewiesen, dass Zukunftsarbeit kein leeres Versprechen ist. Innovation braucht Mut, Grenzen zu überschreiten, interdisziplinär zu arbeiten und immer wieder Neues zu wagen: Die aus dem Handwerk kommende bodenständige Art des Zupackens trifft bei dem Unternehmen auf starken Innovationswillen – eine Mischung, die langfristig interessante Entwicklungen garantiert. Die Basis innovativer Interstuhl-Produkte liegt im Erkennen von Zusammenhängen, dem Finden von Problemlösungen und dem Willen, zu den Besten der Branche zu gehören. Das gilt für alle Unternehmensbereiche. Interstuhl verfolgt Innovation in Form von neuartigen Konzepten in Bezug auf die Markenkernwerte Effizienz, Engineering und Ästhetik. Trotz des sehr traditionellen Marktumfeldes gibt es noch ein hohes Innovationspotenzial zur Unterstützung und Gesunderhaltung des Menschen bei seiner täglichen sitzenden Arbeit. Gerade ist das lange Sitzen durch neue wissenschaftliche Erkenntnisse wieder in die öffentliche Kritik geraten, sodass in der Forschung in diesem Bereich noch großer Bedarf besteht. Einfache Nutzungskonzepte zur Gesunderhaltung und zum Wohlfühlen am Arbeitsplatz zu finden, stehen bei Interstuhl im Vordergrund. Über allem aber steht der Grundsatz: Gesundes Sitzen ist nur möglich mit Qualität, Innovation ohne Nachhaltigkeit ist keine Innovation.

Hohe Ausgaben in Forschung sowie deren Industrialisierung schützen diese Innovationspotenziale vorrangig. Eigentumsrechte sind die rechtlichen Absicherungsinstrumente, die Interstuhl aktiv nutzt. Instrumente der Vermarktung – speziell auf internationalem Gebiet – noch stärker in das Unternehmensgeschehen einzubinden, wird ein Fokus der kommenden Jahre sein.

Einen der größten Innovations- und Qualitätsgaranten sieht Interstuhl in engagierten, motivierten Mitarbeitern, die sich mit ihren Aufgaben identifizieren und alles daran setzen, beste Ergebnisse zu liefern. Das wirkt bis in die Produktion hinein, die stets auf dem neuesten Stand der Technik ist. In Interstuhls Möbelfertigung liegen Hightech und Handarbeit nahe beieinander. Der computergesteuerte Roboter und der erfahrene Handwerker ergänzen sich. Beide gehören in der modernen Produktion zusammen und ermöglichen letztlich die hohe und sehr differenzierte Qualität, die das Gütesiegel „Interstuhl – Made in Germany" trägt. Innovation ist somit eine Sache der Balance. Sie schöpft aus traditioneller Handwerkskunst und modernstem Engineering gleichermaßen.

Mehr als fünf Jahrzehnte im Dienst des gesunden Sitzens: die Innovationen der vergangenen zehn Jahre.

Mit einem sehr hohen Entwicklungsetat leistet Interstuhl Grundlagenarbeit für Lösungen, die das Sitzen noch komfortabler, funktionsgerechter und ermüdungsfreier gestalten. In den vergangenen Jahren sind auf diese Weise sowohl bei Interstuhl als auch bei Bimos zahlreiche neue zukunftsweisende Produkte mit signifikanten Alleinstellungsmerkmalen entstanden:

Bürostuhl Silver, gestaltet von Hadi Teherani, Architekt und Designer: Der Stuhl vereint Effizienz, Ästhetik und intelligente Technik. Besondere Merkmale sind: die einzigartige Aluminiumsitzschale sowie die innovative Techniklösung der Mechanik, der Polsterung und der Einsatz der ersten nadelgelagerten Röhrenrollen. Inzwischen gibt es eine komplett aufeinander abgestimmte Silver Büromöbelkollektion.

Air-Pressure-Technologie: Das ist die stufenlose Anpassung von Kopf- oder Lordosenstütze an persönliche Wünsche und die individuelle Anatomie.

AirPad: Das ist eine Membrantechnologie als Evolution der Rückenlehnengestaltung (ausgezeichnet mit dem „IF material design award", German Design Award, „materialvision Design Plus", AIT Innovationspreis).

3-D-Netzstrickrückenteile (Hero, Fit, Goal Air, Xantos): Sie vereinen die Vorteile der Netzbespannung mit denen ergonomisch modellierter Rückenlehnen.

Es gibt zahlreiche neue Mechaniken, wie zum Beispiel die Bodyfloat-Mechanik, eine Synchronmechanik, die beim Setzen und Zurücklehnen ein Gefühl gleitender Fließbewegung erzeugt wie beim Bürodrehstuhl.

Arbeitsstuhl Neon: Hier wurde der neue Bezugsstoff Supertec, eine Weltneuheit für robuste und komfortable Arbeitsstühle in der Produktion (ausgezeichnet mit dem German Design Award und dem „red dot 2013") verwendet. Innovativ ist auch sein auswechselbares Polster in einem Chassis aus 2K-Kunststoff.

Laborstuhl Labster: Das ist der weltweit erste echte Laborstuhl, der im Gegensatz zu sonst üblichen Laboradaptionen von Büro- oder Werkstattstühlen speziell für die Anforderungen im Labor ausgelegt ist. Er weist keine Ecken und Kanten auf, ist besonders pflegeleicht und besitzt eine desinfektionsmittelbeständige Oberfläche.

Innovative Polsterdesigns sind umgesetzt im Sitz- und Kommunikationsmöbel TANGRAM, das mit vielen verschiedenen Konfigurationen zum Dialog einlädt und eine ideale Plattform für den informellen Austausch bietet.

Außerdem wurden zahlreiche neue Produktserien vor allem im Seminar- und Kommunikationsmöbelbereich erfolgreich am Markt eingeführt, die bessere Gesundheitseffekte, weniger Ermüdung beim Sitzen und damit höhere Leistungsfähigkeit und somit letztendlich auch mehr Arbeitserfolg mit sich bringen. Durch eine hervorragende Recyclingquote (>98 %) bei absoluter Langlebigkeit wird zudem auch die Umwelt entscheidend entlastet.

Und: Für die Entwicklung und Umsetzung ist Voraussetzung, dass Maschinen und Anlagen sowie Produktionsabläufe und Prozesse ständig aktualisiert und optimiert werden. Hierzu sind viele, für die Öffentlichkeit unsichtbare Innovationen nötig. So sind Interstuhls Fertigungsabläufe sowie neuartige Oberflächenbeschaffenheit- und Polsterschäumverfahren herausragend in der Branche.

Kommunikation: Das A und O, nicht nur für CSR-Aktivitäten
Die Basis eines funktionierenden Unternehmens nach innen wie nach außen ist die Kommunikation. Offene Verbesserungsprozesse und eine intensive Informationsübermittlung sichern den nachhaltigen Erfolg des Interstuhl-Umweltmanagements. Der Umweltschutz ist fest im betrieblichen Vorschlagswesen und im System des kontinuierlichen Verbesserungsprozesses verankert. Sämtliche Maßnahmen des betrieblichen Umweltschutzes werden transparent erläutert und umfassend im Sinne eines ganzheitlichen Managementsystems zielgerichtet kommuniziert. Kommunikation wendet sich an alle Mitarbeiter, an Fachhändler und an die interessierte Öffentlichkeit sowie relevante Zielgruppen wie Architekten, Innenarchitekten und Designer, die über Fachmagazine, regionale Medien und Verbandsnachrichten informiert werden. Kommunikation findet statt beispielsweise über die jährliche Umwelterklärung, die regelmäßig erscheinende Unternehmenszeitschrift oder bei Betriebsrundgängen, den vierteljährlichen Betriebsversammlungen und, nicht zu vergessen, durch eine hohe Präsentationskultur, wie sie auf Messen wie der Orgatec, der Neocon oder Veranstaltungen wie der Clerkenwell Design Week gepflegt wird. Zu den Kommunikationsmitteln zählen indirekt auch Umweltzertifizierungen wie EcoVadis oder die Zertifizierung nach FEMB-Standard. Interstuhl erhielt beispielsweise als einer der Ersten der Branche die EMAS-Zertifizierung (Eco-Management and Audit Scheme), die das Interstuhl Umweltmanagementsystem als fest im allgemeinen Management verankertes Instrument überprüft und verifiziert. Die wiederholte Verleihung des Umweltpreises Baden-Württemberg oder die DGNB-Auszeichnung in Silber für die von Prof. Dr. Dr. Werner Sobek realisierte Interstuhl-Arena transportieren die nachhaltige Firmenphilosophie als „Aushängeschilder" zusätzlich nach außen.

Kommunikation bedeutet für Interstuhl neben reiner Information vor allem aber Transparenz auf Basis absoluter Ehrlichkeit: Jede Art der öffentlichen Kommunikation, besonders über Presse, Medien und öffentliche Auftritte, erfolgt ausschließlich durch speziell autorisierte Personen und in Abstimmung mit der Geschäftsleitung. Falls Mitarbeiter von Untersuchungs- oder Aufsichtsbehörden angesprochen werden, müssen alle Angaben der

Wahrheit entsprechen und bestmöglich dokumentiert werden. Weithin sichtbar sind die neu gestalteten Kommunikationsmittel, die mit klarer Präsentationsstruktur, logisch spannendem Broschürenaufbau und überzeugenden Messeauftritten wegweisend in der Branche sind.

Die Reaktionen auf Interstuhls CSR-Aktivitäten und deren Veröffentlichung sind durchweg positiv. Im internationalen Kontext treten CSR-Themen hinter anderen Entscheidungskriterien bislang noch zurück. Kein Grund für Interstuhl, an seinen Grundsätzen und der bestehenden CSR-Politik nicht weiter festzuhalten und diese Jahr für Jahr weiter auszubauen (pro publica 2015).

Literatur

Corporate Responsibility Report (2013) Interview with Pierre Francois Thaler. 2013/21. https://atos.net/content/dam/global/reports-2013/Skins/Atos/doc/PDF_CRR_UK/atos-corporate-responsibility-report-2013_EcoVadis-interview.pdf

Lexikon der Nachhaltigkeit. Herausforderungen für Unternehmen. https://www.nachhaltigkeit.info/artikel/mega_herausforderungen_fuer_unternehmen_nachhalti_1496.htm. Zugegriffen: 12/2015

Müller A (2008) Familienunternehmen – Authentisch, innovative, nachhaltig. Handelsblatt Online. http://www.handelsblatt.com/unternehmen/mittelstand/familienunternehmen-authentisch-innovativ-nachhaltig-seite-2/2921070-2.html

Official information from EcoVadis. www.ecovadis.com/about-us

pro publica, Stuttgart 16.11.2015

Tanja Reilly hat fünf Jahre im Compliance-Umfeld gearbeitet, seit Mitte 2015 ist sie für EcoVadis tätig. Sie verantwortet den Ausbau des Neu- und Bestandskundengeschäftes in der DACH-Region im Bereich der Bewertung von Nachhaltigkeitsleistungen von Lieferanten in globalen Lieferketten.

Nachhaltige Unternehmensführung in der Firma Häßler-Lift Hebebühnen – Wachstum durch Kooperation

Die Kommunikation als Hauptentwicklungslinie bestimmt unseren Erfolg

Thomas Häßler

1 Vorstellung der Firma Häßler-Lift Hebebühnen

Häßler-Lift Hebebühnen

▶ Vermietung–Verkauf–Service–Schulung von Höhenzugangstechnik
www.Hebebühnen-Deutschland.de

Wir bieten unseren Kunden ein Komplettpaket im Bereich Höhenzugangstechnik (Arbeitsbühnen/Stapler) an. Das Unternehmen wurde von mir, Thomas Häßler, am Tag der Währungsunion (1.7.1990) aus dem Zentrum der Wende in Halle/S. und später auch in Leipzig gegründet. Es war eine spannende Zeit des Übergangs von einem Wirtschaftssystem in ein anderes im vereinigten Deutschland. Danke, dass ich hier meine Gedanken zu Nachhaltigkeit äußern kann, und ich freue mich auf alle Reaktionen darauf. Ich finde, dass wir im Moment wieder in einer Zeit der gravierenden Veränderungen leben wie 1990. Ich bin voller Freude, einen nachhaltigen Einfluss auf meine Heimatstadt und darüber hinaus ausüben zu können. Die ehemals graue Industriestadt Halle an der Saale hat sich in eine bunte selbstbewusste Stadt im Zentrum von Mitteldeutschland gewandelt. Mein eigener beruflicher Wandel vom Berufsschullehrer und Ingenieur im Sozialismus zum Unternehmer in der sozialen Marktwirtschaft war ein spannender, kreativer und prägender Prozess. Heute, nach 25 Jahren, ist das Unternehmen über die Landesgrenzen hinaus bekannt und liefert Hebebühnen und spezielle Sonderkonstruktionen bis nach China. Kreativität war 1990 gefragt, als die Anschaffung der ersten Hebebühnen – importiert aus Kanada – den Beginn einleiteten. Hebebühnen zu vermieten, war damals ein Geschäftsmodell, was noch nicht in den neuen Bundesländern bekannt war. Heute ist die Vermietung ein nachhaltiges Geschäftsmodell. Wir waren aufgefordert, ständig in Technik und Wissen zu investieren.

T. Häßler (✉)
Halle, Deutschland
E-Mail: thomas.haessler@hl-lift.de

Die größten Investitionen waren und sind jedoch die in unsere Mitarbeiter und unsere Kundenbeziehungen. Alles andere leitet sich daraus ab, z. B. welche Technik bzw. Dienstleistungen wir anbieten. Außerdem ist die Hebebühne die sicherste und dadurch die zu bevorzugende Form, in der Höhe zu arbeiten. Im Vergleich zu Gerüsten und Leitern sind damit wesentlich weniger Arbeitsunfälle zu verzeichnen. Kommt es doch zu Unfällen, ist der „Faktor Mensch" meistens entscheidend. Daher entwickelte sich vor wenigen Jahren ein weiteres, viertes Standbein: Bedienerschulungen für Hubarbeitsbühnen. Schon von Anfang an wurden Vermietung, Verkauf und Service von Hebebühnen aus einer Hand angeboten. Diese drei bzw. jetzt vier Standbeine sichern dem Unternehmen seit 25 Jahren nachhaltig den Bestand sowie qualitatives und quantitatives Wachstum. Ich bedanke mich bei allen Mitarbeitern und Menschen, die ihren wertvollen Beitrag leisten. Auch meiner Familie, die mich unterstützt, sei an dieser Stelle gedankt. Das Gleichgewicht zwischen Geschäftlichem und Privatem zu finden, ist eine hohe Herausforderung.

Den nachhaltigsten Einfluss hatte und hat die Entwicklung und Umsetzung einer Vision für die Firma und mich als Firmeninhaber.

2 Visionsarbeit als Turbo der nachhaltigen Firmenentwicklung

Die Umsetzung der Vision im Jahr 2002 hatte so eine Zugkraft, dass wir danach pro Jahr 30–40 % Wachstum über mehrere Jahre erzielen konnten. Es war unglaublich, welches Potenzial dadurch freigelegt wurde. Und heute erzielen wir daraus beständiges qualitatives und quantitatives Wachstum.

Unsere Vision (Mission) lautet seither:

▶ „Erst beraten, dann sicher nach oben. Wir bringen Sie mit kreativen Lösungen sicher zu Ihrem Höhepunkt".

Jeder Mitarbeiter weiß, worum es geht. Das Visionsleitbild ging so stark in das Unterbewusstsein ein, dass sich alle Informationen darauf ausgerichtet haben. Das Unterbewusstsein entwickelt eine gesunde persönliche und kollektive Intuition. Zwei Jahre nach der Visionsfindung befragte ich meine Mitarbeiter: „Konntet Ihr Euch damals vorstellen, mit den gleichen Mitarbeitern 40 % mehr Umsatzsteigerung pro Jahr zu bewirken?" Es kam ein klares „Nein". Dieser Beweis macht die starke Wirksamkeit einer klaren Vision deutlich! Deshalb ist es eine der Kernaufgaben von nachhaltiger Unternehmensführung, mit Führungskräften die Vision der Firma zu entwickeln und umzusetzen. Zu Beginn der Visionsumsetzung wurde zunächst mit klaren vorgegebenen Zielen gearbeitet. Heute werden die Ziele von den Mitarbeitern selbst bzw. im Team erarbeitet. Damit ist die Entwicklung nach vorn und oben offen und die Mitarbeiter entwickeln mehr Eigenverantwortung, je nach Entwicklungsstufe und Kompetenzumfang, denn der Mensch wächst mit seinen Aufgaben. Und die Aufgaben stellt uns das tägliche Arbeitsleben. Nun gehört dieses Wissen zu unserer kollektiven Intelligenz.

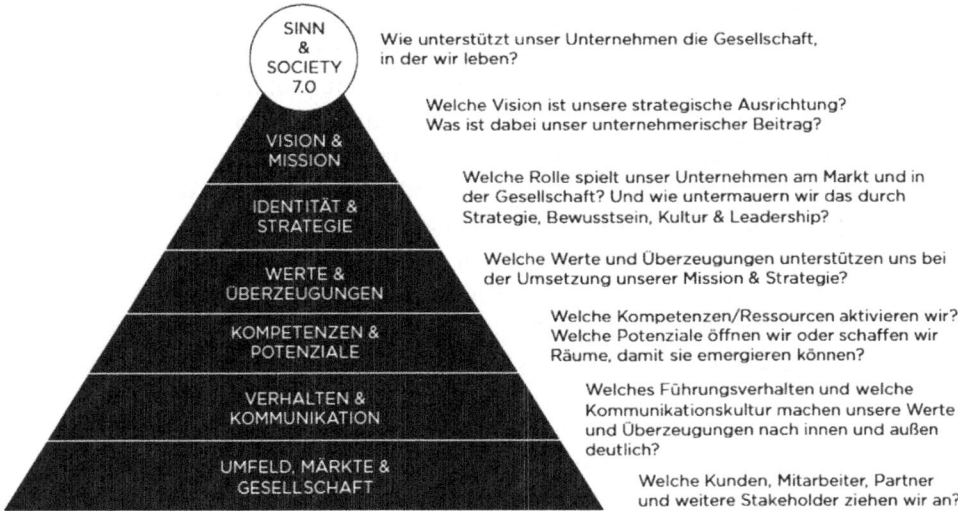

Abb. 1 Der integrale unternehmerische Kompass 7.0. (Nach Götz 2015, S. 146)

Der Spruch, „Der Weg ist das Ziel", hat sich im Unternehmen verankert.

Jede Entscheidung in der Firma wird anhand der „Richtlinien der Firma Häßler-Lift" getroffen.

Diese Grafik (Abb. 1) stellt die Zusammenhänge dar und ist als integraler Kompass verwendbar.

3 Geschäftsmodell auf vier Standbeinen – Weltweite Vernetzung und Kooperation

Nach außen hin haben sich immer mehr und mehr regionale, bundesweite und sogar internationale Vernetzungen und Kooperationen herausgebildet.

3.1 Geschäftsbereich 1 – Vermietung (Wachstum durch Kooperation)

Der Trend, „benutzen statt besitzen", wird unsere Kultur nachhaltig verändern. Der ökologische Umgang mit Ressourcen zwingt uns regelrecht dazu. Die technische Entwicklung der Hebebühnen verlief sehr rasant. Im Jahr 2004 wurde gemeinsam mit anderen Arbeitsbühnenvermietern unsere System-Lift AG gegründet, als bundesweiter bzw. europaweiter Zusammenschluss selbstständiger Arbeitsbühnenvermieter. Wir verfolgen damit eine sehr innovative Idee einer Wirtschaftsphilosophie:

Wir setzen auf Kooperation und erreichen damit den Anspruch, die Nummer Eins zu sein, wenn es um Arbeitsbühnen geht. Die System-Lift AG ist heute ein Verbund von mehr als 70 Mitgliedsunternehmen mit über 10.000 Geräten der unterschiedlichsten Bauarten für Höhenzugangstechnik. Das versetzt uns in die Lage, unseren Kunden überregional innerhalb kürzester Zeit Arbeitsbühnen über unsere qualifizierten Partnerbetriebe zur Verfügung zu stellen (bundesweite Vermietung mit dem SYSTEM-LIFT-Verbund: http://www.hebebuehnen-deutschland.de/arbeitsbuehne/de/1855,,/Mieten.html).

Der Vorteil für die Kunden liegt auf der Hand: Sie kennen uns und unseren Service. Somit können sie über den ihnen bekannten Ansprechpartner Arbeitsbühnen in ganz Deutschland, Österreich, Belgien, Italien und in der Türkei mieten. Unsere starke Einkaufsgemeinschaft erzielt sehr gute Einkaufspreise und Serviceleistungen.

Auch anderen Unternehmen in der Branche reichen wir kooperativ die Hand. Dadurch generieren wir weiteren Umsatz in den Geschäftsfeldern Vermietung, Verkauf und Service. Denn unser Motto lautet:

▶ „Lasst uns gemeinsam die Entwicklung der Branche mit sportlichem Ehrgeiz befördern, um die besten Lösungen miteinander und nicht durch Konkurrenzdenken zu erreichen".

Der Kunde entscheidet in Zukunft mit immer mehr Bewusstsein nachhaltig und danach, welches Image der Lieferant oder Produzent hat. Die weichen Faktoren, die vielen kleinen Dinge in der Interaktion mit unseren Kunden, werden die Zukunft entscheiden. Dazu wird jeder Mitarbeiter gebraucht und geschult.

3.2 Geschäftsbereich 2 – Verkauf

Von Anfang an arbeiten wir als Großhändler für Arbeitsbühnen und Höhenzugangstechnik. Im gemeinsamen Gespräch finden wir die richtige neue oder gebrauchte Hebebühne für unsere Kunden. Unsere herstellerungebundene Arbeitsweise und die Rahmenverträge mit allen wichtigen Arbeitsbühnenherstellern sind die Grundlage für die optimalen Lösungen, die unsere Kunden brauchen. Die Kunden sind weit verstreut in ganz Europa und darüber hinaus und in allen Branchen vertreten. Deshalb sind wir von örtlichen Schwankungen unabhängig und der Umsatz verteilt sich auf viele verschiedene Kundengruppen.

3.3 Geschäftsbereich 3 – Service

Um die Technik unserer Kunden und die eigene Technik zu warten bzw. zu reparieren, haben wir langjährige Erfahrung und ein stabiles Team an Servicetechnikern, die sich ständig weiter qualifizieren. Ein eigenes Ersatzteillager und ausgestattete Servicefahrzeuge bilden das Fundament für Reparieren, Werterhaltung, „Vielfachnutzung statt Wegwerfgesellschaft".

Nachhaltige Unternehmensführung in der Firma Häßler-Lift Hebebühnen

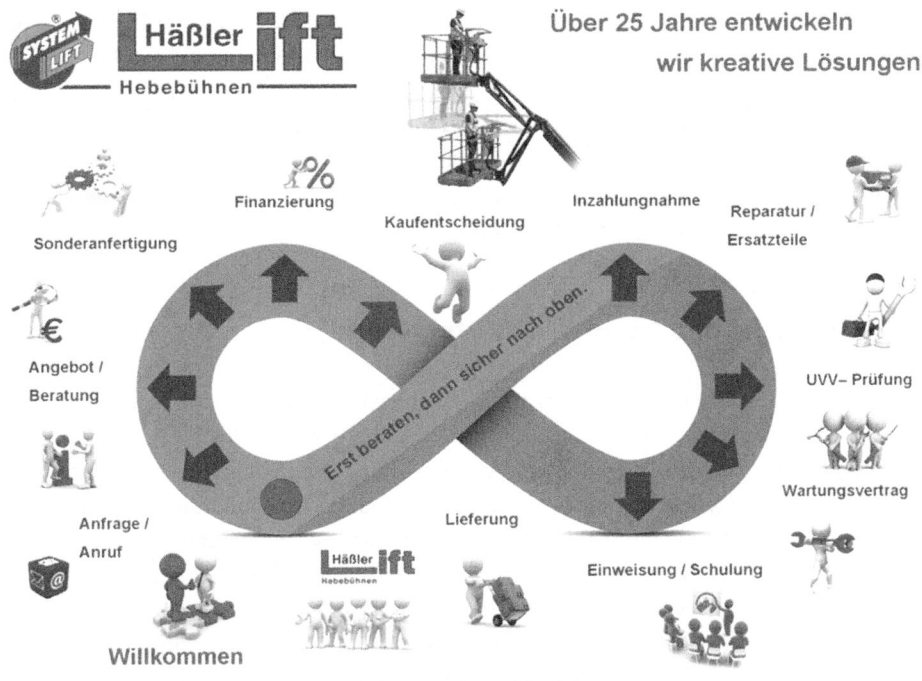

Abb. 2 Nachhaltige Kommunikations- und Wertschöpfungskette bei Häßler-Lift

Die Abb. 2 zeigt den integrierten Zyklus zwischen Beratung, Verkauf, Vermietung, Service, Schulungen und Regeneration von Höhenzugangstechnik an. Damit organisieren wir höchste Effizienz des Einsatzes der Ressourcen aller Beteiligten – also Nachhaltigkeit!

Dadurch wird auch der zweite Teil unserer Firmen-Vision klar sichtbar:

▶ „Wir bringen Sie mit kreativen Lösungen zu Ihrem Höhepunkt".

3.4 Geschäftsbereich 4 – Schulung

Auch im Bereich der Sicherheits- und Anwenderschulungen sind wir bundesweit führend und innovativ. Mit der System-Lift AG haben wir ein nach ISO 9001 TÜV-zertifiziertes europaweites Schulungssystem entwickelt, die System-Card (www.system-Card.de). Die Schulungen für den international gültigen Bedienausweis mit Theorie- und Praxisteil werden dabei wahlweise in unseren Niederlassungen in Halle/Saale und Leipzig oder in den 60 europaweiten Schulungszentren bzw. direkt beim Kunden angeboten. Für die gesetzlich vorgeschriebene Jahresunterweisung zur Bedienung von Hubarbeitsbühnen bieten wir ein E-Learning-System auf unserer Webseite an.

Extra produzierte Lehrvideos und Selbstlernmaterialien zusammen mit Prüfungen und Nachweisen ermöglichen jedem potenziellen Nutzer, sich unabhängig von Ort und Zeit, 24 Stunden am Tag, in Eigenregie das nötige Know-how anzueignen. Auch dies ist ein Ausdruck unserer Firmenphilosophie: die Integration verschiedener Prinzipien und Faktoren wie Kooperation und Vernetzung, Technik und Mensch. Die Schulungen tragen nachhaltig zur Sicherheit bei, führen zu einer langfristigen Kundenbindung und entwickelten sich zur zusätzlichen Einnahmequelle.

4 Der Mensch steht bei uns im Mittelpunkt

Deshalb leben wir eine andere Sichtweise: Wir investieren in unsere Mitarbeiter mit finanzieller und menschlicher Wertschätzung und außerdem mit intensiven Mitarbeiterschulungen in der Firma selbst oder bei externen Anbietern. Das in der täglichen Praxis umzusetzen, ist eine große Herausforderung. Bestimmte Umstände und Verhaltensweisen bringen mich und andere Führungskräfte und Mitarbeiter manchmal schnell an unsere Grenzen. Um für diese zwischenmenschlichen Konflikte andere, bessere Lösungen zur Verfügung zu stellen, setzen wir einen externen Trainer mit psychologischen Kenntnissen ein, um eine Kultur der Wertschätzung und produktiven Konfliktbewältigung zu entwickeln. Dieser Trainer arbeitet langfristig mit Kommunikationswerkzeugen, die von der LUDILUX-Gruppe (www.ludilux.org/) neu- bzw. weiterentwickelt werden. Das erfordert die klare Entscheidung, Zeit und Geld zu investieren. Dies wird aber, davon bin ich überzeugt, eine der lohnendsten nachhaltigsten Investitionen in die Zukunft der Firma sein. Weil diese Investition und Innovation an der Quelle der Entstehung von Missverständnissen ansetzt, also weitgehend präventiv arbeitet. Kommunikation ist die grundlegende Entwicklungslinie bei der Gestaltung des Unternehmens und darüber hinaus. Die Art der Kommunikation entscheidet, ob wir in Frieden mit unseren Kunden, Lieferanten, Partnern und Mitarbeitern sind. Die Reflexion über mich selbst als engste Form und Keimzelle aller Kommunikation ermöglicht mir, friedlich mein Potenzial auszuschöpfen oder weiterhin nicht angstbestimmt zu handeln. Das hat entscheidende Auswirkungen und ist deshalb der wirksamste Schlüssel für eine nachhaltige, friedliche Entwicklung in allen Bereichen unseres Lebens. Nur durch Kommunikation entwickelt sich unser Leben intensiv weiter. Auch wirtschaftlich gesehen sind wir im Kommunikationszeitalter angekommen. In der althergebrachten Wirtschaft wird heute meist noch der Gewinn nur in Form von Geld und Macht verstanden. Diese Einseitigkeit bestimmt derzeit oft noch unser Leben mit vielen Nachteilen und Schäden an Mensch und Natur. Deshalb kann und muss jeder selbst prüfen, welche Werte und Ziele er oder sie als Mensch oder wir als Gesellschaft wirklich und bewusst verfolgen. Der Bewusstseinswandel bzw. die Weiterentwicklung des menschlichen Bewusstseins sind nicht aufzuhalten. Sie nehmen entscheidenden Einfluss auf unsere Unternehmenskultur und die Gesellschaft insgesamt. Ich hole mir den Wandel bewusst ins Unternehmen durch Einstellung junger Mitarbeiter. Wir binden sie in unsere Unternehmensvision mit ein. Da bei Häßler-Lift eine verschwindend geringe Fluktuation herrscht, ist das eine nachhaltige Entscheidung für den Mitarbeiter und das gesamte Unternehmen. Auch nach dem Ausscheiden aus dem Unternehmen erhalten wir den Kontakt zu den früheren Mitarbeitern. Unsere Entscheidungsträger sind sich ihrer Werte, Ziele und kreativen Ermessensspielräume im Unternehmen meist bewusst. Ebenso ist es auch wichtig, sich seiner eigenen Grenzen und Chancen bewusst zu sein, Grenzen und Schwachstellen durch Kooperation auszugleichen bzw. Potenziale ständig weiterentwickeln zu wollen und dabei die Auswirkungen auf die Firma und die Gesamtheit im Auge zu behalten. Wir erforschen, „was uns bremst", und spüren damit die Ursachen auf, die uns daran hindern, uns weiterzuentwickeln. Das ist für uns der schnellste und wirkungsvollste Zugang, um störende Faktoren zu finden und aufzuklären.

Regelmäßig befrage ich meine Mitarbeiter: „Was bremst?" Dadurch kommen menschliche, technische oder ressourcenbetreffende Fragen sofort zutage und werden schnell und unkompliziert ohne Bürokratie gelöst. Ich persönlich verfolge das Ziel, selbst authentisch aufzutreten. Meine Mitarbeiter lade ich ebenfalls dazu ein, nicht mit verschiedenen, doppelten Wertesystemen in der Firma und privat zu leben. Wir zeigen ehrlich und aufrichtig, wer wir sind, und geben den Kunden und Lieferanten die Möglichkeit für nachhaltige Geschäftskooperation, wovon alle einen langfristigen Nutzen haben.

5 Der Weg ist das Ziel

Verantwortungsbewusst agierende Unternehmen erfüllen im Idealfall Nachhaltigkeit in allen drei Kategorien: Ökonomie, Ökologie und im sozialen Bereich. Das hat immer mit Langfristigkeit, also Vorrausschauen zu tun.

> ▶ „Deshalb sollte auch jede Kommunikation den Aspekt der Nachhaltigkeit beinhalten und immer mit dem jetzigen Ausgangspunkt in gefühlter Verbindung bleiben, damit der nächste Schritt daraus abgeleitet werden kann."

Der von mir eingeführte Begriff „Höhenzugangstechnik" hat Einzug in die Branche gehalten. Ich möchte aber keinen Alleinstellungsanspruch oder sogar Wortmarkenschutz auf diesen Begriff erheben. Es ist bekannt, dass, wenn die Zeit reif ist, an mehreren Stellen dieselben oder ähnliche Dinge erfunden werden bzw. an Bedeutung gewinnen. Daran lässt sich erkennen, welche Entwicklungen sich gesetzmäßig durchsetzen. Wenn sie übernommen oder kopiert werden, entsteht eine hohe Wirksamkeit. Die Zeit ist reif für tief greifende Veränderungen und sie werden in vielen Unternehmen ihren Anfang finden. In der Firma zukunftsorientiert nachhaltig zu sein, heißt ständig in Forschung und in neue Dienstleistungsangebote zu investieren. Zusätzlich zu der Entwicklung der Produktangebote ist es Häßler-Lift auch wichtig, im Bereich Unternehmensführung Maßstäbe zu setzen. Wie schon beschrieben, ist dazu die Qualifizierung der Mitarbeiter, insbesondere der Führungskräfte, die wichtigste Schlüsselaufgabe und eine entscheidende Investition. Auch bei der Kundenbindung haben die zwischenmenschlichen Kontakte bei den Schulungen eine herausragende Bedeutung. Verhaltensrichtlinien geben bei Häßler-Lift die Werte und Handlungsanweisungen vor, die gemeinsam erarbeitet, umgesetzt und weiterentwickelt werden. Es sind Handlungsanweisungen, die auf eine DIN-A4-Seite passen und die die Interaktion zwischen den Kunden, Lieferanten, dem Team und der EDV schildern.

6 Kreativität als Brücke zwischen Wirtschaft und Spiritualität

Kreativität bietet die Möglichkeit, zu unendlich vielen Lösungen zu kommen, die entstehen können, wenn wir kreativ mit Kunden, Lieferanten und Mitarbeitern kommunizieren, denken und handeln. Dabei ist es egal, an welchen Gott oder welche Wissenschaft wir glauben.

▶ „Entscheidend ist, dass wir sowohl den Teil des bewussten Nichtwissens und auch den unendlich großen Teil des unbewussten Nichtwissens des großen Ganzen, wovon wir also nicht mal die geringste Ahnung haben, mit in unsere Entscheidungen einbeziehen."

Dazu hat uns die Natur mit der Fähigkeit zur Intuition ausgestattet. Diese ist schneller, unmittelbarer und leistungsfähiger als unsere bewusst gesteuerten Gedanken und hilft uns in der immer komplexer werdenden Welt zu überleben und handlungsfähig zu sein. Deshalb frage ich öfter meine Mitarbeiter: „Wie fühlt es sich an?" Am Anfang haben mich meine Techniker schon recht komisch angeschaut. Inzwischen nutzen wir auch in diesem Bereich die Intuition.

Um in Zukunft das Überleben des Unternehmens zu sichern, braucht es den Zugang zur kollektiven Intelligenz. Diese Aufgabe mache ich mir zur Hauptaufgabe. Eine erfolgreiche soziale Technik ist die *Theorie U – Von der Zukunft her führen* nach Otto Scharmer. Dabei geht es um die „Öffnung des Denkens, des Fühlens, des Willens" für das noch unbekannte kreative Neue (Scharmer 2009). Das geht nur durch einen neuen direkten Kontakt der Menschen untereinander. Jeder Mitarbeiter, Kunde bzw. Lieferant, der sich auf diesen „direkten Draht" einlässt, wird in sich und mit uns eine freudige Hoffnung spüren, die wir alle brauchen und suchen. Es ist befreiend zu erleben, wie das Unternehmen wie ein „eigenständiger Organismus funktioniert". Dabei ist die schwierigste Aufgabe, dass man sich nicht in den negativen emotionalen menschlichen Verstrickungen aufhängt und nicht in Pessimismus verfällt. Diese zeitweisen negativen Stimmungen können wir nur dadurch ausgleichen, indem wir sie durch die Darstellung der positiven Ergebnisse und Aussichten kompensieren. Es ist also eine Kernaufgabe, das gesamte Team zu motivieren und Erlebnisse und Erfolge mit Begeisterung zu füllen. So wird der Erfolg für alle Mitarbeiter im Alltag spürbar. Zu dieser nachhaltigen Kulturentwicklung kann ich meine Mitarbeiter nur einladen und sie dabei auf allen Ebenen unterstützen. Diese Erkenntnisse beruhen auf den Forschungen und sozialen Initiativen zu „Potenzialentfaltungsgemeinschaften" und

„Kulturwandel in Unternehmen und Organisationen" des Gehirnforschers Gerald Hüther (Hüther 2015).

7 Von Schulungen und Wertschätzung zur aktiven Mitgestaltung aller Mitarbeiter

Schulungen für Mitarbeiter bilden einen Schlüssel zur Zukunft. Neben technischen Schulungen über EDV und Wartung von Maschinen stehen jetzt vor allem Schulungen zur Persönlichkeitsentwicklung, Teambildung und Gesundheit an. Eines der Hauptthemen bildet dabei die Kommunikation. Einige Mitarbeiter haben bereits Seminare in gewaltfreier Kommunikation (GFK nach Dr. Marshall Rosenberg) sowie zu transparenter Kommunikation (nach Thomas Hübl) und weitere besucht. Nun besteht die ständige Aufgabe, dieses Wissen im Unternehmen anzuwenden. Dazu wird ein externer Trainer bestellt, der das im Unternehmen mit uns praktiziert und entwickelt.

8 Personelle Nachhaltigkeit bei Häßler-Lift

Damit das Unternehmen von der nachfolgenden Generation weitergeführt werden kann, ist eine langfristige weitschauende Personalpolitik notwendig. Wie ist das für eine kleine Firma wie Häßler-Lift möglich? Junge Menschen entwickeln ein neues Wertesystem bzw. haben aufgrund ihrer Lebensphase andere Interessen als ältere Mitarbeiter. Wir haben mehrere kleine Teams, wo Jung und Alt zusammenarbeiten und voneinander lernen. Die Jungen bringen ihr Wissen im Umgang mit den neuen Medien mit, die Älteren die Erfahrung aus jahrzehntelanger Arbeit. Ein im Gewerbegebiet veranstaltetes und von unserer Firma gesponsertes Kulturprojekt „Farbtöne" (www.hebebuehnen-deutschland.de/arbeitsbuehne/de/4246,,news,news_details,186,2846/News/Das-war-das-Farbtoene-2014-F.html) hatte zur Folge, dass sich ein Student entschlossen hat, seine berufliche Zukunft in der Firma Häßler-Lift zu gestalten. Als Projektleiter des „Farbtöne"-Festivals konnte er kreative Freiheit ausleben und mitgestalten. Es war erstaunlich zu sehen, welches Ergebnis durch kollektive Intelligenz in kurzer Zeit erreicht werden konnte. Diese kreative Freiheit habe ich ihm auch in Zukunft innerhalb der Firma in Aussicht gestellt. Danach konnte er im Pausensemester in Kanada beim Aufbau einer neuen Produktionslinie live erleben, wie am anderen Ende der Welt gearbeitet und gelebt wird. Dort war er direkt in Marketing und Führungsaufgaben eingebunden. Das Projekt „Farbtöne" in Zusammenarbeit mit der „Freiraumgalerie" öffnete ihm dort sofort die Tür zur nächsten Praktikumsfirma, einem Vermietungsunternehmen für Arbeitsbühnen in Kanada. Es kam zum intensiven Wissensaustausch und es entstand eine Kooperation, die uns in Zukunft weltweit neue Möglichkeiten eröffnet. Der Nachwuchskandidat für das Management, Dennis Schröder, meint dazu, dass man vor lauter Zukunftsvision und nachhaltiger Planung jedoch die Aufgaben und das Sein im Hier und Jetzt nicht vernachlässigen darf. Mir als Geschäftsführer und Eigentümer gibt das ein Gefühl von Vertrauen in die Zukunft, die im Jetzt gestaltet wird. Wir geben aber auch anderen jungen Menschen eine Chance, sich zu entwickeln und ihren Platz im Unternehmen zu finden, wenn sie Bereitschaft zur persönlichen Entwicklung zeigen. Wenn das gelingt, gewinnen wir motivierte Mitarbeiter, die sich stark mit dem Unternehmen identifizieren.

9 Nachhaltige Unternehmensführung

Die Unternehmensleitung hat die Aufgabe, die Unternehmenskultur vorzuleben und ständig weiterzuentwickeln. Als Unternehmer habe ich dazu die Schlüsselfunktion, Felder und Erfahrungen zu schaffen, die einzelne Personen und Gruppen von Menschen in und außerhalb des Unternehmens beeindrucken und sofort erlebbare positive Ergebnisse und Gefühle vermitteln. Wenn diese positiven Gefühle Bestand haben, sind sie als nachhaltige Erfolge zu kommunizieren und bilden die Grundlage und Vorbildwirkung für das gesamte Unternehmen. Ein positives Image baut sich auf, welches sich nach innen und außen verbreitet. Bei Häßler-Lift ist noch kein Außendienstverkäufer tätig. Deshalb sind wir auf starke Außenwirkung in anderen Bereichen angewiesen. Die Webseite ist das Fenster zur Welt und erzeugt kontinuierlich neue Kundenanfragen, die wir in Aufträge verwandeln können. Wir haben das Ziel, die beste und innovativste Webseite der Branche zu haben (s. www.hebebühnen-deutschland.de). Das hat zur Konsequenz, dass wir ständig an der inhaltlichen und qualitativen Entwicklung der Webseite arbeiten. In diesem Prozess sind zwischenzeitlich bis zu 14 Personen – interne und externe – beteiligt. Je genauer wir die Wünsche der Kunden darstellen und erfüllen können, desto erfolgreicher sind wir. Hier ist eine sehr hohe Entwicklungsstufe notwendig. Dabei spielen das „Was" und das „Wie" eine Rolle und „wer" es umsetzen kann.

Das „Wie" gewinnt dabei eine immer größere Bedeutung. Dadurch, dass wir uns ständig weiter qualifizieren, leben wir einen ständigen Entwicklungsprozess der weichen Faktoren. Kommunikation ist der Schlüssel. Das fängt beim aktiven Hinhören an und geht mit wirklichen interessierten Fragen und Nachfragen weiter. Das Anliegen des Kunden als Mensch steht im Mittelpunkt. Ein weiterer Punkt ist der Umgang mit Konflikten. Wir kommen oft aus traditionellen Bewertungssystemen und wurden oft mehr bestraft als gelobt. Wissenschaftlich ist es aber schon lange bewiesen, dass wir damit nicht optimal „funktionieren". Wirkliche kreative Leistungen kommen nicht aus der Angst vor Bestrafung. Daraus entsteht nur „Dienst nach Vorschrift", welcher ständig mit Aufwand und neuer Angsterzeugung kontrolliert werden muss. Häßler-Lift strebt stattdessen eine von positiven Werten und Wertschätzung motivierte „Selbstkontrolle" an. Alle Terminpläne sind allen zugänglich. Alle Prozesse und Kundeninformationen sind allen überall passwortgeschützt zugänglich. Innerhalb der Firma wird alles Wichtige transparent abgebildet und dokumentiert. Jeder bekommt einen Vertrauensvorschuss und darf sich bewähren und entwickeln. Konflikte werden untereinander besprochen oder auch durch die Leitungskräfte aktiv zur Lösung gebracht. Bei Fällen, die wir nicht selber lösen können, bedienen wir uns der Möglichkeit eines externen Trainers. Frauen tragen den Hauptteil, wenn es um Führungsverantwortung geht. Sie bilden das emotionale Rückgrat des „Organismus Firma".

10 Aktivitäten, die über das Unternehmen hinausgehen

10.1 Integrale Unternehmens- und Lebensberatung Thomas Häßler

Die Visionsschule (www.visionsschule.de) befindet sich neben meinen Firmengebäuden auf dem Industriegelände von Häßler-Lift. Als ausgebildeter „integraler Coach" unterstütze ich Menschen, Organisationen und Unternehmen dabei, ihre Potenziale zu entfalten, Blockaden zu überwinden, ihre Vision zu finden und ihre Mission wirkungsvoll mit Freude und Erfolg für sich und andere in der Welt zu leben. Hier erforsche ich mit anderen Interessierten vor allem auch Jugendlichen neue Methoden, um sie auch bei Häßler-Lift einsetzen zu können. Es ist ein kreativer Raum von Gleichgesinnten entstanden. Aus dem Kontakt entstand der Zusammenschluss der LUDILUX-Gruppe (www.ludilux.org), welche sich mit der Erforschung und Weiterentwicklung einer neuen Kommunikationskultur mittels spieltheoretisch basierter Medien beschäftigt. Unter anderem mit der Erforschung der „kollektiven Intelligenz" und der Erstellung von spielerischen Kommunikationswerkzeugen.

10.2 Kooperation mit der „Freiraumgalerie" Halle/Saale

Die „Freiraumgalerie" in Halle/Saale (www.freiraumgalerie.com) ist eine Initiative junger Graffitikünstler, die die ganze Stadt als „Freiraum" für Kreativität sehen und Häuserwände (in Abstimmung mit den Eigentümern) mit Kunst gestalten und beleben. Durch die künstlerischen Impulse wird z. B. der Stadtteil Freiimfelde der Großstadt Halle/Saale wieder neu belebt (Video: https://vimeo.com/132349080) (siehe Abb. 3).

Häßler-Lift hat das Projekt von Anfang an mit unterstützt. Im Mai 2014 wurde als ein gemeinsamer Höhepunkt der Kooperation zwischen „Freiraumgalerie", Häßler-Lift und der Visionsschule das Kunst- und Musikfestival „Farbtöne 2014" organisiert. Dabei wurden innerhalb von einer Woche die Firmengebäude von Häßler-Lift und weitere Gebäude des Industriegebietes sowie die Visionsschule von nationalen und internationalen Künstlern gestaltet (Videos: http://www.freiraumgalerie.com/index.php/media-freiraum/videos; https://vimeo.com/93989124).

Abb. 3 Außenfassade wird durch Künstler der Freiraumgalerie gestaltet mit einer Hebebühne von Häßler-Lift. (Foto: Thomas Häßler)

11 Integrale Unternehmensführung

11.1 Grundlagen

Nach meiner Ausbildung zum integralen Coach gewann ich einen neuen Blick auf die Evolution von allem – Welt, Bewusstsein, Einzelpersonen und Gruppen. Dies gab mir die Möglichkeit, Dinge und Zusammenhänge anders zu sehen. Mit den Erkenntnissen und praktischen Fähigkeiten ausgestattet, taten sich für mich neue Möglichkeiten der Entwicklung und Gestaltung auf.

Laut der integralen Theorie „Spiral Dynamics" nach Don Beck (Beck und Cowen 2007) entwickelt sich alles in der Evolution vom Niederen zum Höheren. Das hat mir Hoffnung gegeben.

Seitdem bin ich bewusst damit beschäftigt, diese vertikale Entwicklung für mich und für Häßler-Lift zu unterstützen und zu befördern. In *Spiral Dynamics* werden – basierend auf sozialwissenschaftlichen Studien – verschiedene typische Ebenen, Levels von

Bewusstseinsentwicklung mit unterschiedlichen Wertehorizonten und Verhaltensweisen beschrieben.

Diese sogenannten Memes (Entwicklungsstufen) haben in der kollektiven Entwicklung von Menschen auch deren unterschiedliche menschliche Strukturen und Verhaltensweisen in wirtschaftlichen und sozialen Organisationen und Lebensbereichen hervorgebracht, mit dementsprechend unterschiedlichen Formen der Interaktion, von Lern- und Führungsstilen. Dieses Wissen hat also praktische Konsequenzen für eine bewusste integrale Unternehmensführung. Ganz essenziell zu beachten ist, dass die Entwicklung immer nur Schritt für Schritt, der Reihe nach erfolgen kann. Deshalb ist unbedingt die „$n + 1$-Regel" zu beachten! Das bedeutet zu schauen, auf welcher Bewusstseinsstufe „n" sich Menschen und Organisationen derzeit befinden, und diese Stufen in ihrem vollen positiven Gehalt zu stabilisieren. Die Evolution selbst bringt es mit sich, dass irgendwann auch die Grenzen, die Schattenseiten dieser Entwicklungsstufe so beengend und konfliktreich wirken, dass auch der evolutionäre Impuls umso stärker wird, nach den höheren und weiteren Lösungen und Perspektiven der nächsthöheren Entwicklungsstufe zu suchen. Diese „Konflikte" und diese Suche können auch geschickt durch „liebevolle Provokation, Konfrontation mit dem Nächsthöheren" und durch Coaching bewusst unterstützt werden. Da verschiedene Entwicklungsstufen gleichzeitig im Unternehmen vertreten sind, haben wir auch sehr verschiedene Konflikte, die uns emotional stark beschäftigen. Und die positiven Qualitäten aller schon überschrittenen Entwicklungsstufen haben weiterhin ihre unverzichtbare Funktion, wie Fundamente und Etagen in einem hohen Gebäude. Für die integrale Unternehmensführung unserer Firma in den gegenwärtigen Wirtschaftsabläufen sind insbesondere fünf Stufen im mittleren Bereich, d. h. ab Stufe 3, von Bedeutung: rot, blau, orange, grün und gelb. Im Folgenden will ich diese fünf, für die Firmenentwicklung relevanten Entwicklungsstufen mit ihren typischen Kennzeichen, Werten, Qualitäten sowie den Schattenseiten beschreiben und, welche Bedeutung dies für die Unternehmensführung bei Häßler-Lift hatte und hat.

11.2 Rote Entwicklungsstufe

Durchsetzungsvermögen, Macht, Mut, Selbstvertrauen, Ehre, Eroberung neuer Märkte, Gewinnen um jeden Preis, persönliche Führung mit Spontanität und persönliche Macht. Limit: Kampf um jeden Preis.

Rot war insbesondere für die Gründungsphase der Firma Häßler-Lift entscheidend. Danach wurden strukturell sehr schnell die nächsten Stufen entwickelt. Mut und Durchsetzungsvermögen sind natürlich auch bleibende unternehmerische Eigenschaften, allerdings aber nicht „um jeden Preis". Denn zu viel „Impulsivität" kann Chaos bedeuten. Deshalb gab und gibt es nach dem „Gründungs- und Eroberungsimpuls" den Bedarf hin zu den Qualitäten von Struktur und Berechenbarkeit. Zum heutigen Zeitpunkt werden die notwendigen Aufgaben besser durch die nachfolgenden Stufen blau, orange und grün erfüllt.

Mir ist es wichtig, über die Einteilung in Gewinner oder Verlierer hinausgekommen zu sein.

11.3 Blaue Entwicklungsstufe

Ordnung, Klarheit, Struktur, Berechenbarkeit, Systematik, eindeutige klare Hierarchien und Abläufe, Führung durch „Top-down-Kommando", Rapport von unten nach oben. Limit: Es kann starr sein, kaum ausgerichtet, sondern auf konservatives Bewahren, leichte Gelegenheit für Machtmissbrauch von Vorgesetzten und Passivität von Untergebenen.

Für Häßler-Lift war nach der roten Gründungsphase der nächste Schritt hin zu einer gesunden, blauen, stabilen Strukturbildung für einen geordneten Routineablauf wichtig. Dazu gehörte das Einrichten optimaler Strukturen, Bereiche, Abteilungen, Mitarbeiterzuordnungen, mit Prozessabläufen, Technik und Regeln. Ohne diese „inneren Gesetze der Firma", die auch später immer wieder neu angepasst werden müssen, kann kein Unternehmen existieren und wachsen. Bei Häßler-Lift wurde schon immer viel in EDV investiert, damit die Arbeitsprozesse effektiv und sicher organisiert werden können. Nun ging und geht es darum, Strukturen für weiteres Wachstum zu schaffen. Abteilungen entstehen. Das zeigt sich in der Aufteilung in Vermietung, Verkauf und Service. Auch die Buchhaltung wurde zum größten Teil im Unternehmen selbst erstellt. Von Anfang an wurde in moderne Hard- und Software investiert. Alle Fahrzeuge wurden mit Funk ausgestattet, um schon 1992 ähnliche Kommunikationsmöglichkeiten wie heute zu haben. Heute sind alle Mitarbeiter in der Lage, über das Smartphone auf alle wichtigen Daten jederzeit zuzugreifen. Hier ist es mir wichtig, dass nur so viel Struktur und Verwaltung aufgebaut wird wie notwendig. Von dem Zeitpunkt an, an dem ich mich mehr von Vertrauen als von Angst und Kontrolle leiten ließ, gelang es mir, die Struktur hauptsächlich für die Kundenbindung einzusetzen. Heute haben wir das Ziel, alle wichtigen Informationen zum Kunden und Lieferanten in unserem CRM-System abzuspeichern. Als enorme Belastung werden die Auflagen vom Finanzamt empfunden, die viel Kraft und Zeit verbrauchen. Diese Kraft steht nicht für eine natürliche Weiterentwicklung zur Verfügung. Es führt zu unlogischen Verzerrungen und Verstrickungen. Das Zahlenwerk hat nichts mit der tatsächlich erbrachten Leistung zu tun, da Rückstellungen und Ansparabschreibungen das Bild verfälschen. Es ist eine Gefahr entstanden, aus rein steuerlichen Aspekten das Unternehmen zu führen. Daraus ist ein täglicher Kampf um Liquidität entstanden. Dieser wird mit Kunden und Finanzamt geführt. Die Leistung, die von den Mitarbeitern dazu erbracht wird, ist nicht hoch genug anzurechnen. Mein Wunsch wäre es, die Kraft stünde für andere Aufgaben zur Verfügung. Ein einfaches logisches Steuersystem würde eine ungeahnte Potenzialentfaltung bringen. Wir selbst sind bemüht, die Nachteile dieser Entwicklungsstufe in den anderen höheren Stufen auszugleichen.

11.4 Orange Entwicklungsstufe

Rationalität, Effektivität, Zielorientierung, Innovation, technische Erfindungen, Wissenschaft und Technik, ambitionierte Weltgestaltung, hoher Wirkungsgrad, Lebenserleichterung durch Technik, Materialismus, Lebensstandard. Limits: tendenziell Effizienz auf Kosten von Gefühl, Emotionalität, Beziehungen, sogar Verletzung und Zerstörung von Leben, Menschen, Natur, Umwelt, Beziehungen durch Konsum.

Für die Firma Häßler-Lift war auch sehr bald nach der Gründung der Übergang nach „Orange" erforderlich, um im „Bauboom" nach der Wende mit Flexibilität und Effektivität quantitatives und qualitatives Wachstum für das Unternehmen und zum Wohle der Gesellschaft gestalten zu können. Diese Entwicklungsstufe ermöglicht uns, dass viele Mitarbeiter die Fähigkeit des unternehmerischen Denkens praktisch in Umsatz, Gewinn und Kosteneinsparung umsetzen können. Durch die verschiedenen Geschäftsbereiche entsteht ein in sich stabiles System. Nicht alle Mitarbeiter haben dieses Bewusstsein voll entwickelt. Weiterhin spielen das Aufgabengebiet und die damit verbundene Verantwortung eine Rolle. Das Team ist in der Lage, selbstständig die notwendigen Informationen und Anweisungen zu produzieren, um den Geschäftsablauf zu organisieren. Die Geschäftsleitung wird nur gebraucht, um Störungen und Neuerungen positiv im System umzusetzen. Die Hauptstörungen treten durch die Konflikte fördernde Kommunikation unter den Mitarbeitern auf. Das ist im Moment unsere größte Herausforderung, die es zu lösen gilt.

11.5 Grüne Entwicklungsstufe

Wiederentdeckung der Gefühle und inneren Werte von Leben, Umwelt, Beziehung, Ruhe, Bescheidenheit statt Konsum, Kommunikation zur Konfliktlösung und Vermeidung von Verletzungen, Frieden und liebevolles Miteinander als wichtiges gemeinsames Lebensziel, Gleichwertigkeit aller Menschen. Limit: manchmal deshalb endlose gefühlsorientierte Konsensdiskussionen ohne zweckrationale Zielorientierung, gänzliche Verweigerung von Leistung, Anstrengung, Selbstdisziplin und Effektivität, ideologischer Ökofundamentalismus oder Konfliktvermeidung, Überempfindlichkeit jeder Art.

Bezug zu Häßler-Lift: Da ich ein Kind der DDR bin, bin ich sehr sozial geprägt. Somit war die grüne Entwicklungsstufe immer mit präsent. Entscheidungen wurden kollektiv hinterfragt und gemeinsam durchgeführt. Gutes menschliches Miteinander, Beachtung der emotionalen Ebene und eine bewusste Kommunikationskultur innerhalb der Firma und mit unseren Kunden und Lieferanten bilden einen wesentlichen Teil unserer Firmenidentität. Für den Führungsstil bedeutet das, dass Aufgaben und Abläufe mit hilfreicher emotionaler Kommunikation unterstützt werden. Wir beachten allerdings, nicht in die Falle von „zu viel emotionaler Befindlichkeit" und Blockade zu geraten. Nachhaltigkeit bei der Kommunikation beachten, heißt: „Nur sparsam das zu kommunizieren, was im Moment dran ist!"

Jeder Mitarbeiter kann sich mit Vorschlägen und Beteiligungen einbringen. Frauen tragen mehrheitlich Verantwortung in Führungsaufgaben.

11.6 Gelbe Entwicklungsstufe

Flexibler kreativer Umgang mit der Komplexität des Netzwerks der Welt, hohe Wendigkeit und Einbeziehung aller bisherigen Entwicklungsqualitäten im Einsatz für die Verbesserung des Lebens und zur Vermeidung von unnötigen Verletzungen und Schmerzen. Ab jetzt ist die Fähigkeit vorhanden, vorangegangene Entwicklungsstufen bewusst zu nutzen und zu gestalten. Limit: Aus lauter Weltverbesserungsungeduld kann Überforderung mit zu vielen Projekten entstehen, dann ist der Drang zur nächsthöheren Stufe wirksam.

Für Häßler-Lift bedeutet das, Zukunft als Netzwerkplanung mit anderen Gleichgesinnten zu gestalten, aus der Kraft der „kollektiven Intelligenz" zu lernen und zu leben, aus dieser Perspektive heraus auch alle Abläufe und Planungen in der Firma zu initiieren. Ich persönlich entwickelte mich vom Gründer zum Besitzer und dann immer mehr zum Berater meines Unternehmens und meiner Mitarbeiter.

In meiner persönlichen Mission kam es dadurch zu dieser inneren Ausrichtung. In sozialen Projekten probiere ich Neues aus und bekomme neue Anregungen – knüpfe Kontakte. Besonders interessieren mich junge kreative Menschen, von denen ich sehr viel lernen und frische Kraft tanken kann.

11.7 Zusammenspiel der verschiedenen Entwicklungsstufen

Heute hat sich in der Firma Häßler-Lift eine Mischung aus verschiedenen Entwicklungsstufen herausgebildet. Je nach Bereich und der Entwicklung der einzelnen Mitarbeiter bilden sich verschiedene Mischungen von Teams in den einzelnen Abteilungen. Dies eröffnet gleichzeitig neue Möglichkeiten und Konfliktherde. Die Führungskräfte besitzen die Fähigkeit, klare Anweisungen und Richtlinien an die Mitarbeiter zu geben, die diese dann zielgerichtet ausführen. Ich selbst als Inhaber habe Zeit, die Zukunft des Unternehmens zu gestalten, und bin wenig am täglichen Geschäft beteiligt, außer an meinen eigenen Projekten. Meine Hauptaufgabe ist es, mich um Entwicklung meiner Mitarbeiter zu kümmern und zu hinterfragen: „Wo bremst es?" Das wird wöchentlich durchgeführt und erfolgt ohne Dienstberatung. Oft bedarf es dazu nur weniger Minuten. Weiterhin forsche ich, welche Einflussgrößen und Möglichkeiten in Zukunft denkbar sind: neue Produkte, neue Dienstleistungen, neue Technologien, Sonderanfertigungen. Auch das Marketing wird größtenteils aus eigener Kraft entwickelt, durch intensive Beobachtung des Marktes. Externe Dienstleister unterstützen uns bei der Umsetzung oder auch durch Schulungen. Ich besuche viele Seminare und gebe selbst welche, um meinem Ziel, so viele Mitarbeiter zu einer bewussten vertikalen Entwicklung einzuladen und zu qualifizieren, immer näherzukommen.

Abb. 4 Thomas Häßler vor einer Hauswand der Visionsschule. (Foto: Elisabeth Want)

12 Von der Zukunft her führen

Ich wünsche uns allen, dass viele gute Beispiele von Kooperation entstehen, dass ein Miteinander mehr und mehr an Bedeutung gewinnt. Für uns war und ist dieses Miteinander die entscheidendste Erfolgsquelle. Weiterhin ist es für mich (uns) wichtig, unsere Wurzeln zu spüren. Auf Bild in Abb. 4, gestaltet beim „Farbtöne"-Festival, kann der Kosmonaut nicht richtig sehen und „Mutter Natur" nicht wirklich spüren. Auch wir sehen oft nicht alles, was momentan wirkt. Mich beschäftigen solche Themen, da sie mich an die Quelle der Entstehung von Erfolg, aber auch von Missverständnissen bringen.

Otto Scharmer hat folgende vier Barrieren von Lernen in Organisationen beschrieben (Scharmer 2009):

1. nicht erkennen, was ich sehe,
2. nicht sagen, was ich denke,
3. nicht tun, was ich sage,
4. nicht zu sehen, was ich tue.

In seinem Praxisbuch *Theorie U – Von der Zukunft her führen – Presencing als soziale Technik* beschreibt er konkrete Methoden dazu. Um meiner Führungsaufgabe und Verantwortung gerecht zu werden, wende ich den U-Prozess fast täglich an. Ich investiere meine Zeit bewusst in Meditation und gelange so zu Antworten bzw. finde die entscheidenden aktuellen Fragen heraus, die wir dann gemeinsam angehen. Es braucht mehr Achtsamkeit in allen Bereichen des Unternehmens.

Ich lade hiermit meine Mitarbeiter, andere Unternehmer und interessierte Menschen ein, die „kollektive Intelligenz" weiterzuentwickeln und gemeinsam mit uns in die Realität umzusetzen.

Das definiere ich als meine höchste Form der Nachhaltigkeit.

Auf die nachfolgende Literatur habe ich zurückgegriffen und würde Sie gerne weiter empfehlen.

Literatur

Beck D, Cowen C (2007) Spiral Dynamics. Leadership, Werte und Wandel: Eine Landkarte für das Business, Politik und Gesellschaft im 21. Jahrhundert. J. Kamphausen Verlag, Bielefeld

Götz S (2015) Change Leader – Für Menschen, die eine neue Wirtschaftskultur leben. J. Kamphausen Verlag, Bielefeld

Hüther G. Kulturwandel in Unternehmen. http://www.kulturwandel.org/. Zugegriffen: 18. Dezember 2015

Scharmer CO (2009) Theorie U – Von der Zukunft her führen – Presencing als soziale Technik. Carl-Auer-Verlag, Heidelberg

Thomas Häßler, Dipl.-Ing. (FH) für Heizung, Lüftung und Sanitär, ist seit 1.7.1990 selbstständiger Unternehmer und Gründer von Häßler-Lift Hebebühnen in Halle/Saale. Er ist Inhaber und Geschäftsführer der AB-Arbeitsbühnen-Großhandels-GmbH in Köthen (www.hebebühnen-deutschland.de), Seit 12.12.2012 Inhaber der integralen Lebens- und Unternehmensberatung Thomas Häßler (www.Visionsschule.de), Mitbegründer der Ludilux-Gruppe 2015 (www.ludilux.org), Unterstützer der Freiraumgalerie Halle/Saale (www.freiraumgalerie.com). Thomas Häßler war schon immer am Zusammenspiel von Mensch und Technik interessiert. Verantwortung zu übernehmen, die über die eigenen Unternehmen hinausgeht, wurde ihm in die Wiege gelegt. Er ist verheiratet und Vater von drei Kindern. Er ist an einer friedlichen Weiterentwicklung unserer Unternehmen und Gesellschaft interessiert.

Gelebte Nachhaltigkeit am Beispiel hhpberlin Ingenieure für Brandschutz GmbH: Wirksamkeit durch Handeln

Gesa Gordon und Stefan Truthän

Nachhaltigkeit und Brandschutz haben auf den ersten Blick nicht viel miteinander gemein. Bei genauerer Betrachtung ist genau diese scheinbare inhaltliche Ferne ein umso besseres Feld, sich dem Thema anzunähern: Weder politisch noch gesellschaftlich gibt es Motive oder gar eine (Berichts-)Pflicht, um das unternehmerische Handeln aus der Perspektive von Nachhaltigkeit zu betrachten.

Genau dies war die Situation bei hhpberlin – Nachhaltigkeit, ob ökonomisch, ökologisch oder sozial beleuchtet, hatte für das Unternehmen keine Bedeutung. Als Ingenieurbüro ist es ein Wissensdienstleister, der einen Aspekt in der „Lieferkette" zum Errichten oder zur Umgestaltung von Gebäuden abdeckt. Die einzelnen Produkte und seine Komponenten werden jedoch von anderen hergestellt, eingekauft oder verarbeitet. Der Begriff der Nachhaltigkeit ist bei hhpberlin eher negativ besetzt und wird als eigener Markt betrachtet, mit dem über Zertifikate und Richtlinien Geld verdient wird.

Ein Anliegen dieses Buches ist es, gelungenes nachhaltiges Handeln nicht als reaktive Pflichterfüllung zu verstehen, sondern aus den eigenen Werten und der eigenen unternehmerischen Haltung heraus als gelebte Praxis zu beschreiben, sodass selbst eine Berichtspflicht im besten Falle zur Kür werden kann. Welche bessere Voraussetzung kann es also geben, als ein Unternehmen und seine ganz eigene Organisationsform vorzustellen, das in seinem unternehmerischen Handeln alle wesentlichen Aspekte des Deutschen Nachhaltigkeitskodex aufweist, mit seinen 20 Kriterien in den Bereichen Strategie, Prozesse, Umwelt und Gesellschaft, ohne diese je bewusst programmatisch erfüllen zu wollen. Dies wird am

---

G. Gordon (✉)
Berlin, Deutschland
E-Mail: post@gesagordon.de

S. Truthän
Berlin, Deutschland

Beispiel der Organisationsstruktur und Unternehmenskultur von hhpberlin Ingenieure für Brandschutz GmbH (http://www.hhpberlin.de/) dargestellt[1].

1 Die kurze Geschichte von hhpberlin

Nach der Teilung des Ingenieurbüros Hosser, Hass und Partner gibt es das Unternehmen seit dem Jahr 2000 unter dem Namen hhpberlin Ingenieure für Brandschutz GmbH.

Von Beginn an steht das damals 15-köpfige Team für „fortschrittlichen Brandschutz, schutzzielorientierte Innovation und großartige Bauprojekte" (http://www.hhpberlin.de/de/collections/referenzen/). Zu dieser Zeit ist es vorwiegend im Raum Berlin-Brandenburg tätig; doch es wächst schnell. Deutschlandweite Projekte kommen und es wurden Niederlassungen in München (2005), Hamburg (2008), Frankfurt/M. (2008), Braunschweig (2011) und Bremen (2013) eröffnet (http://www.hhpberlin.de/de/collections/kontakt/).

Grundmotiv des Handelns ist eine Haltung des respektvollen Zuhörens in Verbindung mit der Überzeugung, dass Wissen am besten vermehrt und gesteigert wird, indem es geteilt wird – intern mit den Beschäftigten wie auch extern mit den ganz unterschiedlichen Stakeholdern von Kunden, Architekten, Bauherren etc.

Statt sich mit dem Schaffen einer perfekten Fassade zufriedenzugeben, besteht der allgemeine Anspruch, dem Menschen gegenüber durch Vertrauen in Vorleistung zu gehen (https://vimeo.com/84943238): Dienstleistung wird als grundlegende Handlungsmaxime verstanden, die stets das Gemeinwohl miteinbezieht – Beschäftigte, Auftraggeber, Kollegen wie die Gesellschaft allgemein – im Falle des Brandschutzes eine der Aufgabe immanente Handlungsmaxime im besten Sinne. Die Verbindung von Leidenschaft für das Thema, einem unmissverständlichen Qualitätsanspruch gepaart mit wirtschaftlichem Denken sowie partnerschaftlichem Umgang auf Augenhöhe prägen den eigenen Anspruch (http://www.hhpberlin.de/de/unternehmen/hhpberlin.html): aus der inneren Haltung heraus immer wieder neue Weg zu wagen, nicht nur Gesetzestexten zu genügen, sondern diese entlang der aktuellen Kundenwünsche in neuartigen Lösungen zu realisieren. So konnte z. B. ein Weg zur Integration von Kunst am Bau mit Brandschutzrichtlinien für Flughäfen gefunden werden.

Zugleich sind, bei genauerer Betrachtung, Verantwortung und Nachhaltigkeit dem Brandschutz im Verständnis von hhpberlin inhärent: der Anspruch, bestmöglichen Schutz vor unerwartet ausbrechendem Feuer zu bieten und damit auch Ressourcenmissbrauch im Baugewerbe durch nachlässiges Bauen zu reduzieren. Parallel ist stets eine gesellschaftliche Mitverantwortung in der eigenen Planungs- und Umsetzungstätigkeit präsent, der sich mit dem eigenen Anspruch exzellenter Ingenieurskunst gestellt wird.

---

[1] Der Text ist das Ergebnis mehrerer Interviews der Autorin mit Stefan Truthän im Jahr 2015 sowie der Auswertung des internen und frei im Internet zugänglichen Videomaterials der hhpberlin im Kontext Organisation.

Um Lösungsvorschläge zu finden, werden mögliche Ursachen betrachtet, nicht primär Probleme thematisiert und vernetzte Lösungsansätze in den Blick genommen – nach innen wie außen vernetzt. Das unternehmerische Selbstverständnis beruht von Beginn an auf dem Vertrauen in die Mitarbeitenden als Menschen, gemeinschaftlich Antworten zu finden. Ein Vertrauen in Menschen, die für Brandschutz stehen und dabei authentisch sind, im Umgang untereinander wie mit den Kunden und ihren Anforderungen (http://www.hhpberlin.de/de/dashboards/bewerber.html). Wegen des starken Wachstums des Unternehmens (Projekte, Beschäftigte und Standorte) wurde bereits im Jahr 2009 damit begonnen, ein neues Organisationskonzept zu entwickeln (http://www.vimeo.com/84946211). Anspruch war es, eine neuartige, themenorientierte, horizontale Organisationsform zu finden, die die kundenseitige Nachfrage weiter qualitativ exzellent befriedigt bei gleichzeitig wachsender thematischer Vielfalt. Die alles leitende Frage war dabei: Was macht ein erfolgreiches Team aus?

Wie sieht eine Organisation aus, die, gerade weil sie den Menschen und einzelne Teams ins Zentrum stellt, auf einer heterogenen Organisationskultur beruht? Die Antwort gliedert sich in drei handlungsleitende Ansprüche an das gesamte Unternehmen:

1. führend zu sein in der Implementierung neuer Ideen sowie Konzepte für die Kunden und damit stets die eigenen Erkenntnisse aus Projekten unmittelbar weiterzugeben – an Kollegen wie Kunden,
2. brillant in der Anwendung neuen Wissens zu sein – stets die aktuellsten Forschungsergebnisse und neuesten Lösungsansätze bereitzustellen und
3. agil zu sein durch ein permanentes Sichanpassen an aktuelle Herausforderungen.

Die gelebte innere Werthaltung, zuzuhören, um verstehen zu können, erzeugt aus der eigenen Handlungsmaxime heraus Offenheit und Nachhaltigkeit: sowohl den eigenen Beschäftigten gegenüber als auch den Kunden. Oder mit Michael Porter gesprochen: „Creating Shared Value" (Porter und Kramer 2011). Nicht das Verfolgen eines starren Plans, einer Strategie oder ein reaktives Abarbeiten von (Berichts-)Pflichten steht im Zentrum der Aufmerksamkeit, sondern die Aufgabe sowie die damit verbundenen unterschiedlichen Interessen aller Beteiligten.

2 Werte bei hhpberlin

Leidenschaftlich, engagiert und lebendig über die eigenen Unternehmensgrenzen hinaus zu sein und dabei das Gemeinwohl immer miteinzubeziehen, bilden die Basis, um die einzelne Dienstleistung als Handlungsmaxime anzusehen. Der Kundenbedarf steht im Fokus der Frage, welche Lösungskompetenzen für das jeweilige Projekt die besten sind (http://www.hhpberlin.de/de/collections/kompetenzen/) – nicht das vorgefertigte Leistungsangebot. Gemeinsam mit den Beteiligten wird die beste Antwort gefunden, basierend auf einer

Haltung des wahrhaftigen Zuhörens, dem Mut zu Transparenz und offener Kommunikation. Ein aufrichtiges, begründetes aktuelles „Desinteresse" an der inhaltlichen Thematik eines Kunden, etwas zurzeit nicht bearbeiten zu wollen, hat ebenso seine Berechtigung.

Aus dieser – fast demütigen – Arbeitshaltung entstehen Respekt im Miteinander, Begegnung, Berührung und Resonanz. Wirksamkeit wird so durch eine Haltung erzeugt, die aus sich heraus – brandschutzseitig – nachhaltig ist für die Beschäftigten, die Kunden wie auch alle, die mit dem zu schaffenden Gebäude in Berührung kommen. Mit Vertrauen, gemeinsam das beste Ergebnis realisieren zu wollen, ohne bereits alle Antworten zu kennen, geht das Unternehmen in Vorleistung anstatt mit einer perfekten Fassade, die vorgeblich alles weiß. Wirksamkeit, die sich auf etikettenhafte Nachhaltigkeit fokussiert, ist obsolet. Vielmehr entsteht Nachhaltigkeit aus dem eigenen unternehmerischen Wertekanon und dem immer wieder neuen Anspruch, die für einen spezifischen Fall langfristig beste Lösung zu finden: Heute fragen, was zukünftig gebraucht wird, immer wieder Neues wagen, anstatt Probleme durch den Erhalt des Status quo zu lösen. Um diesem Arbeitsethos möglichst umfänglich genügen zu können, steht der einzelne Mensch im Mittelpunkt: jeder mit seinem speziellen Wissensfundus und den eigenen Erfahrungen, dem je eigenen Rohstoff wie auch Fundament für das gemeinsame Generieren von Mehrwert. Unterstützung ist der Anspruch, ein lernfreundliches Milieu, in dem auch Fehler ihren Platz haben und Teil der gemeinsamen Lernprozesse sind. Ausgehend von den Grundfesten der Transparenz und des Vertrauens wird Wissen nicht zum Machtfaktor, der den einzelnen von anderen unterscheidet. Ebenso wenig ist Machtverlust durch Teilen zu befürchten. Vielmehr ist das unterschiedliche, gemeinsam geteilte Wissen die Quelle des Erfolgs (https://vimeo.com/84943216). Erst die Unterschiedlichkeit und das Teilen der Verschiedenheit ermöglichen gemeinsamen Erfolg. Inhärent ist dem Erfolg das gemeinsame Ringen mit dem Gegenstand, um neue Perspektiven zu entwickeln und umzusetzen. Auch ein Konflikt kann so als Chance betrachtet werden, anstelle einer möglichst zu vermeidenden Bedrohung. Eine lebendige Streitkultur wird als notwendig für gute Ergebnisse betrachtet: Wenn Erfahrung und Wissen geteilt werden, gibt es Differenzen, die zu neuen Lösungen führen. Werte- und handlungsleitend ist die themenorientierte Kommunikation, ausgerichtet am möglichen besten Ergebnis statt an Hierarchie und dem Erhalt eines persönlichen Machtanspruchs.

3 Leitplanken, Transparenz, Wissen und IT

Damit die Organisation den selbst gesetzten Werten und Ansprüchen genügen kann, gibt es zwei alles bestimmende Leitplanken: zum einen, das vorhandene Wissen optimal zu nutzen und mit den vorhandenen Talenten immer wieder neue Wege zu gehen. Zum anderen, die vorhandenen Talente beständig weiterzuentwickeln sowie neue Kollegen möglichst kollegial und optimal zu integrieren. Kurzum: den einzelnen Mitarbeiter in jeder Situation so zu unterstützen, dass er nachhaltig wirtschaftlich erfolgreich handeln kann – ein Mehrwert sowohl für den Auftraggeber als auch für hhpberlin. Möglich ist diese Arbeitsweise, sobald neue Ideen und Konzepte auch durch das fortwährende Teilen von

Wissen entstehen, wenn proaktiv aus den eigenen Erfahrungen gemeinsam gelernt wird. Erfolgreiche Projekte ruhen für hhpberlin auf gegenseitigem Vertrauen und Transparenz. Unterfüttert wird dies von der eigenen beständigen Lernbereitschaft, immer wieder genauem Hin- und Zuhören sowie Offenheit und Transparenz – Kollegen wie Kunden gegenüber. Wesentlich ist dabei, sich selbst im Dialog wieder und wieder infrage zu stellen, die dabei geschaffene Transparenz mit Kunden und Kollegen vertrauensvoll zu nutzen und das gewonnene Wissen weiterzugeben, ein Vorgehen, das nur gemeinsam mit dem Auftraggeber möglich ist und nicht von Einzelnen alleine praktiziert werden kann.

Das gelebte Vertrauen der Menschen untereinander ruht auf einer optimalen technischen Infrastruktur. Hard- und Software werden sowohl mit Blick auf die externen Bedarfe als auch für die bestmögliche interne Nutzung bereitgestellt. Jeder hat von überall, egal an welchem Standort, Zugriff auf alle Dokumente. Informationstechnologie wird als „enabler" für Wissensarbeiter und nicht als Kostentreiber betrachtet, ebenso wenig wie sich Wissen als Machtfaktor abbilden lässt, z. B. in Leseberechtigungen. Im Zentrum stehen vielmehr Transparenz und kollaboratives Arbeiten am Thema. Auf diese Weise ist die Organisation der Experte, der je nach Fragestellung die besten Köpfe zusammenruft, und nicht mehr die einzelne Person. Erfolg wird als Team möglich, nicht als „Einzelkämpfer", etwas, das sowohl der wachsenden inhaltlichen Komplexität geschuldet ist als auch der europaweiten Projektstandorte: Wissen sinnstiftend themenfokussiert vernetzen und als Mitarbeiter durch Technik optimal unterstützt werden – intern mit den Kollegen wie auch extern mit den jeweiligen Partnern – das ist themenorientiertes Arbeiten bei hhpberlin.

Wie also den Herausforderungen einer wachsenden Wissensorganisation begegnen? Seit 2009 wird an der Antwort im Rahmen einer selbst entwickelten spezifischen Organisationsform gefeilt.

4 Der Organismus von hhpberlin

Basis für das erfolgreiche ununterbrochene Wachstum ist eine ganz eigene Aufbauorganisation, die der Frage folgt, welches die besten Voraussetzungen für den einzelnen Kollegen sind, um optimal arbeiten zu können.

Nicht der ökonomisch optimale Ablauf, eine Verrichtungsorientierung oder das Produkt stehen im Zentrum der Aufmerksamkeit. Vielmehr geht es um den einzelnen Menschen und seine individuellen Interessen und Kompetenzen, die im Zentrum der Aufmerksamkeit zur Gestaltung für ihn optimaler Prozesse stehen (http://www.hhpberlin.de/de/unternehmen/10-gründe-für-hhpberlin-als-arbeitgeber.html).

Fundament und Grundelement, um themenorientiert, standortübergreifend und agil zu arbeiten, sind die einzelnen „Zellen".

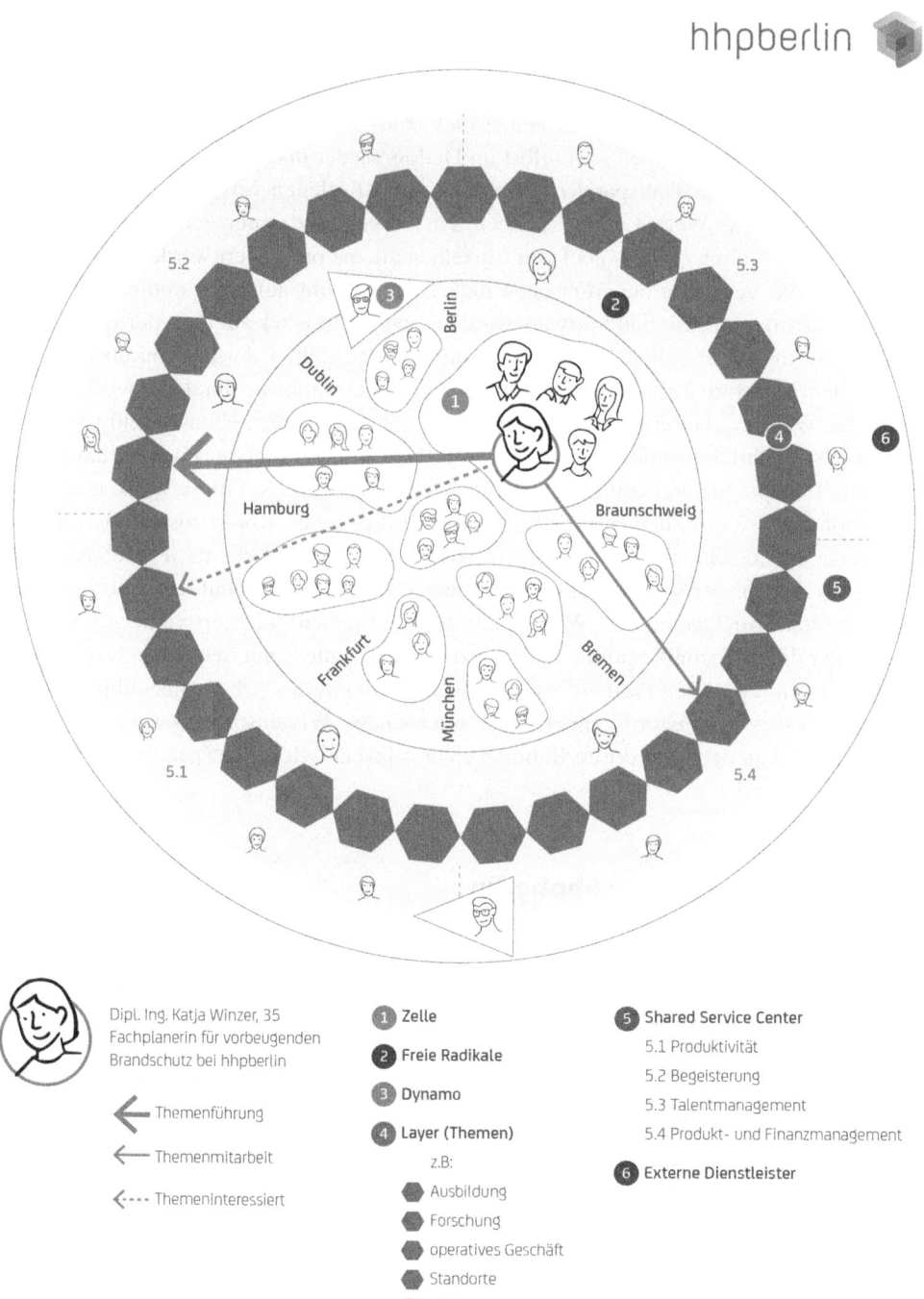

Abb. 1 Der hhpberlin-Organismus

4.1 Die hhpberlin-Zelle

Eine Zelle sollte aus fünf bis acht Beschäftigten bestehen: jung wie alt, Frauen und Männern sowie verschiedenen Disziplinen (https://vimeo.com/84946232). LOAZ, das sind vier Charaktereigenschaften, die kein einzelner Mensch im vollen Umfang in sich vereinen kann:

L = Leute begeistern – bei anderen Energie entfachen und sie mitreißen,
O = organisieren können – Prozesse geschmeidig zum Ziel führen,
A = Alternativen entwickeln – statt Probleme als Hinderungsgrund anzuführen,
Z = zuhören – sich zurücknehmen, das Gegenüber verstehen wollen und die Überlegungen konstruktiv aufnehmen.

Wesentlich ist, dass in jeder Zelle, die eine Art „organisationale Heimat" für die Beschäftigten darstellt, alle genannten Eigenschaften unter den einzelnen Mitgliedern vertreten sind. Nur wenn alle vier Eigenschaften sich auf die einzelnen Mitglieder verteilt in einer Zelle wiederfinden, kann sie sich erfolgreich etablieren. Die einzelne Zelle wird als Gemeinschaft gelebt, die von allen getragen und weiterentwickelt wird. Nicht ein einzelner, sondern die Gemeinschaft mit ihren unterschiedlich verteilten Stärken bringt die Zelle voran und alle miteinander sind für das Erreichen der zellspezifischen operativen und strategischen Ziele verantwortlich. So ergänzen sich die inhaltlich unterschiedlichen Charaktere gegenseitig und machen sich aufeinander neugierig.

Die Zellen werden gemeinsam geführt, je nach Thema und persönlicher Stärke variierend. Das LOAZ-Team erzeugt aus sich heraus die Führung für aktuelle Themen und nicht ein Vorgesetzter. An welchen brandschutz- bzw. themenspezifischen Inhalten die Zellmitglieder arbeiten, ist vom persönlichen Interesse und Können bestimmt. Diese inhaltliche Arbeit muss nicht innerhalb der Zelle verortet, sondern kann als themenspezifische, teamübergreifende Führungskultur gelebt werden. Nicht der Machterhalt aufgrund einer brandschutzspezifischen inhaltlichen Position steht im Mittelpunkt, sondern die Entscheidungsmehrheiten bilden sich themen- und interessenorientiert. Ein Beispiel für das Wirken einer Zelle ist der Dialog über die Begeisterung von Kunden durch Mitarbeiter der hhpberlin bzw. die sich daraus ergebenden Anforderungen an die Haltung eines Mitarbeiters. Hier arbeiten Kollegen mit verschiedenen Positionen und aus unterschiedlichen Bereichen übergreifend zusammen, weil sie es können und wollen. Zwar ist die Zelle die organisationale Heimat, inhaltlich hingegen geht jeder seine eigenen Wege in den Layern. Die einzelne Zelle ist die überschaubare, vertraute Heimwelt, die als „sicherer Hafen" in ständig sich bewegender inhaltlicher Vielfalt fungiert.

Sympathie und gegenseitiges Sicherergänzen sind der Klebstoff innerhalb einzelner Zellen, die sich immer wieder neu zusammenstellen können. Die Anzahl der Zellen ist abhängig von der Größe der gesamten Organisation, die über diese Organisationsform aus sich heraus ins Atmen kommt.

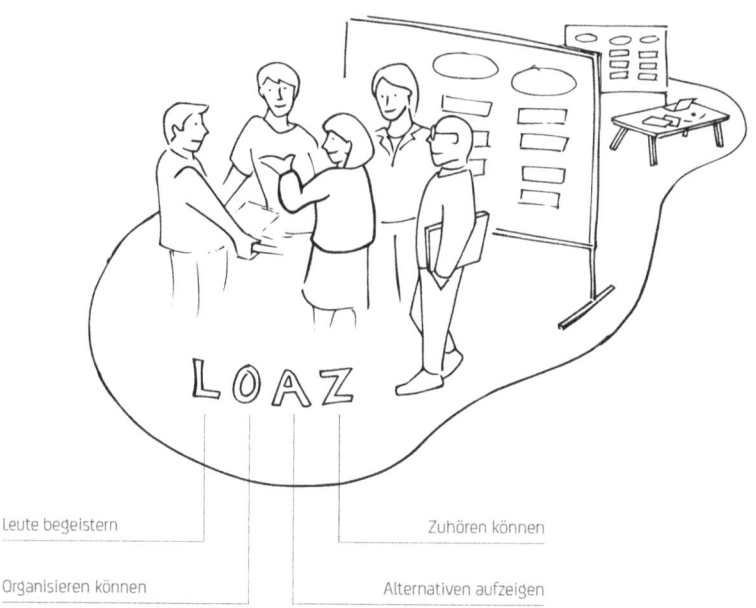

Abb. 2 Das LOAZ-Prinzip

4.2 Layer und Lösungskompetenzen

Die inhaltliche Arbeit erfolgt in den unterschiedlichen Layern (https://vimeo.com/84946261). Ein Layer ist ein inhaltlich homogener themenzentrierter Bereich, in dem sich fachlich ausgetauscht wird. Früher gab es starre Fachbereiche mit eindeutig zugeordneten Mitarbeitern, heute Layer, die flexibel in der Besetzung sind. Beispielsweise gibt es Layer für Ausbildung, Forschungsfragen, kaufmännische Themen wie Verträge, Standorte oder auch für Themen auf Zeit, wie die Einführung eines neuen CRM-Systems. Ein Layer ist ein Netz, das Menschen mit den gleichen inhaltlichen Interessen zusammenhält und in dem sie sich regelmäßig austauschen. Dabei entscheidet jeder Mitarbeiter selbstverantwortlich, wo er inhaltlich mitarbeiten kann und will. Nicht das Sollen und

Müssen, sondern das individuelle Können und Wollen sind handlungsleitend. Nicht die Zugehörigkeit zu einem Bereich, im Fall von hhpberlin die einzelne Zelle, ist inhaltlich maßgebend, woran ich arbeite, sondern das individuelle thematische Interesse. So wird die Frage, ob das Marketing und der Vertrieb kooperieren – häufig eine Herausforderung – obsolet, da sich die einzelnen Mitarbeiter in beiden „Layern" engagieren können. Ganz selbstverständlich können so z. B. am zeitlich begrenzten Layer „Messe" die Ingenieure am konkreten Thema, der Hausmeister am Messestandaufbau, das Office an der Reiseplanung und die IT-Abteilung an den Messe-PCs gemeinsam arbeiten. Im Zentrum steht die themenfokussierte Kommunikation und nicht die aufbauorganisatorische Zugehörigkeit oder gar die Hierarchie. Immer wieder gilt es zu fragen, was notwendig ist, damit unterschiedliche Kollegen optimal gemeinsam an einem Thema zusammenarbeiten können. Über die ausgefeilte IT-Lösung kann jeder von jedem Standort in jedem Layer mitarbeiten. Ebenso wie Kollegen von allen Standorten zu einzelnen Layern eingeladen werden können, wenn beispielsweise eine spezifische Qualifikation benötigt wird. Auf diese Weise entstehen, je nach individuellem Interesse, ganz eigene Karriereperspektiven, ohne dass die Mitarbeiter untereinander in Konkurrenz um eine Position treten müssen. Jeder bekommt die Unterstützung, z. B. in der eigenen hhpberlin-Universität, die für die individuelle thematische Weiterentwicklung sinnvoll ist. Entscheidend ist die eigene Motivation: Was kann und will ich anstelle von, was muss oder soll ich? Ebenso wenig bestimmt das Sichmessen mit und an anderen die eigene Karriere. Jeder entscheidet selbstverantwortlich, ob er eine Projekt-, Fach- oder Führungskarriere verfolgt: ob er sich inhaltlich fokussiert und/oder auch unternehmerische Verantwortung übernehmen möchte. So hat auch jeder Mitarbeitende die Wahl, in keinem Layer aktiv zu werden, sondern nur den Mindeststandard der Fachplanung im Rahmen von Lösungskompetenzen abzudecken.

Die inhaltliche Vertiefung und das operative Brandschutzgeschäft spiegeln sich in den einzelnen Lösungskompetenzen (https://vimeo.com/84946278) und ihren vier möglichen Vertiefungsstufen wider: vom Mindeststandard über die Fachplanung, den Sachverständigen bis zum Spezialisten. Insgesamt gibt es etwa 23 unterschiedliche Lösungskompetenzen, wie z. B. Ingenieurmethoden, Baubegleitung, Feuerwehrrettungspläne oder Brandschutzkonzepte. Die einzelnen Lösungskompetenzen sind integriert in die Layer-Systematik. Für die Entwicklung des einzelnen Mitarbeiters ist ein klarer Regelsatz der inhaltlichen Hierarchie festgelegt – von den Mindeststandards bis zum Spezialisten. Nicht vorgegeben ist hingegen eine Strukturvorgabe, also welche Themen für welche Karriere vorausgesetzt werden.

Das Controlling der Einzelleistungen liegt vorwiegend in den Händen der Lösungskompetenzteams. Es basiert auf einem Abgleich von Erfahrungswerten, der Einschätzung der Geschäftsführung sowie der von den einzelnen Mitarbeitenden selbst eingeschätzten Leistungsfähigkeit für ein Jahr. Keine kleinteilige Soll-Ist-Planung wird dem Controlling zur Grundlage gelegt, sondern an der prognostizierten jährlichen Gesamtsumme ausgerichtet. Wöchentliche Reportings werden dennoch erstellt, um bei starken Abweichungen Unterstützung anzubieten. Dabei ist die Controller- von der Entscheiderfunktion getrennt:

Der eine bereitet die Daten, die für alle transparent einsehbar sind, auf und der andere entscheidet bei Bedarf. Fokus ist eine Kultur des Miteinanders, der gegenseitigen vertrauensvollen Unterstützung, anstatt Angst zu schüren oder zu denunzieren. Eingefordert wird ein selbstverantwortliches Handeln, das seinerseits immer wieder neue Herausforderungen schafft. Ebenso wie Transparenz unablässig aufs Neue aktiv erzeugt werden muss.

4.3 Shared Service Center – Nachhaltig für Erfolg sorgen

Den thematischen Zellorganismus umspannt abschließend das SSC (Shared Service Center). Hier sind die unterstützenden Werkzeuge von der IT bis zum Projektmanagement für die inhaltliche Arbeit rund um den Brandschutz in den einzelnen Lösungskompetenzen verortet. Ebenso wie die Lösungskompetenzen organisatorisch neu entwickelt wurden, um den eigenen Werten entsprechen zu können, war auch ein fundamentaler Wandel im SSC nötig, um schnell und passgenau arbeiten zu können. Es stellt die unterschiedlichen Werkzeuge in vier Bereichen zur Verfügung: Projekt- und Finanzmanagement, Produktivität (u. a. Facility Management, IT), Talentmanagement sowie Begeisterung, das frühere Marketing. Die Bereiche sind im ständigen inhaltlichen Austausch miteinander. Ihr Ziel ist es, die einzelnen Projekte optimal mit den passenden Leistungen und Menschen auszustatten und zu unterstützen, vom Erstgespräch eines potenziellen Kunden über die Angebotserstellung bis zur Abrechnung. Das ist nur über ein ununterbrochenes gemeinsames Feilen am Thema möglich: neue Wege suchen, ein Ausprobieren, Sprechen, Denken und Handeln.

Grundvoraussetzung, um verantwortlich zu handeln, sind von Anfang an Klarheit und Transparenz, innerhalb der Organisation wie nach außen: Können und wollen wir dieses Projekt bearbeiten? Haben wir überhaupt die passenden Kompetenzen, ist eine optimale Beschäftigtenauslastung gegeben und besteht inhaltliches Interesse bei den möglichen Ausführenden? Nur wenn all dies gegeben ist, kann verantwortungsbewusst für das Unternehmen wie den Kunden gehandelt werden. Aus unternehmerischer Verantwortung und Werthaltung heraus haben die Beschäftigten optimale Arbeitsbedingungen. Die eigenen Prozesse sind immer wieder Gegenstand selbstkritischen Hinterfragens. Wünsche und Bedürfnisse werden gehört und bedacht, worüber immer wieder Austauschprozesse angestoßen werden. Auf diese Weise können den Kunden exzellente Dienstleistungen angeboten werden und wird Nachhaltigkeit erzeugt: ökonomisch durch aktuellste Lösungen, die den Standards entsprechen und zugleich neue Wege aufzeigen, sozial durch den Anspruch, langfristig die eigenen Talente halten und entwickeln zu wollen, und ökologisch, indem der Lebenszyklus der verwendeten Brandschutzmaterialien stets mitbetrachtet wird. Ebenso wie das Unternehmen Hand in Hand gemeinsam am Erfolg eines Projektes arbeitet, sind auch die verschiedenen Stakeholder über den Shared Service ununterbrochen in die Konzeption und Umsetzung transparent und vertrauensvoll miteingebunden. Nicht das individuelle, menschliche oder unternehmerische Maximum steht im Fokus, sondern das langfristige, über das eigene Handeln hinausreichende Ergebnis wird betrachtet. Also nicht nur das jeweilige Projektziel, sondern ebenso dessen optimale Einbettung in einen weiteren Zusammenhang, beispielsweise die mögliche Folgenutzung oder der städtebauliche Kontext, werden betrachtet.

4.4 Freie Radikale und Dynamos

Neben der thematischen Übernahme von Verantwortung bedarf es ebenso der unternehmerischen Gewissenhaftigkeit. Hierfür stehen drei Aspekte: operatives Geschäft, Business Development und Vorbild/Multiplikator. Möchte ein Mitarbeiter diese Verantwortung übernehmen, kann er „freies Radikal" werden. Entscheidend ist die Eigeninitiative. In dieser Position werden unternehmerische Entscheidungen getroffen, akquiriert und für den optimalen Austausch zwischen dem Unternehmen und den Kunden gesorgt. Im Unterschied zu einer klassischen Führungskraft steht nicht eine spezielle Funktion im Fokus, sondern dass sich für den langfristigen Fortbestand der Organisation eingesetzt wird. Wesentlich für diese Aufgabe bei hhpberlin sind stille Töne und die Eigenschaft, den Mitarbeitern gegenüber in Vorleistung zu gehen: in einem immerwährenden Veränderungsprozess als Berater oder Coach zur Verfügung zu stehen. Geht es doch darum, den Kollegen Chancen zu eröffnen und diesen Freiraum gedeihen zu lassen, anstatt Konkurrenz zu schüren oder Angst zu stiften. Ebenso wie Wissen bei hhpberlin kein Machtfaktor ist, sondern die Basis bildet, die gemeinsamen Erfolg ermöglicht, sodass es gerne geteilt wird. Auf dieser Grundlage wird im Prozess einer themenorientierten, strategischen Mehrheitsentscheidung beschlossen, wer „freies Radikal" wird.

Schließlich gibt es zwei Dynamos, die „Bibliothekare" der Organisation. Sie haben nicht die Rolle des allwissenden Patriarchen und sind keine Flaschenhälse, durch die jede Entscheidung hindurch muss. Vielmehr wissen sie, wo das gesuchte, richtige „Buch" steht und welcher Beschäftigte bei welcher Thematik inhaltlich der beste Ansprechpartner ist. Sie sind Impulsgeber, Unterstützer, Vertrauenspunkt oder Coach und halten den Organismus in Bewegung. Der eine Dynamo unterstützt den äußeren Ring, das SSC als Dienstleister nach innen wie nach außen. Der andere Dynamo unterstützt die Mitarbeitenden der Zellen und damit das operative Brandschutzgeschäft.

Nach diesem Einblick in die wesentlichen Aspekte der spezifischen Organisationsform und -kultur von hhpberlin werden nun einige Aspekte herausgeschält, die auf langfristiger unternehmerischer Verantwortung fußen, nachhaltig Veränderung anstoßen und innovationsaffin sind (https://www.vimeo.com/84946246).

5 Wie Innovation aus Verantwortung und Nachhaltigkeit entstehen kann

Der Anspruch, führend in der Implementierung neuer Ideen und Konzepte zu sein, ruht auf der Überzeugung, dass diese in einem gemeinsamen Schaffensprozess entstehen: über Einbindung, Austausch und Transparenz, indem sich die Menschen – Kollegen wie Stakeholder – ganz unterschiedlicher Disziplinen einander öffnen, sich zeigen, zu ihren Fragen und Unsicherheiten stehen und damit auch angreifbar werden, anstatt sich hinter immer kleiner werdenden, scheinbar umfassenden Teilprozessabschnitten zu verschanzen. Gerade die Achillesfersen Transparenz und Offenheit im Entwickeln der besten Konzepte ermöglichen es, brillant in der Anwendung neuen Wissens zu sein. Eben dieser Austausch und die Offenheit, das proaktive Nutzen eigener Fehler genauso wie die konkreten Bedürfnisse der Kunden, um Forschung und Entwicklung voranzutreiben, sind der Nährboden für immer neue Lösungsansätze. Der Versuch, immer wieder das Ganze mitzudenken, sich nach außen zu öffnen und neugierig zu bleiben, umschreibt die Haltung von hhpberlin ebenso wie der Anspruch, immer wieder neue Antworten zu finden, die eigenen Lösungswege infrage zu stellen, Chancen zu nutzen, Neues zu versuchen und sich selbst um die Umsetzung zu kümmern. Bei dieser Arbeitshaltung haben Patente keinen Platz. Nicht das Bewahren von Wissen und individuelle Absicherung, sondern das Hungrigbleiben – in Verbindung mit sowohl der Wahrung der eigenen Geheimnisse als auch dem Realisieren neuer Ideen – steht im Zentrum. Bei aller Agilität steht nicht die Schnelligkeit im Abarbeiten von Projekten im Mittelpunkt, sondern die Frage, welches die beste langfristige Lösung ist. Nicht nur das einzelne Projekt wird betrachtet, sondern der Zusammenhang, in dem es realisiert wird: beispielsweise die Wohnanlage in einer sich wandelnden Umgebung und sich verändernden Nutzungsansprüchen. Basis hierfür ist der eigene Anspruch, langfristig zusammenzuarbeiten: den Mitarbeitern eine optimale Arbeits- und Entwicklungsperspektive in einem agilen, innovationsgetriebenen Arbeitsumfeld zu bieten, auch mit den unterschiedlichen Anspruchsgruppen. Diese Haltung, beständig voneinander und miteinander lernen zu wollen und das eigene Wissen gerne zu teilen, es nicht als Machtinstrument Dritten gegenüber knapp zu halten, führte zur Gründung der hhpberlinU, dem Bildungsnetzwerk der hppberlin, mit ganz unterschiedlichen Schulungskonzepten im Rahmen von brandschutzrelevanten Aspekten (http://u.hhpberlin.de/). In der ersten Phase als interner Weiterbildungsort begonnen, erweiterte sich das Angebot schnell auf Kunden. Spezifisch ist, dass sich das Schulungsangebot für Interne und Externe nicht voneinander unterscheidet. Aus dieser Haltung heraus hat sich bereits frühzeitig der fokussierte Blick vom klassischen Brandschutz eines Gebäudes auf den seiner Nutzer erweitert. Perspektivisch heißt das zum Beispiel: Wie entwickelt sich Brandschutz mit dem demografischen Wandel in einer alternden Gesellschaft? Ebenso virulent ist die Frage, wie nachhaltiges Bauen und Brandschutz im Rahmen der Energietransformation miteinander in Einklang zu bringen sind. Aktuell sind Anfragen zu brandschutztechnischen Schulungsangeboten vom Land Baden-Württemberg, aus Italien wie aus China eingegangen – brennt Feuer doch überall gleich. Im Zentrum der Aufmerksamkeit stehen der Mensch, das aktuelle

Thema und die Kommunikation, sodass die Organisation aus sich heraus zu einem lebendigen, auf Langfristigkeit angelegten Organismus wird, der ständig agil in Bewegung ist. So kann sich den aktuellen Herausforderungen angepasst werden, atmet die Organisation entsprechend der aktuellen Anforderungen und wird gleichwohl der Mensch nicht als austauschbare Ware betrachtet. Und dennoch bleibt eben dies die größte Herausforderung für hhpberlin: den Mitarbeitern die Scheu vor dem beständigen Wandel zu nehmen, Veränderung als Motor und nicht als Zustand zu begreifen.

Um der wachsenden Flexibilität – inhaltlich wie räumlich – auch mit Blick auf die Arbeitssituation der Mitarbeitenden zu begegnen, werden neue Konzepte zur passgenauen Unterstützung der individuellen Wünsche und Anforderungen an die Raumgestaltung erarbeitet. Je nach aktuellem Bedarf kann ein adäquater Arbeitsplatz gefunden werden. Ein weiteres Stichwort ist Familienfreundlichkeit (http://www.hhpberlin.de/de/collections/news/2016/ein-arbeitsalltag-so-bunt-wie-das-familienleben.html) bei der Gestaltung der Arbeitsplatzsituation, um Familie und Arbeit verbinden zu können: Im Zentrum steht die einzelne Person, was sie konkret benötigt, anstatt standardisierte Angebote an alle zu unterbreiten. Informationstechnologie wird als Betriebsmittel anstatt als Kostentreiber betrachtet, um eine optimale Arbeitsumgebung anbieten zu können, für die Kunden ebenso wie für das eigene Unternehmen, um Kooperation und Kommunikation zu erleichtern, einer Grundvoraussetzung für optimalen Wissensaustausch (https://www.vimeo.com/84943222).

Agilität und ökonomische Nachhaltigkeit bilden sich nicht nur an inhaltlichen Fragestellungen ab, sondern finden auch Eingang in die Finanzplanung. Sie wird angepasst an externe Vorgaben mit überjährigen Laufzeiten, beispielsweise bei Lizenz- und Leasingverträgen. Das Finanzziel wird in einer z. B. Dreijahresplanung formuliert, das sich unterjährig flexibel anpassen kann. So schmiegen sich immer kleiner werdende Kurskorrekturen über den Planungszeitrahmen immer näher dem ursprünglichen Ziel an.

Beweglichkeit kann durch eine längere, anpassungsfähige Planungsphase unterstützt werden, wie bei den Finanzen. Das Periodensystem der Lösungskompetenzen, die hhpberlin-Wissensarchitektur, erhöht die Passgenauigkeit inhaltlicher Fragestellungen durch seine unmittelbare Anpassungsfähigkeit. Die hier geschaffenen, heute 23 einzelnen, sinnstiftenden, logischen, brandschutztechnischen Einheiten sind so vielfältig wie möglich. Sie erlauben den einzelnen Mitarbeitenden eine individualisierte inhaltliche Profilstärkung. Jeder entscheidet selbst, auf welchem Gebiet er sich aus- und weiterbildet. Zugleich wird die thematische Ausrichtung an den aktuellen externen Bedarfen und rechtlichen Anforderungen ausgerichtet, um den Kunden passgenaue, fokussierte Angebote unterbreiten zu können: von der Grundleistung bis zum Spezialisten integrierte, das Lifecycling der verwendeten Materialien mit berücksichtigende Lösungskompetenzen.

Inhaltliche Variabilität, Flexibilität und Agilität werden durch einen atmenden, nachhaltigen Organisationsorganismus ermöglicht. Lösungskompetenzen ersetzen die klassische Aufbauorganisation in Geschäftsbereiche oder eine Matrixstruktur, denen sich die Mitarbeiter entsprechend ihres individuellen Könnens und Wollens eigeninitiativ zuordnen. Neben dem aufgehobenen Wettbewerb zwischen einzelnen Bereichen vermindert sich der Abstimmungsaufwand auf der Führungsebene. Themenvielfalt für die optimale Angebotsunterbreitung sind direkt gekoppelt an das Können und Wollen der einzelnen Kollegen und die individuellen Interessen, um im zweiten Schritt gemeinsam mit den Auftraggebern zukunftsfähige Lösungen zu realisieren. Das Thema ist der Treiber, unabhängig von Hierarchie und Organisationsstruktur. Lebt doch erfolgreiche und exzellente Wissensarbeit davon, in einer immer komplexeren Welt schnell und ohne hierarchische Umwege auf thematische Veränderungen reagieren zu können. So stehen im Herzen einer Wissensorganisation der Mensch und die Frage, wie jeder individuell am besten unterstützt werden kann, um nachhaltige Lösungen entwickeln zu können – für den Einzelnen, das Unternehmen, den Kunden und die Gesellschaft mit wirksamen Brandschutzlösungen.

6 Wirksames Handeln und Kommunikation

Die eigene Mission, mit wirtschaftlichem Brandschutz für die Sicherheit von Gebäuden zu sorgen, sowie das Leitbild, agil – brillant – führend zu sein, trägt in sich die Vision, weltweit führender Anbieter für Brandschutzlösungen zu werden. Um dieses Ziel erreichbar zu machen, hat sich hhpberlin bereits 2012 dazu entschlossen, in Zukunft mit den Kunden „anders" in Kontakt zu treten: Der Anspruch ist nicht, Feuer zu löschen, sondern vorzubeugen, kurz: nachhaltige Lösungen im Brandschutz zu entwickeln und anzubieten. Nicht auf ein Ereignis zu reagieren, ist der Weg, sondern selbst neue Wege aus der eigenen Überzeugung und Haltung heraus zu beschreiben, das heißt bis heute, den Spagat zwischen der digitalen und der analogen Welt im Kontakt mit den Kunden neu zu gestalten. Aus diesem Ansatz ist in einem bis heute andauernden Prozess ein neues Design entstanden: von der Schrift über das Logo bis zum Internetauftritt (www.hhpberlin.de). Es kann als eine Art Symbiose mit der organisationalen Vielfalt verstanden werden: Ebenso wie die themenzentrierten Lösungskompetenzen modular aufgebaut sind, ist es der Internetauftritt. Entsprechend des Anliegens, ob potenzieller Kunde, Mitarbeiter oder allgemein Interessierter, werden unterschiedliche Informationsangebote zusammengestellt.

Für die interne wie externe Kommunikation werden perspektivisch alle Dokumente von hhpberlin auch digital bearbeitbar sein. Alle Projektbeteiligten werden kollaborativ an den Arbeitsdokumenten digital arbeiten können – vom Kollegen über den Projektentwickler bis zum Auftraggeber. Die Dokumente werden so gestaltet, dass sie auf allen digitalen Arbeitsmitteln, die natürlich zur Arbeitsausstattung von hhpberlin gehören – Smartphone, Tablet und Co – lesbar und bearbeitbar sind. Standortunabhängig können so alle Beteiligten gemeinsam an Projekten digital arbeiten.

Das Design wie die Kommunikation hat den eigenen Ansprüchen zu genügen: digital, individualisiert und komplex – nicht kompliziert, sondern beweglich und den aktuellen Herausforderungen entsprechend. Je nach Aufgabe wird der beste Lösungsweg gemeinsam mit dem Auftraggeber gefunden.

Um den eigenen Anspruch zu untermauern, ganzheitlich und langfristig gemeinsam mit den unterschiedlichen Partnern zu handeln, hat hhpberlin ein neues Veranstaltungsformat entwickelt: matchbox (http://matchbox.hhpberlin.de/de/start). Komplexe Zusammenhänge, reglementierende Gesetze und Verordnungen im Brandschutz werden den Teilnehmenden an verschiedenen Versuchsständen konkret erfahrbar gemacht und die unterschiedlichen Projektbeteiligten direkt miteinander ins Gespräch gebracht. Entstanden ist ein Veranstaltungsformat, in dem 2016 über 42 Experimente, 14 Themeninseln und fünf Großversuche den Teilnehmern den Schulterschluss zwischen Regelwerk und Schutzzielerfüllung erlebbar machten. Auf Augenhöhe erleben so Planer, Architekten und Bauherren, was es zum Beispiel heißt, durch ein zu kleines Fenster im Notfall Menschenleben retten zu müssen.

Der ganzheitliche Blick macht es möglich, dass in den letzten Jahren ein langfristig ausgerichtetes Unternehmen entstanden ist. Nicht nur das einzelne Projekt wird betrachtet, sondern ebenso dessen Kontext: Mitarbeitende, die sich ihren individuellen Interessen entsprechend weiterentwickeln können, Externe, die über die hhpberlinU am Wissen teilhaben können, kollaborative Prozesse, die anstelle von hierarchischen Strukturen themenorientierte Führung leben, oder digitale Dokumente für ein gemeinsames Arbeiten von Internen und Externen.

Wie konkret sich die Nachhaltigkeitsleistungen von hhpberlin im Kontext des Deutschen Nachhaltigkeitskodex ausgestalten, wird in der in Bearbeitung befindlichen Entsprechenserklärung nachzulesen sein.

Literatur

Beschorner T (2000) Wertorientierte Unternehmensführung einmal anders – Überlegungen zu einer Wirtschaftsethik nach Max Weber. Die Unternehmung 54(3):215–238

Porter M, Kramer M (2011) Creating shared value. Harvard Business Review 89(1/2):62–77

Sennet R (2012) Zusammenarbeit: Was unsere Gesellschaft zusammenhält. Hanser, Berlin

Wickert U (2012) Es ist an der Zeit: Mittelständische Vorreiter ethischen Handelns. Redline Verlag, München

Dr. Gesa Gordon ist Soziologin. Nach einer Promotion über die Neugierde, Stationen in der Managementberatung und als wissenschaftliche Referentin für den Projektträger Jülich im Innovationsmanagement und Wissenstransfer leitete sie zuletzt mehrere Transferprojekte für die Leibniz-Gemeinschaft. Heute beschäftigt sie sich mit der Rolle von Verantwortung und Nachhaltigkeit im Innovationskontext. Sie berät Organisationen und Unternehmen im Kontext nachhaltiger Innovation und Stakeholder-Management. Kooperation, langfristiges Wirtschaften und ein wertschätzender Umgang mit Mensch und Natur sind dabei handlungsleitend.

Stefan Truthän, Dipl.-Inf. Bw (VWA), ist progressiver Motor und Visionär der hhpberlin. Er bildet neben Karsten Foth das Geschäftsführerduo und verantwortet seit 2008 die operative und strategische Weiterentwicklung des Unternehmens. In seiner Funktion als kaufmännischer Leiter ist er bereits seit 2002 fester Bestandteil des Ingenieurbüros. Mit seinen unkonventionellen Lösungen und großer Leidenschaft verhalf er der hhpberlin zu rasantem Wachstum. Das Brandschutzunternehmen ist heute eines der erfolgreichsten in Europa. Das liegt nicht zuletzt daran, dass der studierte Wirtschaftsinformatiker die unternehmensweite digitale Transformation und Prozessoptimierung beharrlich vorantreibt. Die fortschrittliche Infrastruktur der hhpberlin ist vor allem Stefan Truthän zu verdanken. Darüber hinaus entwickelt und optimiert er mit seinem Team kontinuierlich innovative digitale Werkzeuge für den Brand- und Katastrophenschutz. In seiner Freizeit engagiert sich Stefan Truthän als aktives Mitglied der Berliner Feuerwehr.

Vom Anbau bis zur Stulle – Märkisches Landbrot

Nils D. Wittke

Es gibt immer einen Anfang für das Bessere.

1 Märkisches Landbrot

Märkisches Landbrot ist ein als GmbH organisierter Biobrotbäcker und eine traditionelle Lieferbäckerei. Die Herstellung erfolgt nach den Demeter-Richtlinien. Das Unternehmen ist neben den Zertifizierungen nach Demeter und der EG-Öko-Verordnung auch nach EMAS (Umweltmanagement) und der Gemeinwohl-Ökonomie zertifiziert. Sie bezeichnen sich selbst als Brotbäckerei Demeter.

Auszug aus der „Selbstdarstellung des Unternehmens":

> Unser Anspruch ist es, hochwertige und leckere Brote in Demeter-Qualität zu backen. Dabei sehen wir unsere Verantwortung in einer nachhaltigen Beziehung zwischen unseren Produkten, den Menschen und der Natur (Märkisches Landbrot 2016a, Selbstdarstellung)

1.1 Geschichte des Unternehmens und wirtschaftliche Entwicklung

1.1.1 Unternehmensgeschichte

Seit April 1930 existiert die Bäckerei im Berliner Bezirk Neukölln. Besitzer der Bäckerei war bis 1981 Friedrich Messerschmidt. Unter dem Namen Märkisches Landbrot verkaufte er freigeschobene Bauernbrote.

Im Jahr 1981 übernahm Joachim Weckmann Märkisches Landbrot. Seit diesem Zeitpunkt wurde in der Bäckerei ökologisch (nach Bioland-Standard) gebacken und der ge-

---

N. D. Wittke (✉)
Berlin, Deutschland
E-Mail: wir@beraten-nachhaltig.de

samte Betrieb nachhaltig ausgerichtet (Märkisches Landbrot 2015a, Chronik). Der Demeter-Verband brachte im Jahr 1992 erstmals die internationalen Erzeugungsrichtlinien (Demeter e. V. 2015) heraus, seitdem produziert die Bäckerei als Demeter-zertifiziertes Unternehmen nach diesen Richtlinien.

Im Jahr 1994 zog Märkisches Landbrot in die Bergiusstraße 36 um und konnte damit eine notwendige Vergrößerung des Betriebs realisieren.

Geschäftsführer von Märkisches Landbrot sind Christoph Deinert und Joachim Weckmann.

1.1.2 Unternehmensstrukturen

Im Unternehmen arbeiteten 49 feste Mitarbeiter (auch in Teilzeit), davon fünf Bäckermeister, zwei Auszubildende (Stand 2013). Die Aufstellung der weiteren Mitarbeiterdiversität für das Jahr 2013 ist in Tab. 1 dargestellt.

2014 verarbeitete Märkisches Landbrot rund 1700 t Getreide (siehe Abb. 1). Etwa 98 % des verarbeiteten Getreides wurden von Demeter-Höfen aus Brandenburg (96 %) und Sachsen (2 %) bezogen. Der Demeter-Anteil aller verarbeiteten Rohstoffe lag 2014 bei 93 %. Der verarbeitete Rohstoffanteil ohne Bio-Siegel lag bei 2 %. Dabei handelte es sich ausschließlich um konventionelle Hefe (laut GF C. Deinert wird inzwischen ausschließlich Biohefe eingesetzt) und um naturbelassenes Meersalz aus Portugal (nicht biozertifizierbar). Der verbleibende Anteil hatte mindestens EU-Bioqualität (Märkisches Landbrot 2014, EMAS Umwelterklärung). Die EG-Kontrollstellennummer lautet: DE-ÖKO-001.

Tab. 1 Aufstellung der Mitarbeiterdiversität gerechnet nach den Vertragsstunden. (Märkisches Landbrot 2013a, Gemeinwohl-Bericht 2012–2014, S. 20)

Mitarbeiterstruktur	Anteil an Mitarbeitern (%)
Alle Mitarbeiter	**100**
Frauen gesamt	17
Männer gesamt	83
Alter bis 25 Jahre	8
Alter 25–50 Jahre	45
Alter über 50 Jahre	47
MA mit Migrationshintergrund	28
MA mit Behinderung	4
Vollzeit	54
Teilzeit	46
Management	**24**
Frauen	27
Männer	73
Migrationshintergrund	11

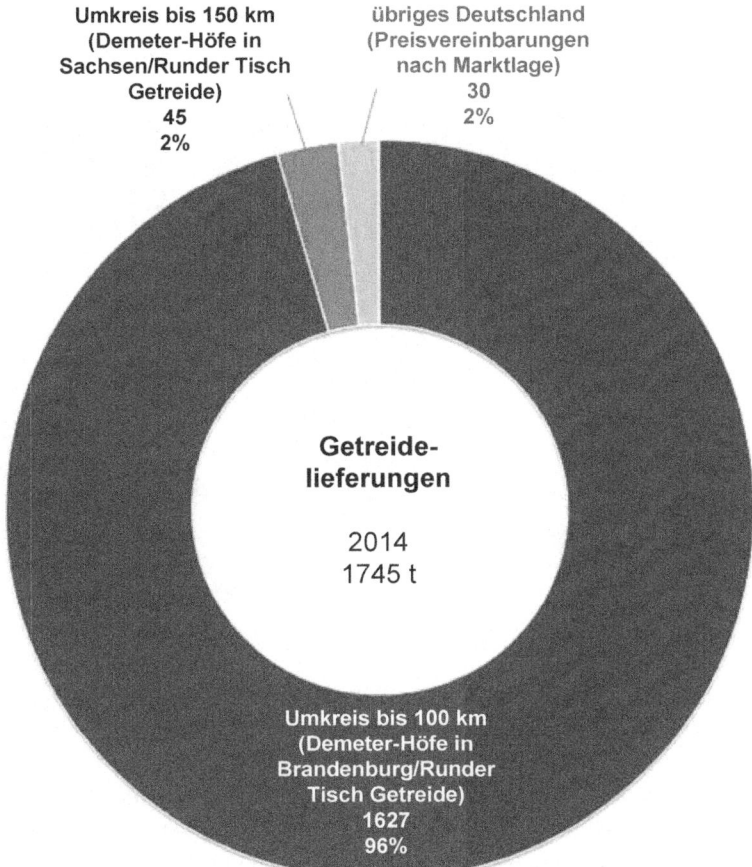

Abb. 1 Getreidebezug direkt von den Bauern für Mehl- und Getreideverarbeitung 2014

Märkisches Landbrot hat sich bewusst für eine Fachhandelsgebundenheit entschieden. Der ökologische Fachhandel entspricht am weitesten den sozialen und ökologischen Firmenzielen des Unternehmens. Die Kunden bestanden im Jahr 2013 zu 82 % aus Naturkostfachhandel, zu 7 % aus Reformhäusern und 11 % verteilten sich auf sonstige Kunden (z. B. Kindergärten, Kantinen, Hotels, Gaststätten und Food Coops). Der Fokus liegt auf Kunden in der Region (siehe Abb. 2).

1.1.3 Wirtschaftliche Entwicklung

Das Unternehmen beschreibt die wirtschaftliche Leistung der Brotbäckerei Demeter auf der Firmenwebsite. Hier finden sich die direkten wirtschaftlichen Folgen der Aktivitäten von Märkisches Landbrot und der durch diese Aktivitäten erzielte wirtschaftliche Mehrwert. Der zentrale Aspekt ökonomischer Nachhaltigkeit liegt in der wirtschaftlichen Leistung eines Unternehmens. Dabei wird vor allem zwischen der Wertschöpfung des

Abb. 2 Fachhandelsgebundenheit nach Umsatzanteilen 2013

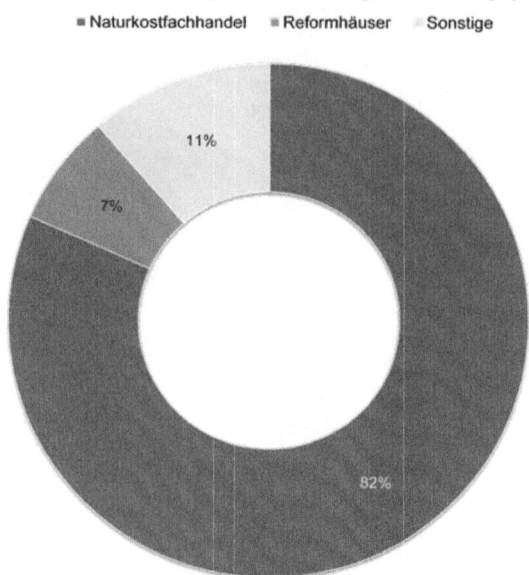

Unternehmens und dem weitergegebenen ökonomischen Wert unterschieden. Die Wertschöpfung betrachtet die Einnahmeseite und den weitergegebenen ökonomischen Wert, die Ausgabenseite des Unternehmens, also den ausgeschütteten Wert, der wieder – in Form von Löhnen und Gehältern, Betriebskosten, Spenden und anderen Investitionen in die Gemeinde, Zahlungen an Kapitalgeber und Behörden (Steuern) – an die Gesellschaft zurückfließt (Märkisches Landbrot 2015c, Wirtschaftliche Leistung). Die Darstellung der wirtschaftlichen Entwicklung auf der Website des Unternehmens ist aus Gründen der Transparenz anders sortiert als ein Jahresabschluss. Der Gewinn geht aus der gesetzlich vorgeschriebenen Veröffentlichung im Bundesanzeiger eindeutig hervor.

Der Umsatz entwickelte sich von 2007 bis 2013 von rd. 5,25 Mio. € auf knapp 6,9 Mio. € (Details auf der Website des Unternehmens) (Märkisches Landbrot 2015d, Erwirtschafteter und verteilter Wert). Die Prioritäten nachhaltigen Wirtschaftens unter Abschn. 1.2 enthalten wesentliche Punkte über die Gewichtung und den Umgang mit Gewinn im Unternehmen und werden in diesem Beitrag als relevanter eingestuft als die reine Höhe des Gewinns.

Auszug aus „Ökonomisches Gleichgewicht" (Märkisches Landbrot 2015e, Ökonomisches Gleichgewicht):

> Aus der Perspektive der Nachhaltigkeit ist es nicht Unternehmenszweck, eine maximale Rendite für die Shareholder zu erzielen, sondern gute Produkte und Dienstleistungen herzustellen und einen positiven Nutzen für die Gesellschaft zu stiften. Dabei ist der Gewinn eine Voraussetzung für das Überleben eines Unternehmens und trägt damit zum Erhalt nachhaltiger Unternehmensauswirkungen auf die Gesellschaft bei.

1.2 Rolle von wirtschaftlichen, ethischen, sozialen und ökologischen Grundsätzen bei der Unternehmensführung

Für Märkisches Landbrot ist es selbstverständlich, dass Ökonomie, Soziales und Ökologie untrennbar miteinander verbunden sind und nicht einzeln betrachtet werden können.
Dazu einige Auszüge aus der Selbstdarstellung des Unternehmens:

> Wir tragen durch eine konsequent ökologische Produktion mit biologisch-dynamischen Demeter-Rohstoffen zur Gesundung der Erde bei und dienen mit unseren Produkten der Gesundheit und dem Wohlbefinden der Menschen (Märkisches Landbrot 2015f, Oberstes Firmenziel).

Ökonomisches Gleichgewicht:

> Es ist unser Bestreben, MÄRKISCHES LANDBROT ökonomisch, ökologisch und sozial ausgeglichen zu führen. Das bedeutet vor allem, den Menschen gesunde und qualitativ hochwertige Brote preisgünstig anzubieten, ohne unseren Mitmenschen oder unserer Umwelt zu schaden (Märkisches Landbrot 2015e, Ökonomisches Gleichgewicht).

Das Unternehmen handelt nach einer ganzheitlichen Perspektive, die sowohl die Stakeholder als auch die Belange Ökonomie, Soziales und Ökologie einbezieht.
Die Rolle wirtschaftlicher, ethischer, sozialer und ökologischer Grundsätze wird in diesem Beitrag aus unterschiedlichen Perspektiven betrachtet; in diesem Abschnitt wird die Unternehmenspolitik betrachtet.
Zur Unternehmenspolitik gehören die übergeordneten Unternehmensziele. Die Unternehmensziele werden auf der Website des Unternehmens transparent kommuniziert. Um einen Eindruck des grundsätzlichen Unternehmensanspruches zu vermitteln, sind hier einige der Ziele aufgeführt (Märkisches Landbrot 2015g, Firmenziele; vollständige Übersicht auf der Website des Unternehmens).
Einige Firmenziele:

> Wir verarbeiten 100 % ökologisch zertifizierte Rohstoffe zu 100 % ökologischen Produkten.

> Zu unseren Lieferanten, speziell den Landwirten, pflegen wir langfristige, faire und persönliche Beziehungen.

> Der Weg vom „Anbau bis zur Stulle" ist für den Verbraucher transparent.

> Wir sind Marktführer in der erlebbaren Qualität – zunehmend sind unsere Produkte mit Goldmedaillen der DLG ausgezeichnet.

> Der gesamte Betrieb wird ständig intern und extern unter ökologischen Gesichtspunkten überprüft und auf ökologische Ziele ausgerichtet – unter anderem unterstützen dabei die EG-BIO-VO, die EMAS-VO, Demeter-Richtlinien, das HACCP-Konzept oder die ISO 14001 Norm.

MÄRKISCHES LANDBROT betreibt eine aktive, offene und ehrliche Informationspolitik – nach innen und außen.

Wir arbeiten kontinuierlich an einer Verbesserung der Serviceleistungen in allen Bereichen und an einer transparenten Preisgestaltung.

Wir sind Marktführer in den Arbeitsplatzbedingungen und die Entlohnung ist im Vergleich zu anderen ökologisch wirtschaftenden Bäckereien überdurchschnittlich hoch.

Interesse an Schulungen und Weiterbildungsmaßnahmen für die Mitarbeiter sind ausdrücklich gewünscht und werden aktiv gefördert.

Zur Firmenpolitik zählt auch die Art, ökonomisch zu wirtschaften, hier hat Märkisches Landbrot eine klare Definition gefunden und diese nach Prioritäten festgelegt und öffentlich auf ihrer Website dargestellt.

Prioritäten nachhaltigen Wirtschaftens (Priorität gemäß Reihenfolge) (Märkisches Landbrot 2015h, Prioritäten nachhaltigen Wirtschaftens):

1. Die wirtschaftliche Größe von MÄRKISCHES LANDBROT ist ausreichend. Von Seiten der Geschäftsführung bestehen keine Zielvorgaben für eine Ausweitung des Unternehmens. Die Unternehmensziele liegen in einer weiteren Verbesserung von Produktqualität und Nachhaltigkeit der Brotbäckerei Demeter.
2. Mindestens 10 % des Jahresüberschusses nach Steuern werden für Spenden und Sponsoring von ökologischen und sozialen Projekten ausgegeben.
3. Die Eigenkapitalquote von MÄRKISCHES LANDBROT liegt bei mindestens 50 % (Verhältnis vom Eigenkapital zur Bilanzsumme).
4. Das Eigenkapital des Unternehmens wird gegenüber Kapitalgebern mit maximal 10 % verzinst (Eigenkapitalverzinsung).
5. Ein Zahlungsmittelüberschuss der wirtschaftlichen Leistung (operativer Cashflow) von mehr als 15 % ist – zugunsten der ökologischen und sozialen Nachhaltigkeit – nicht gewollt.

Bei Unter- bzw. Überschreiten der Grenzwerte wird von der Geschäftsführung entsprechend gegengesteuert.

Die Firmenziele und die Prioritäten nachhaltigen Wirtschaftens, drücken eine klare ganzheitliche Ausrichtung der Unternehmensgrundsätze aus.

Zusätzlich bekennt sich Märkisches Landbrot offen zu mehreren nationalen und internationalen Verhaltenskodizes (Märkisches Landbrot 2015i, Managementansatz):

Fair & regional Bio Berlin-Brandenburg: Ziel aller Teilnehmer und Unterzeichner der fair & regional Charta ist die gemeinsame Weiterentwicklung einer sozialen und umweltverträglichen Bio-Branche in der Region Berlin-Brandenburg (www.fair-regional.de/charta.html).

Demeter: steht für Produkte aus biologisch-dynamischer Wirtschaftsweise in Landbewirtschaftung und Verarbeitung (www.demeter.de).

Menschenrechte: sind überall für alle Menschen gültig. Das betrifft auch die Lieferkette von MÄRKISCHES LANDBROT.

United Nations Global Compact: Veröffentlichung eines Nachhaltigkeitsberichtes, der den Anforderungen der Global Reporting Initiative (GRI) entspricht.

Global Governance Initiative: Aufzeigen von Mitteln und Wegen zur kooperativen Bearbeitung von Weltproblemen und politischen Gestaltung der Globalisierung.

Die ethische Ausrichtung spiegelt sich auch in der Auswahl der Kunden wider. Märkisches Landbrot setzt den Schwerpunkt gezielt auf den Naturkostfachhandel (s Abschn. 1.1.3). Der Großteil der Kunden ist in der Region Berlin/Brandenburg ansässig. Märkisches Landbrot beliefert nur wenige Kunden außerhalb der Region. In einigen Fällen wurde Kunden bereits abgesagt bzw. die Kunden wurden an lokale Bäckereien weiterempfohlen, um regionale Produktionsstrukturen zu unterstützen und Lieferstrecken zu vermeiden, die aus Sicht des Unternehmens ökologisch nicht vertretbar sind.

Am Engagement für die Gemeinwohl-Ökonomie lässt sich ebenfalls die ethische Haltung erkennen. Die Gemeinwohl-Ökonomie ist ein Model einer ethischen Marktwirtschaft und basiert auf den Werten Menschenwürde, Solidarität, ökologische Nachhaltigkeit, soziale Gerechtigkeit, demokratische Mitbestimmung und Transparenz. Das Modell baut auf dem Stakeholder-Ansatz auf. Märkisches Landbrot war 2012 das erste Unternehmen in Berlin und Brandenburg, das sich nach diesem Modell hat zertifizieren lassen. Ziel des Unternehmens ist eine zweijährige Erstellung der Gemeinwohl-Bilanz.

Im Jahr 2015 hat sich das Unternehmen rezertifizieren lassen und seine aktuelle Gemeinwohl-Bilanz 2012 bis 2013 veröffentlicht.

Eine Einzelbetrachtung von CSR, Nachhaltigkeit, Wirtschaftlichkeit bzw. wirtschaftlichen, ethischen, sozialen und ökologischen Grundsätzen ist aufgrund des Selbstverständnisses des Unternehmens nicht möglich, da alle Aspekte untrennbar miteinander verbunden sind.

1.3 CSR und Nachhaltigkeit: Aus innerer Überzeugung oder aufgrund externer Anforderungen?

Märkisches Landbrot trägt laut Selbstdarstellung „… zur Gesundung der Erde bei und [dient] mit [seinen] Produkten der Gesundheit und dem Wohlbefinden der Menschen."

Die Motivation für eine soziale und ökologische Ausrichtung basiert auf einem ausgeprägten Ernährungs- und Umweltbewusstsein und der persönlichen Motivation von Joachim Weckmann. Seit der Übernahme der Brotbäckerei durch Joachim Weckmann im Jahr 1981 wurde in der Bäckerei ökologisch gebacken und das Unternehmen nachhaltig aufgestellt. Die Bäckerei wurde von Anfang an auf Bioland-Standard umgestellt. Seit 1992 war auch der heutige Geschäftsführer Christoph Deinert maßgeblich an der nachhaltigen Entwicklung des Unternehmens beteiligt und zeichnet sich ebenfalls durch eine hohe intrinsische Motivation für Umwelt und Soziales aus.

Zu der Zeit waren Ökologie für die meisten Unternehmen kein Thema und Biosiegel noch weitestgehend unbekannt. Märkisches Landbrot zählt damit, nach Einschätzung des Autors, zu den Biopionieren und den Pionieren für nachhaltiges Wirtschaften. Die ersten Anzeichen einer „Ökobewegung" in Berlin waren in etwa mit Beginn der 1980er-Jahre erkennbar.

1.4 Innovationsgeschehen der letzten 10 Jahre

Die beschriebene konsequente Ausrichtung auf nachhaltiges Wirtschaften und der Anspruch zur kontinuierlichen Verbesserung (Nachhaltigkeitsmotto: „Es gibt immer einen Anfang für das Bessere") sind der Motor einer kontinuierlichen Verbesserung. Die ganzheitliche und integrierte (Ökonomie, Ökologie und Soziales) Perspektive und Analyse der gesamten Wertschöpfungskette bringt Herausforderungen ans Tageslicht und fördert dadurch die Suche nach und Entwicklung von innovativen Lösungen.

> Innovation: Bisher liegt *kein geschlossener, allgemein gültiger* Innovationsansatz bzw. keine allgemein akzeptierte Begriffsdefinition vor. Gemeinsam sind allen Definitionsversuchen die *Merkmale*:
>
> (1) *Neuheit* oder *(Er-)Neuerung* eines Objekts oder einer sozialen Handlungsweise, mindestens für das betrachtete System und
> (2) *Veränderung* bzw. *Wechsel* durch die Innovation in und durch die Unternehmung, d. h. Innovation muss entdeckt/erfunden, eingeführt, genutzt, angewandt und institutionalisiert werden (Gabler Wirtschaftslexikon 2015, Innovation).

In Anlehnung an die Beschreibung im Gabler Wirtschaftslexikon werden hier verschiedene Innovationen des Unternehmens im Vergleich zu den äußeren Begebenheiten (z. B. gesetzliche Vorgaben, Entwicklung von Standards/Anforderungen) beschrieben.

Historische Innovationen (vor mehr als 10 Jahren)
Seit der Übernahme der Bäckerei durch Joachim Weckmann 1981 sind zahlreiche innovative Neuerungen im Unternehmen eingeführt worden. Einige dieser Neuerungen waren zu der Zeit der Umsetzung neue Innovationen und haben sich inzwischen stark verbreitet, andere sind auch heute noch (nur) Lösungen im Umfeld von Märkisches Landbrot. Um einen Eindruck über die Innovationsgeschichte zu geben, sind hier einige der umfassenden Maßnahmen beschrieben.

Bereits die Umstellung von Märkisches Landbrot direkt nach der Übernahme 1981 auf eine ökologische Bäckerei nach Bioland-Standard, ist eine Innovation und war seiner Zeit voraus (der Ökolandbau wurde erst ab 1989 durch die EU gefördert, vgl. Bioland e. V. 2015 „Wie der Biolandbau entstanden ist"). Zu der Zeit waren Biolebensmittel noch reine Nischenprodukte. Die weitere Umstellung auf den Demeter-Standard direkt nach der Veröffentlichung der internationalen Erzeugungsrichtlinien (Demeter e. V. 2015) im Jahr 1992 war ein konsequenter Schritt im Sinne des Nachhaltigkeitsmottos: „Es gibt immer einen Anfang für das Bessere", des Demeter e. V. Zum Vergleich, das deutsche Bio-Siegel (Bundesanstalt für Landwirtschaft und Ernährung Geschäftsstelle Bundesprogramm Ökologischer Landbau und andere Formen nachhaltiger Landwirtschaft) nach EG-Öko-Verordnung wurde 2001 veröffentlicht.

Der von Christoph Deinert energetisch konzipierte Umzug von der Diesel- in die Bergiusstraße im Jahr 1994 führte zu rund 60 % Energie- und Emissionseinsparungen. Die energetische Neuausrichtung ging damit wesentlich über die damals gesetzlich verankerte Wärmeschutzverordnung hinaus. Der Nachfolger der Wärmeschutzverordnung die ENEV (Energieeinsparverordnung) trat erst am 1.2.2002 in Kraft (Institut für Energie-Effiziente Architektur mit Internet-Medien 2015). Im Jahr 1994 erhielt Märkisches Landbrot als erstes Unternehmen der Lebensmittelwirtschaft Europas das EU-Öko-Audit-Zertifikat (Einführung von EMAS im Juni 1993).

Die eigenen Entwicklungen, wie z. B. der Aufbau des Runden Tisches Getreide, der Aufbau der Aktionsgemeinschaft fair & regional Bio Berlin-Brandenburg und die Entwicklung des Product Carbon Footprint (PCF) für jedes Brot, sind weitere Innovationen. Eine Pionierrolle hat Märkisches Landbrot auch bei der Einführung der Gemeinwohl-Ökonomie als erstes Unternehmen in Berlin und Brandenburg eingenommen.

Runder Tisch Getreide und fair & regional Bio Berlin-Brandenburg
Der Hauptrohstoff der Bäckerei ist Getreide, das in der unternehmenseigenen Mühle gemahlen wird. Zu den Bauern (Lieferanten) pflegt Märkisches Landbrot einen sehr engen und persönlichen Kontakt. In einem jährlichen Treffen (Runder Tisch Getreide) werden mit den Landwirten erwartete Ernteerträge und Qualitäten sowie die Aufteilung der Getreideliefermengen auf die verschiedenen Höfe abgestimmt. 2009 wurde in dieser Runde beschlossen, sich bei der Preisfindung unabhängig zu machen von schwankenden Marktpreisen, die weder die Bedürfnisse der Landwirte noch die der Bäckerei widerspiegeln und lediglich von Nachfrage und Angebot auf den Weltmärkten bestimmt werden (Märkisches Landbrot 2016b, Landwirte).

Märkisches Landbrot ist Mitbegründer und Unterzeichner der Fair-&-regional-Charta. Die Fair-&-regional-Initiative wurde 2007 gegründet und ist seit 2012 im Märkischen Wirtschaftsverbund angesiedelt. Die Ziele der Initiative sind in den sieben Grundsätzen der Charta formuliert.

Die sieben Grundsätze (Details unter: http://www.fair-regional.de/charta.html):

- fair handeln,
- regional arbeiten,
- handeln und vermarkten,
- nachhaltiges Wirtschaften,
- transparent handeln,

- solidarisch handeln,
- umweltgerecht handeln.

Zentrales Element der gegenseitigen Wahrnehmung, des gemeinsamen Gestaltens und der Kontrolle über die Einhaltung der Kriterien sind die Mitgliederversammlungen und die Runden Tische für jede Produktgruppe. An diesen Runden Tischen kommen alle an der Herstellung und dem Vertrieb eines Produkts beteiligten Erzeuger, Verarbeiter und Händler zusammen. Sie sprechen über Eckpunkte wie Liefermengen, Preise, Qualitäten, aber auch die geschäftlichen Abläufe. Sind alle mit dem Ergebnis der Runde einverstanden, werden die einzelnen Mitglieder, zum Beispiel ein Bäcker von den Getreidelieferanten, durch eine anonyme Abstimmung als fair bestätigt. Erst dann und, wenn alle sonstigen Bedingungen für die Nutzung der Logos erfüllt sind, darf das entsprechende Mitglied seine Produkte und den Betrieb mit den Fair-&-regional-Zeichen ausloben. Ziel dieses Vorgehens ist, eine durchgehende gegenseitige Wahrnehmung der Marktpartner aktiv zu gestalten und die Einhaltung der Kriterien im Gespräch miteinander anzuerkennen oder bei Nichteinhaltung in respektvollem Umgang Lösungen zu finden (Märkischer Wirtschaftsverbund e. V. 2016).

Product Carbon Footprint (PCF) für jedes Brot
Der Product Carbon Footprint (PCF oder CO_2e-Fußabdruck) beinhaltet die Angabe aller klimarelevanten Emissionen, von der Rohstofferzeugung über die Produktion und betriebliche Weiterverarbeitung bis zur Nutzung durch Verbraucher inklusive der Entsorgung von Verpackungen. Beim Anbau, z. B. des Getreides (Landwirtschaft), fallen neben Kohlendioxid vor allem Methan und Lachgas an. Beide besitzen eine höhere Treibhausgaswirkung als CO_2.

Märkisches Landbrot hat als erstes Unternehmen in Europa für alle im Betrieb hergestellten Produkte einen Product Carbon Footprint erstellt. Anhand der Rezepturen werden dabei alle in der Erzeugung entstehenden Emissionen auf die tatsächlich produzierte Menge an Broten und Backwaren umgelegt.

Einen Schritt weiter geht die Bäckerei, in dem sie ein PCF-Berechnungstool (Märkisches Landbrot 2016c, PCF-Berechnungstool) auf ihrer Website anbietet, mit dem der Einfluss des eigenen Konsumverhaltens beim Einkauf (von Produkten des Märkischen Landbrots) kalkuliert werden kann. Das Tool erstellt einen Vergleich zwischen dem eigenen PCF und dem Kundendurchschnitt von Märkisches Landbrot.

Intern wird die Methode des PCF genutzt, um die einzelnen Emissionsquellen im Betrieb zu analysieren und Verbesserungen planen zu können.

Gemeinwohl-Ökonomie
Anfang 2012 erstellte Märkisches Landbrot eine Gemeinwohl-Bilanz für das Bilanzjahr 2011. Damit war die Bäckerei das erste Pionierunternehmen in Berlin und Brandenburg, das das Ergebnis ihrer Gemeinwohl-Bilanz veröffentlichte. Im Jahr 2015 hat sich das Unternehmen zum zweiten Mal extern nach der Gemeinwohl-Ökonomie auditieren lassen

und gehört mit 689 von 1000 möglichen Punkten zu dem Zeitpunkt zu den Top 5 der extern auditierten Gemeinwohl-Unternehmen.

Auswahl an Innovationen und Auszeichnungen der letzten 10 Jahre:

2014: Green-Blue-Energie-Factory-Auszeichnung:

Für Investitionen in erneuerbare Energien durch die italienische Handelskammer für Deutschland

2012: Seit dem Jahr 2012 besteht die Vereinbarung mit den Fuhrunternehmen, dass deren Angestellte (Fahrer und Kommissionierer) mindestens 8,50 € pro Stunde zuzüglich Zuschläge erhalten. Die den Fuhrunternehmen dadurch jährlich entstehenden Mehrkosten werden von Märkisches Landbrot vollständig übernommen. Für die Einhaltung dieser Vereinbarung ist mit den Fuhrunternehmen vereinbart worden, dass nicht mehr als eine Subunternehmerebene zulässig ist. Für die Subunternehmer muss ebenfalls der vereinbarte Mindestlohn gelten. Das Recht zur Nachprüfung dieser Vereinbarung in den Lohnbuchhaltungsunterlagen der Fuhrunternehmer ist Märkisches Landbrot vertraglich jederzeit zugesichert.

2012: Auditierung und Veröffentlichung der Bilanz zur Gemeinwohl-Ökonomie (GWÖ) im November 2012 als 1. Unternehmen in Berlin-Brandenburg

2011: Herausgabe des Buches *Der PCF – Die Methodik bei MÄRKISCHES LANDBROT* von Christoph Deinert und Jens Pape

2010: Entwicklung und Freischaltung eines Internettools zur interaktiven Bestimmung des „eigenen CO_2e-Fußabdruckes"

2010: Veröffentlichung von Product Carbon Footprint (PCF oder CO_2 e-Fußabdrücke) für alle Eigenprodukte

2010: Betriebsvereinbarung zur sozial gerechten Gestaltung des Lohngefüges, im Unternehmen gilt ein Mindestlohn von 10,- € pro Stunde (Märkisches Landbrot 2013a, Gemeinwohl-Bericht 2012–2014, S. 18–19).

2009: Verleihung des Deutschen Nachhaltigkeitspreises für die Top 3 in der Kategorie der nachhaltigsten Produktion Deutschlands anlässlich des Deutschen Nachhaltigkeitstages in Düsseldorf

2008: Veröffentlichung des ersten CSR-Konzeptes einer Bäckerei

2007: Entwickeln und Umsetzen der Fair-&-regional-Charta

2007: Verleihung des Innovationspreises Bio-Lebensmittel-Verarbeitung (1. Preis Mittelstand) der Schweisfurth-Stiftung in Kooperation mit der Köln Messe

2006: Inbetriebnahme der Museumbäckerei Pankow, der ersten CO_2 e-neutralen Bäckerei in Berlin

2005: Durchführen einer Aufforstung von Regenwald im Maromizaha-Urwald auf Madagaskar von 10,0 ha und Teilkompensation von betrieblich verursachten Emissionen

2005: Veröffentlichung erster betrieblicher Sozialeffizienzkennwerte im Rahmen des Managementreviews

2 Verantwortung und Nachhaltigkeit

Bisher wurde erläutert, welchen Stellenwert bzw. welche Bedeutung Nachhaltigkeit/CSR für die Unternehmensführung hat und dass die Bereiche Ökonomie, Ökologie und Soziales für Märkisches Landbrot untrennbar miteinander verbunden sind.

Dieser Abschnitt konzentriert sich auf die Umsetzung und die erbrachten Leistungen im Rahmen nachhaltigen Wirtschaftens.

Auszug aus „Soziale Verantwortung":

> Die Unternehmensverantwortung fängt, so die Auffassung von MÄRKISCHES LANDBROT, im Unternehmen selbst an – also bei der Produktqualität, den Umweltauswirkungen und bei den Mitarbeitern. Auf dieser Basis erst kann ein Unternehmen glaubwürdig Verantwortung auch in marktwirtschaftliche Prozesse tragen und faire Beziehungen zu Lieferanten und Kunden aufbauen (Märkisches Landbrot 2015j, Soziale Verantwortung).

2.1 Strategische Ausrichtung

Das Kerngeschäft von Märkisches Landbrot ist das Backen von Brot.

Durch die enge Zusammenarbeit mit den Stakeholdern, wie z. B. den Bauern als Lieferanten des Hauptrohstoffs Getreide, sind der Klimawandel und die Erderwärmung als Risiko für das Getreide erkannt. Das konventionelle Saatgut ist an die Veränderungen nicht gut angepasst. Das Unternehmen setzt sich deshalb für die Förderung der Rekultivierung und den Anbau von alten, standortangepassten Getreidesorten ein (z. B. Emmer, Einkorn oder Bergroggen) und für die Züchtung neuer biologisch-dynamischer Sorten, wie z. B. Lichtkornroggen.

Als weiteres wesentliches Risiko ist die Bedrohung der Existenz der Biobranche durch eine nichtgentechnikfreie Zukunft identifiziert. Märkisches Landbrot fördert daher Institutionen, die sich für Gentechnikfreiheit einsetzen.

Für die Steuerung des nachhaltigen Wirtschaftens nutzt die Unternehmensführung das Umweltmanagementsystem nach EMAS und die Bilanzierung nach der Gemeinwohl-Ökonomie (Märkisches Landbrot 2013b, DNK-Entsprechenserklärung, S. 1).

Zur strategischen Ausrichtung gehört auch, auf dem aktuellen Wissensstand zu bleiben bzw. Neuerungen und Ideen zu entwickeln. Dies wird durch die Zusammenarbeit mit folgenden Hochschulen gewährleistet:

- Hochschule für nachhaltige Entwicklung, Eberswalde (HNEE),
- Beuth Hochschule, Berlin,
- Hochschule für Wirtschaft und Recht, Berlin,
- Staatliche Hochschule für Lebensmitteltechnik, Berlin.

2.2 Umsetzung

Märkisches Landbrot setzt Nachhaltigkeit konsequent im eigenen Betrieb, in der Wertschöpfungskette und bei den Stakeholdern um von der Verwendung biologisch-dynamischer Rohstoffe über eine ethische Auswahl der Kunden (nach Möglichkeit über den ökologischen Fachhandel) bis hin zur ethischen Auswahl des Geldinstituts (GLS Bank, anthroposophisch ausgerichtet).

Die Unternehmensführung betrachtet das wirtschaftliche Wirken von Märkisches Landbrot ganzheitlich. Dies beinhaltet sowohl die Dimension der Wertschöpfungskette als auch die Dimension der gesellschaftlichen Auswirkungen. Märkisches Landbrot zeichnet sich insbesondere dadurch aus, dass es nachhaltige Entwicklungen selber voranbringt bzw. selbst innovative Lösungen für bestehende Probleme entwickelt (s. auch Abschn. 1.4).

Managementansatz

Das Unternehmen orientiert sich bei der Umsetzung an dem Managementansatz des Total Quality Environmental Management (TQEM). Dabei steht die Qualität als oberste Maxime. Der Qualitätsbegriff ist dabei sehr umfassend definiert. Neben Prozess-, Produkt- und Servicequalität ist ausdrücklich auch die Qualität der Belange der Mitarbeiter und der Gesellschaft gemeint. Alle Mitarbeiter werden bei diesem Ansatz miteingebunden. Eine Orientierung geben die Firmenziele, gesteuert wird mithilfe der Umwelt- und Qualitätsmanagementsysteme. Die Umweltleitlinien stellen den Verhaltenskodex dar, der allen Mitarbeitern verpflichtend mitgeteilt wird. Nach EMAS wird ein jährliches Managementreview durchgeführt, in dem alle leitenden Mitarbeiter eine Erklärung unterschreiben, dass zum Zeitpunkt des Reviews sämtliche umwelt- und sicherheitsrelevanten Bestimmungen eingehalten wurden.

Der kontinuierliche Verbesserungsprozess (KVP) wird durch mehrere Maßnahmen sichergestellt. Innerhalb des Unternehmens sorgt eine Vielzahl an institutionalisierten Arbeitsweisen für die kontinuierliche Verbesserung. Zu diesen Maßnahmen gehören Jahresmitarbeitergespräche, Gesprächskreise, wie z. B. Bäckerplenum, Meisterrunde, Umweltausschuss, tägliche Produktprüfungen. Externe Kontrollen kommen dazu, wie Bio- und Demeter-Kontrollen, HACCP-Prüfungen. Die externen Überprüfungen des Umweltmanagementsystems und der Gemeinwohl-Bilanz sind darüber hinaus weitere externe Überprüfungen der (Nachhaltigkeits-)Leistungen von Märkisches Landbrot.

Einmal jährlich werden eine Ökobilanz und ein Managementreview durchgeführt, um den aktuellen Stand und die Zielerreichung abzugleichen und Maßnahmen zu ergreifen bzw. zu planen.

Monitoring

Der Ziel-Ist-Abgleich zwischen Zielen, Maßnahmen und Leistungen hat einen sehr hohen Stellenwert im Unternehmen und wird, wie oben beschrieben, durch mehrere interne und externe Kontrollen/Prüfungen/Audits überprüft. Der Stellenwert wird hier am Umfang der ermittelten (Nachhaltigkeits-)Daten und Kennzahlen verdeutlicht.

Daten und Kennzahlen (Märkisches Landbrot 2015b, Managementreview, S. 8 ff.) werden zu folgenden Bereichen erfasst:

Sozialeffizienzkennwerte: Sicherheitseffizienz: Verhältnis zwischen der Anzahl der Betriebsunfälle (meldepflichtige Unfälle ohne Wegeunfälle außerhalb des Betriebes) und der Produktionsmenge.

Je höher die Kennzahl ist, desto sicherer ist der Betrieb.

Unfallquote: Es werden die meldepflichtigen Arbeitsunfälle je 1 Mio. Arbeitsstunden dargestellt und mit den Werten des Gewerbezweigs Bäckereien und Konditoreien, Gefahrtarif N1 abgeglichen.

Bildungseffizienz: Das Verhältnis der Schulungsstunden im Verhältnis zu den insgesamt geleisteten Arbeitsstunden.

Fluktuationsquote: Der Anteil Mitarbeiter, die das Unternehmen verlassen wollten.

Arbeitsunfähigkeitsquote: Das Verhältnis zwischen den Zeiten der Arbeitsunfähigkeit der Mitarbeiter und den insgesamt im Betrieb geleisteten Arbeitsstunden.

Öffentlichkeitseffizienz: Das Verhältnis zwischen der Anzahl der durch den Betrieb geführten oder an Vorträgen über Märkisches Landbrot teilnehmenden Personen zur Produktionsmenge.

Kundenreklamationen:

Anteil der Reklamationen im Verhältnis zur Produktionsmenge in Prozent
Absolute Anzahl der Reklamationen (Stück)
Anteil der Mängel nach Art des Mangels

Brotprüfungen:

Anteil der Prüfungen nach Demeter, DLG, IGV, hausintern
Ergebnisse der Prüfungen nach Prüfer (intern/extern)

Betriebsführungen:

Verteilung der Besuchergruppen nach Interessengruppen
Regionalität der Besucher

Spenden/Sponsoring:

Mittelursprung: Art der Spende: Sachspende, Geldspende

Mittelfluss: lokal, regional, Land Brandenburg, Deutschland ohne Berlin und Brandenburg, Welt (ohne Deutschland)

Mittelverwendung: Grundbedürfnisse (Hunger, Medizin), Sport und Spiel, Ausbildung, Bildung, sonstige soziale Veranstaltungen, Politik (z. B. Antiatomkraft, Gentechnikfreiheit, ökologischer Landbau, Parteien)

Externe Zertifizierungen:

Durch externe Dritte zertifizierte bzw. auditierte Berichte: Demeter, EMAS (Umweltmanagementsystem), GWÖ (Gemeinwohl-Ökonomie)

Berichte ohne umfangreiche Zertifizierung/Auditierung: DNK (Deutscher Nachhaltigkeitskodex), GRI

Ökologische Kennzahlen: Märkisches Landbrot verwendet zahlreiche ökologische Kennzahlen. Diese hier in vollem Umfang darzustellen erscheint als zu umfangreich, daher werden sie hier nicht aufgezählt. Die Kennzahlen sind in der Ökobilanz 2014 (Märkisches Landbrot 2014, Ökobilanz, S. 18 ff.) aufgeführt.

Dieses detaillierte Monitoring ist die Grundlage für die Verifizierung der nachhaltigen Entwicklung des Unternehmens. Die ermittelten Daten fließen in die umfangreiche Kommunikation (s Abschn. 4). über das Unternehmen und seine Auswirkungen ein.

Stakeholder-Bedürfnisse

Die Stakeholder-Bedürfnisse spielen eine wesentliche Rolle für Märkisches Landbrot. Mithilfe der Gemeinwohl-Bilanz lassen sie sich kategorisieren:

Kunden: Die Bedürfnisse der Kunden werden durch verschiedene Maßnahmen erfasst, so z. B. den hohen Anspruch an die ernährungsphysiologische Qualität der Brote, während der Unternehmensführungen (s. auch Abschn. 4), durch die detaillierte Erfassung der Kundenreklamationen im Abgleich mit den Brotprüfungen und durch die Monatsbrote, mit denen neue Rezepte angeboten werden und die Kundenreaktion bewertet wird.

Lieferanten: Der enge Kontakt zu den Bauern führt zu einem kontinuierlichen Austausch an Ideen und Verbesserungsmöglichkeiten, der durch die Einführung des *Runden Tisches Getreide* (Märkisches Landbrot 2016d, Runder Tisch Getreide) institutionalisiert wurde. Unter anderem legen die Bauern dort gemeinsam mit Märkisches Landbrot die Preise für verschiedene Getreidesorten jeweils für ein Jahr fest. Die Ergebnisse werden auf der Website der Bäckerei veröffentlicht (Märkisches Landbrot 2015k, Protokoll Runder Tisch Getreide). Maßgabe ist dabei, dass die Preise so hoch sind, dass die Bauern mit den Einkünften solide wirtschaften können, unabhängig von den spekulativen Weltmarktpreisen.

Im Finanzwesen reinvestiert Märkisches Landbrot den erwirtschafteten Gewinn vollständig in das Unternehmen oder seine Stakeholder, z. B. in weitergegebene Werte wie Löhne, Rohstoffpreise oder es werden Verkaufspreise angepasst (Märkisches Landbrot 2013a, Gemeinwohl-Bericht 2012–2014, S. 15).

Unternehmensgewinne werden nicht aus dem Unternehmen herausgenommen, sondern wie oben beschrieben reinvestiert, also sozusagen selbst veranlagt. Gesellschaftliche Auswirkungen werden z. B. durch die jährliche Erfassung aller CO_2e-Fußabdrücke der Eigenprodukte erfasst und kommuniziert.

Mitarbeiter: Neben der Betriebsvereinbarung für eine sozial gerechte Lohnstruktur existieren viele weitere Angebote für die Mitarbeiter und Maßnahmen für soziale Gerechtigkeit im Unternehmen. So bietet Märkisches Landbrot Betriebswohnungen in der Nähe des Arbeitsplatzes zu günstigen Mieten (5,50–6,50 € kalt) an. Fester Bestandteil ist eine firmenpolitisch festgelegte Lohnspreizung von maximal 1:10 (zwischen dem niedrigsten sozialversicherungspflichtigen zum höchsten Bruttolohn), im Jahr 2013 entsprach das Verhältnis 1:5. Alle drei Jahre wird eine Umfrage zur Mitarbeiterzufriedenheit durchgeführt (Märkisches Landbrot 2013a, Gemeinwohl-Bericht 2012–2014, S. 25).

3 Innovation

3.1 Rolle von Innovation für das Unternehmen mit Blick auf die Zukunft

Der Blick in die Vergangenheit zeigt, dass die nachhaltige Ausrichtung von Märkisches Landbrot der Motor für Innovationen war. Das hat dazu geführt, dass das Unternehmen in vielen Bereichen als Pionier neue Ideen/Maßnahmen umgesetzt hat. Mit dem Anspruch einer kontinuierlichen Verbesserung und dem Nachhaltigkeitsmotto: „Es gibt immer einen Anfang für das Bessere", werden weitere Pionierleistungen zu erwarten sein, die innovativer Ideen und Lösungen bedürfen.

3.2 Zusammenhang zwischen Stakeholder-Interessen und -Forderungen sowie den unternehmerischen Innovationen

Da die Matrix der Gemeinwohl-Ökonomie als zentrales Instrument zur Bewertung für nachhaltiges Wirtschaften eingesetzt wird, spielen die Stakeholder eine zentrale Rolle in der Unternehmensführung. So versteht Christoph Deinert die Gemeinwohl-Bilanz (extern zertifizierter und bewerteter Gemeinwohl-Bericht mit der Verpflichtung zur Veröffentlichung) auch als einen Stakeholder-Dialog. Die Bürger entwickeln mit der Matrix der GWÖ gemeinsam ein Bild, was sie von einer nachhaltigen Wirtschaft erwarten. Märkisches Landbrot bewertet sich mithilfe der Gemeinwohl-Bilanz und meldet das Ergebnis an die Öffentlichkeit zurück. Es wird bilanziert, welche Erwartungen erfüllt werden oder aber auch nicht, in der Regel mit der Angabe von Gründen hierfür. Durch den Austausch mit den verschiedenen Stakeholder-Gruppen werden neue Impulse aufgenommen und Herausforderungen erkannt.

3.3 Innovationen werden veröffentlicht und zum Nutzen des Gemeinwohls geteilt

Die Brotbäckerei sieht sich als Leuchtturm, als Beispiel für andere Interessierte, dass nachhaltiges Wirtschaften nicht nur ökologisch und sozial, sondern auch ökonomisch sinnvoll, ja notwendig, ist. Nachahmer sind erwünscht. In diesem Sinne entspricht es nicht den Firmenzielen von Märkisches Landbrot, generiertes Wissen zu horten und in Form von Patenten gegenüber anderen Marktteilnehmern zu schützen. Ganz im Gegenteil wird erarbeitetes Wissen bewusst zum Nutzen des Gemeinwohls geteilt. Beispielhaft sind hier einige Kooperationen aufgeführt:

Bäcker: Demeter-Bäckertreffen, Arbeitsgemeinschaft Gutes Brot, Berliner Bio-Bäckertreffen

Forschung: z. B. zusammen mit FiBL Deutschland e. V. Forschungsinstitut für biologischen Landbau, die Veröffentlichung von Forschungsergebnissen mit Anleitungen, sie in die Praxis umzusetzen, wie z. B. das Keimlingsprojekt („Essener Brot Herstellung und Verwendung von Keimlingen in der Bäckerei – Leitfaden" Märkisches Landbrot 2016e, Leitfaden) und das Buch *Der PCF – Die Methodik bei MÄRKISCHES LANDBROT* von Christoph Deinert und Jens Pape.

4 Kommunikation

Märkisches Landbrot betreibt zusammen mit den Berliner Bäckereien kooperatives Marketing, wie z. B. die Beteiligung an der Aktionswoche „SAAT GUT BROT". Darüber hinaus vertreibt das Unternehmen auch gemeinsam Produkte von Mitbewerbern, wie z. B. der Bäckerei Vollkern, Bäckerei Herzberger, Vegetus oder Vollkornkonditorei Tillmann als Handelsware.

Die Bäckerei verzichtet auf klassische Werbung. Anstelle dessen legt das Unternehmen großen Wert auf weitestgehende Transparenz. Die Mitarbeiter und die Öffentlichkeit erhalten über die Website umfangreiche Informationen und können viele Dokumente direkt herunterladen. Die Dokumentationen bieten detaillierte Einblicke in das Unternehmen. Märkisches Landbrot geht hierbei weit über vorgeschriebene Veröffentlichungen hinaus. So werden z. B. Jahresberichte aller Führungskräfte und externer Berater und Prüfer (Hygiene, Umweltberater u. a.) veröffentlicht. Aus der Ökobilanz und der Umwelterklärung, die zum Download zur Verfügung stehen, geht ein umfangreiches Informationsangebot zu den direkten und indirekten Umweltauswirkungen hervor. So sind sämtliche PCF der Eigenprodukte sowie die Maßnahmen des Jahresumweltprogramms veröffentlicht.

Die beschriebenen Sozialkennzahlen (s. Abschn. 2.2). werden im Rahmen des Managementreviews veröffentlicht. Dazu gehören z. B. die Unfallquote, Krankenstatistik oder die ausführliche Spendenauswertung, die veröffentlicht werden. Die Fluktuationsquote ist auf der Website transparent. Die Daten zur wirtschaftlichen Leistung, die Verteilung entlang der Wertschöpfungskette sowie die Verteilung von Kosten und weitergegebenen Werten und die Lohnstruktur werden auf der Webseite dargestellt. Die rein finanziellen Jahresabschlüsse sind im elektronischen Verzeichnis des Bundesanzeigers veröffentlicht.

Eine systematische Reklamationsauswertung aus dem Qualitätsmonitoring ist im jährlichen Managementreview zu finden, aus der sich auch die Kunden(un)zufriedenheit ablesen lässt. Das große Engagement für die verschiedenen Nachhaltigkeitszertifizierungen und -berichterstattungen machen einen Großteil der Unternehmenskommunikation aus. Insgesamt betrug das Marketingbudget 2013 ca. 3 % des Umsatzes. Im Jahr 2013 wurden ca. 95 % des Marketingbudgets (Märkisches Landbrot 2013a, Gemeinwohl-Bericht 2012–2014, S. 28) für folgende Maßnahmen aufgewendet:

- Betriebsführungen (2013 nahmen daran mehr als 10.000 Menschen teil),
- aktuelle (Nachhaltigkeits-)Informationen auf der Website,
- Informationen zu Nachhaltigkeitsberichten (Ökobilanz, Umwelterklärung, Nachhaltigkeitsbericht, Product Carbon Footprint für jedes Brot, Gemeinwohl-Bericht und Auditbericht, Entsprechenserklärung nach dem Deutschen Nachhaltigkeitskodex).

Anzeigen werden nur als Szenesponsoring geschaltet.

Eine Verbraucherumfrage hat ergeben, dass 80 % der Endverbraucher Märkisches Landbrot aus Gründen der Brotqualität kaufen. Der Mehrheit dieser Menschen ist es nach Aussage von Christoph Deinert bewusst, dass sie mit ihrem Konsumverhalten selbst bestimmen, wie lebenswert ihre Zukunft und die ihrer Kinder auf dem Planeten Erde sein wird.

In Gesprächen mit Kunden oder bei Betriebsführungen in der Brotbäckerei bekommen die Bäcker ausschließlich positives Feedback. Obwohl die Nachhaltigkeitsinformationen nicht immer gelesen werden – wichtig ist es den Menschen, dass wir verantwortlich handeln und sie daran teilhaben lassen, so Deinert.

5 Deutscher Nachhaltigkeitskodex (DNK)

5.1 Die Rolle des Deutschen Nachhaltigkeitskodex für Märkisches Landbrot

Seit 2013 hat Märkisches Landbrot die Entsprechenserklärung des Deutschen Nachhaltigkeitskodex (DNK) erstellt. Der DNK bietet dem Unternehmen eine Alternative zu dem bisher auch genutzten GRI-Standard (das Unternehmen erfüllt Anwendungsebene A, ausführlichste Ebene). Wichtig ist der DNK zudem, da er eine wichtige Möglichkeit für ein politisches Zeichen für den Sinneswandel von Unternehmen mit Sicht auf die Auseinandersetzung mit dem Thema Nachhaltigkeit bietet, so Deinert. Damit nutzt Märkisches Landbrot den DNK ergänzend zur Umwelterklärung nach EMAS und zu dem Gemeinwohl-Bericht nach der Gemeinwohl-Ökonomie.

Märkisches Landbrot legt hohen Wert auf umfassende Transparenz und Engagement für Nachhaltigkeit. Die vielen verschiedenen Zertifizierungen, Berichte etc. dienen als Kommunikations- und Managementtools.

Am Beispiel von drei Nachhaltigkeitsstandards soll hier ein abschließender Überblick über das Engagement des Märkischen Landbrots gegeben werden:

- Politisches Engagement:
Der DNK wird als Möglichkeit für ein breitenwirksames politisches Zeichen pro Nachhaltigkeit eingesetzt.
- Managementtool:
Die Ökobilanzierung nach EMAS dient zur Erreichung der (ökologischen) Firmenziele.
- Stakeholder-Dialog und Nachhaltigkeitsbewertungsinstrument:
Eine besondere Bedeutung für den Stakeholder-Dialog spielt das Formulieren von (gesellschaftlichen) Erwartungen an Unternehmen in Form der Matrix der Gemeinwohl-Ökonomie. Die Gemeinwohl-Bilanz (extern zertifizierter und bewerteter Gemeinwohl-Bericht mit der Verpflichtung zur Veröffentlichung) spielt als ganzheitliche Unternehmensbewertung und Standortbestimmung eine wichtige Rolle für Märkisches Landbrot.

A Anhang

Abb. 1 und 2 werden mit freundlicher Genehmigung durch Christoph Deinert, Märkisches Landbrot genutzt.

Literatur

Bioland e. V. (2015) Historie. http://www.bioland.de/im-fokus/hintergrund/detail/article/wie-der-biolandbau-entstanden-ist.html. Zugegriffen: 11. Dezember 2015

Deinert C, Pape J (2010) Der PCF – Die Methodik bei Märkishes Landbrot. oekom Verlag, München

Demeter e. V. (2015) Internationale Demeter Richtlinien. http://www.demeter.de/verbraucher/ueber-uns/demeter-international. Zugegriffen: 1. Dezember 2015

Gabler Wirtschaftslexikon (2015) Innovation. http://wirtschaftslexikon.gabler.de/Definition/innovation.html#definition. Zugegriffen: 11. Dezember 2015

Institut für Energie-Effiziente Architektur mit Internet-Medien (2015) Energieeinsparverordnung. http://www.enev-online.de/enev/index.htm. Zugegriffen: 11. Dezember 2015

Märkisches Landbrot (2014) EMAS Umwelterklärung

Märkisches Landbrot (2013a) Gemeinwohl-Bericht 2012–2014

Märkisches Landbrot (2013b) DNK-Entsprechungserklärung, S. 1

Märkisches Landbrot (2014) Ökobilanz, S 18 ff.

Märkisches Landbrot (2015a) Chronik. www.landbrot.de/ueber-uns/chronik.html. Zugegriffen: 1. Dezember 2015

Märkisches Landbrot (2015b) Managementreview, S 8 ff.

Märkisches Landbrot (2015c) Wirtschaftliche Leistung. www.landbrot.de/oekonomie/wirtschaftliche-leistung.html. Zugegriffen: 1. Dezember 2015

Märkisches Landbrot (2015d) Erwirtschafteter und verteilter Wert. www.landbrot.de/oekonomie/wirtschaftliche-leistung.html. Zugegriffen: 1. Dezember 2015

Märkisches Landbrot (2015e) Ökonomisches Gleichgewicht. www.landbrot.de/oekonomie.html. Zugegriffen: 1. Dezember 2015

Märkisches Landbrot (2015f) Oberstes Firmenziel. www.landbrot.de/uber-uns/selbstdarstellung.html. Zugegriffen: 1. Dezember 2015

Märkisches Landbrot (2015g) Firmenziele. www.landbrot.de/uber-uns/firmenziele.html. Zugegriffen: 1. Dezember 2015

Märkisches Landbrot (2015h) Prioritäten nachhaltigen Wirtschaftens. www.landbrot.de/oekonomie/wirtschaftliche-leistung.html. Zugegriffen: 1. Dezember 2015

Märkisches Landbrot (2015i) Managementansatz. www.landbrot.de/oekonomie/managementansatz.html. Zugegriffen: 11. Dezember 2015

Märkisches Landbrot (2015j) Soziale Verantwortung. www.landbrot.de/soziales/soziale-verantwortung.html. Zugegriffen: 11. Dezember 2015

Märkisches Landbrot (2015k) Protokoll Runder Tisch Getreide. www.landbrot.de/fileadmin/daten/download/Protokoll_Runder_Tisch_Getreide_2015.pdf. Zugegriffen: 22. Januar 2016

Märkisches Landbrot (2016a) Selbstdarstellung. www.landbrot.de/ueber-uns/selbstdarstellung.html. Zugegriffen: 26. Januar 2016

Märkisches Landbrot (2016b) Landwirte. www.landbrot.de/backstube/bauern.html. Zugegriffen: 23. Januar 2016

Märkisches Landbrot (2016c) PCF Berechnungstools. www.landbrot.de/pcfml/index.php. Zugegriffen: 22. Januar 2016

Märkisches Landbrot (2016d) Runder Tisch Getreide. www.landbrot.de/backstube/bauern.html. Zugegriffen: 22. Januar 2016

Märkisches Landbrot (2016e) Essener Brot Herstellung und Verwendung von Keimlingen in der Bäckerei – Leitfaden. www.landbrot.de/fileadmin/daten/download/2011/18230-06OE167-fiblbeck-2010-keimlinge_leitfaden.pdf. Zugegriffen: 22. Januar 2016

Märkischer Wirtschaftsverbund e. V. (2016) Runde Tische. http://www.fair-regional.de/runde_tische.html. Zugegriffen: 22. Januar 2016

Nils D. Wittke, Jahrgang 1972, ist Gründer und Inhaber von nw|consulting –nachhaltig Werte schaffen, einer in Berlin ansässigen Unternehmensberatung, die sich auf Seminare, Beratung und Audits zu nachhaltigem Wirtschaften – für Unternehmen, Menschen und Umwelt – spezialisiert hat. Er ist zertifizierter Auditor und Berater für die Gemeinwohl-Ökonomie, offizieller Schulungspartner des Deutschen Nachhaltigkeitskodex und Energieauditor nach EN 16247. Vor der Gründung von nw|consulting war er sieben Jahre als Umweltkoordinator für das Umweltmanagement von IKEA Deutschland verantwortlich und übernahm anschließend für mehr als drei Jahre Verantwortung in der Geschäftsleitung des IKEA Einrichtungshauses Halle/Leipzig. Nils Wittke studierte nach seiner Ausbildung zum Landschaftsgärtner und anschließender mehrjähriger Gesellentätigkeit an der Universität Rostock mit dem Abschluss Dipl.-Ing. Landeskultur und Umweltschutz. Siehe: wittke@nw-consult.eu; www.nw-consult.de.

Verantwortung ernst nehmen, Stakeholder einbinden, Innovation stärken

Wie die NORMA Group über einen Stakeholder-Roundtable ihr CR-Programm 2018 optimiert und die Innovationskultur stärkt

Norbert Taubken, Marion Mitchell und Daphne Recker

Nachhaltiges wirkt schon am Anfang (Kurt Haberstich).

1 Verantwortung bei der NORMA Group

Die NORMA Group ist ein mittelständisch geprägtes Unternehmen, das den Sprung zum Global Player aktiv vorantreibt. Das in Maintal bei Frankfurt am Main ansässige Unternehmen ist mit seinen weltweit über 6000 Mitarbeitern[1] ein internationaler Markt- und Technologieführer für hochentwickelte Verbindungstechnik. Seit 2011 ist die NORMA Group börsennotiert. Die NORMA Group fertigt und vertreibt ein breites Sortiment an innovativen Verbindungslösungen in drei Produktkategorien – Befestigungsschellen, Verbindungselemente und Fluidsysteme. Dabei beliefert das Unternehmen mehr als 10.000 Kunden in 100 Ländern mit über 35.000 qualitativ hochwertigen Produkten und spezifischen Lösungen (NORMA Group 2016a).

---

[1] Aus Gründen der Lesbarkeit wird in diesem Beitrag weitgehend die männliche Form verwendet. Selbstverständlich sind stets beide Geschlechter gemeint.

N. Taubken (✉)
Berlin, Deutschland
E-Mail: norbert.taubken@s-f.com

M. Mitchell
Maintal, Deutschland
E-Mail: Marion.Mitchell@normagroup.com

D. Recker
Maintal, Deutschland
E-Mail: Daphne.Recker@normagroup.com

© Springer-Verlag GmbH Deutschland 2017
G. Gordon und A. Nelke (Hrsg.), *CSR und Nachhaltige Innovation*,
Management-Reihe Corporate Social Responsibility, DOI 10.1007/978-3-662-49952-8_15

1.1 Megatrends im Blick: Innovative Produkte verbessern Ressourcenschutz

Das Produktportfolio zeigt die direkteste Verbindung zwischen der NORMA Group und der Übernahme gesellschaftlicher Verantwortung auf. Denn das Unternehmen stellt Produkte her, die dazu beitragen, Emissionen zu reduzieren und Ressourcen einzusparen. Mithilfe immer besserer Verbindungslösungen gelingt es der NORMA Group und ihren Kunden, auf Herausforderungen zu antworten, die sich im Zusammenhang mit globalen Megatrends wie dem Klimawandel oder der Ressourcenverknappung ergeben:

So führen die NORMA-Leitungen zum Transport von Ureaflüssigkeiten zu einer Reduktion von Stickoxiden und dadurch zu einem geringeren Ausstoß von schädlichen Abgasen. NORMA-Produkte wie der PS3-Steckverbinder für Kühlwassersysteme führen zu einer Gewichtsreduktion von Personenkraftwagen, sodass die Unternehmensgruppe auch darüber einen Beitrag zum Klimaschutz leistet. Bei Fahrzeugen, die mit den neuesten Kühlsystementwicklungen der NORMA Group ausgestattet werden, kann bei den Bauelementen eine Gewichtsverringerung von über 30 % erreicht werden. Auch zum Schutz der Ressource Wasser tragen NORMA-Produkte bei. In den USA etwa werden Tröpfchenbewässerungssysteme verkauft, die bis zu 70 % Wasser gegenüber Systemen mit Sprühköpfen einsparen.

Um die Position des Technologieführers zu verteidigen, sind eine stetige Weiterentwicklung bestehender Produkte und die Entwicklung neuer Verbindungslösungen von zentraler Bedeutung. Damit dies gelingt, benötigt die NORMA Group eine ausgeprägte Innovationskultur. Allein 74 Patentanmeldungen im Jahr 2015 belegen die Anstrengungen in diesem Bereich (vgl. NORMA Group 2016a).

Innovation aus der Sicht der NORMA Group bedeutet, neue Ideen und Erfindungen wirtschaftlich und nachhaltig mit dem Ziel einer kontinuierlichen Weiterentwicklung ihres Erfolges umzusetzen. Neben neuen und weiterentwickelten Produkten zählen daher auch technische und organisatorische Prozesse und Methoden, die Weiterentwicklung der Organisation, strategische Partnerschaften mit Lieferanten und Universitäten sowie neue Services zu den Innovationen der Unternehmensgruppe. Aufgrund der hohen Bedeutung von Innovationen für die NORMA Group ist die Etablierung einer ganzheitlichen Innovationskultur von entscheidender Bedeutung. Unter Innovationskultur versteht die NORMA Group ein Umfeld, das mit effizienten Mitteln Potenziale im Unternehmen hebt und zielgerichtet die Zukunft gestaltet. Der Zuständige für Research & Development innerhalb der NORMA Group, Dr. Stefan Stangler, betont:

> Für die Förderung der Innovationskultur, die alle Mitarbeiter einbezieht, werden einerseits klassische Werkzeuge wie Vorschlagswesen, Innovationspreise sowie eine klare, vom Management getriebene Strategie genutzt. Darüber hinaus werden Innovations-Scouts an allen Standorten einbezogen und globale, funktionsübergreifende Innovationsplattformen zum Technologieaustausch und zur Weiterentwicklung eingesetzt.

Letztlich ist Innovation für die NORMA Group die Brücke zwischen dem Kerngeschäft und ihrem Beitrag zu einer nachhaltigen Entwicklung.

1.2 Die CR-Roadmap: Unternehmensverantwortung in Handeln überführen

Im Jahr 2012 begann die NORMA Group ihre bestehenden Aktivitäten in den Bereichen Unternehmensführung, Umwelt und Soziales in einer Positionierung zur eigenen Unternehmensverantwortung („CR-Strategie") zu bündeln. Im Laufe dieses Prozesses wurden fünf strategische CR-Handlungsfelder definiert: verantwortungsvolles Handeln, Produktlösungen, Umwelt, Mitarbeiter und Gesellschaft (Abb. 1).

Zur bereichsübergreifenden Steuerung der Aktivitäten in den CR-Handlungsfeldern berief der Vorstandsvorsitzende der NORMA Group, Werner Deggim, Führungskräfte aus unterschiedlichen Fachabteilungen in ein Steering Committee. Zusätzlich wurde ein CR-Koordinationsteam eingesetzt, das direkt an den CEO berichtet.

Eine erste Aufgabe des Steering Committees war die Entwicklung einer CR-Roadmap. Über diese werden zentrale CR-Maßnahmen strategisch ausgerichtet und gesteuert. Die Entwicklung der ersten Roadmap erfolgte weitgehend ohne direkte Einbindung externer Anspruchsgruppen. Insbesondere die Fokussierung auf intern als relevant identifizierte Themenfelder, die Ausrichtung von CR auf die Geschäftstätigkeit der Unternehmensgruppe und die Harmonisierung zwischen verschiedenen Abteilungen standen bei der Wahl der CR-Handlungsschwerpunkte im Vordergrund. Dabei war von vornherein klar, dass die strategische Ausrichtung Gegenstand kontinuierlicher Weiterentwicklung und Anpassung sein muss. Vor diesem Hintergrund wurde eine CR-Startphase festgelegt und auch die Gültigkeit der ersten CR-Roadmap auf drei Jahre begrenzt.

Abb. 1 Die fünf CR-Handlungsfelder der NORMA Group

Im Jahr 2015 begann die NORMA Group mit der Entwicklung einer neuen CR-Roadmap 2018. Als Unternehmen, das einen kontinuierlichen Austausch mit Anspruchsgruppen als Teil seiner Verantwortung versteht, sollten unterschiedliche Stakeholder auch in die Entwicklung der neuen CR-Roadmap 2018 einbezogen werden. Damit wollte das Unternehmen zugleich den Anforderungen genügen, die insbesondere durch die Referenzwerke GRI G4 (vgl. hierzu Global Reporting Initiative) und den Deutschen Nachhaltigkeitskodex (vgl. hierzu Deutscher Nachhaltigkeitskodex; vgl. ebenfalls den Beitrag von Yvonne Zwick in diesem Sammelbuch: Teil 1, Kap. 5) an eine Ausrichtung von Reportinginhalten auf wesentliche CR-Themen gesetzt werden. Dadurch entstanden auch Synergien mit dem CR-Bericht des Unternehmens (NORMA Group 2016b).

Die Einbindung der Stakeholder in die Entwicklung der neuen CR-Roadmap musste dabei den Rahmenbedingungen eines mittelständisch geprägten Unternehmens gerecht werden. Einerseits waren substanzielle inhaltliche Impulse gewünscht, andererseits die Limitierung von Zeit und Budgetrahmen im Blick zu halten. Als Format für die Stakeholder-Einbindung entschied sich die NORMA Group für eine Präsenzveranstaltung in Form eines Runden Tisches – und wagte sich mit diesem Dialogansatz auf ein neues, bis dahin im Unternehmen nicht erprobtes Terrain vor.

2 Stakeholder-Management in B2B-Unternehmen

Eine gesteuerte und kontinuierliche Kommunikation zwischen einem Unternehmen und seinen Anspruchsgruppen gewinnt auch im B2B-Sektor zunehmend an Bedeutung. Die Vorgaben für ein strategisches Stakeholder-Management durch die Global Reporting Initiative oder durch AccountAbility (vgl. www.accountability.org/standards) differenzieren hier nicht bezüglich der Akteure (vgl. hierzu Taubken 2016).

Dennoch gibt es einige offensichtliche Unterschiede im Vergleich von B2B- und B2C-Unternehmen.

2.1 Besondere Rahmenbedingungen in B2B-Unternehmen

Insbesondere in mittelständisch geprägten Unternehmen gibt es selten Erfahrungen oder gar etablierte Prozesse zur Integration von Stakeholder-Erwartungen, auf die man zurückgreifen kann. Die Ressourcenlage in Stabsstellen ist in der Regel sehr begrenzt, sodass neue Aufgaben teilweise „on top" kommen und damit gegebenenfalls zulasten anderer Themen gehen. Die Bekanntheit der Unternehmen in der Öffentlichkeit ist deutlich geringer, was dazu führen kann, dass auch das Risiko negativer Presse für viele B2B-Unternehmen niedriger eingeschätzt werden muss. Kritische Themen wie Kinderarbeit oder Konfliktmineralien lassen sich leichter auf der Plattform einer prominenten Unternehmensmarke inszenieren. Aus diesem Grund sind bekannte Markenhersteller deutlich häufiger mit öffentlichkeitswirksamer Kritik seitens Nichtregierungsorganisationen konfrontiert als deren Zulieferer.

Dennoch: Der Nachhaltigkeitsdruck im B2B-Bereich steigt. Viele Großunternehmen verlangen inzwischen schon beim Einkauf von Lieferantenleistungen einen Nachweis zu deren Nachhaltigkeitsperformance. Zusätzlich werden bei börsennotierten Unternehmen die nichtfinanziellen Kennzahlen als wichtige ergänzende Messgröße gesehen – mit Auswirkung auf den Börsenwert. Und letztlich wird von der CR-Fachszene die Antwort auf die Frage erwartet: Wie wurden die Erwartungen der Stakeholder berücksichtigt, um die Themen im Nachhaltigkeitsbericht auszuwählen?

Allerdings können sich aus der Einbindung von Anspruchsgruppen auch Chancen ergeben – insbesondere für B2B-Unternehmen wie der NORMA Group – und zwar jenseits der formalen Erfüllung von Anforderungen an die Nachhaltigkeitsberichterstattung. Diese ergeben sich vor allem dann, wenn es gelingt, einen schlanken – also ressourcenschonenden und zeitlich überschaubaren – Prozess zu entwickeln und zugleich die Anzahl der einzubindenden externen Personen gezielt zu begrenzen.

2.2 Der Roundtable als effektives Dialogformat

Die NORMA Group entschied sich 2015, das Format eines Runden Tisches zu nutzen. Fünf Vorgaben für die Ausgestaltung dieses Stakeholder-Roundtables machte das Unternehmen:

1. Es sollte eine reale Begegnung mit den Stakeholder-Vertretern stattfinden, keine Onlinebefragung.
2. Die Veranstaltung sollte zeitlich auf einen halben Tag begrenzt sein.
3. Es sollte eine überschaubare Anzahl externer Experten eingeladen werden – möglichst Personen, die das Unternehmen kennen und sich ein übergreifendes Bild machen können.
4. Es sollte eine konkrete Aufgabenstellung geben, die allen Teilnehmern klar kommuniziert wird.
5. Der Austausch sollte offen und ehrlich erfolgen, sodass vollständig neue Impulse generiert werden können.

Insbesondere die letzten beiden Vorgaben erwiesen sich als entscheidend für den zielführenden Austausch. Bereits in der Einladung wurde den Gästen mitgeteilt, welche Erwartungen das Unternehmen an ihre Roundtable-Teilnahme knüpft: Dialog nicht um des Dialogs willen, sondern um neue Maßnahmen und Akzente für die CR-Roadmap 2018 der NORMA Group zu gewinnen. Damit wurde das Format Teil eines strategischen Prozesses. Die Gäste konnten Möglichkeiten und Grenzen ihrer Einflussnahme auf die CR-Ausrichtung bereits vorab erkennen. Aufgrund dieser Zielgerichtetheit war es nicht erstaunlich, dass eine vergleichbar hohe Zusagequote von über 50 % aller eingeladenen

Personen erfolgte. Dieses wurde auch dadurch ermöglicht, dass insbesondere etablierte Kontakte genutzt wurden. Zusätzlich wurden zu einzelnen Themenschwerpunkten gezielt Experten eingeladen.

Indem diese Vorgaben berücksichtigt wurden, sollte nicht nur die geplante Ausrichtung der CR-Aktivitäten durch externes Fachwissen ein kritisch-konstruktives Feedback und neue Impulse erhalten. Darüber hinaus nutzte die NORMA Group das Roundtable-Format für zwei weitere Aufgaben:

- Die Priorisierung von CR-Themen sollte um die externe Sicht ergänzt werden, sodass eine Wesentlichkeitsbewertung erfolgen kann, die den Vorgaben von GRI und anderen Reportingstandards gerecht wird.
- Die NORMA Group wollte sich erstmalig als Unternehmen präsentieren, das die Erwartungen von Stakeholder-Gruppen systematisch integriert.

Im folgenden Abschnitt wird beschrieben, wie die NORMA Group dieses Dialogformat methodisch und inhaltlich ausgestaltete, um die gewünschten Ziele zu erreichen.

3 Der Roundtable der NORMA Group: Stakeholder-Integration mit Wirkung

Mit dem Ziel der Weiterentwicklung seiner CR-Strategie lud die NORMA Group im Juli 2015 etwa 20 Vertreter aus Zivilgesellschaft, Politik, Wissenschaft und Wirtschaft sowie 15 interne Fachexperten und Führungskräfte zu einem Roundtable ein. Für das Unternehmen handelte es sich um die erste Veranstaltung dieser Art zur gezielten Einbindung ihrer Anspruchsgruppen in strategische Fragen. Als Grundlage für den Austausch diente ein intern erarbeiteter Entwurf für eine neue CR-Roadmap 2018.

Nach der Begrüßung und Einleitung durch den Vorstandsvorsitzenden Werner Deggim (Abb. 2) erfolgte eine kurze Einführung in die CR-Strategie und -Systematik des Unternehmens. Anschließend wurden in parallelen Arbeitsgruppen drei CR-Handlungsfelder der Roadmap in kleinen Gruppen bearbeitet. Die drei Felder waren Produktlösungen, Umwelt und Mitarbeiter. Die Fachverantwortlichen der NORMA Group stellten zunächst die aktuell geplanten Maßnahmen vor und diese Ausrichtung der CR-Aktivitäten anschließend zur Diskussion. In dieser wurden auch „blinde Flecken" identifiziert und neue Maßnahmen im jeweiligen Handlungsfeld vorgeschlagen.

Im Laufe der Diskussion erfolgte eine Relevanzbewertung der einzelnen Maßnahmen durch die externen Experten. Dabei wurde eine einfache fünfstufige Bewertungsskala von „sehr wichtig" bis „sehr unwichtig" genutzt, die in der Auswertung auch eine Quantifizierung der Einschätzungen ermöglichte. Auch die NORMA-Vertreter nahmen eine Bewertung aus Unternehmenssicht vor, die direkt gegenübergestellt wurde. Dadurch entstanden nicht nur neue Impulse für die Diskussion, sondern auch die Möglichkeit, im

Abb. 2 Werner Deggim, CEO der NORMA Group, führt in die Zielstellung des Roundtables ein

Anschluss eine Materialitätseinordnung von Maßnahmen vorzunehmen, wie sie zur Wesentlichkeitsbewertung für ein CR-Reporting genutzt werden kann.

Aus der Kombination zwischen dieser quantitativen Bewertung sowie der qualitativen Diskussion (Abb. 3) ergaben sich schließlich die Topempfehlungen aus jeder Arbeitsgruppe an die NORMA Group. Diese wurden zum Abschluss der Veranstaltung von den Verantwortlichen der NORMA Group in der Gesamtrunde des Roundtables vorgestellt (Abb. 4) und in einer Abschlussdiskussion an einigen Stellen ergänzt und erweitert.

In einer kurzen Evaluation am Ende der Veranstaltung zeigte sich, dass das Format und die Art der Umsetzung sowohl von externen als auch von internen Teilnehmern durchweg positiv bewertet wurde (s. hierzu Recker 2015).

Im Anschluss versandte das CR-Team der NORMA Group eine umfangreiche Dokumentation der quantitativen Ergebnisse sowie der Topempfehlungen an die Roundtable-Teilnehmer. Die Empfehlungen zu einzelnen Handlungsfeldern wurden im Anschluss an die Verantwortlichen in den Fachabteilungen weitergegeben und dort hinsichtlich deren Machbarkeit bewertet.

Als inhaltliche Ergebnisse der Veranstaltung entstanden innerhalb eines halben Tages:

1. in jedem der drei CR-Handlungsfelder drei Topempfehlungen,
2. in jedem der drei CR-Handlungsfelder eine umfangreiche Liste an Empfehlungen für die Modifikation von Inhalten sowie ergänzende Maßnahmen der CR-Roadmap 2018,
3. eine Relevanzeinschätzung geplanter CR-Maßnahmen als Grundlage für eine Materialitätsanalyse zu CR-Themen,
4. übergreifende Empfehlungen an die NORMA Group zu Fragen der Positionierung, Fokussierung und Ausrichtung der CR-Strategie.

Abb. 3 Intensiver Austausch in den Arbeitsgruppen

Abb. 4 Die Teilnehmer gewichten CR-Maßnahmen in ihrem Handlungsfeld

4 Impulse für die Ausgestaltung der CR-Roadmap 2018

Über den Roundtable der NORMA Group ergaben sich vier zentrale Vorschläge für die übergreifende Ausgestaltung der CR-Roadmap 2018:

1. *Bündelung von Maßnahmen* – um die Übersichtlichkeit der CR-Roadmap zu steigern,
2. *Hierarchisierung von Maßnahmen* – um klare Prioritäten zu setzen,
3. *Fokussierung auf wenige Ziele* – um eine effiziente Steuerung zu gewährleisten,
4. *Festlegung auf operationalisierbare Meilensteine* – um Entwicklungen messen und Maßnahmen bei Bedarf anpassen zu können.

In Verbindung mit den quantitativen und qualitativen Aussagen zu den CR-Maßnahmen konnte das CR-Steering-Committee aus diesen vier Empfehlungen eine fundierte Überarbeitung und Weiterentwicklung der CR-Roadmap 2018 vornehmen.

Für jedes Handlungsfeld wurde nun ein übergeordnetes Kernziel identifiziert, das um drei bis sechs nachgelagerte Ziele ergänzt wurde (Abb. 5). Dabei wurde stets der eigene Anspruch der NORMA Group an die jeweiligen Maßnahmen formuliert und das Ziel durch einen operationalisierbaren Zielwert ergänzt. Maßnahmen wurden gebündelt, sehr bereichsspezifische oder kleinteilige Maßnahmen sind in der CR-Roadmap nun nicht mehr einzeln aufgeführt. Auf diese Weise gelang es der NORMA Group, über die CR-Roadmap

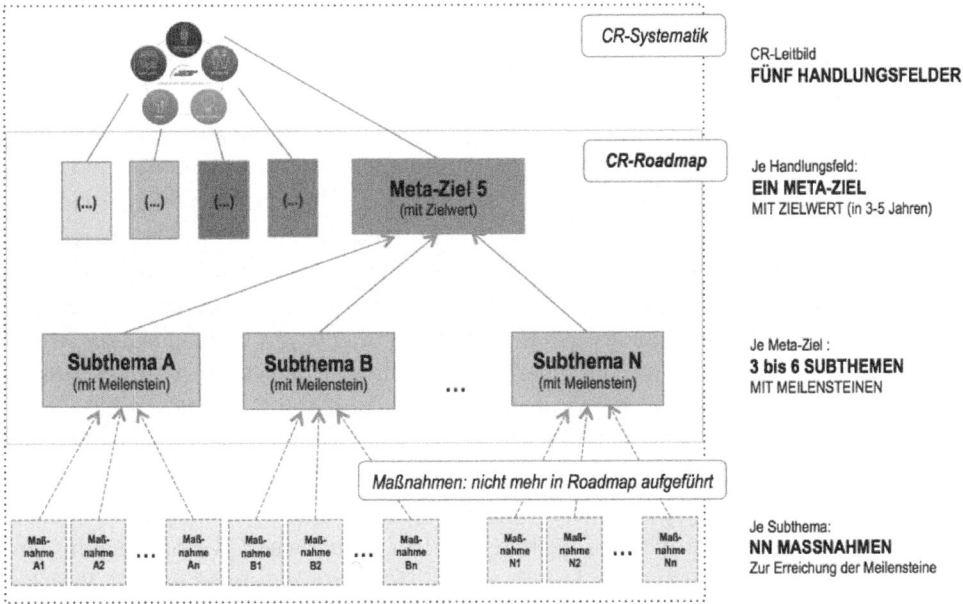

Abb. 5 Bündelung und Hierarchisierung: Die Struktur der neuen CR-Roadmap 2018

klare Schwerpunkte zu setzen und die Steuerungsgrößen für die Zielerreichung deutlicher in der Roadmap darzustellen.

Die neue Version der CR-Roadmap 2018 wurde im Januar 2016 an die Teilnehmer kommuniziert und parallel auf der CR-Website der NORMA Group veröffentlicht. Dabei stellt die CR-Roadmap eine sich weiterentwickelnde Strategie dar. Bei Bedarf werden einmal jährlich kleinere Anpassungen vorgenommen, konstruktiv-kritische Anmerkungen sind jederzeit willkommen. Darüber hinaus plant die NORMA Group in Zukunft kleine Dialogformate mit Vertretern von relevanten Stakeholder-Gruppen. Es sollen insbesondere einzelne, nachhaltigkeitsrelevante Problemstellungen diskutiert werden. Im Jahr 2016 wird der Schwerpunkt „Nachhaltigkeit in der Lieferkette" diskutiert. Ergebnisse daraus können ebenfalls in die Roadmap einfließen. Im Jahr 2018 erfolgt dann die nächste grundlegende Überarbeitung. Diese wird in eine CR-Roadmap 2021 münden.

5 Impulse für die Innovationskultur

Das Überraschende an den Roundtable-Ergebnissen vorweg: In zwei der drei Arbeitsgruppen – Produktlösungen sowie Mitarbeiter – betonten die Teilnehmer die besondere Bedeutung von Innovationen in diesem Handlungsfeld. Beide Gruppen setzten diesen Punkt auf ihre Top-3-Empfehlungsliste für die NORMA Group. Selbstverständlich waren in beiden Handlungsfeldern innovationsfördernde Maßnahmen bereits aufgeführt. Diese waren aus Sicht der externen Experten allerdings nicht prominent genug in die CR-Roadmap eingebunden.

In der Arbeitsgruppe zum Handlungsfeld *Produktlösungen* wurde die Maßnahme „Entwicklung einer Innovations-Roadmap" sowohl von internen als auch von externen Stakeholdern mit der höchsten Relevanz bewertet. Die Teilnehmer waren sich einig, dass durch die Einführung einer Innovations-Roadmap Innovationen systematisch initiiert und deren Entwicklung gezielt gesteuert werden sollten. Daher wurde von internen und externen Stakeholdern die Institutionalisierung eines Innovationsprozesses als besonders relevant für die NORMA Group eingeschätzt. In diesem Zusammenhang wurden auch Möglichkeiten für die Integration von Zulieferern und Kunden in den Innovationsprozess angeregt.

Der Workshop zum Handlungsfeld *Mitarbeiter* beurteilte die Einbindung der Mitarbeiter in die Innovationsprozesse als eine Topempfehlung an die NORMA Group. Hintergrund dieser Empfehlung war die Ansicht der Teilnehmer, dass die NORMA Group nur so innovativ sein kann, wie es auch ihre Mitarbeiter sind. Aus diesem Grund wurde es als entscheidend angesehen, die Mitarbeiter noch stärker zum Entwickeln eigener Ideen zu ermutigen und die hierfür optimalen Rahmenbedingungen zu gewährleisten.

Das Thema Innovation fließt an mehreren Stellen in die neue CR-Roadmap mit ein, wird aber als ein Schwerpunkt dem Handlungsfeld *Produktlösungen* zugeordnet. Projekte wie der interne „CEO-Award", über den innovative Vorschläge der Mitarbeiter ausgezeichnet werden, bleiben in ihrer Steuerung im Personalbereich, unterstützen allerdings in der CR-Roadmap das übergreifende Innovationsziel. Durch diese strategische Verankerung soll die Innovationskultur klar akzentuiert werden. Zudem wird durch die Aufnahme in die CR-Roadmap deutlich, wie eng die Verbindung von Innovationen und Nachhaltigkeit gesehen wird. Innerhalb der NORMA Group festigte sich damit die Allianz zwischen dem CR- und dem Innovationsmanagement.

6 Zusammenfassung

Die NORMA Group ließ sich im Zuge einer Roundtable-Veranstaltung den Spiegel mit Blick auf nachhaltigkeitsspezifische Fragestellungen vorhalten. Ziel der Veranstaltung war es, auf Grundlage dieses Austauschs eine nächste Qualitätsstufe bei der Ausrichtung des CR-Managements zu erreichen und die geplante CR-Roadmap 2018 weiterzuentwickeln. Dabei sollte die Materialität über ein für die NORMA Group neuartiges und innovatives Vorgehen durch die gezielte Einbindung der Stakeholder gewährleistet werden. Im Zuge des Roundtables entwickelten die externen und internen Experten allgemeine Empfehlungen für die CR-Roadmap 2018. Zudem formulierten sie konkrete Vorschläge zu Maßnahmen, Schwerpunkten und Zielen.

In zwei von drei Arbeitsgruppen wurde dem Thema Innovation eine entscheidende Rolle für die Ausrichtung der CR-Aktivitäten zugeschrieben. Damit bestärkten die Stakeholder aus unterschiedlichen Fachrichtungen die zentrale Bedeutung von Innovationen für die NORMA Group.

Im Anschluss an die Veranstaltung bewerteten die Fachabteilungen die Empfehlungen des Roundtables. Es erfolgte eine umfassende Überarbeitung der CR-Roadmap. In dieser werden an mehreren Stellen Maßnahmen zur Förderung einer Innovationskultur als Teil der unternehmerischen Verantwortung der NORMA Group integriert. Dadurch trägt die CR-Roadmap zu einer Verstetigung der Innovationskultur innerhalb der strategischen Ausrichtung des Unternehmens bei.

Den Roundtable identifizierte die NORMA Group als ein für B2B-Unternehmen adäquates Format zur Stakeholder-Einbindung und zur Generierung neuer Impulse für die strategische Ausrichtung ihrer Corporate Responsibility. Der Vorteil zeigte sich in der effektiven Nutzung von Ressourcen und in der Erarbeitung konkreter Ergebnisse über die methodische Ausgestaltung.

Literatur

Deutscher Nachhaltigkeitskodex. http://www.deutscher-nachhaltigkeitskodex.de. Zugegriffen: 15.8.2016

Global Reporting Initiative. https://www.globalreporting.org/standards/g4. Zugegriffen: 15.8.2016

NORMA Group (2016a) Insight Americas – Geschäftsbericht 2015. http://investors.normagroup.com/~/media/Files/N/Norma-Group-IR/deutsch-version/finanzbericht/2015/geschaeftsbericht-2015-verlinkt.pdf. Zugegriffen: 15.8.2016

NORMA Group (2016b) Unsere Verantwortung – CR-Bericht 2015. http://normagroup.com/norma.nsf/res/CR_report_2015_de.pdf/$file/CR_report_2015_de.pdf. Zugegriffen: 15.8.2016

Recker D (2015) Stakeholder-Einbindung bei mittelständisch geprägten Unternehmen. http://www.umweltdialog.de/de/unternehmen/oekonomie/2015/Stakeholder-Einbindung-bei-mittelstaendisch-gepraegten-Unternehmen.php. Zugegriffen: 15.8.2016

Taubken N (2016) Stakeholder-Einbindung: Von der Pflicht zur Kür. B.A.U.M. e. V. Jahrbuch 2016, Nachhaltigkeit glaubwürdig und wirksam kommunizieren. Hamburg, S 22–24

Dr. Norbert Taubken leitet seit 2007 die bundesweit tätige CR-Beratung Scholz & Friends Reputation mit Sitz in Berlin. Zu seinem Kundenportfolio zählen Unternehmen wie Audi, Telefónica Deutschland, edding, Hugo Boss, Microsoft, Opel, Otto Group, REWE oder SCHUFA. Der Naturwissenschaftler und Lehrer übernahm 1998 die pädagogische Leitung der Werteinitiative Step21. Ab dem Jahr 2000 baute Norbert Taubken für AOL Deutschland den CR-Bereich verantwortlich auf. Seit der Gründung von CSR consult im Jahr 2003 begleitet er CR-Strategiebildungsprozesse in Unternehmen und konzipiert Initiativen an der Schnittstelle von Wirtschaft, Politik und Gesellschaft. Er entwickelt Ansätze zum Stakeholder-Management und moderiert unternehmensinterne Workshops, öffentliche Dialoge und Fachkonferenzen. Norbert Taubken lehrt CR an der Hamburger School of Business Administration HSBA und an der Deutschen Presseakademie. Er ist Gründungsmitglied der Berlin Social Academy und der Initiative Deutscher Fußballbotschafter.

Marion Mitchell arbeitet seit 2011 als Assistentin des Vorstandsvorsitzenden der NORMA Group, einem internationalen Marktführer für hochentwickelte Verbindungstechnologie. Seit 2012 verantwortet sie den strategischen Aufbau und die Implementierung von Corporate Responsibility (CR) bei der NORMA Group. Als Group CR Officer steuert sie die Entwicklung des Leitbilds und der Roadmap mit fünf Handlungsfeldern und hat CR-Projekte wie NORMA Clean Water und den NORMA Help Day ins Leben gerufen. Davor war Marion Mitchell beim Pharmakonzern Novartis für die Leitung der Kommunikation Deutschland als Assistenz zuständig und in dieser Funktion ebenfalls im Bereich CR eingebunden.

Daphne Recker leitet seit 2011 die Kommunikationsabteilung der NORMA Group, einem internationalen Marktführer für hochentwickelte Verbindungstechnologie. Nach dem Börsengang baute sie die externe und interne Kommunikation für das Unternehmen auf. Seit 2012 verantwortet die Volkswirtin zudem den strategischen Aufbau und die Implementierung von Corporate Responsibility (CR) bei der NORMA Group. Als Group CR Officer steuert sie die Entwicklung des Leitbilds und der Roadmap mit fünf Handlungsfeldern. Sie hat CR-Projekte wie NORMA Clean Water und den NORMA Help Day ins Leben gerufen und ist für die CR-Kommunikation verantwortlich. Zuvor war Recker bei der Unternehmensberatung HERING SCHUPPENER mit Fokus auf strategische Finanzkommunikation für Börsengänge, Kapitalmarkttransaktionen und Restrukturierungen zuständig. Von 2001 bis 2009 war sie bei der Deutschen Bank in verschiedenen Funktionen in den Bereichen Kapitalmärkte, gehobene Privatkunden und Assetmanagement tätig.

TeeGschwendner

Mit Bauchgefühl zur Nachhaltigkeit – Eine ganzheitliche Strategie

Miriam Benarey-Meisel und Thomas Henn

> *Die Ökonomie ist nicht nur ein Austausch von Waren, die einen Wert haben, sondern auch ein Austausch von Werten (Nico Stehr).*

1 Handeln – TeeGschwendner und die Bedeutung von Verantwortung

Mit über 120 Teefachgeschäften und einem zentral geführten Onlineshop ist das mittelständische Unternehmen TeeGschwendner GmbH (rund 150 Mitarbeiter) Marktführer im deutschen Premiumfachmarkt des losen Tees. 1978 von Albert Gschwendner als „Der Teeladen" gegründet, hat sich TeeGschwendner im Laufe der Jahre von einer kleinen Teeboutique zu einem der international vertretenen und führenden Teefacheinzelhändler entwickelt. TeeGschwendner ist in verschiedenen ausländischen Märkten aktiv. Im Einzel- und Masterfranchising führen TeeGschwendner-Partner Fachgeschäfte in Luxemburg, Österreich, Tschechien, Saudi Arabien, Kuwait, Katar, Brasilien und den USA. Rund 350 Sorten loser Tee werden dem Kunden angeboten. Hierzu gehören klassische und aromatisierte Schwarz-, Grün- und Oolong-Tees, weißer Tee, Rooibos, Honeybush, Früchtetee und Kräutertees aus vorwiegend biologischem Anbau. Teeprodukte von höchster Qualität kombiniert mit einem innovativen Konzept der Selbstständigkeit bilden die Grundlagen des Unternehmenserfolgs.

Nach dem frühen Tod des Firmengründers 2010, bleibt TeeGschwendner in Familienbesitz. Unter der heutigen Geschäftsführung leben Albert Gschwendners Unternehmer-

M. Benarey-Meisel
Meckenheim, Deutschland

T. Henn (✉)
Meckenheim, Deutschland
E-Mail: henn@teegschwendner.de

geist, sein Werteverständnis und Traditionsempfinden weiter und werden in der Franchisezentrale in Meckenheim, in den Beziehungen zu Franchisepartnern und entlang der globalen Lieferkette tagtäglich erneut in die Tat umgesetzt.

1.1 Mission und Vision

Albert Gschwendner hatte bei der Gründung seines Unternehmens eine Mission: Die erlesensten Tees mit einem kleinen Kreis von Kennern zu teilen. Das war zu der Zeit als TeeGschwendner lediglich aus einer einzigen Teeboutique bestand. Passend zu dem heutigen multinationalen Franchisesystem, das Teeliebhaber auf vier Kontinenten in diesen Genuss kommen lässt, ist die Mission inzwischen, die erlesensten Tees mit Teeliebhabern auf der ganzen Welt zu teilen. Dabei hat das mittelständische Unternehmen mit Sitz in Meckenheim eine klare Vision: Ziel ist es, die Nummer eins in Sachen Genuss, Qualität und Lebensmittelsicherheit von Tee und teeähnlichen Erzeugnissen in Deutschland und international zu sein und zu bleiben.

Diese Vision Wirklichkeit werden zu lassen, bedeutet nicht nur kontinuierliche Sicherstellung der Produktqualität und -sicherheit, Zugang zu den besten Qualitäten an Teerohware und verstärkte internationale Expansion. Es bedeutet auch, ein attraktiver Arbeitgeber und ein rundum verantwortungsbewusstes Unternehmen zu sein. Dazu setzt TeeGschwendner weiterhin seinen Fokus auf die kontinuierliche Aus- und Weiterbildung seiner Mitarbeiter und der Franchisepartner und strebt danach, ein nachhaltig agierendes Unternehmen zu sein.

TeeGschwendners Weg hin zu bewusster Nachhaltigkeit ist als Entwicklungsprozess der letzten Jahrzehnte zu betrachten. In den Anfängen des Unternehmens wurde Tee aufgrund sensorischer Überzeugung seiner Qualität eingekauft, verarbeitet und verkauft. Hinzu kam später ein weiteres entscheidendes Qualitätskriterium: die Reinheit und Sicherheit des Tees, attestiert durch umfangreiche lebensmittelchemische Untersuchungen. Heutzutage spielt eine dritte Qualitätskomponente eine immer entscheidendere Rolle: die „ethische" Qualität der Produkte, die TeeGschwendners Wertschöpfungskette bilden. Der heutige Geschäftsführer erklärt:

Als Franchisegeber in der Teebranche verkaufen wir im Grunde zwei Produkte: Tee und Selbstständigkeit. Die Grundlage für Erfolg in jeder dieser beiden Komponenten unseres Geschäftsmodells ist Wertschätzung gegenüber unseren Partnern in dem System, in dem wir uns befinden, sei es gegenüber Franchisenehmern, Mitarbeitern oder den anderen entlang unserer Wertschöpfungskette, von den Kleinbauern bis hin zu unseren Kunden.

1.2 Werte und Moral

Der Gründungsdirektor des Europäischen Zentrums für Nachhaltigkeitsforschung, Nico Stehr, hat einmal gesagt: „Die Ökonomie ist nicht nur ein Austausch von Waren, die einen

Wert haben, sondern auch ein Austausch von Werten" – ein Zitat, das auch als Leitsatz für TeeGschwendner gilt. Da ein Nachhaltigkeitsbericht immer auch die Werte und Grundsätze der Unternehmensführung präsentiert, bedarf der vorbereitende Prozess als Grundlage eine Präzisierung und Verdeutlichung dieser Unternehmenswerte. Für TeeGschwendner wurden Exzellenz, Engagement, Partnerschaft und Verantwortung als Kernwerte erarbeitet.

Durch die tiefe Verwurzelung von Verantwortlichkeit in den Leitgedanken und der Unternehmenskultur von TeeGschwendner seit der Unternehmensgründung ist der Sinn für verantwortungsbewusstes unternehmerisches Handeln selbstverständlich. Der Unternehmensgründer beschrieb es einst wie folgt:

Wir begegnen als Menschen und als Unternehmen unserer Umwelt mit Fürsorge, Verantwortung und Respekt. Das hat nicht vordergründig damit zu tun, Geld verdienen zu wollen. Im Gegenteil, wir geben verdientes Geld auch zurück.

Die dem zugrunde liegende Haltung drückt sich in dem Wort „Handeln" aus: Handeln im Sinne des Geschäftsmodells und handeln in Bedeutung von „sich engagieren und einbringen" – verantwortungsvolles Handeln also und handeln im Sinne der Nachhaltigkeit.

Diese Selbstverständlichkeit ist im Einklang mit dem Leitbild des ehrbaren Kaufmanns. Es gibt sehr gut die Haltung seit Gründung des Unternehmens wieder, welche sich auf das gesamte Unternehmen übertragen hat und auch heute Leitbild ist.

2 Das Leitbild des ehrbaren Kaufmanns

Der Ausdruck „ehrbarer Kaufmann" besteht seit dem Mittelalter und wurde über die Jahrhunderte durch die norddeutsche Hanse einschlägig geprägt. Die derzeit vermehrte Auseinandersetzung mit Corporate Social Responsibility (CSR) unterstreicht, dass die moralischen Werte, die mit dem ehrbaren Kaufmann assoziiert werden – Ehrlichkeit, Verlässlichkeit und Integrität – keineswegs altmodisch und verstaubt sind, sondern modern, aktuell und lebendig. Sowohl CSR als auch der „ehrbare Kaufmann" beschreiben die Verantwortlichkeit von Unternehmen gegenüber dem Markt, der Umwelt, den Mitarbeitern, Lieferanten und der Gesellschaft. Laut einer Studie der Industrie- und Handelskammer (IHK) München „Verantwortung lohnt sich" (Oswald und Kuttner 2015) kann CSR als der Managementansatz gesehen werden, in dem die Haltung des ehrbaren Kaufmanns durch konkrete Maßnahmen verpflichtend wird. Im Gegensatz zu den vielen international agierenden, dezentralisierten Großunternehmen ist diese Idealvorstellung eher in mittelständischen und kleineren Unternehmen verwirklicht. In diesem Kontext kann das Leitbild des ehrbaren Kaufmanns gut in das Konzept von CSR übersetzt werden: Es gelingt ihm, wirtschaftlichen Erfolg mit ethisch verantwortlichem Handeln und den gesellschaftlichen Interessen zu vereinen.

Der ursprünglichen Bedeutung nach nimmt der Ausdruck „ehrbarer Kaufmann" alleinigen Bezug auf den Unternehmer selbst, während CSR die im gesamten Unternehmen grundlegende Haltung beschreibt. In kleineren, inhabergeführten Firmen ist der Einfluss des Unternehmers jedoch oft ein solch entscheidender und formender Faktor in der Firmenkultur, dass sich diese Haltung auf die Gesamtheit der Unternehmenstätigkeiten überträgt.

Der ehrbare Kaufmann handelt im Sinne der Nachhaltigkeit häufiger aus Instinkt und Bauchgefühl als aufgrund von strategischen Erwägungen. Demnach sind in der Welt der KMU Nachhaltigkeitspraktiken generell intuitiver und weniger formeller Natur und deren Wirkung bleibt oftmals ungemessen (Cohen 2013). Wie zu Beginn erwähnt, ist Verantwortlichkeit tief verankert in der Unternehmenskultur von TeeGschwendner und nachhaltige Entwicklung bereits eine bestehende Verpflichtung. Einige der Nachhaltigkeitsprojekte, die in der Vergangenheit initiiert wurden, können als „pet projects" (Keys et al. 2009) des Entscheidungsträgers bezeichnet werden: Sie reflektieren persönliche Interessen und Wertevorstellungen. Darüber hinaus verliefen diese verstreuten Projekte und Aktivitäten häufig unabhängig und parallel zueinander und erlaubten dadurch nicht, das Gesamtbild der Haltung und Entwicklungsrichtung des Unternehmens klar zu erkennen. Damit ein mittelständisches Unternehmen das Leitbild des ehrbaren Kaufmanns zu seinem Wettbewerbsvorteil nutzen und über die Aktivitäten in effektiver und glaubhafter Weise berichten kann, bedarf es entscheidender Schritte: Zum einen hilft eine unternehmensspezifische Nachhaltigkeitsstrategie dieses intuitive Engagement zu koordinieren. Darüber hinaus bietet ein prozessorientiertes, strukturiertes Berichtsystem die richtige Grundlage zur Kommunikation.

Der ehrbare Kaufmann spricht Klartext. Er kommuniziert klar über Handlungen, Maßnahmen und Aktivitäten – eine Eigenschaft, die zu seiner Ehrbarkeit beiträgt. Glaubhafte Nachhaltigkeitskommunikation schafft die nötige Transparenz – einer der Kernwerte, auf denen dieses Leitbild beruht. Klare Kommunikation stabilisiert die wechselseitigen Erwartungen mit den Anspruchsgruppen und reduziert das Risiko möglicher Missverständnisse.

3 Nachhaltigkeit in kleineren Unternehmen

Obwohl kleinere Unternehmen dazu tendieren, Nachhaltigkeitspraktiken intuitiv in den Unternehmensalltag zu integrieren, greifen die wenigsten jedoch zu kommunikativen Mitteln. Dafür liefert die Theorie der Organisationskosten eine systemische Begründung. Kleinere Firmen besitzen vorteilhafte Organisationseigenschaften, wenn es um die Umsetzung von nachhaltigen Initiativen geht, da die Kontroll-, Koordinations- und internen Kommunikationskosten vergleichsweise niedriger sind als bei größeren Firmen. Ein strukturiertes Reporting jedoch ist für diese kleineren Unternehmen weniger attraktiv, da die Kosten als zu hoch und der wahrgenommene gesellschaftliche Druck und erwartete Nutzen als zu gering eingeschätzt werden. Schlussfolgernd heißt das, dass externe Nachhaltigkeitskommunikation als verhältnismäßig kostspielig empfunden wird im Vergleich zu kostengünstigerer interner Umsetzung von Nachhaltigkeitsmaßnahmen – eine Sinnfrage.

Darüber hinaus gilt für diese Unternehmensgruppe die zentrale Fragestellung der Glaubwürdigkeit. Es besteht grundsätzlich die Gefahr, dass Berichterstattung als „zynische Marketingmasche" (Europäische Kommission o. J.) oder als „sich selbst beweihräuchernd" wahrgenommen wird und damit die originär authentische Nachhaltigkeit durch unpersönliche oder weniger emotional wirkende Markenentwicklungsmaßnahmen ersetzt wird. Schließlich gibt es, seitdem CSR zu einem Begriff wurde, unzählige Beispiele von Unternehmen, deren Handeln oder Berichterstattung als Greenwashing ausgelegt wurde. Die Kritik ist vereinfacht ausgedrückt: zu viel zu reden und zu wenig zu tun. Insbesondere kleinere Unternehmen werden von diesen Wahrnehmungen abgeschreckt.

Eine zweite Frage ist die nach der geeigneten Richtlinie für die Nachhaltigkeitsberichterstattung. Sie soll gleichermaßen Hilfestellung und Orientierungshilfe sein, den Gegebenheiten und Herausforderungen eines mittelständischen Unternehmens gerecht werden, nicht zu komplex und am besten selbsterklärend sein. Übliche, international anerkannte Berichtsstandards sind von und für größere Unternehmen entwickelt worden und daher zu umfangreich und weitreichend für kleinere Unternehmen. Aufgrund der Komplexität sind sie meist zu wenig pragmatisch für kleinere Unternehmen und stellen eher eine Hürde zur Erstellung eines ersten Nachhaltigkeitsberichts dar (Antonio und Michalczyk 2014).

Die Zurückhaltung kleinerer Unternehmen bei der Kommunikation von Nachhaltigkeitsmaßnahmen und -aktivitäten kann sowohl auf Organisationseigenschaften, die hinterfragte Glaubwürdigkeit wie auch die Komplexität der Berichtsstandards zurückgeführt werden. Dabei entgeht ihnen die Möglichkeit, ihre intrinsische Veranlagung zu ethischem Handeln im Sinne des ehrbaren Kaufmanns durch eine strukturierte und transparente Herangehensweise und Kommunikation zu verfestigen.

4 Die Ambivalenz der Einflussfaktoren im Mittelstand

Im Gegensatz zu den kleinen Unternehmen wirken auf TeeGschwendner als mittelständisches Unternehmen eine Reihe von ambivalenten Einflussfaktoren ein (Abb. 1). In Bezug auf Nachhaltigkeit „sitzt der Mittelstand zwischen den Stühlen" – auf der einen Seite kleine Unternehmen und ihre spezifischen Charakteristiken, auf der anderen Konzernstrukturen und deren typische Eigenschaften.

Während ein mittelständisches Unternehmen oftmals die einflussnehmende Position eines geschäftsführenden Inhabers aufweist, welcher CSR unter ethischen Gesichtspunkten in den Fokus rücken kann – typisches Merkmal der CSR-Motive von kleinen Firmen –, steht ein mittelständisches Unternehmen auch unter dem Erwartungsdruck von außen und den aufkommenden Business-Case-Betrachtungen, typisch für Konzerne. Darüber hinaus, ist die Herangehensweise in puncto Nachhaltigkeit aufgrund der spezifischen Organisationsstruktur und Führung in mittelständischen Unternehmen eher wie in kleinen Firmen informell und ohne ernannten CSR-Experten organisiert. Wie in der Literatur beschrieben, entwickeln mittelständische Firmen im Laufe der Zeit häufig auch strategische Elemen-

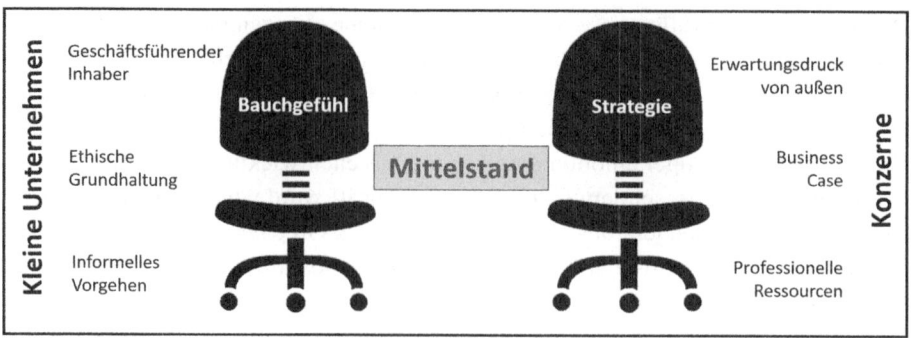

Abb. 1 Zwischen den Stühlen – Nachhaltigkeit im Mittelstand

te in Bezug auf Nachhaltigkeit – insbesondere mit den Partnern entlang der Lieferkette (Preuss und Perschke 2010).

TeeGschwendner ist Teil einer globalen Lieferkette, welche eine Reihe von Akteuren umfasst – von den Teebauern z. B. in Indien, China, Japan, Südafrika über die Franchisezentrale mit ihren Mitarbeitern im Rheinland bis hin zu den Franchisenehmern und Kunden weltweit. Neben diesen Anspruchsgruppen steht das Unternehmen unter dem Erwartungsdruck und dem prüfenden Blick von Gesetzgebern, Verbraucher- und Umweltschutzorganisationen und nicht zuletzt unter kritischer Beobachtung der Medien. Die Ansprüche all dieser Akteure sind vielfältig und wirken oftmals gegensätzlich. Die Herausforderung besteht darin, Nachhaltigkeit mit anderen unternehmens- bzw. markentypischen Aspekten wie dem Qualitätsanspruch, Lebensmittelsicherheit und auch dem Preis in Einklang zu bringen. Während das zugrunde liegende Verständnis eine solche Balance als selbstverständlich erachtet, stellt sich die konsequente Durchsetzung einer klaren strategischen Richtlinie als schwieriger heraus. Die äußeren Ansprüche werden jeweils intern von bestimmten Abteilungen vertreten. Stilisiert betrachtet strebt der Einkauf nach Erlesenheit und Seltenheit der Rohwaren, das Qualitätsmanagement schaut auf die technischen Laborwerte, das Marketing auf Aussehen und Anmutung und der Materialeinkauf auf den Erhalt der Produkteigenschaften. Traditionell hat jede Abteilung primär ihren eigenen Wirkungsraum im Blick. Im Mangel einer klaren und stringenten Nachhaltigkeitsstrategie wird häufig zu wenig ganzheitlich gedacht. Jedoch ermöglicht es nur eine ganzheitliche und strategisch koordinierte Herangehensweise, mit den konkurrierenden Ansprüchen in ausgeglichener Weise umzugehen. In der thematischen Auseinandersetzung ist der Mangel einer ganzheitlichen Nachhaltigkeitskommunikation bewusst geworden. Als Konsequenz fiel die proaktive Entscheidung für die Einführung eines Berichtssystems. Die Absicht dabei ist, sich gegenüber der zukünftigen Nachfrage zu positionieren, bisherige Maßnahmen zu hinterfragen und neu auszurichten, sich kontinuierlich weiterzuentwickeln, konkrete Ziele zu formulieren und über Getanes und Geplantes in puncto Nachhaltigkeit offen zu reden.

Aus Sicht von TeeGschwendner überzeugen die Vorteile einer Nachhaltigkeitsstrategie und -berichterstattung (Kanatschnig et al. 2014).

> **Vorteile einer Nachhaltigkeitsstrategie und -berichterstattung**
>
> - Verbesserung des Risikomanagements und Implementierung von Vorsorgemaßnahmen,
> - Unterstützung des strategischen Managements durch gezielte Prozessbetrachtung und -optimierung,
> - Stärkung des Markenimages,
> - Erweiterung des interdisziplinären Horizontes,
> - Förderung von Entwicklungsperspektiven und der Innovationskultur.

Diese Vorteile schaffen einen Mehrwert für das Unternehmen, für den es sich lohnt, die beschriebenen Herausforderungen (Umgang mit einschränkenden Organisationseigenschaften, hinterfragter Glaubwürdigkeit und komplexen Berichtsstandards) anzunehmen. Im Endeffekt, ist „tue Gutes und rede auch darüber" nicht nur ein Ringen um Anerkennung oder eine Pflichtübung, sondern setzt im besten Fall eine Eigendynamik zur kontinuierlichen Verbesserung in Gang. CSR sichtbar zu machen fördert gleichermaßen Austausch wie Wettbewerb. Der positive Synergieeffekt: Auf diese Weise kann das unternehmerische Engagement mit den Unternehmenszielen eng geführt werden.

5 Anspruch einer ganzheitlichen Denkweise – Nachhaltigkeit in einem komplexen System

Das in der Unternehmenskultur verankerte Prinzip des „ehrbaren Kaufmannes" wirkt aus sich heraus langfristig und damit nachhaltig. Es ermöglicht Denken und Handeln im besten Sinne in allen drei Gebieten der Nachhaltigkeit (Wirtschaftlichkeit, Umwelt und Gesellschaft). Die Ergänzung durch eine Nachhaltigkeitsberichterstattung schafft einen sinnvollen Rahmen und untermauert den Anspruch einer ganzheitlichen Denkweise.

„Ganzheitlich" bedeutet hier „holistisch" in fünferlei Facetten: der kontinuierliche Zyklus einer ganzheitlichen Nachhaltigkeitsstrategie, ein umfassendes Blickfeld, das neben der Innensicht die Außensicht betrachtet, eine Herangehensweise, die das ganze System miteinbezieht, ein Anspruch an umfangreiche Berichterstattung im Rahmen des Möglichen und ein rundum authentisches Auftreten.

5.1 Ganzheitliche Nachhaltigkeitsstrategie – ein Zyklus

Der Weg zu einer ganzheitlichen Nachhaltigkeitsstrategie bedeutet für TeeGschwendner einen mehrstufigen und in Zukunft kontinuierlichen Prozess: angefangen mit der Sensibilisierung für Nachhaltigkeitsaspekte und deren Bedeutung für die Unternehmung, der

Abb. 2 Der kontinuierliche Zyklus einer ganzheitlichen Nachhaltigkeitsstrategie

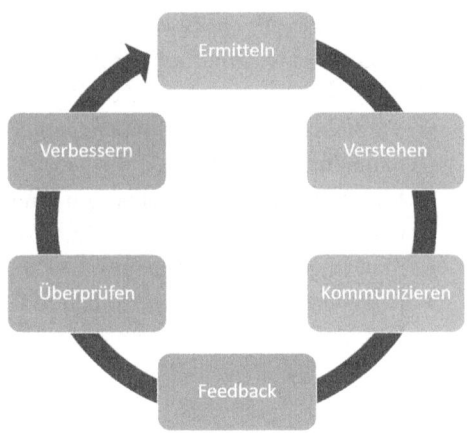

Ermittlung des Status quo und der Kommunikation in Form eines Nachhaltigkeitsberichts in Anlehnung an den GRI. Dabei soll Nachhaltigkeitsberichterstattung über das gedruckte Wort hinausgehen und mehr sein als lediglich ein Kommunikationswerkzeug. Zusammen mit dem darauffolgenden Einholen von Feedback bei den Anspruchsgruppen, der Überprüfung und Verbesserung der strategischen Maßnahmen ist die Nachhaltigkeitsberichterstattung der strukturierende Prozess, der dem ganzheitlichen Anspruch an die Nachhaltigkeitsstrategie zugrunde liegt. Der Prozess umfasst sechs Schritte, die sich zyklisch wiederholen – im Sinne der Ganzheitlichkeit (Abb. 2).

Die Kontinuität dieses Zyklus unterstreicht, dass sich das Unternehmen langfristig der Nachhaltigkeit verpflichtet. Nachhaltigkeitsberichterstattung ist kein „one-shot game". Im Gegenteil, die dahinterstehende Idee ist, dass sich das Unternehmen der Nachhaltigkeit auf strategische Weise verpflichtet und dadurch die Berichterstattung ein selbstverständlicher Zyklus im Unternehmensalltag wird: Daten werden systematisch und strukturiert gesammelt, Ziele definiert und Maßnahmen abgeleitet. Im folgenden Berichtszeitraum werden diese Daten und Maßnahmen überprüft und Ziele zur Nachhaltigkeit, sofern erforderlich, angepasst. Die Feedbackrunde nach Veröffentlichung des Nachhaltigkeitsberichts ist damit für TeeGschwendner der erste Schritt in der Vorbereitung auf den Berichtszyklus des folgenden Jahres.

5.2 Initiierung von Nachhaltigkeitsberichterstattung – Eine Innovation

Von Anfang an hat TeeGschwendner die systematische Einführung einer ersten Nachhaltigkeitsberichterstattung als innovative Weiterentwicklung betrachtet, eine Prozessinnovation, die Veränderungen mit sich bringen kann und gegebenenfalls fordert, dass die Unternehmenskultur sich entsprechend anpasst. Dabei war nicht zuletzt der Innovationsmanagementansatz von Johnson et al. (2005) eine wichtige gedankliche Brücke: Um Innovationen erfolgreich voranzutreiben, müssen Firmen Gewohnheiten infrage stellen und Raum schaffen für eine unter Umständen neue, aber immer angemessene und unterstützende Innovationskultur. Routine und verinnerlichte Rituale verkörpern die Selbstverständlichkeit einzelner Abläufe. Durch Gewohnheit tendieren wir dazu, im Laufe der Zeit den objektiven, scharfen Blick auf die alltäglichen Dinge im Unternehmenskontext zu verlieren. Daher ist es wichtig, besonderen Wert auf sogenannte Fresh-Eye-Programme zu legen: Man macht sich die unverfälschte Wahrnehmung von Außenstehenden und noch „neuen" Mitarbeitern zunutze, die noch nicht in die im Unternehmen übliche Denkweise sozialisiert wurden. Ziel ist es, eine hemmende Betriebsblindheit zu überkommen und neue Ideen und Denkansätze zu generieren (Goffin et al. 2009; Schlegelmilch et al. 2003). In der konzeptionellen Entwicklung hat TeeGschwendner bewusst diese Außensicht miteinbezogen, um „frischen Wind" und neue Blickpunkte einzubringen. Die zentrale Frage: Wie werden die Nachhaltigkeitsbemühungen des Unternehmens von unternehmensexternen Betrachtern wahrgenommen? Hilfreich war dabei z. B. eine Analyse der auf den Unternehmenswebseiten veröffentlichten Texte mithilfe einer Word-Cloud, die die Häufigkeit der meist verwendeten Begriffe visuell darstellt. Hierin zeigte sich eine sehr starke Fokussierung auf „Qualität" – der Begriff also, der dem Außenstehenden vermutlich am wahrscheinlichsten im Gedächtnis bleibt. Produktqualität deckt jedoch lediglich eine Facette der Nachhaltigkeit kommunikativ ab. Das Beispiel zeigt, dass solches Analysieren bewusst den Unternehmensfokus erweitert mit dem Ziel, Nachhaltigkeit mehrdimensionaler zu sehen und beschreiben zu wollen. Bereichert durch eine Außensicht, sind die „Insider" in der Lage, den Status quo differenzierter zu hinterfragen, und dadurch motiviert notwendige Veränderungen und Neuerungen hin zu innovativer Nachhaltigkeitsbetrachtung und -berichterstattung zu realisieren.

5.3 Systemisch umfassende Berichterstattung – Eine Entwicklung

Bei Innovationen, gleich welcher Art, stellt sich die unmittelbare Frage, in welchem Rahmen sich diese auf das Unternehmenssystem auswirken. Für ein Franchisesystem ergeben sich hieraus spezifische Konsequenzen. Welchen Wirkungsraum haben die in der Zentrale verabschiedeten Strategien, Maßnahmen und Ziele zur Förderung von Nachhaltigkeit im gesamten System? Inwiefern zählen Franchisepartner zu den unternehmensinternen Stakeholdern oder sind sie doch als außenstehende Anspruchsgruppe zu betrachten? Sind die selbstständigen Unternehmer Teil des Vertriebssystems und doch nicht Teil der Unternehmensorganisation?

In der Zielsetzung bezüglich Nachhaltigkeit folgt man am besten dem bekannten SMART-Model, welches im Kontext eines Franchisesystems zu SMARTI zu erweitern ist (Bellone und Matla 2012). Dabei steht das „I" für „integral". Der theoretische Anspruch ist also, dass in Franchisesystemen Nachhaltigkeitsziele nicht nur spezifisch, messbar, erreichbar, relevant und zeitlich begrenzt, sondern auch integral und somit systemweit geltend sind. Ein solcher Anspruch sprengt allerdings häufig den Rahmen des praktisch Möglichen und erfordert zusätzliches Engagement und weitreichende strukturelle Betrachtungen. Im ersten Schritt bietet es sich an, die Aktivitäten der Franchisezentrale in die Berichterstattung einzubeziehen. Eine ganzheitliche Sichtweise bedingt aber, dass nachhaltige Entwicklung ein fortwährend evolutionärer Prozess zu sein hat, in dem systemumfassende Berichterstattung das langfristige Ziel sein sollte. Als weitere Maßnahme zu einer systemischen Betrachtung sind die Franchisepartner jedoch mit ihrer spezifischen Schnittstellensicht als wichtige Anspruchsgruppe in den Prozess der Themenfindung involviert.

5.4 Perfektionismus und/oder Pragmatismus?

Konzeptionell entwickelte TeeGschwendner für sich einen „mitwachsenden" holistischen Anspruch an die Nachhaltigkeitsstrategie. Ein erster Nachhaltigkeitsbericht ist ein entscheidender Schritt, kann aber nur begrenzt alle Aspekte abdecken.

Der Fokus der ersten Berichterstattung geht pragmatisch von „etwas ist besser als nichts" aus, um die eingangs beschriebenen Hürden einer Nachhaltigkeitsberichterstattung zu überwinden. Das bedeutet, der Umfang eines Reportings muss überschaubar und praktikabel bleiben.

Maßgeblichen Einfluss auf den inhaltlichen Umfang eines Nachhaltigkeitsberichts nimmt der verwendete Berichtsstandard. Für TeeGschwendner kommen dabei zwei Rahmenwerke infrage: zum einen die weltweit anerkannte Richtlinie der Global Reporting Initiative (GRI), zum anderen der vom Deutschen Nachhaltigkeitsrat in Kooperation mit Unternehmen und Organisationen entwickelte Deutsche Nachhaltigkeitskodex (DNK). Die GRI empfiehlt sich durch weltweite Reputation. Noch unerfahren auf dem Gebiet der Berichterstattung, umgeht man die Gefahr, das Rad neu zu erfinden, und positioniert gleichzeitig seinen Bericht in der Klasse der Best Practice – so wie es große Kunden, die diesen Richtlinien ebenfalls folgen, erwarten würden. Der DNK wirbt mit Pragmatismus. Er knüpft an bestehende und freiwillige Berichtsstandards, wie beispielsweise die GRI, an, definiert dabei aber die für nachhaltiges Wirtschaften wesentlichen Themen für Unternehmen unterschiedlicher Größe. Für ein international agierendes Franchisesystem zählt bei der Auswahl des Standards hauptsächlich ein Argument: Reporting im Sinne der GRI repräsentiert ein Berichtsniveau, dessen Wertigkeit international anerkannt und etabliert ist. Daher entschied sich das Unternehmen den G4-Standard der GRI als Orientierungshilfe in der Nachhaltigkeitsberichterstattung zu nutzen. Häufig ist es zu Beginn nicht möglich, allen Anforderungen eines solch komplexen Standards bis ins Detail gerecht zu werden. Aus diesem Grund wird eine „Kernübereinstimmung" angestrebt, ohne die Messlatte für den ersten Nachhaltigkeitsbericht sogleich auf „umfassende Übereinstimmung" zu hängen. Neben der Anlehnung an die GRI wird in TeeGschwendners Nachhaltigkeitsberichterstattung dem DNK zusätzlich eine bedeutende Rolle zugeschrieben: Die Begleitdokumente erwiesen sich als äußerst hilfreiches, leicht verständliches und strukturgebendes Informationsmaterial für die Verständigung innerhalb der Organisation.

Aus dieser Erfahrung lässt sich folgendes Zwischenfazit ziehen: Da mittelständischen Unternehmen ein komplexer Standard wie der GRI nur bedingt als Richtlinie dienen kann, ist es ratsam, diesen zu individualisieren. Dazu gehört auch, eigene, praktikable Nachhaltigkeitsindikatoren zu ermitteln, anhand derer das Unternehmen die Entwicklung messen und verfolgen kann.

Der Wesentlichkeitsgedanke ist bei der Eingrenzung der Inhalte einer Nachhaltigkeitsstrategie und -berichterstattung unabdingbar. In der Auseinandersetzung mit Mitarbeitern, Beiräten und den Franchisepartnern wurden intern drei Fokusfelder erarbeitet, die von besonderer emotionaler und strategischer Bedeutung für die Anspruchsgruppen sind: verantwortliche Beschaffung, Produktverantwortung und Mitarbeiter. Für alle mit diesen Fokusfeldern zusammenhängende Themenstellungen gilt: Nur etwas Vorhandenes kann man perfektionieren!

Bei einer Wesentlichkeitsanalyse wiederholt sich die schon bei den Berichtsstandards beschriebene inhaltliche Auseinandersetzung. Jedes Unternehmen – und das gilt im besonderen Maße für Unternehmen mit begrenzten Ressourcen – muss einen individuellen Ansatz für die Wesentlichkeitsanalyse und deren Weiterentwicklung finden. Die „Kunst der Abwägung" wird in der erwähnten Studie der IHK zum ehrbaren Kaufmann als eine zentrale Kompetenz beschrieben. „Zwischen Managementsystemen auf der einen und intuitivem Vorgehen auf der anderen Seite, wählt er die für sein Unternehmen und Umfeld passende Lösung." (Oswald und Kuttner 2015) So konnte TeeGschwendner in der Wesentlichkeitsanalyse mit den Franchisepartnern die Anspruchsgruppe miteinbeziehen, die systemisch betrachtet die präzisesten Anforderungen formulieren kann. Diese Anspruchsgruppe besitzt einerseits ein tief gehendes Verständnis des Unternehmens und der Produkte und ist auch zu kritischen Betrachtungen in der Lage. Aufgrund ihrer direkten Nähe zu den Kunden können so auch Konsumentenanforderungen und deren Sichtweise – im Sinne einer ganzheitlichen Betrachtung – integriert werden. Von Seiten der Franchisepartner wurde die Miteinbeziehung in den Findungsprozess der wesentlichen Aspekte begrüßt. Eine Franchisepartnerin kommentierte: „Großartig, dass meine Meinung gehört werden möchte, danke dafür. Ich wünsche mir Mut für progressive Entscheidungen." Gleichwohl gilt der Anspruch einer Weiterentwicklung auch an ein kontinuierliches Fortschreiben der Wesentlichkeitsanalyse. Hierbei ist die Erweiterung auf zusätzliche Aspekte ebenso denkbar wie auf die Integration zusätzlicher Anspruchsgruppen.

5.5 Rundum authentisch – Eine ungewohnte Transparenz

Dem Unternehmen war es von Anfang an wichtigstes Ziel, dass die Nachhaltigkeitskommunikation als authentisch und glaubhaft wahrgenommen wird. Grundlage hierfür ist eine kritische, offene Auseinandersetzung mit kontroversen Themen. Dadurch präsentiert das Unternehmen ein ausgewogenes Image und zeigt, dass es durch Selbstreflexion und Selbstkritik zur kontinuierlichen Verbesserung und Weiterentwicklung fähig ist. Das bedeutet für den Nachhaltigkeitsbericht auf der einen Seite die guten Nachrichten zu erörtern. Wie bei jeder Zielsetzung ist es wichtig, das Erreichte auch zu feiern, z. B. ein sehr hohes Engagement für Aus- und Weiterbildung, eine umfassende Produktverantwortung und proaktive Umweltentlastung durch Ökostrombezug, Energieeinsparungen, -einspeisung und -rückgewinnung. Auf der anderen Seite sollten auch die noch bestehenden Verbesserungspotenziale zu weiteren Themenstellungen nicht außen vor gelassen werden, um gleichermaßen authentisch und holistisch zu sein. In diese Kategorie fällt beispielsweise das Spannungsfeld „Verpackungsmaterialien", die das Produkt, hier also den Tee, schützen und höchste Lebensmittelqualität sichern sollen und gleichzeitig doch möglichst recycelbar und umweltfreundlich sein sollen.

Demnach bedeutet Nachhaltigkeit ganzheitlich zu betrachten, also sich nach außen zu öffnen. Eine Art der Transparenz, die für kommunikativ zurückhaltende, mittelständische Unternehmen ungewohnt ist. Viele Entscheidungsträger in mittelständischen Unternehmen fürchten, dass größere Offenlegung von Nachhaltigkeitsinformationen sie angreifbarer werden lässt oder gar Wettbewerbsnachteile entstehen. Eine offene und versucht ganzheitliche Kommunikation setzt daher eine mutige Bereitschaft der Unternehmensleitung voraus, transparent zu berichten. Erfahrungen zeigen, dass gerade eine offene Darstellung zu kontroversen Fragestellungen einen Nachhaltigkeitsbericht glaubwürdiger macht. Der Leser weiß um Herausforderungen und Dilemmata, auf die Firmen in ihrem unternehmerischen Handeln stoßen können. Ein Weglassen kann die Glaubwürdigkeit stark infrage stellen und gleichzeitig die Suche nach Vertuschtem provozieren.

So plausibel eine solch transparente Haltung erscheinen mag, ist es eine unternehmerische Herausforderung, derartige Spannungsfelder in seine Berichterstattung aufzunehmen. Es bleibt die wichtigste Aufgabe, den jeweils passenden Weg für das Unternehmen und sein Umfeld zu finden. Einerseits sollen alle relevanten Informationen transportiert werden, Problemstellungen aufgezeigt und die angedachten bzw. geplanten Lösungen kommuniziert werden. Andererseits steht dies oft im Widerspruch zu den traditionell im Mittelstand gepflegten Werten von Zurückhaltung, Vorsicht und Risikoscheue. Erweitert man den holistischen Anspruch daher auch auf das Unternehmensimage und will man in der Nachhaltigkeitsberichterstattung als authentisch wahrgenommen werden, wird man sich umfänglich und kontinuierlich mit dieser Fragestellung auseinandersetzen müssen.

Die in den vorangegangenen Abschnitten erläuterten fünf Zutaten beschreiben den Anspruch an eine ganzheitliche Denkweise in Bezug auf Nachhaltigkeit, dem TeeGschwendner in einem komplexen Franchisesystem gerecht werden möchte. Die Initiierung von Nachhaltigkeitsberichterstattung ist für das Unternehmen eine Innovation und bedarf eines umfassenden Blickfelds, das neben der Innensicht die Außensicht miteinbezieht. Eine systemisch umfassende Berichterstattung ist für TeeGschwendner ein Anspruch, zu dem es sich hinzuentwickeln gilt. Eine Berichterstattung kann immer nur im Rahmen des praktisch Möglichen erfolgen. TeeGschwendner strebt nach einem authentischen und glaubwürdigen Auftritt zum Thema Nachhaltigkeit. Das bedingt eine intensive Diskussion, um den richtigen Grad an Transparenz zu ermitteln.

Nachhaltigkeitsberichterstattung ist ein unternehmensintern neuer Ansatz, um ein gemeinsames Verständnis zu entwickeln und in einem Bericht zu verdeutlichen, dass eine verantwortliche Haltung mit Blick auf Nachhaltigkeit geteilt wird. Es gilt immer wieder neu zu zeigen, wie Zukunft aus (Mittelstands-)Tradition entsteht und weiterentwickelt werden kann. Diese proaktive Herangehensweise trifft nicht nur den Nerv der Zeit, sondern vor allem auch den der Geschäftspartner und Konsumenten.

6 Fazit

Mit Bauchgefühl zur Nachhaltigkeit – eine ganzheitliche Strategie: Die beschriebenen Erfahrungen und Erkenntnisse geben ein Beispiel, wie ein mittelständisches Unternehmen der verantwortungsbewussten Grundhaltung Struktur geben und diese strategisch dirigieren kann.

TeeGschwendner handelt wie typisch für mittelständische Unternehmen im Sinne des ehrbaren Kaufmanns – aus Instinkt und mit Bauchgefühl verantwortlich. Demnach waren traditionell die Nachhaltigkeitspraktiken generell intuitiver und weniger formeller Natur. Häufig blieben deren Wirkungen ungemessen. Die Synthese dieses intuitiven Engagements mit einer unternehmensspezifischen Strategie und Führung des Unternehmens durch ein prozessorientiertes, strukturiertes Berichtssystem erlaubt es, das Leitbild des ehrbaren Kaufmanns zu nutzen, Profil und Marktposition zu schärfen und über die Aktivitäten in effektiver und glaubhafter Weise zu berichten. Der unternehmenseigene Anspruch an die Strategie ist es, Nachhaltigkeit ganzheitlich zu betrachten und zu kommunizieren. Das bedeutet einen kontinuierlichen Berichtszyklus, ein umfassendes Blickfeld, das neben der Innensicht die Außensicht miteinbezieht, eine Herangehensweise, die das ganze System umfasst, eine individualisierte Berichterstattung in Anlehnung an einen etablierten Standard und ein authentisches Auftreten.

Eine Auseinandersetzung mit der „Kunst der Abwägung" führt zu fruchtbaren Diskussionen in Unternehmen. Der hier beschriebene Ansatz von TeeGschwendner ist ein individualisiertes Lösungsmodell, welches andere mittelständische Unternehmen abwägen und für sich in Perspektive setzen können. Qualitativ hochwertige und glaubwürdige Nachhaltigkeitsberichterstattung ist keine leichte Aufgabe. Doch bekanntermaßen liegt in jeder Herausforderung gleichzeitig auch eine Chance. In einer Welt, in der Vertrauen in Unternehmen so niedrig ist wie nie zuvor, ist es die größte Chance, die Unterstützung seiner Anspruchsgruppen zu gewinnen, indem man proaktiv und verantwortungsbewusst über sein Engagement Rechenschaft ablegt.

Literatur

Antonio RR, Michalczyk A (2014) Sustainability toolbox – a guide for companies in the food industry. (Fairfood International). http://www.fairfood.org/wp-content/uploads/2015/02/Sustainability-Toolbox-English.pdf

Bellone V, Matla T (2012) Green Franchising. Münchner Verlagsgruppe, München

Cohen E (2013) SustainAbility Reporting for SMEs: Competitive Advantage Through Transparency. Dō Sustainability, Oxford (Kindle edition)

European Commission (o. J.) A guide to communicating about CSR

Goffin K, Herstatt C, Mitchell R (2009) Innovationsmanagement: Strategien und effektive Umsetzung von Innovationsprozessen mit dem Pentathlon-Prinzip. FinanzBuch-Verlag, München

Johnson G, Scholes K, Whittington R (2005) Fundamentals of Strategy, 7. Aufl. Pearson Education, Harlow

Kanatschnig D, Resel K, Strig A (2004) Guidelines: reporting about sustainability – 7 steps to a successful sustainability report. http://www.fabrikderzukunft.at/fdz_pdf/leitfaden_sustainability_reporting_englisch.pdf

Keys T, Malnight TW, van der Graaf K (2009) Making the most of corporate social responsibility – continuing the conversation: authors' response to reader comments. (McKinsey Quarterly, McKinsey&Company) http://www.mckinsey.com/insights/corporate_social_responsibility/making_the_most_of_corporate_social_responsibility

Oswald G, Kuttner A (2015) Verantwortung lohnt sich – eine IHK-Studie zum Ehrbaren Kaufmann. https://www.muenchen.ihk.de/de/presse/Anhaenge/studie-verantwortung-lohnt-sich.pdf

Preuss L, Perschke J (2010) Slipstreaming the larger boats: Social responsibility in medium-sized businesses. Journal of Business Ethics 92(4):531–551

Schlegelmilch BB, Diamantopoulos A, Kreuz P (2003) Strategic innovation: The construct, its drivers and its strategic outcomes. Journal of Strategic Marketing 11(2):117–132

Miriam Benarey-Meisel, MSc *Global Management & Governance,* Masterabsolventin der Hamburg School of Business Administration. Sie beschäftigte sich 2015 im Rahmen ihrer Masterthesis zum Thema Nachhaltigkeit mit den praktischen Herausforderungen, auf die insbesondere KMU bei der Erstellung eines Nachhaltigkeitsberichtes stoßen. Als elementarer Bestandteil der Thesis beschrieb sie in einer Fallstudie ihre Herangehensweise bei der Erarbeitung einer Nachhaltigkeitsstrategie für die TeeGschwendner GmbH. Auf dieser Basis erstellte sie gemeinsam mit dem Unternehmen den ersten CSR-Report der Firmengeschichte

Dr. Thomas Henn, *TeeGschwendner GmbH,* Studium der Ernährungswissenschaft und Lebensmitteltechnologie. Seit 2000 hat er bei TeeGschwendner die Bereichsleitung Qualitätsmanagement und Analytik inne, ist Beauftragter für Qualitätsmanagement und Corporate Social Responsibility und Mitglied der Geschäftsleitung. Mitglied in deutschen und europäischen Industrieverbänden mit Leitungsfunktion einzelner Arbeitsgruppen, Referent zu Qualitätssicherungs- und Nachhaltigkeitsthemen.

Teil III
Gesellschaft und Beratung

Die „Aktie Lotti": Nachhaltiges Wirtschaften macht Unternehmen erfolgreich – Sieben Praxisbeispiele aus der Schweiz

Petra-Alexandra Buhl

Die Schweizer gelten als qualitäts- und umweltbewusst, eigensinnig und stolz auf ihre Unabhängigkeit von der EU. Selbstbewusst verkündet Kurt Lanz vom Verband der Schweizer Unternehmen economiesuisse:

„Die Schweiz und ihre Unternehmen machen ihre grünen Hausaufgaben ziemlich gut, insbesondere wenn es darum geht, Wachstum und Nachhaltigkeit zu vereinbaren. Deswegen belegt unser Land in internationalen Nachhaltigkeitsrankings regelmäßig die vorderen Ränge und erreicht als Recyclingmusterschülerin mit einem privatwirtschaftlichen System Quoten, von denen eine EU nur träumen kann." (klimafreundliche Schweiz 2015, S. 41)

Eine stolze Übertreibung? Mitnichten. Die Schweiz belegt im Environmental Performance Index (EPI) der Yale University Platz 1 von 178 Ländern, Deutschland ist auf Platz 6. Die Hochschule evaluiert regelmäßig weltweit die Luftverschmutzung, Biodiversität, Wasserqualität sowie den Umgang mit natürlichen Ressourcen und den Klimawandel. 87,67 von 100 Punkten erreicht die Schweiz in diesem Ranking. Das könnte die Folge davon sein, dass die Schweizer beim Einkauf anspruchsvoll sind.

Der Blick ins Nachbarland lohnt also besonders, wenn es ums Thema Nachhaltigkeit geht. Das Zürcher Markt- und Sozialforschungsinstitut gfs hat im Mai 2015 eine repräsentative Studie veröffentlicht. Demnach bezeichnen sich 57 % der 8,25 Mio. Schweizer als „überdurchschnittlich umweltbewusst" – ganze 8 % mehr als im Jahr davor. 72 % der Befragten gaben an, dass sie beim Kauf von Lebensmitteln auf Herkunft und Produktionsweise achten. Seit Anfang der Achtzigerjahre müssen die beiden Handelsriesen Migros und Denner ihr Sortiment radikal neu ausrichten, um den Qualitätsanspruch der Schweizer Kunden zu erfüllen. Übrigens: Diese greifen im Gegensatz zu ihren deutschen Nachbarn beim Einkauf auch deutlich tiefer in die Tasche.

P.-A. Buhl (✉)
Radolfzell, Deutschland
E-Mail: info@buhl-coaching.de

Die gleiche Studie kam zu dem Schluss, dass mehr als zwei Drittel der Eidgenossen den Klimawandel als eines der größten Umweltprobleme sehen. Sie fordern ein höheres Engagement für den Klimaschutz. Im Alltag ist das „Bekenntnis Bio" allerdings noch nicht verwirklicht: Nur ein Drittel der Schweizer fährt deshalb weniger Auto und lediglich ein Fünftel spart zu Hause Strom und Heizöl. Dabei formulierten die Schweizer in der genannten Studie, ihr Heimatland solle das klimafreundlichste Land Europas werden. Doch in den Köpfen der Eidgenossen hat sich einiges bewegt: Im Vergleich zum Vorjahr sehen dreimal mehr Befragte die Energiewende als Vorteil für die Wirtschaft und als eine große Chance für die Schweiz (klimafreundliche Schweiz 2015, S. 3).

Forscher haben herausgefunden, die durch den Klimawandel prognostizierte Erderwärmung von zwei Grad würde in der Schweiz die Schneefallgrenze um 500 m steigen lassen. Gravierende Folgen für den Wintertourismus, die Landwirtschaft, aber auch für den Wasserhaushalt, die Vegetation und die Jahreszeiten werden befürchtet. An noch höhere Temperaturen und deren Folgen mag in der Schweiz erst recht niemand denken. So ist es durchaus der Druck dieser Prognosen, der die eidgenössische Wirtschaft zum Umdenken bringt.

Wertschöpfung und Wohlstand sollen künftig mit Nachhaltigkeit erreicht werden. Zudem will die Schweiz Vorreiter sein: Schon jetzt werden klimafreundliche Technologien und Dienstleistungen aus der Schweiz in andere Länder exportiert – mit steigender Tendenz. Für kleinere Länder wie die Schweiz sind kontinuierliche Innovationen überlebensnotwendig, um sich auf internationalen Märkten behaupten zu können.

Trotz dieser Erfolge gibt es noch viel zu tun. Im Juni 2015 kamen die Teilnehmer des Forums „Trends und Nachhaltigkeit: Widerstehen, aufgreifen oder initiieren?" an der FHS St. Gallen zu dem Schluss: Die Grenzen des Wachstums brauchen ein Umdenken für Unternehmen. Theoretisch klingt das gut, doch wie das praktisch umgesetzt werden soll, daran scheiden sich die Geister. Klimafreundlichkeit, Umweltschutz und Profit sollen sich für Unternehmen nicht gegenseitig ausschließen – aber wie soll das bitte schön gehen? Die Fachhochschule Ostschweiz stellte deshalb sieben erfolgreiche Praxisbeispiele aus der Schweiz vor, um Unternehmer zu inspirieren.

Keiner der Beteiligten vergaß dabei zu erwähnen, dass es nicht leicht sei, „die Balance zwischen Profit, People und Planet" zu finden. „Nachhaltigkeit muss als ethisches Prinzip begriffen werden, ebenso unser Umgang mit Ressourcen", forderte Prof. Dr. Sebastian Wörwag, Rektor der FHS St. Gallen. Aus der Forschung weiß man, dass Personen, denen es schlecht geht, als erstes die Unterstützung für andere einstellen. Wer um sein Überleben kämpft, hat wenig Empathie für die folgenden Generationen. Dabei müsse es zu einem Prinzip des Wirtschaftens werden, Ressourcen zu erhalten, um den Fortschritt zu sichern. „Ohne einen Werte-Diskurs zwischen den Generationen gehe es in der Beschäftigung mit Nachhaltigkeit nicht mehr", sagt Sebastian Wörwag. Der eigene Konsum und der Lebenskontext müssten kritisch hinterfragt werden.

In der Triple Bottom Line Profit – People – Planet habe Profitabilität die Nachhaltigkeit bislang stets geschlagen, wenn es um die wirtschaftlichen Prioritäten in Unternehmen ging. „Wir tragen aber Verantwortung. Wie gewichten wir das jetzt jeweils?" Die Debatte wird in jedem Unternehmen geführt und eine Antwort darauf gefunden werden müssen.

Die Schweizer Fachleute sind sich einig:

- Nachhaltigkeit funktioniert nur, wenn sie tief im Unternehmen verankert ist und sich in Werten, Sinn und Selbstverständnis zeigt.
- Nachhaltigkeit und Sinn sind emotionale Themen. Nach außen müssen die Unternehmen authentisch, nach innen sozial auftreten.
- Ohne gute Kommunikation ist das nicht zu schaffen. Mitarbeiter verkaufen nicht nur Produkte, sondern auch die Werte eines Unternehmens. Sie sind Markenbotschafter.
- Dort, wo die Gründer noch im Unternehmen sind oder sich das Wirtschaften an den Werten des Gründers orientiert, wird Nachhaltigkeit am besten umgesetzt.
- In Unternehmen, in denen es „mehr als ein nur auf das Business gerichtetes Engagement" gibt, werden Werte vertreten, die Kunden ansprechen – zum Beispiel ganzheitliche Bildung, Umweltschutz oder Initiativen für Arbeit.

Profit und Idealismus schließen sich nicht aus, das zeigen die Unternehmen aus der Schweiz. Nachhaltigkeit ist aber nur möglich, wenn es auch ökonomisch stimmt.

Natur konkret (http://natur-konkret.ch)
Natur konkret wurde 1990 in Ermatingen im Schweizer Kanton Thurgau gegründet und beschäftigt je nach Saison 15–20 Mitarbeiter. Zurzeit hat das Unternehmen einen Bestand von 800 Tieren, die im Thurgau und im Tessin weiden. Vermarktet wird das Fleisch über einen Onlineshop. „Für mich hat sich die Frage der Nachhaltigkeit gar nicht gestellt. Bevor ich Natur konkret gegründet habe, war ich bereits 20 Jahre im Naturschutz tätig. Ich wollte dem die Landschaftspflege und die biologische Fleischproduktion hinzufügen. Eine konkrete Vision habe ich nicht gehabt, sondern viel aus dem Bauch reagiert. Mit einem Ochsen und zwei Kühen habe ich einfach angefangen und die Bauern im Tessin gefragt, ob sie mir ihre verlassenen Alpweiden überlassen. So hat sich das eine aus dem anderen ergeben und allen war geholfen. Die Weiden waren total verödet und verwaldet, da konnte man nichts mehr mit anfangen", sagt Guido Leutenegger, Inhaber und Unternehmensleitung von Natur konkret.

Männer wie ihn trifft man nicht auf einem Start-up-Event. Dabei hat er als Gründer alles richtig gemacht, obwohl oder weil er alle Businessratschläge missachtet hat. Der pragmatische Schweizer beliefert inzwischen rund 7000 Kunden. Bekannt geworden ist er mit der „Aktie Lotti". Bei Natur konkret können die Käufer Anteile an Kühen erwerben und werden dafür mit Fleisch- und Wurstwaren beliefert.

Natur konkret ist langsam gewachsen. „Ich habe mich nicht mit Businessplänen, Nachhaltigkeit oder Geschäftsmodellen beschäftigt. Meine Triebfeder war nicht, in ein Schema zu passen. Ich wollte etwas Konkretes machen und ich wollte es in der Natur tun", sagt Guido Leutenegger. Es sei ihm nicht darum gegangen, zu philosophieren, wie man die Welt verbessern könnte. „Ich hatte 150 Kühe und die geben Fleisch – da musste ich mir etwas einfallen lassen." Guido Leutenegger war klar, das funktioniert. Der Betrieb sollte wachsen und brauchte Kapital. „Die Banken in der Schweiz vergeben Kredite nur an Leute, die Land besitzen. Ich hatte aber nur Pachtland und die Büroräume waren auch gemietet. Allein die Kühe haben mir gehört", erzählt er. Sein Ansatz war deshalb, die Endverbraucher an den Kühen zu beteiligen: „Steakholder statt Stakeholder", sagt Leutenegger und lacht. Das habe die privaten Geldgeber überzeugt. „Die Aktie Lotti ist eine Aktie, die du streicheln und berühren kannst – keine Einlage in einen Fonds oder in ein Derivat, wo du nicht einmal verstehst, worum es geht." Tatsächlich gibt es Leute, die „ihre" Kuh jedes Jahr besuchen.

„Vor 25 Jahren hat man noch gar nicht über Nachhaltigkeit gesprochen. Ich bin einfach von mir aus gegangen und dabei habe ich Unglaubliches entdeckt. Jedes Kind weiß doch, dass Kühe Gras fressen. Aber ich habe festgestellt, dass sie in der herkömmlichen Tierhaltung 80 % Kraftfutter bekommen, das aus Mais und Weizen besteht. Das wollte ich nicht. Meine Kühe bekommen nichts anderes als Gras, Heu und Wasser und deshalb schmeckt das Fleisch anders." Weil Guido Leutenegger kein Land hatte, kam er auf die Alpweiden im Tessin, die nicht mehr bewirtschaftet wurden. Auf der Alpensüdseite sind die klimatischen und topografischen Bedingungen besonders schlecht. „Die Futterqualität dort reicht für die hochgezüchteten Turbokühe gar nicht." Anhand von Luftaufnahmen hat Leutenegger geeignete Weiden identifiziert und 25 Gemeinden angeschrieben. Ein Drittel der Gemeinden hat sofort reagiert und so weiden die Hochlandrinder von Natur konkret heute im Tessin.

Der Intuition und der Freude zu folgen, hält er für ein wichtiges Prinzip. „Die Ideen liegen immer auf der Hand, man muss ihnen nur folgen." Dass „Lotti" und die anderen Kühe einen GPS-Sender tragen, ist eher aus der Not heraus geboren. Im Tessin ging ein Zaun kaputt und die Kühe suchten das Weite. „Das ist ein riesiges unbewohntes Bergtal, da haben wir Wochen gesucht, bis wir wieder alle beieinander hatten. Daraufhin haben die Kühe einen GPS-Sender bekommen." Schmunzelnd erzählt er, dass die Zürcher Banker in der Bahnhofstraße in der Pause gerne verfolgen, wo „ihre" Kuh gerade weidet.

Guido Leutenegger hat weitere Experimente gestartet. Ihm ist klar geworden, dass die Geflügelindustrie vom Nordkap bis Südafrika in der Hand von genau drei Konzernen ist. Daher habe er den Entschluss gefasst, 100 Rassehühner zu kaufen, um unabhängig zu werden von diesen Großkonzernen. „Man darf eines nicht vergessen: 75 % dieser Geflügelbestände haben inzwischen eine Antibiotikaresistenz und sind von Keimen befallen, das liegt an der Herstellung." Bei seinen Hühnern hat er um die 500 Fleischproben genommen und bislang nie einen antibiotikaresistenten Keim gefunden.

Jeder Gründerberater hätte Guido Leutenegger selbstverständlich davon abgeraten, das Unternehmen auf drei Standorte zu verteilen. Genau so ist aber Natur konkret organisiert. Der größte Betriebsteil ist im Tessin, dort stehen die Kühe. Im Kanton Graubünden werden Logistik und Versand organisiert. Im Thurgau sitzt die Verwaltung. Moderne Kommunikation macht es möglich, den Betrieb dennoch zu führen. Das Unternehmen orientiert sich an den Menschen, die dort arbeiten. Zufällig hat Guido Leutenegger in Graubünden einen fähigen Vertriebsexperten, der von Anfang an dabei ist. Nur deshalb ist Graubünden Versandort. Im Tessin weiden die Kühe, weil es dort genug verlassene Alpweiden gibt, die wenig Pacht kosten.

Natur konkret ist inzwischen ein reiner Onlineshop, die Ware wird ausschließlich über das Internet vertrieben. Dabei hatte das Unternehmen 2010 noch nicht einmal eine eigene Homepage. „Es wäre niemand darauf gekommen, sich als Onlinemetzger zu positionieren, aber wir sind ja nichts anderes." Entstanden ist die Webseite, weil ein Student unbedingt Fleisch haben wollte, es aber nicht zahlen konnte. Im Austausch bot er an, die Homepage herzustellen. Jeder Mitarbeiter hat so seine Nische, in der er schalten und walten kann. „Die Mitarbeiter kriegen alles mit. Deswegen kann man sie auch nicht belügen oder so tun, als ob man super wäre, wenn man es nicht ist. Bei uns kann man sich nicht wie in einer großen Firma wegducken, bei uns kommt es auf jeden an", sagt Guido Leutenegger. In einem kleinen Unternehmen sei es entscheidend, die richtigen Mitarbeiter für die jeweiligen Aufgaben zu haben. Für Leutenegger ist das aber kein Problem: „Wer gut positioniert ist, zieht automatisch die Mitarbeiter an, die zu einem passen. Wir haben die besten Mitarbeiter der Welt und die anderen sind nicht mehr da. Mir ist übrigens wichtig, zu sagen, Nachhaltigkeit muss auch Freude und Lust machen. Mit dem erhobenen Zeigefinger kommen wir nicht weiter, Predigen bringt nichts." Natur konkret soll weiter stark wachsen, diesmal über Partnerschaftsverträge. Das Unternehmen arbeitet mit 82 Partnern zusammen, die im Auftrag von Natur konkret Freilandschweine halten.

Vom kleinen Unternehmen Natur konkret ist es ein großer Sprung zum Migros-Genossenschaftsbund – kurz: Migros. Er wurde 1925 von Gottlieb Duttweiler gegründet und hat seinen Sitz in Zürich. Die Genossenschaft hat fast 100.000 Mitarbeiter und ist der größte Arbeitgeber in der Schweiz. „Für uns ist es natürlich ein Privileg, den extrem kreativen und mit hohem Gestaltungswillen begabten Gottlieb Duttweiler als Gründervater zu haben und außerdem eine lange Tradition als Unternehmen. Natürlich haben sich die Werte von Gottlieb Duttweiler im Laufe der Jahre weiterentwickelt. Aber eine Genossenschaft wie die Migros hat eine bestimmte Kultur und eine langfristige Sicht auf die gesellschaftliche Verantwortung. Auch Gottlieb Duttweiler hat sich im Laufe seines Lebens sehr verändert: Anfangs war er Händler, aber mit fortschreitendem Alter hat er sich zunehmend der Politik und der gesellschaftlichen Entwicklung zugewandt", sagt Cornelia Diethelm, Director of Sustainability & Issue Management bei Migros. Beispielsweise forderte er Bildung für alle Menschen und gründete – beeinflusst von Gedanken von Pestalozzi – das Gottlieb-Duttweiler-Institut. Das ist einer der ersten Thinktanks weltweit geworden und erforscht die Zukunft des Konsums und gesellschaftliche Entwicklungen.

„Duttweiler machte etwas, was ich auch heute noch ganz entscheidend finde: Er sagte, es muss Angebote für den einfachen Bürger geben. Die Leute sind abends müde und das Leben ist nicht perfekt. Wir müssen sie trotzdem erreichen. Es muss jeder seine eigenen Schwerpunkte setzen können. Es muss auch nicht jeder vegan oder bio leben. Ich glaube, wir müssen insgesamt wegkommen vom Perfektionismus. Nachhaltigkeit muss Mainstream werden, es darf kein elitäres Nischenprodukt bleiben. Wir müssen für das Ganze wirtschaften, nur dann ist es auch sinnstiftend", sagt Cornelia Diethelm.

In der globalisierten Welt sei dies extrem schwer sicherzustellen. Auch Migros habe sich von Zwischenhändlern trennen müssen, die gesetzte Standards nicht erfüllen. Die große Bekanntheit des Unternehmens helfe, sich zu positionieren. „Unsere Kunden wissen, wofür wir stehen." Das gelinge jedoch nur, wenn man neben der rationalen Ebene auch die Emotionen der Mitarbeiter erreiche. Bei Migros habe es viele Schulungen dazu gegeben. Schwerpunkt der Arbeit sei die Integration der Nachhaltigkeit durch die Führungskräfte. Hier müssten vor allem die neuen Mitarbeiter intensiv betreut werden, damit sie die Unternehmensziele verinnerlichen und nach außen tragen können. Dieser Wandel ist nicht leicht.

Migros (http://www.migros.ch/de.html)
Dr. David Bosshart, Autor von *The Age of Less – Die neue Wohlstandsformel der westlichen Welt*, leitet das renommierte Gottlieb-Duttweiler-Institut (GDI) in Zürich (http://www.gdi.ch/de/think-tank) (Bosshardt 2011). Bosshart ist Trendforscher. Der promovierte Philosoph schrieb 2011 zehn Thesen für das „age of less". Demnach müssen wir zu vernünftigen Erwartungen zurückkehren, gegenseitige Supportsysteme statt Konkurrenz ausbauen und unsere aufgeblähten Superstrukturen in Wirtschaft und Politik zurechtstutzen. Was Überfluss und Mangel ist, brauche eine neue Definition, schrieb David Bosshart damals. Statt Effizienz bräuchten wir Resilienz. Wir sollten lieber früher als später dafür sorgen, dass wir Robustheit ausbilden, um instabile Zeiten gut zu überleben. Anstelle der bisherigen menschlichen Selbstüberschätzung brauche es eine Koevolution mit der Natur. Die „Kathedralen" der Wirtschaftswelt seien dabei, offenen und agilen Systemen zu weichen. Nicht nur Menschen müssten flexibler werden, auch die Maschinen. Angefangen vom Auto bis hin zu Computern sei ein flexibler Ressourceneinsatz nötig. Nur wer dies begreife, könne künftig noch seine Ertragslage stärken. Die ursprünglichen Kernkompetenzen müssten ergänzt werden. Ohne Flexibilität und Mobilität gebe es kein Überleben in der globalen Ordnung. Nicht zuletzt sei ein „Reset der Denkmodelle" nötig, um diesen Wandel zu schaffen.

Das macht vielen Angst. Menschen und Unternehmen fürchten den sozialen und ökonomischen Abstieg. In der Wirtschaft glauben immer noch viele Führungskräfte, der Abstieg werde beschleunigt, wenn sich Unternehmen der nachhaltigen Produktion verschreiben. Dass diese Angst oft unbegründet ist, zeigen die Beispiele aus der Schweiz. Allerdings geht dem ein längerer Veränderungsprozess voraus, in dem Unternehmen ihre Identität neu definieren müssen.

Wenn es darum geht, Werte neu zu bestimmen, hat der Schweizer Confiseur Läderach schon viel Arbeit geleistet. Die Aktiengesellschaft Läderach chocolatier suisse wurde 1962 gegründet und ist ein Familienunternehmen in zweiter Generation. Sie hat ihren Sitz in Ennenda im Kanton Glarus, beschäftigt rund 750 Mitarbeiter und setzte im Jahr 2012 rund 100 Mio. CHF um. 50 Filialen im In- und Ausland verkaufen die Schokolade. Läderach garantiert nachhaltige Qualität von der Kakaobohne bis zum Endprodukt. Unternehmensvertreter sagen, sie könnten inzwischen auf jedes Glied in der Wertschöpfungskette

Einfluss nehmen. Sie suchen Rohstoffe selbst aus und handeln nur mit ausgesuchten Produzenten.

Läderach ist ein Familienunternehmen und schreibt diesen Wert groß. Produzenten, Mitarbeiter und Partner gehören quasi mit zur Familie, die für Langfristigkeit und Bindung steht. Läderach denke in Generationen und sei an einer intakten Umwelt interessiert, sagt Ralph Siegel, Mitglied der Geschäftsleitung. Daher setze man sich zum Beispiel für die Kakaobauern ein. Weltweit produzieren etwa 5,5 Mio. Kleinbauernfamilien 95 % des Kakaos. Die klimatischen, politischen und sozialen Bedingungen in den Ländern seien sehr schwierig. Viele Jugendliche wollten die Arbeit ihrer Eltern daher nicht fortführen.

Für Läderach sei es ein Anliegen, den dringend nötigen Kakaoanbau in erstklassiger Qualität zu sichern. Gemeinsam mit den Produzenten suche man Möglichkeiten, um eine Ertragssteigerung zu erreichen, ohne auf den nötigen Arbeits- und Umweltschutz zu verzichten. Zudem unterstütze man die Familien der Kakaobauern darin, neue Zusatzeinkommen zu generieren, damit sie überleben können. Das Unternehmen ist der Rainforest Alliance beigetreten, um diese Vorhaben in Westafrika und Südamerika zu unterstützen. Das sind die Hauptanbaugebiete für Kakao.

Ein wesentlicher Teil des Kakaos, den Läderach verarbeitet, stammt aus Ghana. Deshalb unterstützt das Unternehmen dort seit 2014 das Projekt „Family Life" und bietet rund 200 Kakaobauernfamilien Hilfe zur Selbsthilfe. Läderach versorgt die Bauernfamilien mit Material zum Schutz der Umwelt und zu nachhaltiger Ertragssteigerung. Die Schweizer bezahlen eine Nachhaltigkeitsprämie, welche die Bauernfamilien entweder selbst investieren oder je nach Bedarf für gemeinsame Projekte nutzen. Im Rahmen der Rainforest Alliance beteiligt sich der Chocolatier an Aufklärungskampagnen im Kampf gegen missbräuchliche Kinderarbeit und setzt sich für aktiven Umweltschutz in den Regionen ein.

Ein Beispiel dafür ist die Cabruca-Kooperative, die im Süden des brasilianischen Bundesstaates Bahia rund 200 Familien in Lohn und Brot bringt. Anlass für die Gründung der Kooperative war eine Katastrophe: In den 1990er-Jahren litt Brasilien als größter Kakaoproduzent schwer an den Folgen einer Pilzepidemie. Der sogenannte Hexenbesen ließ die Kakaoproduktion auf ein Fünftel der üblichen Menge schrumpfen. Wirtschaftliche und gesellschaftliche Probleme folgten: Je nach Schätzung verloren zwischen 90.000 und 180.000 Farmarbeiter ihre Arbeit und konnten ihre Familien nicht mehr ernähren.

Der Zwang, neue Einnahmequellen für die Bevölkerung zu finden und zugleich große Sägereien zu schließen, um weitere Abholzung des Regenwaldes zu verhindern, führte zu einer äußerst komplexen Situation. Nach einigem Ringen um einen Weg aus dem Dilemma stieß man auf eine traditionelle Anbauart, die vor 200 Jahren gepflegt wurde: Cabruca. Damals wurden die Baumriesen im Regenwald aus Respekt vor der Natur und kommenden Generationen nicht gefällt. Stattdessen schlugen die Kakaobauern kleine Lichtungen in den Regenwald, um Kakaopflanzen zu kultivieren. Damit wachsen die Sprösslinge in einem intakten Ökosystem heran, Pestizide werden nicht verwendet, künstliche Bewässerung ist überflüssig. Zugleich werden die Pflanzen gegen Ungeziefer und Pilzkrankheiten resistenter.

Die treibenden Kräfte hinter dem Projekt sind die beiden Schweizer Biobauern Marc Nüscheler und Roland Müller. Viele Landarbeiter, die davor im herkömmlichen Kakaoanbau beschäftigt gewesen waren, schlossen sich der Kooperative an und profitierten von staatlicher und privat finanzierter Starthilfe. Der auf diese Weise gewonnene Ertrag an Edelkakao ist beschränkt und die Ernte nur begrenzt erhältlich. Läderach verkauft die Produkte von Cabruca in der Schweiz exklusiv. Neben einer Diversifizierung der Landwirtschaft setzt sich Cabruca für kontrollierten und zertifizierten Biolandbau ein.

Eines wird am Beispiel Läderach klar: Familienunternehmen sind Vorreiter, wenn es darum geht, nachhaltig zu wirtschaften. Sie bilden auch in der Schweiz das Rückgrat der Volkswirtschaft, schaffen Arbeitsplätze und sind innovativ. Ihr hohes Engagement in den Regionen, in denen sie leben und wirtschaften, zeichnet sie aus. Sie sind ihren Kunden und deren Wünschen sehr nahe, sie besetzen Nischen und glänzen durch besonderen Service.

Die Inhaber denken unternehmerischer, langfristiger und nachhaltiger als Geschäftsführer in Konzernen. Sie treffen viel schneller Entscheidungen und haben eine Kultur der Wertschätzung für ihre Mitarbeiter. Sie streben kontinuierliches Wachstum und einen moderaten Ausbau ihrer Geschäftstätigkeit an, verzichten auf einen aggressiven Marktauftritt. Das macht es für sie viel einfacher als für börsennotierte Unternehmen, Nachhaltigkeit umzusetzen. Wenn es keine Aktionäre gibt, die nur auf ihren Profit pochen, werden Investitionen anders geplant. 90 % der Familienbetriebe sehen im generationenübergreifenden Denken ihren zentralen Vorteil gegenüber anderen Unternehmensformen. Sie managen nicht nach Quartalszahlen, sondern übernehmen Verantwortung auf Jahre hinaus (PricewaterhouseCoopers (PwC) 2012).

Zudem ist das persönliche Element bei Familienunternehmen entscheidend. Kunden wissen, wer hinter dem Produkt oder der Dienstleistung steht, und schätzen das. Prognosen sagen, dass den Verbrauchern künftig die Verbindung von Eigentum und operativer Führung noch wichtiger wird. Sie werden sich genau anschauen, bei wem sie Produkte und Dienstleistungen kaufen. Ihre Kaufentscheidungen werden sie viel stärker von sozialen und ethischen Prinzipien leiten lassen als bisher. Über allem steht derzeit das Trendthema „Sinn".

„Nachhaltigkeit ist eigentlich von gestern, der größere Trend ist Sinnhaftigkeit im Wirtschaften. Wir müssen in Generationen denken, das Stichwort Enkeltauglichkeit möchte ich hier nennen. Unser Wirtschaften ist die Konsequenz aus den Werten unserer Familie. Im digitalen Zeitalter kann man nicht so tun, als ob. Wenn das Versprechen handwerkliche Produktion ist, muss man es auch machen. Die Kunden haben in den letzten Jahren durch zu viel ‚Labelmarketing' das Vertrauen in die großen Konzerne und in ihre Produkte verloren. Heute muss man nahbar und verständlich sein, damit die Leute Vertrauen haben. Bei einem Produkt wie Schokolade erst recht. Das ist etwas, das niemand braucht, das ist reiner Luxus. Also muss irgendetwas daran sinnstiftend sein" (Ralph Siegel, Geschäftsleitung Confiseur Läderach AG).

Läderach positioniert sich als Nischenanbieter im obersten Qualitätssegment. Die Schokolade wird nicht zu Discounterpreisen verkauft. Die Produktpreise spiegeln die tatsächlichen Kosten wider, die für nachhaltige Produktion im Herkunftsland des Kakaos zu zahlen sind. Im „age of less" konsumieren Verbraucher nur noch das, was wirklich notwendig ist oder eine höhere Lebensqualität mit sich bringt.

Die Familie hinter Läderach hat viel mit den Führungskräften gearbeitet, um den Wandel zu ermöglichen und die Werte stimmig umzusetzen. Es soll nicht passieren, dass den Kunden etwas vorgegaukelt wird, was gar nicht stimmt. Alle 50 Führungskräfte wurden von den Eignern der Schokoladenmarke befragt: „Warum arbeiten Sie bei uns und nicht woanders?" Nur wer diese Frage glaubwürdig beantwortet, hat bei Läderach einen Platz. Dort wird viel Wert gelegt auf „Verhaltensbranding".

Im Unternehmen wurden Markenbuch und Markenwerte erarbeitet, danach Ableitungen für jeden einzelnen Arbeitsplatz angefertigt. Mindestens drei Werte wie etwa Familie, Schweiz, Qualität will Ralph Siegel an jedem Arbeitsplatz umgesetzt sehen – egal, in welcher der Filialen. Da das Unternehmen in sechs Jahren auf 750 Mitarbeiter angewachsen ist und allein in der Schweiz 33 Filialen hat, ist das eine Herausforderung. Trotzdem habe man sich eine „Handschlagkultur" bewahrt. Diese funktioniere besonders gut in Asien. In der Schweiz müsse man dieses Vertrauen unter Kaufleuten erst wieder etablieren. „Die Prozesse in den Großkonzernen haben das kaputt gemacht. Wir müssen wieder dahin kommen, dass wir einander vertrauen", sagt Ralph Siegel.

Läderach (https://www.laederach.com)
Wie entsteht Vertrauen in einer immer weniger vertrauenswürdigen Welt, über große Distanzen und zwischen unterschiedlichen Kulturen? Die Megatrends der nächsten Jahre sind Digitalisierung, Globalisierung, Klima und Umwelt sowie demografischer Wandel. Dadurch entstehen unkalkulierbare Risiken für Menschen, Politik, Wirtschaft und Gesellschaft. Das bisherige Wohlstandsmodell ist damit an seine Grenzen gekommen. Viele halten es sogar für unrettbar, wie beispielsweise der deutsche Volkswirt Prof. Dr. Niko Paech. Er hat 2006 den Begriff der Postwachstumsökonomie geprägt und ist ein Befürworter der Wachstumsrücknahme (Paech 2012). Er grenzt sich bewusst von der Nachhaltigkeitsdebatte ab und bezeichnet grünes Wachstum als Mythos. Man könne das Bruttoinlandsprodukt nicht durch ökologischen Fortschritt steigern, sagt er. Generell hinterlasse jede Produktion auch ökologische Schäden. Selbst wenn es gelänge, diese ohne ökologischen Fußabdruck hinzubekommen, steige mit dem Einkommen die Kaufkraft und Menschen konsumieren dann mehr.

Solange Wertschöpfung von Umweltschäden und Rohstoffverbrauch entkoppelt sei, scheitere die Nachhaltigkeit. Niko Paech betont, es existierten keine per se nachhaltigen Produkte und Technologien, sondern allein nachhaltige Lebensstile. Sich an diesen zu orientieren, sollte demnach besser heute als morgen geschehen. Der Ressourcenverbrauch sei nicht nur ökologisch schädlich, sondern überfordere die Menschen psychisch. Niko Paech spricht von „Konsumverstopfung" und „Konsum-Burn-out". Stattdessen empfiehlt er, die eigenen Ansprüche radikal zu reduzieren. Materielle Zugewinne machten Menschen nicht zufriedener. Mehr Lebensglück entstehe, wenn Menschen ihre Arbeitszeit auf eine 20-Stunden-Woche reduzieren. Dies schaffe mehr Zeit für den Selbstanbau von Obst und Gemüse sowie für das Teilen und Reparieren von Gegenständen. Mehr Zeit auch für soziale Beziehungen, die letztlich über das Lebensglück des Einzelnen entscheiden. Niko Paech befürwortet den radikalen Rückbau von Flughäfen und Autobahnen sowie effiziente, wiederverwertbare Produkte. Vorbild dafür solle eine Avantgarde sein, welche diesen Lebensstil bereits pflegt und mit weniger Konsum auskommt. Mit ihrem Vorbild und Erfahrungswissen trage sie dazu bei, Ängste vor diesem Wandel und Frustration zu verringern.

Menschen brauchen Modelle, an denen sie sich orientieren können. Noch vor wenigen Jahren galt Nachhaltigkeit in den etablierten Unternehmen als Bedrohung und wurde als ungeliebter Zwang zur Veränderung wahrgenommen. Das ist jetzt anders. Ein weiteres Beispiel für ein innovatives, nachhaltiges Geschäftsmodell sind die Freitag-Kuriertaschen: Sie sehen schick aus und sorgen dafür, dass ausgemusterte Lkw-Planen wieder verwertet werden. Auch Freitag darf man zur Riege der Familienunternehmen zählen. Seit 1993 produzieren die beiden aus Davos stammenden Brüder Markus und Daniel Freitag Taschen. In Zürich-Oerlikon werden die ausgemusterten Lkw-Planen von Hand zugeschnitten. Anschließend werden sie in externen Nähereien in Bulgarien, Tunesien, Portugal und in der Schweiz gefertigt.

Nun hat Freitag die Produktreihe F-ABRIC aufgelegt: Die Taschen und Hemden bestehen aus Hanf, Leinen und Modal, gefertigt in der EU mit der Begründung, in Asien seien die Produktionsbedingungen nicht nachvollziehbar. Die Produktion ist darauf ausgelegt, Ressourcen zu schonen, und findet in einem 2500-Kilometer-Radius um Zürich statt. Die Verwendung von Chemikalien wird so niedrig wie möglich gehalten. „Man kann sogar bedenkenlos sein Baby damit einwickeln", ist die Botschaft von Freitag. Wer sich irgendwann von den Kleidern trennen will, kann sie einfach auf den Kompost werfen. Die Textilien sind zu 100 % natürlich abbaubar und verrotten innerhalb von drei Monaten – inklusive Nähfäden und Webbändern. So wird die alte Kleidung Nährboden für neue Rohstoffe und startet den Kreislauf von Neuem.

Freitag (http://www.freitag.ch)
Das „cradle to cradle"-Konzept, das Freitag anwendet, entstand vor rund drei Jahrzehnten und begründete die Kreislaufwirtschaft. Die für ein Produkt oder auch ein System eingesetzten Rohstoffe werden über ihren Lebenszyklus hinaus wieder in den Produktionsprozess integriert. Maßgabe ist, dass dies in gleichbleibender oder sogar besserer Qualität geschieht. Voraussetzung dafür sind wiederverwertbare Materialien wie die Lkw-Planen bei Freitag. Das Schweizer Netzwerk für nachhaltiges Wirtschaften Öbu hat eine Reihe KMUs als Mitglieder, die Kreislaufwirtschaft zu ihrem Geschäftsmodell gemacht haben. Die Öbu-Geschäftsleiterin Seta Thakur sagt denn auch: „Circular Economy hat das Zeug, zu einer der größten Veränderungen der globalen Wirtschaft seit der industriellen Revolution beizutragen." (klimafreundliche Schweiz 2015, S. 21)

Die bisherigen Grenzen der Branchen verschwinden oder lösen sich ganz auf und bringen mehr Offenheit. „Sakku" nennt sich die Kuriertasche aus der Schweiz, die so viele Solarzellen an Bord hat, dass man damit unterwegs sein Handy aufladen kann. Sie wird in Werkstätten für Menschen mit Behinderung gefertigt. „Sakku" ist eine Wortkombination aus dem schweizerischen „Sack" für Tasche und „Akku". Die Macher von Sakku sagen, das S in Sakku sei nicht nur ein Wortspiel, sondern stehe für drei weitere Merkmale, die den Kern der Marke und der Firmenphilosophie bilden: S steht für Solar, die Kuriertaschen werden mit Solarzellen ausgerüstet, und für Sustainability, weil die Taschen natürliche und umweltfreundliche Sonnenenergie nutzen. Nicht zuletzt stehe das S für „Swissness", weil die Taschen in der Schweiz produziert werden. „Sakkus" gelten als 100 % klimaneutral, weil alle Emissionen, die bei der Produktion und Entsorgung der Taschen entstehen, über „myclimate" kompensiert werden.

„myclimate" ist ein Spin-off der ETH Zürich sowie eine gemeinnützige Stiftung, die 2002 gegründet wurde. Ihr Ziel sind Lösungen für umweltverträglicheres Handeln. Der Klimaschutz soll über Vermeidung, Reduktion und Kompensation von Kohlendioxid gefördert werden. „myclimate" setzt sich dafür ein, dass Kohlendioxid einen Preis bekommt und sich betriebswirtschaftlich beziffern lässt. Bislang werden die Umweltkosten von den Unternehmen externalisiert, in der CO_2-Bilanz aber nicht berücksichtigt. Treibhausgasemissionen, die bei der Produktion oder beim Transport von Waren anfallen, sollen in Klimaschutzprojekten kompensiert werden – meist in südlichen Ländern, weil dort mit der gleichen Geldsumme mehr Klimaschutz erreicht werden kann.

Sakku (http://sakku.ch)
Die Verbraucher haben in den letzten Jahren das Vertrauen in große Institutionen verloren und sind für klassische Werbung so gut wie nicht mehr ansprechbar. Selbstverpflichtungen und Standards sollen das Vertrauen wiederherstellen. Doch Unternehmen müssen sich inzwischen sehr ins Zeug legen, damit die kritischen Kunden ihnen glauben. Die Schweizer Migros AG hat das Thema Nachhaltigkeit daher in das Projekt Generation M gepackt und den schwammigen Begriff damit konkret und operationalisierbar gemacht.

Hier werden konkrete Versprechen an die künftige Generation gegeben: So werden Kinder namentlich angesprochen und Migros verspricht, „ab 2015 verwenden wir nur noch Palmöl aus nachhaltigem Anbau" oder „wir reduzieren den Verbrauch an Strom um die Hälfte". Dies gilt den Mitarbeitern als hoher Ansporn. Auf der Website können die Kunden jeweils den Stand einzelner Versprechen überprüfen und mit Migros in den Dialog dazu treten (http://www.migros.ch/generation-m/de/nachhaltigkeit-bei-der-migros/unsere-versprechen/versprechen-filter.html).

Migros beruft sich dabei auf den Gründervater Duttweiler, der seine Mitarbeiter 1950 persönlich aufgefordert haben soll, sich für die Gesellschaft und für die Kultur einzusetzen. Schon damals formulierte er, dass Engagement auch wirtschaftliche Gründe hat: „Wir müssen wachsender eigener materieller Macht stets noch größere soziale und kulturelle Leistungen zur Seite stellen. Für das müssen trotz aller geschäftlichen und politischen Beanspruchungen immer Mittel und die Zeit der Besten frei gemacht werden, sonst wird das mächtige Migros-Werk absterben wie ein Baum, der keine Blüten mehr treibt."

Indessen wird die Wirtschaft von der Wissenschaft wohlwollend, aber kritisch begleitet.

„Es wird viel gemacht, aber noch nicht genug. Wir leben definitiv über unsere Verhältnisse", sagt Prof. Dr. Sybille Olbert-Bock vom Lehrstuhl Nachhaltige Unternehmensentwicklung an der FHS St. Gallen. Die Gründe dafür seien zum Beispiel unterschätzte Herausforderungen. Zurzeit kuriere man Symptome, anstatt die Ursachen zu beseitigen. Ein Beispiel dafür sei, dass Naturschützer versuchen, den Eisbär zu retten. Der größere Effekt entstünde, wenn dessen Lebensraum konsequent geschützt wird. Noch übernehme dafür keiner die Verantwortung.

Der schwarze Peter werde den Kunden zugeschoben. Sie würden aufgefordert, mit ihrem Konsumverhalten zu entscheiden, welche Produkte, Dienstleistungen und Unternehmen unterstützt werden. „Aber der Kunde kann es meist gar nicht beurteilen, weil er die Produktionsbedingungen, Lieferantenverträge etc. nicht einsehen kann", so Sybille Olbert-Bock. Inzwischen dürfte sich herumgesprochen haben, dass die Produktion von Billigtextilien in sogenannten Schwellenländern mit umwelt- und sozialschädlicher Produktion erkauft wird. T-Shirts für zwei Euro können nicht nachhaltig produziert werden. Werden die Käufer darauf angesprochen, verdrängen sie es jedoch und wollen das Grundproblem nicht wahrhaben.

Sie gelten als „unconcerned", nicht wirklich betroffen durch das Leid, das sie mit ihrem Konsum verursachen. Vor der ökologischen Problematik kommt deshalb die Frage: Wie gehen wir miteinander um? Sybille Olbert-Bock hält es für nicht zielführend, wenn Personen im Internet für Verstöße gegen die Nachhaltigkeit an den Pranger gestellt werden. Hausbesitzer in Kalifornien, die ihren Rasen per Tankwagen bewässern lassen oder in Dürrezeiten mit grüner Farbe besprühen lassen, um die Optik zu erhalten, werden auf der sozialen Plattform Twitter unter dem Hashtag #droughtshame gerügt. Fotos und häufig auch Adressen werden bekannt gegeben, um Wasserverschwender zu brandmarken. Ob diese daraufhin ihren Wasserkonsum einschränken, ist nicht bekannt. Es gefährde jedoch den sozialen Frieden, wenn mit dem Finger auf Einzelne gezeigt wird.

Als wenig hilfreich haben sich in der Vergangenheit Erwartungen an Standards erwiesen. Die meisten Kunden glauben, das Gütesiegel „bio" stehe für alles, was nicht genmanipuliert ist. Aber selbst da gibt es Einschränkungen und sogar missbräuchliche Verwendung. „Wie soll es also weitergehen in der nachhaltigen Unternehmensentwicklung? Wie schließen wir den Gap zwischen Knowing, Doing and Being?", fragt Sybille Olbert-Bock. Die Problematiken des nachhaltigen Wirtschaftens seien entweder zu unbekannt oder zu wenig verinnerlicht. Es sei daher wichtig, Visionen vom guten Leben zu entwickeln, die sowohl eine gesunde und schöne Umwelt als auch ein besseres Miteinander umfassen. In solchen Szenarien zu denken erlaube, Antworten zu finden auf die Frage: Was bedeutet mein Handeln für morgen? Eines scheint den meisten Unternehmen inzwischen klar zu sein: Wer nicht handelt, gefährdet die eigene Geschäftstätigkeit. Ökonomie, Ökologie und soziale Verantwortung sind der Dreiklang der Zukunft.

Thomas Utz und Lukas Schmid, beide Institutsleiter für Innovation, Design und Engineering an der FHS St. Gallen, sind der Ansicht, „es geht nicht darum, einen neuen opportunistischen Hype in Unternehmen auszurufen, sondern es geht um das Deuten von Zeichen und das Verständnis vom Wandel der Systeme." Das Bewusstsein für fair produzierte Produkte steige und damit die Nachfrage, wie die Produktionsbedingungen seien. „Die glücklichen Mitarbeiter rücken in den Vordergrund. Wie werden die Mitarbeiter behandelt, die meine Produkte herstellen?", so Prof. Dr. Lukas Schmid. Künftig werden Mitarbeiter mehr sein als „Human Capital", auch wenn das für die meisten Arbeitnehmer heute noch zu schön ist, um wahr zu sein. Beruf und Arbeitsleben zu vereinbaren, wird soziale und ökologische Nachhaltigkeit bringen, wirtschaftlichen Erfolg möglich machen. „Fließende Teams" werden die Arbeitswelt prägen. Gut möglich, dass manch ein Mitarbeiter auf Weltreise ist, ein zweiter seine pflegebedürftigen Angehörigen betreut und ein dritter in Elternzeit ist. Unternehmen werden den Nutzen flexibler Arbeit zunächst nicht in Kennzahlen fixieren können. Langfristig aber werden sie davon profitieren, weil die Verbraucher sich von Marken verabschieden, die gegen soziale Standards verstoßen.

Das könnte den Fokus der Konsumenten weiter verschieben. Ein großes Manko der Nachhaltigkeit ist bisher, dass Menschen die Risiken, die sie nicht unmittelbar betreffen, weniger ernst nehmen und nicht als Belastung empfinden. Dass der Klimawandel durch Kohlendioxid verursacht und damit menschengemacht ist, weiß im Prinzip jeder. Dennoch werden nur halbherzige Maßnahmen dagegen getroffen. Die meisten Menschen handeln erst dann, wenn sie unmittelbar vom Klimawandel betroffen sind. Dass Nachhaltigkeit ohne Generationengerechtigkeit nicht mehr funktionieren wird, werden die nächsten Jahrzehnte zeigen.

In seinem Buch *Der Mensch vor der Frage nach dem Sinn* hat der Psychiater und KZ-Überlebende Viktor Frankl dargelegt, die Frage nach dem Sinn des Lebens sei kein Symptom einer Krankheit. Vielmehr sei sie der Beweis des Menschseins. 2015 gab es in der Arbeitswelt ein deutliches Umschwenken der Mitarbeiter. Viele begreifen ihre Arbeit als sinnentleert und frustrierend. Menschen möchten sich ethisch verhalten, keine Ressourcen verschwenden, ihre Kunden nicht betrügen und kein Greenwashing betreiben. Das hat Auswirkungen auf ihr Verhalten als Verbraucher und Arbeitnehmer und Haltung ist entscheidend für jede Veränderung.

Die amerikanische Umweltwissenschaftlerin Donella Meadows, eine der Wegbereiterinnen systemischen Denkens, hat es so formuliert: „Ich habe mich entschlossen, daran zu glauben, dass die Zeit gerade noch ausreichen wird. Dass wir noch ein gewaltiges, unerschlossenes Kreativitätspotenzial haben, das ausreicht, um völlig neue, ungeahnte Formen eines echten Zusammenlebens – aller Menschen – auf diesem kleinen Planeten zu gestalten. Was wir uns nicht leisten können, ist, Zeit zu verlieren." (Senge 2011, S. 14) Es sieht so aus, als ob viele ihrem Gedanken jetzt folgen.

Literatur

Bosshardt D (2011) The Age of Less – Die neue Wohlstandsformel der westlichen Welt. Hamburg: Murmann Verlag

klimafreundliche Schweiz (2015) Das jahrbuch für Nachhaltigkeit, Ökologie und Lifestyle. UTK Media GmbH

Paech N (2012) Befreiung vom Überfluss – Auf dem Weg in die Postwachstumsökonomie. oekom Verlag

PricewaterhouseCoopers (PwC) (2012) Die Zukunft von Familienunternehmen – Der Kern der Wirtschaft. Studie

Senge PM (2011) Die notwendige Revolution – Wie Individuen und Organisationen zusammenarbeiten, um eine nachhaltige Welt zu erschaffen. Heidelberg: Carl Auer Verlag

Petra-Alexandra Buhl, M. A., bloggt, schreibt und arbeitet selbstständig als Supervisorin, Organisationsentwicklerin und Facilitator seit 2008. Seit 1994 ist sie Journalistin, neun Jahre war sie in leitender Position im Verlag Gruner + Jahr tätig. Davor studierte sie Germanistik, Kommunikationswissenschaft und Geschichte an der Universität Tübingen 1992–1997. Zusatzausbildungen in u. a. Supervision und Organisationsentwicklung (DGSv) und systemischer Beratung (SG).

Nachhaltige Führungskräfteentwicklung durch Corporate Volunteering

Gabriele Bartsch

1 Anforderungen an Führungskräfte – Herausforderung für das Personalmanagement

Beschreibungen, was eine Führungskraft heutzutage alles leisten muss, beschwören mitunter das Bild der „eierlegenden Wollmilchsau" herauf (Pörksen 2014, S. 1). Die Erwartungen sind nicht nur vielfältig, sondern geradezu widersprüchlich. Wirtschaftliche Ertragsziele werden immer höher geschraubt, die Arbeitsverdichtung nimmt zu und die Innovationszyklen in der Wirtschaft werden immer kürzer. Gleichzeitig sollen ethische Standards eingehalten werden, Mitarbeiter bei immer knapper werdenden Ressourcen motiviert und darüber hinaus noch gesellschaftliche Verantwortung als Corporate Citizen gezeigt werden (Gebhardt et al. 2015). Bei einem solchen Erwartungshorizont genügt es längst nicht mehr, als Führungskraft fachlich exzellent ausgebildet zu sein, vielmehr braucht es ein großes Maß an sozialer und personaler Kompetenz, was Daniel Goleman mit dem Begriff „emotionale Intelligenz" geprägt hat (Goleman 1997).

Moderne Gesellschaften verlangen ihren Mitgliedern ein hohes Maß an geistiger Flexibilität und räumlicher Mobilität ab. So müssen wir heute in der Lage sein, an unterschiedlichen Orten rasch neue soziale Netzwerke zu bilden und in – mitunter – internationalen Teams produktiv zusammenzuarbeiten. Dies erfordert wesentlich mehr Sozialkompetenz als dies für frühere Generationen gegolten hat. Gleichzeitig gibt es aber in unserer individualistisch geprägten und hochgradig segmentierten Gesellschaft immer weniger Möglichkeiten quasi en passant, Sozialkompetenz in der eigenen Lebenswelt zu entwickeln (Rauschenbach 1997, S. 43 ff.). Speziell Manager können ohne Weiteres ein Leben führen, in dem sie keine wesentlichen Erfahrungen außerhalb der eigenen sozioökonomischen Sphäre machen. Kurzfristig mag es vielleicht effizient erscheinen, sich nahezu ausschließ-

G. Bartsch (✉)
Stuttgart, Deutschland
E-Mail: info@agentur-mehrwert.de

Abb. 1 Kompetenzportfolio

lich in der eigenen „peer group" zu bewegen. Langfristig aber droht eine unbewusste soziale Isolation und eine „deformation professionelle", eine eindimensionale Denkweise nach immer gleichem Muster, die einer guten Unternehmensführung im Weg stehen kann und Innovationsbereitschaft blockiert (Leipprand et al. 2012).

2 Kompetenzportfolio statt „deformation professionelle"

Um die oben skizzierten widersprüchlichen Anforderungen in der beruflichen Arbeit zu bewältigen, kommt es bei Führungskräften auf die Fähigkeit an, die unterschiedlichen Potenziale von Mitarbeitenden zu erkennen und als kreative Ressource zu nutzen. Je besser das Gespür für die zwischenmenschliche Ebene in der sozialen Interaktion ausgebildet ist, desto eher können Führungskräfte ihre Mitarbeiter zu einem produktiven Miteinander anleiten. Nur so gelingt es, Beschäftigte individuell angemessen zu fordern und zugleich das Zusammenspiel des gesamten Unternehmens optimal zu fördern. Dafür brauchen Führungskräfte ein breites Kompetenzportfolio (siehe Abb. 1, Kompetenzportfolio).

In der Führungsaufgabe kommt es im Wesentlichen darauf an, rasch zu erkennen, in welcher Rolle ich gefragt bin und wie ich auf die jeweilige Situation mit den betroffenen Mitarbeitern anhand der verschiedenen Kompetenzdimensionen angemessen reagiere. Dies ist nichts anderes als emotionale Intelligenz. Je höher die Führungsspanne ist, desto mehr gewinnt Sozialkompetenz gegenüber der einst erworbenen Fachkompetenz an Bedeutung. Während Fachkompetenz in der Ausbildung, im Studium, in Schulungen etc. erworben werden kann, stellt sich nun die Frage, wie man Sozialkompetenz und emotionale Intelligenz weiter entwickeln kann.

3 Emotionale Berührung als Voraussetzung für persönliche Entwicklung

Im Gegensatz zur Fachkompetenz kann Sozialkompetenz nicht im klassischen Seminar-Setting vermittelt werden. Sozialkompetenz benötigt unkonventionelle Lernorte und innovative Methoden. Lern-Settings, die Kontakte und Begegnungen mit anderen Lebenswelten ermöglichen und die Teilnehmer emotional herausfordern, haben sich dabei als besonders wirksam erwiesen. Nachhaltige Denkanstöße, die auch zu neuen Handlungsmustern führen, brauchen bei Erwachsenen starke Impulse, wie wir aus der Erlebnispädagogik, Erwachsenenbildung und Hirnforschung wissen (stellvertretend seien hier genannt: Kolb 1984; Knoll 1999; Herrmann 2006; Hüther 2011). Starke Impulse sind emotionale Impulse, die unser Herz und unseren Verstand ansprechen.

Je länger Führungskräfte aber auf ihren Etagen verweilen, umso größer wird die Gefahr, dass sie in einer eng begrenzten Realität leben und weitgehend abgeschnitten sind von anderen Lebensrealitäten. Durch einen hautnahen Kontakt, der gewissermaßen die Augen öffnet, werden Führungskräfte angerührt, berührt und kommen so – vermutlich zum ersten Mal seit Langem – wieder in Kontakt mit ihrer eigenen Gefühlswelt und Emotionalität. Dies steht ziemlich konträr zu den Anforderungen an Führungskräfte, die darauf trainiert sind, schnell einen Überblick darüber zu gewinnen, welche Entscheidung akut gefragt ist. In dieser Logik scheint es angemessen, alles Emotionale zurückzudrängen. Sachlichkeit scheint Stabilität zu garantieren. So kann für Führungskräfte, die in einer sterilen und formalen Firmenkultur beruflich sozialisiert wurden, der Kontakt mit anderen Lebensrealitäten zu einer großen Herausforderung werden. Die Berührungsängste sind also nicht zu unterschätzen, wenngleich sie durchaus überwindbar sind. Neugier und Offenheit für Menschen, die anders sind, sind Voraussetzungen, die Führungskräfte mitbringen müssen. Es geht darum, sich als Mensch zu zeigen ohne die „Insignien der Macht" (Titel, Geschäftswagen etc.) und nicht zu wissen, auf was ich mich da einlasse und was dann mit mir passiert. Die nächste Herausforderung besteht dann darin, über diese Erfahrungen zu reflektieren. Gelingt es, ein solches Lern-Setting zusammenzustellen, dann bietet Corporate Volunteering einen guten Rahmen für diese Art von Erfahrungslernen.

4 Lernen mit Herz, Kopf und Hand

Im Folgenden wird das Konzept „Lernen in fremden Lebenswelten" (Bartsch 2007), das auf der Idee des Corporate Volunteering aufbaut, prototypisch beschrieben und anhand konkreter Praxisbeispiele der Agentur mehrwert untermauert. Kernstück ist die einwöchige Mitarbeit in einer sozialen Einrichtung, begleitet von Coaching zur Vorbereitung und zur Auswertung der Erfahrungen. Die Sozialpartner sind z. B. Alten- und Pflegeheime, Wohngemeinschaften für schwierige Jugendliche, Behinderteneinrichtungen oder die Wohnungslosenhilfe. Während der Praxisphase werden die Führungskräfte aktiv in der von ihnen ausgesuchten sozialen Einrichtung eingesetzt und verlassen so für kurze Zeit ihre eigene berufliche Routine. Die Intensität der Erfahrungen führt dazu, dass Lernimpulse automatisch generiert werden. Während man sich bei klassischen Seminaren – auch wenn sie didaktisch gut aufgebaut sind – innerlich zurückziehen kann, sind unbeteiligtes Beobachten oder distanziertes Zuschauen in einer sozialen Einrichtung undenkbar. Es handelt sich gewissermaßen um ein Outdoortraining im realen Leben. Das Lernen findet in Echtsituationen statt, es wird nichts arrangiert oder gestellt. Das Reflexionssystem (Einführung und Auswertung) fördert die Selbsterfahrung und die Integration der neuen Erfahrungen in das eigene Leben und die berufliche Situation.

Durch diese Art der Fortbildung kommen sie mit Menschen in meist schwierigen, den Führungskräften aber stets unbekannten Lebenssituationen zusammen, bauen emotionale Kompetenz und Empathie auf und lernen, diese auch im Arbeitsalltag anzuwenden. Dadurch kann mittelfristig eine neue, konfliktärmere und damit auch produktivere Unternehmenskultur entstehen, zumal durch das emotionale Lernen Erfahrungen fest verankert werden und nicht wie bei rein kognitiven Fortbildungsansätzen durch eine meist sehr kurze Halbwertszeit gekennzeichnet sind. Im Folgenden werden die einzelnen Bausteine detailliert beschrieben.

4.1 Die Einführung

Zunächst treffen sich die Teilnehmenden als Gruppe in ihrem jeweiligen Unternehmen zur Einführung. Hier werden ihre Erwartungen, aber auch Ängste und Befürchtungen hinsichtlich des bevorstehenden Blickwechsels thematisiert. Es geht darum, in (kleinen) Gruppen eine Vertrauensatmosphäre zu schaffen. Je offener die Teilnehmenden von Anfang an über ihr Empfinden sprechen können und so mit ihrer emotionalen Seite in Kontakt kommen, desto größer sind die Chancen für neue Lernerfahrungen. Die genannten Erwartungen und Befürchtungen werden visualisiert und zeigen so den Teilnehmenden, dass es ihren Kollegen ganz ähnlich geht. Gleichzeitig bieten sie den Rahmen für einen individuellen Handlungsplan.

In dieser Visualisierung wird das individuelle „Lernthema", beispielsweise „sich in andere hineinfühlen", „Umgang mit nicht planbaren Situationen", „Geduld entwickeln", „schwierige Situationen aushalten können" oder „Umgang mit Langsamkeit und Irrationalität", deutlich.

Für welches Lernfeld sich die Führungskräfte entscheiden, wird häufig von Entwicklungs- bzw. Lebensthemen gesteuert, die bei den Teilnehmenden virulent sind. Wer Schwierigkeiten hat mit Spontaneität, wählt beispielsweise eine Wohngruppe für geistig behinderte Jugendliche aus, wer sich mit langsamen oder eher bedächtigen und zögernden Menschen schwer tut, entscheidet sich eher für ein Pflegeheim mit einem hohen Anteil an demenzkranken Personen.

4.2 Die Praxiswoche

Von Beginn an packen die Teilnehmenden mit an und helfen beispielsweise beim Wecken, Anziehen und Frühstück von Bewohnern in Heimen, bringen behinderte Kinder in die Schule, beteiligen sich an ergotherapeutischen Maßnahmen, unterhalten sich mit alten Menschen über deren Lebensgeschichte, spielen mit verhaltensauffälligen Kindern oder beraten Jugendliche, wie man am besten eine Bewerbung schreibt.

Zur täglichen Reflexion bekommen die Teilnehmenden ein Tagebuch mit strukturierenden Fragen. An jedem Abend sollen sie den Tag reflektieren und die wichtigsten Erlebnisse schriftlich festhalten. Das Tagebuch leitet an, den Tag noch einmal bewusst durchzugehen. Strukturierende Fragen sind z. B.:

- Was ist mir aufgefallen?
- Was lief gut? Was hat mich irritiert/verunsichert?
- Worauf möchte ich morgen besonders achten?
- Wo stehe ich mit meinem Lernthema?

Wichtige Erfahrungen oder Irritationen werden so im Bewusstsein verankert. Dies ist die Grundlage dafür, um Erfahrungen zu sichern und am Ende Gelerntes formulieren und umsetzen zu können.

4.3 Auswertung und Transfer

Zeitnah an der Praxiswoche findet die erste Gruppenauswertung statt. Die Teilnehmenden werden dabei gebeten, über ihre wichtigsten Erlebnisse zu berichten. Sie sollen eine typische oder herausragende Situation detailliert beschreiben. Dabei ist häufig eine Irritation auf der emotionalen Ebene festzustellen. Die Auswertungsrunde in diesem Stadium folgt den Feedbackregeln, d. h., es gibt keine Interpretationen oder Bewertungen. Nur im gegenseitigen Zuhören kann noch einmal ein Abgleich stattfinden, der zur Selbstvergewisserung führt:

- „Aha, meinem Kollegen ging's ganz ähnlich, ich liege also nicht daneben."
- „Ich habe gesehen, wie behinderte Kinder, wenn sie entsprechend gefördert werden, einen enormen Willen und großes Selbstbewusstsein entwickeln, während mein Kollege gesehen hat, wie Jugendliche, die auf der Straße leben, sich aufgegeben haben und es enorme Mühe kostet, sie zu motivieren, einen Tag lang durchzuhalten."

Die Teilnehmenden vergleichen ihre Erfahrungen mit denen der anderen und verknüpfen diese mit ihrem Lernthema, das sie bei der Einführung entwickelt haben. Erste Transferüberlegungen kommen zum Vorschein:

- „Die sind eigentlich ganz normal."
- „Es gibt dort die gleichen Charaktere wie in meiner Firma."
- „Erstaunlich, wie viel den blinden Kindern zugetraut werden kann, was müsste ich da erst meinen Mitarbeitern zutrauen können."

Ergebnis der Auswertung ist, dass die Teilnehmenden mit einem für sie passenden Vorhaben in die Arbeit zurückkehren. Auch hier zeigt sich wieder ein roter Faden und die Teilnehmenden verknüpfen die Erfahrungen mit ihren biografischen Lebensthemen. Drei bis vier Monate nach der Gruppenauswertung erfolgt ein Follow-up-Coaching. Hier kann an das Lernthema, an die Auswertung und das Transfervorhaben angeknüpft werden. Methodisch hilfreich sind hier beispielsweise zirkuläre Fragen des systemischen Coachings. „Wenn ich Ihre Mitarbeiter fragen würde, was ist seit dem Blickwechsel ihres Chefs anders als vorher, was würden die mir sagen?"

Der dynamische, strukturierte und in Abfolgen denkende Controller, der eine Woche in der Altenhilfe verbracht hat, kommt ins Nachdenken. „Ich bin immer sehr schnell, das erschreckt die Leute. Wenn ich eine Aufgabe anpacke, überspringe ich meistens die ersten drei Schritte. Schnelligkeit ist mein Credo. Am Anfang bin ich fast wahnsinnig geworden. Die Geduld, die die Pflegekräfte mit den alten Menschen haben müssen. Mir ist deutlich geworden, dass ich mich sehr über Leistung definiere. Seit dem Blickwechsel bin ich nachdenklich geworden und frage mich, ob Leistung alles sein kann."

Der Teamleiter, der in einer Schule für mehrfach behinderte und blinde Kinder mitgewirkt hat, reflektiert beim Coaching, wie er mit seinen Mitarbeitern umgeht. „Was ich stärker als vorher mache: Ich traue meinen Mitarbeitern mehr zu und ich arbeite mehr an der individuellen Förderung. Einem Mitarbeiter habe ich eine Persönlichkeitsschulung empfohlen, der ist immer so aufbrausend. Ich bin mir sicher, dass ich das Gelernte nicht vergesse, weil es sich schon bewährt hat."

„Mir ist in der Einrichtung aufgefallen, dass ich auch was ganz anderes machen kann. Ich könnte mir vorstellen, dass ich innerhalb der Firma einmal wechsle, das wäre für die Firma sowieso gut, wenn es im Führungsbereich mehr Wechsel gäbe." Dieses Resümee zieht ein Abteilungsleiter, dem die Erfahrung, sich schnell auf etwas völlig Neues einlassen zu können, eine neue Sicherheit gibt.

Die Teilnehmenden sind erstaunt, wie lebendig und gegenwärtig die Erinnerungen auch nach einigen Monaten noch sind. Dies ist ein Indiz dafür, dass es ein Lernen mit allen Sinnen war und nicht nur kognitiv stattgefunden hat, sondern emotional verbunden wurde.

Eine Teilnehmerin erkennt beim Follow-up-Coaching, dass es ihr nach dem Blickwechsel ganz gut gelingt, ohne sprachliche Abschwächungen („könnten Sie mal …") klare Aufträge zu erteilen. Klare und präzise Ansagen sind ihr bei den pädagogischen Fachkräften in der Jugendhilfeeinrichtung aufgefallen, in der sie eine Woche mitgearbeitet hat. Sie ist überrascht über die Wirkung. Ihre Mitarbeiter fragen schon von sich aus: „Bis wann brauchen Sie das?" Dennoch gibt es noch ein darunter liegendes Problem. Sie befürchtet, durch das offensive Auftreten einer Kollegin auf gleicher Ebene zunehmend ins Abseits zu kommen. Ihr ist ein solches „Gehabe" zuwider. Die Idee, dass es bei dem Positionieren nicht um sie, sondern um ihre Aufgabe und ihr Thema geht, ermöglicht es ihr, mit Lust den Wettbewerb aufzunehmen. Dabei will sie einen eigenen Stil entwickeln, der zu ihr passt.

4.4 Zwei Fallbeispiele

Was bisher punktuell dargestellt wurde, soll anhand von zwei Fallstudien präzisiert werden.

Emotionale Steuerungsfähigkeit gewinnen – Herr Sch.
Herr Sch. ist Anfang fünfzig, verheiratet und hat zwei noch relativ junge schulpflichtige Kinder. Als Maschinenbauer ist er direkt nach dem Studium in einen international tätigen Automobilkonzern eingestiegen, in dem er schnell Karriere gemacht hat und der Meinung war, dass dies linear so weitergehe. Beim Wechsel vom internen Service in den Produktionsbereich gerät er in eine spezielle Konstellation, deren Dynamik er nicht durchschaut. Im Rückblick ist ihm klar, dass er die „politischen Spiele" nicht verstanden hat, die da abliefen. Dazu kommt, dass in diesem Bereich ein höherer Zielerreichungsdruck vorhanden ist, was er bisher nicht gewohnt war. Ihm wird ein Wechsel wieder in einen internen Servicebereich nahegelegt. Seither ist er auf dem gleichen Level geblieben. Mehrmals kommt hier Wut und Bitterkeit zum Vorschein, dass die „mit den spitzesten Ellbogen am leichtesten durchkommen und damit erfolgreich sind".

Von dem Blickwechsel verspricht er sich, dass er Lebenswelten von Menschen kennenlernen kann, bei denen es auch nicht immer gerade läuft, und wählt eine Werkstatt für Menschen mit Behinderungen. In seiner Schilderung über die Woche erwähnt er, dass er nach dem ersten Tag enttäuscht gewesen sei, weil er keinen Kontakt zu den Menschen gefunden habe. Schließlich sei es ihm doch gelungen und zwar dadurch, dass er Interesse gezeigt habe, den richtigen Moment abgewartet habe und akzeptiert habe, dass die erst mal verschlossen sind. Auf einer Metaebene bezeichnet er dies als Fähigkeit, sich in andere hineinzuversetzen. Als Transfer sieht er jetzt schon, dass es darum gehe, davon auszugehen, dass Menschen sich engagieren und einbringen möchten. Dazu brauche es Geduld und Vertrauen. Es fällt ihm auf, dass er bisher noch nie über sein „Scheitern" im vorherigen Bereich sprechen konnte und seine Sensibilität und sein Einfühlungsvermögen eher als begrenzend empfunden habe. In der Reflexion wird deutlich, dass er aufgrund seiner eigenen schwierigen Erfahrungen im Konzern in seiner Vorgesetztenrolle sehr identifiziert nach unten ist und kritisch/widerständig nach oben. Für die kommende Zeit nimmt er sich vor, seine Emotionalität als Ressource zu definieren und eine emotionale Steuerungsfähigkeit zu entwickeln. Darunter versteht er die angemessene Gestaltung von Beziehungen, z. B. auch gegenüber seinem neuen Chef.

Nach drei Monaten stellt er fest, dass er ein belastbares Verhältnis zu diesem entwickelt hat, damit ist er sehr zufrieden. Der Chef mache zwar auf einer sachlichen Schiene Druck, damit könne er aber gut umgehen. *(Anm.: Das Unternehmen vollzieht zu diesem*

Zeitpunkt ein umfangreiches Kostenreduktionsprogramm mit erheblichem Stellenabbau.) Außerdem achte er mehr auf körperliche Symptome, schlafe z. B. mehr, und damit habe sich für ihn vieles gelöst. Es komme ihm so vor, als ob er in sich aufgeräumt habe. In der Einrichtung konnte er wahrnehmen, dass dort Defizite akzeptiert werden und das Beste daraus gemacht wird. Ihm ist durch die Woche deutlich geworden, dass der bestmögliche Einsatz von Mitarbeitern nur durch eine ganzheitliche Sichtweise auf den Menschen möglich ist. Genau dies hat er selbst in der vorherigen schwierigen Situation nicht erlebt, sondern wurde zwischen den Fronten zerrieben, weil er die Machtspiele nicht verstanden hat. Damit wiederholte sich auch ein Kindheitsmuster, das durch den sehr kühlen Vater und die extrem emotionale Mutter entstanden ist. Auf dem „Weg des Haderns" sei der Blickwechsel ein ganz wichtiger Schritt gewesen.

Der Umweg ist auch ein Weg zum Ziel – Frau A.
Die junge Abteilungsleiterin eines großen mittelständischen Unternehmens wird von ihrem Vorgesetzten als sehr professionell, stringent und „tough" beschrieben. Sie habe innerhalb des Unternehmens mit ihrer hohen Sachkompetenz schnell Karriere gemacht. Sie selbst beschreibt ihre Sachorientierung einerseits als Stärke, andererseits schieße sie auch manchmal übers Ziel hinaus, z. B. wenn es um Verhandlungen gehe. Es ist ihr auch sehr wichtig, dass Vereinbarungen eingehalten werden, und wenn sie da nachhake, werde dies von ihren Mitarbeitenden als Gängelung empfunden. Als Lernthema nennt sie beim Einführungsgespräch, dass sie ihre Wahrnehmungs- und Kommunikationskompetenz erweitern möchte, ohne ihre Ergebnisorientierung aufzugeben. Konkret hat sie im Moment die Herausforderung, dass einer ihrer Gruppenleiter in ihren Augen für diese Führungsaufgabe nicht geeignet ist und sie ihn eher auf einer Fachstelle sieht.

Sie nimmt sich vor, in der Jugendhilfeeinrichtung, die sie sich als Praxisfeld ausgesucht hat, den Jugendlichen Verständnis und Wertschätzung zu zeigen, ohne dabei die Entwicklungsziele der Jugendlichen aus den Augen zu verlieren. Im Auswertungsgespräch berichtet sie über schockierende Lebensgeschichten, die sie mitbekommen hat. Umso beeindruckter ist sie von der Gelassenheit, mit der die pädagogischen Fachkräfte mit den Jugendlichen arbeiten. Sie müssen mit langsamen Entwicklungsschritten zufrieden sein und manchmal ist der Umweg auch der Weg zum Ziel. So ist ihr deutlich geworden, dass es darum gehe, eigene Erwartungen klar und deutlich, aber wertschätzend zu formulieren. Was den Gruppenleiter angeht, entscheidet sie sich dafür, ihm noch einmal eine Entwicklungschance zu geben. Sie bespricht mit ihm, was sie konkret von ihm erwartet, er wiederum kann äußern, was er von ihr braucht. Sie vereinbaren, in einem engen zeitlichen Turnus über seine Entwicklung zu sprechen.

5 Existenzielle Fragen tauchen auf

Bei fast allen der bisherigen Teilnehmenden kamen im Laufe des Programms existenzielle Fragen zum Vorschein:

- Was ist wirklich wichtig und was gibt meinem Leben Sinn?
- Was ist Erfolg und wer definiert Scheitern?
- Worüber lohnt es, sich aufzuregen?

Dies hängt zum einen damit zusammen, dass es gelingt, in Berührung mit anderen zu kommen und sich berühren zu lassen. Was im anderen zu sehen ist, kann als Spiegelung dessen gesehen werden, was bei einem selbst verdrängt wurde. Zum anderen sind die meisten Teilnehmenden in der Lebensmitte. Sie fangen an, das eigene Leben zu bewerten und neu zu justieren. Die Wahrnehmung anderer Lebensrealitäten wirkt ernüchternd und erleichternd zugleich und führt zur Relativierung der eigenen Situation. Dadurch stellt sich mehr Zufriedenheit und Gelassenheit ein, was die Teilnehmer als hilfreich erleben. In der Erkenntnis: „Mein Gott, über was wir uns hier (Anm. d. A.: im Unternehmen) alles aufregen!", kommt dies treffend zum Ausdruck.

6 Wer hat was davon?

Je stärker die einzelnen Akteure in die Vorbereitung und Konzeptentwicklung eingebunden sind, umso attraktiver ist es für alle Beteiligten, Zeit zu investieren und sich auf Neues und Ungewohntes einzulassen. Damit steigt auch die Chance, dass alle einen Nutzen haben und solche Lernkonzepte zu neuen Kooperationen und nachfolgenden Kontakten führen.

Nutzen für die Teilnehmenden:

- Führungskräfte lernen im Umgang mit behinderten Menschen einen Führungsstil kennen, der durch Konsequenz gekennzeichnet ist und übertragen dies auf ihre eigene Führungssituation.
- Manager stellen fest, dass nicht nur die fachliche, sondern die soziale Kompetenz bei ihren Mitarbeitenden wichtig ist.
- Führungskräfte, deren Unternehmen sich in Umstrukturierung befindet, können erleben, wie rasch sie sich auf ungewohnte Situationen einstellen können.

Nutzen für die Unternehmen:

- Unternehmen zeigen durch solche Kooperationen, dass sie sich als Teil des Gemeinwesens sehen und soziale Verantwortung übernehmen.

- Die Arbeitsmotivation und Zufriedenheit mit der eigenen Arbeit steigen nach solchen Einsätzen, weil sich die eigenen Probleme relativieren.
- Soziales Verhalten und emotionale Kompetenz steigen nach solchen Projekten. Es entsteht ein neues bzw. zusätzliches Netzwerk innerhalb des Unternehmens. Führungskräfte arbeiten nach der gemeinsamen emotionalen Erfahrung leichter und vertrauensvoller in Projektteams zusammen.

Nutzen für die Non-Profit-Organisationen:

- Soziale Organisationen öffnen sich gegenüber Unternehmen und bekommen neue Kontakte, z. B. auch für weitere Kooperationen.
- Eine Werkstatt für Menschen mit Behinderungen erhält Aufträge von einer Firma, deren Führungskräfte eine Woche in der Werkstatt mitarbeiten.
- Non-Profit-Organisationen bekommen Feedback von außen zur Arbeitsweise und Ablauforganisation.

7 Das Leben ist wild und gefährlich – Versuch einer Erklärung

„Wir möchten gerne dieses Jahr statt eines Betriebsausfluges einen Social Day veranstalten. Wichtig ist uns, dass wir uns nützlich machen können, wir möchten allerdings dann keine weiteren Verpflichtungen eingehen" oder „Gäbe es nicht eine Blickwechsel-Light-Variante? Die Freistellung für 5 Tage ist für unsere Führungskräfte nicht möglich und der Einsatz soll auch nicht emotional belastend sein." So oder ähnlich lauten manchmal Anfragen, die von Unternehmen an uns herangetragen werden. Das klingt ein bisschen nach: „Wasch mir den Pelz, aber mach mich nicht nass!" Wer sich in andere Lebenswelten begibt, konfrontiert sich mit anderen Lebenswirklichkeiten. Es fällt dann vielleicht nicht mehr so leicht, z. B. über scheinbar unmotivierte Jugendliche zu klagen, die nichts auf die Reihe bekommen. Oder man stellt staunend fest, mit wie wenig Ressourcen und Anerkennung Sozialarbeiter dennoch ihre Motivation aufrechterhalten. Oder es wird deutlich, dass Langzeitarbeitslose als Konsequenz von Firmenverlagerungen nach Asien eben die andere Seite der Medaille sein können oder wie viel Glück man selbst bisher im Leben hatte, weil man in ein wohlsituiertes Elternhaus hineingeboren wurde oder bislang von schweren Erkrankungen verschont geblieben ist. Vorurteile und (Pseudo-)Gewissheiten lösen sich auf und weichen neuen Irritationen, die zwar durch ein begleitendes Reflexionskonzept produktiv genutzt werden können, aber eben erst einmal Unsicherheit auslösen. Und manche extreme Lebenssituation lässt sich auch nicht schön reden, wenn beispielsweise ein Kind in einem Kinderhospiz beim Sterben begleitet wird oder ein Jugendlicher in seinem kurzen Leben bisher vor allem Gewalt, Alkoholexzesse und sexuellen Missbrauch erlebt hat.

Vor diesem Hintergrund ist es nicht erstaunlich, dass Personalmanager sich schwer tun, mehrtägige Corporate-Volunteering-Programme als Führungskräfteprogramme zu etablieren, obwohl der multidimensionale Nutzen nachweisbar ist. Wie nachhaltig die Erkenntnisse in das eigene berufliche Handeln übertragen werden können, wird an den Beispielen oben deutlich.

Das Lernen in fremden Lebenswelten bringt einen auf einen anderen Boden der Tatsachen. Wer aber lieber im Hochhaus sitzen bleiben möchte, sollte sich wenigstens nicht einbilden, er habe den Überblick.

Literatur

Bartsch G (2007) Werteorientierte Führung. In: PersonalEntwicklen, 112. Erg.-Lgf. Aufl. Köln, S 1–11

Gebhardt B, Hofmann J, Roehl H (2015) Zukunftsfähige Führung. Die Gestaltung von Führungskompetenzen und -systemen. https://www.bertelsmann-stiftung.de/fileadmin/files/BSt/Publikationen/GrauePublikationen/ZukunftsfaehigeFuehrung_final.pdf. Zugegriffen: 4. November 2015

Goleman D (1997) Emotionale Intelligenz. dtv Verlagsgesellschaft mbH & Co. KG, München

Herrmann U (2006) Lernen findet im Gehirn statt. Die Herausforderungen der Pädagogik durch die Gehirnforschung. In: Caspary R (Hrsg) Lernen und Gehirn. Der Weg zu einer neuen Pädagogik. Verlag Herder, Freiburg, S 85–98

Hüther G (2011) Was wir sind und was wir sein könnten. Ein neurobiologischer Mutmacher. S. Fischer Verlag GmbH, Frankfurt

Knoll J (1999) Eigen-Sinn und Selbstorganisation. Zu den Besonderheiten des Lernens von Erwachsenen. In: Kompetenzentwicklung 99. Aspekte einer neuen Lernkultur. Argumente, Erfahrungen, Konsequenzen. AG QUEM, Münster/New York/München/Berlin, S 61–79

Kolb D (1984) Experiential learning: experience as the source of learning and development. Englewood Cliffs, New Jersey

Leipprand T, Allmendinger J, Baumanns M, Ritter J (2012) Jeder für sich und keiner fürs Ganze? Warum wir ein neues Führungsverständnis in Politik, Wirtschaft, Wissenschaft und Gesellschaft brauchen. http://www.stiftung-nv.de/sites/default/files/201204_fuehrungsstudie.pdf. Zugegriffen: 4. November 2015

Pörksen B (2014) Wie gute Führung gelingen kann. http://www.zeit.de/karriere/beruf/2014-09/integrale-fuehrungskraft-schulz-von-thun. Zugegriffen: 4. November 2015

Rauschenbach T (1997) Zur Notwendigkeit einer neuen Kultur des Sozialen. In: Stark W, Schröer A, Schubert C (Hrsg) Soziales Lernen in Schule, Betrieb, Jugendarbeit und neuen gesellschaftlichen Organisationsformen. Ev. Akademie Bad Boll Protokolldienst 26/97, Bad Boll, S 30–48

Gabriele Bartsch, Soziologin und Kulturwissenschaftlerin M. A. (Erstausbildung Verwaltungsbeamtin), Weiterbildungen in systemischer Organisationsentwicklung und Coaching, seit 2000 Geschäftsführerin der Agentur mehrwert in Stuttgart. Davor war sie zehn Jahre in der professionellen Frauenförderung tätig und als Projektleiterin Personalentwicklung. Ausgebildet ist sie in systemischer Organisationsentwicklung und Coaching. Sie verfügt über langjährige Erfahrung im Training von Führungskräften im Profit- und Non-Profit-Bereich, zahlreiche Veröffentlichungen jeweils im

Rahmen der beruflichen Tätigkeit zu Frauenförderung, bürgerschaftlichem Engagement, Service Learning und Responsible Leadership. Ehrenamtlich ist sie engagiert u. a. im Verbandsrat des Diakonischen Werkes Württemberg und als Vorsitzende des Durchführungsvereins Kirchentag Stuttgart 2015 und Kirchentag Berlin 2017.

Innovative Geschäftsmodelle im Anthropozän

Gerd Hofielen

1 Interface Inc. und die Herausforderungen des Anthropozäns

> I stood indicted as a plunderer, a destroyer of the earth, a thief of my grandchildren's future. And I thought, My God, someday what I do here will be illegal. Someday they'll send people like me to jail (Anderson 2011, S. 7).

Diese Einsicht bewog Ray Anderson im Jahre 1995, eine konsequente Transformation der Wertschöpfungskette der von ihm gegründeten Firma einzuleiten. Die Aktien von Interface Inc. werden an der US-Börse Nasdaq gehandelt. Dies zeigt zweierlei: Mit der passenden Haltung ist es möglich, ein Unternehmen, dessen Produkte (Teppichfliesen) aus Erdöl hergestellt werden, in Richtung Zero Footprint zu bewegen und diese Strategie den InvestorInnen als werthaltig zu vermitteln.

Die europäische Fabrik von Interface berichtet für 2014 einen Anteil erneuerbarer Energien von 95 %, die Verringerung des Frischwasserverbrauchs und Deponieabfalls auf nahezu und null sowie eine Reduktion der Treibhausgasemissionen von 90 % gegenüber 1996 (Elkington et al. 2014, S. 18). Zum Vergleich: Die EU strebt eine Reduktion von 40 % bis 2030 an (Europäische Kommission 2014). Diese Erfolge wurden erzielt durch eine Reihe von Prozess- und Produktinnovationen über den Zeitraum von knapp 20 Jahren.

Ray Anderson und Interface sind Pioniere des nachhaltigen Wirtschaftens. In diesem Artikel werden weitere Pioniere und ihre Geschäftsmodelle und -strategien vorgestellt. Was diese Pioniere gemeinsam haben, ist die Überzeugung, dass der Planet durch die Wirtschaftsweise der industrialisierten Welt einem zerstörerischen Raubbau unterworfen ist und dass diese Wirtschaftsweise transformiert werden muss.

G. Hofielen (✉)
Berlin, Deutschland
E-Mail: gerd.hofielen@hm-practices.org

Die Innovationsstrategie eines Unternehmens heute sollte die Tatsache berücksichtigen, dass im Zeitalter des Anthropozäns die Einwirkungen der Menschheit auf die globalen ökologischen Systeme dominant geworden sind und dass sie in einigen wichtigen Bereichen die Lebensgrundlagen der Menschheit bereits gefährden (Crutzen und Stoermer 2000). Kein Unternehmen sollte sich der Einsicht verweigern, dass zur Erhaltung menschenwürdiger Lebensbedingungen der Erhalt und die Restaurierung der Umwelt notwendig sind und dass diesbezügliche Aktivitäten in das Geschäftsmodell und vor allem in die Innovationsstrategie einbezogen werden sollten.

Interface Inc. macht vor, dass selbst unter den Rahmenbedingungen des finanziellen Drucks der Börse die Transformation in ein nachhaltiges Geschäftsmodell machbar ist. Es ist das Standardargument der VertreterInnen einer konventionellen Wirtschaft, dass der finanzielle Druck des Aktienmarkts jedes Unternehmen in eine Profit- und Wachstumsmaximierungsstrategie zwinge, die kaum Spielräume für nachhaltigkeitsgetriebene Innovationen lasse. Zwar findet die Anforderung, das Unternehmen solle mit seinen Geschäftätigkeiten zu menschenwürdigen Lebensbedingungen beitragen, große Zustimmung und führt zu CSR-Abteilungen und Nachhaltigkeitsberichten, aber die faktischen Entscheidungen pro Nachhaltigkeit scheitern noch immer an der finanziellen „Machbarkeit", sprich das Ziel der Profitmaximierung fungiert als Hürde. Interface Inc. schafft ganz offensichtlich die Quadratur des Kreises, indem Erwartungen der InvestorInnen entsprochen wurde *und* eine konsequente Nachhaltigkeitstransformation geschafft wurde.

In diesem Aufsatz wird eine interviewbasierte Studie mit 17 Unternehmen in Deutschland (Hofielen 2015) vorgestellt, die eine grundlegende Innovation unternommen haben, die noch einen Schritt weiter geht als Interface: die Innovation des Geschäftsmodells. Alle diese Unternehmen lassen das profitgetriebene Geschäftsmodell hinter sich und gestalten ihren Unternehmenszweck kooperativ und durchlässig gegenüber gesellschaftlichen Anforderungen.

Timmers (1998, S. 4) beschreibt ein Geschäftsmodell als

> an architecture for the product, service and information flows, including a description of the various business actors and their roles; and a description of the potential benefits for the various business actors; and a description of the sources of revenues.

In Anlehnung daran wird dieses neue Geschäftsmodell zu Beginn charakterisiert und im Anschluss werden die innovativen Grundprinzipien und die daraus folgenden Geschäftspraktiken anhand der Interviewäußerungen der Unternehmen dargestellt. Die Bedeutung dieser Innovation wird in Bezug auf die Wirtschaftspraktiken des Mainstreams vergleichend beschrieben. Daraus werden Überlegungen entwickelt, wie die Bedingungen zu gestalten sind, damit diese innovativen Praktiken im Mainstream verbreitet werden können. Konkrete Handlungsempfehlungen für Unternehmen, die diese Innovationen replizieren wollen, schließen den Beitrag ab.

2 Zukunftsfähige Geschäftsmodelle – die Basis für Innovation

Wenn man davon ausgeht, dass der Zweck der Wirtschaft und der Unternehmen darin besteht, Bedürfnisse zu befriedigen, für die es eine zahlungskräftige Nachfrage gibt, fällt auf, dass in vielen Unternehmen die Erzielung von maximaler Kapital- oder Umsatzrendite den ursprünglichen Unternehmenszweck überformt. Diese Überformung führt in vielen Fällen dazu, dass Geschäftsmodelle entstehen, die erstens die ursprünglichen Bedürfnisse so verändern, dass sie von Unternehmen profitabler bedient werden können, und dass zweitens oft wesentliche Grundlagen von ehrbarem und sittlichem Verhalten von Unternehmen verletzt werden. Hier wird Bezug genommen auf Skandale wie die Bankenkrise von 2007/2008, die Korruptionsaffäre bei Siemens 2006–2008, die Abgasmanipulation von Volkswagen 2015, aber auch auf ganz alltägliche Geschäftspraktiken im konventionellen Business wie die Externalisierung von Umweltschäden.

Es entsteht der Eindruck, dass die Überformung des Unternehmenszwecks durch die finanziellen Interessen der EigentümerInnen eine Reihe von Risiken mit sich bringt, die auch die Existenz und die langfristige Prosperität von Unternehmen und Gesellschaften bedrohen können.

Die Unternehmen, die an der Interviewstudie teilgenommen haben, sind ausgewählt worden, weil sie sich tief gehend am Prinzip der Nachhaltigkeit – definiert nach Brundtland als „development that meets the needs of the present without compromising the ability of future generations to meet their own needs" (World Commission on Environment and Development 1987, S. 41) – orientieren. Ausgehend von diesen äußerlich beobachtbaren Verhaltensweisen wurde erfragt, wie die internen Entscheidungen angelegt werden. Dabei hat sich herausgestellt, dass diese Unternehmen das Profitmaximierungsprinzip außer Kraft setzen. Die Unternehmen erzielen Gewinne, um in der marktwirtschaftlichen, auf Privateigentum gegründeten Ordnung existieren zu können, aber in ihrem Denken und Handeln steht die Gewinnmaximierung einer langfristigen Erfolgsorientierung eher als ein Hindernis im Weg. Das Gleiche gilt für das Prinzip Wachstum. Während in der konventionellen Wirtschaftspraxis ein Zwang zum Wachstum spürbar ist, dessen Nichtbeachtung z. B. in der feindlichen Übernahme einer börsennotierten Firma durch KonkurrentInnen enden kann, nehmen die Unternehmen der Studie eine eher neutrale Haltung zum Wachstum ein. Es gibt Entwicklungsphasen, in denen Wachstum angestrebt wird, es gibt Phasen, in denen ein schwaches, organisches Wachstum erwünscht ist, und es gibt Phasen, in denen Wachstum vermieden wird, um die damit verbundenen Risiken einzuschränken. Wenn hier von konventionellen Unternehmen bzw. dem Mainstream die Rede ist, wird Bezug genommen auf das gegenwärtig dominierende Geschäftsmodell, bei dem der finanzielle Ertrag und die Interessen der EigentümerInnen in Unternehmensentscheidungen prioritär behandelt werden.

Um die Gewinnmaximierung und die zwanghafte Wachstumsfixierung überwinden zu können, bedarf es einer weiteren, tiefer liegenden Voraussetzung. Es muss der Anspruch der konventionellen Wirtschaftsweise aufgegeben werden, wonach das Unternehmen hauptsächlich und vorrangig die Interessen der EigentümerInnen zu verfolgen habe, die außerdem ausschließlich in finanziellen Kategorien gemessen werden. Stattdessen rücken die direkten und indirekten WertschöpfungspartnerInnen, auch Stakeholder genannt, mit ihren Bedürfnissen und Interessen in das Augenmerk der Unternehmen. Dazu zählen im inneren Kreis neben den EigentümerInnen die LieferantInnen, MitarbeiterInnen und KundInnen und im äußeren Kreis die Finanziers, staatliche Behörden sowie Natur und Gesellschaft ganz generell.

In dieser Perspektive wird das Unternehmen begriffen als ein integraler Teil der Gesellschaft, der die Anforderungen der Stakeholder-Gruppen und der Gesellschaft registriert, mitdiskutiert und mitgestaltet. Die Wünsche aus der Bevölkerung und die Erkenntnisse über die Stresslevel der natürlichen Ressourcen werden wahrgenommen, und das Unternehmen trachtet im Geschäftsverkehr danach, die Bedürfnisse der Stakeholder-Gruppen zu beachten und, soweit dies mit der wirtschaftlichen Tragfähigkeit des Unternehmens vereinbar ist, zu befriedigen.

In der Unternehmenspraxis findet sich das wieder in Stakeholder-Dialogen, MitarbeiterInnenmitbestimmung, LieferantInnen-, KundInnen- und Umweltkonsultationsgremien, Zusammenarbeit mit Nichtregierungsorganisationen (NGOs) und in der Beteiligung an gesellschaftlichen Diskussionen.

Welche Auswirkungen diese integrative, nachhaltige Wirtschaftsweise auf Unternehmen und ihre Freiheiten wiederum hat, wird im folgenden Abschnitt erörtert.

2.1 Unternehmerische Freiheit und ethische Verantwortung

Die Abkehr von den Prinzipien der Gewinnmaximierung und des Wachstumszwanges eröffnen den Unternehmen neue unternehmerische Freiheiten. Sie können höhere, ethisch[1] fundierte Anforderungen an die Integrität ihrer Geschäftsmodelle stellen und fragen:

Schadet das Verhalten des Unternehmens einer der Stakeholder-Gruppen inklusive der Natur?

Wenn ja, wie können diese Schäden verringert, kompensiert oder restauriert werden?

Welche Risiken sind mit dem Geschäftsverhalten für direkt oder indirekt Betroffene verbunden?

Wie können diese Risiken aufgefangen werden, bevor sie zu Schäden führen?

Wenn die Epoche des Anthropozän als auch in Zukunft fortdauernde Veränderung der Lebensbedingungen verstanden wird, kommen auch neue Handlungsfelder in den Blick.

---

[1] Es wird hier der Kant'sche kategorische Imperativ als ethisches Prinzip unterstellt. Kant (1781, 1978) sagt: „Handle nur nach derjenigen Maxime, durch die du zugleich wollen kannst, dass sie ein allgemeines Gesetz werde."

Wie können wir mit dem Kerngeschäft zur Lösung der Nachhaltigkeitsaufgaben beitragen?
Wie können wir Geschäftsmodell und -prozesse anpassen, um einen wirkungsvollen Beitrag zu leisten?
Welche Nachhaltigkeitsinnovationen passen zu unserem Geschäft und versprechen künftige Erträge?

Eine solche Offenheit und Innovationsbereitschaft eröffnet Chancen für neue Geschäftsmodelle, Produkte und Dienstleistungen, die künftig vermehrt nachgefragt werden und dem Unternehmen eine dauerhafte wirtschaftliche Basis geben. Innovative Unternehmen, die den kategorischen Imperativ des Anthropozän akzeptieren, verstehen die zukunftsgerichteten Diskussionen in der Gesellschaft und modifizieren ihre Geschäftspraxis, wo es sinnvoll möglich ist. Sie leisten einen konstruktiven Beitrag zur gesellschaftlichen Entwicklung, indem sie ökologische Belastungen verringern und sozial erwünschte Wirkungen erzeugen.

3 Die Studie: Innovationen in nachhaltigen Geschäftsmodellen

Im Sommer 2015 wurde eine interviewbasierte Studie durchgeführt, in der 17 Unternehmen aus diversen Branchen befragt wurden. Die teilstandardisierten Fragestellungen waren auf das Geschäftsmodell und die Geschäftspraxis gerichtet. Das Ziel der Studie (Hofielen 2015) war es, die Charakteristika des Geschäftsgebarens von Unternehmen, die die Anforderungen der Nachhaltigkeit in ihren Geschäftspraktiken sehr stark beachten und zum Teil als Leitmotiv nutzen, besser zu verstehen und die Unterschiede zu konventionell agierenden Unternehmen zu beschreiben.

Dabei wurde deutlich, dass diese Unternehmen einen neuartigen Typ verkörpern, der außerhalb des konventionellen Geschäftsmodells steht und eine umfassende Innovation darstellt. Aus der Innovation der Geschäftsgrundlagen ergeben sich wiederum vielfältige Innovationen im Umgang mit den StakeholderInnen inkl. Gesellschaft und Natur.

4 Die Prinzipien und Praktiken der innovativen Unternehmen

Im Folgenden werden die innovativen Prinzipien und Praktiken der nachhaltigen Geschäftsmodelle vorgestellt. Dabei sind die in Anführungszeichen gesetzten Äußerungen den Interviews entnommen und wurden vom Verfasser der besseren Lesbarkeit halber in eine grammatikalisch anschlussfähige Form gebracht.

Tab. 1 Die TeilnehmerInnen der Unternehmensinterviews

Name und Branche	MA	Umsatz Mio. €	Innovative Ausrichtung
Neudorff; Gartenbedarf	210	80	Biogartenpflegemittel
Bethmann; Holzverarbeiter	3	<1	Ethisches Handwerk
Ökofrost; Tiefkühlgroßhandel	25	12	Biotiefkühlgerichte, Selbstorganisation
Börlind; Naturkosmetik	206	38	Naturkosmetik
Bodan; Großhandel Bio	200	60	Bionahrungsmittel
Göttin des Glücks; Mode	24	<2	Ethische Mode
Graf; Sanitärhandwerk	27	4	Ethisches Handwerk
KWB; EE feste Biomasse	400	70	EE aus fester Biomasse
Schachinger; Logistik	550	187	Ethisch reflektierte Logistik, Selbstorganisation
Sparda Bank München	740		Ethische Bankgeschäfte, Selbstorganisation
Farfalle; Naturkosmetik	100	12	Naturkosmetik
Stähle; Rechtsanwaltssozietät	5	<1	Sozialgesell. Engagement
WBS; Weiterbildung	900 + 500	80	Sozialethisches Engagement
GLS Bank Bochum	520	75	Ethische Bankgeschäfte
Naturstrom; EE	240	240	Erneuerbare Energien
Memo AG; Versandhandel	130	19	Nachhaltige Büroartikel
Merzpunkt; Designagentur	8	<1	Design für nachhaltige Firmen

4.1 Definition des Erfolgs

Die Unternehmen dieser Studie benutzen durchaus auch finanzorientierte Kennzahlen wie Umsatzrendite zur Definition ihres Erfolges. Auch „gesundes Wachstum aus eigener Kraft" wird als Erfolgsindikator genannt, was einem konventionellen Verständnis entsprechen könnte. Dies wird jedoch ergänzt durch Angaben wie: „Wir definieren den Erfolg mithilfe des Wirtschaftskonzepts der Gemeinwohl-Ökonomie" und „wir wollen langfristigen wirtschaftlichen Erfolg, gekoppelt mit Verantwortung gegenüber Mensch und Umwelt und wollen einen geringeren Energie- und Ressourcenverbrauch erreichen." Ein Unternehmensnachfolger drückt es so aus: „Wir richten die Firma neu und zukunftsfähig aus im Hinblick auf Gesellschaft und Umwelt."

Dass nicht nur die wirtschaftlichen Erfolge beachtet werden, sondern auch menschliche Qualitäten, wird klar in Äußerungen wie: „Wichtig bei unseren Aufträgen ist, dass die Chemie mit dem Kunden passt" und „wir beachten Beziehungen: Respektieren des anderen, gewaltfreie Kommunikation, und nehmen den anderen mit seinen Bedürfnissen wahr."

Die zitierten Erfolgsdefinitionen lassen erkennen, dass die Unternehmenstätigkeit verstanden wird als eine ganzheitliche, in die Gesellschaft eingebettete Aufgabe. Finanzielle

Erfolgsmessung wird nicht verpönt, aber andere Werte sind gleichwertiger Teil des Bildes. Wie wichtig dies ist, wird deutlich, wenn das Zielsystem der Unternehmenssteuerung geschildert wird.

4.2 Beschreibung des Zielsystems

Als Ziele eines Unternehmens werden Vorstellungen erachtet, die angestrebte Zustände und Verhaltensweisen definieren und mithilfe einer oder mehrerer Handlungen realisiert werden können. Ähnlich wie bei der Erfolgsdefinition spielen auch bei den Zielsystemen finanzielle und wirtschaftliche Aspekte eine große Rolle: „im Bereich Finanzen & Controlling: Umsatz, Ergebnis, Liquidität, Rückstellungen; im Bereich Forschung & Entwicklung: Forschungsquote, Umsätze neuer Produkte innerhalb der ersten 3 Jahre; im Bereich Marketing & Vertrieb: Verkaufszahlen je Produkt, Marktanteil je Produkt, Deckungsbeiträge der Produkte, Kundenzufriedenheit".

Daneben und darüber hinaus werden ganzheitliche Zielsysteme benutzt wie: „Wir nehmen die Gemeinwohl-Matrix als Zielsystem und die Förderung des Bio-Anbaus" oder „wir haben eine 6-stufige Entscheidungsmatrix für alle Unternehmensentscheidungen entwickelt" und „wir filtern die Unternehmensentscheidungen mit einer Green Score Card", „mit unserer Zielmatrix: Soziales, Ökologie, Ökonomie, führen wir jeden Bereich bis zum einzelnen Mitarbeiter und vereinbaren Ziele."

Die wirtschaftlichen Realitäten werden ernst genommen, mit der Existenz des Unternehmens wird nicht gespielt. Aber erstens werden die Ziele weit gefasst und beinhalten die gesellschaftliche und ökologische Dimension des Wirtschaftens und zweitens wird der Gewinn nicht als Hauptziel betrachtet.

4.3 Stellenwert des Gewinns

Das Spektrum der Äußerungen reicht von: „die Umsatzrentabilität ist als Zielbandbreite festgelegt, darin wollen wir uns bewegen", bis hin zu: „wir wollen einen moderaten Gewinn erwirtschaften und verfolgen ausdrücklich keine Gewinnmaximierung." Daneben spiegeln die Äußerungen ein Verhältnis zur Gewinnerzielung wieder, das die wirtschaftlichen Notwendigkeiten anerkennt: „Wir wollen einen möglichst guten Kreditrahmen erhalten, ansonsten ist der Gewinn ein untergeordnetes Ziel." „Für mich hat der Erfolg im Sinne von Qualität und Kundenzufriedenheit einen hohen Stellenwert. Der Gewinn ist notwendig und sinnvoll für das Unternehmen und sichert die Innovationsfähigkeit." „Auf der finanziellen Ebene gilt: Je höher die Einnahmen, umso besser, um den Schuldenberg abzutragen. Gleichzeitig ist die Firma neu und zukunftsfähig auszurichten im Hinblick auf Gesellschaft und Umwelt." Ein Unternehmer im Handwerk bringt es auf diesen Nenner: „Wir wollen gut davon leben können. Zentraler Faktor sind aber Qualitätsprodukte, ökologische Produkte."

Die Erzielung eines ausreichenden Gewinns, der einen fairen UnternehmerInnenlohn beinhaltet, Rücklagen für schwierige Zeiten und Innovationen ermöglicht, ist eine Existenzbedingung für ein marktwirtschaftlich tätiges Unternehmen. Das kommt in den Äußerungen zum Ausdruck. Mehr Gewinn ist besser als weniger Gewinn, weil er den Handlungsspielraum erweitert. Aber niemand der Befragten formuliert einen Anspruch von Gewinnmaximierung. Niemand betrachtet den finanziellen Ertrag als den Hauptzweck des Unternehmens.

Dies zeigt, dass, sobald die Gewinnmaximierung nicht Teil des Zielsystems ist, die Verantwortung eines Unternehmens in einem weiter reichenden, umfassenden Sinn wahrgenommen werden kann.

4.4 Bedeutung von Wachstum

Das Verhältnis zum Wachstum ist gelassen: „Ein Wachstum von 2–5 % ist o. k." „Bei uns ist Wachstum notwendig, um eine optimale Größe zu erreichen, um die eigenen Sorgen und Nerven zu beruhigen. Wir sind in der Aufbauphase." „Wir wollen eine internationale Expansion erreichen." „Aus dem Wachstum der Kunden ergibt sich ein Großteil unseres Wachstums." „Wir haben wenig Ehrgeiz zu wachsen, denn schnelles Wachstum bringt Auslastungsprobleme." „Wir haben Angst, schnell zu wachsen. Es gilt die Erfahrung aus dem Garten, was schnell wächst, verdirbt auch schnell." „Wachstum ist kein Credo. Wir wachsen lieber qualitativ als quantitativ." „Kein Zwang. Auch Seitwärtsbewegung ist in Ordnung."

Das Wachstum wird weder defensiv begründet, z. B. um mithalten zu können mit WettbewerberInnen, noch sind aggressive Motive erkennbar, um WettbewerberInnen zu überrunden. Was ein Wachstum begünstigt, sind zunehmende KundInnennachfrage, qualitativ überzeugende Produkte sowie Dienstleistungen und die Suche nach der optimalen Größe. Ein forciertes Umsatzwachstum zur Eroberung größerer Marktanteile und Gewinne oder ein Wachstum, um WettbewerberInnen zu verdrängen, wird von den Befragten nicht als Strategie formuliert.

Die Unternehmen agieren als konstruktive MarktteilnehmerInnen, die auch ihre WettbewerberInnen nicht schädigen wollen. Allerdings ist durchaus beabsichtigt, nichtnachhaltige Ware durch nachhaltige Produkte zu ersetzen. Aber das führt nicht zu aggressiven Verdrängungsstrategien.

Die Kategorien Erfolgsdefinition, Zielsystem, Stellenwert von Gewinn und Wachstum sind die entscheidenden Parameter, die unternehmerische Strategien steuern. Diese Parameter werden von der Unternehmensleitung festgelegt, meist explizit, manchmal implizit und inspirieren die Entscheidungen und das Verhalten auf allen Ebenen des Unternehmens. Sie sind auch die Grundlagen der ethischen DNA, die sich als Unternehmenskultur realisiert, die wiederum in Entscheidungen und Verhalten sichtbar wird.

Bei den Unternehmen in der Studie sind Verhaltensorientierungen und Unternehmenspraktiken erkennbar, die einen klaren Unterschied zu konventionell operierenden Unternehmen ausmachen. Sie integrieren ethisch fundierte gesellschaftliche Erfordernisse freiwillig und umfassend in ihre Wertschöpfungsketten und wirken in ihren Branchen als Pioniere der nachhaltigen Wirtschaft. Dies zeigen sie in den folgenden Gestaltungsfeldern sehr deutlich: umweltbezogene Leistungen, soziale und ökologische Höherwertigkeit in den Lieferketten, permanente Verbesserung der Nachhaltigkeit in den Kernprodukten, die Rolle der MitarbeiterInnenbeteiligung und die gesellschaftlich relevanten Beiträge.

4.5 Umweltbezogene Leistungen

Der Carbon Footprint ist ein zentrales Anliegen für alle Unternehmen in der Studie. Sie erklären: „Wir wollen die allmähliche Reduzierung erreichen. Wir streben CO_2-neutrales Wirtschaften an bis 2020. Mit unserem Projekt zur Herstellung von Pflanzenkohle/Pyrolyse ermöglichen wir vielen Unternehmen ein CO_2-armes Wirtschaften." Weitere Innovationen sind zahlreich und divers. Sie reichen von dem Bezug von Ökostrom über ein eigenes Blockheizkraftwerk, Fotovoltaikanlagen, Wasserturbinen, Bio- und Windgasanlagen, über einen umweltschonenden Fuhrpark bis zu baubiologisch geplanten Gebäuden, Wärmedämmung, temperaturgeführten Lagerhallen und dem Zukauf von Klimaschutzzertifikaten.

Umweltbezogene Innovationen werden durch Investitionen in neue Prozesse, neue Produkte und in Anlagen wie Gebäude und Fahrzeuge ermöglicht. Der Ausgangspunkt ist das Bewusstsein der Unternehmensleitungen, in der Epoche des Anthropozän den Anforderungen an eine verantwortungsbewusste Unternehmensführung entsprechen zu wollen. Befähigt wird das durch die Innovation des Geschäftsmodells in puncto Erfolgsdefinition, Zielsystem, Stellenwert von Gewinn und Umsatz. Dies schafft den wirtschaftlichen Bewegungsspielraum für Innovationen, die nicht der konventionellen Return-on-Investment-Erwartung genügen. Dies gilt auch für die Entscheidungen in der Lieferkette.

Verantwortung in der Lieferkette für ökosoziale Werte
Der Handlungsspielraum der InterviewpartnerInnen ist in einigen Fällen begrenzt durch die Größenverhältnisse am Markt und die verbreiteten konventionellen Geschäftspraktiken in vielen Branchen. „In der Logistik haben wir keinen direkten Einfluss, wir müssen die Sammelspediteure nutzen." „Biodiesel wird 1/3 regional und in Bioqualität eingekauft, bei 2/3 ist die Herkunft nicht bekannt, da z. T. internationale Händler dazwischen sind."

Wo immer Spielräume vorhanden sind, werden sie genutzt und ausgebaut: „Ein regelmäßiges LieferantInnenscreening zu Qualität, Sozialem und Ethik wird ergänzt durch regelmäßigen Austausch untereinander." „Unser Verhaltenskodex ist orientiert an ILO-Kernarbeitsnormen. Wir kennen unsere Lieferanten persönlich. Ein partnerschaftliches Verhältnis ist wichtiger als Audits." „Wir bevorzugen Druckereien die ohne Chemie drucken, Recyclingpapier benutzen, umweltzertifiziert sind und Cradle-to-cradle-Konzepte nutzen. Bei Verpflegung im Haus gibt es ausschließlich vegetarische und vegane Bio- und Fairtrade-Produkte."

Wenn das Unternehmen einer Branche angehört, in der Schadstofffreiheit zum Geschäftszweck gehört, ist die Handlungsrichtung vorgegeben: „Die Produkte kommen allesamt aus Bioanbau, 75 % und mehr. Wo immer möglich, kaufen wir Fairtrade-Produkte."

4.6 Nachhaltigkeit der Kernprodukte

Das Motto der Nachhaltigkeit ist unternehmenszweckbestimmend, insoweit alle Aktivitäten darauf abzielen, die Nachhaltigkeit der Kernprodukte zu verbessern. Die Produkte selbst sind die Verkörperung dieses Bestrebens. Es geht darum, die KundInnenbedürfnisse mit nachhaltigen Waren zu befriedigen. „Nachhaltigkeit ist das Herzensanliegen des Eigentümers. In den Anfängen waren wir bewusst in der Nische – mit wenigen Mitarbeitern. Wachstum war nicht vorgesehen. Dann wurde Bio ein Trend." „Wir investieren jedes Jahr 5–10 % des Gewinns in innovative Forschung." „Wir fördern die Weiterentwicklung der branchenspezifischen Zertifikate, wir fördern bei Lieferanten die Auszeichnung mit Labeln. Wir entwickeln Produkte partnerschaftlich mit Lieferanten." „Wir erwerben die Zertifizierung, das zwingt zum Verbessern." „Mit der Green Score Card werden Nachhaltigkeitskriterien gemessen und vertraglich verankert." „Die GWÖ-Bilanz ist inzwischen eins der strategischen Instrumente und Bestandteil der strategischen Ausrichtung für die nächsten fünf Jahre."

Einige der Unternehmen sind in „grünen" Branchen unterwegs und dort ist das ökosoziale Profil Teil der Wettbewerbsstrategie. Aber auch bei den Unternehmen in anderen Branchen (Banken, Beratung und Service, Handwerk u. a.) wird die nachhaltigkeitsorientierte Unternehmensleistung in Produkten und Dienstleistungen zum Bestandteil des Markenkerns.

4.7 Rolle der Mitarbeiter

Bei den fortschrittlichsten Unternehmen haben die MitarbeiterInnen eine sehr weitgehende, mitgestaltende Rolle. Das wird von einigen Unternehmensleitungen stark gefördert: „Wir bauen die Entscheidungsprozesse um in Strukturen der Selbstorganisation und wollen mehr Selbstbestimmung, mehr Bottom-up-Entscheidungen. In der Potenzialentwicklung der Mitarbeiter betonen wir die Stärkenentwicklung." Ein starker Kontrast zu konventionellen Firmen ist der Ansatz, die Persönlichkeitsentwicklung in den Mittelpunkt der Aufmerksamkeit zu stellen: „Wir befinden uns auf dem Weg zur Selbstorganisation. Die Arbeit ist der Rahmen, innerhalb diesem findet Reibung statt, die Konflikte nutzen wir für gesunde Entwicklung. Wenn ich [Inhaber] entscheide, nehme ich dem Mitarbeiter die Wachstumschancen." Einige der Firmen führen mitarbeiterzentrierte Strukturen ein: „So viel mitentscheiden wie möglich, aktuell testen wir das soziokratische Entscheidungssystem."

Die MitarbeiterInnen werden nicht mehr als „human resources" oder ausführende Organe verstanden, sondern erhalten eine Rolle, die das Verhältnis von Führung und Ausführung neu bestimmt. Das ist vielfach noch ein Experimentierfeld und Neuland, entspricht aber dem Verständnis, alle Mitwirkenden als verantwortungsfähige Personen zu akzeptieren.

Nicht alle Unternehmen sind in diesem Bereich stark engagiert. Ein Unternehmen das nicht ganz so weit geht, formuliert: „wir stellen möglichst 100 % Transparenz her; Entscheidungen werden in der Regel in der Geschäftsführung als Gremium getroffen", und es gibt die üblichen Verkehrsformen von mittelständischen Firmen: „Wir sind wie ein normales Unternehmen, Führungskräfte und Mitarbeiter. Vieles geht den kurzen Weg, der Zugang zu den Eigentümern ist offen." Ganz offensichtlich ist es mit unterschiedlichen Führungssystemen und -kulturen möglich, eine durchlässige, kooperative Haltung zu gesellschaftlichen Anforderungen zu praktizieren.

4.8 Konflikte zwischen ökosozialen und finanziellen Zielen

Wertschöpfungsprozesse, die ökosoziale Aspekte deutlich berücksichtigen, erfordern häufig besondere finanzielle Spielräume. Diese werden von den StudienteilnehmerInnen prinzipiell zur Verfügung gestellt, denn das Gewinnmaximierungsprinzip ist außer Kraft gesetzt: „Wir stellen das Kundenvertrauen voran, die Gewinnmarge ist eher zweitrangig" und „aus Gewinngesichtspunkten wird keine ökosoziale Entscheidung zurückgestellt. Die Balance von Öko und Sozial ist wichtig, wobei Sozial, der Mensch, im Zweifel vorgeht."

Das betrifft Produkte und Prozesse: „Ein Produkt, das zur Mission und Vision des Unternehmens passt und hohen Umsatz verspricht, aber bei dem der ökologische Fußabdruck oder die Arbeitsbedingungen nicht passen, wird nicht ins Sortiment aufgenommen. Wir benutzen bei konflikthaften Entscheidungen die Gemeinwohl-Matrix."

Wenn ein fortschrittliches Marken- oder Firmenimage entstanden ist, verpflichtet dies auch im Konfliktfall, die finanziellen Erwägungen hintenan zu stellen: „Wir entscheiden in der Regel pro Nachhaltigkeit, sowohl aus eigener Überzeugung, aber auch veranlasst durch Kunden, die das einfordern. Die Kunden beobachten sehr genau, welche Entscheidungen wir treffen."

Die finanziellen Spielräume werden allerdings auch nicht überschritten: „Wir machen alles, was wir ins finanziell leisten können." Manchmal fällt die Abwägung auch zulasten der ökosozialen Aspekte aus: „Wir haben Dienstwagen auf Gasbasis angeschafft. Die Kompensation der CO_2-Emissionen ziehen wir derzeit in Erwägung, aber eine CO_2-Zertifizierung hat uns abgeschreckt, das war zu teuer." Diese letzte Äußerung zeigt, dass es bei Konflikten nicht nur eine Lösungsrichtung gibt.

Allerdings sind in vielen konventionellen Konzernunternehmen, die ebenfalls Nachhaltigkeit als Firmenziel postulieren, den Nachhaltigkeitsaktivitäten klare, finanziell begründete Grenzen gesetzt. Alle Investitionen, die einen üblichen Amortisationszeitraum von drei bis vier Jahren überschreiten, werden nicht getätigt. Diese Entscheidungslogik verbirgt sich oft hinter dem Postulat der Triple Bottom Line (Elkington 1997), nach der Ökonomie, Ökologie und Soziales gleichermaßen wichtig sind. Bei vielen Konzernen, die dies so formulieren, herrscht bei Entscheidungen meist das Primat der Ökonomie vor, sprich die finanziellen Kriterien geben den Ausschlag bei Entscheidungen (Kind 2012).

4.9 Beiträge zu gesellschaftlichen Initiativen

Während Unternehmen mit konventionellen Geschäftsmodellen danach trachten, staatliche Regulierung und Branchenverpflichtungen möglichst freizuhalten von verbindlichen und ehrgeizigen Standards, tragen die Unternehmen der Studie aktiv und initiativ dazu bei, soziale und ökologische Anforderungen, die ethisch begründbar sind, in die Wirtschaftspraxis zu integrieren. Sie betreiben ein Lobbying für fortschrittliche Praktiken und hoffen somit, zu ihrer Verbreitung beizutragen.

Dabei fördern sie u. a. die ethischen Geschäftsprinzipien in der Branche, wie die Global Alliance for Banking on Values, oder sie beeinflussen die Verbreitung von innovativen Produktionsmethoden, z. B. durch die Mitarbeit im Aufsichtsrat von Demeter oder im Forum Nachhaltiges Palmöl. Einige Unternehmer engagieren sich zugunsten gesellschaftspolitischer Themen, wie z. B. in der Initiative „KMU gegen TTIP". Themenbezogen wird auch die Kooperation mit NGOs aufgenommen, z. B. mit der Clean Clothes Campaign, dem BUND oder der Gemeinwohl-Ökonomie.

Neben den Aktivitäten, die auf die Schaffung von ethisch konditionierten Märkten zielen, werden philanthropische Projekte betrieben, die Armutsabbau, Entwicklungshilfe oder Naturschutz zum Ziel haben, z. B. ein Fairtrade-Projekt mit Kleinbauern und Kleinbäuerinnen in Madagaskar.

Die Beiträge der Unternehmen im gesellschaftlichen Rahmen gehen über das philanthropische Motiv hinaus. Das Unternehmen als guter Bürger verbessert vor allem die Produktionsbedingungen innerhalb der Branche und sorgt damit dafür, dass die Wirtschaft weniger problemverursachend und mehr problemlösend sowie schadensvermeidend wirkt.

5 Die institutionellen und menschlichen Voraussetzungen von Nachhaltigkeitsinnovationen

Die Unternehmen dieser Studie erbringen freiwillige Leistungen und vermeiden die Externalisierung von Umweltschäden. Wenn diese Geschäftspraktiken eine Chance auf Verallgemeinerung haben sollen, sind zwei Voraussetzungen erforderlich: Erstens, die Praktiken müssen allgemein verbindlich werden entweder durch Gesetze oder bindende Selbstverpflichtungen, und zweitens ist ein Bewusstseinswandel bei breiteren Bevölkerungsgruppen erforderlich. Dies wird im Folgenden näher erläutert.

5.1 Die gesellschaftlichen Wirkungen innovativer Geschäftsmodelle: Ende der Externalisierung

In den letzten Jahrzehnten waren Nichtregierungsorganisationen (NGOs) entscheidende ImpulsgeberInnen und warnende Instanzen, die auf schädliche, oft unbeabsichtigte Neben- oder Folgewirkungen der wirtschaftlichen Tätigkeiten hingewiesen haben. Auch heute ist diese Rolle von NGOs nützlich und bedeutsam. Allerdings handeln sie meist im Re-Aktions-Modus und machen auf Schäden aufmerksam, die bereits eingetreten sind. Das ist eine wichtige Funktion in der Gesellschaft, weil sie die Unternehmen aufmerksam machen auf schädliche Neben- oder Folgewirkungen ihrer Tätigkeit. Konventionelle Unternehmen beachten diese Nebenwirkungen meist nicht, denn ihr Selbstverständnis geht vom Unternehmen als einer Gewinn erzielenden Organisation aus, die primär den InhaberInnen verpflichtet ist, eben der „Privatwirtschaft". Die Nebenwirkungen, die sich nicht direkt als materielle Einflüsse in der Kostenrechnung bemerkbar machen, werden ignoriert und in systemischer Konsequenz auf die Gesellschaft abgewälzt. Dieses Prinzip wird Externalisierung der Kosten genannt.

Die innovativen Geschäftspraktiken der Unternehmen in der Studie machen Externalisierungen zum Gegenstand der Unternehmenspolitik. Die Neben- und Folgewirkungen werden beachtet, bewertet und werden zum Gegenstand unternehmerischen Handelns. Dies ist eine epochale Innovationsleistung, denn sie bricht mit den Gewohnheiten der letzten Jahrzehnte, in denen die Externalisierung von Umwelt- und gesellschaftlichen Schäden gang und gäbe war und z. B. zur Quelle riesiger Reichtumsanhäufung bei den UnternehmenseigentümerInnen in den extraktiven Industrien wurde.

Da Unternehmen über die Komposition ihrer Wertschöpfungsketten entscheiden und damit über das Ausmaß der Beschädigung von Ökosystemen, haben sie die Chance, es gleich richtig zu machen und die Entstehung von Schäden von vornherein zu verringern, zu vermeiden oder zu kompensieren. Die innovativen Pionierunternehmen in der Studie zeigen, wie diese Chancen wahrgenommen werden können und vor allem, dass es im marktwirtschaftlichen Wettbewerb auch finanziell machbar und teilweise sogar sehr ertragreich ist.

5.2 Ethisch höherwertige Produkte brauchen ein Level Playing Field

Höherwertige Lösungen in der Wertschöpfungskette verursachen oft höhere Kosten. Faire Löhne und gute Arbeitsbedingungen ermöglichen zwar auch eine höhere Produktivität, aber die wirtschaftlichen Spielräume sind schmal. Die Verbreitung von ethisch besser fundierten Produkten und Herstellungsweisen ist auch angewiesen auf KonsumentInnen, die diese höhere Werthaltigkeit schätzen und dafür bezahlen. In der Bevölkerung aller Industriegesellschaften entsteht zunehmend das Bewusstsein für die Bedrohung der menschenwürdigen Lebensgrundlagen und dieses Bewusstsein wird auch zunehmend in Kaufentscheidungen spürbar, wenngleich auf einem noch niedrigen Nachfrageniveau.[2]

Rory McDonald (2015), Juniorprofessor an der Havard Business School, erklärt das Konzept des Level Playing Field wie folgt:

> One definition that stuck most ... about constructing a level playing field was that you didn't want to have any market participants that had privileged access or undue influence on any sort of regulatory process. We want to make sure that all companies have the ability and motivation to pursue innovation and anything that impinges upon it means ... a playing field that is not level.

Deshalb ist es erforderlich, dass staatliche Organe die wissenschaftlichen Erkenntnisse der Umweltbewegung und die sozialen Forderungen von Menschenrechtsbewegungen in legale Mindestbedingungen umsetzen, die dann für alle Unternehmen gelten. Der Staat hat die Aufgabe, für gute Lebensbedingungen der gesamten Bevölkerung zu sorgen, und muss schädliche Wirtschaftspraktiken minimieren und sanktionieren.

Die konventionellen Unternehmen pochen hier gerne auf die Freiwilligkeit der Leistungen und lehnen gesetzliche Regulierung ab. Wer Freiwilligkeit sagt, meint allerdings oft Beliebigkeit, wie die Tatsache zeigt, dass nur eine Minderheit von Unternehmen freiwillig tätig wird. Umweltfreundliches Wirtschaften ist eine existenzielle Notwendigkeit für die Gesellschaft und kann nicht der freiwilligen Bereitschaft von WirtschaftsteilnehmerInnen überlassen bleiben. Das Beispiel der Steuerzahlungen zeigt dies sehr gut: Alle Beiträge, die für die Existenz der Gesellschaft bedingend sind, müssen verbindlich geregelt werden und mit Sanktionen bei Nichtbefolgung belegt werden.

5.3 Die neue Qualität des Bewusstseins

Der Erlass von Gesetzen zum Schutz der Umwelt und der Menschenrechte muss eine weitere Hürde nehmen: Die etablierten Machtverhältnisse müssen soweit bewegt werden, dass neue Ideen akzeptiert werden bzw. so stark unterstützt werden, dass sie gegenüber den etablierten Interessen eine Chance auf Durchsetzung haben. Dies ist keine selbstverständliche oder leichte Aufgabe für innovative Unternehmen, denn die Pfadabhängigkeit (Töpfer 2015) der wirtschaftlichen Interessengeflechte und der Wille, die wirtschaftlichen Interessen der Branche zu behaupten, auch wenn dies zulasten der Allgemeinheit geht, stellen erhebliche Beharrungsmomente und Hindernisse dar.

Dennoch, die menschliche Kreativität und Durchsetzungskraft ist unerschöpflich und neue Gefahren und Chancen finden immer wieder einen geeigneten Kanal der Artikulation, gefolgt von der Organisierung der ProtagonistInnen. Es gibt offenbar simultane Einsichten und Bewusstheitsprozesse, die sich in Zivilgesellschaftsorganisationen, pro-

---

[2] Beispielsweise haben Bio-Nahrungsmittel 2013 einen Marktanteil von 3,9 % (GfK 2014). Bio-Baumwolle hat 2014 einen Marktanteil von 1 % (Nipparel 2015).

gressiven Unternehmen und engagierten KonsumentInnen gleichermaßen zeigen und Innovation ermöglichen. Innovationen, die gesellschaftliche Gewohnheiten ändern, beginnen immer mit Minderheiten. Denn um sich gegen den Mainstream zu stellen, bedarf es eines tief gehenden Einsichtsvermögens und ethischer Überzeugungen, zu denen im ersten Zugang nur eine Minderheit fähig ist. Lawrence Kohlberg hat in seinen Arbeiten zur Entwicklung moralischer Reife wissenschaftlich nachgewiesen, dass die beiden postkonventionellen Stufen der Reife, von denen sich die erste auf einen Gesellschaftsvertrag bezieht und die zweite universell gültige Menschenrechte anerkennt, nur einer kleinen Minderheit aller Menschen zugänglich sind; in seinen Studien waren es rund 5 % (Kohlberg 1971). Kohlbergs Beobachtungen werden unterstützt durch die Wahrnehmung, dass die Frauenbewegung, der Kampf für Nichtdiskriminierung, die Biolandwirtschaft, alternative Antriebe in der Automobilindustrie etc. als von Minderheiten getragene Initiativen begonnen haben, die von AkteurInnen der etablierten Ordnung zunächst bekämpft wurden. Erst wenn einer größeren Zahl von Menschen die Vorteile klar werden, besteht eine Chance auf allgemein anerkannte Legitimität, die manchmal eine legale Form gewinnt.

Der Mensch kann als ein fehleranfälliges Geschöpf begriffen werden, das von der Erfahrung existenzieller Unsicherheit geprägt ist und sich in Über- und Unterordnungsstrukturen flüchtet, um sein Überleben zu sichern (Zohar und Marshall 2004; Hofielen 2014). Solidarisches, gleichberechtigtes Verhalten ist die Ausnahme. Es ist die Aufgabe der Menschheit, zivilisierte Gesellschaften, legale Institutionen und demokratische Rechtsstaaten zu schaffen, die allen Gesellschaftsmitgliedern menschenwürdige Lebensbedingungen in Gegenwart und Zukunft ermöglichen.

Diesen Einsichten entsprechen die innovativen Geschäftsmodelle und -praktiken der Unternehmen in der Studie. Sie gestalten die Unternehmenstätigkeiten zum Nutzen aller Beteiligten im Wertschöpfungsprozess und sie beachten die Funktionsfähigkeit der ökologischen Systeme. Sie wirken mit an der Durchsetzung menschenwürdiger Wirtschaftspraktiken.

6 Maximen der nachhaltigen Innovation

Die Einsichten und Handlungen der Unternehmen in der Studie sind zukunftsweisend und können bei Beachtung der ethisch inspirierten Voraussetzungen von allen Unternehmen in allen Branchen aufgegriffen werden. Die grundsätzlichen Veränderungen im Geschäftsmodell erlauben und ermöglichen eine Vielzahl von Innovationen in allen Funktionsbereichen der Unternehmen. Die Durchlässigkeit des Unternehmens gegenüber den Aufgaben und Ansprüchen, die in der Gesellschaft mit dem Ziel diskutiert werden, der gegenwärtigen Generation und allen künftigen Generationen menschenwürdige Lebensbedingungen zu sichern, führt zu Transformationsbrückenstrategien, die von allen Unternehmen nachgeahmt werden können. Hauptsächlich geht es um Innovationen der Ressourcennutzung. Schadstoffemittierende, nichtnachhaltige Ressourcen müssen durch erneuerbare und schadstoffarme Ressourcen ersetzt werden.

Die erste Maxime der Innovationsstrategie heißt: Zero Footprint. Die Umwelt darf nur weiterhin belastet werden im Ausmaß der Erneuerungsfähigkeit bzw. der Schadstoffverarbeitungskapazität der Ökosysteme. Geeignete Technologien sollten erneuerbare Rohstoffe, erneuerbare Energien, Kreislaufwirtschaft und Recycling unterstützen. Schadensverursachende Produktlinien müssen transformiert oder eingestellt werden. Die wirtschaftliche Machbarkeit dieser Umstellung bedarf besonderer Kreativität und Entschlossenheit. Je früher diese riskanten Geschäftsfelder adressiert werden, desto leichter ist die Transformation.

Die zweite strategische Innovationsmaxime verbessert in der Lieferkette die Respektierung der Menschenwürde und reduziert die ökologischen Schäden. Dies ist besonders wichtig bei Bezügen aus Ländern des globalen Südens. Aber auch in den USA und den europäischen Staaten gibt es Unternehmen, in denen die Belegschaft nicht gemäß den ILO-Konventionen eingesetzt wird. Das Aufschieben der innovativen Transformation wird häufig erkauft mit großen Reputationsrisiken und immensen Reputationsschäden, wenn die Öffentlichkeit darauf aufmerksam wird. Die größten Risiken bestehen in der Rohstoffextraktion, der Agro- und Lebensmittelindustrie, der Textil- und in der Elektronikindustrie. Die Zusammenarbeit mit fortschrittlichen Branchenverbänden und NGOs ist sehr empfehlenswert, denn der Spielraum der Einflussnahme ist speziell für kleinere Unternehmen eng.

Die dritte strategische Innovationsmaxime nutzt die Innovationsbereitschaft der MitarbeiterInnen. Bei Unternehmen mit stark ausgeprägten Hierarchien und dominanten Spitzenfiguren besteht das Risiko der Abschottung gegenüber neuen Geschäftsentwicklungen und eines Verpassens der rechtzeitigen Erneuerung. Neben diesem Risiko mangelnder Anpassungsbereitschaft können Unternehmen, die vorwiegend „top-down" funktionieren, viele Ideen und kreative Beiträge der MitarbeiterInnen nicht aufgreifen. Investitionen in Forschung und Entwicklung sind wichtig, um innerhalb der bestehenden Geschäftsmodelle nachhaltigkeitsgetriebene Verbesserungen zu erreichen. Daneben bedarf es allerdings auch einer innovationsfreundlichen Unternehmenskultur. Innovative Organisationsformen ermöglichen Selbstorganisation und nehmen Tophierarchieeinflüsse aus den täglichen Entscheidungen heraus. Soziokratie oder Holakratie sind Modelle der unternehmensinternen Entscheidungsfindung, die auf Selbstorganisation abzielen. Sie wurden bei innovativen Unternehmen entwickelt und verbreiten sich zunehmend. Dabei wird das volle Potenzial der Mitarbeitenden für die Organisation der Abläufe und die Innovation von Produkten und Geschäftsprozessen freigesetzt und Geschäftsmodellinnovationen werden mit Ausgründungen unterstützt, das heißt der Ausgliederung von Betriebsteilen in gesonderte Unternehmen.

Die vierte strategische Maxime besteht in der Kooperation mit KundInnen, die den fortschrittlichen Kurs des Unternehmens mittragen. Sie dienen als KreativpartnerInnen und als frühe AnwenderInnen von innovativen Versionen der Produkte und Dienstleistungen.

Wenn ein Automobilhersteller heute die KundInnen befragen würde, welche Innovationen ihnen wichtig sind, ist fraglich, ob recyclingfreundliche, leichte, schwach motorisierte

Fahrzeuge das Ergebnis wären. Denn die KundInnen sind jahrzehntelang von der Industrie und ihrem Marketing trainiert worden auf Tempo, Design und Status. Insoweit ist die nachhaltigkeitsorientierte Innovation zunächst mit den KundInnen zu entwickeln, die genau diese Anliegen unterstützen. Sie sind die PartnerInnen für die Produkte der Zukunft. Aus Nachhaltigkeitsüberlegungen ist auch das Motiv der Suffizienz, des genügsamen Konsums der Produkte, in den Vordergrund zu stellen. Energieunternehmen informieren über Energieeinsparungen, Kleidungshersteller bieten Reparaturen an, Smartphones werden modular aufgebaut, was den Austausch einzelner Komponenten erlaubt. Die HerstellerInnen haben die Aufgabe, mit den KundInnen zukunftsfähige Konsumweisen zu entwickeln, um ihre eigene Zukunftsfähigkeit zu sichern.

Die fünfte strategische Maxime ist das Hineinwirken in die politische Umgestaltung der Branche und der Gesetzeslage. Die innovativen Unternehmen in der Studie kooperieren, um freiwillige und gesetzliche Standards auf ein Niveau zu heben, das die Rechte von Menschen und Natur schützt. Die KooperationspartnerInnen sind gleich- oder ähnlich gesinnte WettbewerberInnen sowie Unternehmen der vor- oder nachgelagerten Verarbeitungsstufen. NGOs sind aufgrund ihrer speziellen Kenntnisse und Fähigkeiten ebenfalls erwünschte Partner. Die Unternehmen in der Studie gründen Initiativen, zu denen sie auch konventionell handelnde Unternehmen einladen, um diese allmählich zu überzeugen. Sie wirken auf Branchenverbände, kommunale Wirtschaftsstrukturen und die Gesetzgebung ein, um ein Level Playing Field für fortschrittliche, innovative Praktiken zu schaffen. Dabei dienen die eigenen Geschäftsmodelle als Vorzeigemodell und Hinweisgeber, wie die Transformation der gesamten Branche gelingen kann.

Die sogenannte freie Marktwirtschaft, die es Unternehmen erlaubt, mit umweltschädlichen Praktiken Kostenvorteile zu erringen und damit WettbewerberInnen aus dem Feld zu schlagen, soll ersetzt werden durch das Prinzip der ethischen Marktwirtschaft, in der die Marktteilnahme nur den Firmen gestattet ist, die keine Schäden an Mensch und Natur verursachen.

Diese Eingriffe in die unternehmerische Freiheit sind seit Beginn der Industrialisierung gang und gäbe und sehr häufig mit Abwehrkämpfen und großen Klagen der konventionellen Unternehmen verbunden. Die Einführung des Achtstundentages, die Vereinigungsfreiheit, aber auch technologische Neuerungen wie die Katalysatoren zur Abgasreinigung sind immer als Bedrohung dargestellt worden und haben sich im Nachhinein als Segen erwiesen.

Wir stehen vor einer Vielzahl von neuen Herausforderungen, für die innovative Firmen schon in den Startlöchern stehen. Das Anthropozän ist das Innovationsmotiv, das alle anderen Innovationsmotive, wie die Digitalisierung, die sozialen Medien, die Globalisierung u. a., überformt und dominiert – und dominieren muss, wenn die Menschheit die Lebensbedingungen auf diesem Planeten in ungefähr der Qualität erhalten will, die heute existiert.

Die grundlegende Innovation sind neue Geschäftsmodelle, aus denen die vielfältigen Ideen sprießen können. Das allmähliche „mainstreaming" dieser Geschäftsmodelle wird den Charakter der Wirtschaftsordnung verändern, so viel Voraussage sei gewagt. Die Einschätzungen, inwieweit damit eine Systemveränderung verbunden ist, gehen auseinander. Manche AkademikerInnen hoffen, dass Nachhaltigkeit in die konventionelle Wirtschaft integriert werden kann: „Somit wird durch eine klar betriebswirtschaftlich aufgesetzte CSR-Strategie die Wettbewerbsfähigkeit des Unternehmens erhöht und die langfristige Gewinnerzielung abgesichert" (Schneider und Schmidpeter 2014, S. 1231). Elkington und Zeitz (2014, S. 186) hingegen erklären: „we're no longer simply talking about responsibility and accountability but also about the increasingly urgent need for system change". Klar ist, wenn aus der freien Marktwirtschaft eine ethische Marktwirtschaft wird, mutiert der heute verbreitete Typ des Kapitalismus, in dem Unternehmen egozentrisch die Interessen der EigentümerInnen als Priorität verfolgen, in einen Kapitalismus, der ethisch fundierte Geschäftsmodelle hervorbringt, die allen WirtschaftsteilnehmerInnen inklusive der Natur dienen. Und das wird letztlich nicht zum Schaden der Unternehmenseigentümerinnen sein.

Literatur

Anderson R (2011) Confessions of a Radical Industrialist – How Interface Proved That You Can Build a Successful Business Without Destroying The Planet. Random House UK, London

Boeke K (1945) Sociocracy – Democracy as It Might Be. http://worldteacher.faithweb.com/sociocracy.htm. Zugegriffen: 17. Dezember 2015

Crutzen PJ, Stoermer EF (2000) The „Anthropocene". http://www.igbp.net/download/18.316f18321323470177580001401/1376383088452/NL41.pdf. Zugegriffen: 10. Dezember 2015

Elkington J (1997) Cannibals with Forks: Triple Bottom Line of 21st Century Business. Capstone Publishing Ltd., Oxford

Elkington J, Zeitz J (2014) The breakthrough challenge: 10 ways to connect today's profits with tomorrow's bottom line. John Wiley & Sons: New York

Elkington J, Birchall A, Arratia R (2014) Interface – the untold story of mission zero in Europe. http://volanscom.c.presscdn.com/wp-content/uploads/2015/01/1586_volans_interface_24_lo-res.pdf. Zugegriffen: 15. Dezember 2015

Europäische Kommission (2014) 2030 climate and energy goals for a competitive, secure and low-carbon EU economy. http://europa.eu/rapid/press-release_IP-14-54_en.htm. Zugegriffen: 15. Dezember 2015

GfK (2014) GfK compact 2014/09. http://www.gfk-verein.org/sites/default/files/medien/1/dokumente/1409_bio-trend_download.pdf. Zugegriffen: 10. Dezember 2015

Hofielen G (2014) Von der Fähigkeit, eine humane, nachhaltige Wirtschaft zu schaffen. http://daten2.verwaltungsportal.de/dateien/seitengenerator/faehigkeit_zum_guten_hmp_102014.pdf. Zugegriffen: 9. Dezember 2015

Hofielen G (2015) Progressive Unternehmensführung. Eine qualitative Studie zu wesentlichen Elementen der fortschrittlichen Unternehmensführung. http://www.unternehmensgruen.org/wp-content/uploads/2015/10/Studie_Progressive_Unternehmensstrategien102015.pdf. Zugegriffen: 31. Oktober 2015

Kant I (1978) Grundlegung zur Metaphysik der Sitten, Bd 4: Kritik der reinen Vernunft. de Gruyter, Berlin (1. Aufl. 1781)

Kind C (2012) Klimabilanzen der DAX-Unternehmen. http://daten2.verwaltungsportal.de/dateien/seitengenerator/hmcadelphiklimabilanzendax3020072010.pdf. Zugegriffen: 10. Dezember 2015

Kohlberg L (1971) From Is to Ougth: How to Commit the Naturalistic Fallacy and get Away with it in the Study of Moral Development. new York: Academic Press

Kohlberg L (1996) Die Psychologie der Moralentwicklung. Suhrkamp Verlag, Frankfurt

McDonald R (2015) Finding a level playing field. http://www.economistinsights.com/technology-innovation/analysis/finding-level-playing-field/multimedia. Zugegriffen: 15. Dezember 2015

Nipparel (2015) Zahlen und Fakten: Was ihr schon immer über Bio-Baumwolle wissen wolltet. https://www.nipparel.com/bio-baumwolle-zahlen-und-fakten. Zugegriffen: 12. Dezember 2015

Schneider A, Schmidpeter R (Hrsg) (2014) Corporate Social Responsibility, 2. Aufl. Springer, Heidelberg

Timmers P (1998) Business models for electronic markets. Journal on Electronic Markets 8:3–8

Töpfer K (2015) Märkte wieder in den Dienst der Menschen stellen. http://www.nachhaltigkeitsrat.de/news-nachhaltigkeit/2015/2015-10-08/maerkte-wieder-in-den-dienst-der-menschen-stellen-7-carl-von-carlowitz-vorlesung-mit-klaus-toepfer/print/. Zugegriffen: 12. Dezember 2015

World Commission on Environment and Development (1987) Our common future. http://www.un-documents.net/our-common-future.pdf. Zugegriffen: 15. Dezember 2015

Zohar D, Marshall I (2004) Spiritual Capital: Wealth We Can Live By. Berrett-Koehler Publishers, San Francisco

Gerd Hofielen, M. A., Betriebswirt und Psychologe, www.hm-practices.org, Berater für Unternehmensethik. Er begleitet die Kompetenzentwicklung von Unternehmen, berät Organisationen auf dem Weg der ethischen Fundierung ihrer Geschäftsmodelle, unterstützt die Transformation der freien zu einer ethischen Marktwirtschaft. Er ist Vorstandsmitglied bei UnternehmensGrün und engagiert in der Gemeinwohl-Ökonomie.

Innovative Arbeitswelten nachhaltig gestalten

Smaranda Beate Keller

1 Einführung

Arbeitszeit ist Lebenszeit. Die meisten Menschen verbringen einen großen Teil ihrer Lebenszeit im Büro. War früher der Arbeitsplatz ein fester Ort, an dem wir unserer Arbeit nachgingen, hat sich das heute maßgeblich verändert. Wir arbeiten hochvernetzt und in flexiblen Arbeitsorganisationen. Die Bedeutung des Arbeitsplatzes hat sich dadurch stark gewandelt – die Arbeitsweise und die Räume, in denen Arbeit stattfindet, nicht. Arbeitsorte werden vermehrt zu einer Arbeitsbühne, die zur Kommunikation und zum Austausch anregt, ein inspirierendes Umfeld bietet und dadurch Innovationen fördert. Diese veränderten Rahmenbedingungen fordern ein nachhaltiges Arbeitsumfeld, in dem Mitarbeitende selbstbestimmt und effizient arbeiten und sich wohlfühlen.

2 Marktanforderungen für innovative Arbeitswelt: Der Druck steigt

Die Arbeitswelt befindet sich im Wandel. Nachhaltigkeitsanforderungen, demografischer Wandel, Technisierung und der Wettstreit um gut ausgebildete Talente am Arbeitsmarkt stellen Unternehmen vor neue Herausforderungen. Das ist nicht wirklich neu – allerdings hat sich das Innovationstempo deutlich erhöht. Unternehmen müssen heute extrem flexibel und offen für neue Entwicklungen sein, um langfristig am Markt zu überleben. So hat die Digitalisierung in den letzten Jahren erheblich an Fahrt aufgenommen. Neue Kommunikationstechnologien haben Auswirkungen auf nahezu alle Bereiche unseres Lebens. Neue Arbeitsfelder und Arbeitstypologien entstehen. Kulturelle Vielfalt hat einen immer stärkeren Einfluss auf die Kommunikation und die Unternehmenskultur. Und es steigt der

S. B. Keller (✉)
München, Deutschland
E-Mail: sbkeller@smartworkdesign.de

Druck, nachhaltig zu wirtschaften. Die Zukunft der Arbeit zu gestalten, ist ein aufregender und spannender Prozess und eine Aufforderung, bestehende Konzepte zu überdenken.

Markttrends und Werte

Wandel ist Teil unseres täglichen Lebens und das betrifft damit auch unser Berufsleben. Wir befinden uns im Übergang von der Industrie- zur Informationsgesellschaft. Das sind Herausforderungen, aber auch Chancen für Politik, Wirtschaft, Kultur, Bildung und nicht zuletzt für den Alltag jedes einzelnen Menschen. Wenn wir uns auf den sechsten der Kondratieff-Zyklen (Nefiodow 2013) (Theorie der langen Wellen) berufen, in dem wir uns derzeit befinden, steht jetzt die psychosoziale Kompetenz im Vordergrund. Der Mensch, seine Bedürfnisse und sein ganzheitliches Wohlbefinden stehen im Mittelpunkt. Als Wachstumstreiber für die neue Wirtschaft des aktuellen Zyklus werden Umweltschutz, Biotechnik und Gesundheit herausgestellt. Die Werte verändern sich, ob in der Gesellschaft oder in unseren Arbeitswelten. Die Wertekommission (Wertekommission 2015 a) nennt bei ihren Umfragen mit Führungskräften als Kernwerte: Vertrauen, Verantwortung, Integrität, Respekt, Nachhaltigkeit und Mut. Im Werteindex 2014 (Wertekommission 2015 b) standen Gesundheit, Freiheit und Erfolg im aktuellen Werteranking der Deutschen ganz oben. „Einen ebenfalls deutlichen Anstieg verzeichnet der Wert Natur. Diesen stilisieren Nutzer zur Sphäre des Ursprünglichen, Wahren und Spirituellen. Sie steht für Erholung, Entschleunigung und Regeneration". Arbeit entwickelt sich immer mehr zu einem Lebensstil. Menschen wollen einen Beitrag für die Gesellschaft leisten und es soll Spaß machen. Es gibt unterschiedliche Aspekte, die Unternehmen veranlassen, ihre Geschäftsmodelle zu hinterfragen und neue Wege zu gehen:

Wandel in Organisationsstrukturen

Bestehende Organisationsstrukturen werden immer häufiger infrage gestellt. Flache Hierarchien, interdisziplinäre Teams sowie agile Produkt- und Geschäftsmodelle gewinnen an Bedeutung. Neuartige, ganzheitliche Organisationsmodelle, die sich an integralen Prinzipien orientieren, werden intensiv diskutiert und umgesetzt. Diese Organisationsmodelle befassen sich mit sinnstiftenden Formen der Zusammenarbeit, einer gelebten Werteorientierung sowie den Möglichkeiten eines erfüllenden und selbstbestimmten Handelns.

Wandel im Führungsverhalten

Agilität beeinflusst das Führungsverhalten maßgeblich. Flexible Arbeitszeiteinteilung und wechselnde Teamzusammenstellungen finden verstärkt Einzug in Organisationen. Hierarchische Strukturen verlieren in der dynamischen und komplexen Arbeitswelt an Bedeutung. Das neue Führungsverhalten geht weg von der Kontrolle hin zum Vertrauen. Arbeitszeitkontrollen gehören immer mehr der Vergangenheit an und werden von ergebnisorientiertem Führen abgelöst. Neben fachlicher Kompetenz brauchen Führungskräfte vor allem Kooperationsfähigkeit und emotionale Intelligenz, um Teams vertrauensvoll zu führen.

Wandel in Arbeitsabläufen und Arbeitsweisen

Die Technisierung/Digitalisierung hat unsere Arbeitswelt in nahezu allen Bereichen verändert. Prozesse werden effizienter, die Auswahl an Kommunikationsmöglichkeiten und Arbeitsstilen wird vielfältiger. Flexibilisierung von Arbeitszeit und Arbeitsorten hat einen immer größeren Einfluss auf die Gestaltung der Arbeit. Es gibt neue Beschäftigungsformen und -bereiche, neue Arbeitsmethoden, neue Rollen und – initiiert durch die Digitalisierung – eine neue Art der Zusammenarbeit.

Wandel durch ein neues Bewusstsein

Nachhaltigkeitsaspekte, d. h. das gesellschaftliche, soziale und ökologische Engagement von Unternehmen, gewinnen zunehmend an Bedeutung. Nicht nur weil es zum guten Ton gehört, sondern weil sich das Bewusstsein vieler Menschen ändert. Das Bedürfnis, unsere Natur zu schützen sowie sinnvolle Produkte und Dienstleistungen anzubieten, hat sich in den letzten Jahren deutlich verstärkt. Menschen verstehen sich immer mehr als Teil der Natur und sehen die Zusammenhänge und Auswirkungen, die sie auf unser Leben und unserer Arbeit hat.

Wandel in der Demographie

Die Bevölkerungsdynamik hat erhebliche Auswirkungen auf die Zukunftsfähigkeit von Unternehmen. Der Rückgang der Bevölkerung in Deutschland und die demografische Alterung (Wippermann und Krüger 2014) wird sich verstärkt bemerkbar machen. Gleichzeitig wird die Anzahl der Personen im erwerbsfähigen Alter abnehmen. Für Unternehmen ergeben sich daraus auf unterschiedlichen Ebenen völlig neue Anforderungen. Die Spanne reicht von altersgerechten Arbeitsbedingungen und Qualifizierungsmöglichkeiten, über Ergonomie, Personalentwicklung und Wissenstransfer bis hin zu Führung und Unternehmenskultur.

Wandel durch die Generation Y

Die Generation Y, auch Digital Natives, Millennials oder Nexters genannt, hat Erwartungen an Unternehmen, die diese heute oft noch nicht erfüllen können. Diese Generation unterscheidet sich vor allem dadurch, dass sie in der digitalen Welt aufgewachsen ist. Natürlich sind nicht alle ihre Vertreter gleich, dennoch gibt es Gemeinsamkeiten, die sie charakterisieren: Sie sind gut ausgebildet, selbstbewusst, offen und flexibel. Sie legen großen Wert auf technische Ausstattung sowie räumlich und zeitlich flexible Arbeitsorganisationen und nicht zuletzt auf ein inspirierendes und wertschätzendes Arbeitsumfeld. Laut einer Forsa-Umfrage (Statistisches Bundesamt 2014) bewerteten 90 % der Befragten unter 35 Jahren für ihre Zufriedenheit die Ausstattung des Büros als für sie persönlich wichtig oder sehr wichtig. Über 60 % würden bei einem Jobwechsel für ein attraktives Büro sogar ein geringeres Gehalt akzeptieren.

Unternehmen sind aufgefordert bestehende Strukturen und Werte infrage zu stellen. Sind hierarchische Pyramidenstrukturen noch zielführend? Ist Führung über Kontrolle noch zeitgemäß? Wie können ein umfassender Wissensaustausch und Transparenz in Organisationen stattfinden? Wie kann die Atmosphäre am Arbeitsplatz verbessert werden, damit sich alle Beteiligten wohlfühlen und sich die erwünschten Erfolge einstellen?

3 Nachhaltigkeitsanforderungen gewinnen an Bedeutung

Durch den Wertewandel in Politik, Wirtschaft und Gesellschaft entwickelt sich Nachhaltigkeit immer mehr zu einem festen Bestandteil der Unternehmensführung. Unternehmen sind aufgefordert, Verantwortung für Mitarbeiter, für die Gesellschaft und für die Umwelt zu übernehmen. Nicht nur um Wachstumschancen zu erhöhen, sondern auch um Mitarbeiter und deren Know-how im Unternehmen zu behalten und neue Mitarbeiter zu gewinnen. Eine nachhaltige Unternehmensführung soll vor allem den Anforderungen von Stakeholdern wie Kunden, Partnern und der Gesellschaft gerecht werden. Hier ein paar Beispiele:

- *Mitarbeitende*, die sowohl Wert legen auf ein interessantes Arbeitsumfeld mit guten Entwicklungschancen als auch auf ein erfülltes Privatleben und eine ausgewogene Work-Life-Integration,
- *Konsumenten*, die in ihrem Kaufverhalten auf Kosten und Qualität achten, aber auch umwelt- und sozialverträgliche Komponenten der Produkte verstärkt bei der Kaufentscheidung hinzuziehen,
- *die Öffentlichkeit*, die das Handeln von Unternehmen und Personen verstärkt im Hinblick auf die Durchgängigkeit ihrer Werte sowie der sozialen und ökologischen Auswirkungen ihrer Wirtschaftstätigkeit beurteilt,
- *der Gesetzgeber*, der sich verstärkt Gedanken über einen gesetzlichen Handlungsrahmen von Nachhaltigkeitskonzepten für Unternehmen macht. Das EU-Parlament führt ab 2017 für Unternehmen mit mehr als 500 Mitarbeitern eine verpflichtende CSR-Berichterstattung ein. Das hat auch Auswirkungen auf kleine und mittlere Unternehmen (KMU). Selbst wenn sie nicht direkt von der Richtlinie betroffen sind, werden die Anforderungen innerhalb der Lieferketten steigen.

4 Nachhaltige Arbeitswelten erfordern ein Zusammenspiel von Mensch, Technik und Raum

Nachhaltige Arbeitswelten sehen in der Umsetzung unterschiedlich aus. Es gibt dafür kein Regelwerk, das übertragbar ist. Vielmehr sind individuelle Ansätze gefragt, die gemeinsam mit dem Arbeitgeber und den Arbeitnehmern neu geschaffen werden. Was allerdings alle gemeinsam haben, ist der Weg vom Silodenken zu einem gemeinsamen Entwickeln und Wirken sowie von hierarchischen Arbeitsanweisungen hin zur Begegnung im Miteinander auf Augenhöhe.

Für die Umsetzung nachhaltiger Bürokonzepte ist ein optimales Zusammenspiel von Mensch, Raum und Technik essenziell. Mit einer Strategie, die diese Einflüsse miteinander in Einklang bringt, können gemeinsam inspirierende Konzepte neu kreiert werden (Abb. 1):

Strategie Klarheit von Unternehmenszielen ist die Grundvoraussetzung, d. h., welche Organisationsstruktur, welche Unternehmenskultur und Arbeitsweise sollen unterstützt und gefördert werden.

Mensch Motivierte Mitarbeiter sind der Schlüssel für den Erfolg von Organisationen. Der Mensch als Individuum, das Team sowie die sozialen Rahmenbedingungen werden durch die aktive Beteiligung berücksichtigt.

Raum Angebote von unterschiedlichen Räumlichkeiten, die auf die Anforderungen und die Flexibilität der Arbeitsweisen abgestimmt sind. Die Raumgestaltung bietet eine optimale Plattform für die Zusammenarbeit und den Austausch. Es ist ein Raum, in dem sich Menschen wohlfühlen und inspiriert werden.

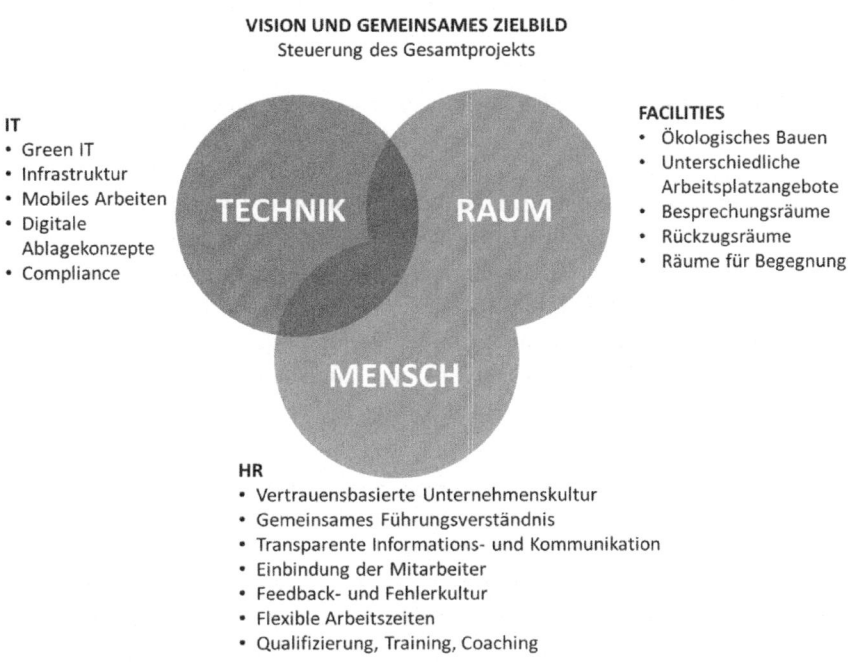

Abb. 1 Nachhaltige Arbeitswelten fordern Integration

Technik Ausstattung mit moderner Informations- und Kommunikationstechnologie, die ein standortunabhängiges Arbeiten ermöglicht. Technik die einfach und intuitiv bedienbar ist und zur Arbeitserleichterung und Bereicherung beiträgt.

5 Strategie: Lösungsansätze bei der Umsetzung von neuen Organisationen

Arbeitsmethoden ändern sich entsprechend den Anforderungen. Um Innovationspotenziale zu nutzen und schnell Ideen, respektive Produkte, für neue Kunden- und Marktanforderungen zu entwickeln, ist die Ausrichtung auf eine kontinuierlich lernende Organisation wesentlich. Eine prozessorientierte Organisation, interdisziplinäre Team- und Projektarbeit und Ad-hoc-Arbeitsgruppen gewinnen an Bedeutung. Agile Arbeitsmethoden und -prozesse unterstützen den Wissensaustausch und fördern die abteilungsübergreifende Kollaboration. Wesentlich ist der Umgang miteinander, der durch eine Unternehmenskultur gestützt wird, die eine kooperative Gesprächsführung sowie Feedbackkommunikation aktiv lebt und die Sinnhaftigkeit im Tun fördert. So kann ein offenes, motivierendes Miteinander gestaltet werden, in dem sich neue Verhaltensweisen und Fähigkeiten entwickeln. Der Weg hin zu modernen Arbeitswelten ist ein Prozess, der Kontrolle und Anwesenheitspflicht auflöst und zu einem ergebnisorientierten, vertrauensvollen und wertschätzenden Umgang miteinander führt. Dieser Kulturwandel bezieht sich auf alle Bereiche eines Unternehmens.

> Probleme kann man niemals mit derselben Denkweise lösen, durch die sie entstanden sind (Albert Einstein).

Für Organisationen ist heute eine ganzheitliche Sicht auf die Welt wichtig. Für die globalen Herausforderungen braucht es neue Denkansätze. Schon heute wird immer mehr Leistung und Engagement von Mitarbeitern erwartet, nur die Strukturen haben sich nicht geändert. Die Frage, die sich verstärkt stellt, ist, ob wir an die Grenzen unserer derzeitigen Organisationsmodelle gekommen sind. Agile Methoden, wie SCRUM oder Design Thinking, sind für die Organisationsentwicklung immer interessanter. Dabei handelt es sich um multidisziplinäre Ansätze, die als Projekt-, Innovations-, Portfolio- und Entwicklungsmethoden eingesetzt werden.

Schon seit einigen Jahren existieren neue Ansätze von Organisationsstrukturen und Arbeitsweisen, mit dem Ziel die Innovationskraft von Unternehmen zu fördern und ein selbstbestimmtes Arbeiten zu unterstützen. Interessante Ansätze dazu beschreibt z. B. Otto Scharmer in seinem Buch *Theorie U: Von der Zukunft her führen* (Scharmer 2014), den Weg von der Egosystem- zur Ökosystemwirtschaft. Auch Frederic Laloux befasst sich in seinem Buch *Reinventing Organizations* (Laloux 2014) mit Lösungsansätzen von der Entwicklung einer traditionellen Organisation hin zu einer evolutionären Organisation.

6 Mensch: Wohlfühlen wird zum Erfolgsfaktor

Die Arbeitswelt ist in Bewegung. Menschen streben immer mehr nach Selbstverwirklichung und legen Wert auf ein Arbeitsumfeld, in dem sie ihre Potenziale optimal einsetzen können und sich wohlfühlen. Der Wunsch einer ausgeglichenen Integration von Arbeit und Leben sowie eines sinnvollen Wirkens nimmt zu. Die zeitliche und räumliche Flexibilität gewinnt an Bedeutung, um das Leben reibungsloser zu organisieren und um die Möglichkeit zu nutzen, effizienter zu arbeiten. Das Gehalt alleine ist meist kein Motivationsfaktor mehr.

Bei der Wahl des Arbeitgebers gewinnt das soziale und ökologische Engagement von Unternehmen an Bedeutung. Es ist heute schon für viele Menschen ein wichtiges Entscheidungskriterium bei der Jobwahl. Darüber hinaus zeigt sich auch, dass Mitarbeiter vermehrt gesellschaftliche und soziale Verantwortung übernehmen und ihr Engagement im Unternehmen einbringen möchten. Um das sicherzustellen, braucht es eine Unternehmenskultur, die eine neue Art der Zusammenarbeit fördert. Dazu sind offene Strukturen notwendig, in denen Mitarbeiter selbstbestimmt arbeiten, eigene Ideen einbringen und den Sinn ihres Wirkens sehen.

7 Technik: Digitalisierung ermöglicht neue Chancen der Zusammenarbeit

Digitalisierung und Industrie 4.0 sind seit Langem Schlagworte, die in den Medien zu lesen sind. Sie werden divers diskutiert. Eines ist sicher: Es hat Auswirkungen auf nahezu alle Bereiche und auf alle Branchen. Die Schnittmenge zwischen der realen und der virtuellen Welt vergrößert sich und wird immer effektiver in den Büroalltag einbezogen. Dabei geht es vorrangig um die Fragen, welche Möglichkeiten die Technik bringt, um Menschen bei ihrer Arbeit zu unterstützen, welche Freiräume geschaffen werden können, wenn wir Technologie optimal einsetzen, und wie Technik die Arbeitsorganisation unterstützen kann.

Die Digitalisierung hat einen entscheidenden Einfluss auf die Unternehmensentwicklung. In Zeiten der ständig zunehmenden Globalisierung wächst die Bedeutung der organisationsübergreifenden Zusammenarbeit zwischen Mitarbeitern, Kunden und Geschäftspartnern. Innovative Medien- und Kommunikationstechniken sind heute nicht mehr aus den modernen Arbeitswelten wegzudenken. Technikunterstützte Kommunikation findet nicht mehr nur in speziell ausgewiesenen Besprechungsräumen statt, sondern an jedem Ort der Büroumgebung.

Innovative Medien- und Kommunikationstechniken unterstützen Unternehmen dabei, Ideen und Prozesse zu visualisieren. Videokonferenzen und Onlinemeetings sind in Großunternehmen heute oft schon Standard. Bei mittelständischen Unternehmen besteht dafür meist noch Nachholbedarf. Agile Projekte und Arbeitsweisen finden immer stärkeren Anklang – nicht nur in der Softwareentwicklung, sondern auch im Projektmanagement. Innovationsprozesse von agilen Projektteams werden heute durch moderne Technik digital unterstützt und können so effizient und interaktiv gestaltet werden. Entscheidend für den Erfolg dieser Medien- und Kommunikationstechniken ist ihre einfache und effiziente Anwendung. Damit lässt sich sicherstellen, dass jeder Mitarbeiter auf diese Arbeitsmittel zugreifen kann, ohne gleich einen Experten zurate ziehen zu müssen. Moderne Bürostrukturen fördern nicht nur eine effektivere Kommunikation innerhalb von globalen Teams, sondern bieten auch Voraussetzungen für höchstmögliche Flexibilität und Vernetzung. Die Nutzung innovativer Technologien hat noch weitere Auswirkungen: Die Reisekosten können reduziert werden und die Emissionswerte verringern sich durch den Verzicht auf Flüge oder lange Autofahrten. Damit können Unternehmen die ökologischen Nachhaltigkeitsanforderungen im Reisemanagement meist erheblich verbessern.

8 Raum: Innovatives, zukunftsfähiges Arbeiten fordert neue Raumstrukturen

Flexibilität, Vernetzung und Virtualität sind Aspekte, die hinsichtlich Raum und Zeit erhebliche Auswirkungen auf die Arbeitswelt haben. Die Anwesenheit am Arbeitsplatz verliert an Bedeutung. Aber gerade deshalb spielt die Arbeitsumgebung, in der sich Kollegen physisch treffen können, eine zentrale, wenn auch veränderte Rolle. Der Raum entwickelt sich immer mehr zur Plattform für Begegnung, Austausch und Kommunikation.

Bestehende Büroräume entsprechen diesen Anforderungen meist nicht oder sind mit Blick auf innovationsfördernde Arbeitsweisen eher hinderlich. Zellenbüros erfüllen die Anforderungen der sich ständig veränderten Arbeitswelt schon längst nicht mehr. Und offene Raumkonzepte rufen oft Erinnerung an die Großraumbüros der 1980er- und 1990er-Jahre wach und wecken meist negative Assoziationen. Die moderne Gestaltung von Großraumbüros ist eine intelligente Weiterentwicklung dieser Konzepte. Das Ziel offener Bürokonzepte ist es, für den gezielten Austausch im lokalen Team und in interdisziplinären Teams sowie für den informellen Austausch mit den Kollegen, aber auch für den Rückzug und zur Erholung adäquate Räume zu schaffen. Die konzeptionelle Herangehensweise greift die Anforderungen der unterschiedlichen Arbeitsstile und -abläufe auf. Im Vordergrund stehen die Nutzungsmöglichkeiten, die eine Arbeitsumgebung bietet. Das Ergebnis ist ein offenes Arbeitsumfeld, das die Kommunikation und den Wissensaustausch unterstützt, gleichzeitig aber auch Rückzugsräume bietet und dadurch die Produktivität der Mitarbeitenden unterstützt.

Ein wesentlicher und auch der kritischste Faktor ist die Akustik im offenen Raum. Verfolgt man unterschiedliche Umfragen zu diesem Thema ist Lärm der Nummer-eins-Störfaktor. Deshalb sind umfassende akustische Maßnahmen in Form von schalldämpfenden Elementen wie Fußböden, Decken, Möbeln und Stellwänden, ein absolutes Muss. Das Akustikdesign setzt schon bei einer großzügigen Raumplanung und einer Zonierung von Arbeitsbereichen an und bezieht dadurch lärmreduzierende Aspekte ein. Interessanterweise wird der Hintergrundgeräuschpegel in offenen Büros von Menschen oft weniger störend empfunden als in Situationen, in denen Gesprächsinhalte verstanden werden können. Es ist also gar nicht wünschenswert, dass es in großen Räumen zu leise wird. Auch wenn es etwas seltsam klingen mag, aber zum Teil wird sogar bewusst ein künstliches Grundrauschen (Sound Masking) erzeugt.

8.1 Räume und Auswirkungen auf Mitarbeitende und Unternehmen

Flächeneffizienz von Büroräumen
Beschäftigungsmodelle, wie Homeoffice und Teilzeit, haben einen starken Einfluss auf die Gestaltung von Büroräumen. Arbeitsplätze werden heute oft nicht ausreichend effizient genutzt, beispielsweise in Vertriebs- und Beratungsorganisationen, deren Mitarbeiter meist beim Kunden unterwegs sind. Das ist nicht nur hinsichtlich der Kosten- und Flächeneffizienz ungünstig, vielmehr hat diese Situation auch Auswirkungen auf die Mitarbeiter, die aufgrund dieser Struktur häufig in verwaisten Büroräumen sitzen.

Räume als Spiegel der Unternehmenskultur
Die Büroumgebung ist ein Spiegel der Unternehmenskultur. Wenn wir uns in Büroräumen umsehen, können wir sofort erkennen, welcher Geist dort lebt. Wir spüren intuitiv, ob wir uns dort wohlfühlen. Zeigt sich eine offene Umgebung? Ist diese inspirierend? Gestylt? Chaotisch? Verschachtelt? Hierarchisch? Die Qualität eines Raumes wird durch das Verhalten der Menschen im Raum sichtbar. Denn Räume haben eine permanente Wirkung auf die Menschen, die dort Zeit verbringen – und damit letztendlich auch auf die Organisation.

Räume haben Einfluss auf die Kommunikationsqualität
Räume stehen in Beziehung zur Kommunikationsqualität und können ein effizientes und kommunikationsförderndes Arbeitsumfeld unterstützen. Sie sind ein wesentlicher Faktor, um eine vernetzte, flexible und inspirierende Arbeitsumgebung zu schaffen. Laut einer Gensler Studie (Gensler Studie Workplace 2013) arbeiten diejenigen Unternehmen am effektivsten, in denen vier Arbeitsstile optimal aufeinander abgestimmt werden. Diese sind Kollaboration, Fokussierung, Socializing und Lernen. Die Kunst ist es, eine Struktur zu schaffen, die all diese Arbeitsstile ermöglicht und gleichzeitig das Zugehörigkeitsgefühl und das Wohlbefinden der Menschen fördert.

Flexibilisierung der Räume
Zukünftige Arbeitswelten sind darauf ausgelegt, schnell und flexibel auf räumliche Veränderungen einzugehen. Die gesamte Büroumgebung ist der Arbeitsplatz jedes Mitarbeiters. Es gibt keine Limitierung auf einen festen Arbeitsplatz oder einen Raum. Vielmehr können die unterschiedlichen Arbeitsplatzangebote nach Bedarf so genutzt werden, wie es für die Arbeitssituation am besten passt. Wenige, flexible Wände ermöglichen es bei Bedarf, Umbaumaßnahmen zeitnah und ohne großen Aufwand an veränderte Team- oder Projektsituationen anzupassen und flexibel auf Expansion und Flächenbedarf zu reagieren.

9 Nachhaltige Auswirkungen durch die Gestaltung von zukunftsfähigen Arbeitswelten

Kleine und mittelständische Unternehmen engagieren sich schon heute im Sinne eines nachhaltigen und verantwortungsbewussten Unternehmertums. Oftmals fehlt aber die strategische und passgenaue Ausrichtung der Aktivitäten. Gerade diese liefern aber die Basis für die mittel- und langfristigen Resultate, von der das Unternehmen und die Gesellschaft gleichermaßen profitieren. Nachhaltigkeitsberichte, wie z. B. die Entsprechenserklärungen zum Deutschen Nachhaltigkeitskodex (DNK) liefern eine gute Basis, um im Unternehmen das Nachhaltigkeitsengagement und eine strategischen Vorgehensweise zu unterstützen.

Die Erstellung eines Nachhaltigkeitsberichtes ist oft der erste Schritt. Doch entscheidend ist vor allem die Integration in die Organisation, um die Potenziale im Unternehmen zu aktivieren. Es ist ein Bewusstseinswandel, der auf einer klaren Entscheidung seitens der Unternehmensführung basiert und mit den Menschen einer Organisation gemeinsam gestaltet wird.

10 Strategie und Umsetzung von nachhaltigen Arbeitswelten

Die Erfüllung von Nachhaltigkeitskriterien ist bei der Umsetzung moderner Raumkonzepte ein wesentliches Ziel. Sie steht im engen Zusammenhang mit dem Nachhaltigkeitsmanagement, da es sowohl ökonomische als auch ökologische sowie soziale Handlungsfelder umfasst. Das Arbeitsumfeld soll zur Unterstützung der strategischen Ziele eines Unternehmens beitragen, beispielsweise zur Positionierung als attraktiver Arbeitgeber für Mitarbeiter und Bewerber, bei der Flexibilisierung von Arbeitszeit und -raum, der Förderung einer offenen Unternehmenskultur, der Kommunikation und dem Wissensaustausch, bei der Skalierbarkeit von Flächen und dem effizienten Einsatz von natürlichen Ressourcen im Büroumfeld.

Es bedarf einer ganzheitlichen Sichtweise auf Organisationstrukturen, Arbeitsmethoden und Bürokonzepte sowie der Initiierung eines Veränderungsprozesses. Die Analyse der aktuellen Situation, die Planung und Konzeption sowie die Implementierung bis zum Review sind elementare Phasen für den Veränderungsprozess. Dieser findet auf allen Ebenen des Unternehmens statt und betrifft die Führungsspitze ebenso wie das Management und die Mitarbeiter. Letztere werden dabei bereits in der Planungsphase in den gesamten Prozess eingebunden und begleiten das Projekt aktiv. Es ist ein produktives Zusammenspiel aus Geschäftsleitung, Personalabteilung, Gebäudemanagement und Technik erforderlich, um einen ganzheitlichen Kulturwandel im Unternehmen zu bewirken.

11 Soziale Aspekte bei der Gestaltung von nachhaltigen Arbeitswelten

Die Gestaltung einer neuen Arbeitswelt bietet enorme Chancen für Mitarbeiter. Die Arbeitsumgebung soll eine angenehme Atmosphäre schaffen und Wohlfühlen erzeugen, ein Ort, an den man gerne geht. Gleichzeitig bietet die zeitliche und räumliche Flexibilisierung die Chance, selbstbestimmter zu arbeiten und Aufgaben bedarfsgerechter zu planen. Das bietet Mitarbeitenden die Möglichkeit, Familie und Beruf besser zu vereinen. Lebenslanges Lernen ist heute ein Kernthema unserer Gesellschaft und in der Arbeitswelt. Durch die Förderung von Kommunikation und Austausch sowie der Integration neuer Arbeitsweisen und -abläufe wird Miteinanderlernen positiv beeinflusst. Teamarbeit und ein gemeinsames Wirken haben einen hohen Stellenwert. Gleichwertige Arbeitsplatzangebote und die Fokussierung auf Arbeitsstile lösen hierarchische Strukturen weitgehend auf. Eine bedürfnisorientierte Umsetzung von Büroraumkonzepten soll auch den Anforderungen des demografischen Wandels gerecht werden. Die Gesundheit spielt eine wichtige Rolle. Die Arbeitsplatzgestaltung ist auf ergonomische und umweltgerechte Anforderungen abgestimmt und trägt damit zur Gesundheit und zum Wohlbefinden der Menschen bei (Abb. 2).

12 Umweltgerechte Gestaltung von Arbeitswelten

Ökologische Aspekte spielen nicht nur bei der Bauweise und der Verwendung umweltfreundlicher Materialien in der Büroausstattung eine wichtige Rolle, sondern auch bei der Reduzierung von Emissionswerten und dem Energieverbrauch:

Nachhaltige Bauweise und Materialien
Die Bauweise hat einen großen Einfluss auf die Nutzung von Bürogebäuden sowie die Umwelt und unsere Gesundheit. Bürogebäude verbrauchen einen erheblichen Teil der eingesetzten Rohstoffe und Energien. Sie sind dadurch ein wesentlicher Faktor zur Verbesserung der Energieeffizienz. Für die Ausstattung von Büroräumen gibt es heute eine Auswahl von Büromöbeln, die umwelt- und gesundheitsverträglich hergestellt, genutzt, entsorgt oder weiterverwertet werden können. Eine nachhaltige Boden- sowie Farbgestaltung liefern ebenso einen Beitrag zur umweltbewussten Realisierung moderner Büroräume.

Green IT
Der Einsatz von Green IT zielt darauf ab, die Nutzung von Informations- und Kommunikationstechnologie umwelt- und ressourcenschonend zu gestalten – von der Herstellung über die Inbetriebnahme bis hin zur Entsorgung der Geräte. Moderne Informationstechnologien, wie Videokonferenzen, beeinflussen auch das Reisemanagement, indem Flüge und andere Reisetätigkeiten reduziert werden können.

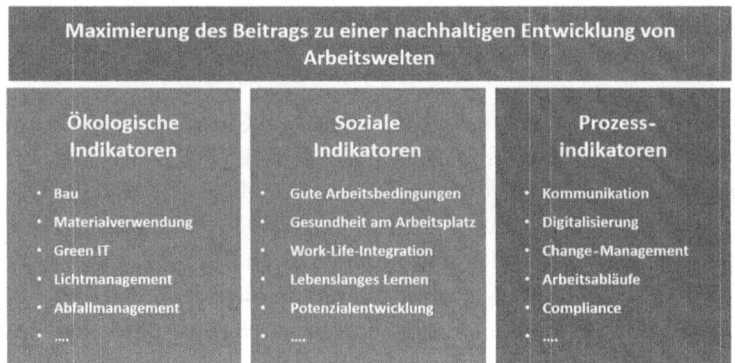

Abb. 2 Nachhaltige Arbeitswelten Indikatoren

Ergonomisches Lichtmanagement
Energiesparende Lichtmanagementsysteme, wie z. B. der Einsatz von LEDs, bieten hinsichtlich der Ergonomie zahlreiche Vorteile. LEDs lassen sich flexibel an verschiedene Arbeitssituationen anpassen. Sie sorgen für ein angenehmes Licht und fördern so das Wohlbefinden der Mitarbeiter. Auch wenn die Anfangsinvestition höher ist als bei konventionellen Bürobeleuchtungsangeboten, gleicht dies die lange Lebenszeit der LEDs wieder aus. Das Einsparpotenzial der LED-Leuchtmittel im Vergleich zu herkömmlichen Leuchten liegt zwischen 50 % und 90 % und bietet dadurch Unternehmen auch wirtschaftlich Vorteile.

Abfallmanagement
Offene Bürokonzepte verfolgen das Ziel eines papierlosen Büros. Ein elektronisches Dokumentenmanagement bietet die Möglichkeit, sowohl den Aufwand für Recherche und Archivierung also auch das Papieraufkommen zu reduzieren. Durch die Verringerung des Papierverbrauchs im Arbeitsprozess sparen Unternehmen Kosten und leisten einen Beitrag zu einem verantwortungsbewussten Umgang mit natürlichen Ressourcen. In manchen Organisationen kann auch die Reduzierung von Raum- bzw. Lagerkosten für Papierarchive eine Rolle spielen. Auf einzelne Arbeitsplatzdrucker wird weitestgehend verzichtet, dafür stehen gemeinschaftlich genutzte Drucker im Großraum zur Verfügung.

Das Fraunhofer Institut für Arbeitswirtschaft und Organisation hat sich in der Studie „Green Office" (Fraunhofer IAO 2015) mit den Motiven, Erwartungen und Herausforderungen beschäftigt, die deutsche Unternehmen an die Einführung umweltfreundlicher Maßnahmen in der Gestaltung von Büroarbeit knüpfen. Das Ergebnis zeigt, dass umweltfreundliche Lösungen bei der Gestaltung von Arbeits- und Bürokonzepten erheblich an Bedeutung gewinnen. Die Studie nimmt Bezug auf die Integration ökologischer, ökonomischer und sozialer Handlungsfelder, auf die Informations- und Kommunikationstechnologie sowie auf die umweltfreundliche Gebäude- und Raumgestaltung und das nachhaltige Nutzerverhalten.

13 Beispiele für die Gestaltung von flexiblen Bürowelten

In der Vergangenheit stand die Kosten-Nutzen-Effizienz bei modernen Bürokonzepten häufig im Vordergrund. Die neue Gestaltung von Büroräumen war in erster Linie ein Umzugsprojekt. Aber es geht noch um wesentlich mehr, denn flexible Bürokonzepte bedeuten einen Wandel in der Unternehmenskultur. Es gibt viele Organisationen, die bereits flexible Bürokonzepte umgesetzt haben. Internationale Organisationen aus der IT-Branche, Beratungsunternehmen und Agenturen gehören zu den Vorreitern. Auch kleine und mittelständische Betriebe und auch Unternehmen unterschiedlicher Branchen (z. B. Banken, Pharmaindustrie) erkennen vermehrt die Notwendigkeit, die Flexibilisierung zu fördern. Hier eine paar Beispiele:

Microsoft sieht das Arbeiten der Zukunft als eine umfassende Philosophie und plädiert für eine ganzheitliche Betrachtung. Das Gebäude und der Raum sind dabei nur ein Teil des Gesamtkonzeptes. Vorrangig geht es darum, die Individualität und die Diversität zu fördern sowie den Mitarbeitenden ein hohes Maß an Selbstverantwortung und Flexibilität zu ermöglichen. Diese neue Form zu arbeiten unterstützt Microsoft aktiv durch begleitende Personalentwicklungsprogramme. Das Unternehmen hat 2013 unter mehr als 1500 Angestellten in 15 europäischen Ländern eine Studie zum Thema „Workplace of the future" durchgeführt. Diese belegt, dass Mitarbeiter mehrheitlich davon ausgehen, zufriedener und produktiver zu sein, wenn sie flexibler arbeiten können.

Google ist wohl eines der bekanntesten Projekte in diesem Umfeld. Vor allem das Büro in Zürich wird oft von Medien zitiert. Seine Arbeitswelten erinnern an eine Spielwiese für Erwachsene. Google setzt diese außergewöhnlichen Bürokonzepte weltweit an seinen Standorten um. Eher ungewöhnliche Elemente wie Hängematte, Gondeln, Wellnessräume, Spielekonsolen oder Rutschen und Ähnliches sind Teil dieser Arbeitswelt. Damit soll die Kreativität der Mitarbeiter gefördert und ein Raum für Begegnung und Kommunikation geschaffen werden.

Der Impact Hub München ist eine lebendige Community, die kleinen Unternehmen und Selbstständigen einen Arbeitsraum bietet und deren Arbeitswelt gemeinsam gestaltet. Es stehen geschlossene Arbeitsräume, Rückzugsräume, Co-Working-Spaces und Räume für Begegnung zur Verfügung. Hier wird nicht nur auf die sozialen Aspekte Wert gelegt, sondern auch auf die Ökologie. Das gilt sowohl für den Bau als auch bei der Einrichtung sowie für den Einkauf ökologischer Produkte und Lebensmittel. Das Impact Hub schafft einen Raum, in dem Unternehmer wirkungsvoll wirtschaften und gemeinwohlorientiert handeln können. Dieses Konzept ist ein Beispiel dafür, wie das Arbeiten der Zukunft nachhaltig umgesetzt werden kann.

14 Praxisbeispiel: Citrix Arbeitswelt „Work better. Live better"

Wir haben die Firma Citrix Systems in Karlsruhe bei der Integration der Citrix-Arbeitswelten mit einem Change-Managementprozess begleitet:

Citrix Systems, ein US-Softwareunternehmen, hat sich im Jahr 2011 dafür entschieden, Open Space als Standardbüroform für alle Standorte umzusetzen. Dafür hat der Konzern eine Arbeitsplatzstrategie entwickelt, die eine weltweit gültige Designsprache definiert, gleichzeitig aber auch Gestaltungsfreiräume für lokale Besonderheiten schafft. Citrix verfolgt einen ganzheitlichen Ansatz, der die Architektur, Raumgestaltung und Möblierung umfasst, aber auch die Technologie, Services und Arbeitsweisen. Die Philosophie „Work anywhere" legt den Fokus auf eine agile, vernetzte Arbeitsweise, die (verteilte) Teams unterstützt, auf die Förderung von Work-Life-Balance, Wissensaustausch durch Mobilität und der Anwendung des Citrix-Produktportfolios.

Strategische Ausrichtung und Ziele
Bei der Auswahl des neuen Gebäudes in Karlsruhe hat sich Citrix für ein energieeffizientes Passivhaus in zentraler, verkehrsgünstiger Lage entschieden. Ziel des Unternehmens war es, für rund 200 Mitarbeiter ein attraktives Büro zu gestalten, das die Unternehmensphilosophie unterstützt, das Wachstum von Mitarbeitern abbildet und den geforderten Nachhaltigkeitskriterien entspricht. Weitere Gründe lagen in der eigenen Präsentation als innovativer und attraktiver Arbeitgeber, der Flexibilisierung der Arbeitsumgebung, aber auch in der Förderung von Kommunikation und der Zusammenarbeit in der eigenen Abteilung als auch in interdisziplinären Teams.

Umsetzung des neuen Bürokonzeptes
Die Fläche von ca. 4000 m² ist als offenes Büro konzipiert, das sich alle Mitarbeiter teilen. Durch eine Zonierung nach Bereichen sitzen Teams zusammen. Der informelle Austausch mit Kollegen findet in den Loungebereichen, in Sitzecken, auf Sitzsäcken oder in den Gemeinschaftsküchen statt. Die höhenverstellbaren Tische laden dazu ein, auch mal im Stehen zu arbeiten. Für die Zusammenarbeit im Team stehen unterschiedliche Möglichkeiten zur Verfügung. So gibt es verglaste Besprechungsräume in unterschiedlichen Größen, die die Transparenz der Büroräume sicherstellen. Diese sind mit Hightech ausgestattet, sodass Videokonferenzen, Telefonkonferenzen und Scrum-Meetings professionell und effizient abgehalten werden können. Zusätzlich sind alle Bereiche mit Whiteboards ausgestattet, die Ad-hoc- oder Projektbesprechungen unterstützen. Um Arbeiten auszuführen, die eine hohe Konzentration erfordern, stehen separate Räume zur Verfügung. Für Besucher aus anderen Standorten gibt es in den unterschiedlichen Bereichen entsprechende Arbeitsplätze.

Technische Ausstattung
Citrix hat sich für eine Hightechausstattung in den neuen Büroräumen entschieden. Die Besprechungsräume sind standardmäßig mit unterschiedlichen Audio- und Videolösun-

gen ausgestattet. Dazu zählen ein 80-Zoll-HD-LED-Display (teilweise mit Apple TV), eine Telefonkonferenzanlage, ein drahtloses Präsentationssystem, das Inhalte auf großen Leinwänden in Konferenzräumen auf intuitive Art weitergibt, sowie ein webbasiertes Raumbuchungssystem. Ebenso befindet sich in allen Besprechungsräumen ein magnetisches Whiteboard. In speziellen Konferenz- und Präsentationsräumen stehen digitale Whiteboards zur Verfügung, die analoge und digitale Arbeitsweisen verbinden und eine effiziente Teamarbeit fördern.

Das Akustikdesign war Citrix besonders wichtig und kommt in unterschiedlichen Ansätzen in den Räumen zum Tragen: Streifenabsorber an der Decke, ein Sound Masking, das zur Reduzierung der Sprachverständlichkeit im Raum dient, Absorberflächen durch den Einsatz von akustisch wirksamem Mobiliar sowie trittschallreduzierende Teppichböden. Das Lichtdesign umfasst diverse Beleuchtungsarten für die verschiedenen Bürobereiche. Das Büro (Open Space) ist mit LED-Pendelleuchten mit mikroprismatischer Abdeckung bestückt. Alle Besprechungsräume sind mit LED-Pendelleuchten ausgestattet.

Einbindung der Mitarbeiter
Die Mitarbeiter wurden bei der Umsetzung der neuen Büroräume miteinbezogen. Das begann mit der Planung und lief kontinuierlich bis nach dem Einzug. In Form von Informationsveranstaltungen, Mitarbeiterbefragungen sowie durch regelmäßige Informationen zum Projektstatus wurden alle Beteiligten involviert. Ein Change-Agent-Team, das sich aus einem Vertreter pro Bereich formte, hat sich im Vorfeld mit den Befürchtungen und Fragen aus den Teams befasst. In diesem Team wurden auch die Kommunikation und das von den Kollegen gewünschte Verhalten diskutiert. Als Ergebnis wurde auf Regeln im Umgang miteinander bewusst verzichtet, stattdessen wird eine offene Feedbackkultur gelebt: Zum Wohlfühlfaktor im Büro tragen alle aktiv bei. Probleme werden sofort angesprochen und Lösungen gefunden.

Erste Rückmeldungen
Vor drei Monaten hat Citrix die neuen Büroräume bezogen. Die ersten Rückmeldungen sind überwiegend sehr positiv: Das offene Büro bringt Kollegen miteinander in Kontakt, auch solche, die aufgrund ihrer unterschiedlichen Bereiche sonst nichts miteinander zu tun hätten. Dabei entstehen neue Gedanken und Ideen. Es findet ein reger Austausch statt, den es vorher in der Form nicht gab. Die entstandene Atmosphäre fördert die Innovationskraft, schafft Synergien und vermittelt ein Gefühl der Verbundenheit. Es ist ein spannender Prozess, aber auch eine große Veränderung, die nach dem Umzug durch die praktische Umsetzung des Konzeptes ins Rollen kommt. Jetzt braucht es etwas Zeit, um zu experimentieren und sich an das neue Umfeld zu gewöhnen.

Überblick

Ökologische Aspekte

- Nachhaltige Bauweise: energieeffizientes Passivhaus,
- Nachhaltige Materialien bei Möbelauswahl,
- Ergonomisches Lichtmanagement,
- Green durch IT: Videokonferenzen, Webinare.

Soziale Aspekte

- Einbeziehung der Mitarbeitenden,
- Unterstützung der Work-Life-Balance,
- Unterstützung von lebenslangem Lernen.

15 Spannungsfeld zwischen dem Erhalt des Alten und dem Weg in die Zukunft

Verhalten zu ändern, ist kein leichtes Vorhaben. Es erfordert Mut, Offenheit und das Wollen, neue Erfahrungen zu machen. Notwendig ist auch die Bereitschaft, bestehende Erfahrungen und Gewohnheiten loszulassen. Mitarbeiter reagieren nur in den seltensten Fällen mit Begeisterung auf Veränderungen. Häufig entsteht ein Gefühl von Verlust und Unsicherheit, das zu einer emotionalen Belastung führen kann. Gewohnte Strukturen und Arbeitsweisen zu verlassen und sich auf das Neue einzulassen, ist ein Entwicklungsprozess. Es entsteht ein Spannungsfeld zwischen dem Erhalt des Alten und dem Weg in die Zukunft.

Der Weg in die Zukunft des Arbeitens ist ein Transformationsprozess. Voraussetzungen für eine hohe Akzeptanz und die gewünschte Identifikation mit der neuen Arbeitsumgebung sind Integration, Transparenz und Kommunikation. Durch eine aktive Beteiligung der Mitarbeitenden an diesem Prozess kann man den aufkeimenden Befürchtungen bereits im Vorfeld begegnen. Eine transparente und glaubwürdige Informations- und Kommunikationspolitik sowie der ehrliche Umgang mit Widerständen sind essenziell. Die Basis dafür ist eine vertrauensvolle Unternehmenskultur, die Offenheit und Transparenz fördert. Die oberste Führungsebene ist ein wichtiger Treiber bei Veränderungsprozessen. Ein klares Commitment und glaubwürdige, nachvollziehbare Ziele sowie die Übernahme einer Vorbildfunktion sind relevante Faktoren für die Akzeptanz des Vorhabens.

Flexible Arbeitsplatzmodelle stellen vor allem Führungskräfte vor neue Herausforderungen. Anwesenheit mit Leistung gleichzusetzen, funktioniert nicht mehr. Stattdessen zählt Ergebnisorientierung. Erwartungshaltungen bezüglich der Erreichbarkeit und des Arbeitens im Team müssen frühzeitig geklärt werden. Das Loslassen alter Verhaltensmuster sowie die Offenheit zur Exploration ist für alle Beteiligten ein Lern- und Entwicklungsprozess.

Literatur

Fraunhofer IAO (2015) Studie „Green Office 2014". http://www.iao.fraunhofer.de. Zugegriffen: 09.2015

Gensler Studie Workplace (2013) www.gensler.com. Zugegriffen: 09.2015

Laloux F (2014) Reinventing Organzations. Vahlen Verlag, München. Zugegriffen: 09.2015

Nefiodow LA (2013) Der sechste Kondratieff. www.kondratieff.net. Zugegriffen: 09.2015

Scharmer O (2014) Theorie-U: Von der Zukunft her führen. Carl Auer Verlag, Heidelberg

Statistisches Bundesamt (2014) Bevölkerungspyramide 2060. www.destatis.de. Zugegriffen: 09.2015

Wertekommission (2015a) Studie Werte Index 2014

Wertekommission (2015b) Initiative Werte Bewusste Führung e. V. Führungskräftebefragung 2015. www.wertekommission.de. Zugegriffen: 09.2015

Wippermann P, Krüger J (Hrsg) (2014) TNC Infratest GmbH. Werteindex 2014

Smaranda Beate Keller, Systemischer Coach und Beraterin für Transformationsprozesse mit den Schwerpunkten „Zukunftsfähig Arbeiten" und „Nachhaltige Unternehmensentwicklung". 20 Jahre arbeitete sie in internationalen IT- und Beratungsunternehmen in den Bereichen Marketing und Business Development. Heute verbindet sie ihre langjährige Managementerfahrung und ihr Kommunikation-Know-how mit den Ansätzen aus dem Systemischen Coaching. Ihre Ambitionen liegen darin, die Innovationskraft in Unternehmen zu erhöhen und die Handlungskompetenzen von Mitarbeitern und Führungskräften zu erweitern. Im Vordergrund steht dabei der achtsame und verantwortungsvolle Umgang mit Mensch und Natur.

Vom technischen Umweltschutz zur Zukunftsfähigkeit von Organisationen

Manche sagen auch „Nachhaltigkeit" dazu

Burkhard Kühnemann

1 Einführung

Je nachdem, wie man eingestellt ist, kann man die heutige Situation positiv oder negativ einschätzen. Pessimisten sagen, es wird viel geredet über Nachhaltigkeit, geändert hat sich wenig. Optimisten, zu denen sich auch der Autor zählt, sagen, wir hatten historisch gesehen noch nie eine so gute Ausgangsposition für Verbesserungen in allen Lebensbereichen. Woher rührt dieser Optimismus? Es sind im Wesentlichen drei Ereignisse bzw. Aspekte:

1. In fast allen größeren Organisationen steht das Thema Nachhaltigkeit in seinen durchaus unterschiedlichen Interpretationen auf der Agenda.
2. Der noch mächtigste Staatslenker der Welt, Präsident der Vereinigten Staaten von Amerika, Barack Obama, hat die größten Luftverschmutzer der Welt auf Klimaschutzziele eingeschworen; auch China und Indien ergreifen nun Aktivitäten.
3. Ein drittes Ereignis erscheint sensationell: Auch der Papst hat sich zum Klimaschutz bekannt.

2 Ein kurzer Rückblick

Ich kann mich noch an Zeiten erinnern, da war man, wenn man nur das Wort Umweltschutz ausgesprochen hat, ein „Grüner" und das war nicht als Kompliment gemeint. Blicken wir zurück: Als wir 1991 begannen, waren die Themen betriebliche Praxis, Unternehmensstrategie und Produkte. Wir beschäftigten uns mit Fragen wie Durchführung von Genehmigungsverfahren, betriebliche Umweltorganisation, integrierte Konzepte zu Abluft, Abwasser, Abfall und Lagerung gefährlicher Stoffe. Dazu kamen bereits Themen wie

B. Kühnemann (✉)
Hannover, Deutschland
E-Mail: ifu@kuehnemann.de

Öffentlichkeitsarbeit, Umweltverträglichkeitsprüfungen für Produkte (heute heißt das Lebenszyklusbetrachtung) und viele andere, damals durchaus nicht mehr unbekannte, aber immer noch innovative Themen. Ein Auszug aus der damaligen Unternehmensbroschüre verdeutlicht den Anspruch: „Das Ziel der Gesellschaft ist die Erarbeitung von integrierten Gesamtlösungen für die private Wirtschaft und die öffentliche Hand. Dabei ist vorrangig, die beste ökologische Lösung bei gleichzeitigen, mindestens aber mittelfristigen ökonomischen Vorteilen zu erreichen." Die Zielrichtung ist klar, wenngleich der Satz aus heutiger Sicht ein gewisses naives Element enthält. Weiter heißt es in derselben Broschüre: „Die bewusste Einbeziehung des Umweltschutzes in allen Bereichen der Unternehmensorganisation und des Unternehmensmanagements ist ein weiterer Schwerpunkt der Dienstleistung der Gesellschaft." Soweit der Anspruch, aber was war die Realität Anfang der 1990er-Jahre? Zu diesem Zeitpunkt hatte Deutschlands Umweltpolitik bereits mehr als 20 Jahre auf dem Buckel. 1969/1970 wurde Umweltschutz als politisches Thema entdeckt. Das Ziel meines Unternehmens, dem Institut für Umwelttechnik Dr. Kühnemann und Partner GmbH, ist die Beratung von Organisationen in Belangen des Umweltschutzes, angefangen vom behördlichen Bescheid über die Lagerung wassergefährdender Stoffe, den Umgang mit Gefahrstoffen bis hin zu Genehmigungsbescheiden. Die Prüfung von Betrieben und Betriebsorganisationen auf Schwachstellen hilft bei der Risikovorsorge. Auch der innerbetriebliche Einsatz von Gefahrstoffen und umweltrelevanten Chemikalien wird geprüft, um so Ersatzstoffe zu finden, die gut für die Umwelt sind und somit die Aufwendungen für Umweltschutzmaßnahmen reduzieren. Für die Bereiche Abluft, Abwasser, Abfall und einiges mehr werden integrierte Gesamtkonzepte angeboten, die von der Istaufnahme bis zur vollständigen Integration in den Betriebsablauf reichen. Auch Teilaufgaben wie Katastererstellungen und Stoffbilanzen gehören in unser Portfolio.

Für uns bedeutsam war sicher das Jahr 1995, der Geburtsstunde von EMAS im Dezember des gleichen Jahres. EMAS (Eco-Management and Audit Scheme, www.emas.de) wurde als EU-Verordnung aus der Taufe gehoben und sollte – auf freiwilliger Basis – Unternehmen dazu bringen, durch systematische Verbesserung ihre durch ihre Tätigkeiten bedingten Umweltauswirkungen zu reduzieren, also mit Energie und Wasser sparsam umzugehen, Abfälle zu vermeiden, die Emissionen in die Luft zu begrenzen, die Lagerung gefährlicher Stoffe sicherer zu machen und vor allem alle gesetzlichen Bestimmungen sicher einzuhalten. Das waren die Voraussetzungen für eine europaweite Auszeichnung und die damit verbundene Möglichkeit, gegenüber Mitarbeitern (alten wie neuen und potenziellen Bewerbern), Nachbarn, Kunden sowie der gesamten interessierten Öffentlichkeit die eigenen Leistungen darzustellen. Dazu wurde eine sogenannte Umwelterklärung für die Öffentlichkeit gefordert. An diese Umwelterklärung werden im Wesentlichen vier Anforderungen gestellt:

- die Darstellung muss nachweisbar richtig sein und der Wahrheit entsprechen, die Anforderungen an Transparenz sind zu erfüllen,
- höchster Maßstab bei der Beurteilung ist die Glaubwürdigkeit,
- weitere Kriterien sind Wesentlichkeit, Klarheit/Verständlichkeit und Vergleichbarkeit,
- ein öffentlicher Zugang zu den Informationen muss gewährleistet sein.

3 Das Prinzip der Berichterstattung

Die EMAS-Verordnung hat darüber hinaus ein Element, welches die Stetigkeit der Entwicklung sicherstellen will: die sogenannte Umweltleistung. Organisationen müssen eine Verbesserung dieser Leistung regelmäßig nachweisen, um weiter am System teilnehmen zu können. Um dieses kenntlich zu machen, gibt es sogenannte Indikatoren, die für alle Umweltbereiche wie Wasser, Boden, Abfälle, Luft, Flächeninanspruchnahme, Biodiversität und andere die Vergleichbarkeit und Machbarkeit der Umweltleistung ermöglichen sollen. Auch diese Indikatoren sollen regelmäßig in der Umwelterklärung veröffentlicht werden. Damit soll es der interessierten Öffentlichkeit möglich gemacht werden, zu prüfen, ob die Leistung von Organisationen sich regelmäßig verbessert und damit die behauptete strategische Ausrichtung glaubwürdig ist. Diese Umwelterklärung war, wenn man es so sagen will, der erste Bericht zur Nachhaltigkeit – in diesem Fall zum ökologischen Teil der Zukunftsfähigkeit.

Das Prinzip der Umweltberichterstattung wird nun also seit fast 20 Jahren praktiziert, es gibt sicherlich, wenn man eine bewertbare Größe heranziehen will, durch die Aktivitäten in den vielen Unternehmen, die Umweltmanagementsysteme eingeführt haben, eine Einsparung von CO_2-Emissionen in der Größenordnung von vielen Tausend Tonnen CO_2, aber diese undeutliche Ausdrucksweise zeigt auch, dass es eine exakte Bestimmung der Verbesserung der Umweltleistung noch nicht gibt. Für die übrigen Bereiche, die heute zur Nachhaltigkeit gerechnet werden, wie zum Beispiel Transparenz des eigenen Handelns, ethisches Verhalten, Berücksichtigung von Stakeholder-Interessen, Einhalten von Gesetzen, internationale Verhaltenskodizes, Sicherstellung von Menschenrechten, Arbeitspraktiken, faire Betriebs- und Geschäftspraktiken, fairer Wettbewerb, gesellschaftliche Verantwortung in der Wertschöpfungs- und Entscheidungskette, Achtung von Eigentumsrechten, Verbraucher- und Kundeninteressen, Einbindung und Entwicklung der Gemeinschaft und weitere Aktionsfelder, gibt es fast keine Bewertungssysteme, die eine Vergleichbarkeit gewährleisten und über reine Berichterstattung hinausgehen.

Wir sehen uns also mit verschiedenen Entwicklungen konfrontiert. Es ist auf der einen Seite eine zunehmende Bedeutung einer nachhaltigen Entwicklung von Organisationen im Bereich privatwirtschaftlicher Unternehmen und öffentlichen Institutionen. Die wesentlichen Treiber dabei sind eine zunehmende Forderung von Shareholdern und Stakeholdern nach einer nachhaltigen Ausrichtung. Dies ist kein nationales Phänomen, sondern möglicherweise sogar eine Folge zunehmender Globalisierung und Transparenz. Als Folge davon gibt es bereits eine Reihe von Ansätzen zur Strukturierung von Nachhaltigkeitssystemen (www.nachhaltigkeit.info oder www.4sustainability.de). Dies ergibt sich aus der Frage, die sich viele Menschen stellen: Ist das Unternehmen, in das ich investiere, nachhaltig erfolgreich? Dabei wird der Erfolg aus der Zukunftsfähigkeit von Organisationen, also der Nachhaltigkeit, nicht unwesentlich abgeleitet (Shareholder). Mittlerweile gibt es weltweit eine große Zahl weiterer Systeme, beispielhaft seien hier genannt der Deutsche Nachhaltigkeitskodex (www.deutscher-nachhaltigkeitskodex.de.), die Global Reporting Initiative (GRI), das European Federation of Financial Analysts Societies (EFFAS) und der Dow Jones Sustainability Group Index. Insbesondere der DNK (Deutscher Nachhaltigkeitskodex) gilt als besonders geeignet für die sogenannten KMU, also Unternehmen des Mittelstandes. Der GRI (Global Reporting Initiative) hingegen wird mit einer Vielzahl von Indikatoren von einer großen Zahl von größeren Unternehmen, ebenso wie der EFFAS, im Finanzsektor angewendet. Allgemein gibt es diverse verschiedene Typen von Berichterstattungen, wie

- Umweltberichte und Umwelterklärungen,
- CR- oder CSR-Berichte (Corporate Social Responsibility),
- um spezielle Themen wie Nachhaltigkeit erweiterte Geschäftsberichte.

Die Berichterstattung zur Nachhaltigkeit wird ab 2017 aus Sicht des Verfassers einen großen Schub erfahren, da die Europäische Kommission ab diesem Zeitpunkt große Unternehmen ab 500 Mitarbeitern EU-weit verpflichtet, eine „nichtfinanzielle Erklärung" aufzunehmen, die „mindestens auf Umwelt-, Sozial- und Arbeitnehmerbelange, auf die Achtung der Menschenrechte und auf die Bekämpfung von Korruption und Bestechung" eingeht. Wenn man einmal beispielhaft den Deutschen Nachhaltigkeitskodex näher betrachtet, kann man feststellen, dass:

- es sich um einen freiwilligen „Standard" handelt,
- anhand von 20 Kriterien und einer Auswahl von Indikatoren die Organisationsleistung beschrieben werden kann,
- eine sogenannte Entsprechenserklärung veröffentlicht werden kann.

Wichtige Aspekte: Wesentlichkeit und Beeinflussbarkeit
Dabei gibt es ein Kriterium für die Auswahl von Aspekten, die sogenannte Wesentlichkeit (engl. materiality). Hier gibt es zwischen unterschiedlichen Systemen große Ähnlichkeiten. Auch in der europäischen Verordnung zum Umweltmanagement (EMAS) gibt es den Begriff der Wesentlichkeit. Warum ist dieser Begriff so bedeutsam? Jede Organisation hat durch ihre Existenz und ihr Handeln eine mehr oder weniger große Auswirkung auf die Umwelt und die in ihr beschäftigten Menschen, aber auch im Einzelfall weit darüber hinaus. Diese Auswirkungen zu identifizieren, sie zu bewerten im Hinblick auf ihre Auswirkungen und sich auf die bedeutsamsten für das Unternehmen und seinen Einflussbereich zu konzentrieren, das ist das Prinzip der Wesentlichkeit. Aber es gibt weitere, nicht weniger bedeutsame Aspekte, nämlich den der Beeinflussbarkeit. Dieser Begriff ist deshalb so bedeutsam, weil er für die Aktivität der Organisation von entscheidender Bedeutung sein kann, oder anders ausgedrückt: Ein Unternehmen kann verschiedene Aspekte als wesentlich identifiziert haben, stellt aber fest, dass es keinen oder nur einen geringen Einfluss darauf hat, an diesem Aspekt Verbesserungen herbeizuführen, die als nachhaltig bezeichnet werden können.

Als Beispiel möge dienen: Nehmen Sie ein Auto. Man kann es optimieren, indem man den Kraftstoffverbrauch immer mehr senkt oder alternative Antriebe verwendet. Man kann es leicht machen und damit Ressourcen sparen, man kann es sicherer machen, um Verletzungen und Todesfälle zu vermeiden, aber es wird immer ein individuelles Verkehrsmittel bleiben und damit möglicherweise einen wesentlichen Aspekt unberücksichtigt lassen. Gerade im Bereich der Nachhaltigkeit (= Zukunftsfähigkeit) ist die Vorgehensweise auf Basis der Begriffe Wesentlichkeit und Beeinflussbarkeit so wichtig, weil sie im Grunde die Herausforderung trifft, vor der wir alle in Zukunft stehen werden: nämlich einen Abwägungs- und Ausgleichsprozess bei jeder Entscheidung – sei es für ein neues Produkt oder auch für eine Handlungsweise – in Gang zu setzen, der am Ende zu einer Handlung führt, die den Anforderungen aller Stakeholder Rechnung trägt.

Herausforderung: Zeit – Grenzen der Berichterstattung
Das diese Aufgabe „alternativlos" ist, ergibt sich aus dem globalen Ziel, das bei aller Diskussion um den richtigen Weg immer im Blick bleiben sollte: Die gewaltigen Veränderungen durch den Klimawandel werden jeden Tag deutlicher. Die gewaltigen Auswirkungen einer globalen, sozialen Ungerechtigkeit ebenso. Es gibt also neben der Frage des richtigen Ansatzes, Zukunftsfähigkeit zu fördern, eine weitere Herausforderung, die beachtet werden muss: die Zeit! Wenn eine Ausrichtung in Richtung Nachhaltigkeit einen Sinn haben soll, muss sie auch den Faktor Zeit berücksichtigen. Hier setzt der Ansatz an, eine reine Nachhaltigkeitsberichterstattung, wie sie zurzeit verfolgt wird, kritisch zu hinterfragen. Aus der Sicht des Autors bestehen zwei elementare Nachteile:

- die Inhalte der Nachhaltigkeitsberichte sind schwer zu beurteilen, selbst wenn sie auf der Basis von Indikatoren erfolgen,
- diese Indikatoren sind bei genauerer Betrachtung entweder keine Leistungsindikatoren oder aber, was noch wichtiger ist, sie stellen nicht auf das ab, auf das es letztlich ankommt: nämlich die Wirkung von Produkten und Entscheidungen.

Hier fehlt es nach wie vor an einer möglichst quantifizierten Lebenszyklusbetrachtung von Produkten und Entscheidungen, die heute wegen der globalen Vernetzung natürlich noch komplexer geworden sind. Diese Wirkungsorientierung wird durch die bisherige Berichterstattung nicht abgedeckt.

Die andere Frage stellen Stakeholder ebenso: Sind die Produkte, die ich kaufe, bzw. die Dienstleistungen, die ich in Anspruch nehme, ökologisch und zunehmend sozial verträglich? Hier gilt es, möglichst konkrete Antworten zu geben. Unsere Antwort ist, dass in gleicher Weise, wie es das EMAS für den ökologischen Teil der Nachhaltigkeit bereits tut, die Bewertung der Aussagen und der Leistung in Bezug auf wesentliche ökologische Herausforderungen der Unternehmen und Organisationen nach möglichst objektiven Maßstäben für die übrigen Bereiche der Nachhaltigkeit erfolgen muss. Letztlich ist das Ziel, zukunftsfähige Organisationen von nichtzukunftsfähigen unterscheiden zu können. Dass dies eine gewaltige Aufgabe ist und wir davon noch weit entfernt sind, liegt auf der Hand.

4 Wie geht es nach diesem Abwägungsprozess weiter?

Am Anfang steht die Anforderung an Organisationen, nachzuweisen, dass sie aufgrund ihrer strategischen Zielsetzung in der Lage sind, Zukunftsfähigkeit herzustellen oder zu bestimmen, ob die Zielrichtung richtig ist. Als nächstes wird geprüft, ob die Organisationsstrukturen vorhanden und geeignet sind, die strategische Ausrichtung in konkrete Ziele und Maßnahmen umzusetzen und diese zu verfolgen. Dazu ist es unumgänglich, die Ausgangsbasis detailliert zu ermitteln und die wesentlichen und durch die Organisation beeinflussbaren Aspekte zu identifizieren. Dabei ist zu prüfen, ob die Interessen aller Beteiligten, also die der Shareholder und Stakeholder, abgewogen und ausreichend berücksichtigt wurden. Handlungsfelder sind dabei:

Menschenrechte

- Gebührende Sorgfalt (Due Diligence)
- Menschenrechte in kritischen Situationen
- Mittäterschaft vermeiden
- Missstände beseitigen
- Diskriminierung und schutzbedürftige Gruppen
- Bürgerliche und politische Rechte
- Wirtschaftliche, soziale und kulturelle Rechte
- Grundlegende Prinzipien und Rechte bei der Arbeit

Arbeitspraktiken

- Beschäftigung und Beschäftigungsverhältnisse
- Arbeitsbedingungen und Sozialschutz
- Sozialer Dialog
- Gesundheit und Sicherheit am Arbeitsplatz
- Menschliche Entwicklung und Schulung am Arbeitsplatz

Umwelt

- Vermeidung der Umweltbelastung
- Nachhaltige Nutzung von Ressourcen
- Abschwächung des Klimawandels und Anpassung
- Umweltschutz, Artenvielfalt und Wiederherstellung natürlicher Lebensräume

Faire Betriebs- und Geschäftspraktiken

- Korruptionsbekämpfung
- Verantwortungsbewusste politische Mitwirkung

- Fairer Wettbewerb
- Gesellschaftliche Verantwortung in der Wertschöpfungskette fördern
- Eigentumsrechte achten

Verbraucher- und Kundeninteressen

- Faire Werbe-, Vertriebs- und Vertragspraktiken sowie sachliche und unverfälschte, nichtirreführende Informationen
- Schutz von Gesundheit und Sicherheit der Konsumenten
- Nachhaltiger Konsum
- Kundendienst, Beschwerdemanagement und Schlichtungsverfahren
- Schutz und Vertraulichkeit von Kundendaten
- Sicherung der Grundversorgung
- Verbraucherbildung und Sensibilisierung

Einbindung und Entwicklung der Gemeinschaft

- Einbindung der Gemeinschaft
- Bildung und Kultur
- Schaffen von Arbeitsplätzen und beruflichen Qualifikationen
- Technologien entwickeln und Zugang dazu ermöglichen
- Schaffung von Wohlstand und Einkommen
- Gesundheit
- Investition zugunsten des Gemeinwohls

4.1 Versuche einer Bewertung

Aus den genannten Handlungsfeldern ist unschwer zu erkennen, welche Schwierigkeiten entstehen, wenn Organisationen bezogen auf ihre Leistung in Zusammenhang mit den genannten Feldern bewertet oder gar untereinander verglichen werden sollen. Relativ einfach ist es, und hier gibt es hinreichende Erfahrungen, die Prozesse zur Ermittlung von Aspekten der Nachhaltigkeit auf Funktionsfähigkeit hin zu überprüfen. Auch ist es problemlos möglich, zu beurteilen, ob Organisationen die richtige Strategie eingeschlagen und die richtigen Ziele formuliert haben. Bei vielen anderen Bereichen ist eine 0/1-Bewertung, also erkannt/vorhanden oder nicht erkannt/nicht vorhanden, möglich. Das heißt, hier wird eine Beurteilung der grundlegenden Anlagen der Organisation vorgenommen und auf Richtigkeit und Vollständigkeit hin bewertet. Wichtig für eine abschließende Beurteilung ist immer auch eine Verifizierung von Positionen, Zielen und Maßnahmen der Organisation durch Interviews mit Shareholdern und Stakeholdern. Wie schwierig trotzdem eine grundlegende Beurteilung bestimmter Aspekte ist, zeigt aktuell der Fall Volkswagen, bei dem sich wahrscheinlich jeder Prüfer/Verifizierer gefragt hat, ob es bei den bekannten Prüfungsverfahren möglich gewesen wäre, dieses Fehlverhalten frühzeitig aufzudecken. Eine allgemeine Antwort könnte sein (nicht zu dem Fall Volkswagen, das wäre anmaßend), dass klare, messbare und nachprüfbare Indikatoren weiterentwickelt werden müssen, die Schritt für Schritt, wo möglich und sinnvoll, Absichten ersetzen und an denen sich letztlich das Messen lässt, worauf es ankommt: nämlich die nachhaltige, positive Wirkung auf die einzelnen Aspekte. Im Bereich Ökologie liegt der Versuch durch die verpflichtende Einführung von Kernindikatoren vor, solche sind auch in anderen Bereichen vorstellbar, zum Beispiel bei Arbeitssicherheit, aber auch Produkt- und Prozessbewertungen. Aber in vielen anderen Themen müssen diese erst entwickelt werden. Hier ist sicherlich intensives Nachdenken, aber auch bisweilen Mut zur Vereinfachung gefragt. Dabei wird noch ein Punkt deutlich: Die Herausforderungen an alle Organisationen, unerheblich ob privat oder öffentlich, wachsen: sei es auf ökologischem Gebiet – hier sei stellvertretend der Klimawandel genannt –, sei es auf sozialem Gebiet – hier sei stellvertretend der wachsende Unterschied zwischen Arm und Reich genannt – oder auf dem ökonomischen Gebiet, wo es je nach Branche und Arbeitsfeld sicherlich in naher Zukunft gewaltige Veränderungen geben wird. Also: Verbessern wir unsere Zukunftsfähigkeit durch bewertbare Nachhaltigkeitsindikatoren. Und warten wir nicht zu lange …

Dr. Burkhard Kühnemann, geb. am 18.9.1949 in Hannover, verheiratet, vier Kinder, Dezember 1977 Prüfung zum Diplom-Chemiker, 1981–1983 Managementtrainee bei der Kali und Salz AG in Hannover, 1983–1984 Development-Manager bei der Triangeler Dämmstoffwerk GmbH, 1984–1985 Projektmanager bei Patentanwälten und von 1987–1991 Departmentmanager bei der Pelikan AG. 1991 erfolgte die Gründung des Instituts für Umwelttechnik Dr. Kühnemann und Partner GmbH (www.kuehnemann.de) mit Hauptaugenmerk auf der Zertifizierung von Umweltmanagementsystemen (DIN EN ISO 14001 als auch EMAS) und Beratung im Bereich von Rechtskatastern. Seit 1996 ist er bei der DAU GmbH zugelassener Umweltgutachter. Er ist Lead-Auditor für Qualitäts- und Umweltmanagementsysteme, seit 2004 Verifizierer im Treibhausgas-Emissionshandelsgesetz (TEHG), ab 2009 zusätzliche Zertifizierung nach Airport Carbon Accreditation sowie die Testierung von Biogas-/Biomasseanlagen und Blockheizkraftwerken nach dem jeweils gültigen EEG (EEG 2009, EEG 2012 und EEG 2014, Eintragungen im Biogasregister).

Zukunft ist unsere Gestaltungsaufgabe! Die Lebendigkeits-Werkstatt – ein Instrument, um von der Zukunft her zu gestalten

Hildegard Kurt

> *Das Lebende lebendiger werden lassen! Dies ist die Maxime der Nachhaltigkeit, der unsere Bemühungen auf individueller wie politischer Ebene folgen sollten (Hans-Peter Dürr, Quantenphysiker und Träger des Alternativen Nobelpreises; Dürr 2011, S. 51).*

1 Einleitung

Im Ringen um mehr Nachhaltigkeit verkennen wir – ob Organisationen, Unternehmen, Institutionen oder Akteure aus der Zivilgesellschaft – oft, wie sehr unsere Wahrnehmung von einem technischen, toten Bild der Wirklichkeit dominiert wird, das die Wissenschaft lange gezeichnet hat. Unsere Fähigkeit zu erfassen, was uns und die Welt lebendiger macht und damit immer auch nachhaltig und schön, bleibt bei Entscheidungen meist außen vor. So treten wir vielerorts auf der Stelle (Weber und Kurt 2015).

Vor diesem Hintergrund entstand 2015 das Praxisformat „Lebendigkeits-Werkstatt" als Teil des vom „und.Institut für Kunst, Kultur und Zukunftsfähigkeit e. V." (und.Institut) aufgelegten mehrjährigen Programms „Erkundungsreisen in Kulturen der Lebendigkeit". Basierend auf einem erweiterten Verständnis von Kunst, wofür einst Joseph Beuys die Formel „jeder Mensch ein Künstler" prägte, wird diese Werkstatt mit Partnern aus unterschiedlichen Feldern – Wirtschaft, Bildung, Zivilgesellschaft, Bankwesen etc. – durchgeführt. Ziel ist, die jeweils spezifische unternehmerische oder organisationale Lebendigkeit zu entfalten, indem jeder Einzelne jenseits von Wertung und Angst zu einem schöpferischen Wir beiträgt, das von der Zukunft her neue Handlungskompetenzen generiert und so aus Pfadabhängigkeiten herausführt.

H. Kurt (✉)
Berlin, Deutschland
E-Mail: h.kurt@und-institut.de

Der nachfolgende Beitrag beschreibt zentrale Ideen, Prinzipien und Strategien der Lebendigkeits-Werkstatt als ein Instrument, das Nachhaltigkeit, Verantwortung und Innovation miteinander verbindet. Während beim Lesen eine Vorstellung vom Charakter und Ablauf dieses Praxisformats entsteht, lädt das Geschilderte zugleich dazu ein, den dargestellten Ideen und kreativen Strategien entlang der je eigenen Fragen weiter auf den Grund zu gehen, um Relevantes davon in die eigene Arbeitspraxis aufzunehmen.

2 Nachhaltigkeit versus Zukunftsfähigkeit

In den ersten Jahren nach dem „Erdgipfel" der Vereinten Nationen 1992 in Rio de Janeiro, der das Leitbild „sustainability" von der Bühne der internationalen Politik aus lanciert hatte, schien sich im Deutschen als Übersetzung des englischen Begriffs eher „Zukunftsfähigkeit" als „Nachhaltigkeit" zu etablieren. Das zeigt exemplarisch die 1997 erschienene Studie *Zukunftsfähiges Deutschland*, die, vom Bund für Umwelt und Naturschutz und Misereor beim Wuppertal Institut für Klima, Umwelt, Energie in Auftrag gegeben, zu einem Meilenstein der gesellschaftspolitischen Auseinandersetzung mit dem neuen Leitbild wurde (BUND und Misereor 1997). Ohne Zweifel gibt es gute Gründe dafür, „Nachhaltigkeit" zu bevorzugen, zumal dieser Begriff, wie das überaus lesenswerte Buch *Die Entdeckung der Nachhaltigkeit* von Ulrich Grober (2010) darlegt, aufs Engste mit der Geistes- und Kulturgeschichte des deutschsprachigen Raumes verwoben ist. Ein starkes Argument für „Zukunftsfähigkeit" hingegen dürfte sein, dass dieser Begriff in sich bereits den gesellschaftlichen Umbau hin zu „enkeltauglichen" Lebens- und Wirtschaftsformen als einen auf Kreativität und Innovation gründenden Prozess evoziert.

Deshalb steht am Beginn von Lebendigkeits-Werkstätten eine kleine Reflexion zu der Frage: Wie kann das Neue in die Welt? Oder anders formuliert: Was hat es mit der so bemerkenswerten mentalen Ressource „Zukunftsfähigkeit" auf sich – als individuelle wie auch organisationale Fähigkeit, aus Pfadabhängigkeiten und Systemlogiken auszusteigen?

Von da aus beinhaltet eine Lebendigkeits-Werkstatt drei Phasen. Phase I ist „Entautomatisieren", Phase II „Impulsieren" und Phase III „Integrieren" – Letztere als Strategie, um in der Werkstatt generiertes Neues in einen „Modus Operandi" zu bringen.

Idealerweise umfasst die Werkstatt einen vollen und zwei halbe Tage mit Phase II als Fokus am gesamten mittleren Tag. So sind auch die nachfolgenden Ausführungen gegliedert. Und wie die Werkstatt beginnen diese nun mit der besagten einführenden Reflexion.

3 Wie kann das Neue in die Welt?

Als Menschen haben wir die erstaunliche Fähigkeit, Phänomene nicht nur auf der Grundlage bisheriger Erfahrungen und von bislang Gewesenem wahrzunehmen, sondern auch in ihren Potenzialen – in dem, was sie noch nicht sind. Wir können auf die Zukunft hin denken oder, bedeutsamer noch, von der Zukunft her. Und in der Art, wie wir das, was noch nicht Wirklichkeit ist, wahrnehmen, für wahr nehmen oder auch nicht, formen wir es mit. Zukunftsfähig sein heißt daher, Orientierung nicht allein aus dem zu beziehen, was faktisch vorliegt, sondern empfänglich zu sein für die Werdekräfte der Welt, die solche Bewusstheit brauchen.

Ein Sinnbild hierfür hat einer der international renommiertesten deutschen Künstler der Nachkriegszeit, zugleich Pionier der Umweltbewegung und Mitbegründer der Partei Die Grünen geschaffen: Joseph Beuys. Als Teil seiner Installation „Hirschdenkmäler" legte Beuys in den frühen 1980er-Jahren ein Manifest vor, das eine „neue Muse" ankündigte (Kurt 2010, S. 63). Jetzt sei die Lage der Welt so kritisch geworden, dass eine Inspirationskraft auftrete, die sich nicht mehr mit den Traditionsbereichen der Kunst befasse. Vielmehr stehe sie für ein neues Verständnis von Kunst, das jeden einzelnen Mensch als fähig und berufen erachtet, gestaltend mitzuwirken am großen Wandel hin zu einer Welt, die überhaupt erst human wäre – human im Sinne von menschenwürdig und wünschenswert.

Mithin lädt diese „neue Muse" vor dem Hintergrund einer profitorientierten, nichtnachhaltigen, auf materielles Wachstum gepolten Wirtschaftsordnung in den so aufregenden Prozess ein, aus dem industriemodernen Bann des Verdinglichens, Verzweckens und Vernutzens der Welt herauszutreten. Sie lädt dazu ein, das eigene In-der-Welt-Sein zu entautomatisieren. Sie lädt in Gestaltungsräume jenseits von Pfadabhängigkeiten, von sogenannten Sachzwängen und Systemlogiken ein.

Und während die traditionellen Musen in der griechischen Antike als Töchter von Zeus und von Mnemosyne, Göttin der Erinnerung, eher in der Vergangenheit wurzeln, verkörpert die neue Muse eine Kraft, die weniger von der Vergangenheit als vielmehr von der Zukunft her einwirkt. Mit ihr neigt sich einem gleichsam von vorne etwas wie zum Musenkuss zu: ein Bild, eine Ahnung, Einsicht oder Idee, die sich einstellen kann, wenn wir innehalten, gewärtig werden, aufmerken, ein Spüren erlauben, wenn wir uns, sei es nur kurz, aus dem Trott mentaler Gewohnheiten herausheben, das Wahrnehmen verlebendigen, es entautomatisieren. Mit einer solcherart offenen, empfangenden Geisteshaltung, die sich vom Drang, alles zu kontrollieren und zu managen, befreit, kann wesenhaft Neues in die Welt, werden Innovationen möglich, die keine Extrapolationen von Gewesenem mehr sind.

Unternehmerische und organisationale Systeme unterstützen das Herausbilden dieser Geisteshaltung eher wenig (Laloux 2015). In der Regel herrscht aus vielerlei scheinbar unausweichlichen Notwendigkeiten heraus eine auf Funktionalität und Effizienz gepolte Denkweise vor. Zu deren ungewollten, oft kaum bewussten, doch folgenschweren Begleiterscheinungen zählt, dass sie im Horizont des so oder ähnlich Gewussten verbleibt, Gewesenes in neuem Gewand reproduziert. So kann eine Organisation an der Oberfläche innovativ sein, während sie in einer sich aus Vergangenem speisenden, logisch-kausal untermauerten und damit scheinbar unentrinnbaren Linearität gefangen bleibt – in Pfadabhängigkeiten und Systemlogiken.

Wohlgemerkt ist rationales Denken ein unverzichtbarer Bestandteil guter Unternehmensführung. Um aber die eigene Zukunftsfähigkeit zu erschließen, braucht eine Organisation Räume, die dazu einladen, das Denken aus den Verengungen auf bloße Ratio zu befreien, Räume, in denen es möglich wird, sich gemeinsam immer neu mit den Quellen dessen zu verbinden, was die Welt lebendig hält. Die Lebendigkeits-Werkstatt schafft einen solchen Raum. Das Portal hinein sind Prozesse, die darauf zielen, das Wahrnehmen und Denken zu entautomatisieren (Sacks und Kurt 2013).

4 Phase I: Entautomatisieren

Das, was die Welt lebendig hält, ist in jedem Moment da. Nur wir sind meist nicht da, sondern mit scheinbar Wichtigerem beschäftigt. Unser Aufmerken, unsere innere Präsenz fehlt. Dabei ist seit der Quantenphysik bekannt: Wie die Welt sich zeigt, hängt davon ab, auf welche Weise wir ihr begegnen. Indem ich etwas, das sich mir darbietet, mit einem verdinglichenden Blick betrachte, mache ich es zum Ding. Und so ist jedes Was – jedes Thema, jeder Inhalt – von der Beschaffenheit des jeweils zugrunde liegenden Sehens, Hörens, Spürens, Denkens, Kommunizierens geprägt. Mit Prozessen wie „vom Es zum Du" widmet die Lebendigkeits-Werkstatt sich mithilfe kreativer Strategien den allen Inhalten vorgelagerten Fragen des Wie. Man kann dies einen „prädisziplinären" Ansatz nennen.

Während im Horizont von Nachhaltigkeit seit inzwischen geraumer Zeit Inter- und Transdisziplinarität diskutiert werden, beinhaltet die erst seit jüngst erforschte Prädisziplinarität insofern eine Vertiefung, als dieser Ansatz Erkenntnis- und Gestaltungsprozesse von dem jedes Was formenden Wie aus angeht (Kurt 2015a, 2015b, 2016). Prädisziplinäres Arbeiten führt in das – nur zu oft überbaute oder verschüttete – Quellgebiet von Lebendigkeit, um von dort aus Zukunftsfähigkeit zu erschließen.

Der Prozess „vom Es zum Du" handelt davon, das Sehen zu entautomatisieren. Partner hierbei sind überreife, verschrumpelte Äpfel. In der westlichen Welt ist der Apfel, siehe das Geschehen im Paradies, so etwas wie die Frucht der Früchte. Er hat die Form, die das Wasser am liebsten bildet und die auch die Erde hat: die Form der Kugel. Wenn

Abb. 1 Das Sehen entautomatisieren. Der Prozess „vom Es zum Du". (Foto: Rebecca Gasson)

Äpfel im Spätsommer reif sind, findet sich die Energie der Sonne in ihnen verdichtet. Auch werfen alte, lange gelagerte Äpfel ein erhellendes Licht auf die Industriemoderne. Von Discountern angebotene Äpfel sind derart mit Konservierungsstoffen behandelt, dass sie nicht mehr verschrumpeln, sprich reifen können. Sie halten sich so lange unverändert in scheinbarer Frische, bis sie schließlich zu matschiger Fäulnis in sich zusammensinken. Wie augenfällig darin das Wesen des die Wirtschaft antreibenden Wachstumsdogmas wird! Zeigt doch der Apfel: Immer nur wachsen heißt, niemals reif werden. Denn Reifen setzt ein Enden von Wachstum voraus und braucht Prozesse des Abbaus und Zerfalls. Immer wachsen wollen heißt, immer unreif bleiben wollen. Was aber unreif bleibt, kann keine Frucht bringen. Und was keine Frucht bringt, schneidet sich von der eigenen Zukunft ab.

Bei allem Bedeutungsreichtum des Apfels könnte „vom Es zum Du" im Prinzip mit jedem naturhaften, nicht vom Menschen gemachten Ding stattfinden. Hier sieht der Prozess so aus: Die Mitwirkenden der Werkstatt wählen je einen Apfel von einem Tablett aus. Und nun erfolgt die Einladung, sich dem Phänomen vor einem mit einer ungewohnten Frage zu widmen, nämlich: „Was erfahre ich von dir?" Diese Frage ist ungewohnt. Sie zielt nicht auf das, was ich über Äpfel oder das Verrotten von Früchten weiß, nicht darauf, den Apfel mental in seine Bestandteile zu zerlegen, ihn zu analysieren. Vielmehr lädt sie in eine Zwiesprache mit diesem Etwas in meiner Hand ein. Eine solche Zwiesprache beginnt, sobald ich ein Aufmerken in meinen Blick lege, das Schauen insofern aktiviere, als es bereit dafür wird, etwas wahrzunehmen, das sich vielleicht – jenseits von Erwartbarem – zeigen möchte. Es gibt bei diesem Prozess kein Richtig und kein Falsch. Auch muss hier nichts geleistet werden. Worauf es ankommt, ist, bewusst, willentlich ein wenig mit einer offenen, verlebendigenden Geisteshaltung zu experimentieren, sich in sie hineinzutasten.

Erstaunlicherweise gelingt das in der Regel besser als erwartet. In den ersten Minuten dieser ungewohnten Praxis gilt es meist, ein paar innere Hürden zu überwinden. Dann aber fängt der Apfel vor dem ruhig betrachtenden Auge an sich zu verwandeln. Er wird lebendig. Er beginnt, etwas zum Ausdruck zu bringen. Und damit entsteht wie aus dem Nichts heraus eine Beziehung zu ihm. Ein Begegnen setzt ein, das wie aus der Zeit gehoben wirkt, das aus der Zeit hebt. In der Sprache des Philosophen Martin Buber vollzieht sich diese Begegnung nicht in der „Eswelt", sondern der „Duwelt". Indem ich mein Sehen entautomatisiere, indem ich aufmerke, präsent werde, kann etwas, das eben noch Gegenstand war, sich in ein Gegenüber verwandeln: in ein Gegenwärtiges, ein Wartendes, ein Du (Sacks und Kurt 2013, S. 143–153).

„Vom Es zum Du" macht erfahrbar, wie frappierend wenig – wenig Zeit und keinerlei materiellen Aufwand – es braucht, um aus dem gewohnten, verdinglichenden Sehen herauszutreten, um kraft eines verlebendigten Wahrnehmens die Dinge zu verlebendigen, um der Welt, sei es zunächst im ganz Kleinen, zu erlauben, sich in ihrer Lebendigkeit zu zeigen. Wie staunenswert das ist.

5 Phase II: Impulsieren

Im Anschluss daran beginnt mit dem Prozess „Einen Impuls setzen. Ein Impuls sein" der zentrale Teil der Lebendigkeits-Werkstatt. Hierbei steht jedem Mitwirkenden ein Zeitraum von einer halben Stunde zur Verfügung, um mit Blick auf das jeweilige Arbeitsfeld etwas mitzuteilen, was in einem selbst lebendig ist, und Resonanz darauf zu erhalten. Dieses Etwas kann der Ansatz zu einem Vorhaben oder einer Initiative, ein inneres Bild, ein Ahnen oder eine Idee sein, womit man unterwegs ist – vielleicht seit Jahrzehnten, vielleicht in jüngster Zeit, vielleicht ohne sich dem bislang wirklich zugewandt zu haben. Jeder hat nun Gelegenheit, das mit den übrigen Mitwirkenden der Werkstatt zu teilen.

Im deutschen „Mitteilen" steckt ja bemerkenswerterweise das Wort „teilen". Ich teile also etwas, das in mir lebendig ist, mit anderen. Ich versuche so zu sprechen, dass die Zuhörenden an der Lebendigkeit dessen teilhaben können. Und die Zuhörenden schenken Aufmerksamkeit. Sie tun dies, indem sie „aktiv zuhören" (Sacks und Kurt 2013) und damit in sich eine Fähigkeit aktivieren, deren transformative Kraft auch in Ansätzen wie der „gewaltfreien Kommunikation" nach Marshall B. Rosenberg (2010) oder in der Presencing-Methodik (Scharmer 2009) zum Einsatz gelangt. Beim aktiven Zuhören versuche ich zuzuhören, ohne dem reflexhaften Urteilen und Etikettieren nachzugeben und ohne auf das geringste Stichwort hin „in den eigenen Film zu kippen". Ich versuche, in ein Mitgeteiltes hineinzuhören, um darin vielleicht etwas sehen, hören, verstehen zu können, das im gewohnten, flacheren Zuhören nicht wahrnehmbar wäre. Ein solches gemeinschaftliches Schenken von Aufmerksamkeit kann Räume für bis dato nicht Erkanntes, nicht Gesagtes, nicht Gewagtes öffnen. Es ist eine kraftvolle, kaum erst erschlossene Ressource für gesellschaftlichen Wandel.

Wenn die mitteilende Person geendet hat, gibt es in der Werkstatt ein paar Minuten „aktive Stille" (Sacks und Kurt 2013), um dem Nachklang des Gehörten zu lauschen und es in einem selbst zu bewegen. Dann beginnt ein Resonanzprozess, der bewusst auf das übliche Diskutieren und Debattieren verzichtet. Das fühlt sich zunächst ungewohnt an, führt aber auch unversehens den kaum je reflektierten Charakter einer Kommunikationsart vor Augen, die in der Unternehmenswelt, aber auch in der akademischen Welt wie generell in öffentlichen Belangen so selbstverständlich praktiziert wird, als gäbe es keine Alternative dazu: Im Wortstamm mit „Perkussion", Schlagzeug und „Konkussion", Gehirnerschütterung verwandt, beinhaltet die Diskussion eine eher harte, konfrontative, machtförmige Art des Austauschs. Meinungen und Positionen stoßen aufeinander, es gibt Gewinner und Verlierer (Bohm 2002, S. 33). Wohlgemerkt wird das Diskutieren in der Lebendigkeits-Werkstatt keineswegs kategorisch abgelehnt. Sondern es findet, anders als gewohnt, nur und allein an Stellen statt, wo es gebraucht wird.

Die Diskussion kann, wie der Quantenphysiker und Kommunikationsforscher David Bohm (2002) erklärte, ein gutes Instrument sein, um den Status quo der Differenz zu klären, sich auf Ziele zu einigen und Unstimmigkeiten auszuräumen. Doch reicht das erfahrungsgemäß kaum aus, um wirklich Neues zu erschließen. Von diesem Befund aus stellte Bohm bereits ab den 70er-Jahren des letzten Jahrhunderts mit Blick auf die Zukunftsfähigkeit unserer Zivilisation der Diskussion den Dialog als Weg hin zu einem gemeinsamen Denken entgegen (Bohm 2002; Hartkemeyer et al. 2015). Im griechischen „dialogos" steckt „logos", was „Wort", aber auch „Wortbedeutung, Wortsinn" heißt. Und „dia" bedeutet nicht etwa „zwei", sondern „hindurch". Ein Dialog kann also zwischen vielen Menschen stattfinden – als ein Gespräch, bei dem die Beteiligten versuchen, durch Oberflächen, durch das oft so dichte Gespinst von Meinungen, Positionen, Vorurteilen oder Denkgewohnheiten hindurch zu Bedeutung und Sinn zu gelangen, zu Einsichten, die ein eher flüssiges, weiches, kreatives Miteinander benötigen, um sich herauszubilden und zutage zu treten.

5.1 Ein Raum plastischer, bildender Kokreativität

In der Lebendigkeits-Werkstatt hat sich hierfür der Ausdruck „betrachtendes Sprechen" eingebürgert. Veranschaulichen lässt sich das beispielsweise – einmal mehr – an einem Apfel. In einem Kreis von Menschen, in dessen Mitte ein Apfel liegt, wird dieser sich allen Anwesenden unterschiedlich darstellen, je nach der auf ihn gerichteten Perspektive. Keine zwei Personen sehen identisch dasselbe. Keine der Perspektiven ist richtig oder falsch, während offenkundig auch keine davon den Anspruch erheben kann, allein gültig zu sein. So verschieden die Perspektiven sind, beinhalten sie alle einen wahren, wirklichen Teil der Gestalt Apfel, an der sie damit Anteil haben. Erst aus dem gesamten Spektrum der unterschiedlichen Perspektiven heraus kann sich das vorliegende Phänomen in seiner Ganzheit zeigen. Wobei das Phänomen selbst, hier der Apfel, noch mehr als die Summe der aus dem Kreis sich bildenden Perspektiven ist, bleibt doch die Stelle, mit der er aufliegt, stets verborgen.

Mit diesem Bild vor Augen fällt es nicht mehr schwer, sich aus dem sonst allzu häufig vorherrschenden Schema des polarisierenden, vereinseitigenden „Entweder-oder", aus einem reaktiven, dem Schlagabtausch ähnlichen Kommunizieren zu befreien. In der Werkstattrunde wird es möglich, den mitgeteilten Impuls als – wenn auch unsichtbares – Phänomen gleichsam in die Mitte zu legen und dieses Phänomen ruhig miteinander zu betrachten, zu befragen, zu beleuchten, zu erkunden. Je langsamer das geschieht, desto besser. Deshalb wird auch jetzt, in der auf einen Impuls folgenden Resonanzphase, nachdem jemand Resonanz gegeben hat, immer wieder mal eine Stille zugelassen: um den Nachklang des Gesagten zu spüren, um die Person, die gesprochen hat, wirklich zu verstehen und das Gehörte zu würdigen. Dabei wird ein auf den ersten Blick überraschender Aspekt verlebendigenden Forschens und Gestaltens erfahrbar: Entgegen der Vorstellung, Lebendigkeit sei unmittelbar mit augenfälliger Aktivität verbunden, braucht sie zu allererst einen Raum zwischen äußeren Aktivitäten – eine scheinbare Leere, die sich, so sie gewagt wird, bald als unsichtbare Aktivität entpuppt, kraft derer mentale Automatismen und Konditionierungen an Macht verlieren. Der innere Autopilot verstummt. Der Fluss des Denkens kann über die Ränder enger Kanalisierungen treten und anfangen, ein Gelände zu bewässern, das im durchfunktionalisierten Arbeitsalltag allzu oft dürr und trocken da liegt. Von da aus

Abb. 2 Tonaufnahme am Ende der Impulsphase. (Foto: Antje Tönnis)

zeigt sich, dass wirkliche Innovation – Neuerungen, die mehr als immer neue Varianten von Bisherigem sind – einen aus Entschleunigung, Verlangsamung sowie aus scheinbarer Leere entstehenden Geburtsraum benötigt.

Das „betrachtende Sprechen", das Verlangsamen und immer wieder „aktive Stille": All dies zusammen schafft einen solchen Raum plastischer, bildender Kokreativität, aus dem sich von der Zukunft her neue Substanz zeigen kann. Die Werkstatt wird zu einer „Landebahn für Kommendes" (Scharmer 2009). Im Kreis der Werkenden wird Zukunft als ein Zukommen erfahrbar – als ein Zukommendes –, wofür die Mitwirkenden kraft ihres verlebendigenden Wahrnehmens, Denkens, Sprechens und Hörens eine Art Gefäß bilden.

Die letzten fünf der dreißig Minuten, die für das Einbringen und gemeinsame Betrachten eines Impulses zur Verfügung stehen, sind einer Tonaufnahme der wichtigsten Aspekte aus der Resonanzphase gewidmet. Diese werden von allen Mitwirkenden gemeinsam gesammelt und aufgezeichnet. Im Anschluss an die Werkstatt wird die Person, die den jeweiligen Impuls einbrachte, „ihre" Tonaufnahme als Gedächtnisstütze erhalten.

6 Phase III: Integrieren

Als Abschluss einer solchen Werkstatt würde man erwarten, dass die Mitwirkenden nun reihum Projektansätze präsentieren. Doch ist die Projektebene hier eher sekundär. Die Idee „Projekt" entstammt der technisch-wissenschaftlichen Welt, wo sie volle Berechtigung hat. Das Entsenden einer Raumsonde zum Mars ist ein exemplarisches Projekt: eine Unternehmung mit klar definiertem Anfang und Ende, definiert nicht zuletzt durch die Bewilligung von Finanzmitteln, die an einem bestimmten Punkt erschöpft sind. Auch soll ein Projekt, so erwarten es die Geldgeber, gemäß einem im Voraus festgelegten Konzept ablaufen. Schon allein diese beiden Aspekte geben Anlass zu Skepsis darüber, ob das Format „Projekt" in nichttechnischen Bereichen der Art von Innovation angemessen ist, die es braucht, um eine verdinglichte, verzweckte Welt neu zu verlebendigen. Daher erfolgt

Abb. 3 Community Building im Banken- und Finanzwesen. (Foto: Antje Tönnis)

der erste Schritt in einen „Modus Operandi" am Ende der Lebendigkeits-Werkstatt in die umgekehrte Richtung, entlang der Frage: Wie ließe sich der in der Werkstatt herausplastizierte Impuls so in die existierende Arbeitspraxis einbetten, dass er diese erst einmal von innen nährt, während er umgekehrt selbst aus den bereits vorhandenen Ressourcen heraus weiter erkraftet?

Entgegen der allerorts herrschenden Projektfixierung, die nur allzu oft fesselt und auszehrt, erlaubt die Lebendigkeits-Werkstatt den scheinbaren Luxus, am Ende ohne neues Projekt nach Hause zu gehen. In Wirklichkeit ist das kein Luxus, sondern eine Strategie, die zu mehr Resilienz, einem längeren Atem, zu einem organischeren Wachsen, Werden, Reifen, Handeln auf dem die nächsten Jahrzehnte überspannenden Feld des „großen Wandels" (Macy und Young Brown 2011) verhilft. Geht es doch gegenwärtig um nichts weniger als um das Umgestalten der selbstzerstörerischen industriellen Wachstumsgesellschaft in langfristig lebenserhaltende Formen des Wirtschaftens und des globalen Miteinanders. Einer solchen evolutionären Perspektive sind sorgfältig gesetzte, auf Resilienz gründende Handlungsschritte eher gemäß als ein auf kurzfristig messbare Erfolge getrimmter Aktionismus. Hier braucht Vertrauen Vorrang vor Kontrolle. Je intrinsischer ein Impuls Fuß fasst, desto nachhaltiger kann er sich weiterentfalten. Doch bleibt es bei all dem den Akteuren selbstverständlich unbenommen, am Ende der Werkstatt ein Projekt zu präsentieren, wenn das der für einen selbst stimmige Schritt ist.

Teil der Methodik in dieser Phase ist das Visualisieren. Ausgestattet mit großen Bögen Papier, einer breiten Farbpalette von Stiften und mindestens 20 min Zeit begeben sich die Agenten des Wandels auf eine imaginative Reise in ihr Arbeitsfeld, um anschließend das, was daraus entstanden ist, miteinander zu teilen.

Eine der ersten Lebendigkeits-Werkstätten fand, mitveranstaltet vom Institute for Social Banking und der Zukunftsstiftung Bildung der GLS Treuhand, im November 2015 unter dem Titel „Wie kommt das Neue in die Bankenwelt?" statt. Sanika Hufeland, Projektmanagerin beim Institute for Social Banking, visualisierte in Phase III ihr Vorhaben, im Bereich des ethischen Bankenwesens ein europaweites oder vielmehr globales Community Building voranzubringen. Zu den hierbei zentralen Fragen zählt für sie, wie die immer weiter fortschreitende Digitalisierung des Bankenwesens sich mit Nachhaltigkeit im Sinne eines verlebendigenden Wirtschaftens und verlebendigender Beziehungen verbinden ließe. In einer Nachbetrachtung im Januar 2016 (Hufeland 2016) weist die Managerin auf ein im vorliegenden Text noch nicht genanntes Charakteristikum der Lebendigkeits-Werkstatt hin: Dieses Format schafft einen geschützten Raum – jenseits der „top secret"-Bereiche, mit denen herkömmliche Unternehmen ihre Wettbewerbsvorteile im Kampf gegen Konkurrenten zu sichern suchen. Der hier erfahrbare geschützte Raum ist von der Qualität, die es braucht, um gemeinsam aus tradierten, fixierenden Koordinatensystemen herauszufinden und so von der Zukunft her Innovationen im Sinne von wesenhaft Neuem zur Verwirklichung zu verhelfen.

Ganz am Schluss einer Lebendigkeits-Werkstatt klären die Mitwirkenden, welche Vereinbarungen es miteinander zu treffen gilt, damit das Aktivierte sich weiter gut entfalten kann. Bei der besagten Werkstatt zur Bankenwelt, deren Mitwirkende nicht aus demselben Unternehmen, sondern aus ganz verschiedenen Kontexten kamen, verabredete man, drei Monate später neuerlich in einen Austausch zu treten, um dann voneinander zu hören, wie das gemeinsam Bewegte und Bewirkte sich weiter entfaltet hat.

Literatur

Bohm D (2002) Der Dialog. Das offene Gespräch am Ende der Diskussionen, 3. Aufl. Klett-Cotta, Stuttgart

BUND, Misereor (Hrsg) (1997) Zukunftsfähiges Deutschland – Ein Beitrag zu einer global nachhaltigen Entwicklung, 4. Aufl. Birkhäuser, Heidelberg

Dürr H-P (2011) Das Lebende lebendiger werden lassen. Wie uns neues Denken aus der Krise führt. oekom, München

Grober U (2010) Die Entdeckung der Nachhaltigkeit – Kulturgeschichte eines Begriffs. Kunstmann, München

Hartkemeyer M, Hartkemeyer F, Hartkemeyer T (2015) Dialogische Intelligenz. Aus dem Käfig des Gedachten in den Kosmos des gemeinsamen Denkens. Mit einem Vorwort von Gerald Hüther. Info3-Verlagsgesellschaft, Frankfurt a. M.

Hufeland S (2016) Zukunftsgestaltung braucht geschützte Räume. Zur Lebendigkeits-Werkstatt „Wie kommt das Neue in die Bankenwelt?", Interview. http://cultures-of-enlivenment.org/de/lebendigkeits-werkstaetten. Zugegriffen: 11. Januar 2016

Kurt H (2010) Wachsen! Über das Geistige in der Nachhaltigkeit. Mayer Info 3, Stuttgart

Kurt H (2015a) Prädisziplinäres Gestalten im inneren Atelier. Oya 32:34–37 (http://www.oya-online.de/article/read/1844-praedisziplinaeres_gestalten_im_inneren_atelier.html. Zugegriffen: 7. Januar 2016)

Kurt H (2015b) Die Bodenpflege des Humanen. Prädisziplinäres Forschen und Gestalten im Horizont von Nachhaltigkeit. Politische Ökologie 143(Dezember 2015):140–143 (http://hildegard-kurt.de/images/Pdfs/Politische_Oekologie.pdf. Zugegriffen: 7. Januar 2016)

Kurt H (2016) Das goldene Feld – Erkundungen im Prädisziplinären. Evolve 09:54–57

Laloux F (2015) Reinventing Organizations. Ein Leitfaden zur Gestaltung sinnstiftender Formen der Zusammenarbeit. Vahlen, München

Macy J, Young Brown M (2011) Die Reise ins lebendige Leben. Strategien zum Aufbau einer zukunftsfähigen Welt – ein Handbuch, 3. Aufl. Junfermann, Paderborn

Rosenberg M (2010) Gewaltfreie Kommunikation. Eine Sprache des Lebens, 9. Aufl. Junfermann, Paderborn

Sacks S, Kurt H (2013) Die rote Blume. Ästhetische Praxis in Zeiten des Wandels. thinkOya, Klein Jasedow

Scharmer O (2009) Theorie U. Von der Zukunft her führen. Mit einem Vorwort von Peter M. Senge. Carl Auer, Heidelberg

Weber A, Kurt H (2015) Lebendigkeit sei! Für eine Politik des Lebens. Ein Manifest für das Anthropozän. thinkOya, Klein Jasedow

Dr. Hildegard Kurt ist Kulturwissenschaftlerin, Autorin und Mitbegründerin des „und.Institut für Kunst, Kultur und Zukunftsfähigkeit e. V." (und.Institut) in Berlin. Forschend wie auch in Praxisformaten wie Werkstätten und Seminaren verbindet sie das seit Joseph Beuys erweiterte Verständnis von Kunst – „jeder Mensch ist ein Künstler" – mit Fragen der Gestaltung einer zukunftsfähigen Zivilisation. Ihre jüngsten Bücher sind Wachsen! Über das Geistige in der Nachhaltigkeit (2010), Die rote Blume. Ästhetische Praxis in Zeiten des Wandels (mit Shelley Sacks, 2013) und Lebendigkeit sei! Für eine Politik des Lebens. Ein Manifest für das Anthropozän (mit Andreas Weber, 2015), siehe: www.hildegard-kurt.de, www.und-institut.de und www.cultures-of-enlivenment.org.

Das Projekt „von morgen" – Alles Gute auf einer Karte

Benedikt Roth und Lisa Stehr

1 Alles Gute auf einer Karte – „von morgen"

Was wäre, wenn der positive transformative Wandel unserer Gesellschaft von einer solidarischen Gemeinschaft und einem sozialökologischen Netzwerk getragen würde? Das Projekt „von morgen" fördert Menschlichkeit, Umweltfreundlichkeit und gemeinsames Handeln – kurz gesagt: alles, was glücklich macht. Wir sind auf der Suche nach vielfältigen Projekten, Initiativen und Unternehmen, die den aktuellen sozialen, ökologischen und ökonomischen Herausforderungen alternativ entgegenwirken. Ihnen werden ein gemeinsamer Onlineauftritt und damit eine erhöhte Aufmerksamkeit ermöglicht. Der gesellschaftliche Umbruch, wie er derzeit in verschiedenen Disziplinen Unsicherheit, aber auch Chancen auslöst, benötigt ein Tool, welches Menschen zusammenbringt und so Räume entanonymisiert. Wir möchten mit unserer Onlineplattform die Potenziale des Internets dafür nutzen, reale Kooperationen und Erlebnisse möglich zu machen, die uns ein Leben lang begleiten werden. Hierzu dient die interaktive „Karte von morgen", die den Nutzern Orte in ihrer Umgebung zeigt, die sich schon heute für eine Welt „von morgen" einsetzen.

1.1 Ideenfindung

Die Idee der „Karte von morgen" entstand im Juli 2013 mit dem zweijährigen Studienprogramm „Transformation gestalten", das unter der Initiative der Heinrich-Böll-Stiftung 24 StipendiatenInnen aller Begabtenförderungswerke für den Bereich der gesellschaftli-

---

B. Roth (✉)
Darmstadt, Deutschland
E-Mail: benni.roth@gmail.com

L. Stehr
Heidelberg, Deutschland
E-Mail: lisa.stehr@gmail.com

chen Transformation als Change-Maker weiterbilden sollte. Der Begriff gesellschaftliche Transformation bezeichnet eine grundlegende Umgestaltung der Bereiche Politik, Wirtschaft und Kultur, um so das erklärte Ziel einer nachhaltigen Entwicklung zu erreichen. Notwendig dafür ist die fundamentale Veränderung von Produktions- und Konsummustern sowie kulturellen Wertevorstellungen. Herzstück des Studienprogramms war die Entwicklung und Umsetzung einer eigenen Projektidee, zu der sich während des ersten Workshops Kleingruppen gebildet hatten.

Die folgenden Monate der Projektphase waren vor allem von der Suche nach einem geeigneten Thema geprägt. Die Projektidee sollte zum einen eine ausreichende Reichweite besitzen und zum anderen den Bedürfnissen und Neigungen unserer interdisziplinären Projektgruppe entsprechen. So schwankten wir zwischen Themenbereichen wie Lebensmittelverschwendung und Plastikmüll; keiner der Vorschläge barg für uns allerdings genügend Potenzial, um daraus ein langfristiges und motivierendes Projekt zu entwickeln. Nach Phasen der Frustration und Ratlosigkeit kam uns eine simple, aber folgenreiche Idee: Warum nicht den Bereich der krisenhaften Symptome verlassen und stattdessen zunächst eine positive Vision entwickeln, in welcher Welt wir zukünftig leben möchten? Fragen, die uns auf diesem Weg beschäftigten waren u. a.: Wie kann der Mensch wieder Mittelpunkt und Zweck gesellschaftlichen und wirtschaftlichen Handelns werden? Wie muss eine lebenswerte Gesellschaft aussehen? Welche Werte spielen in einer solchen Gesellschaft eine Rolle? Die entworfene Vision sollte in der Annahme gestaltet sein, dass sie für eine Mehrheit der Gesellschaftsmitglieder wünschenswert erscheint. Heraus kam folgende Vorstellung, die fortan übergeordnetes Prinzip unserer Überlegungen wurde: Wir möchten zukünftig in einer Welt leben, in der

- allen Menschen ein Leben in Verbundenheit und Solidarität ermöglicht wird,
- die Umwelt intakt bleibt,
- die Menschen in der Lage sind, ihr Handeln an den Werten auszurichten, die ihnen wirklich wichtig sind.

1.2 So wie es ist, kann es nicht bleiben: Problematik

Als nächstes blieb somit zu fragen, 1. welche Veränderungen konkret notwendig sind, um sich einer solchen Zukunftsvision anzunähern und 2. welche Faktoren den ausgeloteten Veränderungsprozessen bisher im Weg stehen. Im Zuge unserer vielfältigen Erfahrungen, sowohl aus dem Bereich der (Umwelt-)Bildungsarbeit als auch aus dem Alltag, hatten wir in der Vergangenheit immer wieder festgestellt, dass das vorherrschende Wissen über Problemursachen und Zusammenhänge umfassend und somit keineswegs Quelle der Handlungshürde ist. Auch existieren bis heute zahlreiche Initiativen und Ideen für einen gesellschaftlichen Wandel. Die notwendigen Voraussetzungen sind demnach an beiden Enden der Handlungskette geschaffen. Was hält nun sensibilisierte und motivierte Menschen davon ab, sich den hierfür zugeschnittenen Initiativen des Wandels anzuschließen?

Durch Überlegungen, Alltagserfahrungen und Gespräche mit Freunden und Bekannten konnten wir einige konkrete Hemmnisfaktoren identifizierten:

1. **Suchaufwand:** Die Menschen können oder wollen sich nicht die Zeit nehmen, sich auf Eigeninitiative umfassend zu informieren und passende Angebote für sich herauszufiltern.
2. **Übersichtlichkeit:** Durch die Vielzahl und Bandbreite von Möglichkeiten verlieren sie schnell den Überblick, welche konkreten Möglichkeiten es für Engagement und Konsum in ihrer näheren Umgebung gibt.
3. **Transparenz:** Die Menschen können sich nicht endgültig sicher sein, welche Unternehmen und Initiativen wirklich nachhaltig sind und ihren Werten entsprechend handeln.
4. **Zuverlässigkeit und Vollständigkeit:** Bei bestehenden Übersichten (Listen, Lokalführern etc.) ist häufig nicht klar, wer dahinter steckt und ob die Informationen zuverlässig und vollständig sind.
5. **Motivation:** Die Menschen werden entmutigt, wenn sie das Gefühl haben, als Einzelkämpfer in einer krisengeschüttelten Gesellschaft zu agieren.
6. **Anknüpfung:** Für viele ist es schwierig, das abstrakte Wissen über Klima-, Umwelt- und Konsumaspekte in konkretes Alltagshandeln zu übertragen.

Hieraus entstand die Idee einer digitalen Plattform, auf der alle bestehenden sozial-ökologischen Initiativen, Unternehmen und Events transparent und nutzerbasiert kartiert werden, um die identifizierten Hürden aufzulösen und so nachhaltiges Handeln im Alltag zu erleichtern. Um den positiven Charakter der Plattform zu unterstreichen, wurde bald der Name „von morgen" geboren.

1.3 Mit dem Guten von heute die Welt von morgen entdecken: Das Projekt

Mit der „Karte von morgen", einer interaktiven Website und App, sollen Menschen, die Gutes tun wollen, und Projekte, die bereits Gutes schaffen, zusammengebracht werden.

Nach dem Wiki-Prinzip können alle Nutzer, Initiativen und Unternehmen sich und andere auf der Karte eintragen und so ihre Mitmenschen erreichen. Die Plattform erlaubt es, Suchergebnisse nach Themen und Kategorien zu filtern und im Handumdrehen personalisierte Karten zu erstellen. Diese können dann auf der eigenen Website eingebettet oder mit Freunden geteilt werden.

„von morgen" bietet jedem Nutzer die Möglichkeit, Initiativen und Unternehmen anhand von sechs Positivfaktoren (s. u.) auf ihre Gemeinwohlorientierung hin zu bewerten. Je umfassender diese ist, desto auffälliger wird der Ort auf der Karte dargestellt, wodurch es Nutzern ermöglicht werden soll, die zukunftsorientierte Entwicklung in ihrer Umgebung direkt mitzuverfolgen. Insbesondere Verbände und Netzwerke können so ihre Standorte und Projekte auf der eigenen Website präsentieren und gleichzeitig in einer weltweit genutzten Datenbank und Karte verfügbar machen. Bestehende Kartierungsprojekte, die heute regional und thematisch begrenzt und zersplittert sind (Inseldatenbanken), sollen mit der „Karte von morgen" verbunden und in einer offenen Datenbank zusammengeführt werden.

„von morgen" hat viel vor: Neben der digitalen Karte als Herzstück des Projekts, geht es um die Ausarbeitung eines Bildungsangebots, die Gestaltung eines Onlinemagazins und nicht zuletzt darum, die Forderungen des Projektes nach globaler Transparenz und ökologischer und sozialer Nachhaltigkeit auf der politischen Agenda zu etablieren. Eine Redaktion wird aus den verschiedensten Ecken Deutschlands und der Welt inspirierende Inhalte sammeln und aufarbeiten. Ob Geschichten, Nachrichten oder Videos – sie alle erzählen von Menschen mit guten Ideen, Initiativen mit viel Mut und Unternehmen, die bereits jetzt innovative Wege beschreiten und damit Erfolg haben. Regionalpiloten (s. u.) überprüfen vor Ort die Karteneinträge auf ihre Qualität und haben neben einer redaktionellen Funktion die Aufgabe, durch Bildungsveranstaltungen und Aktionen ein selbstbestimmtes Leben zu fördern sowie den regionalen Austausch zu stärken. Ebenso gibt es Themenpiloten, die überregional bestimmte Projektgruppen, wie Transition-Towns, demokratische Schulen oder Demeter-Höfe, betreuen.

„von morgen" erhöht die Sichtbarkeit und fördert die Zusammenarbeit im bunten Feld des gesellschaftlichen Wandels. Das Ziel: eine menschliche Zukunft – in Achtsamkeit für Menschen und Mitwelt. Nach einer Anschubfinanzierung durch Spenden, öffentliche Mittel und Stiftungsgelder soll sich das Projekt durch monatliche Solidarbeiträge der verzeichneten Initiativen und Unternehmen selbstständig tragen.

2 Die und keine andere: Inhalt

2.1 Innovativer Gehalt

Was macht die „Karte von morgen" im breiten Feld bestehender Kartierungsprojekte nun besonders und wie kann die Übersichtlichkeit, Vertrauenswürdigkeit, Transparenz und Vollständigkeit der Einträge sichergestellt werden? Hierfür haben wir vor allem drei Mechanismen entwickelt: Positivfaktoren, Regionalpiloten und Themenpiloten.

Über die Positivfaktoren haben die Nutzergruppen und Regionalpiloten (s. u.), aber auch die Initiativen und Unternehmen die Möglichkeit, objektiv ihre Bemühungen um Menschlichkeit und Nachhaltigkeit darzustellen und zu beschreiben. Dies geschieht systematisch anhand von sechs Aspekten der Nachhaltigkeit (Gemeinwohlorientierung), zu denen je ein Textfeld ähnlich einer Kommentarfunktion für kurze Beschreibungen vorhanden ist. Um die Objektivität der geposteten Aspekte zu garantieren, sollen für alle Beschreibungen Quellenangaben gemacht werden. Quellenangaben können Bücher, Weblinks, Dokumentarfilme usw. sein. Die Bewertung wird von den Regionalpiloten überprüft. Zu jedem der sechs Positivfaktoren kann der Nutzer durch einen Button eine qualitative Bewertung abgeben:

Je höher der Anteil positiv bewerteter Aspekte (Positivfaktoren) ist, umso größer wird der Pin auf der Karte, d. h., Nutzer wählen intuitiv meistens die nachhaltigste Option. Unsere Plattform steht grundsätzlich allen Initiativen und Unternehmen offen, weniger nachhaltige Unternehmen und Initiativen sollen keineswegs bestraft und verurteilt werden. Mit dem gesamten Projekt soll den vielen Initiativen und Unternehmen, die heute schon den Mut und Willen aufbringen, sich für Mensch und Umwelt einzusetzen, ein gemeinsamer Onlineauftritt geboten werden, wobei der Fokus auf dem bereits existierenden Wandel liegt. Einträge mit negativer Bewertung werden daher vorerst ausgeblendet und erscheinen bei näherem Hineinzoomen; somit wird auch die Übersichtlichkeit bewahrt. Die Dimensionen der sechs Positivfaktoren sind:

- Umwelt und Ressourcen (Mitwelt): vielfältig, erneuerbar,
- Soziales und Kultur (Mitmenschen): fair, menschlich,
- Wirtschaft und Politik (Miteinander): transparent, solidarisch.

Die Regionalpiloten sind Aktive in den jeweiligen Kommunen und Städten. Sie engagieren sich ehrenamtlich lokal und haben ihre Region dadurch im Blick. Ihre Aufgabe für die „Karte von morgen" ist es, sowohl vor Ort selbst zu kartieren als auch andere Einträge zu beaufsichtigen und ggf. auf falsche Informationen zu prüfen. Das Kartieren selbst kann nahtlos als Bestandteil von Workshops zu bspw. globalem Lernen, Gemeinwohlökonomie oder bewusstem Konsum aufgenommen werden. Die Regionalpiloten begleiten die Menschen bei der Gestaltung ihrer Welt „von morgen" durch Workshops, Aktionen und mehr – der Kreativität sind keine Grenzen gesetzt. Um möglichst autonom zu agieren, entwickeln wir für die Regionalpiloten ein Handbuch, welches alle Fragen zu den Hintergründen des Projekts, den Funktionen der Karte und den Bewertungsmaßstäben (Positivfaktoren, s. o.) klären soll.

Themenpiloten haben grundsätzlich eine ähnliche Funktion wie Regionalpiloten, allerdings bezieht sich ihr „Expertenwissen" nicht unbedingt auf eine spezifische Region, sondern vielmehr auf ein ganzes Themengebiet. Unser Vorbild ist dabei das Transition-Town-Netzwerk, das jeden Eintrag überprüft, der sich als offizielle Transition-Town-Initiative bezeichnen möchte. Auf diese Art kann jede Initiative ihre lokalen Gruppen überblicken und ggf. über neue Netzwerke erfahren.

2.2 Die Spreu vom Weizen trennen: Qualitätssicherung

Ziel des Pilotenprogramms ist das Erreichen einer hohen regionalen Dichte, die eine schnelle und zuverlässige Überprüfung der Einträge ermöglicht und damit die Qualität der Einträge sicherstellt. Die Regionalpiloten haben Administratorenrechte, um fehlerhafte oder doppelte Einträge zu löschen und alle Einträge anonymer User anzupassen. Zu diesem Zweck bekommen Regionalpiloten eine automatische Nachricht per E-Mail, sobald jemand in ihrer Gegend einen Eintrag gemacht und öffentlich geschaltet hat. Eine ähnliche E-Mail-Benachrichtigungsfunktion haben Themenpiloten zu Stichworten ihres Themas.

Regionalpiloten zensieren nicht inhaltlich, sondern prüfen lediglich, ob die Angaben korrekt sind. Dazu zählen:

- Das Projekt existiert, hat den richtigen Namen, Adresse und Kontaktangaben (keine Schein- oder Testeingaben).
- Die Beschreibungen sind grundsätzlich richtig und sind keine Werbetexte.
- Das Projekt wurde dem richtigen Bereich (Idee, Person, Initiative, Event oder Unternehmen) und der richtigen Kategorie zugeordnet.
- Die Positivfaktoren (s. o.) sind überprüfbar und sind weder Beleidigungen noch nachweislose Behauptungen.

Gelöscht werden ausschließlich Angaben, die den oben genannten Ansprüchen nicht entsprechen.

3 Zusammen für die Sache: Unser Team

Wer steckt nun eigentlich hinter dem ganzen Projekt? Seit der ursprünglichen Idee sind bereits mehr als zwei Jahre vergangen und die Teamzusammensetzung hat sich im Laufe der Zeit immer wieder geändert. Von der ursprünglich sechsköpfigen Projektgruppe sind vier weiterhin aktiv, wobei sich das gesamte Team stetig vergrößert hat. Heute besteht unsere Kerngruppe aus elf Aktiven mit unterschiedlichstem Hintergrund. So können wir u. a. auf Fachwissen aus den Bereichen Umwelttechnik, Medienwissenschaften, VWL, BWL und Philosophie, internationale Zusammenarbeit, Grafikdesign und nicht zuletzt IT und Programmierung zurückgreifen. Locker verbunden mit dem Team „von morgen" sind außerdem noch eine Linguistin, eine Illustratorin und ein Jurist, die uns immer wieder tatkräftig unterstützen. Aufgrund der zunehmenden Spezialisierung und Professionalisierung haben wir inzwischen drei Arbeitsbereiche etabliert:

1. Kreation und Marketing,
2. Business Development,
3. Programmierung/IT.

Wegen des stetig anwachsenden Arbeitspensums agieren die einzelnen Arbeitsgruppen weitestgehend selbstständig und unabhängig voneinander, wobei grundlegende Fragen und Beschlüsse weiterhin gleichberechtigt vom gesamten Kernteam behandelt werden.

4 Von der Förderung in die Unabhängigkeit

4.1 Finanzierung

Seit Projektbeginn werden wir durch die Heinrich-Böll-Stiftung gefördert. Deren umfangreiches Netzwerk und Erfahrung halfen uns, die Grundpfeiler der Idee zu entwickeln. Zusätzlich unterstützte sie uns bis dato mit 4000 €. Der Start liegt nun anderthalb Jahre zurück und seitdem wurden wir weiterhin durch die Telefonica-Stiftung unterstützt; durch ihr Programm „Think Big" erhielten wir bisher 6500 €, sowie Workshops und Coachingsitzungen mit ausgewählten Mentoren. 2014 wurden wir mit dem J-ini Award und 500 € geehrt. Außerdem sind wir seit Sommer 2015 zusammen mit neun weiteren sozialunternehmerischen Projekten aus Deutschland und Österreich Teil des Förderprogramms IT4Change, welches von Ashoka Deutschland begleitet wird. Diese Förderung war nicht nur wegen des großen Netzwerks und der Expertise im Bereich Social Business sehr wichtig für uns, sondern vor allem aufgrund der Vernetzung mit vielen anderen Sozialunternehmern. Mit ihnen forderten wir uns immer wieder in Kleingruppen gegenseitig heraus und konnten uns vor allem in wichtigen Fragen unterstützen.

Sozialunternehmerisch zu arbeiten, das ist auch unser Anspruch. Wir wollen „von morgen" so ausbauen, dass wir mittel- und langfristig auf stabilen finanziellen Beinen stehen. Ebenso können wir mittel- und langfristig daran arbeiten, die gesellschaftliche Wirkung zu vergrößern, die wir anstreben, nämlich einen Bewusstseinswandel von einer rein konsum- und profitorientierten hin zu einer nachhaltigen und lebensfreundlichen Gesellschaft.

Bisher arbeiten alle Teammitglieder ehrenamtlich, doch die Zukunft soll anders aussehen. Durch die Fertigung unseres Prototypen (Link s. Literatur am Ende des Kapitels). können wir jetzt selbstbewusst mit Partnern ins Gespräch kommen und unsere mittelfristige Finanzplanung angehen. Dabei gehen wir auf Unternehmen und Stadtverwaltungen zu. Unternehmen, die auf unserer Karte zu finden sind, ermöglichen durch einen jährlichen Solidarbeitrag die Weiterentwicklung der Plattform sowie die Ausweitung der Pilotregionen. Der positive Nebeneffekt: Sie können gleichzeitig auf sich aufmerksam machen. Als zweiten Fokus wollen wir mit regionalen Stadt- und Kommunalverwaltungen zusammenarbeiten. Diese fördern durch die Kartierung ihrer Stadt die nachhaltige Entwicklung ihrer Region.

4.2 Der Anfang ist die Hälfte des Ganzen – Meilensteine und nächste Schritte

Feierlich konnten wir Ende 2015 mit dem Prototypen in Bayreuth online gehen. Dies ist unsere Pilotregion, in der wir sowohl mit Unternehmen, wie dem biologisch herstellenden Mehlhersteller PEMA, als auch dem Transitionhaus und der Stadtverwaltung arbeiten. Nun befinden wir uns in der Testphase, in der wir jegliches Feedback einbeziehen, um unsere Karte funktionstüchtiger und einfacher bedienbar zu machen. Unser Arbeitsfokus liegt nun neben der finanziellen Stabilität der Unternehmung auf der Ausweitung der Karte auf weitere Regionen und Städte. Zurzeit stehen wir in Kontakt mit den regionalen Initiativen, die lokal bereits daran arbeiten, was das Projekt „von morgen" im Großen schaffen möchte. Sei es Stuttgart mit der Lokalzeitung zu Nachhaltigkeit *übermorgen,* Frankfurt mit dem Projekt „Besser leben in Frankfurt" oder Nürnberg mit der lokalen Webseite zu nachhaltiger Wirtschaft „blue pingu". Durch die Zusammenarbeit mit diesen lokalen Initiativen entsteht das Netzwerk „von morgen", welches unsere Wirksamkeit überhaupt erst ermöglicht und für das wir gleichzeitig Sichtbarkeit schaffen wollen. Weiterhin bilden wir Regionalpiloten aus, die vor Ort als treibende Kraft agieren, um zukunftsweisende Initiativen, Unternehmen und auch Events aufzuspüren und die Qualität der Karte sichern.

Mit der Ausbreitung unserer Karte von einigen deutschen Regionen bis hin zu mehreren Städten in Europa in den nächsten fünf Jahren ist unser Ziel, in zehn Jahren in allen größeren Städten der Welt vertreten zu sein. Unser langfristiges Ziel umfasst die Weiterentwicklung der Positivfaktoren. Gemeinsam mit Nichtregierungsorganisationen, Unternehmen und Politikern möchten wir diese erarbeiten. Dieses Bewertungssystem soll von den Nutzern als der entscheidende Faktor für ihre Kaufentscheidungen wahrgenommen werden. Unser Bestreben ist es durch „von morgen" die Sichtbarkeit der nachhaltigen Unternehmen zu erhöhen und somit weitere menschen zu inspirieren sozial-ökologisch verträgliche Geschäftsmodelle zu entwickeln. Dieser angestrebte Systemwandel wird durch die Bereitstellung einer Infrastruktur für ein Ökosystem von Individuen und Gruppen erreicht, um eine Bewegung zu initiieren.

5 Unsere Zeit ist jetzt: Wie wünschen wir uns die Zukunft?

Wie wird die Welt in 20 oder 50 Jahren aussehen? Darüber zu spekulieren, hat etwas Faszinierendes an sich. Viel wichtiger, sagt Friedensnobelpreisträger Mohammed Yunus aus Bangladesch, ist die Frage: Wie *wünschen wir* uns die Welt in 20 oder 50 Jahren? Mit „von morgen" laden wir dazu ein, die Augen für die vielfältigen Initiativen und Organisationen zu öffnen, die sich bereits heute mit ihrer Unternehmung als aktive Gestalter wünschenswerter Ergebnisse engagieren. Wir laden dazu ein, unsere Zukunft selbst in die Hand zu nehmen, anstatt nur passiv und mit Ohnmachtsgefühlen auf sie zu reagieren. Wir Menschen sind in der Lage, für komplexe Probleme Lösungen zu finden, doch die meiste Zeit arbeiten wir für Innovationen im Sinne von „schneller, günstiger, neuer". Wir haben dabei vergessen, was es bedeutet, „besser, gesünder, fairer" in den Fokus unseres Handelns zu stellen. Wachstum, mehr Konsum und ein größeres BIP werden schon lange als Indikatoren für unseren Wohlstand suggeriert. Doch dieser Ansatz ist für uns junge Generation schlichtweg out, denn das BIP findet in seiner Rechnung keinen Platz für die Gesundheit unserer Kinder, die Qualität ihrer Erziehung, unser Mitgefühl, noch unseren Mut oder die Integrität und Würde unserer Amtsträger. Schon 1968 betonte Robert F. Kennedy, der Bruder des fünf Jahre zuvor ermordeten US-Präsidenten John F. Kennedy, während seines Wahlkampfs um das Amt des US-Präsidenten: „Das Bruttosozialprodukt misst alles – nur nicht das, was das Leben lebenswert macht." (Tho 2014) Das Ziel selbst, nämlich das Streben nach immer mehr, ist das Problem. Was wäre, wenn stattdessen das Ziel „besser" im Fokus stünde? Bessere Ausbildung, bessere Gesundheit, bessere nachhaltigere Produkte, bessere Chancen, um auf dieser Welt zu überleben. Wir sehnen uns nach einer anderen Wirtschaft, einer Wirtschaft, die Sinn macht und Sinn schafft, die allen Menschen dient und nicht nur wenigen. Das Ziel, die gesamte Wirtschaft zu verändern, ist eine enorme Aufgabe, die wir nicht auf einmal und alleine schaffen. Wenn wir jedoch unseren Fokus auf die bereits existierenden Lösungen mit dem Ziel einer „besseren", nachhaltigeren und glücklicheren Gesellschaft richten, stärken wir den Bewusstseinswandel hin zu einem nachhaltigen Konsum, einem veränderten Umgang mit Geld und zu unserer Arbeit. Wir wollen helfen, einfacher unterscheiden zu können zwischen den Lösungen des alten Denkschemas und wirklich neuen Ansätzen. Verändert sich unser Bewusstsein, gründen wir auch andere Unternehmen und produzieren andere Produkte.

Wir schaffen ein neues Miteinander und zeigen Alternativen zum zermürbenden Gegeneinander und Konkurrieren auf. Mit der „Karte von morgen" unterstützen wir Bürger vor Ort, von anderen Initiativen und Organisationen zu lernen, um lokale Lösungen auf ihr eigenes Umfeld übertragen zu können. Deshalb laden wir ein, online die „Karte von morgen" zu nutzen und offline zu handeln. Dies kann geschehen, indem sie die Orte verzeichnen, an denen sich nachhaltige Initiativen und Organisationen befinden, und sich von den Inhalten inspirieren lassen, ihre Nachbarschaft und Stadt neu zu entdecken und selbst aktiv mitzugestalten.

Ob als Regional- oder Themenpilot, als Gastautor für das Onlinemagazin oder als Teil des Teams „von morgen", es gibt viele Orte an denen wir Ihre Unterstützung brauchen. Als wir vor zwei Jahren mit „von morgen" begannen, waren wir eine Gruppe von jungen Leuten, die fühlten, dass etwas falsch war mit diesem alten Spiel. Wir waren uns über das Problem einig. Jetzt ist es Zeit, die Lösungen aufzuzeigen, neu zu erfinden und schlussendlich bei sich im eigenen Viertel zu entdecken. Packen wir es an. Wir laden dazu ein, gemeinsam „von morgen" weiterzuentwickeln und den Weg zu einer nachhaltigeren Gesellschaft zu gehen. Wir enden inspiriert vom Friedensnobelpreisträger 2014 Kailash Satyarthi mit den Worten:

> Today, I see thousands of Mahatma Gandhis, Martin Luther Kings, and Nelson Mandelas marching forward and calling on us. The boys and girls have joined. I have joined in. We ask you to join, too (Satyarthi 2014).

Literatur

prototyp.kartevonmorgen.org. Karte von morgen. www.kartevonmorgen.org. Zugegriffen: 06.12.2015

https://www.facebook.com/vonmorgen/. Zugegriffen: 06.12.2015

Tho HV (2014) Grunrecht auf Glück: Bhutans Vorbild für ein gelingendes Miteinander. Langen Mueller Herbig

Benedikt Roth liebt es, bei „von morgen" seit Beginn unterschiedliche Sichtweisen zusammenzubringen und weiterzuentwickeln. Durch die Freiwilligenarbeit im Ausland (Dominikanische Republik, Haiti, Brasilien) fasst er den Entschluss zum Bachelorstudium in „Wirtschaft neu denken", denn er will Organisationen dabei helfen, wirksamer soziale Probleme zu lösen. Nach dem Studium und einer Ausbildung zum Prozessbegleiter hat er nun Zeit, um für Herzensprojekte zu wirken: „von morgen", seine Musik, ganzheitliche Organisationsentwicklung und Mitarbeit in einer Flüchtlingsunterkunft. Doch Benedikt zieht es weiter nach Schweden, wo er nun einen Master in Strategic Leadership towards Sustainability beginnt.

Lisa Stehr, Bachelors in Politikwissenschaft und VWL, ist Mitgründerin der „Karte von morgen" und seit Anfang an mit Herz bei der Sache. Neben „von morgen" studiert sie im Master International Development Studies und verfolgt mit ihrem Zweitstudium der Psychologie ihre zweite Leidenschaft. Als ursprüngliches Nordlicht hat sie in Heidelberg ihre Heimat gefunden, in der sie ihre Zeit hinter der Bar sowie in den freien Momenten am liebsten auf dem Fahrrad, lesend oder mit Kaffee und Zeitung in der Sonne verbringt.

Die Bedeutung von Mitarbeitereinbindung für verantwortungsvolle Innovation im Rahmen von Veränderungsprozessen

Wie Mitarbeiter zur Partizipation ermutigt werden

Hanna Sostak

1 Grundbedürfnisse der Mitarbeiter

Eine bundesweite Umfrage des Dialogzentrums für Kompetenzentwicklung, in der Geschäftsführer und Mitarbeiter von kleinen Unternehmen (unter 100 MA) befragt wurden, ergab, dass in Start-up-Unternehmen ebenso wie in etablierten Familienunternehmen die aktive Einbindung der Mitarbeiter als unverzichtbar und selbstverständlich betrachtet wird. Mitarbeiter fühlen sich beteiligt und für Geschäftserfolge ebenso mitverantwortlich wie für eventuelle Misserfolge. Die Mitarbeitereinbindung führt zu gegenseitiger Loyalität. Vor allem in kleinen Unternehmen wird ein breites Spektrum menschlicher Grundbedürfnisse abgedeckt. Zu wissen, dass man gebraucht wird, erfüllt die Bedürfnisse nach Sicherheit, Zugehörigkeit und Anerkennung. Mit wachsender Mitarbeiterzahl und Komplexität der Organisationsstrukturen sinkt das Gefühl des Gebrauchtwerdens, wodurch auch Verantwortungsgefühl und Zufriedenheit abnehmen.

Analog zum Modell der Bedürfnispyramide von Abraham Maslow, in dem die menschlichen Grundbedürfnisse in Defizit- und Entfaltungsbedürfnisse kategorisiert werden, sind zwei Grundtypen von Unternehmenskulturen festzustellen. Die Kategorie der Defizitbedürfnisse entspricht in einem Unternehmen der traditionellen sicherheits- und zugehörigkeitsorientierten Organisation und die Entfaltungsbedürfnisse entsprechen der potenzialorientierten, lernenden Organisation. Die Bedürfnisse und Unternehmenskulturen werden auf der Abb. 1 dargestellt.

Mitarbeiter in großen Organisationen, Konzernen und Behörden sehen häufig vor allem ihr Grundbedürfnis nach Sicherheit erfüllt, sofern das Unternehmen über einen guten Ruf im Sinne von sozialer Sicherheit verfügt. Gleichzeitig erzeugt das Wissen darüber, dass die eigene Arbeitskraft jederzeit durch einen anderen Mitarbeiter ausgetauscht werden

H. Sostak (✉)
Berlin, Deutschland
E-Mail: kontakt@hannasostak.de

Abb. 1 Mitarbeiterbedürfnisse und Unternehmenskulturen

könnte, häufig ein Gefühl der Bedeutungslosigkeit. Bestenfalls wird dem Bedürfnis nach Anerkennung und Potenzialentfaltung in der Freizeit nachgegangen.

Die Trennlinie zwischen Arbeit und Freizeit war eine wichtige soziale Errungenschaft unserer Gesellschaft. Der Schutz der Arbeiter vor Ausbeutung verlagerte enormes Potenzial in andere Lebensbereiche. So können unzählige Mitarbeiter von traditionellen Industrieunternehmen und (ehemaligen) Bundesbetrieben über Generationen hinweg auf Familientraditionen zurückblicken, die auf Schutz und Sicherheit durch die Betriebszugehörigkeit beruhen. Während die geforderte Arbeitskraft dem Betrieb zur Verfügung gestellt wird, werden hier häufig die *wahren Talente und Fertigkeiten* in der Freizeit ausgebildet. Diese Kompetenzen bleiben der Personalabteilung unbekannt. Die Einbindung der Mitarbeiter findet in traditionellen, hierarchisch geführten Organisationen lediglich punktuell in Bezug auf den Arbeitsposten oder im Rahmen von Befragungen statt. In kleineren Organisationen und Familienunternehmen fordern die flacheren Hierarchien eine dynamische Beteiligung der Mitarbeiter. Je direkter Mitarbeiter am Zweck und Erfolg eines Unternehmens beteiligt sind, desto stärker ist ihre Einbindung.

In komplexen Organisationsstrukturen ist die Implementierung von Instrumenten zur aktiven Mitarbeitereinbindung notwendig.

2 Milliardenverluste für Unternehmen

Nach der aktuellen Deutschlandstudie (März 2014) des internationalen Marktforschungsunternehmens Gallup (www.gallup.com/de-de/181871/engagement-index-deutschland.aspx) ist die Bindung von Mitarbeitern seit dem Vorjahr etwas angestiegen. Das heißt zwar, dass weniger Mitarbeiter an Kündigungen denken, doch die fehlende oder mangelnde Motivation der Mitarbeiter kostet deutsche Unternehmen bis zu 138 Mrd. Euro pro Jahr. Diese Zahl beinhaltet Kosten, die unter anderem durch Fehlzeiten, Krankenstand, Eingliederungs- und Gerichtskosten verursacht wurden.

Nach der Studie sind 15 % der Mitarbeiter stark eingebunden, motiviert und engagiert, 70 % sind gering eingebunden und verrichten ihren Dienst nach Vorschrift und 15 % sind gar nicht eingebunden und haben bereits innerlich gekündigt. Das bedeutet, dass 85 % der Mitarbeiter sich emotional nicht in das Unternehmen eingebunden fühlen.

Ein Grund für diese Situation ist die mangelnde Einbindung der Mitarbeiter, wodurch die menschlichen Grundbedürfnisse nach Anerkennung und Potenzialentfaltung nicht erfüllt werden. Selbst großzügige Gehälter werden in solchen Fällen oft als *Schmerzensgeld* bezeichnet.

3 Mitarbeiterpotenziale aktiv nutzen

Auch die Vertreter der sogenannten Generation Y (zwischen 1980 und 1995 Geborene), die mittlerweile auf allen Ebenen und Positionen in der Arbeitswelt Einzug gehalten haben, machen den Bedarf an Programmen zur aktiven Mitarbeiterbeteiligung deutlich. Umfragen, die das Dialogzentrum für Kompetenzentwicklung 2014–2015 durchführte, ergaben, dass die Generation Y an einer guten *Life-Balance* und einer sinnhaften Tätigkeit mit Einbindung und Eigenverantwortung interessiert ist, während die Position und der Verdienst weniger wichtig sind.

Mittelständische Unternehmen, Start-up-Unternehmen und Konzerne bestätigen, dass der Eintritt der Generation Y in den Arbeitsmarkt einen nicht zu unterschätzenden Einfluss auf bestehende Unternehmenskulturen hat.

Auch die Herausforderungen, die sich aufgrund der gegenwärtigen demografischen Entwicklungen zeigen und in vielen Branchen einen akuten Fachkräftemangel bewirken, haben bahnbrechende Erkenntnisprozesse in mittleren und großen Unternehmen angestoßen. Aus gesellschaftlichen, wirtschaftlichen und unternehmerischen Gründen ist es nicht länger tragbar, Ressourcen und Potenziale von Mitarbeitern brach liegen zu lassen. Ihr Wissen und ihre Fähigkeiten aktiv einzubinden ist für die Gestaltung innovativer Veränderungsprozesse wesentlich.

Aktive Mitarbeitereinbindung kann auf verschiedene Weisen verstanden werden. Häufig wird sie strategisch für einzelne Projekte zur kurzfristigen Zielerreichung genutzt. Hier erfahren ausgewählte Mitarbeiter für einen bestimmten Zeitraum gesteigerte Wertschätzung, weil ihre Expertisen explizit erwünscht und gefragt sind. Dies wird als eine Art Belobigung verstanden. Auf lange Sicht ist diese Art von Belohnungssystem jedoch nicht förderlich, zumal jede personelle oder strategische Veränderung im Unternehmen dieses *Privileg gefährdet*. Wenn aktive Mitarbeitereinbindung zu kurzfristigen Zwecken eingesetzt wird, kann sie mittel- und langfristig zur Schwächung des Unternehmens beitragen, denn solange die Einbindung von Mitarbeitern als Lob oder Belohnung gewertet wird, wirkt der Wegfall dieser Einbindung im Umkehrschluss wie ein Tadel oder eine Bestrafung. Irritationen, Beschädigungen des Selbstwertgefühls und Kränkungen sind die Folgen. *Dienst nach Vorschrift* und die *innere Kündigung* sind häufig die Resultate misslungener Mitarbeitereinbindung.

In Unternehmenskulturen, in denen die Einbindung von Mitarbeitern in Entscheidungs- und Veränderungsprozesse als Auszeichnung empfunden wird, kann davon ausgegangen werden, dass eine erhebliche Menge kreativer Ressourcen und Kompetenzen niemals aktiviert werden. Eine der Grundhaltungen der Vertreter der Generation Y ist der Umgang auf

Augenhöhe. Statt Lob und Tadel erwarten sie konstruktive Rückmeldungen, Transparenz und aktive Einbindung. Durch diese Haltung wird die Entwicklung von sicherheitsorientierten hin zu potenzialorientierten Organisationsstrukturen beschleunigt.

4 Das Prinzip Augenhöhe

Um Mitarbeitereinbindung erfolgreich und nachhaltig zu implementieren, sind angstfreie Beteiligung, Fehlerfreundlichkeit und Augenhöhe notwendig. Die Bereitschaft und Notwendigkeit für den entsprechenden Paradigmenwechsel in der Organisations- und Führungsstruktur scheinen in Deutschland und in der westlichen Wertegemeinschaft eindeutig vorhanden zu sein. Neugründungen bevorzugen von Anfang an flache Hierarchien, damit Innovationen nicht mehr ausschließlich auf der Führungsebene geplant werden, sondern die Ressourcen aller Mitarbeiter miteinbezogen werden. Die Erfolge von Filmprojekten wie *Augenhöhe* (Trebien und Partner Consulting 2015), *Mein wunderbarer Arbeitsplatz* (Meissonier 2014) und *Wertschöpfung durch Wertschätzung* (Upstalboom) haben im Jahr 2015 bewiesen, welche Brisanz das Thema der aktiven Mitarbeitereinbindung erreicht hat.

Zur Entwicklung neuer, selbstorganisierender Unternehmenskulturen wurden um die Jahrtausendwende innovative IT-Strukturen entwickelt, die unter den Begriffen *Agile, Scrum, Design Thinking* und *Holacracy* auf den Markt kamen. Da selbstorganisierende Unternehmen durch ihre effiziente Architektur viel Geld einsparen, haben in den vergangenen Jahren bedeutende Weltkonzerne aller Branchen die aktive Mitarbeitereinbindung nach zertifizierten Prozessabläufen durchgeführt. In seinem Buch *Reinventing Organizations* liefert Frederic Laloux einen Leitfaden für sinnstiftende Formen von Zusammenarbeit (Laloux 2014).

Was alle Programme gemeinsam haben, ist die Förderung von Innovation und Kreativität durch disziplinübergreifende Einbindung von Mitarbeitern. Die kontinuierliche Mitarbeitereinbindung auf Augenhöhe ist das Ideal, das sich mit der Sichtweise der Generation Y deckt.

Die Entwicklung hin zu einer *lernenden Organisation* mit Mitarbeitereinbindung auf Augenhöhe ist für Arbeitgeber und Mitarbeiter ein herausfordernder Prozess, da die Mitarbeiter mitsamt ihren unterschiedlichen Grundbedürfnissen, Positionen und Wertesystemen miteinbezogen werden.

5 Augenhöhe kann nicht jeder

Es ist mit Sicherheit die Geschäftsführung, die vorgibt, welche Organisations- und Führungskultur im Unternehmen praktiziert werden. Insofern entscheidet sie, ob eine Unternehmenskultur auf Augenhöhe implementiert und praktiziert werden soll. Führung auf Augenhöhe ist häufiger vorzufinden, wenn relativ homogene Teams und Gleichgesinn-

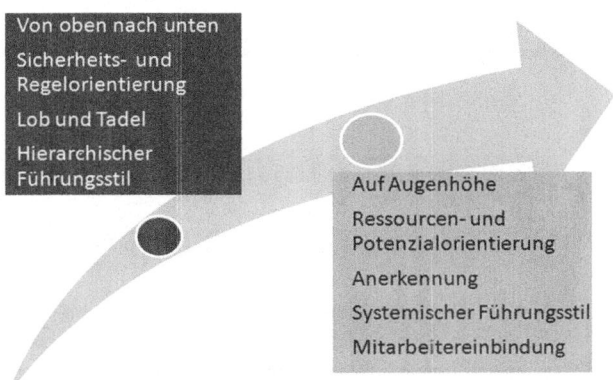

Abb. 2 Leadership ist gelb

te zusammenarbeiten, deren Potenzial gebraucht und wertgeschätzt wird. Wo Kreativität gefragt ist und Ressourcen optimal genutzt werden müssen, wirken steile Hierarchien kontraproduktiv. Zusammenarbeit auf *Augenhöhe* ist für Führungskräfte mit traditioneller hierarchischer Führungskultur (Abb. 2, blau) ebenso irritierend wie für ihre Mitarbeiter, denn eine Unternehmenskultur, die Sicherheit und Ordnung bietet, ist grundsätzlich von oben nach unten strukturiert und regelt Arbeitsabläufe nach Zuständigkeitsbereichen und Positionen. Der Mitarbeiter erwartet entsprechend Vorgaben und Anweisungen.

In traditionellen, hierarchischen Unternehmen (Abb. 2, blau) wird der Begriff *Kompetenz* als Synonym für Zuständigkeit und Autorität benutzt. Die berufliche Entwicklung von Mitarbeitern wird im Rahmen einer festgelegten Laufbahnplanung absolviert. Belange und Vorschläge von Mitarbeitern können im Rahmen vorgegebener Strukturen eingebracht und bearbeitet werden. Mitarbeiter mit einem hohen Sicherheitsbedürfnis fühlen sich in diesen Strukturen wohl. Jedoch wären Mitarbeiter, die ihre Potenziale entfalten und sich mit Engagement einbringen möchten, in einer blauen Organisation weniger glücklich. Weder das Bedürfnis nach Potenzialentfaltung noch nach Anerkennung wäre befriedigt – die vorgegebenen Strukturen würden als Einengung wahrgenommen. Frustration, Dienst nach Vorschrift und die innere Kündigung wären die Folge.

Unternehmer, die eine Organisation auf Augenhöhe aufgebaut haben, werden oft enttäuscht, wenn Mitarbeiter klare Vorgaben einfordern, weil sie ohne Anweisungen vom Chef verunsichert sind. Die Überforderung einzelner Mitarbeiter trägt zu Irritationen und Unruhen in der Belegschaft bei, was wiederum zu Frustration und Resignation führen kann.

6 Unternehmenskulturen nach Spiral Dynamics und die Einbindung der Mitarbeiter

Die oben genannten Szenarien verdeutlichen die Situation, wenn es zwischen Unternehmenskultur und persönlichen Grundbedürfnissen der Mitarbeiter eine Diskrepanz gibt.

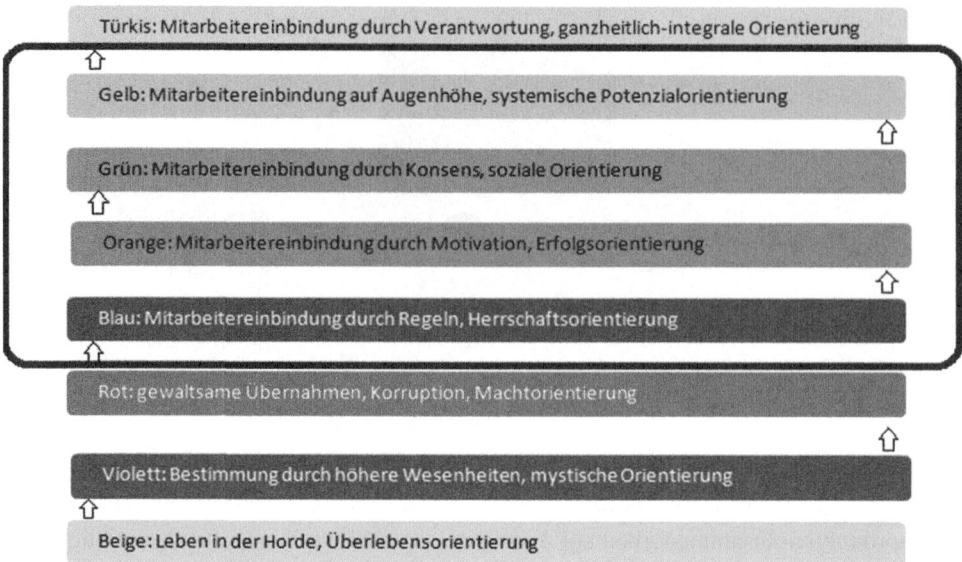

Abb. 3 Stufen der Mitarbeitereinbindung nach Spiral Dynamics

Historisch betrachtet, verändern sich Kulturen mit den Bedürfnissen und Herausforderungen der Menschen, die in ihnen leben. Das gilt auch für Organisationen und Unternehmen. Wie im Beitrag von Thomas Häßler, von der Firma Häßler-Lift Hebebühnen, beschrieben (Teil 2, Kap. 12), erklärt das Spiral-Dynamics-Modell (www.spiraldynamics.net) von Don Beck und Chris Cowan mit der Evolution des menschlichen Bewusstseins die Entwicklung von Gesellschaften und Organisationen (Beck und Cowan 1996). Demnach werden Werte und Bedürfnisse innerhalb ihrer Kulturen tradiert und weitervererbt. Durch verschiedene Einflüsse unterliegen sie einem evolutionären Wandel. In Anlehnung an die Meme-Skala (Informationen über Verhaltensweisen, Normen, Kulturen und Denkstrukturen) ist die Mitarbeitereinbindung auf unterschiedlichen Entwicklungsstufen zu betrachten.

Die vier Unternehmenskulturen Blau, Orange, Grün und Gelb werden aktuell in Westeuropa praktiziert, wobei nach Forschungsergebnissen der Universität Köln 2010 das orange Werte-Meme durch alle Branchen hindurch am stärksten vertreten war. Aus der Perspektive ihrer jeweiligen Wertesysteme nutzen blaue, orange und grüne Organisationen die Mitarbeitereinbindung in horizontalen Veränderungsprozessen. Gemeint sind Veränderungen im Sinne von Wechsel oder Neuerungen innerhalb der eigenen Meme-Struktur sei es durch Anordnung (blau), Motivation (orange) oder Gewissensappell (grün).

Erstmalig in der gelben Organisation wird unter Mitarbeitereinbindung Partizipation, Kooperation, Ressourcen- und Potenzialorientierung verstanden. Vertikale Veränderungsprozesse sind im *gelben Unternehmen* nicht nur möglich, sondern erwünscht. Der vielfach ausgesprochene Wunsch nach Umgang auf Augenhöhe setzt einen umfänglichen Entwicklungsprozess voraus, der jeden Mitarbeiter und Beteiligte einbindet.

Die ressourcenorientierte Auseinandersetzung mit allen Mitarbeitern mitsamt deren Memen, ermöglicht den evolutionären Changeprozess. Aufgrund der Globalisierung und Technologisierung unserer Zeit ist eine rasante Beschleunigung dieser Entwicklung festzustellen. Davon sind weltweit einzelne Menschen, soziale Systeme, Organisationen, Unternehmen, Länder und ganze Nationen betroffen.

7 Mitarbeitereinbindung auf Augenhöhe

Eine Unternehmenskultur *auf Augenhöhe* zu entwickeln setzt einen systemischen Veränderungsprozess in Gang, der die Entwicklung der Organisation und mit ihr jedes einzelnen Mitarbeiters vorantreibt.

In den vorherigen Ausführungen dieses Kapitels wurden Prägungen und Wertesysteme beschrieben, die das Selbstverständnis von Mitarbeitern formen.

Mit dem Zugang der Generation Y begegnen Arbeitgeber jungen Mitarbeitern, die die Augenhöhe suchen und schätzen. Anders sieht es bei Mitarbeitern aus, die aus anderen Generationen und kulturellen Hintergründen ein *Oben-unten-Selbstverständnis* eingeprägt haben. In Anlehnung an die *Transaktionsanalyse* von Eric Berne setzt das *Oben-unten-Modell* die Ebene des Erwachsenen-Ich mit Augenhöhe gleich.

Die Kommunikation und Kooperation auf Augenhöhe ist Bestandteil einer Unternehmenskultur, die Mitarbeitereinbindung umsetzt. Die Vorgesetztenebene steht für das Eltern-Ich. Die Kommunikation entspricht den klassisch hierarchischen Organisationen, in welchen *von oben herab* Anweisungen erteilt werden. Entsprechend steht die Untergebenenebene für das Kind-Ich. Auf dieser Ebene wird erst gesprochen, wenn man gefragt wird, Anweisungen werden befolgt bzw. trotzig verweigert.

Das Modell soll verdeutlichen, wie Prägungen und Traditionen dem Veränderungsprozess entgegenwirken. Eine der größten Herausforderungen von potenzialorientierten Arbeitgebern ist es, *Augenhöhe* zu entwickeln – und erst, wenn statt des *Personals* und der *Belegschaft* Persönlichkeiten und Projektteams zusammenarbeiten, kann von nachhaltiger Mitarbeitereinbindung und lernenden Organisationen gesprochen werden.

Abb. 4 Das Oben-unten-Modell

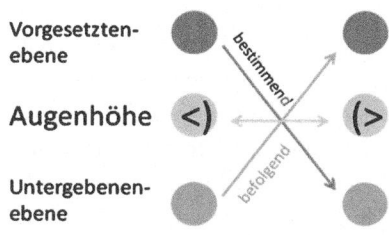

8 Personalentwicklung wird zur Persönlichkeitsentwicklung

Das wertvollste und teuerste Kapital jedes Unternehmens waren schon immer die Kompetenzen seiner Mitarbeiter. Der Begriff Human Resources wurde durch das leistungs- und erfolgsmotivierte orange Wertesystem (vgl Abb. 3). geprägt und wird von Vertretern des grünen Memes als ausbeuterisch empfunden. Erst mit dem systemischpartizipativen Bewusstsein des gelben Wertesystems wird die Perspektive eingenommen, dass die Human Resources die Potenzialentfaltung der Mitarbeiter fördert und als Bestandteil der Organisationsentwicklung nutzt. Diese Form der Partizipation bringt Changeprozesse in Gang, die durch Mitarbeitereinbindung gesteuert werden. Diese Zusammenhänge sind aus Sicht der Generation Y und aus der gelben Perspektive logisch und erstrebenswert.

8.1 Kompetenzen der Mitarbeiter nutzen

Geschäftsführer und Personaler stellen schon seit Jahren fest, dass es aus unternehmerischer Sicht notwendig ist, die Ressourcen der Mitarbeiter effizient zu nutzen. Aus dem orangen Wertesystem (s Abb. 3). heraus betrachtet, wurden hochintelligente Instrumente und Methoden für Profilings und Eignungstests entwickelt, die zur Ermittlung von Fähigkeiten und Potenzialen der Mitarbeiter genutzt werden. Grundlagen dieser Tests sind Anforderungsprofile, die aufgrund der vorhandenen Infrastruktur und der Unternehmensziele erstellt wurden. Entsprechend werden durch diese Verfahren genau die Kompetenzen ermittelt, die bezüglich des Anforderungsprofils vorgesehen sind. Die darüber hinaus vorhandenen Fähigkeiten und Potenziale bleiben verborgen. Die Personalentwicklung aus oranger Perspektive legt den Fokus auf Potenzialentwicklung, die dem Unternehmen Profit und Return on Investment versprechen. Dies führt im Laufe der Betriebszugehörigkeit zur Konzentration von Kompetenzen bzw. zur Spezialisierung. Menschen im orangen Wertesystem adaptieren diesen erfolgsorientierten Fokus und lassen dabei ihre vorhandenen Ressourcen außer Acht. Viele Mitarbeiter sind durch eine stark defizitorientierte Erziehung und Ausbildung geprägt. Sie wissen sehr genau, was sie nicht (gut) können, doch bei der Frage nach ihren Kompetenzen nennen sie den Arbeitsbereich, auf den sie spezialisiert sind.

Dementsprechend ist es nicht nur die Unternehmensführung, die die Potenziale der Belegschaft nicht kennt, sondern es sind auch die Mitarbeiter selbst, die ihre eigenen Fähigkeiten nicht (mehr) kennen.

Mitarbeitereinbindung setzt das *Sich-seiner-selbst-bewusst-Sein* voraus. Hinzu kommt, dass mit dem Eintritt der Generation Y junge Kollegen hinzukommen, die weniger defizit-, dafür eher ressourcenorientiert geprägt sind. Sie scheinen sich ihrer selbst und ihrer Fähigkeiten bewusst zu sein und sind in der Lage, hierarchieübergreifend zu kommunizieren.

Bei einer Umfrage zum Thema „was im Job wirklich zählt" wurden im Jahr 2014 Personalentscheider aus unterschiedlichen Branchen zu ihren Einstellungskriterien befragt.

Das Ergebnis war, dass zu 80 % formale Berufsabschlüsse, Zeugnisse und Diplome darüber entscheiden, ob eine Bewerbung Chancen hat oder nicht. Nonformale und informell erworbene Kompetenzen werden nur zu 20 % berücksichtigt. Das sind Kompetenzen, für die es keine Zeugnisse gibt, weil sie durch Erfahrungen in allen Lebensbereichen erworben wurden.

Bei derselben Umfrage wurden Mitarbeiter aus verschiedenen Berufen und Positionen befragt, wie sie die Fähigkeiten erworben haben, die sie für ihren Arbeitsalltag brauchen. Das Ergebnis zeigte genau die umgekehrte Gewichtung. Die formal erworbenen Kompetenzen werden im Tagesgeschäft zu 20 % eingesetzt, während 80 % der benötigten Fähigkeiten durch informelle und nonformale Wege erlernt wurden.

Durch den Fokus auf die formalen Kompetenzen bleiben oft dringend benötigte Ressourcen unentdeckt. Und da Mitarbeiter in traditionellen Unternehmen nicht nach ihren nonformalen Kompetenzen gefragt werden, werden sie als unbedeutend abgewertet. Sie erneut wertzuschätzen und ins rechte Licht zu rücken macht sie als Ressourcen erkennbar.

8.2 Kompetenzen ermitteln und lebenslanges Lernen

Seit einigen Jahren ist das Thema „lebenslanges Lernen" europaweit in den Fokus der Bildungs- und Arbeitspolitik gelangt. Arbeitgeber haben erkannt, dass sie in dieser Zeit der schnellen Veränderungen immer häufiger ihr Unternehmen auf Sicht steuern müssen, um wettbewerbsfähig zu bleiben. Diese Entwicklung macht das *lebenslange Lernen* essenziell.

In diesem Zusammenhang wurde unter dem Dach des Deutschen Instituts für Erwachsenenbildung anhand von Studien und Erprobungen ein Verfahren entwickelt, das es ermöglicht, informell erworbene Kompetenzen zu ermitteln und zu validieren.

Bei der Kompetenzermittlung und -bilanzierung mit der ProfilPASS-Methode handelt es sich um ein Verfahren, in dem die Beteiligten (Mitarbeiter, Führungskräfte und Geschäftsführer) von qualifizierten Kompetenzcoachs (ProfilPASS-Berater) professionell begleitet werden. Anders als bei Eignungs- und Persönlichkeitstests, die auf quantitativem Datenabgleich basieren, findet die ProfilPASS-Beratung erkenntnisorientiert statt. Nach dem humanistischen Menschenbild ist das Credo des Kompetenzberaters: „Wo ein Mensch sein Potenzial entfalten kann, entwickelt er sich weiter."

Der biografische Ansatz ermöglicht die Öffnung von Kompetenzbereichen, die unbekannt, vergessen oder verdeckt sind. Dabei können neun verschiedene Tätigkeitsfelder beleuchtet werden. Durch die Anleitung und professionelle Fragestellung durch den Kompetenzcoach werden häufig Fähigkeiten zutage gebracht, die der Coachee als unbedeutend oder *selbstverständlich* betrachtet hat.

Das Buch „ProfilPASS im Unternehmen", von Brosche und Seusing (2014) bietet einen Praxis-Leitfaden für die Kompetenzberatung in Organisationen. Mit der ProfilPASS-Methode wird systematisch herausgearbeitet, was man in seinem Leben alles gelernt hat und was man wirklich kann.

> **ProfilPASS-Inhalt:**
>
> 1. Mein Leben – ein Überblick
> 2. Meine Tätigkeitsfelder – eine Dokumentation
>   - Hobby und Interessen
>   - Haushalt und Familie
>   - Schule
>   - Berufsausbildung
>   - Wehrdienst, Zivildienst, freiwilliges Jahr (FSJ/FÖJ)
>   - Arbeitsleben, Praktika, Jobs
>   - Politisches und soziales Engagement / Ehrenamt
>   - Besondere Lebenssituationen
> 3. Meine Kompetenzen – eine Bilanz
> 4. Meine Ziele und die nächsten Schritte

Abb. 5 ProfilPASS-Inhalt

Der Professor für Erwachsenenpädagogik, Dr. Johannes Weinberg, definiert Kompetenz wie folgt:

Der Begriff der Kompetenz umfasst, was ein Mensch wirklich kann und weiß, das heisst, alle Fähigkeiten, Wissensbestände und Denkmethoden, die ein Mensch in seinem Leben erwirbt und zur Verfügung hat. Damit impliziert der Begriff auch individuelles Vermögen, Befähigung und Potenzial.

Das Kernstück der ProfilPASS-Beratung ist die Vier-Schritte-Methode, die auf Abb. 6 veranschaulicht wird.

Abb. 6 Vier Schritte der Kompetenzermittlung

> **Vier Schritte der Kompetenzermittlung**
>
> 1. **Benennen** = die Tätigkeit, über die gesprochen werden soll
> 2. **Beschreiben** = Was wurde im Einzelnen getan?
> 3. **Auf den Punkt bringen** = Was haben Sie gelernt? Was können Sie?
> 4. **Bewerten** = Ist es eine Fähigkeit oder Kompetenz?

1. *Benennen eines Tätigkeitsfelds*: beispielsweise das Hobby Beachvolleyball.
2. *Beschreiben der einzelnen Tätigkeiten*: Ich habe einen Platz gesucht, ich habe ein Team zusammengestellt, ich habe einen günstigen Ball gekauft.
3. *Reflektieren und auf den Punkt bringen, welche Fähigkeiten das sind*: Ich kann recherchieren, ich kann überzeugen, ich kann andere motivieren, ich habe gelernt zu verhandeln.
4. *Bewerten, wie stark die ermittelten Fähigkeiten ausgeprägt sind. Hier werden Kompetenzen von Fähigkeiten unterschieden.*

8.3 Kompetenzbilanzierung

Die ermittelten Kompetenzen werden addiert und den Kompetenzarten Fach- Methoden-, soziale, Organisations-, Sprach-, technische, IKT-, künstlerische und sonstige Kompetenzen zugeordnet.

Über das Ergebnis der Kompetenzbilanz wird ein Nachweis ausgestellt.

Die Kompetenzberatung und -bilanzierung ist ein integraler Prozess der Sichtbarmachung von Ressourcen. Neben Fähigkeiten und Talenten werden auch Interessen, Potenziale und Entfaltungswünsche aufgedeckt. Dieser Prozess kann in Einzelsitzungen oder als Gruppencoaching stattfinden. In den meisten Fällen findet ein Mix aus beiden Settings statt. Im Sinne der Mitarbeitereinbindung in Veränderungsprozessen ist die Beteiligung aller Mitarbeiter anzuraten. Um die Ressourcen im Unternehmen optimal zu nutzen, kann die Kompetenzermittlung in nahezu allen Unternehmensbereichen eingesetzt werden, denn lebenslanges Lernen ist eine Grundlage für lernende Organisationen.

Mitarbeitereinbindung ist Teil einer Unternehmenskultur, die das Bedürfnis der Mitarbeiter nach Potenzialentfaltung als wertvolle Ressource willkommen heißt. Das Einlassen auf diesen Prozess fordert vom Unternehmen sowie von den Mitarbeitern gleichermaßen Selbstbewusstsein (wissen, was man kann und was man will) und Augenhöhe. Kulturell bedingt, steckt dieser innerbetriebliche Umgang in der Mehrzahl der Betriebe in Deutschland noch in den Kinderschuhen. Gesundes Selbstbewusstsein schafft die Basis für konstruktive Begegnungen. Mit der Kompetenzberatung werden Ressourcen und Potenziale zutage gebracht, wodurch die Persönlichkeit und Motivation der Mitarbeiter gestärkt werden. Wer weiß, was er kann und was er will, stärkt innovative Veränderungsprozesse. Das gilt für einzelne Mitarbeiter ebenso wie für Organisationen.

Literatur

Beck D, Cowan C (1996) Spiral dynamics: mastering values, leadership, and change. Blackwell, Bodmin

Boeree CG (1997) Personality Theories. Shippensburg University, USA

Brosche B, Seusing B (2014) Der ProfilPASS im Unternehmen. Ein Leitfaden für die Praxis. Bertelsmann, Gütersloh. www.diespace.de, wbv-open-access.de

Laloux F (2014) Reinventing organizations: a guide to creating organizations inspired by the next stage in human consciousness. Nelson Parker, Brüssel, Belgien

Robertson B (2016) Ein revolutionäres Management-System für eine volatile Welt. Vahlen, München

Gallup Deutschlandstudie (2014) www.gallup.com/de-de/181871/engagement-index-deutschland

Sostak H (2014) Was im Job wirklich zählt – Ergebnisse einer Umfrage zum Thema informell erworbene Kompetenzen im Unternehmen. http://hannasostak.de/was-im-job-wirklich-zaehlt/

Sostak H (2015) Rollende Steine und die Kompetenzberatung. http://hannasostak.de/rollende-steine-und-die-kompetenzberatung/

Filme

Gründling K (2013) Wertschöpfung durch Wertschätzung. Der Upstalboom Weg. https://vimeo.com/77430089

Meissonier M (2014) Mein wunderbarer Arbeitsplatz. Arte Produktion, Frankreich

Trebien und Partner Consulting (2015) Augenhöhe – Film und Dialog. vimeo.com/118219210 (Erstellt: Januar 2015)

Hanna Sostak ist systemische Beraterin für Organisations- und Unternehmensentwicklung (SG), Kompetenz- und Karrierecoach, ProfilPASS-Beraterin und -Ausbilderin, Geschäftsführerin vom Dialogzentrum für Kompetenzentwicklung in Berlin. Ihre Kunden schätzen ihren direkten Zugang zu den Mitarbeitern sowie ihren strategischen Weitblick. Ihre praxisorientierten Erkenntnisse stammen aus 20 Jahren Berufserfahrung in der Beratung, Rekrutierung und Stellenbesetzung. An ihren Workshops und Seminaren haben rund 4000 Menschen teilgenommen. Sie absolvierte Fortbildungen in der humanistischen Psychologie, Spiral Dynamics I und II, systemischen und integralen Beratung. Siehe: www.hannasostak.de, www.dialogzentrum-berlin.de.

Der Weg zum ersten CR-Report

Norbert Taubken

Strategie erfordert die Integration von externen Chancen und internen Kompetenzen (Hermann Simon).

1 Die Reportingpflicht kommt. Was heißt das für Unternehmen?

Ab 2017 gilt in Europa für Unternehmen mit Kapitalmarktorientierung und über 500 Mitarbeitern sowie Banken und Versicherungen die Pflicht zur Berichterstattung über die nichtfinanziellen und die Vielfalt betreffenden Leistungen. Die Vorgaben der EU sind bis zum 6.12.2016 in antionales Recht umzusetzen. Das in Deutschland federführende Bundesjustizministerium hat Anfang 2016 einen Referentenentwurf vorgelegt, der nach Einarbeitung von Änderungen im herbst 2016 als Gesetzentwurf ins Parlament eingebracht werden soll.

Die klassischen kleinen und mittelständischen Unternehmen (KMU) gemäß europäischer Definition von unter 250 Mitarbeitern sind nicht von der neuen Reportingpflicht betroffen. Die Schätzungen für Deutschland liegen zwischen 400 und 800 direkt betroffenen Unternehmen. Hinzu kommen die nur mittelbar betroffenen Organisationen, die sich durch die gestiegenen Erwartungen im Nachhaltigkeitsbereich innerhalb von Lieferketten ergeben. Und viele dieser Unternehmen sind – trotz ihrer 500, 1000 oder auch 5000 Mitarbeiter – keine Großunternehmen im klassischen Sinne, sondern eher mittelständisch geprägt.

Im Gegensatz zur weitgehenden Klärung, *wer* in welchem Format berichten muss, fehlt eine Spezifikation, *wie* berichtet werden muss. Die Europäische Kommission hat die Frage nach Standards und Umfang unbeantwortet gelassen. Auf nationaler Ebene kön-

N. Taubken (✉)
Berlin, Deutschland
E-Mail: norbert.taubken@s-f.com

nen gegebenenfalls erweiterte Anforderungen gestellt werden. Selbstverständlich kann davon ausgegangen werden, dass der von vielen berichtenden Unternehmen genutzte Standard der Global Reporting Initiative den Vorgaben genügt. Mit den G4-Anforderungen an Stakeholder-Einbindung und Wesentlichkeitsbewertung von Nachhaltigkeitsthemen (s. hierzu insbesondere: Global Reporting Initiative 2013a, 2013b) legt er die Messlatte für Einsteiger jedoch sehr hoch.

Der Rat für Nachhaltige Entwicklung (RNE) als beratendes Gremium der Bundesregierung hat sich bereits 2015 bestätigen lassen, dass der von ihm entwickelte Deutsche Nachhaltigkeitskodex (DNK, nähere Informationen unter: www.deutscher-nachhaltigkeitskodex.de) den EU-Reportinganforderungen entspricht (s. hierzu den Beitrag von Yvonne Zwick, Teil 1, Kap. 5). Damit gibt es für Einsteiger eine attraktive Alternative zur GRI: Zu seinen 20 Kriterien geben Unternehmen eine auf das Wesentliche ausgerichtete Erklärung über ihre Maßnahmen zur ökologischen, sozialen und ökonomischen Dimension der Nachhaltigkeit ab. Quantifizierbare Leistungsindikatoren unterstützen diese Informationen und erhöhen die Vergleichbarkeit von Entsprechenserklärungen. Branchenspezifische Konkretisierungen und Ergänzungen sind möglich (RNE 2015, S. 7).

Ähnlich wie G4 setzt auch der DNK auf das Prinzip der „Wesentlichkeit" von Informationen. Mit seinem Ansatz von „comply or explain" kann auch das Fehlen von Angaben zu einzelnen Aspekten für das Unternehmen – oder innerhalb einer Branche – kurz begründet werden. Die Leistungsindikatoren sind an die GRI und die Vorgaben des Dachverbands der nationalen Verbände der europäischen Finanzanalysten (European Federation of Financial Analysts Societies (EFFAS), s. hierzu: www.effas-esg.com) angelehnt, sodass Unternehmen in einem nächsten Schritt den Reportumfang relativ einfach erweitern können, z. B. gemäß den GRI-Vorgaben.

Das wichtigste Argument bei neu berichtenden Unternehmen für den DNK: Der Standard bietet einen komprimierten Orientierungsrahmen, wie eine Positionierung zu CSR – oder wie hier im Folgenden genutzt: CR für Corporate Responsibility – für ein Unternehmen erfolgen kann. Zugleich liefert er zu zentralen Weichenstellungen hilfreiche Impulse. Die Veränderungskraft von CR liegt nicht im Bericht, sondern im Prozess, in den sich die Unternehmen über das CR-Reporting hineinbegeben. Denn dieser kann zu Veränderungen mit nachhaltiger Wirkung für das Unternehmenshandeln führen. Während beim CR-Report die Transparenz über nichtfinanzielle Leistungen und ihre Vergleichbarkeit im Vordergrund stehen, führt der Reportingprozess in einem Unternehmen zunächst zur Frage nach einer sinnvollen CR-Positionierung, nachfolgend zur Entwicklung von CR-Strategien und -Programmen.

Innovationskraft, Attraktivität als Arbeitgeber, Fähigkeit zur Risikominimierung – all das sind nichtfinanzielle Leistungen eines Unternehmens, die eine wirtschaftliche Stabilität und den langfristigen Erfolg befördern. Das haben auch Betriebswirte und Analysten erkannt und berücksichtigen diese sogenannten weichen Indikatoren zunehmend in ihren Werkzeugen zur Unternehmensbewertung. Konkrete Auswirkungen dieses erweiterten Denkens sind inzwischen spürbar: Der Deutsche Rechnungslegungsstandard (DRS 20, s.

hierzu: www.drsc.de) für den Lagebericht wurde um nichtfinanzielle Kennzahlen erweitert, die IR-Abteilungen erhalten zunehmend Nachhaltigkeitsfragebögen von Ratingagenturen, Geschäftspartner erwarten die Zeichnung eines Code of Conducts zu Nachhaltigkeit als Bestandteil eines neuen Vertrags.

Die Reportingpflicht sollte daher von Unternehmen eher als Chance gesehen werden, die eigene Geschäftstätigkeit kritisch zu hinterfragen, sie weiterzuentwickeln und sich zukunftsfähig zu machen. Und diese Option haben nicht nur diejenigen Unternehmen, die auf Grundlage der politischen Entscheidungen in Brüssel und Berlin zum Reporten verpflichtet werden.

2 Unternehmen und Verantwortung. Was für Reportingeinsteiger sinnvoll und wichtig ist

Dieser Beitrag spiegelt die Sicht des CR-Beraters auf eher mittelständisch geprägte Unternehmen mit Sitz in Deutschland, die direkt oder indirekt von der CR-Berichtspflicht betroffen sind. Aussagen und Ergebnisse leiten sich dabei aus zwei Quellen ab: Zum einen werden Meinungen von CR-Zuständigen aus Netzwerken und von Fachkonferenzen – zugegeben nach subjektivem Ermessen – wiedergegeben. Zum anderen fließen Beratungserfahrungen aus drei Unternehmen aus den Jahren 2014 und 2015 ein. Diese drei Unternehmen sind von der Reportingpflicht mittel- oder unmittelbar betroffen und in der Unternehmensführung eher mittelständisch geprägt. Durch die enge Begleitung des CR-Positionierungsprozesses kann hier ein Vorgehen dargestellt werden, das nicht an theoretischen Modellen ausgerichtet ist, sondern in der Praxis entwickelt wurde. Zur besseren Einordnung seien die Unternehmen kurz skizziert:

1. *Unternehmen des Finanzsektors*: über 500 Mitarbeiter, bundesweit im B2B- und B2C-Bereich aktiv, etabliertes Kultur- und Standortengagement.
2. *Produzierendes B2B-Unternehmen*: Sitz in Deutschland, deutlich internationale Ausrichtung mit Standorten auf vier Kontinenten, über 5000 Mitarbeiter.
3. *Hersteller von Gebrauchsartikeln*: zwei international bekannte Produktmarken, über 500 Mitarbeiter, Sitz in Deutschland, starke Werteprägung durch die Gründerfamilie.

Auch wenn die Reportingpflicht bei vielen Unternehmen der Auslöser dafür ist, die eigene CR-Strategie zu schärfen: Der Handlungsdruck kann an sehr unterschiedlichen Stellen entstehen. Die wichtigsten Treiber in den drei Unternehmen, aber bei Weitem nicht alle, seien hier skizziert:

- *Relevanz von Nachhaltigkeitsratings*: Die Investor-Relations-Abteilung bekommt vermehrt Anfragen von Nachhaltigkeitsratings und -rankings. Ein CR-Report soll diese Daten gebündelt bereitstellen, sodass hier mit geringerem Aufwand möglichst gute Ergebnisse erzielt werden können.

- *Erwartungen von Kunden*: Die Vertriebsabteilung erhält von potenziellen Neukunden oder auch über Beschaffungsplattformen die Aufforderung, Angaben zur nichtfinanziellen Performance bereitzustellen. Diese Informationen entscheiden dann mit anderen über eine Vergabe. Auch hier geht es um die Bereitstellung eines CR-Datenpools.
- *Gelebte Unternehmenskultur*: Vorstandswechsel, Entlassungswellen oder Firmenaufkäufe rücken die Frage nach der Unternehmenskultur stärker in den Mittelpunkt. Über eine CR-Strategie sollen abstrakte Werte mit Zielen und konkretem Handeln verknüpft werden, Verantwortung wird erlebbar gemacht.
- *Stärkung der Employer Brand*: Beim Kampf um die besten Köpfe im Bewerbermarkt fehlen den Recruiting-Experten im Personalbereich sinnstiftende Inhalte, die einen Arbeitsplatz über die Vergütung hinaus attraktiv machen.

Unabhängig davon, von welchem Ausgangspunkt ein Unternehmen einen Reportingprozess startet, immer ist dieser an eine für die jeweiligen Rahmenbedingungen passende CR-Positionierung gekoppelt (Taubken 2016). Ohne Strategie und Managementansätze, ohne Ziele und Kennzahlen kein CR-Report (Scholz & Friends Reputation 2015, siehe: www.csr-berichte.de). Gerade bei neu berichtenden Unternehmen muss die Machbarkeit eines Vorhabens besonders berücksichtigt werden. In der Prozessbegleitung dieser „Mittelständler" zeigten sich immer wieder Besonderheiten – gerade im Vergleich mit internationalen Konzernen. Insbesondere vier Charakteristika prägen derartige strategische Prozesse:

1. *Unmittelbare Vorstandsmitwirkung*: Vorstand und Geschäftsführung sind wesentlich leichter zu erreichen und involvieren sich unmittelbar in strategische Fragen.
2. *Starke Werteprägung*: Die Unternehmenskultur ist stark von Verhalten und Wertebild der Leitungspersonen oder auch Inhaber geprägt.
3. *Enger Praxisbezug*: Der Arbeitsalltag ist stark von der Geschäftstätigkeit im engeren Sinne geprägt, Personalressourcen für übergreifende strategische Prozesse sind deutlich limitiert.
4. *Hohe Geschäftsrelevanz*: Neue Themen und Strategien werden sehr schnell hinsichtlich ihrer unmittelbaren Wirkung für das Unternehmen bewertet.

Diese Charakteristika sollten selbstverständlich auch berücksichtigt und genutzt werden, wenn ein Unternehmen seinen Weg zum CR-Report festlegt und ausgestaltet.

3 Der richtige Fokus. Wie der Prozess der Positionierung effizient gestaltet wird

Der Prozess für das Reporting gliedert sich grob in drei Phasen. Nach einer ersten Orientierung und Analyse des Bedarfs werden Zuständigkeit und Fahrplan festgelegt (Phase 1: Orientierung und Steuerung). Unter Einbindung von Entscheidungsträgern werden CR-

Strategie, zentrale Maßnahmen und die für das Unternehmen sinnvollen Ziele festgelegt (Phase 2: Positionierung und Planung). Die Erstellung des CR-Reports bindet dann die vorab definierten Inhalte aus verschiedenen Geschäftsbereichen zusammen und bereitet sie unter Einbindung von Kennzahlen in einer formalisierten Art auf (Phase 3: Kennzahlen und Reporting).

Phase 1: Orientierung und Steuerung
Am Anfang des Reportingprozesses steht in der Regel eine kurze Analyse: Was wird gefordert? Was machen die Mitbewerber? Welchen Handlungsbedarf haben wir? Schon in ersten Gesprächen innerhalb des Unternehmens wird klar: Verantwortung kann nicht an eine Abteilung delegiert werden. Es ist eine klassische Querschnittsaufgabe, in die Marketingmitarbeiter genauso eingebunden werden müssen wie die Personalabteilung oder der Einkauf des Unternehmens. Zugleich wird deutlich, dass die Personalressourcen für CR zwar überschaubar bleiben müssen, eine Koordinierungs- und Strategiefunktion aber unabdingbar ist. Die CR-Koordinationsstelle wird nach Sinnhaftigkeit aus Sicht des jeweiligen Unternehmens verankert. In den drei Referenzunternehmen wurde diese Funktion an den Vorstandsstab gemeinsam mit der Unternehmenskommunikation, an das Public-Affairs-Team respektive an das Umweltmanagement gekoppelt. Auch die Personalabteilung kommt häufiger als CR-Koordinierungsinstanz vor.

Zusätzlich wurde in allen drei Unternehmen ein Steuerungskreis eingerichtet, in den leitende Vertreter wichtiger Abteilungen eingebunden sind. Dieser hat die Aufgaben, jenseits von Abteilungsinteressen die CR-relevanten Schwerpunkte, Themen und Ziele für die Unternehmen zu identifizieren und diese später auch weiterzuentwickeln. Meist wird auch in diesem Steuerungskreis abgestimmt, ob ein Unternehmen künftig von Nachhaltigkeit, CSR oder CR sprechen will. Dabei gibt es kein Richtig oder Falsch, eher ein „passt besser" oder „nicht ganz so gut zu uns". Für diese ersten Weichenstellungen stellt das Koordinationsteam die inhaltliche Grundlage bereit. Die Einbindung des Vorstandes oder der Geschäftsleitung in den Steuerungskreis sichert unternehmensintern die Aufmerksamkeit, die das Thema für die Umsetzung von Maßnahmen später zwingend benötigt. Und nach außen wird signalisiert: Wir sehen CR als ein Querschnittsthema, das verantwortungsvolles Handeln des Unternehmens in allen Geschäftsbereichen umfasst und damit bei uns auch „Chefsache" ist.

Phase 2: Positionierung und Planung
Um das Profil als verantwortungsvolles Unternehmen aufzubauen und zugleich die Grundlagen für ein Reporting zu schaffen, müssen die inhaltliche Position sowie die besonderen Handlungsschwerpunkte festgelegt werden. Die Frage, was genau ein Unternehmen unter verantwortungsvollem Handeln versteht, beantwortet sich aus der eigenen Geschäftstätigkeit heraus. Diese Antwort wird in ein kurzes Grundsatzpapier gegossen: das CR-Leitbild – oder auch „CR-Policy", „Unser CR-Verständnis" und andere Formulierungen mehr. Es beschreibt zudem die zentralen Handlungsfelder, enthält gegebenenfalls allge-

meine Aussagen zu CR-Governance, CR-Kommunikation oder Stakeholder-Einbindung im Unternehmen.

Das Format für dieses CR-Leitbild ist uneinheitlich, es reicht von einer halbseitigen Liste mit Kernaussagen bis zu fünf Seiten textlicher Ausarbeitung. Das Leitbild stellt die Bezüge von CR zu Unternehmenswerten und Geschäftsinteressen her. Es dient damit als Deutungsrahmen für das Handeln des Unternehmens und sollte intern wie extern veröffentlicht werden.

Mit den CR-Handlungsfeldern legt ein Unternehmen auch die inhaltliche Struktur für CR fest. Hierfür gibt es keine zwingenden Vorgaben. Ein Unternehmen sollte eine Systematik wählen, die zum einen eingängig ist und zum anderen möglichst gut zur eigenen Abteilungsstruktur passt. Aus diesem Grunde empfiehlt es sich gerade *nicht*, der Themenstruktur von ISO 26000 (weitere Informationen unter: www.iso.org/iso/home/standards/iso26000.htm) oder ähnlich komplexen CR-Systemen zu folgen. In der Praxis bieten sich Abwandlungen des Drei-Säulen-Verständnisses von Nachhaltigkeit an: Verantwortungsvolles Wirtschaften auf Basis der eigenen Produkte oder Dienstleistungen (Profit) + Umweltauswirkungen (Planet) + Umgang mit Mitarbeitern (People). Meist wird das gesellschaftliche Engagement als weiteres Handlungsfeld aufgeführt. Varianten ergeben sich dadurch, dass das „Profit"-Feld weiter ausdifferenziert wird, z. B. in Produkte/Dienstleistungen + Lieferkette (oder auch: Produkte/Dienstleistungen + Kunden).

Wichtig für die interne Akzeptanz dieses neuen strategischen Ansatzes ist es, dass die Vertreter im Steuerungskreis CR als eine neue Plattform begreifen, auf der die in einzelnen Abteilungen geplante Programme und Maßnahmen sichtbar gemacht werden können. Zudem sollte bereits zu Anfang deutlich gemacht werden, dass durch die CR-Positionierung keine Zuständigkeiten – oder gar Budgets – von Abteilungen in eine neue zentrale Struktur fließen sollen. Denn CR verändert keine Strukturen. Das Unternehmen fügt Partialinteressen von Abteilungen zu einem Gesamtbild zusammen und baut so ein neues Verantwortungsdach über diverse bereits bestehende Maßnahmenpakete.

Auch die Handlungsschwerpunkte für CR müssen sich aus den Bedarfen des Unternehmens herleiten. Einige analytische Vorarbeiten steigern die Effektivität des Prozesses, können aber gut ausgelagert werden. Der Status quo bestehender und weitgehend erfolgreicher Aktivitäten wird verglichen mit dem Themenspektrum, das CR-Standards wie der Deutsche Nachhaltigkeitskodex vorgeben. Das Delta signalisiert den Handlungsbedarf für das Unternehmen. Blinde Flecken werden erkannt, die Grundlage für eine deutliche Fokussierung auf die entscheidenden Themenfelder wird gelegt. Nach Abgleich mit den Interessen der Geschäftsstrategie lässt sich so eine CR-Roadmap erstellen, die für einen Zeitraum von zwei bis fünf Jahren handlungsleitend sein sollte. Gerade hier können bereits geplante Programme zu „grünen Produkten", „Nachhaltigkeit in den Lieferantenbeziehungen" oder zu „Employer Branding" sinnvoll integriert werden und einen Beitrag zur Profilierung als verantwortungsvolles Unternehmen leisten.

Phase 3: Kennzahlen und CR-Reporting
Keine Roadmap ohne Ziele. Kein Ziel ohne Kenngröße. Ein erster wichtiger Schritt von der Positionierung zu einem Bericht ist die Klärung der Indikatoren, an denen ein Unternehmen bewerten will, ob es sich den gesetzten CR-Zielen nähert. Bei Zielen wie „Mitarbeiterbindung stärken" oder „Energieverbrauch senken" folgt diese Bewertung etablierten Mustern. Kennzahlen liegen meist vor und werden für einen Report aktualisiert und zusammengeführt. Bei anderen Zielstellungen – genannt seien hier „Chancengleichheit stärken" oder „nachhaltige Produkte im Markt voranbringen" – müssen die fachlich Zuständigen zunächst noch schärfen, welche Aspekte daran besonders relevant sind und welche Zahlen ohne allzu großen Aufwand erhoben werden können. CR-Kennzahlen, die in bestehende Datenerfassungssysteme integriert werden können, sollten dabei den Vorzug erhalten.

Die Verbindung von Zielen und Kennzahlen stellt das Rückgrat eines Reports dar. Sie ermöglichen die Transparenz nach außen und sichern damit die Glaubwürdigkeit der CR-Aktivitäten eines Unternehmens. Gerade bei Kennzahlen sollten Erstreporter lieber auf Klasse („Welche Daten sind valide? Welche sind wirklich relevant?") als auf Masse („Haben wir alle Zahlen, die andere berichten?") setzen. Dann bleibt die Luft nach oben – und eine Entwicklung wird jedem Unternehmen zugestanden.

Wichtige Bausteine für einen ersten CR-Report stehen damit bereit: Die interne Steuerung von CR kann beschrieben werden, CR-Leitbild und -Roadmap stehen bereit, die wichtigen CR-Ziele und Maßnahmen ergeben sich aus der Positionierungsphase. Und die nach Verfügbarkeit, Vorgaben von Standards und insbesondere im Abgleich mit den CR-Zielen ausgewählten Kennzahlen liegen vor. Für die Reportinhalte wird noch die Darstellung von Managementansätzen ergänzt, über die ein Unternehmen ein Thema steuert. Diese setzen fast immer auf bestehende Systeme auf. Zusätzlich wird inzwischen erwartet, dass Angaben erfolgen, wie das Unternehmen externe Erwartungen bei der Auswahl der eigenen CR-Themen berücksichtigt hat. Für ein erstes CR-Reporting können dafür jedoch auch bestehende branchenbezogene Bewertungen herangezogen werden. Materialitätsanalysen mit wissenschaftlichem Anspruch sind für Erstreporter nicht sinnvoll.

4 Vorlagen nutzen. Standards und Formate für ein CR-Reporting

Reportinhalte und Reportstruktur sollten in Anlehnung an einen etablierten Standard erfolgen. DNK oder GRI G4 bieten sich an, aber auch die Prinzipien des UN Global Compact (nähere Informationen unter: www.unglobalcompact.org/what-is-gc/mission/principles) oder ISO 26000 sind möglich und werden genutzt. Durch diese Standards erhalten kritische Leser eine Orientierung und können die Performance von Unternehmen einfacher miteinander vergleichen. Jedoch ist die Befassung mit diesen Rahmenwerken immer auch mit Arbeit verbunden.

Für Einsteiger in das Reporting spricht einiges für den Deutschen Nachhaltigkeitskodex (DNK) als Referenzstandard. Aus Sicht des Unternehmens schafft er ausreichend

Klarheit über wesentliche Reportinginhalte, bietet aber genug Freiheit, eigene Akzente zu setzen. Mit der Anlehnung des DNK an EFFAS und GRI können zudem Synergien geschaffen und es kann für spätere Berichte eine Ausrichtung auf diese Standards vorbereitet werden. Durch die Nutzung des DNK bereits bei der Erarbeitung der Positionierung ist es relativ einfach möglich, einen Datensatz zu den wesentlichen nichtfinanziellen Leistungen festzulegen. Mit dem CR-Bericht kann ohne größeren Aufwand eine DNK-Entsprechenserklärung eingereicht werden. Er kann sogar direkt als Entsprechenserklärung aufgebaut werden.

Eine weitere Entscheidung sollte auch ein Reporteinsteiger frühzeitig fällen: Wollen wir einen CR-Bericht drucken lassen oder setzen wir auf digitale Informationen? Bei einigen Unternehmen ist es wichtig, dass der Vorstand „etwas in der Hand halten" kann. Dennoch sprechen nicht nur die geringeren Produktionskosten für eine Weblösung. Bei Onlinereporten sind zudem die Umweltauswirkungen geringer. Interessierte Nutzer erhalten einen einfachen Zugriff auf die individuell als relevant gesehenen Informationen. Für besondere Zwecke oder Zielgruppen können zusätzlich eine gedruckte Fassung des Berichts oder auch deutlich eingekürzte Fassungen erstellt werden. Da digitale Textbausteine zu allen CR-Themen zur Verfügung stehen, ist das Unternehmen in der Lage, gezielt Inhalte aus dem CR-Bericht auszukoppeln. So können Poster für die Mitarbeiteraktivierung oder CR-Broschüren für Messen erstellt werden.

Bei allem Nachdenken über den besten Standard oder das richtige Berichtsformat: Schlüssel zum erfolgreichen CR-Report ist der vorgelagerte Prozess der Positionierung und Strategiebildung. Hier müssen mittelständisch geprägte Unternehmen einen Prozess aufsetzen, der die eigene Organisation nicht überfordert und dennoch eine strategische Weiterentwicklung ermöglicht. Die Steuerung des Themas sollte gelernte Abläufe berücksichtigen, die relevanten Personen ins Boot holen, aber für die Koordination des Prozesses auch mit ausreichenden Ressourcen versehen werden. Analysen liefern die Grundlage für Entscheidungen, sollten aber mit einem sehr pragmatischen Blick durchgeführt werden. Der Deutsche Nachhaltigkeitskodex hat sich gerade für Reporteinsteiger als Orientierung und Referenzrahmen bewährt und verbindet den Strategieprozess mit der nachfolgenden Berichterstattung.

5 Allein oder gemeinsam. Wann eine Unterstützung von außen lohnt

Aus dem Selbstverständnis vieler Unternehmen ergibt sich die Erwartung, gerade den Positionierungsprozess rein intern durchzuführen. Um mein Fazit in dieser Sache vorwegzunehmen: Dieses ist im Grundansatz auch sinnvoll! Gerade die Frage nach der eigenen Verantwortungsübernahme sollten Unternehmen nicht nach außen delegieren und von dort beantworten lassen. Nimmt man jedoch den Wunsch nach einem möglichst ressourceneffizienten Vorgehen ernst und weiß zudem um die geringen Erfahrungen mit CR-Prozessen, hat ein Unternehmen zwei Optionen: Es stellt von Beginn an einen CR-Experten mit Prozesserfahrung ein oder es kauft dieses Erfahrungswissen gezielt über CR-Agenturen oder -Beratungen hinzu.

Die zweite Option, mit externen Experten zusammenzuarbeiten, soll hier näher beleuchtet werden, denn Unternehmen müssen zum einen klären, welche Leistungen sinnvoll vergeben werden sollten, und zum anderen ein Verfahren entwickeln, aus der Palette möglicher CR-Dienstleister den passenden zu finden. Für die Erstellung des CR-Reports ist es für Unternehmen selbstverständlicher, externe Dienstleister hinzuzuholen. Häufig deswegen, weil auch bei der Erstellung eines Geschäftsberichts diese Form der Zusammenarbeit etabliert ist. Da viele Unternehmen es bevorzugen, nicht zu viele unterschiedliche Externe in ihre Prozesse einzubinden, sollte bei der Auswahl der CR-Dienstleister sowohl auf Prozessbegleitungskompetenz als auch auf Reportingerfahrung geachtet werden. Folgende Beratungsleistungen unterstützen die Effizienz des CR-Positionierungsprozesses:

- Benchmarking zu CR im ausgewählten Marktumfeld,
- Analyse des Status quo zu CR-Maßnahmen, CR-bezogenen Strategien und Managementsystemen im Unternehmen (unter Berücksichtigung der beim späteren CR-Reporting verwendeten Standards),
- Analyse der CR-Themen, die für die Branche und das Unternehmen nach Standards als wesentlich eingeschätzt werden (idealerweise so, dass daraus eine grobe Materialitätsbewertung für den CR-Report abgeleitet wird),
- konzeptionelle und ggf. nachfolgend auch Formulierungsvorschläge für ein CR-Leitbild,
- Vorschläge für eine Systematik in CR-Handlungsfeldern,
- Moderation sowie unterstützende Vor- und Nachbereitung der Treffen des CR-Steuerungskreises.

Für die Erstellung eines CR-Reports können folgende Agenturleistungen sinnvoll ausgelagert werden:

- Bewertung der vorliegenden Daten hinsichtlich der Passung mit DNK, GRI und/oder anderen Standards bis zur Erstellung von Datentabellen,
- Materialsichtung und -bewertung hinsichtlich der Berichtsanforderungen,
- inhaltliches Berichtskonzept mit Zuordnung von Inhalten zu Kapiteln resp. Bereichen einer Onlinedarstellung,
- redaktionelle Arbeiten, Lektorat, ggf. Übersetzung,
- gestalterisches Berichtskonzept mit entsprechender Ausgestaltung sowie ggf. Bildkonzept,
- Erstellung von GRI-Tabellen oder DNK-Entsprechenserklärung,
- technische Prozesse (Druckvorstufen, Druckbegleitung) resp. Onlineumsetzung.

Wenn ein Unternehmen die Arbeit der Berichterstellung auf sich nimmt, sollte es zudem darüber nachdenken, an welche Interessengruppen im Anschluss der CR-Report verbreitet werden kann. Hier zeigt die CR-Fachszene sicher das größte Interesse. Ein CR-Dienstleister sollte auch hier über seine Kontakte ohne großen Aufwand unterstützen können.

Die Qualität der Beratung kann durchaus unterschiedlich sein und nicht jeder hat ausreichend Erfahrung mit den gewünschten Leistungsbausteinen, sodass unter dem Strich ein Vorteil für das Unternehmen entsteht. Gerade in der Prozessbegleitung, aber auch im Umgang mit Referenzstandards können Erfahrungen wichtiger sein als das akademische Wissen.

Worauf also kann ein Unternehmensvertreter achten, wenn er CR-Agenturen oder -Beratungen hinsichtlich ihrer Passung für die CR-Aufgaben bewerten will? Fünf Fragen zur Orientierung sowie unterstützende Hinweise für eine Entscheidungsfindung liefert eine Übersicht:

- *Arbeite ich lieber mit einem Berater aus einer größeren Organisation oder mit einer Einzelperson zusammen?*
  Das ist ein wenig „Geschmacksfrage". Aber egal ob Agentur oder Freiberufler – unbedingt die Person(en) kennenlernen, mit der oder denen anschließend direkt zusammengearbeitet wird. Und dabei auch vor Augen führen, dass der CR-Berater mit seiner Persönlichkeit ggf. auch vor Vorstand und Abteilungsleitern bestehen können muss. Die dahinterliegende Organisation einer CR-Agentur oder -Beratung kann für Aufgaben über die Prozessbegleitung hinaus, z. B. für den Report, vorteilhaft sein.
- *Gibt es einen ausreichend großen Erfahrungsschatz, sodass der CR-Berater den Positionierungsprozess im Unternehmenssinne effizient unterstützen und gestalten kann?*
  Hilfreich ist, sich ein oder zwei Ansprechpartner von Unternehmen aus dessen Kundenliste benennen zu lassen und diese um einen Eindruck zur Beratungsleistung zu bitten.
- *Sind beim Anbieter die Ressourcen innerhalb der geplanten Arbeitsmonate für einen Report verfügbar und kann daher das Timing gehalten werden?*
  Fragen Sie bei einem Anbieter zu den angegebenen Referenzen genau nach, ob die Größenordnung der Agenturleistungen vergleichbar war und wie mit Timings und Arbeitslasten umgegangen wurde.
- *Für welche Teilleistungen zum Report können gegebenenfalls Subanbieter eingebunden werden und ist die Gesamtqualität dann gesichert?*
  Es gibt unterschiedliche und durchaus erfolgreiche Anbieterkonstruktionen, bei denen z. B. Layout, textliche Ausarbeitung oder Onlineumsetzung an etablierte Agenturpartner gegeben wird. Es entsteht jedoch zusätzlicher Koordinationsaufwand und die Schnittstellen müssen genau definiert werden. Die Kernkompetenz zu CR und Reportingstandards sollte bei dem CR-Agenturpartner liegen. Die Steuerung der nachgelagerten Dienstleister und auch eine Qualitätssicherung deren Leistungen muss durch den Auftragnehmer gesichert werden können.
- *Sind die Kosten gerechtfertigt und welche Tages- oder Stundensätze liegen einem Pauschalpreis zugrunde?*

Ob Kosten gerechtfertigt sind, regelt der Markt. Bei Pauschalpreisen und Gesamtpaketen sollte jedoch sehr genau definiert werden, was enthalten ist – z. B. auch wie viele Überarbeitungsschleifen von Texten oder Layouts inkludiert sind und wie mit Reisekosten und Aufwänden für die Projektabwicklung umgegangen wird. Zusatzleistungen, die sich im Laufe des Prozesses erst ergeben, sollten zum gleichen Tagessatz angeboten und innerhalb des Zeitrahmens umgesetzt werden können.

Am Ende dieses Kapitels steht erneut die Empfehlung, dass ein Unternehmen auch auf dem Weg zum ersten CR-Report all das, was es intern kompetent leisten kann, auch intern umsetzen sollte. Vor allem die Grundfrage, was für ein Unternehmen Verantwortung heißt, kann nur im Unternehmen beantwortet werden. CR-Unterstützung bietet sich da an, wo ein CR-Positionierungsprozess durch Analysevorarbeiten, Moderationsleistungen und Erfahrungswissen effizienter ablaufen kann. Beim CR-Report ist es einfacher, die eher standardisierten Leistungen auszulagern. In jedem Fall sollte auf eine gute Passung der direkt Projektverantwortlichen geachtet werden. Denn nicht nur die CR-Fachexpertise zählt: Auch die Chemie muss stimmen, damit man vertrauensvoll und zielführend zusammenarbeiten kann.

Literatur

Deutscher Nachhaltigkeitskodex. www.deutscher-nachhaltigkeitskodex.de
Deutscher Rechnungslegungsstandard. www.drsc.de
European Federation of Financial Analysts Societies. www.effas-esg.com
Global Reporting Initiative (2013a) G4 sustainability reporting guideline. Reporting principles and standard disclosure. www.globalreporting.org/resourcelibrary/GRIG4-Part1-Reporting-Principles-and-Standard-Disclosures.pdf. Zugegriffen: 17.8.2016
Global Reporting Initiative (2013b) Sustainability topics for sectors. What do stakeholders want to know. www.globalreporting.org/resourcelibrary/sustainability-topics.pdf. Zugegriffen: 17.8.2016
ISO 26000. www.iso.org/iso/home/standards/iso26000.htm
Rat für Nachhaltige Entwicklung (2015) Der Deutsche Nachhaltigkeitskodex. Maßstab für nachhaltiges Wirtschaften. www.nachhaltigkeitsrat.de/uploads/media/RNE_Der_Deutsche_Nachhaltigkeitskodex_DNK_texte_Nr_47_Januar_2015.pdf. Zugegriffen: 17.8.2016
Scholz & Friends Reputation (2015) Ihr Weg zum CSR-Bericht. www.csr-berichte.de. Zugegriffen: 17.8.2016
Taubken N (2016) 6 Schritte auf dem Weg zum CSR-Bericht. Umweltdialog Magazin 5:43–45
UN Global Compact-Prinzipien. www.unglobalcompact.org/what-is-gc/mission/principles

Dr. Norbert Taubken leitet seit 2007 die bundesweit tätige CR-Beratung Scholz & Friends Reputation mit Sitz in Berlin. Zu seinem Kundenportfolio zählen Unternehmen wie Audi, Telefónica Deutschland, edding, Hugo Boss, Microsoft, Opel, Otto Group, REWE oder SCHUFA. Der Naturwissenschaftler und Lehrer übernahm 1998 die pädagogische Leitung der Werteinitiative Step21. Ab dem Jahr 2000 baute Norbert Taubken für AOL Deutschland den CR-Bereich verantwortlich auf. Seit der Gründung von CSR consult im Jahr 2003 begleitet er CR-Strategiebildungsprozesse in Unternehmen und konzipiert Initiativen an der Schnittstelle von Wirtschaft, Politik und Gesellschaft. Er entwickelt Ansätze zum Stakeholder-Management und moderiert unternehmensinterne Workshops, öffentliche Dialoge und Fachkonferenzen. Norbert Taubken lehrt CR an der Hamburger School of Business Administration HSBA und an der Deutschen Presseakademie. Er ist Gründungsmitglied der Berlin Social Academy und der Initiative Deutscher Fußballbotschafter.

Agiles Arbeiten als Basis für Innovation

Christiane Schulz und Stefanie Zeidler

CSR steht für viele Menschen am ehesten in Verbindung mit sozialem Engagement und Umweltschutz. Einen großen Anteil an einer nachhaltigen Handlungsweise hat für uns bei Weber Shandwick jedoch auch eine Responsible Business Strategy. Sie trägt maßgeblich dazu bei, dass wir uns als Unternehmen nachhaltig weiterentwickeln, unsere Mitarbeiter fit für zukünftige Herausforderungen machen und speziell als Kommunikationsagentur unseren Kunden innovative Dienstleistungen anbieten. Um diese Nachhaltigkeit zu sichern, haben wir 2015 begonnen, unsere Strategie flexibler zu gestalten und sie in einer agilen Strategy Map festzuhalten. Nachfolgend geben wir einige Einblicke in unseren Wandel auf dem Weg zu einer agilen Agentur.

1 Auf neuen Wegen

Die digitale Transformation betrifft nahezu alle Unternehmen und Bereiche gegenwärtiger Wirtschaftsmärkte. Neben steigender Geschwindigkeit, erhöhter Effizienz und zunehmender Vernetzung bedeutet sie für viele vor allem eins: bekannte Gefilde zu verlassen und sich auf unbekanntes Territorium zu begeben. Christoph Witte, Publizist und IT-Berater, fasst die Herausforderungen der Digitalisierung in drei wesentlichen Entwicklungstendenzen zusammen:

> Die Ubiquität intelligenter, mit dem Internet verbundener Devices und Sensoren, die zunehmende Zentrierung der Unternehmen auf Kundenprozesse und die Digitalisierung von Produkten und Services [oder] zumindest ihre Bestellung oder Auslieferung (Witte 2014).

C. Schulz (✉)
Berlin, Deutschland
E-Mail: CSchulz@webershandwick.com

S. Zeidler
Berlin, Deutschland

Damit betrifft die Digitalisierung nahezu alle Bereiche unseres Lebens, ob börsennotierter Global Player oder familiengeführter Mittelständler, ob erfahrener Geschäftsmann oder privater Konsument. Sich der digitalen Transformation, zuweilen auch als „Revolution" dramatisiert, zu entziehen, scheint in Anbetracht gegenwärtiger Entwicklungen kaum möglich. Im Gegenteil: Bereits 1997 erkannte der damalige deutsche Bundespräsident Roman Herzog, dass die Fähigkeit zur Innovation über unser Schicksal entscheide (Herzog 1997). Wer also nicht als Anachronismus hintenan bleiben will, muss sein Geschäftsmodell entsprechend weiterentwickeln und Strukturen wie Arbeitsprozesse den neuen Ansprüchen von Zielgruppen und Stakeholdern anpassen. Auch die Fehlerkultur und interne Kommunikation eines Unternehmens müssen dem Rechnung tragen, damit die Transformation erfolgreich vollzogen werden kann.

Als Kommunikationsagentur mit vier deutschen Standorten und circa 140 Mitarbeitern in fünf Practices sowie angegliederten Servicebereichen betrifft uns diese Entwicklung in verschiedenen Ausprägungen. Wir müssen unsere eigene Transformation vorantreiben, mit der wir gleichzeitig auch eine Vorreiterrolle einnehmen, die maßgeblich in unsere Kundenberatung in diesem Gebiet einfließt.

Im Zuge der digitalen Transformation galt es daher, unsere zukünftige Strategie zu definieren und Strukturen entsprechend anzupassen. Wir mussten Lösungen für unsere Kunden schaffen, die sowohl dem gesellschaftlichen als auch technologischen Entwicklungsstand entsprachen (oder diesem im Idealfall voraus waren) und über die Grenzen klassischer Kommunikation hinausgingen. Dabei war es uns wichtig, den Erfolg nicht nur am Ergebnis unserer Arbeit zu messen, auch der Weg dorthin sollte evaluiert werden, besonders mit Blick auf eingesetzte Ressourcen. Es kam also darauf an, schnell auf Änderungen zu reagieren und Prozesse variieren zu können, ohne zwangsläufig höhere Kosten und längere Projektlaufzeiten zu erzeugen. Eine Einteilung in Teilaufgaben und Meilensteine, Prototypen mit immer wiederkehrenden Testläufen und eine Arbeitskultur, die Trial and Error als Tool zur Weiterentwicklung begreift, schienen die besten Katalysatoren für unseren Agenturmotor zu sein, gerade auch auf sich mitunter ändernden Kundenrouten.

2 Onboarding der Mitarbeiter

Bei der Entwicklung von IT- und Softwareprojekten hat sich agiles Projektmanagement vielerorts durchgesetzt.

> Agiles Projektmanagement ist eine Antwort auf die zunehmende Geschwindigkeit, mit der Projekte abgewickelt werden müssen, und auf die Erkenntnis, dass in vielen Projekten Abweichungen vom Plan eher die Regel als die Ausnahme sind. Letzteres gilt insbesondere dort, wo die Anforderungen an das Produkt (das Projektergebnis) zu Beginn des Projektes nicht vollends klar sind (Preußig 2015).

Und dass die gewünschten Ergebnisse anfangs zuweilen nicht quantifizierbar und damit sehr unverbindlich sind, zeigt sich in der PR-Branche nur allzu gern in gebrieften Zielen, wie beispielsweise „Aufmerksamkeit steigern", „Engagement erzeugen" oder auch „neue Zielgruppen erschließen".

Wir beschlossen, in einem professionell begleiteten Changeprozess, Strukturen und Prozesse des agilen Projektmanagements (APM) in unserer Agentur einzuführen, um uns langfristig und nachhaltig fit für die Zukunft zu machen. Bereits in Vorgesprächen mit spezialisierten Coaches wurde klar, dass eine uneingeschränkte Übernahme aller verfügbaren agilen Vorgehensweisen jedoch wenig Erfolg versprechend wäre.

> Elemente des klassischen Projektmanagements bieten Sicherheit und bilden etablierte wichtige Strukturen. Agile Methoden hingegen finden nur in wenigen passenden Bereichen [mittelständischer Unternehmen] Anwendung. Agilität wird an diesen Punkten beispielsweise durch kurze Iterationen, schnelle Releases und Feedback erreicht. Die Hybridlösung aus agilem und klassischem Projektmanagement liefert Mittelständlern die gewünschte Agilität ohne das Risiko, von der agilen Welle überrollt zu werden (Müller 2015).

Teil unseres Wandels musste es also sein, die Bereiche zu identifizieren, in denen wir APM in der Form einsetzen können, dass es uns bestmöglich auf dem Weg durch die Transformation unterstützt. Doch wie sollten wir dabei am besten vorgehen?

> Um die gesamte Komplexität eines Unternehmens und seiner Prozesse zu überblicken, sind sowohl die Kenntnisse der Gesamtzusammenhänge als auch die der detaillierten Abläufe nötig. Die „Marschrichtung" der Veränderungen und die Rahmenbedingungen werden von oben („top-down for targets") vorgegeben. Die konkrete inhaltliche Ausgestaltung wird von unten („bottom-up for how to do it") gemeinsam mit den Mitarbeitern umgesetzt... (Noé 2014).

Um die neuen Strukturen und Handlungsweisen nachhaltig im Unternehmen zu implementieren, führten wir zuerst eine kleine Pilotgruppe eines Standortes an APM heran und gaben ihm damit Gelegenheit, diesen für unsere Agentur neuen Ansatz anzunehmen und verinnerlichen zu können. An einem Strategiemeeting in Berlin nahmen dafür einige Practice Group Leader, Central Manager und Kundenberater teil und bildeten so einen Querschnitt fast aller Aufgaben- und Verantwortungsbereiche unserer Agentur. Nach einer allgemeinen Einführung in das Thema stiegen wir direkt in die Diskussion ein.

Ziel des eintägigen Assessments war es, Ansätze einer Strategie zu entwickeln, die von allen getragen werden kann und stringent auf das gesetzte Ziel einzahlt. Dabei wurde deutlich, dass verschiedene Ansichten darüber bestanden, was genau das im Detail bedeutete. Wir nahmen uns deshalb die Zeit, das oberste Ziel unserer Arbeit zu konkretisieren und für alle sichtbar auf Papier zu bannen.

Ein Ziel, an dessen Erreichung alle 140 Mitarbeiter mitarbeiten können, muss motivierend, gut zu kommunizieren und „smart" sein. Letzteres steht für ein Akronym aus dem traditionellen Projektmanagement oder auch der Personalentwicklung, wo Ziele am besten erreicht werden können, wenn sie spezifisch, messbar, akzeptiert, realistisch und terminiert sind. Das Commitment jedes Teilnehmers zu diesem Ziel bildet die Grundlage dafür, dass auch im Angesicht größerer Herausforderungen später alle an einem Strang ziehen.

3 Das Wesen agilen Projektmanagements

Agiles Projektmanagement, wenn auch nur in Teilen, in einer Organisation einzuführen, stellt einen nicht zu unterschätzenden Changeprozess dar, in den Mitarbeiter aller Ebenen aktiv eingebunden werden sollten. Nach dem ersten Assessment in Berlin luden wir das Extended Leadership Team, bestehend aus circa 35 Managern und Kundenverantwortlichen, zu einem zweitägigen Workshop nach Frankfurt ein, der von mehreren Coaches moderiert und begleitet wurde. Nach diesen zwei Tagen sollten alle Teilnehmer in der Lage sein, unsere Agenturarbeit mit „agilen Augen" sehen und bewerten zu können.

In Gruppenarbeiten und Diskussionsrunden machten wir uns mit den zentralen Merkmalen agilen Projektmanagements vertraut. Es wurden die Vor- und Nachteile der jeweiligen Aspekte erörtert und anschließend diskutiert, in welcher Form sie für unsere Agentur anwendbar sein können.

3.1 Push Culture versus Pull Culture

Die Unternehmenskultur einer Organisation ist maßgebend für die Art, wie Projekte angegangen werden und wie Mitarbeiter sich daran beteiligen. Eine intrinsisch motivierte Kultur der Mitarbeiterführung stellt eine Einbindung aller, also Teamwork und Teilhabe, in den Vordergrund. Hier wird Mitarbeitern die Möglichkeit gegeben, den Blick für das große Ganze zu entwickeln und aus eigenem Antrieb heraus entsprechende Initiativen und Engagement zu entwickeln. Die Arbeit an sich dient der Befriedigung menschlicher Bedürfnisse, wie beispielsweise Sinnhaftigkeit des eigenen Handelns, Freude oder Selbstbestimmtheit (vgl. Abb. 1).

In einer extrinsisch geprägten Kultur kommt die Motivation dagegen eher durch äußere Reize, z. B. die Aussicht auf Belohnung oder auch die Androhung von negativen Sanktionen. Das System stellt das einzelne Individuum in den Fokus der Aufmerksamkeit, dem Ziel und Sinn seines Handelns von außen diktiert werden.

Problematisch am extrinsischen (auch Push-)System ist u. a. der hohe Leistungsdruck und die nur indirekte Bedürfnisbefriedigung, etwa durch monetäre Belohnungen statt der Freude an einer selbst gemeisterten Herausforderung. Um in einer Organisation schnell und agil handeln zu können, sollte eine intrinsische Kultur gefördert werden, da Akteure hier im Idealfall aus innerem Antrieb agieren und bei Ad-hoc-Projekten nicht erst aufwendige Belohnungssysteme installiert werden müssen.

3.2 Prozessmanagement

Traditionelle Strukturen in mittelständischen Unternehmen basieren meist auf einem definierten Prozessmanagementmodell. Dieses Modell geht davon aus, dass jeder mögliche Input in diesen Prozess als bekannt angenommen werden kann und das Ergebnis somit

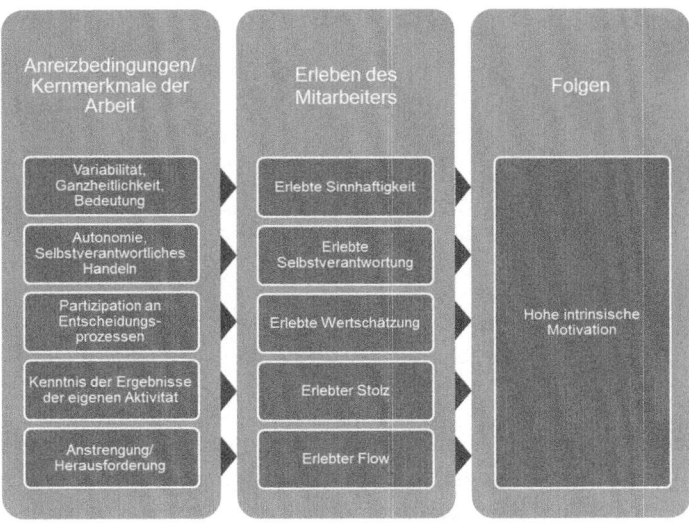

Abb. 1 Quellen intrinsischer Motivation. (Nach Hackman und Oldham 1980)

vorhersehbar ist. Ein Projekt und alle damit einhergehenden Prozesse werden bereits zu Beginn vollständig durchstrukturiert, Ziele definiert, Ressourcen geblockt und die Umsetzung in all ihren Schritten festgelegt.

Wenn nun während eines solchen Prozesses entscheidende Details und damit womöglich auch die ursprüngliche Zielstellung des als gesetzt angenommenen Inputs geändert werden, kommt der gesamte Prozess ins Stocken. Alles bisher Geplante muss daraufhin überprüft werden, ob es auch auf das neue Ziel einzahlt oder nun obsolet ist.

Im Zuge unseres zweitägigen Workshops lernten wir als Alternative bzw. Ergänzung das empirische Prozessmanagement kennen. Im Vordergrund steht hier eher ein Trial-and-Error-Ansatz, bei dem in regelmäßigen Feedbackschleifen evaluiert wird, welche Methode die beste ist, um sich einem gesetzten Ziel zu nähern. Es ist ein in erster Linie iterativer und inkrementeller Ansatz.

3.3 Iterativ und inkrementell

Gerade bei der Suche neuer Lösungswege, bei denen der Erfolg noch nicht sicher ist, erweist sich eine schrittweise aufeinander aufbauende und wiederholende Vorgehensweise als praktikabel. Man wiederholt eine in kurze Abschnitte unterteilte Tätigkeit und variiert sie dabei minimal. Die sich einstellende Verbesserung oder Verschlechterung der Leistung dient als direktes Feedback, das den Akteur via Trial and Error näher an sein Ziel bringt. Auch langfristige und umfangreiche Projekte, wie etwa Kampagnen- oder Eventplanung in einer Kommunikationsagentur, lohnt es, in kleinere Abschnitte zu unterteilen und bei

Abb. 2 Schlüsselfaktoren des Lean Thinking. (Nach Liker 2004)

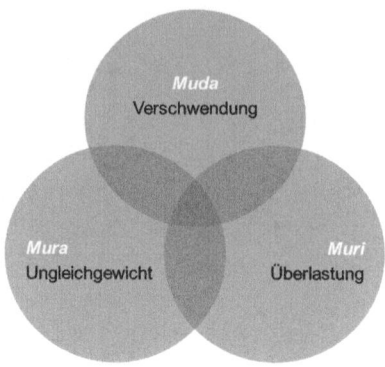

deren Bearbeitung regelmäßig zu überprüfen, ob man sich noch auf dem richtigen Weg befindet. Man nimmt den Lösungsweg nicht theoretisch an und lässt sich erst am Ende eines langen Entwicklungsprozesses davon überraschen, ob eine Strategie aufgeht oder nicht, sondern man validiert sie durch eine schrittweise, praktische Umsetzung.

Dieser Lösungsansatz erweist sich besonders dann als nützlich, wenn das Ziel während eines laufenden Projektes, z. B. durch den Kunden, geändert wird. Das iterative und inkrementelle Vorgehen stellt ein Kernelement des agilen Projektmanagements dar und zeigt, dass regelmäßiges Feedback der Schlüssel zu einer guten Kundenbeziehung ist.

3.4 Lean Thinking

Eine Schlüsselkomponente effizienten Arbeitens ist das Lean Thinking oder auch Lean Business Management (vgl. Abb. 2). In Anlehnung an das Toyota-Production-System, einem soziotechnischen Produktionssystem des japanischen Automobilkonzerns, werden beim Lean Thinking die Level dreier grundlegender Faktoren reduziert (vgl. Liker 2004):

- Muri – unangemessener Druck bzw. Überforderung für Personal, Material oder Equipment,
- Mura – Inkonsistenz, die Mitarbeiter und Prozesse aufgrund fehlender oder nicht eingehaltener Standards aus dem Gleichgewicht bringt,
- Muda – Abfall oder Verschwendung im Sinne von Dingen, die viel Zeit in Anspruch nehmen, ohne dem Kunden etwas zu bringen.

Wie bei vielen Systemen ist es auch hier wichtig, sich nicht nur auf einen Aspekt zu konzentrieren, sondern stets alle Faktoren aufeinander abzustimmen.

4 Erfolgsfaktoren und Konditionen

Bereits das Berliner Assessment beschäftigte sich eingehend mit der strategischen Zielstellung unserer Agentur. In dem Frankfurter Workshop kam es erneut zu grundlegenden Diskussionen bezüglich dieses Themas. Wichtig bei solch offensichtlichen Streitpunkten ist es, nicht darüber hinwegzugehen, sondern Kritik und Zweifel zuzulassen und ernst zu nehmen. Nur wenn alle bereit sind, sich in dieser Phase des Changeprozesses auf eine gemeinsame Sache zu verpflichten, wird die Veränderung erfolgreich und nachhaltig im Unternehmen verankert werden können.

Wir setzten uns also zusammen, um unser strategisches Ziel auf eine praktische Ebene herunterzubrechen und in einer Strategy Map festzuhalten. Dazu wurden zwei Termini eingeführt:

PSF (Possible Success Factors) sind sinngemäß als Meilensteine auf dem Weg zum definierten Ziel zu begreifen. Ihnen zugrunde liegen NCs (Necessary Conditions). Diese Konditionen sind für die Zielerreichung notwendig (vgl. Abb. 3). Hat ein Unternehmen beispielsweise zum Ziel, im kommenden Geschäftsjahr seinen Umsatz zu verdoppeln, könnte ein PSF dadurch definiert sein, dass Abteilung XY ihre Produktion pro Quartal um 25 % steigert. Ein hoher Krankenstand im Team, unzuverlässige Materialzulieferer oder bereits ausgelastete Produktionsstraßen können dieses Ziel jedoch gefährden. Sie stellen demnach drei NCs dar. Entsprechend der o. g. iterativen und inkrementellen Vorgehensweise werden die PSFs in Pilotprojekten getestet und evaluiert. Nur wenn die Ergebnisse tatsächlich auf das strategische Ziel einzahlen, folgt ein breiterer Roll-out für andere Bereiche der Organisation. Sollten sich das Projekt bzw. seine Resultate als nicht zielführend erweisen, müssen einzelne Stellgrößen oder das gesamte Projekt überarbeitet und erneut getestet werden. Es kommt bei einer agilen Strategy Map also vor allem darauf an, ständig Feedback einzuholen und bisherige Ergebnisse zu evaluieren.

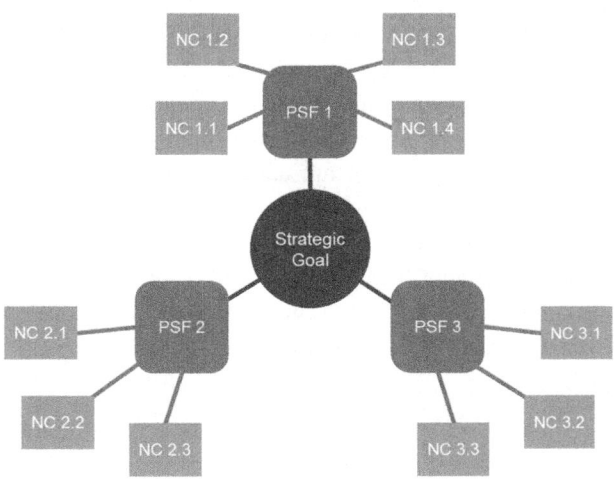

Abb. 3 Possible Success Factors und Necessary Conditions

Auch für unsere Agentur definierten wir fünf PSFs, die direkt auf unser Ziel einzahlten. In Gruppen erarbeiteten wir anschließend, welche Notwendigkeiten hierfür erfüllt sein müssen. Für die spätere Kommunikation wurden alle Charts fotografiert und zusammenfassend dokumentiert.

Nachdem das Management und Extended Leadership Team bereits an Bord des „agilen Schiffes" waren, bestand nun der nächste Schritt darin, die breite Basis der Mitarbeiter zu entern und sie mit den notwendigen Tools vertraut zu machen.

In Officemeetings, internen Mailings und Aushängen an allen Standorten wurden die wesentlichen Inhalte der vergangenen Workshops vorgestellt und alle Mitarbeiter gebeten, Feedback zu geben. Sie wurden gefragt, welchen Teilen der Strategy Map sie zustimmen, wo sie nicht zustimmen und was sie ergänzen würden. So bekam jeder die Möglichkeit, Bedenken auszusprechen oder auch seine Zustimmung kundzutun. Zu einem essenziellen PSF wurde darüber hinaus eine Mitarbeiterumfrage durchgeführt, um bestehende Meinungen innerhalb der Teams besser erfassen und verstehen zu können. Eine Zusammenfassung der Ergebnisse, verbunden mit der Ankündigung noch folgender Schritte, wurde an alle zurückgespielt.

5 Pilotierung

Die strategische Neuausrichtung war nun bekannt. Bevor wir alle bis dato überdachten Prozesse und Strukturen breit in der gesamten Agentur ausrollten, wurden Pilotprojekte ins Leben gerufen. Die Pilotierung ermöglicht uns, neue Strategien in einer „safe to fail"-Umgebung zu testen und Lösungswege gegebenenfalls zu optimieren. Wir entwickelten daher für jeden unserer fünf PSFs ein Pilotprojekt, das auf die Weiterentwicklung unserer Mitarbeiter und/oder auf eine bessere Zusammenarbeit mit unseren Kunden fokussierte. Alle Teilprojekte zusammengenommen deckten die zentralen Fokusbereiche unserer Agenturarbeit ab: Kunden, Business Development (Treiben von Innovationen und Neugeschäft), Mitarbeiter, Marketing und auch Finance.

Für jeden Piloten legten wir jeweils einen Lead innerhalb des Management Teams fest. Diese Leads bildeten mit weiteren Kollegen ein Transition Team, um die verschiedenen Projekte voranzutreiben. Zu ihren Aufgaben gehört es unter anderem zu überprüfen, ob die Projekte noch immer auf das oberste Agenturziel einzahlen oder ob sie sich durch Weiterentwicklungen und Anpassungen davon entfernen.

Einer der identifizierten PSFs fokussierte auf die Fähigkeit zur Innovation. Zur praktischen Erprobung ausgewählter APM-Tools schufen wir daher ein Pilotprojekt für einen aus kommunikativer Sicht sehr innovationsgetriebenen Kunden, das von nun an agil gemanagt werden soll.

5.1 Skill Map

Unsere Pilotphase beinhaltete das Erstellen und Implementieren einer Skill Map. Sie fasst alle Fähigkeiten innerhalb eines Projekt- bzw. Kundenteams zusammen. Im Abgleich mit den vom Kunden geforderten Kompetenzen lassen sich so passgenaue Teamkonstellationen zusammenstellen. Eine Evaluation vorhandener Fertigkeiten ist dabei sehr sinnvoll, um für die Teammitglieder festzuhalten, wer Experte auf einem Gebiet ist, wer zu den Fortgeschrittenen gehört und wer lediglich über Grundkenntnisse eines Themas verfügt.

Durch die Visualisierung wird ein Team in die Lage versetzt, das Skill-Set aller Teammitglieder zu evaluieren und Potenziale zu identifizieren. Die Ermutigung zu Lernpaaren bzw. -tandems ermöglicht den Wissenstransfer und kann zu wertvollen Synergien führen. Neben der o. g. Funktion stellt die Skill Map daher auch die Basis für individuelle Entwicklungspläne dar. Auch hier ist es wichtig, sie stets zu überarbeiten und zu aktualisieren.

5.2 Kanban-Board

Ein Werkzeug effizienter Arbeitsweise im Sinne agilen Projektmanagements ist das Kanban-Board. Ursprünglich in der IT-Softwareentwicklung entstanden, ist dieses Tool inzwischen in den Planungsbüros verschiedenster Unternehmen angekommen. Der Begriff „Kanban" kommt aus dem oben bereits erwähnten Toyota-Production-System und bedeutet ursprünglich etwa „Karte" oder „Tafel" (Liker 2004). Heute ist Kanban eine Methode zur Abbildung von Prozessen und es gibt eine Vielzahl an Variationen. Das einfachste Kaban-Board ist in drei Prozessstadien eingeteilt:

- Aufgaben, die noch nicht begonnen wurden (to do),
- Aufgaben, die sich in Bearbeitung befinden (work in progress) und
- Aufgaben, die erledigt sind (done).

Alle Aufgaben innerhalb eines Prozesses, dargestellt durch kleine, verschiebbare Kärtchen oder Zettel, durchlaufen jede dieser drei Spalten. Mit der Visualisierung von Teilschritten und deren Status können unfertige Arbeiten eines Projektes überwacht und ihre Qualität gesichert werden.

Unsere Pilotteams haben im Laufe der Zeit ihre Boards entsprechend ihrer individuellen Projektanforderungen angepasst, Spalten überarbeitet und die visuelle Darstellung optimiert. Was zuerst in Papierform an der Bürowand hing, wurde gerade bei standortübergreifenden Teams bald in digitale Plattformen überführt. In vielen Teams hat sich eine Besprechung des Boards in wenigen Minuten täglich etabliert. So werden Fortschritte für alle transparent dargestellt und akuter Handlungsbedarf sichtbar.

6 Fazit/Status quo

In mehreren Workshops führten wir unsere Teams an agiles Projektmanagement heran, übertrugen iterative und inkrementelle Vorgehensweisen auf unsere Arbeit, identifizierten Pilotprojekte, die auf unser oberstes strategisches Ziel einzahlen, und erproben derzeit neue Prozesse und Tools der agilen Arbeitsweise im Rahmen von Piloten.

Für eine effizientere Planung und Steuerung führten zahlreiche Teams an allen Agenturstandorten – auch außerhalb unserer Pilotgruppen – Kanban-Boards ein, die jederzeit den Status quo der Projekte wiedergeben und bei Bedarf den sich ändernden Gegebenheiten bei Mitarbeitern, Kunden oder Dienstleistern angepasst werden können. Skill Maps, auf denen die Talente unserer Mitarbeiter sowie die Anforderungen unserer Kunden aufgeführt sind, helfen sowohl langfristig, als auch ad hoc bei der practice- und standortübergreifenden Ressourcenplanung.

Diese Skill Maps sollen zukünftig auch der Abteilung Human Resources zur Verfügung stehen und dort als Grundlage für Teamstrukturen und individuelle Entwicklungspläne dienen. Auch diese Nutzungsweise und deren Abstimmung mit bestehenden L&D-Prozessen werden agil in einem Pilotprojekt erprobt, bevor sie deutschlandweit in der Agentur ausgerollt werden.

Durch die agile Strategy Map stellen wir sicher, dass wir uns in allen Bereichen unseres Agenturbusiness weiterentwickeln, unsere Transformation vorantreiben und in der Lage sind, innovative Projekte für unsere Kunden hervorzubringen. Agiles Projektmanagement ist ein zentraler Bestandteil unserer CSR-Strategie. Die Fortschritte dokumentieren wir in unserem jährlichen CSR-Report, der somit gleichzeitig auch die Dokumentation unseres Transformationsprozesses darstellt.

Literatur

Hackman JR, Oldham GR (1980) Work redesign. Addison-Wesley Publishing Company, London

Herzog R (1997) Aufbruch ins 21. Jahrhundert. http://www.bundespraesident.de/SharedDocs/Reden/DE/Roman-Herzog/Reden/1997/04/19970426_Rede.html (Erstellt: 26. Apr. 1997). Zugegriffen: 3. Dezember 2015

Liker J (2004) The Toyota way. Fourteen management principles from the world's greatest manufacturer. Mcgraw-Hill Education, New York, S 114

Müller W (2015) Wie Mittelständler von agilen Methoden profitieren können. http://www.business-wissen.de/artikel/agilitaet-wie-mittelstaendler-von-agilen-methoden-profitieren-koennen/. Zugegriffen: 15. Dezember 2015

Noé M (2014) Change-Prozesse effizient durchführen – Mit Projektmanagement den Unternehmenswandel gestalten. Springer-Gabler, Heidelberg, S 6

Preußig J (2015) Agiles Projektmanagement. Scrum, Use Cases, Task Boards & Co. Haufe Lexware, Freiburg, S 7

Witte C (2014) Die Digitale Transformation und ihre Auswirkungen. Computerwoche Online. http://www.cowo.de/a/3069446. Zugegriffen: 30. November 2015

Christiane Schulz ist CEO von Weber Shandwick in Deutschland. Seit knapp 20 Jahren berät sie Kunden zu allen Facetten des Marketings und der Unternehmenskommunikation. Das größte kommunikative Potenzial durch digitale Veränderungen für Unternehmen und Marken sieht sie in der Möglichkeit der „Real-time-Interaktion" mit deren Zielgruppen. 2014 wurde Christiane Schulz als „PR Manager of the Year" bei den German Stevie Awards ausgezeichnet.

Stefanie Zeidler ist HR Managerin bei Weber Shandwick in Deutschland. Bevor sie 2010 in die Agentur kam, arbeitete sie als Dozentin für Kommunikation sowie in den Bereichen Verkauf, Kundenbetreuung und Public Relations für verschiedene internationale Unternehmen und Agenturen in Deutschland und Großbritannien. Bei Weber Shandwick ist sie vor allem für die Bereiche CSR und Learning & Development verantwortlich.

Shared Value – Vom Risikomanagement zur Marktgestaltung

Nachhaltigkeit als Treiber von Innovationsprozessen

Heiko Kretschmer und Anja Rechenberg

> *Die Versuche politischer und wirtschaftlicher Institutionen, sich auf die Schwierigkeiten einzustellen und sie zu bewältigen, scheitern... Wir sind einstimmig überzeugt, dass für die Sicherheit, das Wohlergehen und das Überleben des Planeten dieser Wandel heute beginnen muss (Brundtland-Bericht 1987).*

1 Einleitung: Wann beginnt eigentlich die Zukunft?

Der Brundtland-Bericht (United Nations 1987), das erste Grundlagenwerk der nachhaltigen Entwicklung, appellierte vor 30 Jahren mit „our common future" auf internationaler Ebene erstmals an die verantwortungsvolle Gestaltung der globalen Märkte und Gesellschaften. Die Dringlichkeit eines neuen Denkens und vor allem eines neuen Handelns in Wirtschaft und Politik macht den Bericht heute zu einem nüchternen Zeitzeugen: Welche Ergebnisse und Beiträge kann die Weltgemeinschaft vorzeigen – eine Generation später?

Eine eindeutige Bilanz zu ziehen, ist selbst für Experten kaum möglich. Zu komplex die Korrelationen einzelner Systeme, zu divergent die Interessen einzelner Akteure, zu vereinzelt die Lösungsansätze. Diese Komplexität wird in den kommenden Jahren von einer besonderen Dynamik überlagert werden. Die Einigung von Paris auf die COP21 wird weite Bereiche der Ökonomie der Industriestaaten und die Emerging Markets prägen. Letztlich ist damit ein konsequenter Weg der Dekarbonisierung vorgezeichnet. Diese

H. Kretschmer (✉)
Berlin, Deutschland
E-Mail: h.kretschmer@jk-kom.de

A. Rechenberg
München, Deutschland
E-Mail: a.rechenberg@jk-kom.de

wird nicht nur Energieerzeugung und Mobilität erfassen, sondern mittelbar alle Teile der Industrie und viele Bereiche des Dienstleistungssektors.

Betrachtet man die Ebene der Nachhaltigkeit in den Unternehmen, also die Corporate Responsibility, so wird diese Dynamik positiv wirken. Denn: CR ist in den letzten Jahren strukturell in eine gewisse Bewegungsstarre verfallen. Zweifelsohne, vergleicht man die Aktivitäten und die Haltung vieler deutscher Unternehmen vor 30 Jahren mit dem Engagement heute, hat CR inzwischen eine hohe Akzeptanz auch in führenden Managementkreisen erhalten. Es geht nicht mehr um die Wohltätigkeit eines Firmenpatriarchen, sondern um ein strategisch angelegtes Vorgehen als Ergebnis einer kritischen Reflexion der sozialen, gesellschaftlichen, ökonomischen und ökologischen Implikationen des eigenen Handelns.

Entsprechend konnten zahlreiche Standards etabliert werden. Bezogen sich die ersten in den 1980er-Jahren überwiegend auf ökologische Aspekte bzw. die Einhaltung ökologischer Vorgaben, so bilden heute umfassende Nachhaltigkeits-Standards für eine Mehrheit der internationalen Konzerne die Grundlage ihres Nachhaltigkeitsmanagements. Der wichtigste hierbei ist der GRI-Standard der Global Reporting Initiative, der inzwischen in seiner vierten Fortschreibung existiert.

Gleichzeitig zählen genau diese Erfolge auch zu den Gründen für den Stillstand der CR-Entwicklung in vielen Unternehmen. Mit dem Einzug klar definierter Nachhaltigkeitsziele, -prozesse und -abteilungen in die Unternehmensstrukturen ist zwar ein entscheidender Schritt zur Umsetzung des politischen Leitbilds gelungen. Jedoch binden die detaillierten Steuerungs- und Reportingverfahren meist das gesamte Zeit- und Kostenbudget der Verantwortlichen. So gerät das durchaus sinnvolle Transparenz-Instrument CR-Reporting zunehmend zur bürokratischen Bürde, die keine Kapazitäten für strategische Neuausrichtungen lässt. Auch die Frage des unternehmerischen Return on Invest (RoI) wird selten gestellt – weder von den Verantwortlichen selbst, noch von externen Stakeholdern.

Vor dem Hintergrund der enormen globalen Herausforderungen sollte der Ausstieg aus dieser auf den Erhalt des Status quo ausgerichteten CR-Bürokratie gelingen und Nachhaltigkeit endlich als strategisches Innovationsthema verstanden und angewendet werden. Denn diese globalen Entwicklungen schreien förmlich nach der nächsten Generation von Produkten, Prozessen und Dienstleistungen. Der Erneuerungsschub der Industrie 4.0 sollte sich nicht nicht nur auf die überfällige digitale Transformation konzentrieren, sondern den nächsten Megatrend Nachhaltigkeit rechtzeitig integrieren. Das spart Kosten und sichert das Überleben gegenüber schnellen und disruptiven Geschäftsmodellen, die ökologische und soziale Ressourcen vollkommen anders denken.

Im folgenden Beitrag beleuchten wir die Entwicklung und Umsetzung von nachhaltigen Innovationen in Unternehmen. Nachhaltigkeit wird dabei verstanden im Sinne der Definition des Brundtland-Berichts (Weltkommission für Umwelt und Entwicklung 1987). Dabei verfolgen wir Fragestellungen, die uns in Gesprächen mit Kunden, Geschäftspartnern und Experten der Nachhaltigkeitscommunity begegnet sind: Wie können Unternehmen auf stark veränderte Marktumfelder nicht nur reagieren, sondern sich an die Spitze des Wettbewerbs setzen? Welche Prozesse tragen dazu bei, dass ernst zu nehmende Innovationen entstehen? Wie kann Nachhaltigkeit auch bei klassischen Geschäftsmodellen zum Treiber für Innovation werden? Und wie kann es gelingen, zukunftsfähige Geschäftsmodelle zu entwickeln, die nicht auf Kosten anderer gehen?

Zwei Praxisbeispiele zeigen, wie nachhaltige Innovation in dynamischen und preisgetriebenen Branchen gut gelingen kann und ein echter Shared Value entsteht. Die Metro Group mit einem Tool für die Rückverfolgbarkeit von Lebensmitteln ist aktuell wegweisend darin, durch die Verbindung von Transparenz, Kundenorientierung und digitaler Technologie und durch eine klare Strategie gemeinsam mit anderen einen offenen Branchenstandard für alle Marktteilnehmer auf den Weg zu bringen. Das Beispiel GP Joule zeigt, wie ein Unternehmen mit einem auf regenerativen Energien basierenden Geschäftsmodell in dem von starken Umbrüchen geprägten Energiemarkt erfolgreich wirtschaftet und sich dennoch der Frage nach weiteren Nachhaltigkeitszyklen im Energiemarkt stellt.

2 Nachhaltigkeit und Innovation – Parallelsysteme mit Zielkonflikten?

Am Beginn eines Beratungsprozesses steht oft die Frage, ob es nicht einen grundsätzlichen Zielkonflikt zwischen einem erfolgreichen Innovationsmanagement und einem strukturierten Nachhaltigkeitsmanagement gebe. Dahinter liegt die Einschätzung, dass Innovationen immer auf Veränderungen zielen und so auch das Scheitern beinhalten müssen. Nur ein Teil aller Innovationen lässt sich ja erfolgreich am Markt platzieren. Nachhaltigkeit dagegen erlaube keine Experimente, sondern soll in erster Linie „richtig" sein (Meadows/faz.de). Das ist aber eine sehr flüchtige Betrachtung. Zweifelsohne gibt es Organisationen, in denen Innovationen einem Geschäftsmodell folgen oder sich in einer Branche bewegen, die nur schwer mit Nachhaltigkeit in Übereinstimmung zu bringen ist. Da sind insbesondere junge Branchen wie beispielsweise die digitalen Plattformunternehmen zu nennen, deren Innovationsentwicklung in den letzten zehn Jahren allein vom technisch Machbaren getrieben wurde (typisch für junge Branchen). Fragen von Akzeptanz, gesellschaftlichen Konflikten oder auch Folgen für die Ressourcen sind oft unbedeutend. Ähnliches gilt aus anderem Grund für Unternehmen mit geringer Innovationsgeschwindigkeit und begrenzten Innovationsbudgets, was in vielen Bereichen des Dienstleistungssektors der Fall ist. Hier haben Innovationen oft eher experimentellen Charakter und folgen einem Trial-and-Error-Ansatz.

Je bedeutender Innovationen aber für den erfolgreichen Wettbewerb eines Unternehmens sind und je höher der Anteil der Investitionen eines Unternehmens ist, der in Forschung und Entwicklung fließt, desto genauer unterliegen Innovationen einem systematischen Prüfraster und verfolgen einen klaren Zielekatalog. In solchen Unternehmen wird jedes Entwicklungsprojekt regelmäßig anhand dieser Kriterien geprüft und im Falle eines Nichterfüllens wichtiger Kriterien in der Regel eingestellt. Diese Kriterien sind schwierig zu generalisieren: Zumeist geht es dabei um Fragen technischer Machbarkeit, Kosten, Ressourcen und möglicher Marktpotenziale. Künftiges Konsumentenverhalten und sich verändernde regulative Rahmenvorgaben spielen dabei ebenfalls eine Rolle. Sprich: Es gibt hinreichende Kriterien, die einer Nachhaltigkeitsorientierung unterworfen werden können.

So eingebettet reduziert sich CR nicht auf das reine Risikomanagement. Vielmehr geraten die Chancen eines Unternehmens in den Fokus der Nachhaltigkeitsstrategie. Damit löst sich CR von kleinteiligen Betrachtungen des Istzustandes, die zumeist in Zielvorgaben enden, die zwar klar und berechenbar, aber nicht immer einen großen gesellschaftlichen Impact haben. Allzuoft folgen die Ziele dem schnell und leicht machbaren Entwicklungspfad. Ein ehrgeiziges und ernsthaft relevantes Einsparziel findet sich in nahezu keinem Nachhaltigkeitsbericht. So wird zu selten die Frage nach dem größten Hebel gestellt. Lösungen außerhalb der gängigen Berichtskriterien – etwa andere Produkte oder ein neues Geschäftsmodell – fallen durch das Managementraster. Nachhaltigkeitsberichte erzeugen so leider oft einen blinden Fleck. Heute sollte sich jedes Geschäftsmodell die Frage nach seinen spezifischen gesellschaftlichen Folgen und seinem größten Hebel in der Nachhaltigkeitspolitik stellen, statt „nur" Zielwerte für die Triple Bottom Line zu verfolgen.

CR wird in vielen Unternehmen als Compliance- und Reputationsthema behandelt und als Hygienefaktor und Notwendigkeit für die „licence to operate" gesehen. Entsprechend defensiv und standardisiert sind viele Nachhaltigkeitsstrategien und -aktivitäten aufgesetzt. Treiber sind vor allem externe Faktoren wie politische Regularien und befürchtete oder reale Reputationsverluste. Nur selten spielen unternehmensinterne strategische Überlegungen dabei eine große Rolle. In solchen Unternehmen sind Forschungs- und Entwicklungs-(FuE-)Abteilungen oder Innovationsmanager zumeist gar nicht in die CR-Strategien eingebunden. Oft fehlt es auch an der Fantasie, wieso eine enge Zusammenarbeit zwischen CR und FuE beide voranbringen kann. Dabei ist es bspw. in hoch regulierten Branchen quasi zwingend, durch gesellschaftliche Dialoge und Studien eine genaue Vorstellung künftiger Erwartungshaltungen der wichtigen Stakeholder zu haben. So kann man die regulativen Eingriffe der Zukunft wesentlich besser prognostizieren und damit auch den Spielraum für innovative Produkte frühzeitig erkennen. Das hilft mitunter, das Innovationsmanagement besser zu fokussieren und zu beschleunigen.

Deutlich werden die Konsequenzen am Beispiel des Innovationsmanagements der beiden größten Energieversorger in Deutschland. Beide haben sich seit der Liberalisierung der Strommärkte in den 1990er-Jahren und dem geordneten Ausstieg aus der Kernenergie 1999/2000 über ein Jahrzehnt weitgehend darauf beschränkt, auf die politischen Rahmenbedingungen im Sinne eines Rollbacks einzuwirken und technologische Innovationen im bestehenden Erzeugungsportfolio zu nutzen, statt sich den gesellschaftlichen Erwartungen an einen nachhaltigen Energiesektor zu stellen und hier Innovationen in den Markt zu bringen. So wurden aus finanzstarken, deutschen Vorzeigeunternehmen die Sorgenkinder im DAX. Inzwischen bestimmen längst andere das Innovationstempo im Energiemarkt und verdienen mit Geschäftsmodellen Geld, die noch vor wenigen Jahren von den Elefanten im Markt als ertragslos dargestellt wurden.

Kurzum: Nachhaltiges Innovationsmanagement ist kein Widerspruch, sondern eine große Chance für beide Bereiche. Das erfordert im Unternehmen ein gemeinsames Verständnis der Rolle von Nachhaltigkeit und Innovation für die künftigen Geschäfte des Unternehmens. Es muss klar sein, welche Fragestellungen unter dem Gesichtspunkt künftiger Business Cases der Bereich CR beantworten können muss, bspw. über künftige Konsummuster, über gesellschaftliche Akzeptanz, über Entwicklungen im Verständnis von Security, Privacy bzw. Big Data oder auch über die Folgen der COP21 für Regulation und Investitionen. Nur wenn dies geklärt ist, kann die Zusammenarbeit beider Bereiche zielgerichtet und mit großer Synergie erfolgen.

3 Faktoren und Treiber nachhaltiger Innovationen

Nimmt man die steigende Anzahl an Nachhaltigkeitsberichten der vergangenen zehn Jahre als Indikator, dann sehen über 85 % der börsennotierten Unternehmen und viele mittelständische Unternehmen in einer systematischen Berichterstattung, einer zugrunde liegenden CR-Strategie und einer daraus abgeleiteten CR-Ausrichtung offenkundig einen Mehrwert (vgl. IHK Köln 2014). Unsere Analyse zahlreicher Wesentlichkeitsmatrizen und externer Studien zeigt häufig wiederkehrende Beweggründe hierfür:

- Sicherstellung regelkonformen Verhaltens durch eine Compliance-Organisation,
- Minimieren von Risiken durch nachhaltige Supply Chain oder ökologische Standards,
- Aufnahme in kapitalmarktrelevante Ratings und Indizes,
- Sicherung bzw. Steigerung der Reputation bei Stakeholdern,
- Kosteneinsparungen durch Reduktion des Ressourceneinsatzes,
- Erlangen von Wettbewerbsvorteilen, insbesondere bei nachhaltigkeitssensiblen Konsumentengruppen.

Während diese Beweggründe einen klaren Nutzwert versprechen, finden sich andere Gesichtspunkte nur eher selten wieder:

- Produkt- und Prozessinnovationen,
- Neuerschließung von Ressourcen bzw. Finden von Alternativen,
- Entwicklung nachhaltiger Geschäftsmodelle,
- strategische Synergieeffekte,
- Gestaltung des Marktumfelds und der Gesellschaft.

Sicherlich nimmt Nachhaltigkeit nicht für alle Unternehmen und Branchen eine gleich hohe Bedeutung ein. Die Zurückhaltung vieler Unternehmen, ihren Blick auf die Chancen und Möglichkeiten statt auf die Risiken zu richten, irritiert dennoch.

So fungiert CR als Steuerungs- und Controllingtool: von Risiken, von unternehmensinternen Regeln, von gesetzlichen Regelungen und Verbraucherrechten, und von ökologischen und sozialen Kennzahlen. Diese Form des Monitorings erfordert strukturelle und personelle Aufwendungen. Die unmittelbaren Kosteneinsparungen durch verringerten Ressourcenverbrauch sind inzwischen zumeist eingepreist. Darüber hinausgehende Mehrwerte errechnen sich bei einem Ansatz der Risikovermeidung nur über die vermiedenen virtuellen Kosten des Risikos mal dessen Eintrittswahrscheinlichkeit. Aber: Kein Unternehmer stellt im Alltag diese Rechnung auf.

Wer also nachweisen will, dass Nachhaltigkeit und CR auch einen Return on Invest (RoI) haben, der muss aufzeigen, welches enorme Innovationspotenzial für Produkte, Lösungen und Ideen genutzt werden kann, wenn man Aspekte der Nachhaltigkeitspolitik in die Innovationsplanung einbindet.

3.1 Die CR-Typologie und der Versuch einer Einordnung des Innovationsmanagements

In der Literatur wird gerne eine dreistufige Typologie des unternehmerischen CR-Managements beschrieben (vgl. Glombitza 2005). Wir haben im Folgenden versucht, unsere Erfahrungen mit nachhaltigem Innovationsmanagement in diese Typologien einzupassen:

I. **Die Pioniere oder Vorreiter** – CR ist hier eine intrinsische Motivation der Geschäftsführung oder der Eigentümer. Dieser Typus ist sehr oft bei inhaber- und familiengeführten Unternehmen mittlerer Größe zu finden. Hier ist das Topmanagement aufgrund eines individuellen Wertesets von der Relevanz eines verantwortungsvollen Umgangs mit ökologischen und sozialen Ressourcen überzeugt und setzt dies um. Die Pioniere bewerten in aller Regel die Chancen höher als die Risiken, sie bilden die eigentliche Triebfeder. Risikovermeidung ist ein wichtiger, aber zumeist nicht bestimmender Faktor.

Mit Blick auf das Innovationsmanagement stellen solche Unternehmen eine Chance dar. Die Wertehaltung dominiert oft zentrale Managemententscheidungen. Darunter fallen auch Innovationen. Neue Wege und Produkte entstehen dann aber sehr konsequent und schnell. Einige deutsche Unternehmer haben aufgrund ihrer Überzeugung ganze Branchen mit nachhaltigen Standards geprägt, zum Beispiel die Textil- und Drogeriebranche. Weniger Berücksichtigung finden hier disruptive Entwicklungen im Umfeld einer Branche. Das externe Umfeld und Trends sollten hier stärker integriert werden.

II. **Die Pragmatiker oder Pflichtbewussten** – Hier steht eine klare Kosten-Nutzen-Rechnung im Vordergrund. Eine grundsätzliche Bereitschaft zur Veränderung der Organisation kann konstatiert werden. Sicherung und Ausbau der Reputation ist oft ein Treiber der Entwicklung, Ziel ist es, Best of Class zu werden. Bei Pragmatikern steht die Risikoperspektive im Vordergrund, Chancen werden aber klar erkannt.

Interessanterweise können Unternehmen mit diesem Managementansatz im Einzelfall weitaus besser Nachhaltigkeit in das Innovationsmanagement integrieren als CR-Pioniere. Denn eine inhaltlich auf Kernfragen reduzierte CR-Politik folgt oft einer höheren Systematisierung, als dies bei den „Überzeugungstätern" der Fall ist. Die CR-

Aktivitäten müssen stets den Nachweis eines unmittelbaren oder künftigen Mehrwerts erbringen. Darin liegt eine Chance für FuE-Leiter. Sie erfahren in solchen CR-Typen unter Umständen eine konsequentere Unterstützung, als dies in einem Unternehmen des Typus „CR-Pionier" der Fall ist.

III. **Die Minimalisten oder Nachzügler** – Hier wird das gemacht, was nötig ist, nicht mehr und nicht weniger, entweder weil es das Geschäftsmodell nicht erfordert oder weil die Risiken als gering eingeschätzt werden. Die Organisationsstrukturen sind oftmals nicht sehr flexibel. Die Risikobetrachtung prägt die Sichtweise der Minimalisten. Nachhaltigkeit dient vor allem der reinen Absicherung der „licence to operate".
Wer diesen Ansatz verfolgt, versteht Nachhaltigkeit auch eher als einen Hygienefaktor im Innovationsmanagement. Mit anderen Worten: Neue Produkte oder Dienstleistungen werden erst am Ende eines Entwicklungszyklus einer Prüfung unterzogen, ob sich mit einer Markteinführung bestimmte Risiken in der Nachhaltigkeit des Unternehmens ergeben könnten. Nachhaltigkeit ist aber nicht immanenter Bestandteil des Innovationsmanagements.

Diese sicherlich zugespitzte Betrachtung kann noch um einige Faktoren ergänzt werden, die sich nach unserer Erfahrung unabhängig vom CR-Typus positiv auf die Integration der Nachhaltigkeit in das Innovationsmanagement auswirken:
Unternehmensinterne Faktoren:

- Motivation und Überzeugung der FuE-Entscheider, nachhaltig agieren zu wollen,
- Vorausschauende, chancenorientierte Unternehmensstrategie,
- Offene Unternehmenskultur.

Unternehmensexterne Faktoren:

- Hohe Dynamik der Branche,
- Hohe Innovationsgeschwindigkeit bzw. große Bedeutung der Innovationsfähigkeit für die Wettbewerbsfähigkeit im jeweiligen Markt,
- Große Regulationsdichte,
- Hohe öffentliche Relevanz des Geschäftsmodells (bspw. bei Infrastrukturunternehmen oder Unternehmen der Daseinsvorsorge),
- Externer Druck und Anforderungen an Nachhaltigkeit.

Aktuelle Entwicklungen können die Einführung eines nachhaltigen Innovationsmanagements beschleunigen. In der Summe können daraus Grundsatzentscheidungen werden, die den weiteren Weg von Nachhaltigkeit in den Unternehmen determinieren. Vier Entwicklungen sollen hier besonders betrachtet werden:

1. **Die COP21 und das Klimaziel von Paris:** Die politische Einigung von Paris auf ein 1,5-Grad-Klimaziel wird politisch und ökonomisch gravierende Folgen haben. Paris

wurde möglich, weil es nicht nur eine Einigung der politischen Akteure gab, sondern weil wichtige wirtschaftliche Akteure mitwirkten. Dies gilt insbesondere für die größten Investoren der Weltwirtschaft, die im Vorfeld von Paris als Divestment-Bewegung eine globale Desinvestition aus fossiler Energieerzeugung an den Tag legten. Politik und Investoren werden alles daran setzen, dass diese Zielsetzung nicht aus den Augen verloren wird. Dies wird für viele Branchen und deren Lieferketten in relativ überschaubaren Zeiträumen massive Veränderungen auslösen. Um den Vorgaben folgen zu können, werden diese Branchen ihre Prozesse und Produkte stark innovieren.
2. **Die Umstellung auf GRI G4:** Ab 2017 muss entlang des neuen G4 Standards berichtet werden. GRI G4 stellt eine echte Weiterentwicklung dar und bietet viele Chancen, gerade durch die stärkere Einbindung der Stakeholder in die Materialität. Andererseits wird das Berichtswesen dadurch noch eigenständiger und entkoppelt sich stärker von anderen Berichtsformaten. Für internationale Konzerne, die ein integriertes Berichtswesen nach IIRC als Zukunftsmodell anstreben, könnte dies auch der Startschuss für die Umstellung auf integrierte Berichte sein.
3. **Die Berichtspflicht der EU:** Die Berichtspflicht sorgt gerade im deutschen Mittelstand für viel Unruhe, weil viele Unternehmer für weite Teile der Wirtschaft und des Mittelstands eine umfassende Pflicht befürchten. Die Wirklichkeit sieht anders aus: Die große Koalition wird sich kaum darauf verständigen, bei der Umsetzung der EU-Richtlinie in nationales Recht weit über den Kern der Richtlinie hinauszugehen. Dann aber beschränkt sich diese Richtlinie auf öffentliche Unternehmen, öffentlich notierte Unternehmen und Unternehmen von öffentlichem Belang (nach allgemeiner Lesart Unternehmen in der Daseinsvorsorge und in den wichtigen Infrastrukturen). Zudem ist die Berichtspflicht keineswegs so zu verstehen, dass ganze Nachhaltigkeitsberichte entstehen müssen. Integrierte Berichte oder Berichte nach Global Compact oder entlang der Leitfragen des Deutschen Rats für Nachhaltigkeit reichen aus.
4. **Die verstärkte RoI-Betrachtung der CR:** Wenn die beiden zuvor beschriebenen Trends zu Veränderungen der etablierten Berichtsprozesse beitragen, dann kann das auch eine Chance sein. 2014 und 2015 waren nach unserer Einschätzung geprägt von deutlichen Deinvestments vieler CR-Budgets. Eigenständige Abteilungen wurden integriert, Berichtsprozesse in andere Kommunikations- und Controllingsysteme integriert und sogar Leuchtturmprojekte verkleinert oder gestrichen. Aber eine reine Kostenbetrachtung greift zu kurz. Darum sind die Forderungen an die CR-Abteilungen, stärker auf den Return on Invest abzustellen, in dieser Situation auch eine Chance für nachhaltiges Innovationsmanagement. Hier lässt sich der Mehrwert ökonomisieren und hier lassen sich Unternehmen viel dynamischer gestalten als durch separate CR-Maßnahmen.

Wem es gelingt, deutlich zu machen, wie sich CR auf Innovationen auswirkt oder anders formuliert, wie nachhaltige Innovationen von Produkten und Prozessen aussehen, der kann auch einen Return on Invest deutlich machen. So kann CR eine weit höhere Relevanz in den Unternehmen erlangen. Dabei ist wichtig zu beachten, worin diese Innovationen bestehen können. Die Adaption regulativer Vorgaben ist zumeist der einfachste Fall: So lassen sich aus der COP21 unmittelbare Konsequenzen für den Mobilitätmarkt in Deutschland ableiten. Wenn nun bis 2030 tatsächlich 6 Millionen Fahrzeuge zugelassen werden, die elektrisch oder auf der Basis elektrisch hergestellten Wasserstoffs fahren, so hat dies auf die begleitende Infrastruktur und auf die Automobilbranche dramatische Auswirkungen, die man nur über technische Innovationen bewältigen wird.

Schwieriger sind Fragen gesellschaftlicher Akzeptanz. Denn niemand kann natürlich vorhersagen, was in fünf bis zehn Jahren Mainstream sein wird. Dennoch lassen sich mithilfe von Zukunftsforschern, fachlichen Experten und NGO-Vertretern immerhin Szenarien herstellen. Ein Beispiel: Ein IT-Unternehmen möchte für die Entwicklung neuer Produkte wissen, wie sich das Verhältnis von Security und Privacy bei den Endnutzern entwickeln wird. Das kann es auf der Basis jährlicher Fachdialoge sehr viel besser beschreiben, als wenn allein Techniker über technologische Machbarkeiten nachdenken.

Die Beispiele weisen auf einen weiteren, ganz zentralen Punkt nachhaltigen Innovationsmanagements hin: Eine FuE-Abteilung ist Experte in Technologien und Prozessen, wie sie heute existieren und wie sie technisch in Zukunft verändert werden können. Sie ist aber kein Experte in der Frage, wie sich die Umwelt eines Unternehmens und einer Branche verändern können oder welche Konsequenzen das für Konsumverhalten oder für Regulation haben kann. Darum wird der Stakeholder-Dialog zu einem zentralen Instrument des nachhaltigen Innovationsmanagements. Und da beginnen dann auch die Probleme: Natürlich kann sich das Unternehmen nicht so öffnen, das hoch vertrauliche Arbeiten der FuE-Abteilung in Dialogen erörtert werden. Andererseits werden Stakeholder nicht ihre Zeit und ihr Wissen aufwenden, um über vage Wohlfühlszenarien zu diskutieren. Solche Dialoge müssen daher mit Substanz versehen werden.

4 Transparente Kundenkommunikation zur Rückverfolgbarkeit von Lebensmitteln – Das Pro-Trace-Tool der Metro Group

Die hohen Qualitätsstandards, umfassende gesetzliche Regulierungen und die steigende Nachfrage nach gesunden und nachhaltig produzierten Nahrungsmitteln machen die Lebensmittelbranche zu einer der sensibelsten Branchen – und in den letzten Jahren auch zu einer der dynamischsten. Anspruchsvolle Kunden und kritische Konsumenten informieren sich immer häufiger aktiv darüber, wo und wie Fleisch, Fisch und Obst produziert werden. Lebensmittelskandale – von BSE über Dioxin und Ehec bis hin zu Pferdefleisch – sowie die zunehmende Vernetzung unserer Welt sorgen heute dafür, dass das Thema Transparenz und Sicherheit bei Lebensmitteln für viele Menschen präsenter ist als noch vor einigen Jahren.

Neben der Informationspflicht zu Inhaltsstoffen und Herkunft auf der Produktverpackung bieten bislang nur Siegel und Label eine schnelle Orientierung am Point of Sale. Eine neue Generation von Smartphone-Apps stellt eine praktikable Lösung für umfassende Informationen zu einem Produkt dar. Auch die Metro Group setzt bei ihrer Großhandelstochter, Metro Cash & Carry, in Deutschland seit Frühjahr 2015 auf diese Art der innovativen Kundenkommunikation. Als offener und branchenweiter Standard für die Rückverfolgbarkeit von ausgewählten Produktgruppen im Bereich Food und Non-Food konzipiert, startete zunächst das Pilotprojekt mit der App „Pro Trace" für Frischfisch – mit 200.000 t eines der umsatzstärksten Güter bei der Metro Group weltweit. Mit dem digitalen Tool geht der Konzern neue Wege im Großhandel und will Kunden vollständige Transparenz über alle Stationen in der Lieferkette geben und diese mit entsprechenden aktuellen Daten hinterlegen. Der Metro Group wiederum hilft Rückverfolgbarkeit dabei, die gesunden, also nichtüberfischten Bestände zu identifizieren und gleichzeitig die illegale Fischerei einzudämmen. Rückverfolgbarkeit ist aus Sicht des Handelskonzerns der notwendige Schlüssel zum Schutz der Meere. Standard und Tool wurden im Multi-Stakeholder-Ansatz seit 2013 umgesetzt.

4.1 Nachhaltigkeit bei der Metro Group

Die Metro Group ist eines der größten internationalen Handelsunternehmen und beschäftigt rund 230.000 Mitarbeiter an mehr als 2000 Standorten in 30 Ländern. Im Geschäftsjahr 2014/15 erzielte das Unternehmen einen Umsatz von rund 59 Mrd. Euro, davon knapp 38 % in Deutschland, rd. 32 % in Westeuropa (ohne Deutschland), rd. 22 % in Osteuropa und rd. 7 % in Asien. Vier Vertriebsmarken agieren selbständig am Markt: Metro/Makro Cash & Carry – international führend im Selbstbedienungsgroßhandel mit 764 Märkten in 26 Ländern, Media Markt und Saturn – europäischer Marktführer im Bereich Elektrofachmärkte mit 1007 Märkten in 15 Ländern und Real SB Warenhäuser mit 293 Märkten in Deutschland (vgl. Metro AG 2014, S. 8 ff.).

In seinem Nachhaltigkeitsverständnis folgt das Unternehmen dem Triple-Bottom-Line-Modell und definiert seine unternehmerische Verantwortung wie folgt: „Im Sinne der Metro Group Nachhaltigkeitsversion ‚Wir bieten mehr Lebensqualität' bedeutet dies für unsere Geschäftstätigkeit, mehr Wert zu schaffen und gleichzeitig belastende Auswirkungen zu verringern" (Metro AG 2014, S. 7).

Über das konzernweite Nachhaltigkeitsmanagement werden soziale, ökologische und ökonomische Prozesse gesteuert und kontinuierlich im Kerngeschäft implementiert. Ein zentraler Ansatz ist, nachhaltigkeitsbezogene Vorgaben wie unternehmensrelevante Standards oder gesetzliche Regulierungen mitzugestalten.

Der Anforderung an Transparenz und offene Kommunikation kommt die Metro Group über das jährliche Reporting zu wesentlichen Aktivitäten und Ergebnissen gemäß dem Standard der Global Reporting Initiative (GRI) nach. Über Projekte und aktuelle Ergebnisse werden Stakeholder unterjährig über die Unternehmenswebsite, Publikationen, Events und Medien informiert. Den Austausch mit Stakeholder-Gruppen zu wichtigen Fragestellungen, wie etwa nachhaltiger Konsum, Klimaschutz oder Lebensmittelsicherheit, nimmt der Konzern themenbezogen wahr.

In diesem Rahmen – klares Bekenntnis zu Nachhaltigkeit, aktive Gestaltung von Standards und intensive Vernetzung mit anderen Akteuren – entstand auch das Projekt „Pro Trace" für Rückverfolgbarkeit von ultrafrischen Lebensmitteln wie Fisch und Fleisch.

4.2 Entwicklung eines Branchenstandards mit dem Tool „Pro Trace"

Die Fisch- und Meeresfrüchtebranche gehört weltweit zu den wichtigsten: Rund 800 Mio. Menschen erwirtschaften mit 158 Mio. t Fisch und Meeresfrüchten einen jährlichen Umsatz von etwa 130 Mrd. US-Dollar. Davon stammen nur rund 10 % des Fangs aus nachhaltig befischtem Bestand. 29 % der weltweiten Fischbestände gelten als über- und 61 % als maximal befischt (vgl. WWF 2015, S. 3).

Die gemeinnützige Organisation MSC verwaltet das weltweit bekannteste ökologische Zertifizierungs- und Kennzeichnungsprogramm für nachhaltige Fischerei. Zertifizierte Betriebe müssen drei Kriterien erfüllen: Die Fischbestände müssen ausreichend groß sein, die Einwirkungen auf das Ökosystem müssen minimiert und es muss ein wirkungsvolles Fischereimanagement angewandt werden. Neuerdings sind auch Sozialstandards wie der Ausschluss von Zwangsarbeit mit eingeschlossen.

Als einer der größten Händler von Frischfisch weltweit hat die Metro Group nicht nur ein genuines Interesse an der nachhaltigen Bewirtschaftung von Fischbeständen, sondern auch skalierbare Handlungs- und Einflussmöglichkeiten, dies umzusetzen.

So entstand aus der langjährigen Zusammenarbeit mit anderen Händlern, Produzenten, Nichtregierungsorganisationen, Behörden, Standardisierungsorganisationen und Zertifizierungsanbietern im Jahr 2012 unter dem Dach von GS1 Germany das Vorhaben, eine offene und branchenweit einsetzbare Lösung für die Rückverfolgbarkeit von Produkten zu entwickeln. GS1 Germany bot mit fTRACE die neutrale Plattform für Handel und Industrie und bietet den Service heute interessierten Unternehmen an. Ziel war, lückenlose Transparenz in Bezug auf die genutzten Ressourcen und die Beschaffung von Produkten herzustellen. Beteiligt waren zentrale Geschäftspartner und interessierte Gruppen innerhalb der Lieferkette, zum Beispiel die Fischereibetriebe Ekofish Group sowie weitere verarbeitende Betriebe und Produzenten. Die Ekofish Group ist derzeit der einzige Betrieb in den Niederlanden, der Schollen und andere Plattfische nach nachhaltigen Standards fischt, kurze Wege nutzt und zertifizierte Partner hat und damit die Vorgaben an nachhaltige Fischerei erfüllt. Die technische Lösung „traceability in the cloud" ermöglicht es nun, diese relevanten Daten elektronisch zu erfassen. Der Zugriff auf diese Informationen wird somit für alle Beteiligten deutlich vereinfacht.

Die zugrunde liegende Technologie basiert auf dem Austausch EPC-basierter Ereignisse (Electronic Product Code). Sämtliche Akteure der Lieferkette speisen die zuvor definierten Informationen dezentral in eine Datenbank ein – angefangen bei den Fischereiunternehmen über die verarbeitenden Betriebe, die Im- und Exporteure bis hin zu Distributoren und Händlern. Die Informationen werden mit der aktuellen Ortszeit und Lokalität oder dem aktuellen Status in einer integrierten Softwareplattform zusammengeführt.

Eine Art Suchmaschine ermöglicht es schließlich allen Akteuren, sich im Detail über einzelne Chargen zu informieren. Das System basiert auf offenen, internationalen Standards und ist für alle Marktteilnehmer nutzbar.

Über einen Barcode, der eine Art Schlüssel (GTIN und Losnummer) zu den Informationen enthält, können Kunden diese Informationen dann aktuell, z. B. per App, abrufen und so nachverfolgen, in welchen Gewässern und auf welche Art der Fisch gefangen wurde. Vom Hersteller bis zum Händler sind alle Stationen in der Lieferkette einsehbar. Detaillierte Daten zu 15 Kategorien, unter anderem zu Herkunft, Qualität, Verarbeitung, Qualität und Nachhaltigkeit, sind abrufbar.

Das Tool soll zunächst auf weitere Produktgruppen im sogenannten Ultrafrischebereich ausgeweitet werden. Mittelfristig sollen auch Waren aus dem Non-Food-Bereich dazukommen. Ab 2016 wird das Tool auch in anderen europäischen Ländern zur Verfügung stehen.

4.3 Projekthintergründe und Erfolgsfaktoren

4.3.1 Projektdesign und Meilensteine

Die wichtigsten Projektmeilensteine für fTRACE Pilot bzw. das Projekt Pro Trace waren:

- 2012/13 erste Diskussionen bezüglich eines Multi-Stakeholder-Ansatzes bei GS1 Germany unter Einbindung relevanter Beteiligter aus Handel, Industrie, Wissenschaft zwecks Vorbereitung eines gemeinsamen Piloten,
- parallel Beginn der Vernetzung mit internationalen Stakeholdern und NGOs auf globaler Ebene seitens der Metro Group,
- 2013 Pilotierung von fTRACE bei GS1 Germany,
- 2014 Pilotierung bei Metro Cash & Carry, stufenweise Aufschaltung der Sortimente Fisch und Fleisch, Juni 2014 Pressekonferenz im Metro-Cash-&-Carry-Markt in Neuss und Information der Öffentlichkeit,
- 2014/15 Roll-out bei Metro Cash & Carry in Deutschland und Vorbereitung der Internationalisierung,
- 2015 Start der Marketingkampagne und Beginn der Internationalisierung.

Entscheidende Anwendungskriterien für das Projekt waren dabei aus Sicht der Metro Group:

- Internationalität – anwendbar in vielen globalen Märkten,
- Interoperabilität der Systeme,
- Dezentralität der Datenspeicherung,
- skalierbar für verschiedenste Sortimente,
- offener Standard, keine Insellösung.

Die Lösung dieser Anwendungskriterien erfordert ein lückenloses Zusammenwirken verschiedenster Bereiche in einem Konzern: Qualitätssicherung, Vertrieb, Einkauf, Informationsmanagement, IT, Logistik, Marketing, Corporate Responsibility. Hinzukommen muss eine operative Projektsteuerung.

Als einer der größten internationalen Lebensmittelgroßhändler bewegt sich Metro Cash & Carry in einem sensiblen und regulierten Marktumfeld. Kunden stellen hohe Erwartungen an Qualität, Lebensmittelsicherheit, wünschen Transparenz zu Inhaltsstoffen und Herkunft und fragen nach zunehmend sozial- und umweltverträglichen Produkten. Eine umfangreiche Kundenumfrage und externe Studien zu nachhaltigem Konsum bestätigten, dass verantwortlich produzierte Lebensmittel auch für Kundengruppen von Metro Cash & Carry relevant sind. Hierzu zählen vor allem Restaurants, Caterer, Hotels, kleinere Händler und selbstständige Unternehmer. Dieser Entwicklung begegnet das Unternehmen sowohl über seine strategischen Nachhaltigkeitsprozesse als auch über konkrete Einzelmaßnahmen. Als relevante strategische Treiber für ein innovatives Tool wie Pro Trace sind aus unserer Sicht folgende übergeordnete Ziele des Nachhaltigkeitsmanagements zu sehen:

- nachhaltiges Sortiment: die Ausrichtung auf qualitativ hochwertige, sozial und ökologisch möglichst unbedenkliche Produkte und nachhaltige Produktalternativen,
- nachhaltige Beschaffung: Festlegung von Standards in einer Einkaufspolitik,
- Lieferantenmanagement: Unterstützung der Lieferanten und Geschäftspartner bei der Einhaltung von Öko- und Sozialstandards und Zusammenarbeit,
- Transparenz: Nutzung von Standards, Labels und Produktkennzeichnungen und Entwicklung neuer Lösungen,
- nachhaltiger Konsum: Unterstützung von Kunden bei der Entscheidungsfindung für nachhaltige Produkte.

Als Besonderheit und zugleich wichtigsten Erfolgsfaktor für das Entstehen des Pro-Trace-Tools sehen wir den Ansatz der Metro Group, bewusst auf Insellösungen zu verzichten – und stattdessen die Hebelwirkung von Kollaboration, Innovation und Digitalisierung zu nutzen. Seit rund vier Jahren arbeitet das Unternehmen daher für unterschiedliche Produktgruppen an entsprechenden Lösungen – in der Regel gemeinsam mit anderen Akteuren. Diese Herangehensweise ist als Teil des Nachhaltigkeitsmanagements festgeschrieben:

> Die Umsetzung der nachhaltigen Anforderungen unterstützen wir ebenso wie die verschiedenen Akteure entlang der Lieferkette, indem wir uns für übertragbare und erweiterbare Ansätze einsetzen und individuelle Insellösungen einzelner Unternehmen möglichst vermeiden. So akzeptieren wir verschiedene Standards mit äquivalenten Kriterien als gleichwertig. Dies gilt beispielsweise im Rahmen der Global Food Safety Initiative (GFSI), für Standards der Lebensmittelsicherheit, oder bei der Global Sustainable Seafood Initiative (GSSI), für die Harmonisierung der weltweit verfügbaren Zertifizierungen für nachhaltigen Fisch (Metro AG 2014).

Der Ansatz ist hervorzuheben, da in anderen Branchen seit vielen Jahren Nichtregierungsorganisationen und Unternehmen vergeblich um Branchenstandards und kundenfreundliche Lösungen ringen. Standards und Labels gelten zwar als sinnvolle Orientierungshilfe bei Kaufentscheidungen, Kritiker bemängeln jedoch die Unübersichtlichkeit und fehlende Vergleichbarkeit von Einzellösungen und fordern stattdessen übergreifende Kriterien.

Weiterhin waren für eine erfolgreiche Umsetzung von Pro Trace/fTRACE sicherlich auch die Dynamik der Handelsbranche und eine richtige Einschätzung der Skalierungsfähigkeit digitaler Technologien ausschlaggebend.

Auch eine Änderung der Einkaufspolitik, die 2012 vorgenommen wurde, war Enabler für die Entwicklung von Innovationen. Metro Cash & Carry stellte im Ultrafrischebereich (Fisch, Fleisch, Obst und Gemüse) stärker auf regionale Einkaufsstrukturen um und arbeitet seitdem mit kleineren Produzenten zusammen, die hohe Qualitäts- und oft auch Umwelt- und Sozialstandards einhalten. Damit kommt der Konzern unter anderem auch den Forderungen der Politik in einigen Ländern entgegen, aktiv an stabilen Lebensmittelpreisen und der Unterstützung klein- und mittelständischer Betriebe mitzuarbeiten.

Die Projektleiterin führt – als informelle Faktoren – auch die Überzeugung und Unterstützung des Managements und die Begeisterung des Projektteams für das Thema an. Das im Projektverlauf geknüpfte internationale und übergreifende Netzwerk an engagierten Nachhaltigkeitsexperten und das positive Feedback auf die Ergebnisse motivierten das Team und die Organisation. Auch die Anerkennung auf internationaler politischer Ebene für die Schaffung einer offenen Lösung wirkte sich positiv auf die externe und interne Reputation aus – und verschaffte dem Vorhaben zusätzliche Bedeutung. Ein auf personaler Ebene motivierender Faktor war auch die Relevanz des Themas. Mit Pro Trace eine neue und einfach zugängliche Lösung für Kunden weltweit zu schaffen und einen Beitrag gegen die Überfischung der Ozeane zu leisten, begeisterte viele der Projektbeteiligten.

4.4 Kurzinterview mit Tino Zeiske, Leiter Corporate Responsibility, Metro AG

Welche Bedeutung hat ein nachhaltiges Innovationsmanagement für die Bedeutung der Corporate Responsibility im Unternehmen?
Zeiske: Unternehmerische CR entfaltet ihre ganze Wirkung erst dann, wenn man in die Zukunft gerichtet agiert. Darum müssen innovative Themen ins Zentrum der Überlegungen rücken. Für die Metro AG heißt das beispielsweise, sich entlang von gesellschaftlichen Megatrends wie Digitalisierung und wachsenden Transparenzanforderungen von Stakeholdern mit Veränderungen im Konsumverhalten zu beschäftigen und erwartbaren Veränderungen mit nachhaltigen Angeboten vorzugreifen. Wir klopfen diese Themen im Rahmen der Materialitätsanalyse ab und verstehen dadurch die Bedeutung bestimmter sozialer, ökologischer oder auch gesellschaftlicher Entwicklungen. Daher stellen wir in der Materialität fest, ob die Metro AG in ihren Strategieprozessen die richtigen Themen anspricht und die richtigen Fragen stellt.

Was sind für Sie die entscheidenden Faktoren für eine erfolgreiche Implementierung eines nachhaltigen Innovationsmanagements?
Zeiske: Wir sehen hier fünf eindeutig spielentscheidende Faktoren:

- Gibt es ein klares Commitment der Führungskräfte und wird dieses Commitment der Führungskräfte angesprochen, aktiviert und sichtbar?
- Haben das Unternehmen generell und der zuständige Bereich im speziellen die erforderliche Bereitschaft, in Mitarbeiter, Mitarbeiterkultur und die erforderlichen Strukturen zu investieren?
- Sind die Ziele des nachhaltigen Innovationsmanagements klar definiert?
- Werden diese Ziele nachgehalten? Das beinhaltet ausdrücklich die Messbarkeit und damit Kontrollierbarkeit dieser Ziele.
- Haben wir ein Storytelling, das das Unternehmen und die wichtigsten Stakeholder begeistert und dadurch auf dem Weg der Nachhaltigkeit mitnimmt?

Denn eines muss auch deutlich gesagt sein: Der Aufbau und der Erfolg eines nachhaltigen Innovationsmanagements stellt sich nicht kurzfristig ein, sondern ist ein echter Marathon für das Unternehmen. Man braucht den langen Atem und auf dem Wege die Gewissheit, dass die Richtung stimmt.

Lässt sich nachhaltiges Innovationsmanagement denn immer im Rahmen bestehender Unternehmensorganisation auf die Beine stellen? Oder verhindern bestehende Strukturen nicht schon rein systemisch bestimmte Innovationen?
Zeiske: Das muss man sicherlich sehr differenziert betrachten. Einerseits kann ein Nachhaltigkeitsmanagement, das über Zugang zum Vorstand und dessen unternehmensweit dokumentiertes Commitment verfügt, viel bewegen. Ein Netzwerk unternehmensinterner Multiplikatoren kann das unterstützen und so vieles intern voranbringen. Aber auch wir sehen, dass es erforderlich ist, extern einige Innovationen voranzubringen. Darum hat die Metro AG mit dem Techstars Metro Accelerator einen Start-up-Accelerator geschaffen. Hier sollen digitale Innovationen für den Bereich unserer HoReCa-Kunden (HoReCa = Hotels, Restaurants, Caterer), eine der Kernzielgruppen von Metro Cash & Carry entstehen. Auf diese Weise fördern wir Innovationen, die insbesondere auch unsere Geschäftskunden weiterbringen. Wir haben 2015 aus 500 Bewerbungen elf Firmen bzw. Geschäftsideen identifiziert, die nun final um Förderung pitchen. Viele unserer Führungskräfte agieren im Rahmen des Accelerators übrigens als Mentoren für Start-ups und bringen so unsere reichhaltigen Erfahrungen ein, um diesen Start-ups zum Erfolg zu verhelfen.

5 GP Joule – Neues Geschäftsmodell im Energiesektor

Ein anderes Beispiel ist das mittelständische Unternehmen GP Joule. GP Joule ist heute einer der größten Projektierer für regenerative Energieerzeugung in Deutschland und

Europa. Zudem ist GP Joule eines der stark wachsenden und vom Umbruch der Energiewende offenkundig profitierenden Unternehmen, während andere ursprünglich auch weit finanzstärkere Unternehmen mit sinkenden Marktanteilen kämpfen.

Gerade in der Energiewirtschaft sind Fragen der Nachhaltigkeit von großer Bedeutung:

- Die breite gesellschaftliche Ablehnung der Kernenergie hat letztlich zum Ausstieg Deutschlands aus der Kernenergie zunächst 1999 und dann im Jahre 2011 geführt.
- Der Boom der EEG-subventionierten PV-Branche in Deutschland kurz nach der Jahrtausendwende mit explodierenden Margen wurde von der Politik so drastisch eingeschränkt, dass weite Teile der deutschen PV-Industrie zusammenbrachen.
- Der erforderliche Netzausbau, um regionale Fehlallokationen zwischen erneuerbarer Erzeugung und dessen industriell basiertem Verbrauch auszugleichen, stößt auf immer massivere Akzeptanzprobleme. Wie übrigens auch der Ausbau von Windkraftanlagen.
- Mit den Beschlüssen von Paris ist auch endgültig das Ende der auf Kohle basierten Energieerzeugung eingeleitet.
- Der Anteil der „Grünstrom"-Kunden ist mittlerweile trotz höherer Preise deutlich über 10 % angelangt – ein Marktanteil, der nur in wenigen anderen Märkten (Kosmetika, Lebensmittel) erreicht wird.

Kaum ein Sektor ist daher so stark von öffentlicher Akzeptanz und gesetzlicher Regulation abhängig wie der Energiesektor.

Dennoch sind die meisten Player im Energiemarkt nur wenig innovativ. Bei vielen Unternehmen im Endkundenmarkt beschränkt es sich auf die Entwicklung neuer Tarife. Auf Erzeugungsseite werden technologische Innovationen in der Energieerzeugung auf den Weg gebracht. Digitale Innovationen, transsektorale Energiewendetechnologien oder -produkte sind eine Seltenheit. Selbst die Mehrzahl der Akteure der Energiewende, also Betreiber oder Projektierer erneuerbarer Energieerzeugungsanlagen, sind ebenso innovationslos. Sie nutzen lieber bestehende Regulierungsrahmen und reagieren auf Veränderungen dieser Regulierung, statt künftige Entwicklungen zu antizipieren.

Ganz anders beim Unternehmen GP Joule. Dieses Unternehmen hat nachhaltiges Denken und Wirtschaften von Beginn an in seiner DNA. Die Gründung des Unternehmens erfolgte aus zwei landwirtschaftlichen Familienbetrieben heraus und als Konsequenz der Generationenfolge, die in diesen Unternehmen stattfand. Angesichts sinkender Margen und sinkender Sicherheit des landwirtschaftlichen Geschäfts fragten sich die Gründer, welche Möglichkeiten sie haben, um die Erzeugung und den Vertrieb mit Nahrungsmitteln so zu „hedgen", dass insgesamt ein stabiles und auch in 20 Jahren noch ertragreiches Geschäft entsteht. Kurz nach der Jahrtausendwende stießen sie gemeinsam auf das Thema Energiewende und die Chance, die das vorhandene Land für die regenerative Energieerzeugung bietet.

Dabei kalkulierten sie systematisch den energetischen Ertrag je zum Einsatz kommender Fläche und die Passung zwischen dem so gewonnenen Strom und den Lastprofilen der landwirtschaftlichen Betriebe. Dabei schnitt Photovoltaik mit den wenigen volatilen Erzeugungsprofilen deutlich besser ab als Windanlagen, deren Flächenverbrauch je MW zwar geringer ist, deren Windstrom aber nicht zum Lastprofil der existierenden Unternehmen passte und damit weit stärker von der gesetzgeberischen Regulation abhängig gewesen wäre. Auch Biogas und Biomasse schneiden unter dem Strich nicht besser ab, zwar lassen sie sich in der Erzeugung recht gut an die Lastkurven anpassen, aber der ökonomische Wettbewerb um die erforderlichen Flächen, die ja auch für die Nahrungsmittelproduktion genutzt werden können, ließ auch hier die Photovoltaik besser aussehen. Neben diesen Fragen der ökonomischen und ökologischen Nachhaltigkeit stellte sich nun noch die betriebswirtschaftliche Frage, wie man Wachstum als Projektierer so ermöglichen kann, dass Änderungen am Regulationsrahmen und zwischenzeitlicher Rückgang im Projektgeschäft nicht zur Zahlungsunfähigkeit eines Unternehmens führen. Aus dieser Überlegung erwuchs der Grundsatz, die fertiggestellten Projekte nie ganz zu 100 % zu verkaufen, sondern immer in begrenztem Maße als Minderheitsgesellschafter an Bord zu bleiben. Dies verstetigt den Cashflow und macht unabhängiger vom Verkauf der Projekte. Zugleich ist es aber für die Käufer solcher Anlagen ein klares Commitment und damit auch Qualitätssiegel des Projektierers, mit ins Betriebsrisiko zu gehen.

Mit dem Erfolg von GP Joule und dem entsprechenden Wachstum stellte sich dann um 2010 herum die Aufgabe, nicht mehr das Agieren für die eigenen Agrarbetriebe in den Vordergrund zu stellen, sondern das Energieunternehmen als solches zu betrachten. Dennoch sollten die Grundsätze des Handelns nicht aufgegeben werden. Daher verstanden sich beide Gründer darauf, das Prinzip der agrarischen geschlossenen Kreisläufe nun auch auf die Energiewirtschaft anzuwenden.

Damit stellte sich zu einem Zeitpunkt die Frage nach einer ganzheitlichen Betrachtung der Energiewende, als allgemein noch die Stromwende als Energiewende propagiert wurde. Ein ganzheitliches System muss eben sektorenübergreifend gedacht werden und damit den Wärmemarkt und den Mobilitätsmarkt berücksichtigen. Schnell zeigte sich, dass eine sektorenübergreifende Stromwende einen massiven Bedeutungsgewinn von Strom und Stromerzeugung zur Folge hat, denn in der sektorenübergreifenden Energiewende macht die Elektrifizierung von Wärme und Mobilität viel Sinn. Überdies löst es in großem Maßstab die Probleme der regenerativen Stromerzeugung: Mit der Wandlung und Speicherung von Strom, wie dies mit entsprechenden Speichern für Automobile und mit Power-to-gas- oder Power-to-heat-Konzepten erfolgen kann, verringern sich die Probleme aus der Differenz zwischen Erzeugungs- und Lastprofilen drastisch.

So entstand die Entscheidung von GP Joule, das Unternehmen H-Tec Systems zu erwerben und massiv in Power-to-gas- bzw. Power-to-Hydrogen-Lösungen zu investieren. Denn auf diese Weise sollte die konzeptionelle Entwicklung eines Projektes der komplett geschlossenen Energieerzeugung und -anwendung möglich werden: der „Stromlückenfüller". Ziel dieses Projektes ist es, den erzeugten Strom optimal in der Eigenverwertung zu nutzen.

5.1 Wasserstoff und Biogas als „Stromlückenfüller"

Zu den Problemen bei der Umsetzung der Energiewende gehört der Umstand, dass sich aus Fotovoltaik und Windkraft erzeugter Strom bislang kaum in größerem Umfang speichern lässt. Zur Lösung dieses Problems hat GP Joule das Modell des Stromlückenfüllers entwickelt, wobei leistungsfähige Wasserstoff-Elektrolyseure (Polymer-Elektrolyt-Membran-Elektrolyseure) und Biogastechnologie zu einem effizienten Zwischenspeicher kombiniert werden (siehe GP Joule 2015, S. 6).

Durch die sogenannte PEM-Elektrolyse wird überschüssiger Strom aus Wind und Sonne in Wasserstoff umgewandelt und gespeichert. Bei zusätzlichem Strombedarf im Netz kann der Wasserstoff über ein BHKW wieder verstromt und ins Netz eingespeist werden. Auf diese Weise gelingt es, wetterunabhängig EE-Strom bedarfsgerecht verfügbar zu machen.

Im Wasserstoff steckt geballte Energie, die vielfältig nutzbar ist. Da Wasserstoff mit Erdgas mischbar ist, kann er in bestehende Gasnetze eingespeist und in erheblichem Umfang zwischengespeichert werden. Der Transport ist auch über große Entfernungen möglich. Mithilfe von Brennstoffzellen oder Blockheizkraftwerken (BHKW) kann Wasserstoff zudem in Strom oder Wärme zurückverwandelt werden. Darüber hinaus kann Wasserstoff als Grundstoff in der Industrie genutzt oder im Mobilitätssektor als klimafreundlicher Treibstoff für Brennstoffzellenfahrzeuge eingesetzt werden.

Am Firmenhauptsitz von GP Joule in Reußenköge wurde Ende Mai 2015 die erste Ausbaustufe des Pilotprojektes „Stromlückenfüller" (offizielle Bezeichnung: „200 kW H2-Biogas Projekt") in Betrieb genommen. Hier können wir demonstrieren, wie aus überschüssiger erneuerbarer Energie erzeugter Wasserstoff zwischengespeichert werden kann. Bei Bedarf kann dieser Wasserstoff zusammen mit Biogas aus der Biogasanlage in einem BHKW wieder verstromt und ins Stromnetz eingespeist werden. Die Gesamteffizienz bei Strom- und Wärmenutzung liegt bei bis zu 95 %. Mit der ersten Ausbaustufe wurden PEM-Elektrolyseur-Stacks mit einer Gesamtleistung von 20 kW angeschlossen. Bis Jahresende 2015 wurde der Ausbau von 200 kW vorgenommen (GP Joule 2015).

Zum einen wurde damit eine Speicherlösung für erneuerbare Energien gefunden und der Lastausgleich im Stromnetz wird flexibel und bedarfsgerecht möglich. Zum anderen ergeben sich mehrere Synergien: So entsteht bei der Umwandlung von Strom in Wasserstoff Wärme, die ins Wärmenetz eingespeist werden kann. Bei der Rückumwandlung kann der Wasserstoff im Verhältnis 30:70 mit dem Biogas in einem Blockheizkraftwerk verbrannt werden – was die Gesamteffizienz der Anlage deutlich steigert und einen geringeren Einsatz von Rohstoffen nötig macht.

In dieser Kombination kann also die bereits bestehende Gas- und Wärmeinfrastruktur optimal genutzt werden. Darüber hinaus kommt den Biogasanlagen in diesem System eine neue Rolle zu. Sie laufen nicht mehr auf Volllast mit 8700 Betriebsstunden im Jahr und hohem Rohstoffeinsatz, sondern werden flexibel als Regelenergiekraftwerk eingesetzt. Auch das schont die Ressource Biomasse (vgl. GP Joule 2015, S. 2).

Der Stromlückenfüller basiert auf einer Elektrolyseeinheit mit 40 5 kW-PEM-Elektrolyse-Stacks, die von einer jeweils zentralen Wasseraufbereitung, Stromversorgung und Steuerung versorgt bzw. gesteuert werden. Alles zusammen ist in einem kompakten Technikcontainer untergebracht.

Nach der Pilotphase wird die Technologie auf den Megawattmaßstab übertragen – das zukünftige Kombikraftwerk aus PEM-Elektrolyseur und Biogasanlage soll fünfmal größer als das Pilotprojekt werden. Der Elektrolyse-Stack soll eine elektrische Leistung von einem Megawatt aufnehmen und in Wasserstoff umwandeln können. Dafür hat das Bundesministerium für Wirtschaft und Energie (BMWi) Forschungsgelder in Höhe von 2,1 Mio. Euro zur Verfügung gestellt. Grundsätzlich können die Entwickler bei diesem Projekt im Megawattmaßstab auf den Erkenntnissen des Pilotprojektes aufbauen. Für das technologische Herzstück – den Stack – müssen aber komplett neue Komponenten entwickelt werden. Insgesamt hat das Projekt ein Investitionsvolumen von 5,9 Mio. Euro. Es ist auf die Dauer von zwei Jahren Entwicklungs- und einem Jahr Test- und Vermarktungsphase angelegt.

Natürlich verfolgt ein Familienunternehmen auch Projekte als Good Citizen, als „guter Nachbar", sowohl vor Ort als auch entlang der erzielten RoI in den Projekten als Donator für Projekte der nachhaltigen Entwicklung in der sogenannten Dritten Welt. Aber umso deutlicher wird, dass das gesamte Geschäftsmodell auf der nachhaltigen Entwicklung des Geschäfts, dem konstanten Ausbau bei hinreichend stetigem Cashflow und einem Verständnis geschlossener Energiekreisläufe basiert. Kurzum: Nachhaltigkeit ist also unverrückbarer Kern der strategischen Geschäftsfeldentwicklung und des daraus abgeleiteten Innovationsmanagements.

6 Ausblick

Nachhaltigkeitspolitik und unternehmerische Corporate Responsibility stehen vor einem Scheideweg. Entweder CR etabliert sich unter dem wachsenden Druck der Europäischen Union und der vom europäischen Parlament initiierten Berichtspflicht zu einer Pflichtaufgabe in Unternehmen, die gleichsam anderen Melde- und Berichtspflichten ohne weitere Folgen für das Unternehmen durchgeführt werden, oder aber es gelingt, die CR die entscheidende Frage stellen zu lassen: Wie kann unser Geschäftsmodell von morgen nachhaltig und von der Gesellschaft akzeptiert aussehen? Wer diese Frage ernsthaft zu beantworten trachtet, muss sich damit auseinandersetzen, wie Innovationen künftig nachhaltiger aussehen können. Das aber wäre eine Richtungsentscheidung in den Unternehmen.

Literatur

Frankfurter Allgemeine Zeitung (Online). http://www.faz.net/aktuell/feuilleton/debatten/ein-gespraech-mit-dennis-meadows-gruene-industrie-ist-reine-phantasie-11980763-p3.html. Zugegriffen: 2. Januar 2016

Glombitza A (2005) Corporate Social Responsibility in der Unternehmenskommunikation. In: J+K Wissen. poli-c-books Fachverlag für politische Kommunikation, Berlin/München

GP Joule (2015) GP Joule – Die wichtigsten Innovationen, die wichtigsten Fakten. Reußenköge, Eigenverlag

Hauff V (Hrsg) (1987) Unsere gemeinsame Zukunft. Der Brundtland-Bericht der Weltkommission für Umwelt und Entwicklung. Eggenkamp Verlag, Greven

IHK Köln (2014) Nachhaltigkeit in der Wirtschaft – Kienbaum Studie. IHK Köln, Köln

Metro (2014) Corporate Responsibility Report 2013/2014. Margaret Chan et al. Metro, Düsseldorf

Müller-Jung J (2012) Grüne Industrie ist reine Phantasie – ein Gespräch mit Dennis Meadows

Pieper E (2015) Wie Nachhaltigkeit auf Marken einzahlt. Fährmann Blog (Web-Log Eintrag). http://faehrmannschaft.de/nachhaltigkeit-und-marken/. Zugegriffen: 2. Januar 2016

WWF (2015) Positionspapier des WWF Deutschland zu Nachhaltige Entwicklung. Eigenverlag, Berlin (Dräger de Teran T. et al.)

United Nations (1987) Report of the World Commission on Environment and Development "Our Common Future". New York

Heiko Kretschmer ist Gründer und Geschäftsführer von Johanssen + Kretschmer Strategische Kommunikation GmbH. Der Diplom-Physiker war Mitarbeiter im Büro für Technikfolgeabschätzung beim Deutschen Bundestag (TAB) bevor er als Kommunikationsberater in Hamburg und Berlin arbeitete und sich 2001 mit Johanssen + Kretschmer selbstständig machte. Johanssen + Kretschmer (J+K) ist eine Unternehmensberatung für Kommunikation und Stakeholder-Management. Als solche sind CR-Strategien immer wieder ein Beratungsschwerpunkt von J+K.

Anja Rechenberg berät als Consulting-Partner bei Johanssen + Kretschmer Strategische Kommunikation GmbH Unternehmen und öffentliche Organisationen zu unterschiedlichsten Corporate Responsibility-Themen. Die Diplom-Politikwissenschaftlerin ist ausgewiesene Expertin für Nachhaltigkeitsstrategien und -reporting, entwickelte CR-Kampagnen und beriet Unternehmen zu nachhaltigen Geschäftspotenzialen. Sie arbeitet seit über 15 Jahren als Beraterin bei internationalen Netzwerk- und inhabergeführten Kommunikationsberatungen und realisierte zahlreiche integrierte Kampagnen, Stakeholder-Dialoge, Publikationen, Studien und hält Vorträge und Workshops.

Teil IV
Schlussteil

Zusammenfassende Schlussbetrachtung

Gesa Gordon und Astrid Nelke

Das Spektrum der in diesem Band versammelten Beiträge zu Verantwortung und nachhaltiger Innovation ist bewusst sehr weit gefasst. So kann in einem überschaubaren Rahmen der Blick auf ganz unterschiedliche Aspekte der Thematik gerichtet werden. Zugleich stehen im operativen Geschäft der Nutzen und die Praktikabilität von Begriffen für den eigenen Bedarf im Fokus. Wie und welche einzelnen Begrifflichkeiten und Maßnahmen konkret genutzt werden, ist in Organisationen und Unternehmen sehr unterschiedlich.

Anstelle zu versuchen, einen roten Faden durch die Mannigfaltigkeit der Ansätze, Perspektiven und Einschätzungen zu ziehen, haben wir uns dazu entschieden, in der folgenden Darstellung eine Auswahl der in diesem Buch betrachteten Maßnahmen und Aspekte mit Blick auf Verantwortung und nachhaltiger Innovation zusammenzustellen. Je nach Bedarf sind beispielhaft Maßnahmen und Aspekte für die einzelnen Kontexte aufgeführt. Der geneigte Lesende kann sich von hier aus über einen kurzen Blick auf die einzelnen Beiträge in der Einleitung sowie über die Zusammenfassungen zu Beginn der Einzelbeiträge seinem spezifischen Interessensfeld nähern.

G. Gordon (✉)
Berlin, Deutschland
E-Mail: post@gesagordon.de

A. Nelke
FOM Hochschule für Oekonomie & Management
Berlin, Deutschland
E-Mail: nelke@knowbodies.de

Maßnahmen und Aspekte im Rahmen von Verantwortung und nachhaltiger Innovation	
Fokus	Maßnahmen und Aspekte
Nachhaltigkeitsstrategie	Ganzheitliches und strategisch koordiniertes Vorgehen, das konkurrierende interne wie externe Ansprüche angemessen zusammenführt
	In die Zukunft gerichtete Begründung von Nachhaltigkeit formulieren mit messbaren Zielen bei gleichzeitig offener und unsicherer statt planbarer und vorhersagbarer Zukunft
	Standards nutzen: GRI, EMAS, Global Compact, ISO 26000, DNK, GWÖ
	Nutzen einer Nachhaltigkeitsstrategie: Verbesserung des Risikomanagements, Implementierung von Vorsorgemaßnahmen, gezielte Prozessbetrachtung und -optimierung, Stärkung der Marke, zunehmende interdisziplinäre Sichtweise und Betrachtung
Nachhaltige Geschäftsentwicklung	Langfristige Geschäftsausrichtung statt kurzfristigen Gewinns
	Wertschätzender Umgang mit Mensch und Natur
	Kooperation statt Konkurrenz
	Eindeutige, messbare Haltung zum eigenen Wachstum einnehmen
	Einbindung, Austausch und Transparenz – intern wie extern
	Wie kann das eigene Kerngeschäft zur Lösung von Nachhaltigkeitsaufgaben beitragen?
	Weitere Verbesserung von Produktqualität und Nachhaltigkeit des Unternehmens
	Welche nachhaltigen Innovationen passen zu unserem Geschäft und versprechen zukünftige Erträge?
Nachhaltige Innovation	Kontexte betrachten anstelle von Einzellösungen, in den Austausch mit Stakeholdern kommen
	Ziele für nachhaltige Innovationen sind definiert, messbar und werden nachgehalten mit eindeutigem Commitment der Führungskräfte
	Ökologischen Fußabdruck berücksichtigen
	Bedarfsfokussierte Innovationen unter Einbindung der Nutzer
Organisationsentwicklung	Mensch im Mittelpunkt, Kommunikation als Hauptentwicklungslinie
	Kollaborative Prozesse, die themenorientierte Führung leben (neben oder anstelle hierarchischer Strukturen), das Thema als Treiber und dabei die kollektive Intelligenz nutzen
	Wandel zur Gewohnheit werden lassen
	Arbeitsumfeld mit ökologischen und sozialen Prozessindikatoren mit betrachten: u. a. Bau, Materialverwendung, Lichtmanagement, Green-IT, Abfallwirtschaft, Potenzialentwicklung, Digitalisierung
	Strukturierte Selbstreflexion etablieren, in der Denkmodelle und Entscheidungsmuster immer wieder hinterfragt werden
	Förderung von Innovation durch disziplinenübergreifende Einbindung der Mitarbeiter
	Nachhaltige Führungskräfteentwicklung durch Corporate Volunteering – emotionale Berührung als Voraussetzung für persönliche Entwicklung
	Qualitätsmanagement als internen Nachhaltigkeitsmotor nutzen

Maßnahmen und Aspekte im Rahmen von Verantwortung und nachhaltiger Innovation	
Fokus	Maßnahmen und Aspekte
Kommunikation	Selbstverpflichtungen transparent machen
	Employer Branding über zielgruppenrelevante Themen
	Storytelling für das Unternehmen und die wichtigsten Stakeholder bzgl. der Nachhaltigkeitsthematik initiieren
	Nachhaltigkeitskommunikation auf Zielgruppen fokussieren und aufbereiten, Vielzahl von Medien nutzen
	Diskussion auf Augenhöhe über aktuelle Herausforderungen – intern wie extern
	Veranstaltungsformat realisieren, das komplexe Zusammenhänge konkret erfahrbar macht und die Beteiligten direkt miteinander ins Gespräch bringt
	http://www.kartevonmorgen.org/ nutzen
Start-up-Kommunikation	Nutzerzentriert, informativ-zurückhaltend, transparent, faktenbasiert, der lokalen Kultur und dem historischen Kontext entsprechend, Wort = Tat = Form
	Nachhaltigkeitsaspekte einbetten, um das Reputationsrisiko zu minimieren und die Reputationschancen zu optimieren
Ethische Aspekte im Geschäftsmodell	Schadet das unternehmerische Verhalten einer Stakeholder-Gruppe oder der Natur?
	Wenn ja, wie können Schäden verringert, kompensiert oder restauriert werden?
	Eigenkapitalquote bei mindestens 50 % ansetzen
	Eigenkapital mit maximal 10 % verzinsen (Eigenkapitalverzinsung)
	Welche Risiken sind mit dem Geschäftsverhalten für direkt und indirekt Betroffene verbunden?
	Wie können diese Risiken verhindert werden?
CR-Maßnahmen	Konkreten Prozentsatz des Jahresüberschusses nach Steuern für Spenden und Sponsoring ökologischer und sozialer Projekte festlegen
	Überschüssige Produkte wie Restbestände an gemeinnützige Organisationen über digitale Plattform www.innatura.org spenden, anstatt sie zu vernichten
	Kauf hochwertiger, gebrauchter IT-Hardware von „Arbeit für Behinderte"
Stakeholder	Round-Table-Gespräche mit internen wie externen Stakeholdern mit klarer Aufgabe und zeitlicher Begrenzung initiieren, ggf. zu speziellen Themen externe Experten einladen
	Dialog anstoßen, um neue Maßnahmen zu generieren, die in die Strategie aufgenommen werden, Format ggf. in Strategieprozess integrieren
	Die Bewertung der CR-Themen durch externe Stakeholder ermöglicht eine Wesentlichkeitsbewertung, sodass den Anforderungen von bspw. GRI entsprochen wird
	Die aktive Einbindung externer Stakeholder und deren Erwartungen an das Unternehmen in die Geschäftsentwicklung integrieren und im Kontext Kommunikation nutzen

Maßnahmen und Aspekte im Rahmen von Verantwortung und nachhaltiger Innovation	
Fokus	Maßnahmen und Aspekte
Einkauf	Lieferketten: Menschenrechte achten und ökologische Schäden reduzieren
	Soziale und ökologische Leistungen der Zulieferer in die eigene nachhaltige Produktgestaltung integrieren
	Fokussieren auf Beschaffung nachhaltiger Rohstoffe, Waren und Dienstleistungen: Schutz der Marke vor potenziellen Imageschäden
	Kauf hochwertiger, gebrauchter IT-Hardware
Start-up	In der Gründungsphase bereits die Bedürfnisse der Stakeholder mit Blick auf Nachhaltigkeit berücksichtigen und langfristig in die eigene Geschäftsentwicklung integrieren
	Nachhaltiges Handeln in Profil und Entwicklung der Unternehmensidentität verankern
	Klären, ob die gesellschaftlichen, die Kunden-, Medien- und Investorenerwartungen bezüglich nachhaltigen Wirtschaftens erfüllt werden

Zuletzt wagen wir doch eine alle Aktivitäten verbindende Gemeinsamkeit: das Gestalten sinnstiftender Formen der Zusammenarbeit, wie es Frederic Laloux in *Reinventing Organizations* (http://www.reinventingorganizations.com/) beschreibt. Eine Perspektive, die hoffentlich immer nachdrücklicher ins Blickfeld der Aufmerksamkeit rückt und Anwendung findet.

Dr. Gesa Gordon ist Soziologin. Nach einer Promotion über die Neugierde, Stationen in der Managementberatung und als wissenschaftliche Referentin für den Projektträger Jülich im Innovationsmanagement und Wissenstransfer leitete sie zuletzt mehrere Transferprojekte für die Leibniz-Gemeinschaft. Heute beschäftigt sie sich mit der Rolle von Verantwortung und Nachhaltigkeit im Innovationskontext. Sie berät Organisationen und Unternehmen im Kontext nachhaltiger Innovation und Stakeholder-Management. Kooperation, langfristiges Wirtschaften und ein wertschätzender Umgang mit Mensch und Natur sind dabei handlungsleitend.

Prof. Dr Astrid Nelke studierte Publizistik und Kommunikationswissenschaft an der FU Berlin, wo sie 2008 auch promovierte. Nach Stationen in der Konzernpolitik der Deutschen Lufthansa AG, der Bundesgeschäftsstelle der CDU Deutschland und als Leiterin der Presse- und Öffentlichkeitsarbeit bei der Fachgemeinschaft Bau ist sie als Hochschullehrerin für Unternehmenskommunikation und Innovationsmanagement an der FOM Hochschule für Oekonomie & Management in Berlin tätig. Daneben berät sie mit ihrem Team von [know:bodies] Unternehmen und Organisationen zu den Themen interne und externe Kommunikation sowie Talentmanagement. Außerdem ist Astrid Nelke Geschäftsführerin der MittelstandsWirtschaft.de DMB-Unternehmer-Service GmbH in Düsseldorf.

The manufacturer's authorised representative in the EU is Springer Nature Customer Service Centre GmbH, Europaplatz 3, 69115 Heidelberg, Germany. If you have any concerns regarding our products, please contact ProductSafety@springernature.com

Printed and bound by CPI Group (UK) Ltd, Croydon, CR0 4YY
25/03/2026
02078194-0017